대구권 성리학의 지형도

※ 이 저서는 2016년 대한민국 교육부와 한국연구재단의 지원을 받아 수행된 연구임
(NRF-2016S1A4A01017952).

대구권 성리학의 지형도

– 회통 · 자득 · 실천의 학풍

장윤수 지음

심산

● 머리말

지역학의 정체성 확립은 미래지향적이고 개방적인 시각에서 이루어져야 한다. 특히 지역학은 구체성에 바탕을 두면서도 시·공간의 경계를 넘어서는 보편학을 의도해야 한다. '대구학' 또한 마찬가지다. '대구'라는 지역이 지녔었고 지금도 지속되고 있는 공통된 정신과 문화에 기반해야 하지만, 다른 한 편으로는 이 지역 사람들이 지향해야 할 미래 가치도 함께 포함해야 한다. 전자는 역사적 실제성을 말하고, 후자는 시대와 문화를 뛰어넘는 보편적인 지향성을 의미한다. 과거와 현재의 우리 모습을 성찰한다는 것은 결국 우리가 지향하는 미래와 관련이 있다.

지금도 대구와 경북지역에서는 다른 지역에 비해 전통문화가 많이 유지되고 있다. 유림(儒林)과 문중의 활동이 잦고, 향교를 중심으로 유교 경전 강독이 주기적으로 행해지며, 종가와 종손의 존재가 실제로 의미 있게 작동한다. 그리고 지자체에서 주도하거나 후원하는 각종 유교 관련 문화행사가 빈번하게 이루어지는 모습은 다른 지역 사람들의 부러움을 사고 있다.

그런데 전통문화가 왕성하게 활동하고 있는 이면에는 이 지역 사람들의 뚜렷한 자기의식이 존재한다. 대구와 경북지역 사람들의 자기의식을 읽을 수 있는 중요한 코드의 하나가 바로 '중심 의식' 이다. 중심 의식에는 크게 두 가지가 있는데, 즉 자신이 중심이라는 '중심자 의식' 과 자신이 살고 있는 지역이 중심이라는 '중심부 의식' 으로 표현된다. 이러한 의식은 대구와 경북지역 사람들의 자기의식으로 확인되는 정통성, 보수성, 애향심, 의리, 지조 등의 가치를 내포하고 있다.

다른 대부분의 의식과 마찬가지로 중심 의식 또한 이중적인 가치를 지닌다. 긍정 심리로 표출되어 구체적인 생활세계에 엄청난 에너지를 줄 수 있다는 점에서는 의미가 있지만, 자신과 연관되는 문화를 중심부에 설정하고 다른 문화를 주변부의 문화로 폄훼하는 태도는 부정적인 부분이다. 즉 중심 의식이 자기 고양과 내적 강화의 동기로 작용하면 역사의 주체로서 역동적으로 살아갈 수 있는 긍정적 힘이 될 수 있지만, 지나친 우월감이나 배타적 문화를 형성하게 되면 이웃과의 갈등을 심화시키게 된다.

그러므로 '중심 의식' 과 '주류 의식' 은 이웃과 공동체를 위해 봉사하고 헌신하는 책임 의식으로 발현해야 한다. 또한 의리와 보수적 심리는 진정한 가치를 지키고 이어가려는 원칙주의자의 모습뿐만 아니라 다른 문화를 포용하는 원만한 인격으로도 드러날 수 있어야 한다. 건강한 보수는 성숙한 진보의 가치와 통한다. 진정한 보수의 가치는 지킬 것은 지키고 바꿀 것은 바꾸는 데에 있다. 이렇게 되어야만 비로소 이 지역의 역사적 선통과 정신적 가치를 새롭게 꽃 피울 수 있을 것이다.

대구권 성리학을 연구하는 목적 또한 마찬가지다. 단순히 대구권 성리학자들에 대한 개괄적 안내 또는 보학적(譜學的) 지식의 소개에만 그쳐서는 곤란하다. 그들이 고민했던 문제들을 지금의 시점에서 진지하게 성찰해야 하며, 또한 범본적(範本的) 삶의 행적을 확인하면서 이를 우리들 현재의 삶으로 재구성할 수 있어야 한다. 그러기 위해서는 대구권 성리학자들의 삶과 문제의식을 단순한 재현의 의미가 아니라, 사실적 의미를 넘어서 우리가 마땅히 지향해야 할 바의 가치관에서도 바라볼 수 있어야 한다. 어떠한 문화도 자기 완결적일 수는 없다. 건강한 문화는 타자를 향해 열려 있으며, 보편적 가치관을 지향하는 새로운 변화를 거부하지 않는다. 바로 이러한 면에서 지역학으로서의 대구권의 성리학을 주목하고자 한다.

이 연구는 17세기를 중심으로 한 대구권 성리학의 학문적 지형도와 그 특징을 고찰하기 위해 이루어졌다. 우선 지역학으로서의 한국 성리학 연구가 한국사상사의 정체론(停滯論)을 극복할 수 있다는 문제의식에서 출발하였다. 그리고 대구권 성리학이 단지 교차 문화의 절충적 성격만 지닌 것이 아니라, 자신의 고유한 학풍을 일관성 있게 지녀왔다는 것이 주된 논지를 이룬다. 대구권 성리학은 성리학적 논변에서 두드러진 인물은 적지만, 다른 지역 보다 개방적 회통성과 자득성 그리고 실천성을 강하게 유지해왔다. 그러한 점에서 필자는 이 지역 성리학의 특징을 '회통', '자득', '실천' 이라는 세 가지 키워드로 주제화시켰다.

회통성은 타문화를 향해 열려 있는 적극성과 개방성을 포함하며, 자득성은 주어진 문제를 엄밀히 성찰하고 철저히 자신의 것으로 체득하는 주체성을 의미한다. 그리고 실천성은 배운 바의 지식을 이웃과 함께 구체적으로 실현해가는 지행합일의 삶의 태도를 지향한다. 이러한 학풍은 전통시대의 대구권 성리학에서 구체적으로 확인되는 모습이기도 하지만, 향후 대구지역의 학문적 정체성을 정립하기 위해 요청되는 지향적 가치관이기도 하다.

이 책의 총론에서는 대구권 성리학의 학문적 지형도를 그려보고 그 특징을 개괄하였다. 전체 내용을 읽기가 부담스러운 독자들은 총론만으로도 대략적인 내용을 파악할 수 있다. 제1장에서는 대구권 성리학의 사상적 기반으로서 남명학과 퇴계학의 학풍을 차별적으로 논하였고, 제2장에서는 한강 정구를 중심으로 한 대구지역의 성리학적 특징을 개괄하였다. 제3장과 4장에서는 대구지역 성리학의 구체적인 모습을 살피기 위해 가학적(家學的) 전통의 일관성이 잘 유지되고 있는 두 문중(성주도씨, 경주최씨)의 학문적 연원과 학풍을 고찰하였다. 제5장, 6장, 7장에서는 대구의 인근 지역인 선산(구미), 성주 · 칠곡, 고령지역의 성리학적 지형도와 학풍을 연구하였다. 그리고 제8장에서는 17세기 초반 대구지역에서 실시했던 통강(通講)의 모습을 구체적인 기록을 통해 확인하고, 이로부터 당시 대구지역 성리학의 특징을 고찰하였다.

부록은 총 5개인데 대구지역 성리학의 구체적인 면모를 드러내기 위한 보충작업의 성격을 띤다. 〔부록 1〕에서는 대구권 성리학자들의 기본 행적과 저술 목록에 대해 정리하였다. 〔부록 2〕에서는 대구권 성리학의 형성에 많은 영향을 끼친 한강 정구, 여헌 장현광, 낙재 서사원, 모당 손처눌 네 사람의 문인록(門人錄)을 정리하였다. 특히 '문인록' 부분은 단순히 기존의 자료를 옮겨놓은 것이 아니라, 여러 자료를 참고하여 원자료의 부족한 부분을 최대한 수정 · 보완하였다. 필자로서는 많은 공력을 기울인 부분이기도 한데, 보완작업에 있어서 서정백 선생의 도움을 받았다. 〔부록 3〕에서는 '통강록'에 등장하는 인물들을 가 · 나 · 다 순으로 정리하고 학문 연원을 병기하였다. 〔부록 4〕는 최근 유림에 소개된 '사빈서재(泗濱書齋) 식기안(食記案)'의 등재 인물 일람표이다. 이 부분 또한 기존 자료를 수정 · 보완하였고, '기타'의 항목에서는 학자들의 학문 연원을 밝혀두었다. 〔부록 5〕에서는 대구지역 성리학의 강학 장면을 구체적으로 살펴보기 위해 '통강록'의 일부분을 직접 수록하였는데, 통강록을 정리한 파일까지 제공해 준 구본욱 선생으로부터 많은 도움을 받았다.

필자는 이 책을 집필하면서 말 그대로 인문지리의 묘미에 흠뻑 빠져들었다. 대구와 인근 지역에 산재한 성리학자들의 흔적을 확인하는 순간 그 마을과 유적은 단순한 공간과 지리적 차원을 넘어 많은 감동과 의미를 가져다주었다. 한강 정구의 마지막 생활 근거지인 사수(泗水)의 사양정사(泗陽亭舍)가 신혼 초기에 세 들어 살던 집 부근에 있었다는 사실에 놀랐고, 또한 필자의 선조가 남긴 기행문〔南行錄〕에서 기술하는 한강학단(寒岡學團)의 모습이 바로 사수를 중심으로 이루어진 것임을 확인하고는 깊은 감동을 받았다. 사수에서 금호강변 건너로 보이는 동네가 성주도씨의 집성촌이자 도여유의 아호를 딴 서재(鋤齋)마을이고, 고향을 오르내리며 자주 보았던 다부동 전적기념관 앞의 전통 건물이 알고 보니 한강의 문인인 류사온(柳思溫)의 재실 유학재(留鶴齋)였다. 그리고 둘째 딸을 등교시켜주기 위해 수없이 오가며 보았던 경산 사동의 언덕배기에 위치한 한옥은 한경조(韓景祚)가 아버지를 추모하기 위해 세운 재사〔山泉齋〕였다. 한경조 역시 한강의 문인이다. 이러한 경험을 통해 특히 대구와 인근 지역에 한강의 제자들이 활발하게 활동했던 사실을 구체적으로 확인할 수 있었다.

한경조가 쓴 산천재(山泉齋)의 기문을 읽다 보니 사동(巳洞)이라는 이름의 유래가 분명해졌다. "어떤 사람은 사방(巳方)의 방위로 인해 사동이라 부르고, 또 어떤 사람은 산봉우리가 꿈틀꿈틀 기어가는 뱀〔巳〕의 형상이 서려 있는 것 같다 하여 사동이라 부른다."고 하였다. 이로 인해 언젠가 높은 곳에 올라가서 사동의 지형을 찬찬히 살펴보고 싶은 마음 한 가닥을 남겨두게 되었다.

달성군 구지면에 소재한 '이노정(二老亭)'의 처마 아래에는 이노정 외에도 '제일강산(第一江山)'이라는 현판이 함께 걸려 있다. 그 의미에 대해 장석영(張錫英)은 '기문'에서 풀이하였다.

후대 사람들이 이곳을 '제일강산' 이라 이름 붙였다. 이보다 높은 산도 그러한 평가를 얻지 못했는데 '제일' 이라는 명칭이 이 조그마한 언덕에 붙은 까닭은 무엇인가? 그 이유는 사람에 있는 것이지 산에 있는 것이 아니다. 인재를 얻으면 한 주먹만 한 돌도 곤륜산보다 높을 수 있고, 인재를 얻지 못하면 태산같이 높은 산도 언덕보다 못할 수가 있다.

바로 인문지리의 정수를 보여 주는 멋진 글이다. 산은 높다고 높은 것이 아니며 강은 깊다고 깊은 것이 아니다. 인물이 있어야 한다. 이노정이 위치한 언덕은 조선조 도학(道學)의 맥을 잇는 한훤당 김굉필과 일두 정여창 두 분 선생의 기풍이 살아있기에 '제일강산' 이라 칭한 것이다. 바로 이러한 관점에서 바라보게 되면 인물, 지리, 건축물이 유기적인 결합을 하여 의미체를 형성하게 되는 인문지리의 홍취를 듬뿍 느낄 수 있다.

몇 해 전에 발간한 『경북 북부지역의 성리학』은 필자가 태를 묻었고 선조가 500년 이상 세거했던 '고향의 학풍' 에 대한 연구 작업이었다. 그런데 이번 책은 40년 가까이 거주하며 학문적인 기반을 닦고, 자녀를 양육하고 생업의 터전을 삼아온 생활 근거지에 대한 연구 작업이다. 두 차례 모두 교육부 한국연구재단의 연구비지원(인문저술지원)을 받게 되어 감사하게 생각한다. 두 과제의 연구 결과물을 연이어 멋진 책으로 꾸며준 심산출판사에도 고마운 마음을 전한다. 그리고 원고의 내용 전체를 꼼꼼하게 검토해주신 서정백, 김성현, 추나진 선생께 깊이 감사한다. 특히 추나진 선생은 따옴표 하나 쉼표 하나에 이르기까지 철저하게 교정 작업을 도와주었다. 그 정성이 고마울 따름이다.

마지막으로, 작년 3월에 세상을 떠나신 여남 최승호 교수님을 추모한다. 대구지역이 코로나 역병으로 미증유의 대혼란을 겪고 있을 때에 병상에서 홀로 쓸쓸하게 작고하셨다. 여러 가지 어려움 때문에 돌아가신 사실

조차 몇 달이 지난 후에야 알게 되었다. 문하에서 처음 책을 펼친 이후 40여 년 가까이 많은 사랑을 받아왔는데, 그저 송구하고 죄송스럽기만 하다. 뒤늦게나마 선생님의 명복을 빌고, 이 책을 영전에 올린다.

2021년 원단(元旦)

앞산이 바라보이는 상록재에서

장윤수

目次

일러두기

- 이 책에서는 한글 전용을 원칙으로 하고, 필요한 부분에서는 한자를 병기하였다. 그리고 자료집의 성격을 지닌 〔부록 1〕의 내용 중에서 두 번째 '대구권 성리학자들의 저술 목록', 그리고 〔부록 2〕 '한강(寒岡) · 여헌(旅軒) · 낙재(樂齋) · 모당(慕堂)의 문인록(門人錄)', 〔부록 3〕 '대구권 성리학자들의 통강록(通講錄)', 〔부록 4〕 '통강록(通講錄) 등재 인물 일람표', 〔부록 5〕 '사빈서재(泗濱書齋) 식기안(食記案) 등재 인물 일람표'와 '각주'에서는 한자를 그대로 노출하였다.
- 이 책에서 직접 인용한 원전의 경우에 출전과 한문 원문을 충실하게 밝혔으나, 기본 행적을 소개한 자료는 출전만 밝히고 별도로 원문을 수록하지 않았다.
- 이 책에서 등장하는 인명의 표기는 원칙적으로 이름을 사용했지만, 우리들에게 익숙한 호칭의 경우에는 호와 이름을 함께 표기하거나 호만 사용하기도 했다.
  (예) 정구 → 한강 정구 ; 정구 → 한강
- 남명과 퇴계를 함께 거론할 경우에는 가 · 나 · 다 순서에 의거해 남명을 먼저 언급하는 것을 원칙으로 하였다.
- 기본 행적의 내용을 이루는 '행장(行狀)'류의 번역에 있어서 전체 내용의 통일성을 고려하여 일부 원문을 생략하기도 했고, 경우에 따라서는 문맥의 이해를 돕기 위해 부분적으로 추가하기도 했다.
- 일반적으로 한글 표기의 두음법칙을 따랐지만, '柳' 씨는 문중의 원칙을 따라 '류'로 표기했다.
- 표기의 일관성을 유지하기 위해 '庵'과 '菴'이 동일한 의미로 사용된 경우에는 '庵'자로 통일했다.
- 『 』는 서명에 「 」는 편명에 사용하였다. 그렇지만 '문집 해제' 부분에서는 별도의 표기 없이 서명과 편명을 그대로 노출하였다.
- 〈 〉는 인용문에서 보충의 의미가 필요할 때 사용하였고, 〔 〕는 번역문의 한문 원문을 표시하거나 풀어 쓴 경우에 사용하였다.
- 〔부록 1〕의 첫 번째 '대구권 성리학자들의 기본 행적'에서는 가능한 가장 공신력이 높은 행장(行狀)을 소개하였다. 그렇지만 간결성이나 글의 내용을 고려하여 묘갈명(墓碣銘) 혹은 묘지명(墓誌銘)을 소개한 경우도 있고, 가장(家狀) 또는 행록(行錄)을 소개하기도 했다.

총론

대구권 성리학의 학문적 지형도와 특징

"성현의 경전을 읽는 방법으로는 네 가지가 있는데, 첫째는 체인(體認)이고 둘째는 체찰(體察)이고 셋째는 체험(體驗)이고 넷째는 체행(體行)이다."(『한강언행록』)

1. 한국 성리학의 지역적 전개에 대한 새로운 이해

일제강점기의 관변학자(官邊學者)들은 한국사상사를 '정체사관(停滯史觀)'의 입장에서 풀이하였다. 타카하시 토오루〔高橋亨〕를 위시한 학자들은 그 구체적인 근거로 한국사상의 '고착성'과 '종속성'을 거론하였다.[1] 고착성이란 어느 한 가지에만 의지하면서 그것으로부터 벗어날 줄 모르는 고집스런 성격을 의미하고, 종속성은 한 가지에만 의지한다고 하더라도 그것을 독자적으로 변화시키는 독창성이 결여되었음을 의미한다.

이들은 특히 한국 성리학의 정체적(停滯的) 특징을 지적하면서, 조선조 500여 년간 오로지 주자학에만 집착한 현실을 거론하였다. 즉 주자 성리학 이외의 모든 학문에 대해 이단시하던 조선시대의 학문적 분위기를 비판했던 것이다. 그들은 조선시대 거의 모든 유학자들이 오로지 주자학에

1) 관변학자들의 주장과 문제점에 대해서는 '윤사순'의 글, 「高橋亨의 韓國儒學觀 檢討」(『한국학』, 제12집, 중앙대학교 한국학연구소, 1976)를 참고할만하다.

만 심취하여 다른 학문 내용에 대해 폐쇄적인 태도를 취한 것을 일러 한국 성리학의 '고착성'이라 하였다. 그리고 거의 모든 학자들이 주자학에만 몰두하였음에도 불구하고 내용상으로는 주자학에 아무런 변화도 가져오지 못했다는 관점에서 '종속성'을 함께 주장하였다. 즉, 조선의 주자학자들은 학문적 관심을 오로지 '주희(朱熹)'의 본의에 부합하는가의 여부를 따지는 데에만 집중하였을 뿐, 그것으로부터 벗어나 창의적인 견해나 심화된 학문 수준을 거의 보여주지 못했다는 사상사관이다.[2] 한마디로 말하여 '한국에 성리학자는 있되, 한국 성리학은 없다'라는 주장과도 같다.

그렇다면 한국 성리학의 고유성 혹은 독창성을 부인하는 이러한 관점을 어떻게 극복할 것인가? 그 하나의 대안으로 한국 성리학의 지역적 전개에 대해 주목해 보고자 한다. 고려 후기 안향(安珦)에 의해 수입된 성리학 곧 주자학은 과거시험 제도를 장려하고 학교 교육을 부흥시켜서 학자들 사이에 널리 전파되었으며, 이 사상은 조선시대에 이르러 정통적인 학문으로 자리 잡게 되었다. 태조 이성계는 통치 원년(元年)인 1392년부터 지속적으로 『대학연의(大學衍義)』[3]를 진강(進講)토록 하였다.[4] 이러한 분위기에 따라 조선은 개국 초부터 유학사상이 광범위하게 전국에 보급되었으며, 지역마다 그 여건과 특색에 따라 고유한 유교문화를 생성하게 되었다. 그러므로 지역 성리학의 전통에 대한 충실한 이해는 곧 한국 성리학의 다양성을 입증해 보일 수 있는 하나의 방법이 된다.

지역의 정신사적 전통에 대한 새로운 인식과 이를 바탕으로 한 지역 문

2) 윤사순, 『동양사상과 한국사상』, 을유문화사, 1984, 148~150쪽 참조.
3) 조선 전기에 간행된 宋나라 陳德秀의 『大學』에 대한 주석서이다.
4) 『朝鮮王朝實錄』, 太祖元年(1392年, 壬申年), 9月21日(己亥). "上受朝禮畢, 命成均大司成劉敬, 講大學衍義." 참조.

화의 긍정적 모색은 당면한 문제를 해결하는 데 있어서 온고지신(溫故知新)의 지혜를 일깨워 줄 수 있다. 그러기 위해 지역학에 대한 접근은 미래 지향적인 가치를 담고 있어야 한다. 즉 지역적(local)이면서도 글로벌한 문화적 정체성을 지향하는 세계관을 지향해야 한다. 우리는 이러한 지역학적 가치를 '글로컬리즘(glocalism)'이라 부를 수 있겠다. 이것은 지역 고유의 특색과 배치되지 않으면서도 상생하는 글로벌화를 지향하는 것이다. 말하자면 지역적인 것과 글로벌한 것의 공존을 지향하는 것이다. 미래의 성리학 또한 지역 성리학의 구체성에 바탕을 두면서 시·공간의 경계를 넘어서는 보편적인 성리학을 꿈꿔야 한다.

어떤 문화도 자신의 고유한 것으로만 구성되어 있지 않다. 타문화와의 교류 속에서, 좀 더 적극적으로는 타문화의 도움을 받아 비로소 자신의 문화적 정체성을 확보하게 된다.[5] 그러므로 자신의 문화에 병적으로 집착하고 이를 무조건 옹호하려는 태도는 분명히 문화적 자폐 현상이라 하겠다. 건강한 문화는 타자를 향해 열려 있으며, 보편적 가치관을 지향하는 새로운 변화를 거부하지 않는다. 바로 이러한 면에서 지역학으로서의 한국 성리학, 그중에서도 특히 대구권 성리학을 주목하게 된다.

2. 대구권 성리학의 외연과 명칭 문제

'대구권'과 '대구지역'이라는 말은 비슷하게 사용될 수 있지만, 보다 엄격하게 적용하면 그 의미가 구분된다. '대구지역'이라 할 때는 현재의 행정구역으로서 대구광역시를 의미하는데, 과거에는 성주와 칠곡 등 대

5) 장윤수·김영필, 『한국 다문화사회와 교육』, 양서원, 2012, 11쪽 참조.

구 인근 지역에 속했으나 현재는 대구에 편입된 지역까지 모두 포함한다. 그런데 '대구권' 이라고 할 때는 보다 광범위한 의미로 대구와 인근 지역 즉 대구, 선산(구미), 성주, 고령, 칠곡 등지를 모두 포함할 수 있다. 그러므로 여기서 사용하는 '대구권' 이라는 말은 현재의 대구지역을 포함하여 문화적 정체성을 함께하는 인근 지역을 총괄하는 개념이다.

대구권 성리학의 지리 배경은 낙동강 중류지역과 밀접하게 연관되어 있다. 낙동강은 영남문화권 형성의 중요한 요소이다. 이 강은 영남의 중심부를 관류하면서 여러 갈래의 물줄기를 하나로 합류시킴으로써 '경상도' 라는 하나의 '도(道)' 로서의 정체성을 이룬다.[6] 우리나라의 큰 강 대부분이 두세 개 이상의 도역(道域)을 거쳐 흐른다. 그리고 경기, 충청, 전라도는 적어도 두 개 이상의 큰 강이 도를 관류한다. 그렇지만 경상도와 낙동강은 서로에게 있어서 유일한 존재가 된다. 즉 경상도를 흐르는 유일한 큰 강이 낙동강이며, 낙동강은 경상도에서 비로소 '낙동강' 이라는 이름을 얻게 되고 또한 경상도에서 끝나는 그야말로 영남만을 그 유역 범위로 하고 있다. 지금에 와서 낙동강의 발원지를 강원도 황지로 잡고 있기도 하나, 본류를 형성하고 낙동강의 이름을 얻게 된 것이 엄밀히 말하여 '상주' 이후라는 점을 염두에 둔다면 '낙동강=영남' 이라는 말이 크게 무리는 없을 것이다. 그러므로 낙동강은 경상도 사람들에게 있어서 '우리강〔吾江〕' 이라는 생각을 가지게 하였다.[7] 조선시대에 이르러 영남의 문화는 다시 낙동강을 기준으로 좌도와 우도로 나뉘게 된다.

'대구권' 의 배경 지역을 낙동강 중류지역으로 설정할 때, 우선 낙동강 상 · 중 · 하류를 구분하는 기준이 문제가 된다. 엄밀한 기준 설정이 있지는 않지만, 대략 영남성리학의 지역적 배경을 낙동강과 연관 지어 볼 때

6) 이수건, 『영남학파의 형성과 전개』, 일조각, 1995, 14쪽 참조.
7) 장윤수, 『경북 북부지역의 성리학』, 심산출판사, 2013, 15~16쪽 참조.

퇴계학파의 무대인 안동을 비롯한 경북 북부지역이 낙동강의 상류지역에 해당되고, 남명학파가 중심을 이루는 서부 경남지역을 낙동강의 하류지역으로 이해할 수도 있겠다. 그런데 여기서 '대구권 성리학' 이라고 할 때 '대구권' 의 지역 범위는 상류와 하류의 접목지대인 낙동강 중류지역에 해당된다. 이러한 지리적 성격으로 인해 대구권 성리학의 학문적 특성으로 퇴계학과 남명학, 좌도문화와 우도문화의 절충적 성격을 주목하는 학자들이 많다.

그렇다면 대구권 성리학을 아우르는 포괄적 명칭이 가능할까? 이 지역의 지리적 · 학문적 특성을 주목하면서 '성주(星州)문화권' 이라는 명칭을 사용하는 경우가 있다. 즉 영남지역의 유학사상사 중에서도 대구 · 경북지역의 성리학을 언급할 때 크게 세 지역으로 구분하여 '안동(安東)문화권', '상주(尙州)문화권', '성주(星州)문화권' 으로 이해하는 경우이다.[8] 이때 대구지역의 성리학계는 크게 보아 성주문화권에 해당한다. 현재의 대구시와 성주군의 세력은 비교할 수 없을 정도로 대구가 압도적이지만, 조선 초기만 하더라도 성주의 세력이 대구에 비해 훨씬 우세했다.[9] 그리고 유림(儒林)들의 활동에 있어서는 조선 후기까지도 성주가 대구보다 더욱 활발하였다.[10] 여기서 '성주문화권' 이라 할 때 그 범위는 대략 성주를

8) 김성윤, 「영남의 유교문화권과 지역학파의 전개」(『朝鮮時代史學報』, 37집, 朝鮮時代史學會, 2006), 142~143쪽 참조.

9) 星州牧의 호수가 1,479였음에 비해 대구군은 겨우 436호에 지나지 않았다.〔이수건, 『영남학파의 형성과 전개』, 일조각, 1995, 49~50쪽 참조〕

10) 이러한 사실은 1792년(정조 16년) '嶺南萬人疏' 에 참여한 疏儒들의 출신 지역을 비교해보면 분명하게 드러난다. 大丘府에서는 達城徐(徐思遠), 慶州崔(崔興遠), 漆谷都(都聖兪兄弟), 仁川蔡氏(蔡倫) 문중이 참여했으나, 星州牧에서는 漆谷지역을 제외하더라도 淸州鄭(鄭逑-枝村), 義城金(金宇顒-沙月谷), 碧珍李(李堅幹-楡谷), 星州呂(呂希臨-樹村), 星山李(李碩九-大浦), 星州裵(裵惠), 漆谷〔星州〕都(都夏), 順天朴(朴可權), 冶城宋(宋希奎), 義城金氏(金用超-修倫) 문중이 대거 참여했다.〔이수건, 『영남학파의 형성과 전개』, 553쪽 참조〕

위시하여 대구, 칠곡, 고령, 선산(구미) 등이 포함된다. 이 외에도 1980년대 이후 '강안학(江岸學)' 이라는 용어가 사용되기도 했고, 최근에는 '낙중학(洛中學)' 이라는 명칭이 등장하기도 한다.

'성주문화권' 이라는 용어는 종래 이 지역의 중심 고을이 '성주' 였고, 성주지역의 학문적 정체성이 주변 지역 중에서도 가장 두드러진다는 점에서 지역문화권을 아우르는 명칭으로 충분히 수긍할 수 있다. '강안학' 이라는 용어는 '영좌시가(嶺左詩歌)' 와 '영우시가(嶺右詩歌)' 의 완충 지역을 설정하면서 이 지역을 '강안(江岸)' 이라고 불렀던 데에서 유래한다.[11] 그리고 사상적 배경에서도 강안지역을 주목하여 "강안지역이라고 칭하는 것은 한강 정구와 여헌 장현광 등 소위 문목연원(文穆淵源) 또는 한・려학파(寒旅學派)라는 독특한 분위기를 갖고 있는 지역을 지칭하는 것이다."[12]라는 주장이 등장하였다. '강안' 이라는 용어 자체가 강을 기준으로 하여 '좌' 와 '우' 의 접점에 있음을 시사하는 것이기에 좌도와 우도의 성리학적 경계성과 회통성을 표현하는 명칭으로 일정 부분 적합성을 지닌다.

또한 최근에는 성주문화권, 강안학과 비슷한 의미로서 '낙동강 중류지역의 유학' 을 의미하는 '낙중학' 의 개념을 제기하는 경우도 있다.[13] 그런데 '낙중학' 이라는 용어를 그대로 사용하기에는 문제가 있다. '낙동강 중류지역' 이 과연 어디를 의미하는가 하는 지역 설정의 기준도 문제가 되겠지만, 이 문제를 접어두더라도 한자어의 의미로 '낙중' 이라는 말은 낙동강 중류지역을 의미하지 않는다. 즉 낙상(洛上), 낙중(洛中), 낙하(洛下)라

11) 이동영, 『조선조 영남시가의 연구』, 부산대학교 출판부, 1984, 308쪽 참조.

12) 박병련, 「'광해군 復立 모의' 사건으로 본 강안지역 남명학파」(『남명학연구논총』, 제11집, 남명학연구원, 2002), 230쪽.

13) 홍원식, 「영남 유학과 '낙중학'」(『'낙중학', 조선시대 낙동강 중류지역의 유학』, 계명대학교 출판부, 2012), 17쪽 참조.

고 할 때의 상 · 중 · 하 개념은 상류, 중류, 하류의 의미가 아니다. '강' 과 관련하여 사용되는 '상(上)' 이라는 한자어는 '강가' 를 의미한다. 예를 들면, 『논어』에서 언급되는 문상(汶上)은 '문수 상류' 가 아니라 '문수 가' 를 의미하고,[14] 천상(川上)은 '내〔川〕 상류' 가 아니라 '냇가' 를 의미한다.[15] 실제로 경북 북부지역에서 하상(河上)이라고 하면 '물〔河〕 가' 를 의미하는 말로서 하회마을을 뜻하고, 낙상(洛上)이라고 할 때는 '낙동강 강가' 를 의미하여 구체적으로는 예천군 풍양면 낙상리(洛上里) 일대를 지칭하기도 한다.

한자어로 '낙중' 이라는 말은 '낙양 도성 안' 또는 '서울 안' 을 의미한다. 낙동강과 관련하여 굳이 낙중지역이라는 말을 사용한다면 그것은 낙동강 중류지역이라는 의미가 아니라, 낙동강의 도성 안, 즉 상주(낙양)지역을 일컫는 말로 보아야 한다. 이러한 용례는 중국의 낙양(洛陽)과 일본의 경도(京都)를 '낙중' 이라고 하는 사실에서도 분명하게 확인할 수 있다. 선산지역을 낙양(상주)의 남쪽이라 하여 '낙남(洛南)' 이라 칭했던 것도 이러한 사실과 같은 맥락에 있다.

'성주문화권' 이라는 명칭 또한 현대인의 입장에서는 '성주' 라는 지역이 대구와 그 인근 지역을 포괄하는 지역적 의미로 받아들이기 힘들다는 문제점이 있다. 그리고 '강안학' 이라는 용어는 비슷한 학풍을 지닌 경산 · 청도 · 영천지역을 아우르는 개념으로 사용하기에 무리가 있고, 무엇보다도 이 용어가 학계에 보편화되지 않아 일반인에게 생소한 개념이라는 한계가 있다. 바로 이러한 이유에서 이 책에서는 현재의 입장에서 볼 때 지역적 의미를 가장 잘 드러내는 '대구권' 이라는 명칭을 사용하고자

14) 『論語』, 「雍也」. "季氏使閔子騫爲費宰. 閔子騫曰, 善爲我辭焉. 如有復我者, 則吾必在汶上矣." 참조.

15) 『論語』, 「子罕」. "子在川上曰, 逝者如斯夫. 不舍晝夜." 참조.

한다. 다만 이 지역의 유학(성리학)이 갖는 지역적 범위와 학문적 정체성에 대해서는 앞서 언급한 일련의 용어들과 유사하다는 점을 밝혀 두는 바이다.

3. 대구권 성리학의 학문 연원

성리학(性理學)이란 개념은 주자학(朱子學), 정주학(程朱學), 도학(道學), 이학(理學), 송학(宋學) 등의 용어와 학문적인 내용이 대체로 비슷하므로 서로 통용될 수도 있겠으나, 엄밀히 따지면 개념상의 차이가 있다. '성리학'과 '이학'은 송대 유학이 다룬 핵심개념을 중심으로 붙여진 이름이며, '정주학'과 '주자학'이란 용어는 송대 유학을 집대성한 정자(程子)와 주자(朱子)를 중심으로 하여 붙여진 이름이다. 또한 '도학'이란 정통성〔道〕의 계보를 잇는 진정한 학문이라는 의미에서 붙인 이름이며, '송학'이란 송나라 시대에 성행한 유학이라는 의미로 사용된 명칭이다.

정자와 주자의 학문 근간이 비슷하며, 실제로 주자가 정이(程頤)의 사전(四傳) 제자였음을 감안할 때 정주학과 주자학은 서로 통하는 개념이다. 또한 정주학파 사람들 스스로 자부하기를 "맹자 이후 천 년 동안 끊어졌던 도통(道統)을 이었다."라고 하니 도학(파)이라고도 할 수 있을 것이다. 그리고 이들 학문의 핵심적 개념이 곧 성(性)이요 이(理)라는 점에서 '성리학' 또는 '이학'이라고도 할 수 있겠다. '송학'이라는 명칭 역시 송대 유학의 근간이 정주학이라는 점에서 서로 통용될 수 있다.

주지하다시피 성리학 곧 주자학은 고려시대 후기 안향(安珦, 1243~1306)에 의해 처음 우리나라에 수용되었다. 안향은 1286년(충렬왕 12년)에 왕을 따라 원나라에 갔다. 연경(燕京)에서 처음 『주자전서(朱子全書)』

를 보고 이 책이 유학의 정통이라고 생각하여 베껴 쓰고, 또 공자와 주자의 화상(畵像)을 그렸으며, 귀국하여서는 본격적으로 성리학을 연구하게 되었다. 이것이 바로 우리나라 성리학 연구의 시초가 된다.

우리나라의 성리학은 조선시대에 이르러 '영남학파' 와 '기호학파' 라는 대칭적인 지역학 개념으로 자리 잡게 된다. 이 중에서 영남학파란 용어는 지칭되는 대상이 다의적이지만, 언급되는 학파들이 모두 영남을 지역 배경으로 삼는 학문상의 유파라는 공통점이 있다. 조선 초기에 영남학파는 주로 기호지역의 훈구(勳舊) 세력에 대비되는 영남지역의 사림파를 의미했다. 그리고 16세기 후반 이후에는 우계 성혼과 율곡 이이를 중심으로 하는 기호사림파에 대비하여 남명 조식과 퇴계 이황의 학문 유파를 일컫는 명칭으로 사용되었다. 남명 조식의 제자들이 중심이 된 대북(大北) 정권이 소멸된 이후에 영남학파는 곧 퇴계학파를 의미하였으며, 정치적으로는 남인(南人) 세력을 상징하였다. 그런데 통상 영남학파라고 할 때 영남사림파, 남명학파, 퇴계학파 외에 반드시 주목해야 하는 학문 유파가 있으니, 바로 한강 정구(1543~1620)와 여헌 장현광(1554~1637)을 중심으로 하는 학문 유파이다.

그런데 한강과 여헌의 학문이 갖는 '공통성' 혹은 '연속성' 에 주목하게 될 때 '한강학파' 와 '여헌학파' 를 병칭(竝稱)하는 것에 대해 문제를 제기할 수도 있다. 우선 두 사람의 관계가 엄밀한 의미에서 사제(師弟) 간이라 할 수 있는지, 또한 양인의 문하에서 수학한 학자들 간에 동일한 학파로 취급할만한 '충분한' 공통적인 특징이 있는지에 대한 논란의 여지가 있다. 그렇지만 두 사람의 관계를 고려할 때, 적어도 인맥상(人脈上)에 있어서는 한강의 학맥과 여헌의 학맥을 병칭하는 것이 크게 문제가 되지 않는다. 여헌은 한강의 조카사위〔姪壻〕이며, 평소 한강을 대할 때에 마치 스승을 대하듯이 정중하게 응대하였다. 그리고 두 사람의 문하생들 간에도 밀접한 유대관계를 형성하고 있었고, '문인록(門人錄)' 에 등재된 인원만 하더라도 무려 50여 명이 넘는 숫자가 한강과 여헌의 문하를 동시에 출입하였다.

한강과 여헌의 사상 배경이 되는 지역적 무대는 한강의 고향 성주(星州)와 여헌의 고향 인동(仁同)을 비롯한 낙동강 중류지역이다. 이 지역은 현재의 대구와 주변 지역인 고령, 선산, 칠곡 등지를 포함하고 있다. 한강과 여헌은 그 학문 경향에 있어서 차별적 모습을 보이지만, 두 사람의 학문은 각각 대구권 성리학의 형성에 큰 영향을 미쳤다. 한강은 남명과 퇴계의 학통을 함께 계승하면서 나름대로 이를 회통시키고자 노력하였다. 반면 여헌은 남명과 퇴계로부터 직접 배운 바가 없으며 또한 이론적인 측면에서도 이들 두 사람의 사상과는 구별되는 특징이 있다. 이러한 점에서 볼 때 한강의 사상은 '회통적' 특징이 강하고, 여헌의 사상은 '독창적' 측면이 두드러진다고 평가할 수 있다.

18세기 대구권 성리학자들이 가장 애를 썼던 일의 하나가 바로 「청한강여헌양선생승무소(請寒岡旅軒兩先生陞廡疏)」이다. 이 소문(疏文)은 한강과 여헌의 문묘(文廟) 종사(從祀)를 요청하는 것이다. 대구권 성리학자들은 한강과 여헌 두 사람이 선현의 '바른 학통〔正脈〕' 을 계승하여 성인의 학문을 잇고, 후학을 개도(開導)한 공이 컸음을 칭송하고, 한강과 여헌 두 사람의 위패를 문묘에 승무(陞廡)시킬 것을 소청(疏請)하고 있다. 이러한 사실을 통해 18세기 당시까지만 하더라도 대구권 성리학계에 한강과 여헌의 사상적 영향이 강하게 작동하고 있었음을 알 수 있다. 당시 이 지역 성리학계의 분위기가 외적으로는 퇴계학풍을 존숭하는 일관성을 지녔지만, 내적으로는 자기 나름의 고유한 색채를 지니고 있었던 것이다.

지리적으로 낙동강 중류지역(대구권)은 남명학과 퇴계학의 교차지점에 있다. 이것은 곧 이 학파의 거점이 영남학파의 '주변부 지역' 이라는 사실을 의미한다. 그렇지만 대구권 성리학은 단순히 퇴계학과 남명학을 추종한 변두리 문화가 아니라, 회통 · 자득 · 실천이라는 고유한 학풍을 꽃피운 특색 있는 지역문화였다. 시대적으로 보아 대구권 성리학은 16세기 중반에는 남명학맥과 퇴계학맥이 공존하고 있었고, 16세기 후반과 17세기 초반에는 한강과 여헌의 사상이 성행했으며, 17세기 중반 이후로는 퇴계학파 즉 경북 북부지역 유학의 영향권 아래에 있었다. 그렇지만 이 지역에서는 퇴계학뿐만 아니라 남명학의 전통도 꾸준하게 지속되었으며, 특히 한강과 여헌의 학풍을 살려 나가면서 특색 있는 지역 학문의 전통을 이루어 나갔다.

4. 대구권 성리학의 형성 배경

이중환(李重煥)이 지은 『택리지(擇里誌)』는 우리나라 최초의 '인문지리학' 연구서로 유명하다. 이 책에서는 조선 팔도(八道)의 지리와 인심과 풍속에 대해 자세하게 언급하였는데, 경상도 사람의 기질에 관해서 주목할 만한 평가를 하고 있다. 우선 이중환은 경상도가 팔도 중에서도 지리적 조건이 가장 좋다는 점을 언급하면서,[16] 이와 관련하여 인재(人才)의 풍부함을 역설한다. 지리적 조건이 가장 좋다는 말은 지금의 관점에서는 이해하기 어려울 것이나, 전통 사회에서 요구하는 배산임수(背山臨水)의 조건, 재지적(在地的) 기반을 갖춘 향반(鄕班) 사회의 형성과 관련한 배경들을 고려하면 수긍할 수 있다.

인재의 고장으로 유명한 경상도에서도 선산지역은 특히 인재가 많기

16) 李重煥, 『擇里誌』, '慶尙道' 의 첫 구절. "慶尙道地理最佳." 참조.

로 유명하다. 그래서 이중환은 『택리지』에서 "조선 인재의 반은 영남에 있고, 영남 인재의 반은 선산〔一善〕에 있다."[17]고 하는 유명한 말을 하였다. 선산은 조선조 사림파의 발상지이다. 통상 사림파라고 할 때 '길재(吉再)-김숙자(金叔滋)-김종직(金宗直)-김굉필(金宏弼)'의 계보를 언급하게 된다. 이때 언급되는 길재, 김숙자, 김종직이 모두 선산 출신이고, 김굉필 또한 선산과 깊은 연고가 있다. 이러한 면에서 선산지역은 '사림파'의 발상지라고 할 수 있다. 그런데 조선시대 인재의 요람이었던 선산지역은 계유정난(癸酉靖難), 무오사화(戊午士禍), 을사사화(乙巳士禍), 기묘사화(己卯士禍)를 거치면서 쇠락의 길을 걷게 된다. 이로 인해 정작 사림 세력이 정권을 주도해 나간 16세기 후반 이후에는 학문적으로나 정치적으로 선산 출신의 인물들이 더는 영남 문화를 주도해 나가지 못하게 된다.

한편 '대구'는 고려 시기 내내 큰 주목을 받지 못하고 다만 '현(縣)'이라는 지방행정의 가장 작은 단위로 존재했다. 그러나 조선 초엽부터 교통과 군사 요충지로 인정받아 그 영역이 점차 확대되기 시작했다. 마침내 1601년(선조 34년)에 경상감영이 이곳에 자리 잡으면서 400년 이상 경상도의 행정·사법·군사 중심지의 역할을 수행하였으며, 경상도의 중심 위치를 확고히 유지하였다.[18] 그렇지만 학문적 입장에서 볼 때 대구는 여전히 영남학파의 '주변부'에 속하였으며, 오랜 기간 침체기에 빠져있었다. 조선 초기 대구지역의 학풍은 정치적 위상에 비해 대단히 미약한 실정이었다.[19]

---

17) 『擇里志』, 「八道總論」, '慶尙道' 條. "朝鮮人材半在嶺南, 嶺南人材半在一善." 이 말은 일찍이 선산지역의 유학자 盧景任(1569~1620)도 말한 바 있다.〔『敬庵集』, 卷二, 序, 「崇善誌序」〕

18) 대구·경북역사연구회, 『역사 속의 대구, 대구사람들』, 도서출판 중심, 2001, 150~156쪽 참조.

19) 당시 대구지역의 열악한 학문 여건에 대해 이 지역 출신의 학자인 徐居正이 개탄한

대구지역의 성리학 전통과 관련하여 우선 주목할 만한 인물은 한훤당 김굉필이다. 그는 한국 성리학의 정통을 계승한 것으로 평가받는다. 김굉필은 현풍(玄風)에 거주하면서 학문을 연찬하였고, 정여창(鄭汝昌)을 비롯한 영남지역의 여러 학인(學人)들과 더불어 깊은 교제를 나누었다. 그는 21세 때에 야은 길재의 학문을 계승한 김종직을 찾아가 책을 펼쳤으며, 이를 계기로 학문적 관심을 '수기(修己)' 중심의 내적 실천에 두었다. 김굉필의 이러한 학풍이 향후 한국 성리학에 깊은 영향을 끼쳤다. 그렇지만 김굉필의 제자 대부분이 무오사화에 연루되어 큰 화(禍)를 입게 됨으로써 정작 대구지역의 성리학계는 16세기 중반에 이르기까지 별다른 특징을 보여주지 못했다.

대구권 성리학계의 부흥은 역설이게도 임진란(壬辰亂)을 맞아 일어나게 된다. 즉 임진란은 대구권 성리학자들의 존재를 강하게 부각시키는 계기가 되었다. 대구의 의병(義兵)은 재지사족(在地士族)을 중심으로 결성되었다. 이들 재지사족은 혼인 관계를 통해 인적 네트워크를 형성하였고, 또한 남명과 퇴계를 학문의 종장(宗匠)으로 삼아 학파적 유대감을 강하게 형성하고 있었다.[20] 대구권 성리학은 특히 임진란 당시의 의병 활동을 계기로 그 존재를 뚜렷하게 드러낸다. 이러한 시대적 분위기에서 한강 정구의 등장은 주목할 만하다. 남명과 퇴계의 학통을 모두 계승한 것으로 평가받는 한강은 학문에 있어서 '대구'라는 지역이 주변부의 한계를 뛰어넘어 '회통성', '자득성', '실천성'으로 대표되는 고유한 학풍을 형성하는 데에 중요한 계기가 되었다. 그는 성주 출신으로 만년(晩年)에는 대구 인근 칠곡지역에 거주하며 많은 후학을 길러냈다. 비중 있는 대구권 성리

바 있다.〔『四佳集』, 卷4, 序, 「送都壯元(夏)還鄕詩序」 참조〕

20) 김형수, 「17세기 초 대구사림의 형성과 분화」(『역사교육논집』, 36집, 역사교육학회, 2006), 276~277쪽 참조.

학자들의 절대다수가 한강의 제자이거나 재전(再傳) 제자이며, 특히 이 지역의 서원에 향사(享祀)된 인물의 대부분이 한강의 문인들이다.

16세기 중반 이후 대구권 성리학의 지형도를 개관하면 우선 퇴계학맥과의 연관성이 주목된다. 서원제향(書院祭享)의 경우를 살펴보면 이러한 사실이 분명하게 드러난다. 1564년(명종 19년)에 대구의 학풍을 진작하기 위해 퇴계의 문인 이숙량(李叔樑)이 주도하여 이 지역 최초로 연경서원(硏經書院)을 건립하는데, 이곳에서는 퇴계를 제향하였으며 그 후에 퇴계의 제자인 정구와 전경창(全慶昌)을 배향하였다. 그리고 다시 류성룡(柳成龍)의 문인 정경세(鄭經世)와 이숙량을 추향(追享)하였다. 이러한 사실을 통해 조선 중기 대구권 성리학계가 외형상 퇴계학파의 영향 아래에 있었음을 충분히 짐작할 수 있다. 그렇지만 임진란 이전까지 대구지역 성리학계의 존재는 대단히 미미했다.

임진란은 대구지역 학자들에게 '위기' 이자 '기회' 로 작용하였다. 민중의 생존적인 측면에서는 위기로 작용하였지만, 학문의 발전과 학파의 형성이라는 측면에서는 기회로 작동했다. 임진란 직후 한 세기가 지난 17세기는 대구지역 유학이 가장 크게 발전하던 시기이다. 당시 대구지역은 재지사족 출신의 학자들에 의해 의병이 조직되었으며, 전쟁 이후에는 이들을 중심으로 학파가 형성되고 학풍이 진작되었다. 당시 의병 활동의 중심에 섰던 낙재(樂齋) 서사원(徐思遠)과 모당(慕堂) 손처눌(孫處訥)은 이후 대구지역 성리학계의 구심점이 되었다. 그들은 참혹한 전쟁 이후 사회의 극심한 혼란을 극복하기 위해 다른 무엇보다 유교적 예교(禮敎)의 진흥이 중요하다고 생각했다. 바로 이러한 맥락에서 예교의 임무를 직접 담당할 대구향교의 재건이 핵심과제로 떠올랐다. 이러한 배경에서 손처눌이 중심이 되어 대구향교를 재건하였고,[21] 또한 「학교모범(學校模範)」을 처음으로 강학하였다.[22] 당시 대구향교의 재건사업에 참여한 중심인물 대부분이 한강 정구의 문인들이다.

대구권 성리학자들은 서사원과 손처눌을 중심으로 선사재(仙査齋)에서 학문 진흥을 결의하고 활발하게 학술 활동을 펼쳐나갔다. 그리고 연경서원의 「원규(院規)」를 마련하고 이곳을 대구 사림의 강학 장소로 삼았다. 지역 유림의 주도로 연경서원이 중수(重修)되자 한강은 이곳에 퇴계 이황의 위패를 봉안한다는 「봉안문」과 연경서원의 중건사업이 완료되었음을 알리는 「고유문(告由文)」을 지었다.[23] 즉 임진란 직후 대구 성리학계에는 한강의 영향을 받거나 직접 가르침을 받은 제자들이 주로 활동하고 있었고, 그중에서도 서사원과 손처눌이 중심이 되어 대구지역의 유림 대부분이 참여하는 강학과 교제를 이끌었다. 이 지역 성리학계의 중심인물인 서사원과 손처눌 두 사람의 관계는 기본적으로 우호적인 관계를 유지하고 있었다. 그렇지만 성주 유생(儒生)들의 '한강(寒岡) 고변(告變) 사건' 과 정인홍의 '회퇴변척(晦退辨斥) 사건' 이후 서사원과 손처눌 두 사람 사이에는 미묘한 갈등 관계가 형성되기도 했다.

21) 『慕堂集』, 卷6, 附錄, 「年譜上」, 己亥年(宣祖32年), 慕堂47歲, '10月' 條. "與一鄕士友, 議定鄕校移建之擧.〔舊校在府東城門外, 爲龍蛇島夷之所窟, 至是先生倡率鄕人, 移卜于達城. 徐樂齋爲書賀之曰, 廟宇極爲精緻, 莫非老兄誠篤斯文所致, 甚慰輿望云云. 時先生與方伯柳川韓公, 地主金公九鼎幹是事.〕" 참조.

22) 『慕堂集』, 卷6, 附錄, 「年譜上」, 庚子年(宣祖33年), 慕堂48歲, '2月' 條. "會校堂講學校模範.〔先生曰此書眞名教中藥石, 令人醉夢欲醒.〕" 참조. 「學校模範」은 1582년 王命에 따라 李珥가 지은 것이다. 그렇지만 徐思遠과 孫處訥은 이것을 李滉의 작품으로 여긴 듯하다.〔『慕堂日記』, 庚子年(宣祖33年), 慕堂48歲, '2月1日' 條. "行甫以退溪先生學校模範出示." 참조〕

23) 김형수, 「17세기 초 대구사림의 형성과 분화」, 283쪽 참조.

5. 대구권 성리학의 특성 : 회통 · 자득 · 실천

한국사상사에서 '대구권' 은 영남학파의 제3지대로서 남명학(영남우도)과 퇴계학(영남좌도)의 '접점' 에 있다. 그런데 이러한 접점 문화는 장점과 단점을 동시에 지닌다. 즉 다양한 문화를 수용하여 발전적으로 종합시킬 수 있는 장점과 자기의 고유성을 발휘하기 어렵다는 단점이다. 그런데 대구권 성리학은 남명학과 퇴계학의 접점 지대에 있으면서 비교적 자유롭게 두 문화를 받아들이면서도, 자신만의 고유한 특징을 지속해서 유지했다는 점에서 높게 평가받을 수 있다. 대구권 성리학의 고유한 색채는 크게 '회통' , '자득' , '실천' 이라는 세 가지 특징으로 요약할 수 있다. 이러한 범주화에 대해 성급하다고 지적할 수도 있겠지만, 지역적 차별성을 학문의 다양성이라는 측면에서 적극적으로 해석할 수 있을 때 한국 성리학은 훨씬 더 풍부한 내용을 담을 수 있을 것이다. 성리학의 이상(理想)은 막연한 보편성에서 찾아지기보다는 구체적이고 특수한 장소에서 형성되는 인간의 삶에서 좀 더 쉽게 발견될 수 있다. 대구권 성리학의 특징을 회통 · 자득 · 실천의 성리학으로 해석해낼 수 있다면, 한국의 성리사상을 보다 더 긍정적으로 이해할 수 있는 하나의 계기가 될 것이다.

1) 회통적 성격

대구권 성리학을 대표하는 특징으로 우선 '회통성' 을 주목할 수 있다. 여기서 '회통' 이란 여러 가지 요소가 있겠지만 무엇보다도 남명학과 퇴계학, 영남학과 기호학의 대립 요소를 상호 포용적으로 받아들인다는 의미가 강하다. 대구권 지역의 회통적 접점 문화를 주목하는 학자들은 낙동강 연안이 내륙에 비해 타문화의 흡수력이 빠르다는 점을 강조하며, 그 이유로 낙동강 물길을 통해 이질적인 문화가 신속하게 전파될 수 있다는 점을 언급한다.[24] 역사적인 지도로 볼 때 이러한 특징은 가야 문화의 영역과 상당 부분 겹친다. 대가야(大伽倻)의 근거지인 고령, 성산가야(星山伽倻)의 배경인 성주, 고령가야(古寧伽倻)의 지역으로 추정되는 선산, 그리고 더 나아가서는 상주 함창(咸昌)까지도 낙동강 물길 문화로 인한 회통성과 개방적 특징을 드러낸다. 이 부분에 대해서는 역사학을 비롯한 관련 학계에서 향후 좀 더 체계적으로 연구해볼 필요가 있다.

대구권 성리학자들의 사승(師承) 관계를 확인할 때 무엇보다도 주목되는 점이 바로 남명과 퇴계의 문하를 동시에 드나든 학자들이 많다는 점이다. 성주지역의 정구(鄭逑)와 김우옹(金宇顒), 그리고 고령지역의 배신(裵紳)과 김면(金沔)이 대표적인 사례이다. 이들은 모두 남명과 퇴계의 문인록에 동시에 등재된 학자들로서 지역 사회에 미친 영향력이 크다. 이 지역에서 학파의 경계가 뚜렷해지기 전에는 남명과 퇴계 문하의 학자들이 비교적 고르게 분포되어 있었다. 그렇지만 단순히 두 선생의 문하에서 배웠다는 사실만으로 회통성을 주장하기에는 설득력이 부족하다. 즉 대구권 성리학자들이 남명과 퇴계 두 학자의 사상을 구체적으로 어떠한 방식으로 절충하고 회통했는지를 충분히 해명할 수 있어야 한다. 그리고 두 선생의 문하를 동시에 드나든 학자들과 그렇지 않은 학자들 간에 어떠한 사상적 차별성이 있는지에 대해서도 충분히 주목해 보아야 한다.

대구권 성리학의 회통성은 달리 말한다면 학문적 개방성으로 읽힐 수도 있다. 이 지역의 학맥도(學脈圖)를 보면 남명과 퇴계는 말할 것도 없고, 기호지역의 남인학파 심지어 노론(老論) 계열의 학맥까지도 다양하게 포함되어 있다. 남명학파가 몇 차례의 정치적 탄압을 받고 거의 멸절 상태

24) 정우락, 「江岸學과 高靈 儒學에 대한 試論」(『퇴계학과 한국문화』, 43호, 경북대 퇴계연구소, 2008), 60~61쪽 참조.

에 이르게 된 이후에도 이 지역에서는 지속적으로 남명의 학풍이 확인된다. 무신란(戊申亂) 이후 외적으로는 퇴계학파가 이 지역의 학계를 주도해 나가지만, 내적으로는 자득과 실천을 특징으로 하는 남명의 학풍이 여전히 주된 흐름을 형성하고 있었다. 대구권 성리학자들 중에서는 남명처럼 각종 여행기를 쓴 이들이 많고,[25] 도가적(道家的) 처사형(處士型)의 학풍을 엿볼 수 있다. 그리고 독서 목록에서 『장자(莊子)』를 읽을 것을 당당하게 주문하기도 하고,[26] 특히 기학자(氣學者)인 장재(張載)와 그의 사상을 강조한 경우가 많다.[27] 또한 정치적으로는 북인 계열의 남명 계통 학자들은 물론이고 율곡학파와도 자유롭게 교유한 경우도 상당수 존재한다.[28] 이러한 사례는 모두 이 지역 학자들의 자유롭고 개방적인 학문 분위기를 보여주는 것으로서, 대구권 학풍이 지닌 개방성과 융통성의 측면으로 해석될 수 있다.

19세기 칠곡지역의 대표 사상가인 장복추(張福樞)는 그의 선조인 장현광의 사상이 퇴계학파 내에서 부당하게 대접받고 있다는 문제의식을 느

---

25) 가장 대표적인 사례가 鄭逑와 그 제자들이다. 鄭逑는 직접 「遊伽倻山錄」을 저술하였으며, 그 제자들 또한 많은 기행문을 남겼다. 그리고 칠곡지역의 학자 李東沆은 여러 편〔“『遲庵集』, 卷3, ‘雜著’ 에 ‘方丈遊錄’ , 卷4 ‘雜著’ 에 「海山錄」, 「楓嶽總論」, 卷5 ‘記’ 에 「遊俗離山記」, 「三洞山水記」가 수록됨〕의 기행문을 저술하였으며, 대구지역의 유학자 崔興遠 또한 「遊伽倻山錄」〔『百弗庵集』, 卷13, 雜著에 수록됨〕을 남겨두었다.

26) 『遲庵集』, 卷3, 書, 「答安靜瞻」 참조.

27) 선산지역의 유학자인 朴英(1471~1540)은 후대 학자들에 의해 ‘東方의 橫渠(張載)라 불렸고, 또한 이 지역의 학자인 張峋(1532~1571)은 張載를 존숭하여 자신의 雅號를 ‘鶴渠’ (鶴山에 사는 橫渠)라 하였다. 張峋의 제자 張顯光도 張載의 氣學을 존숭하였으며, 고령지역의 寒岡 제자인 李起春(1541~1597) 또한 만년에 張載의 학문을 추구했다. 대구출신의 유학자 都汝兪(1574~1640)는 張載가 거론한 天地之性과 氣質之性을 거론하면서 원래 하나인 性의 通蔽開塞의 차이를 설명하고자 하였다. 심지어 1891년에 제정된 ‘星山(고령)鄕約’ 의 ‘講規’ 에는 淵源正學의 서책의 하나로 張載의 『正蒙』이 포함되어 있다.

28) 樂齋 徐思遠의 경우가 대표적인 사례이다.

끼고 이를 정당하게 회복시키고자 노력하였다.[29] 그런데 장복추 또한 이설(異說)을 대립적 관점에서만 보지 않고 이를 회통시키려 했으며, 사상적으로는 퇴계학과 남명학의 융합 및 한강과 여헌의 회통적 학문 정신을 계승하였다.[30] 장복추의 이러한 학문 경향은 당연히 그를 추종하던 문인들에게도 전해졌으며, 이로 인해 대구권 성리학의 회통적 학풍은 19세기 후반을 넘어 20세기 초반까지도 이 지역에 존재하였다.

사회사상적 입장에서 볼 때 어떠한 사상체계이든 그것은 그 시대의 현실 조건과 개인의 삶의 배경에서 이루어진 가장 최적의 사상이라 할 수 있다. 이러한 관점에서 보면 단순히 유학적 도통(道統)의 입장에서만 사상의 우열을 논하기 어렵다. 그동안 영남학파의 제3지대로 낮게 평가받아온 대구권 성리학은 회통적이고 개방적인 학풍을 지니고 있다는 측면에서 소통과 열림의 세계를 지향하는 미래 유학의 의미에 훨씬 더 가깝게 다가갈 가능성을 지니고 있다.

2) 자득적 성격

성리학 수용기의 '역사적 전개 과정'을 주목해 보면, 고려 말의 성리학이 정몽주를 기점으로 그 이전과 이후로 특색 있게 구분되는 점을 발견하게 된다. 성리학 수용 전반기의 학자들 대부분은 원나라에 머무른 적이 있거나 의식적으로 원나라와 가까웠던 이들이며, 그리고 후반기의 학자들 대부분은 명나라에 머무른 적이 있거나 명나라와 가까웠던 인물들이

29) 권상우, 「文辨至論에서의 성리학적 이론구조」(『四未軒 張福樞의 經學思想과 性理思想』, 경북대학교 영남문화연구원 학술대회 발표집, 2009), 60쪽 참조.

30) 최석기, 「四未軒 張福樞의 학술과 그 의미」(『四未軒 張福樞의 經學思想과 性理思想』, 경북대학교 영남문화연구원 학술대회 발표집, 2009), 3쪽 참조.

다. 그러므로 전자의 경우에는 반원(反元)·배불적(排佛的) 성격이 약하며, 또한 성리학의 문학적 측면에 관심이 많았고, 아직 성리학의 수입에만 급급했을 뿐이지 '한국적 수용' 즉 자기 방식의 해석이나 발전과정이 거의 보이지 않는다. 반면, 후자는 그 대부분이 조선의 건국에 적극적으로 동참하며, 사공(事功)과 실천윤리적 성격이 짙고 배불(排佛)의 태도가 상당히 강하게 표출된다. 그리고 이 시기의 성리학은 무엇보다도 '자주적'인 측면이 강하였으며 '자득지미(自得之味)'가 있었다. 그러므로 '주희'에 대해서도 절대 존숭의 분위기가 아니었고, 심지어 어떤 경우에는 주희를 강하게 비판하기까지 한 생동력 있는 유학의 시대였다.

대구권 성리학은 '자득'의 공부를 강조하는 조선 초기의 분위기를 많이 유지하고 있었으며, 이러한 학풍은 선산지역의 유학자인 박영(朴英, 1471~1540)과 장현광을 위시해서 이 지역 출신의 많은 학자들에게서 발견된다. 박영은 김굉필의 제자이자 동향 출신의 정붕(鄭鵬, 1467~1512)을 매개로 하여 '도학(道學)'에로 나아가게 되며, 그 과정에서 심득(心得)의 방법론과 『대학』 공부가 중요한 역할을 한다. 박영의 학문적 특징은 역행(力行)에 바탕을 둔 자득(自得)과 체인(體認)의 공부론이라 할 수 있다.[31] 인동(仁同) 출신의 학자인 장현광 또한 학문의 자득처(自得處)를 강조하였다. 그는 퇴계와 남명의 사상뿐만 아니라 율곡사상까지도 일정 부분 받아들이고 있지만 어느 한 곳에 얽매이지 않고 이를 넘어서려 하였다. '자득'을 강조하는 대구권 성리학의 학풍은 조선 후기에 이르러서도 지속적으로 유지되는데, 이러한 사실은 18세기 대구 출신의 유학자인 최흥원(崔興遠, 1705~1786)의 경우에도 분명하게 확인된다.

---

31) 장윤수, 「송당 박영의 도학적 학풍과 성리학적 사유」(『한국학논집』, 제66집, 계명대 한국학연구원, 2017), 365쪽 참조.

> 내가 처음 공부를 하면서 의심이 나고 어려운 문제에 부딪히면 다른 사람들에게 묻고 싶었으나, 가만히 깊이 연구하고 오랫동안 완미(玩味)한 후에 문리(文理)가 저절로 통하는 것을 알게 되었다. 이로부터 스스로 생각해서 이루고자 하였고, 그러다 보니 다른 사람들의 지시를 받을까 오히려 그것이 두려웠다.[32)]

자득의 공부를 강조하는 이러한 학풍은 퇴계학보다는 남명학에서 좀 더 강하게 확인된다. 그래서 남명이 작고한 후에 사관(史官)은 그의 학풍에 대해, "조식의 학문은 마음으로 도를 깨닫는 것을 중요하게 여겼다. 치용(致用)과 실천을 앞세웠고, 시비(是非)를 논하거나 변론하기를 좋아하지 않았으며, 제자들에게 경서를 풀이해 준 적도 없으며, 다만 자기 자신에게 돌이켜 구하여 스스로 터득하게 하였다."[33)]라고 평하였다. 남명은 학문에 있어서 마음으로 도를 깨닫는 것을 중시하였고, 제자들을 가르칠 때에도 스스로 터득하게 하였다. 남명이 평소 공부와 교육에 있어서 자득(自得)과 심득(心得)을 강조했다는 사실은 여러 제자들이 동일하게 증언하고 있다.

그렇다면 자득을 강조하는 박영과 조식의 학풍은 도대체 어디서 연유한 것일까? 이러한 점과 관련하여 향후 '박영-조식-대구권 성리학'의 연계성을 면밀하게 확인해 볼 필요가 있다. 일찍이 황준량(黃俊良)은 스승 이황에게 보내는 편지에서, 박영의 제자 신계성(申季誠)을 평하여 '평상

---

32) 『百弗庵言行錄』, 卷1, 「年譜」, 乙巳(英祖元年), 百弗庵21歲, '3月' 條. "某初間遇疑難處, 輒欲向人質問, 及其深究潛玩之久, 漸見文理自透. 自此到疑難處, 必自致思, 惟恐人之指示也."

33) 『朝鮮王朝實錄』, 宣祖修正實錄5年(1572年, 壬申年), 1月1日(戊午). "植之爲學, 以得之於心爲貴. 致用踐實爲急, 而不喜爲講論辨釋之言, 未嘗爲學徒談經說書, 只令反求而自得之."

이 뚫어지도록 40여 년 동안 학문을 닦아 자득한 공이 많다' 라고 하였고, 또한 남명이 신계성을 일컬어 자신의 '스승으로 삼을 만하다' 고 했던 말을 인용하였는데,[34] 이러한 기록을 통해 신계성을 매개로 한 박영과 조식의 학문적 연계성을 추측해볼 수 있다. '도학' 이라는 명칭은 통상 성리학, 정주학(程朱學) 등과 통용된다. 그런데 우리나라의 도학파를 언급하면 정몽주를 '이학(理學)의 조(祖)' 라고 하여 이로부터 도학이 유래되었다고 하는 경우가 많다. 그렇지만 구체적인 면에서 볼 때 조선시대 도학의 출발은 조광조(趙光祖)부터라는 인식이 강하다. 조광조는 사상가로서의 면모보다는 실천적 측면에서 도학의 순정성을 발휘하였다는 점에서 커다란 의미를 지닌다.[35] 그런데 도학의 순정성을 지나치게 강조하게 되면 학문적 배타성이 두드러지게 된다. 원래 도학은 '참된 도의 학문' 이라는 의미의 일반명사로서 사용되었으나, 점차 하나의 학파를 가리키는 고유명사가 되면서 많은 문제점을 노출하게 된다. 주희는 도학의 교조라 할 수 있는 정씨(程氏) 형제의 자료를 수집하고 문헌의 교정을 통해 자신의 학통을 공고히 했는데,[36] 그러한 과정에서 그 내부 및 주위의 학자들과 이론적으로 지나치게 갈등의 상황을 초래하였다. 이러한 사정은 한국 성리학에 있어서도 마찬가지다. 도학파의 전개 과정에 있어서 '김굉필-조광조' 계열의 단선적(單線的)인 시각은 문제가 있다. 즉 한국 성리학의 도학파를 이해하는 데에 있어서 다양한 계보를 인정할 필요가 있는데, 이것은 학문의 개방성과 다양성을 위한 전제가 된다.

선산지역을 대표하는 유학자 정붕과 박영은 모두 도학자로서의 인식

---

34) 『錦溪集』, 卷7, 外集, 書, 「答退溪先生書」. "凝川有申處士季誠, 穿牀四十餘年, 多有自得之功. 建中嘗稱爲師, 早晩一叩, 亦欲見其爲人矣." 참조.

35) 장윤수, 「송당 박영의 도학적 학풍과 성리학적 사유」(『한국학논집』, 제66집, 계명대 한국학연구원, 2017), 401～402쪽 참조.

36) 쓰치다 겐지로, 『북송도학사』, 예문서원, 2006, 38쪽 참조.

을 분명하게 지니고 있었는데, 특히 박영의 제자들은 자신들이 도학파의 계보에 속한다고 자부하였다. 박영의 시대는 몇 차례의 사화(士禍)로 인해 유학자들이 많은 어려움을 겪기도 했지만, 선비정신이 두드러진 올곧은 학자들을 많이 배출하였고, 또한 존심양성(存心養性)의 수양 공부에 철저했던 '도학 운동'이 활발했던 시기였다.[37] 그러한 의미에서 조선 도학의 계통을 '김굉필-정붕-박영'의 계보로 이해할 수도 있다. 선산지역을 포함한 대구권 성리학은 조선 초기 도학파의 중심 지역이며, 그 구체적인 흔적이 바로 이 지역에서 폭넓게 확인되는 '자득적 학풍'이라고 해석해 볼 수 있다.

도학파의 공부법은 스스로 체득하고 철저하게 수행하는 것을 가장 중요하게 여겼는데, 이것은 성리학이 본래 추구하던 공부법이다. 원래 '도학'이 추구하던 바의 지향처를 곰곰이 생각해보면 그 사상적 특징은 철저한 자기 성찰과 실천에 있다. 바로 이러한 점에서 대구권 성리학의 자득적 학풍은 성리학 본래의 공부법을 지향하는 것으로 이해할 수 있다.

3) 실천적 성격

본래 성리학은 송대(宋代) 사대부의 강한 실천성과 자득적 학문관을 배경으로 하고 있다. 성리학이 고려 말에 처음 수용되었을 때에 불교사상에 대응하는 용어로서 '실학(實學)'이라 불렸던 것은 이러한 사실을 잘 드러내 준다. 그렇지만 성리학이 조선시대에 와서 독존적 지위를 누리면서 자득적 학문관과 실천적 성격이 많이 약화되었다. 그러한 면에서 대구권 성리학은 주목할 만하다. 즉 대구를 위시한 문화적 동심원(同心圓)의 지역

---

37) 장윤수, 「송당 박영의 도학적 학풍과 성리학적 사유」, 402쪽 참조.

에서는 여전히 조선 초기의 실천적 학풍이 우세했으며, 특히 사회적 실천성이 두드러진다.

영남학파를 대표하는 남명과 퇴계는 모두 성리학적 실천을 강조했다. 그렇지만 남명은 내면적 자기 성찰보다는 사회적 실천을 중시했다. 남명은 경(敬)과 의(義)를 대등하게 중시했는데, 그에게 있어서 경(敬)이 주로 개인적 실천과 관계가 있다면 의(義)는 사회적 실천과 관련성이 깊다. 남명은 출처관이 엄정했고, 현실비판이 대단히 매서웠던 학자이다. 그의 올곧은 처신과 '벽립천인(壁立千仞)' 이라 불리는 높은 기상은 사공(事功)과 상무(尙武)의 정신으로 연결되며, 이것은 결국 실천을 위주로 하는 사상으로 정립된다. 퇴계학과 비교할 때 남명학의 차별성은 바로 이 지점에서 확인된다. 대구권 성리학자들의 두드러진 실천지향의 학문 전통은 남명학의 영향을 상당 부분 받았다고 할 수 있다.

대구지역은 다른 지역과 달리 개별적인 의병 활동보다는 집단적인 의병 활동이 중심을 이루었다. 이러한 집단적인 의병 활동이 가능했던 것은 연경서원을 통해 양성된 인재들의 결집과 학자들 간의 긴밀한 유대가 있었기 때문이다.[38] 대구지역 출신 의병들의 활동은 임진란 의병사 연구에 있어서 충분히 주목할 만한 가치가 있고, 특히 이 지역 유학의 실천적 경향성을 확인하는 중요한 사례가 된다.

실천성은 실용성과도 연계된다. 이 지역의 학자들은 경학(經學), 병학(兵學), 의서(醫書), 산수(算數)에 두루 밝았으며, 예학(禮學)에도 조예가 깊었다. 이러한 실용적인 학풍은 한강 정구와 그의 문인들에게서 두드러지게 드러난다. 평소 한강이 가장 주의를 기울여서 실천한 분야가 바로 교육, 예교(禮敎), 향약의 실행이었다. 한강은 비록 관직을 바라지는 않았

38) 구본욱, 『대구유림의 임진란 의병활동』, 도서출판 삼일, 2014, '서문' 참조.

지만, 관직에 나아가게 되면 최선을 다해 직무를 수행하였다. 그는 유교의 이상 정치 실현을 위해 진력을 기울였는데, 이 점은 사직을 거듭하던 퇴계의 관직 생활과 뚜렷한 차이가 있다.

한강의 실천 정신은 문인들에게 계승되었다. 곽재겸(郭再謙) 또한 『여씨향약(呂氏鄕約)』을 제자들과 함께 강습했으며, 서사원은 직접 향례(鄕禮)를 실행했다. 그들은 교화와 풍속 순화로써 향촌의 질서를 유지하고자 노력했다. 또한 예학(禮學)을 중시한 한강학파의 구성원으로서 『주자가례(朱子家禮)』의 보급에도 많은 노력을 기울였다.[39] 이러한 일들은 모두 유교적 이상사회를 이룩하기 위한 노력으로 이해할 수 있다.

한강과 제자들의 성리학적 실천성은 대구지역의 활발한 통강(通講) 문화로도 확인할 수 있다. '통강'이란 경전이나 시문의 일정 분량을 스스로 공부한 후에 스승과 동료들 앞에서 외우거나 해석을 하고 지도 평가를 받는 것을 말한다.[40] 임진란 직후인 17세기 초, 대구지역에서 행하던 통강의 기록들이 지금까지 온전하게 전해 오고 있다.[41] 대구지역의 성리학자들은 스승을 모시고 주로 선사재(仙査齋)와 연경당(硏經堂, 후에 硏經書院으로 바뀜) 등에 모여 주자서(朱子書), 『심경』, 『소학』 등을 초하루와 보름마다 강론하였으며, 강회(講會)의 규약을 정하고 이를 실천하였다. 또한 『여씨향약』의 규약을 준수하고 송나라 칠현(七賢)의 화상(畫像)에 배례(拜禮)를 한 후에 학문을 강론하였다. 당시의 통강 모습을 전해주는 구체적인 기록이 남아 있다.[42]

---

39) 장윤수 · 임종진, 「한강 정구와 조선 중기 대구권 성리학의 연계성에 관한 연구」(『동양사회사상』, 8집, 동양사회사상학회, 2003), 231~232쪽 참조.

40) 구본욱, 「연경서원의 경영과 유현들」(『한국학논집』, 제57집, 계명대 한국학연구원, 2014), 104~105쪽 참조.

41) 『通講錄』(徐思遠) ; 「硏經書院講學錄」, 「仙査講錄」(蔡先修의 『達西齋集』 所收) ; 『永慕堂通講諸子錄』(孫處訥) ; 『通講錄』(崔興遠宗宅 所藏) 등.

한강은 평소 제자들에게 이르기를, "독서를 귀하게 여기는 것은 장구(章句)를 표절하여 문장이나 만들고 과거시험에 급제하기 위해서가 아니다. 성현의 경전을 읽는 방법으로는 네 가지가 있는데, 첫째는 체인(體認)이고 둘째는 체찰(體察)이고 셋째는 체험(體驗)이고 넷째는 체행(體行)이다. 만일 이 네 가지 법을 따르지 않는다면 그 글의 의미도 분명히 알 수 없을 것인데 더욱이 자신의 몸과 마음에 무슨 유익함이 있겠는가? 앵무새처럼 입으로만 따라 한다는 옛사람의 비판이 어찌 두렵지 않겠는가?"라고 하였다.[43] 책을 읽는 데에 필요한 네 가지 법, 즉 사체법(四體法)은 한강의 실천적 학문관을 잘 드러내 준다. 한강의 제자들은 스승의 이러한 가르침을 마음속 깊이 새기고 이를 실천하고자 노력하였다.

대구권 성리학자들의 실용·실천적 학풍과 관련하여 가장 두드러지는 부분이 바로 향약(鄕約)의 실천이다. 향약은 유교적 이상사회 건설을 꿈꾸는 향촌 사회의 실천규약으로서, 중국 섬서성 출신의 여씨(呂氏) 형제가 처음으로 구성하고 실천하였다. 한강은 1580년(선조 13년)에 창녕현감을 맡아 다스릴 때 고을 사람들과 더불어 『여씨향약』을 본떠서 강회계(講會稧)를 만들고 실천에 힘썼다.[44] 그리고 한강의 제자들 또한 스승의 가르침을 받아 향약의 실천에 힘썼다.

---

42) 『慕堂集』, 卷6, 附錄, 「年譜上」, 乙巳年(宣祖38年), 11月條. "與樂齋徐公, 講定諸生通讀之規.〔學規及約條, 一依諸先正所著. 每月朔, 或會硏經, 或會仙査. 以聖賢箴戒, 掛于講堂壁上, 設丈席于北壁下. 先生, 與樂齋, 並坐, 諸生就前行拜禮, 因分立三面, 相向行揖禮. 坐定, 有司抗聲讀白鹿洞規及學校模範一遍. 直月, 以善惡籍進呈, 善者奬勸之, 惡者鐫誨之. 然後,諸生, 各以所讀書進講, 講時, 必端拱危坐, 毋得相顧談話. 非聖賢書及史學, 則不許講, 或有故不參, 則具狀子有司俾達于函筵.〕" 참조.

43) 『寒岡言行錄』, 卷1, 類編, 「讀書」(郭赳). "先生於學者曰, 所貴乎讀書者, 非爲剽竊章句, 以成文章取科第而已. 讀聖賢經傳, 其法有四, 一曰體認, 二曰體察, 三曰體驗, 四曰體行. 苟不用此四法, 其義亦無以通曉, 况於吾身心有何益焉. 古人鸚鵡之譏, 可不懼哉."

44) 『寒岡年譜』, 卷1, 「年譜」, 癸未年(宣祖16年), 寒岡41歲. "與門下諸生爲月朔講會稧.〔約條皆倣呂氏鄕約, 而先生又作勸戒之詞以諭之.〕"

기록상 대구지역 최초의 향약은 임진란 직후 서사원과 하동(河東)[45]의 도씨(都氏)들이 주도하여 실행한 「하동이사계약(河東里社契約)」이다. 그렇지만 이 향약의 내용은 확인할 수 없고 현재 서사원이 지은 '서문' 만 남아 있다.[46] 손처눌은 마을 앞에 못을 만들어 놓고 직접 영농(營農)에 관여하였다.[47] 그리고 도성유(都聖兪)는 대구 화암서원(畵巖書院)의 원지(院誌)를 만들고 또한 원록(院錄)을 수정하여 『여씨향약』의 조약을 바탕으로 하는 성리학적 교화에 힘썼고,[48] 그의 아들 도신여(都愼與)는 1656년 용담현령(龍潭縣令)으로 부임하여 향약을 창설하고 그 '서문' 을 직접 지었다.[49] 도신수(都愼修) 또한 1640년 울산부사로 근무할 때 '향약 8조' 를 지어서 고을 사람들의 풍속교화에 힘썼다.[50] 이들은 고향에 거처할 때는 실질과 실용의 일에 힘써 직접 땔나무를 하고 농사를 짓기도 했다. 도여유(都汝兪)는 직접 농사를 짓고 땔나무를 하였으며,[51] 도신여(都愼與)도 한가한 날에 직접 밭을 갈기도 하였다.[52]

백불암 최흥원의 가문 또한 효제(孝悌)와 친친애(親親愛)의 실천을 향촌사회에로 확장하여 동약(洞約)을 시행하였다. 특히 '부인동(夫仁洞) 동

---

45) 河東은 大丘府의 屬縣인 河東面을 말한다. 河東의 島村里에 성주도씨들이 거주하였는데, 후일 鋤齋 都汝兪를 기려서 '鋤齋 마을' 로 불리다가 이것이 洞名이 되었다.

46) 『樂齋集』, 卷7, 雜著, 「河東里社契約」 참조.

47) 『慕堂集』, 卷4, 書, 「上寒岡先生」(두 번째 편지). "處訥自少貧賤, 家徒四壁, 不得已躬稼力田, 艱難辛苦. 爲諸友所憐, 或稱以朝耕夜讀, 而亡友徐行甫一日書以戲之, 處訥以周公明農大禹躬稼復之." 참조.

48) 『養直集』, 卷3, 附錄, 「家狀」(都爾望). "邑有畵巖書院, …… 編成院誌, 兼修定院錄, 略倣呂氏鄕約之條, 以爲勸進德業, 敦尙風敎之地." 참조.

49) 『撝軒集』, 卷1, 「龍潭鄕約序」 참조.

50) 『止巖集』, 卷4, 「蔚山鄕約八條」 참조.

51) 『鋤齋集』, 卷3, 附錄, 「家狀」(都愼修). "邊烽未熄, 饑饉荐甚, 躬自耕樵, 暇必讀書, 日以悅親爲事." 참조.

52) 『撝軒集』, 卷2, 附錄, 「行狀」(李時佐). "奉承兩庭, 訓飭諸弟, 暇日耕釣, 寓興江湖, 時或賦詩酌酒, 翛然有物外趣." 참조.

약' 은 최흥원 자신뿐만 아니라 그 선조와 후손들을 이어가며 몇백 년이 넘게 지속되었다는 점에서 의의가 크다. 고령 출신의 퇴계 제자인 김수옹(金守雍, 1513~1559)은 『남전여씨향약지의(藍田呂氏鄕約之義)』를 통해 10여 개 조항의 향약을 제정하여 고을의 풍속을 쇄신하고자 하였고,[53] 같은 지역의 학자인 오경정(吳慶鼎, 1756~1827)은 '매촌동약(梅村洞約)' 을 세워 향풍(鄕風)의 쇄신과 동민의 경제적 안정을 도모하였다.[54] 특히 '매촌동약' 에는 환난에 대한 상호부조와 세금의 공동납부에 대한 내용이 자세하게 기록되어 있는데, 이 지역 성리학자들의 사회적 실천의 좋은 본보기이다.

한편 임진란 후 대구권 성리학자들은 유교적 의례를 통해 향풍을 진작시키기 위한 수단으로 관례를 적극 실행하였다. 손처눌의 증언에 따르면, 대구지역의 관례는 이신(李紳)의 집에서 처음 시작하여 1601년 여극홍(呂克弘)의 집에서 두 번째로 거행되었다.[55] 이후 서사원과 손처눌을 위시한 여러 학자들이 자제와 문인들의 관례를 주도하였는데, 도성유는 1623년에 『가례(家禮)』와 『문공가례의절(文公家禮儀節)』을 참고하여 직접 관례의 '홀기(笏記)' 를 짓기도 하였다.[56] 이들은 동학(同學) 간에 그 자제를 위해 관례의 빈(賓)을 맡기도 하고,[57] 또한 제자들에게 자(字)를 지어주면서

53) 정우락, 「江岸學을 통해 본 고령 유학과 그 특징」(『고령문화사대계』2(사상편), 대가야박물관 · 경북대퇴계연구소, 2008), 233~234쪽에서 재인용.

54) 우인수, 「고령 매촌동약의 특징과 동민의 결속」(『고령문화사대계』1(역사편), 대가야박물관 · 경북대퇴계연구소, 2008), 49쪽에서 재인용.

55) 『慕堂日記』, 辛丑年(宣祖34年), 慕堂49歲, '2月1日' 條. "吾邑冠禮, 始於李紳, 再始於此家." 참조

56) 『養直集』, 卷1, 詩, 「癸亥春, 行嗣子愼與冠禮, 請羅兄君善爲賓, 蔡戚明甫爲贊, 禮畢不勝感頌之私, 賦古詩二百八十字」 참조.

57) 徐思遠은 임진란 당시 함께 倡義했던 鄭汝康의 아들〔鄭鍾〕 관례의 賓을 맡았고, 羅應淑은 鄭逑의 문하에서 동문수학한 都聖兪의 아들〔都愼與〕 관례의 賓을 맡았다. 또한 孫處訥은 徐思遠의 조카〔徐愼〕 관례의 賓을 맡았고, 同學인 鄭錡의 아우〔鄭欽〕 관례의

학문에 뜻을 두고 정진하도록 고무하였다. 관례를 중시하는 이러한 지역 사회의 분위기는 당시 대구지역에서 사족(士族)이 아닌 일반인에게까지도 전파되었다.[58]

이처럼 대구권 성리학자들은 실용과 실사(實事) 및 실천의 학문을 중시하였고, 향약을 통해 유교적 이상사회의 실현에 힘썼다. 그들은 공허한 성리학적 담론에만 몰두하는 학문 경향을 배격하였으며, 궁극적으로 유교 도덕사회의 건설을 목적으로 하는 치용(致用)의 학문 경향을 강하게 드러냈다.

6. 대구권 성리학의 미래지향적 의미

전통적인 유학은 이론과 실천이 하나로 합치되는 것을 이상으로 여긴다. 그렇지만 오늘날 한국 성리학 연구에 있어서 대부분 이기론(理氣論)과 심성론(心性論)을 위주로 한 이론적 내용이 주목을 받고 있다. 이러한 분위기에서 이론적 논변이 많지 않은 대구권 성리학자들과 그 학문은 별다른 관심을 끌지 못했다. 대구권 성리학은 종래 영남지역의 성리학 중에서도 제3지대로서 영남우도와 좌도, 남명학과 퇴계학의 접점 지대로만 인식되어 왔다. 그런데 이 지역의 성리학은 단지 교차 문화의 절충적 성격만 지닌 것이 아니라 개방성에 바탕을 둔 회통성, 자득성, 실용과 실천

賓을 수행하였으며, 郭再謙은 孫處約의 아들〔孫漢〕 관례의 賓을 맡았다. 그리고 都應兪는 안동 출신의 학자 金中淸의 아들〔金柱漢〕의 관례 賓을 맡았는데, 都應兪와 金中淸 양인은 모두 鄭逑의 문인이다. 이러한 사례를 통해 鄭逑의 문인들 간에 결속력이 매우 공고했음을 짐작할 수 있다.

58) 『慕堂日記』, 甲辰年(宣祖37年), 慕堂52歲, '2月11日' 條. "徐公震龍明行冠禮, 仍邀洞員之書. 雖不學, 亦知爲禮俗尙之, 不可不愼也.〔時尙以冠爲重〕" 참조.

성을 담지하는 적극적 성격을 지닌다. 대구권 성리학은 성리학적 논변에 있어서 두드러진 인물은 적지만, 다른 지역에 비해 개방적 회통성과 실용·실천성을 빼어나게 유지하였다는 특징이 있다.

유교는 과거 속의 박제된 전통의 의미를 벗어나 미래지향적 가치를 지녀야 한다. 그러기 위해서는 유교의 긍정적 '정신 가치'를 확보해야 한다. 즉 선비정신의 의미를 특정 시대 특정 계층에만 한정시킬 것이 아니라, 선비의 삶을 가능케 하는 지향적 정신의 의미로 승화시켜나갈 필요가 있다.[59] 선비정신은 개인적 차원에서는 성인의 학문 성취와 숭고한 삶에 대한 결연한 의지와 행동으로 나타나야 한다. 그리고 사회적 차원에서는 친친애(親親愛)에 근거한 공동체 의식을 유지하면서도 다양성을 존중하고 나와 다른 존재를 포용할 줄 아는 인인애(隣人愛)의 태도로 드러나야 한다.

학파적 순혈주의를 강조하고, 훈고적 지식에만 머물며, 자기 자신에게조차 분명하지 않은 형이상학적 담론에만 갇혀 있다면 우리가 그토록 갈구하는 유교문화의 회복을 기대하기 어렵다. 유교 경전의 교학 지식에 능통하고 관습적인 의례 행위에 익숙한 직업적 유학자를 양성하는 것보다, 타인을 존중하고 사랑하며 자신과 다른 삶의 방식을 이해하고 포용할 줄 아는 그러한 '참 선비〔君子儒〕'가 절실하게 요청된다. 미래적 가치를 지닌 선비는 타인의 이야기에 편견 없이 귀 기울여 들을 수 있고 이를 포용할 수 있는 개방성과 회통성을 갖추어야 한다. 그리고 내면적으로는 스스로 이해하고 깨우쳐가는 자득(自得)의 공부를 우선으로 삼고, 배움과 실천 간에 유기적 균형 관계를 잃지 않아야 한다. 바로 이러한 점에서 우리는 회통·자득·실천의 정신을 지향하는 대구권 성리학을 미래지향적 학문의 대안으로 주목하게 된다.

---

59) 장윤수, 「修身, 선비의 자기 완성」(『퇴계학논문집』, 제15집, 영남퇴계학연구원, 2014), 173~174쪽 참조.

제1장

대구권 성리학이 지향하는 두 정신 : 남명 조식과 퇴계 이황

일찍이 성호 이익은 남명 조식과 퇴계 이황을 평하여 그 시대 '문명의 절정〔文明之極〕' 이라고 평하였다.[1] 치열하게 살다간 정신사적 거장(巨匠)의 가치를 놓고 우열을 비교하는 것 자체가 무리다. 우리는 여기에서 남명과 퇴계의 선비정신을 비교하고자 한다. 그렇지만 두 사람의 구체적 사상이론을 분석함으로써 그 높낮이를 평가하려는 것이 아니다. 실천적 삶의 특징과 사상적 경향성을 바탕으로 그들의 선비정신을 비교해보고 또한 그 의의를 상호 보완적 의미에서 살펴보려는 것이다. 특히 대구권 성리학은 남명학과 퇴계학의 회통적 성격이 두드러지는데, 여기에서는 남명과 퇴계의 정신사적 의의를 차별적으로 살펴봄으로써 대구권 성리학의 학문적 좌표와 특징을 이해하기 위한 자료로 삼고자 한다.

남명과 퇴계를 통해 우선 선비정신의 중요한 두 가지 키워드를 확인할

1) 李瀷, 『星湖僿說』, 卷1, 「天地門」, '東方人文'. "中世以後退溪生於小白之下, 南冥生於頭流之東, 皆嶺南之地. 上道尙仁, 下道主義, 儒化氣節如海濶山高, 於是乎文明之極矣." 참조.

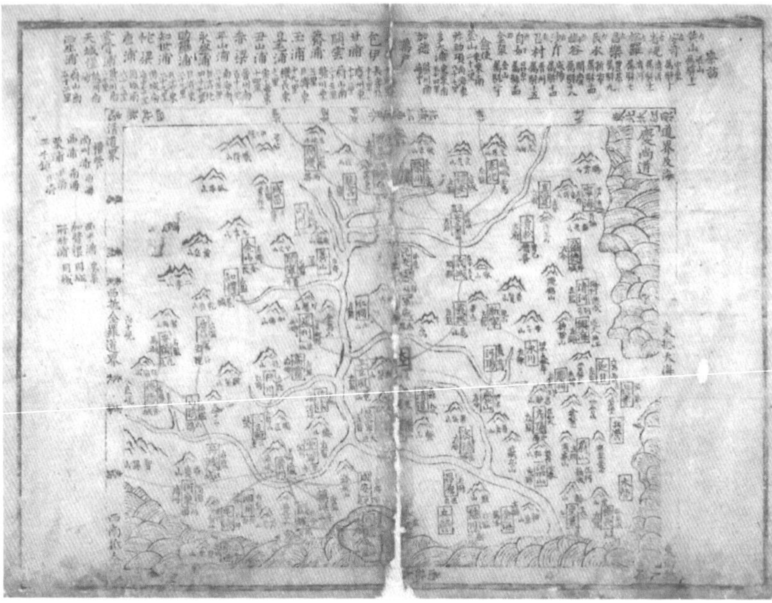

동국지도(東國地圖) – 경상도(16세기말, 규장각 소장)

수 있다. 즉 지조 · 절의 · 의리 · 청렴 등을 한 부류로 하는 '절개의 덕목'과, 그리고 화해 · 소통 · 배려 · 이해 · 인내 등을 비슷한 의미로 삼는 '관용의 덕목' 이다. 이것을 남명과 퇴계에 적용해보면 절개는 남명에게서, 그리고 관용은 퇴계에게서 강하게 확인된다. 이 두 가지 덕목은 겉으로 보기에는 일면 상충하는 것 같기도 하지만, 선비정신에 있어서 모두 필요한 양면성으로 이해되어야 한다. 그렇지만 시대에 따라 특히 강조되는 선비정신을 구분해서 말할 수는 있다. 예를 들면, 국난(國難)의 시기 특히 외침(外侵)이나 독재 권력의 전횡으로 인해 민권(民權)이 유린당할 때에는 절개와 의리가 시대정신으로 주목된다. 그렇지만 가치의 다양화가 두드러지고 자기주장이 강한 시대에는 자신의 주장을 절제하고, 무엇보다 타인의 이야기에 귀 기울여 들을 수 있는 관용의 덕목이 절실하게 요청된다.

한국사회에서 선비는 계층적으로는 도덕적 삶과 부도덕한 삶을 분명하게 구분하고 이를 삶 속에서 구체화했던 신분층을 말하고, 지향적으로는 도덕적 이상(理想) 인격을 소유한 존재를 지칭한다. 그러므로 선비정신은 곧 한국 정신문화에 있어서 도덕적 실천전통으로 이해해야 한다. 남명과 퇴계 두 사람은 모두 도덕적 실천이라는 측면에서 선비정신을 자신들의 삶으로써 체현하였다. 그들은 특히 '절개〔義〕' 와 '관용〔仁〕' 이라는 측면에서 각각 선비정신을 구체화시켰던 것이다. 여기서는 남명과 퇴계 두 사람의 기질과 학풍을 의도적으로 차별화시키고, 이를 통해 선비정신의 다양한 외연(外延)을 확보하고자 한다. 그러기 위해 남명과 퇴계 양자간의 왕복 서신(書信)과 사회사상사적 배경, 그리고 출처관(出處觀)과 인물평(人物評) 등을 대비적으로 고찰하면서 아울러 이들 양자에 대한 당대의 평가를 함께 살펴보고자 한다. 이 과정에서 구체적인 이론분석 작업은 대부분 논의의 대상에서 제외하였다. 왜냐하면 이 글의 궁극 의도가 남명과 퇴계의 삶을 통해 선비정신의 범본(範本)을 확립하는 것이며, 더 나아가 남명의 절개와 퇴계의 관용정신이 화해할 수 없는 대립 관계가 아니라 다 함께 선비정신으로 회통되는 상호 보완적 가치임을 드러내 보이고자 했기 때문이다.

1. 남명과 퇴계의 왕복 서신(書信) 검토

남명과 퇴계는 두 사람 모두 영남 출신이고, 1501년생 동갑내기이다. 그래서 사람들은 '동도동경(同道同庚)' 의 인연이라고 한다. 두 사람은 실제로 만난 적은 없으나, 몇 차례의 서신 왕래는 있었다. 그들은 기질, 위학방법(爲學方法), 시국관(時局觀), 처신 등에서 많은 차이를 드러냈다. 더욱이 두 사람의 제자들 간에 경쟁의식이 있었고, 진주의 음부옥(淫婦獄) 사건 때에 이정(李楨)을 사이에 두고 양자 간에 갈등이 생겨나기도 했다.[2] 그리고 정치적으로 남명의 수제자인 정인홍(鄭仁弘)과 퇴계의 수제자인 류성룡(柳成龍)의 관계가 정적(政敵)으로 발전함에 따라 학파 간의 갈등이 더욱 커지게 되었다.

퇴계의 문인과 정인홍 간에 사이가 벌어진 것은 기축옥사(己丑獄死) 이후부터이다. 대북(大北) 정권의 영수가 된 정인홍은 퇴계학단의 와해공작에 나섰는데, 이산해(李山海)와 힘을 합쳐 류성룡을 정계에서 실각시키는 한편 후일 퇴계의 문인 중에서 류성룡과 반목하였던 조목(趙穆)을 도산서원에 단독으로 배향시키는 데에 결정적인 역할을 하였다. 1575년(선조 8년) 사림(士林)이 동(東)과 서(西)로 분당될 때는 대체로 남명과 퇴계 양인의 제자들이 함께 동인(東人) 편에 섰으나, 1587년(선조 20년) 정여립(鄭汝立)의 옥사(獄事)로 인해 동인(東人)이 다시 남(南)과 북(北)으로 분당될 때는 정인홍과 류성룡을 두 축으로 각각 북인(北人)과 남인(南人)으로 분열되었다.

후대에 이르러 두 학파 간에 많은 갈등을 겪게 되지만, 남명과 퇴계가 생존했던 당시에는 양자 간에 상당히 우호적인 분위기가 형성되었고, 이러한 분위기에서 두 문하를 아우르며 수학한 제자들이 상당수 배출되기도 했다. 두 사람 사이에 직접 오고 간 편지는 남명이 보낸 두 통, 퇴계가 보낸 세 통을 합하여 모두 다섯 통이다. 겉보기에 서로 우호적인 인사말을 주고받은 것으로 보이지만, 자세하게 살펴보면 그 안에도 두 사람의 기질과 생각의 차이가 상당 부분 드러나 있다. 비록 서신의 형태이기는 하지만 양인 간에 직접 오고 간 유일한 '대화'라는 점에서 중요한 자료로 여겨진다. 특히 남명과 퇴계 두 사람의 견해 차이가 완연하게 드러나는

2) 정만조, 「宣祖初 晋州 淫婦獄과 그 波紋」(『韓國學論叢』, 제22집, 국민대학교 한국학연구소, 2000) 참조.

갑자년(甲子年, 1564년, 명종 19년)의 편지 두 통을 눈여겨 볼만하다.

1) 우호적 교류와 출처관의 입장 차이

(1) 퇴계가 남명에게 보낸 첫 번째 서신(「與曺楗仲」, 癸丑年, 1553년, 명종 8년)

1553년(명종 8년)에 조정에서는 임금의 특명으로 품계를 뛰어넘어 육품직(六品職)인 전생서(典牲署) 주부(主簿)의 직책을 남명에게 제수하였다. 그런데도 남명이 거듭 사양하자 당시 성균관 대사성으로 있던 퇴계가 남명에게 서신을 보내 아쉬움을 토로하고, 우의(友誼)를 표시하였다. 퇴계는 이 편지에서 관직을 받아들이는 것이 곧 군신(君臣)의 의(義)를 다하는 것이라고 주장하였다.

> 저는 벼슬하지 않는 것이 의(義)가 아니라고 보며, 군신(君臣) 간의 큰 윤리는 폐할 수 없다고 생각합니다. …… 그런데도 끝내 출사하지 않으시니 …… 이 점이 제가 그대의 처신에 있어서 석연히 이해할 수 없는 바입니다. …… 멀리서 마음으로 사귀는 것은 옛사람도 숭상한 바이니, 어찌 반드시 잠시라도 서로 만난 뒤에라야 친구처럼 친해진다고 하겠습니까?[3]

관직 생활에 대한 퇴계의 이러한 입장은 과거시험에 대해서도 일관되게 이어진다. 그는 제자인 정사성(鄭士誠)이 과거공부를 하는 것이 학문

3) 『退溪集』, 卷10, 書, 「與曺楗仲」. "滉私竊以爲不仕無義, 君臣大倫, 烏可廢也. …… 而吾子則竟不至焉. …… 此滉所以不能豁然於吾子之所爲也. …… 千里神交, 古人所尙, 亦何必傾蓋而後若舊耶."

을 하는 데에 해롭지 않은가 묻자 과거공부를 반드시 부정적으로 볼 필요는 없다고 대답하였다.

> 내〔鄭士誠〕가 "경학(經學)에 힘써 과거공부를 하는 것이 학문을 하는 데에 해롭지 않습니까?"라고 여쭈었더니, 선생께서는 "나라에서 과거를 실시하는 것이 어찌 선비들이 학문을 못하게 하고자 함이겠는가? 안〔修己〕과 밖〔治人〕, 가벼움〔科擧〕과 무거움〔학문수양〕을 스스로 분변해야 할 것이니, 만일 이러한 판단이 분명하다면 성인의 경전을 꿰뚫어 외우는 과거공부를 굳이 학문이 아니라고 할 수 있겠는가?"라고 대답하셨다.[4)]

퇴계는 국가에서 과거시험을 보게 하는 것이 학문을 못 하게 하려는 의도가 아닌 바에야 안과 밖, 가벼움과 무거움의 분변만 제대로 한다면 과거공부 또한 학문이 될 수 있음을 분명히 하였다.

⑵ 남명의 답신(「答退溪書」, 癸丑年, 1553년, 명종 8년)

퇴계의 편지에 대한 답서에서 남명은 자신의 신병(身病)과 무능함 때문에 출사(出仕)하지 않았음을 말하고, 아울러 퇴계에 대한 호의를 표시했다. 그런데 남명은 이 편지에서 퇴계에게 뜬금없이 '발운산(撥雲散)'으로 자신의 눈병을 고쳐달라는 요청을 한다.

> 하늘에 있는 북두성(北斗星)처럼 평소 우러러보았고, 책 속에 있는 성현처럼

---

4) 『退溪言行錄』, 卷5, 類編, 「論科擧之弊」(鄭士誠). "士誠問, 治經爲擧子業, 或無害於爲學耶. 先生曰, 國家設科, 豈欲士之不爲學耶. 內外輕重, 自有分別, 若於此判斷得分明, 則誦貫聖經, 獨非爲學耶."

까마득히 만나기 어렵다고 생각했습니다. 그런데 문득 간절한 뜻으로 깨우쳐 주신 편지를 받고 보니, 저의 병통을 다스릴 약이 될 말씀이 넓고도 많아 마치 아침저녁으로 만나던 사이 같습니다. …… 저는 눈병까지 있어서 앞이 흐릿하여 사물을 제대로 보지 못한 지가 이미 여러 해가 되었습니다. 현명한 그대가 발운산(撥雲散)으로 제 눈을 밝게 열어주시지 않겠습니까?[5)]

발운산은 눈앞의 흐릿한 것을 제거해주는 안약(眼藥)이다. 그런데 남명이 왜 갑자기 발운산을 언급했을까? 여기서 발운산은 은유적인 의미를 갖는다. 남명은 당시의 혼탁한 정치 상황을 상기시키며 그런데도 과연 출사를 해야 하는지를 퇴계에게 묻고 있는 것이다. 만약 이러한 현실을 자신이 잘못 판단한 것이라면 마치 눈병을 고치듯 퇴계가 자신을 올바로 일깨워 달라는 의미이다. 그런데 남명의 진짜 의도를 읽어보면 벼슬할 상황도 아닌데 어찌 당신은 벼슬을 하고 있으며, 또한 나에게도 벼슬하라고 권하느냐는 힐난으로 여겨진다.

(3) 퇴계의 재답신(「答曺楗仲」, 癸丑年, 1553년, 명종 8년)

이 편지에서 퇴계는 앞서 발운산의 비유를 들어가며 자신에게 출사할 때가 아니라는 뜻을 전했던 남명에게 '당귀(當歸)'를 언급한다. 즉 퇴계는 자신도 남명의 의견에 동의한다는 뜻을 간접적으로 표현하였다. 당귀는 원래 약초 이름인데 글자를 풀이하면 '마땅히 돌아간다'는 뜻이 된다.

---

5) 『南冥集』, 卷2, 書, 「答退溪書」. "平生景仰, 有同星斗于天, 曠世難逢, 長似卷中人. 忽蒙賜喩勤懇, 撥藥弘多, 曾是朝暮之遇也. …… 更有眸病, 眯不能視物者有年, 明公寧有撥雲散以開眼耶." 『南冥集』의 판본은 여러 종류가 있는데, 여기서 인용한 자료는 한국학문헌연구소가 編하고 서울아세아문화사에서 간행한 『南冥集』(1981)이다.

퇴계는 당귀라는 약초 이름을 빌려서 자신도 벼슬을 그만두고 고향으로 돌아가려고 한다는 뜻을 은유적으로 표현했던 것이다. 그러고 나서 그는 조만간 남명의 처소를 찾겠다는 약속을 하였다.

> 발운산을 구해 달라는 부탁을 따르지 않겠습니까마는, 나 또한 당귀(當歸)를 얻을 수 없는데 어찌 그대를 위해 발운산(撥雲散)을 구할 수가 있겠습니까? 그대는 내가 있는 북쪽으로 올 뜻이 없지만, 나는 조만간 남쪽 지방으로 반드시 내려갈 것입니다. 그 날짜가 언제라고 지정하지는 못하겠으나, 다만 사모하는 마음만 간절할 뿐입니다.[6]

이 편지에서도 심한 대립의 양상은 보이지 않는다. 퇴계는 당시의 시대상황이 출사할 만한 때가 아니라고 넌지시 암시하였던 남명의 뜻에 은유로써 동의를 표하고, 자신도 사퇴할 뜻이 있지만, 마음처럼 잘 안 되는 현실의 안타까움을 토로하였다. 퇴계는 여기서 거듭 불러도 출사하지 않는 남명의 의지를 높게 평가하였다.

그런데 이처럼 우호적이었던 두 사람의 관계가 약 10년이 지난 1564년에 이르러 날카로운 대립을 보이고 있다. 이 해에 남명은 퇴계에게 다시 서신을 보내 퇴계와 그 문인들의 학풍에 대해 신랄한 비판을 하였다. 그 이유가 무엇일까?

---

6) 『退溪集』, 卷10, 書, 「答曺楗仲」. “示索撥雲散, 敢不欲勉, 但僕自索當歸而不能得, 何能爲公謀撥雲耶. 公則無北來之志, 僕之南行, 早晩必可得也. 而未有指期, 徒切慕用之私.”

2) 갈등의 노정(露呈)과 학풍의 차이

(1) 남명이 퇴계에게 보낸 서신(「與退溪書」, 甲子年, 1564년, 명종 19년)

이 편지에서 남명은 우선 퇴계와 만나지 못하는 안타까운 심정을 토로하였으며, 그러고 나서 곧바로 퇴계학단의 학풍에 대해 강하게 비판하였다.

> 평생 마음으로만 사귀면서 지금까지 한 번도 만나질 못했습니다. 앞으로 이 세상에 머물 날도 얼마 남지 않았으니, 결국 정신적 사귐으로 끝나고 마는 것인가요? 인간 세상사에 좋지 않은 것이 많지만, 어느 것 하나 마음에 걸릴 것이 없는데 유독 이 점이 제일 한스럽습니다. 선생께서 한 번 의춘(宜春)[7]으로 오시면 쌓인 회포를 풀 날이 있으리라 매번 생각하고 있었는데, 아직까지 오신다는 소식이 없으니 이 또한 하늘의 처분에 맡겨야겠습니다. 요즘 공부하는 자들을 보건대, 손으로 물 뿌리고 빗질하는 절도도 모르면서 입으로는 천리(天理)를 담론하여 헛된 이름이나 훔쳐서 남들을 속이려 하고 있습니다. 그러나 도리어 남으로부터 상처를 입게 되고, 그 피해가 다른 사람에게까지 미치니, 이것은 아마도 선생 같은 어른들이 꾸짖어 그만두게 하지 않기 때문일 것입니다.[8]

여기서 남명은 천리(天理)를 논하는 것과 같은 고담준론(高談峻論)이 비로 선비의 이름을 도둑질하고 세상을 속이는 일이라고 강하게 비판하면서 먼저 빗자루를 들어야 한다고 일갈하였다. 더욱이 그는 이러한 학문

---

7) 南冥이 기거하고 있던 '宜寧' 의 옛 지명임.

8) 『南冥集』, 卷2, 書, 「與退溪書」. "百年神交, 直今違面. 從今住世, 應無幾矣, 竟作神道交耶. 人間無限不好事. 不足介懷, 獨此第一含恨事也. 每念先生一向宜春, 猶有解蘊之日, 尙今未焉, 斯亦幷付之命物者處分矣. 近見學者, 手不知洒掃之節, 而口談天理, 計欲盜名, 而用以欺人. 反爲人所中傷, 害及他人, 豈先生長老無有以呵止之故耶."

적 폐단이 퇴계 같은 어른들이 꾸짖어 그만두게 하지 않기 때문이라고 질책하였다.

(2) 퇴계의 마지막 답신(「答曺楗仲」, 甲子年, 1564년, 명종 19년)

퇴계는 답신에서 남명을 방문하지 못한 점에 대해 사과하였고, 그러면서 앞서의 편지에서 남명이 지적했던 그 시대 학풍의 문제점에 대해 변호하였다. 왜냐하면 그는 남명이 '요즘 공부하는 자들' 이라고 지칭한 부류가 좀 더 정확하게 말하면 자신과 문인(門人)들을 일컫는 것임을 알고 있었기 때문이다.

> 앞서 보내주신 글에서 '공부하는 이들이 실력도 없이 이름을 훔치고 세상을 속인다' 는 말씀에 대해서는 저 또한 걱정하고 있습니다. 그런데 그들을 꾸짖어 그만두게 하는 것은 쉬운 일이 아닙니다. 마음가짐이 본래부터 세상을 속이고 이름을 훔치려는 자에 대해서는 말할 것도 없습니다. 그런데 하늘이 사람에게 양심을 내려주어 누구나 다 선(善)을 좋아하는 것이니, 천하의 영재(英材)로서 성심(誠心)으로 학문을 좋아하는 사람이 어찌 한둘이겠습니까? 만일 세환(世患)을 범했다는 이유로 이 모두를 꾸짖어 그만두게 한다면, 이는 선류(善類)를 명령하여 주시는 상제(上帝)의 뜻을 어기고 천하 사람들이 도(道)를 지향하는 길을 끊어버리는 일이 될 것입니다. 이렇게 되면 우리가 하늘과 성인의 문정(門庭)에 죄를 크게 얻게 될 것이며, 그렇다면 어느 겨를에 다른 사람이 세상을 속이고 이름을 훔치는 것에 대해 걱정하겠습니까? …… 마음을 전일(專一)하게 하고 뜻을 다하여 학문을 성취하려고 하지 않는 사람도 죄가 없을 수 없지만, 그렇다 하더라도 그들의 마음은 가상하게 여길 만할 것입니다. 하물며 이러한 부류의 사람들은 일부에 불과한데 어찌 모든 학자를 통틀어 세상을 속

이고 이름을 훔친다고 몰아서 배척할 수 있겠습니까? 그들 역시 서로 어울려 함께 힘쓸 처지에 있는 자들입니다.[9)]

퇴계는 고담준론을 펼쳐나가는 학자들을 꾸짖어 그만두게 하는 것이 어려운 일임을 말하고 있다. 즉 세상을 속이고 이름을 훔치려는 자들은 소수이고, 그렇지 않은 사람들이 대부분인데 어찌 이들마저 함께 비판하고 배척할 수 있겠느냐는 것이다. 겉으로 보기에는 부드러운 대응 방식을 취하고 있지만, 실제로 퇴계는 이 편지에서 남명의 비판에 강하게 항변하였다.

3) 갈등의 배경과 증폭과정

남명과 퇴계의 마지막 서신은 두 사람의 견해가 분명하게 구분된다는 점에서 주목할 만하다. 남명은 당시 학자들에 대해 손으로는 물뿌리고 빗질하는 절차도 모르면서 입으로는 천리(天理)를 말함으로써 이름을 훔치고 다른 사람을 속이려 한다고 질타하였다. 그리고 이러한 행위가 퇴계 같은 어른들이 꾸짖어 그만두게 하지 않기 때문이라고 지적하였다. 이에 대해 퇴계는 그러한 학자들에게도 문제가 없을 수 없지만, 그렇다 하더라도 학문을 하려는 그들의 마음 자체는 가상하게 여길 만하다고 두둔한다. 그리고 한 걸음 더 나아가 이러한 부류의 사람들이 일부에 불과한데 어찌

9)『退溪集』, 卷10, 書, 「答曺楗仲」. "示諭學者盜名欺世之論, 此非獨高明憂之, 拙者亦憂之. 然而欲訶抑者, 亦非易事. 何者彼其設心, 本欲欺世而盜名者, 姑置不言. 獨念夫降衷秉彝, 人同好善, 天下英材其誠心願學者何限. 若以犯世患之故, 而一切訶止之, 是違帝命錫類之意, 絶天下向道之路. 吾之得罪於天與聖門已甚, 何暇憂人之欺且盜乎. …… 其不能專心致志以期於有成者, 固不能無罪, 然其心可尙. 猶是此一邊人, 其可槩以欺盜而麾斥之乎. 其亦在所相從而共勉也."

모든 학자를 통틀어 세상을 속이고 이름을 훔친다고 배척할 수 있겠는가 반문한다.

그런데 호의적으로 오가던 두 사람의 서신이 왜 이처럼 격해지게 되었는가? 특히 1553년 이후 무려 10년이 훨씬 지난 시점(1564년)에서 남명은 왜 갑자기 퇴계학단의 학풍을 강하게 비판하고 나서는가? 이러한 점을 제대로 이해하기 위해서는 남명의 학풍을 우려하는 내용의 글이 담긴 퇴계의 「조남명유두류록발(曺南冥遊頭流錄跋)」을 살펴보아야 한다. 퇴계는 1560년(명종 15년)에 남명의 학문적 태도를 비판하는 내용이 실린 「조남명유두류록발」을 짓는다. 그 전(1558년)에 남명은 김홍(金泓), 이희안(李希顔), 이정(李楨) 등과 두류산(지리산)을 유람하고 나서 기행문 성격의 글인 「유두류록(遊頭流錄)」[10]을 지었는데, 퇴계는 이 글의 내용과 표현 및 취향이 문제가 될 수 있다고 보았다. 그래서 그는 남명의 학풍이 '기이한 것을 숭상하고 이단의 사상을 좋아하여〔尙奇好異〕' '중도(中道)의 요체를 지키기 어렵다〔難要以中道〕' 고 평하며, 자칫 이단의 길로 빠지지 않을까 우려하였다.

이 일은 남명과 그 제자들에게 상당한 충격을 던져준 것으로 보인다. 후일 퇴계에 대해 가장 심하게 비판했던 정인홍(鄭仁弘)의 퇴계 비판 또한 직접적으로는 자신의 스승인 남명이 문묘(文廟)에 종사되지 못한 데서 비롯된 것으로 보이지만, 그 근원은 퇴계가 남명의 학문적 태도를 비판했던 「조남명유두류록발」에로 소급된다. 이것은 남명의 제자들뿐만 아니라 남명 자신도 상당히 불쾌한 기억이었던 것으로 보인다. 그러므로 그는 퇴계가 「조남명유두류록발」을 지은 바로 다음 해(1561년)에 퇴계의 학풍에 대해 직접적으로 비판하게 된다. 그는 1561년 4월 18일에 퇴계의 제자 금

10) 『南冥集』, 卷2, 雜著에 수록됨.

난수(琴蘭秀)가 자신을 방문했을 때 퇴계에게 꼭 전해달라고 당부하며 이러한 말을 하였다.

> 내가 퇴계에게 하고 싶은 말이 있다네. 자네는 호남의 유생(儒生)들이 퇴계와 더불어 성리설(性理說)에 대해 논변한 것을 아는가? 전현(前賢)들의 논의와 해석이 지극하고 극진하여 후생(後生)들이 전현들의 원대한 경지에 미치지 못한다네. 전현들의 말씀을 찾아서 밝히고 그것을 행하기에도 힘이 부족한데, 전현의 말씀을 구해 행하려 하지는 않고 고담준론의 성리(性理)의 학문만 찾고 있으니 나는 그것이 옳은지 알지 못하겠네. 질문자가 비록 질문을 하더라도 퇴계는 그것을 제지해야 마땅할 것이네. 퇴계가 또한 그렇게 한 것을 나는 감히 할 수가 없다네. 혹여 나에게 그렇게 하자고 하더라도, 나는 전현의 말씀을 아직 착수도 못 했기 때문에 어느 겨를에 다시 성리를 논하겠는가? 자네는 이 말을 꼭 퇴계에게 전해주게나.[11]

여기에서 남명은 1564년에 보내는 마지막 편지의 내용과 거의 동일한 말을 하였다. 다만 이곳에서는 직접 '호남의 유생〔奇大升〕'과 퇴계가 성리(性理)에 대해 논변을 한 사실을 언급하고 있다. 금난수는 5월 5일에 집으로 돌아오자마자 곧바로 퇴계를 만났는데, 이 자리에서 남명의 말을 전한 것으로 여겨진다. 이 말을 들은 퇴계는 상당한 충격을 받은 것으로 보인다. 그는 다음 해에 그동안 지속해오던 기대승과의 사단칠정(四端七情) 논쟁을 중단했으며, 여러 차례 제자들에게 남명의 발언을 상기시키며 근

---

11) 琴蘭秀, 『惺齋日記』, 辛酉年(明宗16年), 惺齋32歲, '4月18日' 條. "又曰, 有欲告退溪者矣. 君見湖南諸生, 與退溪辨論性理之說乎. 前賢論釋至矣盡矣, 後生不及於前賢遠矣. 尋究前賢之言, 而行之力不足焉, 不求行前賢之言, 而尋高論性理之學, 吾不知其可也. 問者雖問退溪則止之可也. 退溪亦爲之, 吾所不敢. 或請余亦爲之, 吾於前賢之言, 未得着手, 何處更論性理乎. 君以是告退溪."

신(謹愼)을 당부하였다.

근래에 어떤 사람이 남명의 처소가 있는 곳으로부터 와서 이렇게 전해주었네. 호남의 사문(斯文)인 기대승이 일찍이 나와 더불어 사단칠정을 논하며 서신을 왕래하였는데, 남명이 이 일에 대해 대단히 잘못된 것이라 여기고 심지어 '세상을 속이고 선비의 이름을 훔친다〔欺世盜名〕' 고 지목했다네. 이 말은 참으로 좋은 약석(藥石)이며, 심히 두려워할 만하다네. 우리 무리 가운데서도 이러한 말이 들리거늘, 하물며 다른 사람의 경우에는 어떠하겠는가? 이 뜻은 그대도 알아두어야 하겠기에 덧붙여 일러 주는 것이니 귀 기울여 들어주기를 바라네.[12]

1562년, 이정(李楨)에게 보낸 서신에서 퇴계는 남명의 조언을 참으로 좋은 약석(藥石)이라고 하며, 당연히 유의해야 한다고 제자들에게 당부한다. 그런데 남명은 1564년에 퇴계에게 직접 보낸 서신에서 또다시 퇴계학단의 공부법을 강하게 비판하였다. 이 편지에 대한 퇴계의 반응은 제자 이덕홍(李德弘)에게 보낸 서신에 그대로 남아 있다.

근래에 조남명(曺南冥)의 편지를 받아보니, "요즘 배우는 사람들을 보건대, 손으로는 물뿌리고 빗질하는 절차도 모르면서 입으로는 천리(天理)를 말함으로써 이름을 훔쳐 다른 사람을 속이려고 하다가 도리어 다른 사람들로부터 깊은 상처를 입고 그 피해가 또 다른 사람에게까지 미치는데, 이것이 어찌 선생이나 어른들이 꾸짖어 말리지 않았기 때문이 아니겠습니까? 충분히 억제하여

---

12) 『退溪集』, 卷21, 書, 「答李剛而」. "近有人自南冥所來言, 湖南奇斯文, 曾與滉論四端七情書札往復事, 南冥極以爲非, 至以欺世盜名目之云. 此言眞藥石, 此名甚可懼. 此是吾輩人中, 乃有此等語, 況他人耶. 此意令公亦不可不知, 故幷白之, 更望傾探, 至懇至懇."

경계해 주십시오."라고 했다네. 이 말이 비록 병통이 있다 하더라도, 우리는 이 점에 있어서 스스로 통렬히 경계하고 조심하지 않을 수 없기에 삼가 알려 준다네.[13]

이 글에서도 퇴계는 남명의 충고를 통렬하게 경계하지 않을 수 없다고 하였다. 그렇지만 거듭되는 남명의 격한 충고에 퇴계 또한 기분이 편할 수는 없었을 것이다. 퇴계는 자신과 문인(門人)들이 남명의 충고를 스스로 조심하는 계기로 받아들여야 한다고 말하기는 했지만, 남명의 충고가 아무런 문제가 없다고 보지는 않았다. 그는 "이 말이 비록 병통이 있다 하더라도"라는 단서를 달았다. 그래서 퇴계는 남명에게 보낸 답신에서도 고담준론을 일삼는 학자들이 기세도명(欺世盜名)하고 있다는 비판에 대해 이들 또한 서로 어울려 함께 힘쓸 처지에 있는 자들이라고 적극적으로 항변하였던 것이다.

퇴계와 남명의 갈등 배경에는 무엇보다도 두 사람의 학풍의 차이가 전제되어 있다. 남명은 퇴계학단 내에 쇄소응대(灑掃應對)의 기본적인 실천은 도외시하고 성리학적 고담준론에만 치중하는 잘못된 학풍이 유행하고 있다고 보았다. 반면 퇴계는 남명의 학풍이 노장사상(老莊思想)에 가깝고 그의 기질이 지나치게 편벽되었다고 여긴 듯하다. 여기에 더하여 「조남명 유두류록발」과 같은 예기치 않은 몇 가지 사건을 둘러싸고 두 학단 간의 갈등이 점점 증폭되어갔다.

13) 『退溪集』, 卷35, 書, 「答李宏仲別紙」(甲子年). "近得曺南冥書云, 近見學者, 手不知灑掃之節, 而口談天理, 計欲盜名, 而用以欺人, 反爲人所中傷, 而害及他人, 豈非先生長者無以訶止之故耶. 請十分抑規之, 此說雖有病, 吾輩於此, 不可不痛自警飭, 故奉告之耳."

2. 남명과 퇴계의 출처관(出處觀)과 인물평(人物評) 비교

1) 남명과 퇴계의 사회사상사적 배경

'절개' 를 강조하는 남명의 삶은 그의 가문의 배경과도 관련이 있다. 남명의 인척인 조지서(趙之瑞)를 비롯한 정성근(鄭誠謹), 정여창(鄭汝昌) 등 초기 사림파들과 조언형(曺彦亨, 남명의 부친), 조언경(曺彦卿, 남명의 숙부) 등의 기묘명현(己卯名賢)들이 진주를 중심으로 한 경상우도에서 배출되었고, 그들의 삶과 가르침이 남명에게 많은 영향을 주었다. 특히 남명의 부친 조언형은 그 성품이 악을 미워하고 선을 좋아해서 세상과 더불어 행동을 같이하지 못했는데, 이로 인해 당시 사람들은 격양(激揚)하는 풍모를 지닌 남명의 의기(義氣)가 유래가 있다고 말하였다.[14] 기묘사화 때 조광조 일파로 몰려 죽임을 당한 숙부 조언경의 기개 또한 남명의 대쪽 같은 성격을 이루는 배경이 되었을 것이다. 그리고 연산군이 세자였던 당시 사부(師傅)로서 그에게 학문을 강권하다가 갑자사화 때 참혹하게 죽임을 당한 조지서의 삶은 직접적으로 남명에게 많은 영향을 주었을 것으로 짐작된다. 조지서는 남명의 할머니와 남매간으로서 당시 정성근과 함께 진주를 대표하는 신진 사림이었다. 남명은 「지족당조공유사(知足堂趙公

14) 李肯翊, 『燃藜室記述』, 卷9, 「中宗朝名臣」, '曺彦亨' 條. "公性嫉惡好善, 不能與世俯仰, 由銓郎至執義, 屢跲屢起, 與姜渾竹馬交, 旣長亦不衰, 在廢朝所爲, 憤嫉不置. 丁卯戊辰間, 在端川郡守, 聞渾, 按節到郡, 遂治行戒家人, 備濁酒一桶, 吏言監司將近, 禮當祗迎. 公稱病, 日將昏, 以紺色直領, 曳分套, 率一奴携酒桶直詣上房外, 呼曰渾之何在. 渾聞其聲, 急起而開門迎笑謂曰吾, 吾在此. 公就坐未寒暄, 先曰天寒, 子可飮乎. 自取大盃飮之而無肴. 渾亦自酌飮過三巡, 公曰, 子之前日所爲狗彘不若, 誰食其餘. 子在少時, 聰慧敏給, 以爲可交, 豈知挾小技行身, 無狀至於此極乎. 生不如死之爲愈也, 僕欲貽書絶交, 欲一見責之, 今已相見, 我當明日去矣. 更飮一盃, 又連饋三盃, 渾低首無言, 垂涕而已. 明日遂棄官而去, 後至判校而終. 子南冥植義氣激揚之風, 蓋有所自也云." 참조.

遺事)」라는 글을 지어 조지서의 청백(淸白)의 정신을 기렸다. 남명의 이러한 가문의 배경은 의(義)를 숭상하는 경상우도 특유의 환경[15]과 더불어 남명과 그 후학들의 강골 기질로 형성되었고, 또한 그에 걸맞은 학풍을 이루는 계기가 되었다.

'관용'이 두드러졌던 퇴계의 삶 또한 가풍과 어머니의 가르침에서 많은 영향을 받았다. 퇴계의 가풍은 그의 6대조이자 진성이씨(眞城李氏)의 시조인 이석(李碩)의 영향이 크다. 이석은 진보현의 향리(鄕吏)였는데, 온유함과 성실함 그리고 조심성이 돋보이는 성품을 지녔다. 그의 이러한 성품은 후손에게로 이어졌고 또한 가풍으로 형성되어 퇴계에게도 많은 영향을 주었던 것으로 알려져 있다.[16]

퇴계는 아버지인 진사 이식(李埴)과 후취부인으로 들어온 어머니 춘천박씨 사이에서 출생했는데, 6남 1녀 중에서 막내이다. 아버지는 퇴계가 태어나던 해(1501년)에 진사에 급제하고, 그다음 해 6월에 병으로 작고하였다. 퇴계는 어릴 때부터 병약했으며, 어머니의 영향을 크게 입었다. 춘천박씨는 의지가 굳었고, 인고(忍苦)의 삶을 통해 가족들을 보전하려고 한 일상의 어머니였지만, 자녀들에게 준 영향은 대단히 컸다. 춘천박씨는 퇴계 형제에게 간절하게 훈계하기를, "세상 사람들이 흔히 말하기를 '과부의 아들은 버릇이 없다'고 하니, 너희들이 백배의 노력을 하지 않는다면 이러한 비웃음을 면치 못할 것이다."라고 하였다. 그리고 특히 막내아들 퇴계를 향하여 건강이나 기질로 볼 때 큰 벼슬할 생각은 하지 말고, 작은 고을의 원님 정도에 만족하라고 충고하였다. 이러한 어머니의 가르침

---

15) 李重煥, 『擇里志』, 「八道總論」, '慶尙道' 條. "左道則土瘠民貧, 雖儉嗇而多文士, 右道則土沃民富, 喜豪侈而倫惰不力於文學, 故少貴顯之士, 此其大較也." ; 李瀷, 『星湖僿說』, 卷1, 「天地門」, '東方人文'. "上道尙仁, 下道主義." 참조.

16) 현 퇴계 종손〔李根必〕은 방문객들에게 시조의 성실함과 온유함에 대한 일화를 자주 들려준다.

은 온유함, 성실함, 조심성이 돋보이는 퇴계의 성품을 형성하는 데에 큰 영향을 주었던 것이다.

2) 남명과 퇴계의 출처관 비교

'출처(出處)' 는 도가 행해지면 세상에 나아가 관직을 맡아 경세제민(經世濟民)의 이상을 펼치고, 도가 행해지지 않으면 절개를 지키며 재야(在野)에 머물면서 후학을 가르쳐 올바른 세상이 오기를 기다린다는 유교의 정치사상이다. 일찍이 공자는 위나라의 대부인 거백옥(蘧伯玉)의 덕을 칭송하면서 저 유명한 출처관을 개진하였다.

> 군자로다, 거백옥이여! 나라에 바른 도가 행해지면 나아가 벼슬하고, 바른 도가 행해지지 않으면 물러나 도를 마음에 간직하고 숨어 살았구나.[17)]

남명은 평소 김우옹(金宇顒)과 정구(鄭逑)에게 벼슬에 나아갈지 아니면 초야에 머물 것인지를 결정하는 '출처' 의 의리가 선비의 절개를 판단하는 중요한 기준임을 강조하면서, "선비의 '큰 절개〔大節〕' 는 오직 '나아가고 머무름〔出處〕' 에 있을 뿐이다."[18)]라고 하였다. 남명은 출처의 중요성을 제자들에게 강조하였을 뿐만 아니라, 자신도 엄정하게 지켜나갔다. 그는 훈척(勳戚)이 득세하고 사림(士林)이 화(禍)를 당하던 시대적 배경에서 '출(出)' 보다는 '처(處)' 를 택했다.

> 고금(古今)의 인물들을 두루 논하려면 반드시 먼저 그 출처를 살펴본 후에

17) 『論語』, 「衛靈公」. "君子哉, 蘧伯玉, 邦有道則仕, 邦無道則可卷而懷之."

18) 『南冥集』, 卷5, 附錄, 「行錄」(金宇顒). "士君子大節, 唯在出處一事而已."

그 행위의 득실(得失)을 논해야 한다.[19)]

양구산(楊龜山)이 말하기를, "도를 위해 출사(出仕)하는 것과 녹봉을 위해 출사하는 것은 같지 않다." 고 했다.[20)]

선비는 위로 천자의 신하 노릇 하지 않고 아래로 제후의 신하 노릇 하지 않으니, …… 그가 가진 포부가 크고 일 처리 하는 바가 중하다.[21)]

남명의 이러한 출처관은 노장(老莊)의 은둔과는 구분되는 면이 있다. 남명의 입장은 유가(儒家)의 입장이기도 한데 노장과 달리 무조건적 은둔만을 고집하지 않으며, 비록 현실정치에 직접 참여하지 않는 때에도 세상일을 완전히 잊지는 않는다. 남명은 명종(明宗)의 유약함과 정치의 혼탁함으로 인해 자신의 포부를 제대로 펼치지 못할 것이라는 생각에서 '출(出)' 을 하지 않았지만, 현실정치에 대해 단순히 피해서 가지 않고 목숨을 건 충언(忠言)을 하였다. 후일 많은 논란이 되었던 「을묘사직소(乙卯辭職疏)」〔일명 「단성현감사직소(丹城縣監辭職疏)」라고도 함〕가 대표적인 사례이다.

전하의 국사(國事)가 이미 잘못되고 나라의 근본이 이미 망하여 천의(天意)가 이미 떠나갔고 인심도 이미 떠났습니다. 비유하자면 마치 백 년 된 큰 나무에 벌레가 속을 갉아먹어 진액이 다 말랐는데 회오리바람과 사나운 비가 언제

19) 『南冥集續集』, 「行狀」(鄭仁弘). "泛論古今人物, 必先觀其出處, 然後論其行事得失."
20) 『南冥集』, 卷4, 「學記下」(出處). "龜山曰, 仕道與祿仕不同."
21) 『南冥集』, 卷2, 論, 「嚴光論」. "故士有上不臣天子, 下不臣諸候. …… 彼其所挾者大, 而所辦者重."

닥쳐올지 전혀 모르는 것과 같은 상태가 된 지 이미 오래입니다. 조정에 있는 사람 중에 충의(忠義)로운 선비와 근면한 양신(良臣)이 없는 것은 아니나, 그 형세가 이미 극도에 달하여 미칠 수 없으므로 사방을 돌아보아도 손쓸 곳이 없음을 이미 알고 있습니다. 낮은 관직에 있는 자들은 아래에서 시시덕거리면서 주색(酒色)이나 즐기고, 높은 자리에 있는 자들은 위에서 어물거리면서 오직 재물만을 불립니다. 〔사신(史臣)의 평: …… 조식(曺植)은 초야의 일사(逸士)로서 한때의 고명(高名)이 있었는데, 비록 부름을 받고 나아간다고 하더라도 어찌해 볼 수 없음을 스스로 알았다. 이 때문에 소(疏)를 올려 진언(進言)하면서 당시의 폐단을 절실하게 비판하였으니, 또한 강직하지 아니한가?〕 …… 자전(慈殿)께서는 생각이 깊으시지만 깊숙한 궁중의 한갓 과부(寡婦)에 지나지 않으시고, 전하께서는 어리시어 단지 선왕(先王)의 외로운 후사(後嗣)에 지나지 않습니다. 그러니 천백 가지의 천재(天災)와 억만(億萬) 갈래의 인심(人心)을 무엇으로 감당해 내며 무엇으로 수습하겠습니까? …… 이러한 시기를 당해서는 비록 주공(周公) · 소공(召公)과 같은 재주를 겸한 자가 정승의 자리에 있다 하더라도 어떻게 하지 못할 것인데 하물며 초개(草芥) 같은 한 미력한 신하의 재질로 어찌하겠습니까? 위로는 위태로움을 만에 하나도 지탱하지 못할 것이고, 아래로는 백성을 털끝만큼도 보호하지 못할 것이니 전하의 신하 되기가 어렵지 않겠습니까? 변변찮은 명성을 팔아 전하의 관직을 사고 녹봉을 타면서도 맡은 일을 하지 못하는 것은 또한 제가 원하는 바가 아닙니다. 이것이 나아가기 어려워하는 또 하나의 이유입니다.[22]

22) 『朝鮮王朝實錄』, 明宗10年(1555年, 乙卯年), 11月19日(庚戌), 첫 번째 기사. "抑殿下之國事已非, 邦本已亡, 天意已去, 人心已離, 比如大木, 百年蟲心, 膏液已枯, 茫不知飄風暴雨, 何時而至者久矣. 在廷之臣, 非無忠義之士, 夙夜之良也, 已知其勢極而不可及, 四顧無下手之地. 小官嬉嬉於下, 姑酒色是樂, 大官泛泛於上, 唯貨賂是殖.〔…… 植以草野之逸士, 負一時之高名, 自知雖就徵, 而不能有所爲, 故陳疏進言, 譏切時弊, 不亦讜乎.〕 …… 慈殿塞淵, 不過深宮之一寡婦, 殿下幼沖, 只是先王之一孤嗣. 天災之百千, 人心之億萬, 何以當

당시 시대의 상황에 대해서는 퇴계 또한 남명과 비슷한 판단을 했던 것으로 보인다. 퇴계는 초년에 요순시대와 같은 도의(道義)정치를 펼칠 뜻이 있었으나, 시세를 보니 이런 일을 할 수 없다는 것을 알아차리고 학문을 하게 되었다고 하였다.[23] 다만 퇴계의 경우에는 어떠한 경우라 하더라도 임금이 부르면 일단 이에 응하는 것이 군신 간의 도리라고 생각했지만, 남명은 아예 응하지 않는 것이 선비의 올바른 처신이라고 보았다.

3) 남명과 퇴계의 인물평 비교

남명과 퇴계는 출처관에서 상당한 차이를 보여주었으며, 이에 따라 이들 두 사람의 역사적 인물들에 대한 평가도 달라졌다. 가장 대표적인 사례가 바로 포은 정몽주에 대한 평가이다. 남명은 자신의 출처관의 입장에서 포은의 처신을 비판했고, 또한 촉한(蜀漢) 제갈량의 성급한 발신(發身)을 안타까워했다. 반면 길재와 후한(後漢) 엄광(嚴光)의 처신에 대해서는 높게 평가했는데, 길재와 엄광의 전기(傳記)를 직접 짓기도 했다.

> 선생(남명)이 일찍이 말하기를, "제갈공명은 유비의 삼고초려로 인해 관직에 나아갈만한 시기가 아닌 때에 나아갔으니 작게 쓰였다는 아쉬움을 면하기가 어렵다. 만약 끝까지 나아가지 않고 융중(隆中)에서 그냥 늙어 죽어 후세 사람들이 그의 사업을 몰랐다 하더라도 괜찮았을 것이다."라고 하였다.[24]

之, 何以收之耶. …… 當此之時, 雖才兼周召, 位居鈞軸, 亦末如之何矣. 況一微臣材如草芥者乎. 上不能持危於萬一, 下不能庇民於絲毫, 爲殿下之臣, 不亦難乎. 若賣斗筲之名, 而睹殿下之爵, 食其食而不爲其事, 則亦非臣之所願也. 此所以難進者二也." 이 상소문은 『南冥集』, 卷2, 疏에도 수록되어 있음.

23) 曺好益, 『芝山集』, 卷5, 雜著, 「退溪先生行錄」. "退溪初年, 便有堯舜君民之志, 旣而見時世有不可爲者, 乃卷而懷之, 非意懦厭事者也." 참조.

또한 그는 포은 정몽주의 처신을 비판했는데, 그 이유는 한 마디로 포은의 처신에 일관성이 없다는 점이다. 이러한 남명의 입장은 한강 정구가 퇴계에게 포은의 처신에 대해 질문한 글에도 인용되어 있다.

> 남명 선생이 일찍이 정몽주의 출처에 대해 의심하였는데, 제 생각도 정몽주의 죽음에 대해 가소롭게 여기고 있습니다. 그는 공민왕 조정에서 대신 노릇을 30년이나 하였으니 '불가하면 그만둔다' 는 옛 성현의 도리에 부끄러운 일입니다. 또한 신우(辛禑) 부자를 섬겼는데, 만약 우왕(禑王)이 신씨가 아닌 왕씨 소생이라 하여 그랬다면, 후일 그를 내쫓을 때 자신도 그 일에 참여한 까닭은 무엇입니까? 10년을 신하로서 섬기다가 하루아침에 내쫓아 죽인다는 것이 과연 될 일입니까? 만약 왕씨 소생이 아니어서 그랬다면 진왕(秦王) 여정(呂政)이 왕위에 올랐을 때 영씨(嬴氏)가 이미 망한 것과 같은 이치입니다. 그런데도 아무렇지도 않게 그가 준 녹봉까지 받아먹었습니다. 이런 일이 있고 난 후에 다시 다른 임금(공양왕)을 위해 죽었으니 저로서는 참으로 이해하지 못할 일입니다.[25)]

한마디로 말하여, 우왕을 이미 10년간 섬기다가 그를 쫓아내는 일에 동참한 것이 명분에 맞지 않다는 것이며, 그러면서도 새삼 공양왕을 위해서 충절을 지킨 일이 이해하지 못할 처신이라는 것이다. 남명의 문인이기도

---

24) 『南冥集續集』, 「行狀」(鄭仁弘). "嘗謂, 諸葛孔明爲昭烈三顧而出, 欲爲於不可爲之時, 顧未免有小用之憾. 若終不爲昭烈起, 寧老死於隆中, 天下後世, 不知有武侯事業, 亦未爲不可矣."

25) 『退溪集』, 卷39, 書, 「答鄭道可問目」(두 번째 서신). "南冥曹先生嘗以鄭圃隱出處爲疑, 鄙意鄭圃隱一死頗可笑. 爲恭愍朝大臣三十年, 於不可則止之道. 已爲可愧. 又事辛禑父子, 謂以辛爲王出歟, 則他日放出, 己亦預焉, 何也. 十年服事, 一朝放殺, 是可乎. 如非王出, 則呂政之立, 嬴氏已亡, 而乃尙無恙, 又從而食其祿, 如是而有後日之死, 深所未曉."

한 한강은 남명과 같은 논지에서 자신의 뜻을 피력하며 퇴계의 견해를 물어보았다. 그런데 퇴계는 평소와 달리 강한 어조로 한강을 질책하며 포은의 충절을 두둔하였다.

> 정자(程子)가 이르기를, "사람은 마땅히 허물이 있는 가운데서 허물이 없기를 구해야 하지, 허물이 없는 가운데서 허물이 있기를 구하는 것은 옳지 않다." 라고 하였네. 포은 정몽주의 정충대절(精忠大節)이야말로 천지의 경위(經緯)가 되고 우주의 동량(棟梁)이 될 만하네. 그런데도 남의 말하기를 좋아하고 남을 공격하기 좋아하는 사람들은 남의 미덕을 드러내는 것을 즐기지 않고 오히려 이를 겁내고 꺼리기까지 하니, 나는 이런 이야기를 들을 때마다 매번 귀를 막고 말을 듣지 않으려 한다네. 이제 보니 자네도 그런 병통이 있는 것 같네.[26)]

다른 물음에 대해서는 비교적 은근하고 짧게 대답했던 퇴계가 이 물음에 대해서는 분명하게 자기 뜻을 밝히면서 한강을 질책하기까지 하였다. 퇴계는 허물이 있어도 덮어주어야 하는데, 하물며 없는 허물을 만들어내서는 안 된다고 하는 정자의 말을 인용해가며 한강을 강하게 비판하였다.[27)] 귀를 막고 말을 듣지 않으려 한다는 퇴계의 표현은 격앙된 그의 심정을 고스란히 드러낸다. 한강에 대한 이러한 질책은 당연히 남명에게까지 연계된다고 볼 수 있다. 한편 이덕홍(李德弘)도 한강과 유사한 질문을 한 바 있는데, 퇴계는 이때도 적극적으로 포은을 변호하였다.

---

26) 『退溪集』, 卷39, 書, 「答鄭道可問目」(두 번째 서신). "程子曰, 人當於有過中求無過, 不當於無過中求有過. 以圃隱之精忠大節, 可謂經緯天地, 棟梁宇宙. 而世之好議論, 喜攻發, 不樂成人之美者, 嘵嘵不已. 滉每欲掩耳而不聞. 不意君亦有此病也."

27) 1604년에 정구는 자신의 제자인 손처눌에게 당시의 일을 전해주면서, 퇴계의 꾸지람을 받고 송구한 마음으로 물러 나왔다고 하였다.〔『慕堂日記』, 甲辰年(宣祖37年), 慕堂 52歲, '4月11日' 條 참조〕

〈'이덕홍' 이〉 묻기를, "고려 말에 왕씨(王氏)의 뒤를 이어 왕위에 선 사람은 신씨(辛氏)인데, 포은은 그를 섬기고 물러나지 않았으니 뒤에 비록 공(功)이 있다고 한들 어찌 그 죄를 면할 수 있겠습니까?"라고 하였다. 이에 대해 퇴계 선생이 답하기를, "그렇지 않네. 왕위를 계승한 사람은 비록 신씨이나 왕씨의 종묘사직이 아직 망하지 않았기 때문에 포은이 그를 섬겼던 것이네. 그것은 마치 저 진(秦)나라의 여씨(呂氏)나 진(晉)나라의 우(牛)씨의 경우와도 같으니, 〈'주자' 께서도〉 『자치통감강목(資治通鑑綱目)』에서 왕도(王導, 晉나라 元帝 때의 재상)의 무리를 배척해서 말하지 않았네. 포은께서는 바로 이러한 뜻을 얻었던 것이네."[28)]

남명과 퇴계는 회재 이언적에 대해서도 각각 다르게 평가하였다. 1543년(중종 38년)에 남명은 김해(金海)에 거처하고 있었는데, 당시 경상감사로 부임한 회재가 만나자는 편지를 그에게 보내왔다. 남명은 자신이 과거응시자의 신분이라는 핑계로 만남을 회피하였는데, 사실은 회재의 처신에 대해 못마땅하게 생각하고 있었기 때문에 만남을 거부했던 것이다.

어찌 거자(擧子)의 신분으로 감사를 찾아갈 수 있겠습니까? 다만 생각건대, 옛사람은 네 조정에 걸쳐 벼슬하였지만 조정에 있었던 것은 겨우 46일이었습니다. 저는 상공(相公)께서 벼슬에서 물러나 고향으로 돌아갈 날이 머지않으리라 생각합니다. 그때 제가 각건(角巾)을 쓰고 안강(安康)에 있는 댁으로 찾아가 뵈어도 늦지 않을 것입니다.[29)]

28) 『退溪言行錄』, 卷5, 「論人物」(李德弘). "問, 前朝王氏之後, 繼立者辛氏, 而鄭圃隱先生事之不去. 後雖有功, 何足贖哉. 先生曰, 不然. 繼之者雖辛, 而王氏宗社未亡, 故圃隱猶事之. 正如秦之呂晉之牛, 而綱目不斥言王導之流. 圃隱正得此義."

29) 『南冥集續集』, 書, 「答李晦齋」. "寧有呈身擧子乎. 獨念古人歷仕四朝, 僅四十六日. 吾知相公解歸田里之日不久. 當角巾相尋於安康里第, 尙未晩也."

남명은 평소 회재의 출처(出處)에 대해 좋지 않게 생각해왔는데, 마침내 「해관서문답(解關西問答)」[30]이라는 글에서 본격적으로 회재의 서자(庶子)인 이전인(李全仁) 모자(母子)의 출자(出自), 회재 부자(父子)의 「관서문답(關西問答)」에 관한 오류 및 회재의 거관(居官) 출처에 대해 비판하였다. 이에 반해 퇴계는 회재 사후(死後)에 그의 신원(伸寃)에 적극적이었고 또한 자신이 직접 회재의 '행장'을 쓰는 등 회재의 업적을 현창하는 일에 그 누구보다 앞장섰다.[31]

〈퇴계 선생이〉 일찍이 말하기를, "우리나라의 이학(理學)은 포은 정몽주를 조종(祖宗)으로 삼고, 한훤당 김굉필과 정암 조광조를 으뜸으로 삼는다. 그러나 이 세 분 선생은 저술을 구할 수 없기 때문에 그 공부의 깊고 얕은 형편을 살필 수 없다. 요즘 『회재집(晦齋集)』을 보니 그 학문의 바름과 학식의 깊이에서 근세의 제일인자(第一人者)임을 알 수 있겠다."라고 하였다.[32]

그런데 야은 길재에 대해서는 남명과 퇴계 모두가 높이 칭송하였다. 특히 남명은 두 성씨(姓氏)의 임금을 섬기지 않는다는 의리정신으로 출사 자체를 거부한 야은의 출처관을 높이 평가하여 "두 성씨를 섬기지 않는 의리를 지켰도다."[33]라고 칭송하였다. 이에 반해 퇴계는 야은을 칭송하기는 했지만, 출사 자체를 거부한 것보다는 관직에 연연치 않은 고귀한 인품을 칭송하여 "아, 세상 사람들이여! 높은 벼슬 사랑하지 말 것이로

30) 『南冥集』, 卷2, 雜著에 수록됨.

31) 이수건, 「남명과 남명학파」, 『경남문화연구』, 경상대학교 경남문화연구소, 1988, 153~154쪽 참조.

32) 『退溪言行錄』, 卷5, 類編, 「論人物」(禹性傳). "嘗言, 吾東方理學, 以鄭圃隱爲祖, 而以金寒暄, 趙靜庵爲首. 但此三先生著述無徵. 近見晦齋集, 其所學之正, 所得之深, 殆近世爲最也."

33) 『南冥集續集』, 雜著, 「冶隱吉先生傳」. "守不事二姓之義."

다."[34]라고 하였다.

이처럼 남명과 퇴계는 역사적 인물에 대해서도 자신들의 관점에서 상당히 다르게 평가하였다. 남명은 그의 소신대로 분명한 출처관과 의리정신을 적용하여 엄정하게 평가하였고, 퇴계는 어떤 인물에게 공(功)과 과(過)의 양면이 있으면 과(過)보다는 공(功)을 위주로 관용적인 입장에서 평가하였다. 이들의 대비되는 기질과 성품은 평가하는 이들에 의해 장점으로도 여겨지고 동시에 단점으로도 읽혔다. 이제 남명과 퇴계에 대한 당대의 평가를 살펴보자.

3. 남명과 퇴계에 대한 긍정적 평가

1) 남명에 대한 평가

퇴계의 제자들은 스승을 온유하고 관용적인 모습으로 회상하고, 반면 남명의 제자들은 스승을 올곧고 절개 있는 참선비로 기억하였다. 우선 남명의 수제자로 평가받는 정인홍이 쓴 「행장」의 기록을 인용해보자.

> 선생은 구차하게 복종하지도 않았고, 침묵하지도 않았다. 아는 이들은 그를 좋아하였으나, 제대로 알지 못하는 이들은 그를 미워하였다. 숨어 있었으나 '시대를 자세히 살폈고〔相時〕', 스스로를 지켰지만 다른 사람들에게 자랑하지 않았다. 깎아지른 듯한 요새의 높은 바위 구멍에 살면서 죽더라도 후회하지 않으니, 이를 비유하여 천 길 높이를 나는 봉황새와 같다고 할 만하다.[35]

34) 『退溪集』, 卷1, 詩, 「過吉先生閭」. "嗟爾世上人, 愼勿愛高官."

정인홍의 이러한 평가는 남명의 인품에 대해 가장 정확하게 묘사한 것으로 인정받는다. 남명이 작고한 후에 출생한 허목(許穆)도 남명의 「신도비명(神道碑銘)」에서 비슷하게 평가하였다.

> 〈선생은〉 구차하게 복종하지도 않았고 침묵하지도 않았으며, 스스로 가벼이 쓰이기를 구하지 않았으니 높고 우뚝하게 섰다.[36]

남명에 대한 이러한 평가는 『실록(實錄)』에서도 확인할 수 있다. 남명의 「을묘사직소(乙卯辭職疏)」 말미에 수록되어 있는 사신(史臣)의 평가 또한 의(義)를 향한 남명의 과단성과 기절(氣節)의 삼엄함을 깊이 인정하고 있다.

> 세도(世道)가 쇠미해져서 염치(廉恥)가 모두 상실되고 기절(氣節)이 쓸어버린 듯하여 유일(遺逸)이란 이름을 칭탁(稱託)하고 공명(功名)을 낚는 자가 참으로 많은데 어질도다, 조식(曺植)이여! 몸가짐을 조심스럽고 조촐하게 하며 초야(草野)에서 빛을 감추었지만 난초와 같은 향기는 저절로 알려지고 명망은 조정에 알려져, 이미 참봉(參奉)에 차임(差任)되고 또 주부(主簿)에 임명된 것이 두 번 세 번에 이르렀지만 모두 머리를 저으며 거절하였다. 지금 이 수령의 직임은 영광이라고 이를 만하며 이처럼 특별히 제수한 경우는 드물다고 할 만한데도, 가난한 것을 편안히 여기고 스스로 도(道)를 즐기면서 끝까지 나아가려고 하지 않았으니, 그 뜻을 높이 살만하다. 그러면서도 세상의 일을 잊어버리는 데 과감하지 못하여 소(疏)를 올려 의(義)를 지키며 당시의 폐단을 적극적으

35) 『南冥集續集』, 「行狀」(鄭仁弘). "先生不苟從, 不苟默. 識者雖好之, 不知者亦頗惡之. 隱見必欲相時, 自守不欲徇人. 守關巖穴, 死而不悔, 謂之翔千仞鳳凰可也."

36) 『南冥集』, 卷5, 附錄, 「神道碑銘」(許穆). "不苟從不苟默, 不自輕以求用, 卓然有立."

> 로 논하였는데 사연이 간절하고 의리가 강직하였으며, 시대를 걱정하고 변란을 근심하여 우리 임금의 덕을 밝히고 백성들을 새롭게 하는 곳으로 인도하려고 하였으며, 풍속과 교화가 왕도(王道) 정치의 경지에 도달하기를 바랐으니, 나라를 근심하는 그 정성이 지극하다. 아! 마침내 뜻한 바를 대궐에 진달은 하였지만 은거(隱居)하던 곳에서 일생을 마쳤으니 그 마음은 충성스럽고 그 절개는 고상하다. 오늘날과 같은 때에 이같이 염퇴(恬退)한 선비가 있는데, 그를 높여 포상하거나 등용하지는 않고 도리어 그를 공손하지 못하고 공경스럽지 못하다고 책망하였다. 그러니 세도(世道)가 날로 떨어지고 명절(名節)이 땅에 떨어진 것이 당연하며, 위망(危亡)의 조짐이 이미 이루어진 것이다.[37]

남명에 대한 이러한 평가들이 틀리지 않았음을 보여주는 가장 분명한 사례가 바로 남명 자신의 글이다. 그는 제자 김효원(金孝元)에게 보낸 편지에서 '길인(吉人)' 에 대해 말하면서 은연중 자신의 지향처를 강조하였다. 남명의 의지와 기개를 가장 잘 보여주는 글이다.

> 오늘의 시속(時俗)은 이미 심하게 더럽혀지고 무너졌으니, '천 길 절벽처럼 우뚝하게 서서〔壁立千仞〕' 머리가 쪼개지고 사지(四肢)가 분해되더라도 시속을 따라가지 않는 다음에라야 길인(吉人)이 될 수 있을 것이다.[38]

---

37) 『朝鮮王朝實錄』, 明宗10年(1555年, 乙卯年), 11月19日(庚戌), '첫 번째 기사' 에 대한 史臣의 평. "世衰矣, 道微矣, 廉恥頓喪, 氣節掃如, 托名遺逸, 擬睹功名者, 固多其人矣, 賢哉, 植也. 持身修潔, 韜光草野, 蘭香自聞, 名達朝廷, 旣差參奉, 又除主簿者, 至再至三, 旣皆掉頭, 而且今五馬之職, 可謂榮矣, 特授之恩, 可謂稀矣, 而安貧自樂, 終不肯就, 其志可尙也. 然非果於忘世, 陳疏抗義, 極論時弊, 辭懇義直, 傷時憂亂, 欲納吾君於明新之地, 冀致風化於王道之域, 其憂國之誠至矣. 嗚呼, 畢達所志於紫宸之上, 而以終天年於衡門之下, 其心則忠, 而其節則高矣. 當今之時, 有如此恬退之士, 而不之尊尙褒用, 而反責之以不恭不敬, 宜乎世道之日卑, 而名節之板蕩矣, 危亡之漸, 蓋已成矣."

38) 『南冥集』, 卷2, 書, 「答金仁伯(孝元)」. "如今時俗, 汙毀已甚, 要須壁立千仞, 頭分支解, 不

남명은 일평생 '천 길 절벽처럼 우뚝하게 서서' 철저한 자기수양과 의(義)를 향한 결단으로 반궁체험(反躬體驗)의 실천을 몸소 행하였다. 이러한 그의 삶은 단순히 문인(文人) 지식층을 일컫던 '선비'라는 명칭을 높고 맑은 기상을 지닌 유학 본연의 이상(理想) 인격으로 승화시키는 데에 많은 기여를 하였다. 그래서 우리는 남명의 삶 자체를 격조 있는 '선비의 삶'이었다고 평하는 것이다.

2) 퇴계에 대한 평가

퇴계의 제자들은 스승 퇴계의 평소 모습을 상세하게 그려냈는데, 가장 공통적이고 특징적인 인상이 바로 온유하고 관용적인 모습이다.

> 퇴계 선생의 자품(資品)은 순수하고 온윤(溫潤)하기가 정금미옥(精金美玉)과 같았다. 옆에 모시고 있으면 온화한 기운이 사람에게 스며들어 정명도(程明道)가 바로 이러한 분이 아니었을까 하는 생각이 들었다.[39]

> 선생은 따뜻하고 공손하며 자상하고 조용하여, 성난 모습이나 거친 자세를 취하는 일이 없었다. 멀리서 바라보면 엄연(儼然)하여 그 풍도를 존경할 만하였으나, 가까이 대하면 따뜻하여 사랑할 만한 너그러운 덕성이 있었다.[40]

> 퇴계 선생은 거의 노여움을 옮기지 않았고, 같은 허물을 두 번 다시 저지르

爲時俗所移, 然後方可做成吉人."

39) 『芝山集』, 卷5, 雜著, 「退溪先生行錄」. "退溪資稟, 純粹溫潤, 如精金美玉, 嘗侍坐和氣襲人, 想明道也是如此."

40) 『退溪言行錄』, 卷2, 類編, 「資品」(金誠一). "先生溫良恭謹, 端詳閒泰, 暴慢之容, 忿戾之氣, 未嘗加諸身. 瞻之也, 儼然有可敬之儀則, 卽之也, 溫然有可愛之容德."

지 않는 경지에 다다랐다.[41)]

제자들은 퇴계의 계속된 은퇴가 '나약한 염세주의〔懦厭事〕' 와는 다르다고 보았다.[42)] 그래서 은퇴해 있더라도 국가에 대해 염려하는 마음이 가득하였다는 점을 강조하여 "비록 물러나서 한가로이 지내는 일이 오래되었으나, 나라를 걱정하는 마음은 나이가 들어갈수록 더욱 독실하였다."[43)] 라고 하였다.

퇴계에 대한 제자들의 공통된 인상의 또 하나는 그 단정함과 어떤 경우에도 여상(如常)함을 잃지 않음이다. 그의 단정함은 정평이 났는데, 심지어 먹을 갈 때도 반듯하게 하여 조금도 한쪽이 비뚤어지게 하지 않았다고 한다.[44)] 그리고 퇴계의 여상함과 의연함은 죽음을 앞두고서도 마찬가지였다. 퇴계는 1570년 11월 9일 병세를 느끼기 시작한 후 12월 8일에 작고한다. 그런데 그는 인생을 마감하는 절체절명의 순간에도 평정심을 흩뜨리지 않고 절제된 삶을 보여주었다. 병석에 누워서도 제자들에게 답서(答書)를 보내고, 자제(子弟)들에게는 다른 사람에게 빌려 온 서적을 잊지 말고 돌려주라고 명한다. 그리고 자신이 교정한 서적의 잘못된 곳을 고치라 말하고, 자신의 장례 준비와 절차에 대해서도 소상하게 지시한다.

퇴계와 더불어 사단칠정론을 펼쳤으며, 그로 인해 남명으로부터 기세도명(欺世盜名)하는 부류로 낙인찍혔던 고봉 기대승은 퇴계의 행적을 기리는 '묘갈명(墓碣銘)' 에서 스승 퇴계의 행적과 인품을 다음과 같이 기술하였다.

---

41) 『芝山集』, 卷5, 雜著, 「退溪先生行錄」. "退溪幾至不遷怒不貳過地位."

42) 『芝山集』, 卷5, 雜著, 「退溪先生行錄」. "退溪初年, 便有堯舜君民之志, 旣而見時世有不可爲者, 乃卷而懷之, 非意懦厭事者也." 참조.

43) 『退溪言行錄』, 卷3, 類編, 「事君」(鄭惟一). "雖退閑年久, 憂國之念, 老而益篤."

44) 『艮齋集』, 卷5, 「溪山記善錄」. "磨墨必方正, 無少欹側."

선생은 어려서부터 단정하고 질서가 있었으며, 자라서는 더욱 심성을 함양하고 결점을 고쳐 나갔다. 중년 이후로는 부귀공명을 단념하고 오로지 학문 탐구에만 힘썼다. 미묘한 이치를 훤히 깨닫고 마음을 함양하여 사람들이 헤아릴 수 없는 경지에 이르렀는데도 불구하고 겸허하고 공손하여 마치 아무것도 없는 듯이 하였다. 날마다 자신을 새롭게 하고 위로 천리(天理)를 통달하는 공부를 그치지 않았다. 출처와 거취의 문제에서는 때를 보고 의리를 헤아려 안심입명(安心立命)의 삶을 추구하여 끝내 잘못됨이 없었다. 그 저술은 잘못된 점을 되풀이해서 바로잡아 주고 광명하고 위대하여 한결같이 순수하게 정도(正道)에서 나왔으니, 저 공맹(孔孟)과 정주(程朱)의 말씀으로 헤아려 봄에 부합하지 않는 것이 적다. 그러므로 천지(天地)에 내세워도 어그러짐이 없고 귀신에게 물어보아도 의심이 없다고 이를 만하니, 아! 지극하구나.[45)]

여기에서 고봉이 퇴계를 평한 특징의 상당수가 남명의 삶과 크게 대비된다. 예를 들면 '단정', '질서', '심성 함양', '결점을 고쳐 나감', '학문 탐구에 힘씀', '미묘한 이치를 깨달음', '겸허하고 공손하였음', '천리(天理)를 통달하는 공부를 그치지 않음', '저술은 잘못된 점을 되풀이해서 바로잡아 주었음' 등은 퇴계의 삶을 잘 표현하는 말이다. 자신에 대해서는 엄격하고 철저하였지만, 타인에 대해서는 온유하고 관용적이었던 퇴계의 인품은 우리가 추구하는 선비정신의 또 하나의 범본(範本)임에 의심의 여지가 없다.

---

45)『高峯集』, 卷3, 碑誌,「敍退溪先生墓碣銘後」. "先生幼而端序, 長益涵揉, 中歲以後, 絶意外慕, 專精講究. 洞朗微妙, 充積發越, 人莫能測, 而方且謙虛卑遜, 若無所有. 蓋其日新, 上達有不能已者. 至於出處去就, 相時度義, 務求吾心之所安, 而終亦無所詘焉. 其所論著, 反覆紆餘, 光明俊偉, 粹然一出於正, 揆諸孔孟程朱之言, 其不合者寡矣. 亦可謂建諸天地而不悖, 質諸鬼神而無疑也. 嗚呼, 至哉."

4. 남명과 퇴계의 선비정신 : '절개'와 '관용'의 회통성

앞서 남명과 퇴계를 통해 확인할 수 있는 선비정신의 가장 큰 의미를 '절개'와 '관용'이라는 두 개의 키워드로 요약하였다. 두 사람의 성격과 학풍은 뚜렷한 차이가 있었는데, 남명과 퇴계로부터 모두 가르침을 받은 한강 정구는 선조(宣祖)가 두 사람의 학문을 비교해보라고 하자, "이황(李滉)은 덕이 두터우며 학문이 순수하여 배우는 자들이 쉽게 입문할 수 있으나, 조식(曺植)은 특립독행(特立獨行)하여 배우는 자들이 요체를 파악하기 어렵습니다."라고 평가하였다.[46] 두 사람의 선비정신은 유가사상의 핵심적 가치인 '인(仁)'과 '의(義)'의 강조에서도 대비된다. 퇴계의 경우에 인(仁)의 측면이 두드러져 보인다면 남명의 경우에는 상대적으로 의(義)가 강조된다.

일찍이 퇴계는 학문의 궁극적 목적을 성학(聖學)에 두었으며, 성학의 목적은 인(仁)을 구하여 성인의 삶을 사는 데에 있다고 보았다. 그래서 그는 "성학(聖學)의 목적은 구인(求仁)에 있다. ……「서명(西銘)」의 뜻은 지극히 완비되어 있으니, 이것은 인(仁)의 본체이다. 인(仁)을 충분히 얻어 최선을 다해 실천할 때 비로소 성인이 될 수 있다."[47]라고 하였다. 그리고 그가 칠십 평생 일관하였던 경(敬) 또한 천리(天理)의 인(仁)을 체인할 수 있게 하는 원리로서의 치심법(治心法)이며 동시에 생활 법도였다. 반면 남명은 의(義)를 상대적으로 더 강조하였다. 그는 만년에 임금이 음식을 내려준 것에 감사하는 상소를 올렸는데, 여기에서도 '의(義)'를 강조하여

---

46) 『寒岡集』, '序'. "先生三十八, 上召見, 問曰, 李滉曺植其學何如. 對曰, 滉德厚而學純, 學者可易以尋入, 植特立獨行, 學者難以爲要也." 참조.

47) 『聖學十圖』, 「西銘圖」. "蓋聖學在於求仁. …… 西銘意極完備, 乃仁之體也. 又曰, 充得盡時聖人也."

"삼가 '군의(君義)'라는 두 글자를 바치니, 스스로를 닦고 나라를 바로잡는 근본으로 삼으소서."[48]라고 하였다. 즉 남명은 선비뿐만 아니라 임금에게도 의(義)가 인격 수양을 실현하는 중심 가치라고 생각했다.

인(仁)과 의(義), 관용과 절개는 겉보기에는 일면 상충하는 것 같이 보이기도 하지만, 이것들은 결국 상호 보완되어야 할 선비정신의 이원적 가치로 이해해야 한다. 남명과 퇴계의 삶 또한 어느 사람이 더 훌륭한지를 따질 것이 아니라, 두 사람의 삶과 인격 모두가 선비정신을 체현한 것으로서 함께 존중되어야 한다. 절개와 관용의 상호 보완적인 특징은 스피노자의 능동감정에 대한 설명에서도 비슷하게 확인된다. 스피노자는 『에티카』에서 감정(affectus)을 수동감정(passio)과 능동감정(actio) 두 가지로 구분하였다. 그는 능동감정을 이성에 따라 살아가는 인간인 지자(智者) 또는 현자(賢者)의 덕(virtue)이라고 보았다. 그리고 능동감정에는 다양한 종류의 덕성이 존재한다고 보았고, 이 중에서도 정신의 강함(strength of mind)과 관용(generosity)을 대표적인 덕성이라고 생각했다. 스피노자는 이러한 덕성이 모두 이성의 인도 아래 선(善)을 행하려는 욕망이라고 주장하였다.[49] 스피노자의 주장을 선비정신에 적용해 보면 지자(현자)는 선비에, 능동감정으로서의 도의심(piety)은 선비정신에, 정신의 강함은 남명의 절개〔義〕에 그리고 관용은 퇴계의 관용〔仁〕에 비유될 수 있다. 스피노자의 철학에 있어서 지자(현자)의 능동감정을 이루는 덕목들 즉 정신의 강함과 관용이 그러하였듯이, 한국의 유학에서도 절개와 관용은 선비정

48) 『南冥集』, 卷2, 疏, 「謝宣賜食物疏」. "謹以君義二字, 獻爲修身整國之本."

49) 이와 관련한 논의는 『에티카』 제3부와 4부에 散見함. 특히 '정신의 강함(strength of mind)'과 '관용(generosity)'에 대해서는 제4부, '정리 73'에 언급됨. 스피노자의 능동감정(도의심)을 선비정신에 비교해보는 기본적인 아이디어는 스피노자철학 전공자 성회경 박사와의 대화에서 얻어온 것이다. 그렇지만 논의 과정에서 잘못된 점이 있다면 이는 전적으로 필자의 책임이다.

신의 가장 대표적인 덕목들이자 또한 상호 보완되어야 할 본성을 지니고 있다.

광해군 시절까지는 퇴계학파와 남명학파는 협력과 견제의 관계로 상호 발전하는 형국을 띠었으나, 인조반정(仁祖反正)으로 서인이 왕권과 강력하게 결탁하고 정권을 장악한 후로는 광해군과 연계되어 있던 남명학파는 궤멸되기 시작하였다. 특히 영조 때에 일어난 무신란(戊申亂)의 주도층 가운데 경상우도 출신의 정희량(鄭希亮)이 포함됨으로써 경상우도는 반역향(叛逆鄕)으로 지목되고 특히 우도(右道)의 사상적 근원인 남명과 그 후학들은 순정(純正)하지 못한 집단으로 분류되어[50] 더 이상 재기할 수 없는 지경에 이르렀다. 이후 영남학파의 중심은 안동(安東)을 중심으로 한 경북 북부지역이 되었고, 퇴계학파가 곧 영남학파를 대표하게 되었다. 그런데 흥미로운 사실은, 17세기 이후 경북지역 특히 퇴계의 본향인 경북 북부지역의 유학자들에게서 확인할 수 있는 선비정신의 특징이 퇴계보다는 오히려 남명 쪽에 가깝다는 점이다. 경북 북부지역의 퇴계학통을 원칙론자인 김성일(金誠一) 계열의 학자들이 계승하면서 이러한 성격이 형성되었고, 특히 율곡학파의 갈등과 대립이 심화되는 시기에 이현일(李玄逸)과 같은 맹장(猛將)이 출현하여 학파적 정통성과 학문의 순수성을 더욱 고집하게 되었다. 바로 이러한 배경에서 이 지역의 학자들은 '난초를 그리되 흙은 그리지 않는다〔寫蘭而不寫土〕' 는 남송(南宋) 지식인들의 지조와 절의정신을 선비의 가장 귀한 덕목으로 존중하며, 실제로 국난(國難)의 시기에 이 지역의 수많은 선현들이 순국(殉國)과 항일(抗日) 활

50) 『朝鮮王朝實錄』, 英祖16年(1740年, 庚申年), 12月5日(辛丑). "上御召對. 檢討官李天輔因文義言, 曺植學問門路不純正, 故其門下出鄭仁弘, 如荀卿之有李斯, 而植居右道, 故右道之人專尙氣. 李滉居左道, 故戊申之亂, 人無犯者, 至于今, 多有文學行誼者, 宜收用, 上可之." 참조.

동을 통해 선비로서 책임 있는 행동을 몸소 보여주었다.[51] 이러한 그들의 삶에서 우리는 퇴계의 인상을 떠올리기보다는 남명의 삶과 기질을 강하게 연상하게 된다.

그러므로 이제 와서 새삼 남명과 퇴계의 학문적 영향을 특정 지역에 한정할 필요는 없다. 더욱이 그들의 학풍과 기질을 '사상사적 라이벌' 이라는 무책임한 틀에 고정할 필요도 없다. 우리가 '관용' 과 '절개' 를 상호 보완되어야 할 선비정신의 두 유형으로 보았듯이, 남명과 퇴계의 삶(학문) 또한 선비정신의 내용을 튼실하게 하는 '문화적 모범' 의 양면으로 보아야 한다.

남명과 퇴계는 모두 선비의 모범이다. 그렇다면 선비는 어떤 존재여야 하고, 선비정신은 무엇을 말하는 것인가?

선비 또는 선비정신은 다양하고 복잡한 개념으로 그 정의가 분명하지 않다. 선비라는 말의 어원과 역사적 용례를 통해 개괄적 의미를 추론할 뿐이다. 선비는 '유(儒)' 또는 '사(士)' 와 동일시되어 유교사상과 덕행을 실천하는 학덕겸비(學德兼備)의 학자를 지칭한다. 즉 선비란 이상적인 덕성과 품성을 갖추기 위해 부단히 노력하고 열심히 공부하는 사람을 지칭한다.[52] 이때 선비정신을 언급하게 되면 그 의미가 이중적인 뜻을 지니게 된다. 즉 조선시대의 '선비' 라는 계층이 지녔던 공통 정신이라는 의미와 선비적 행동을 가능케 하는 지향성으로서의 의미이다. 전자는 역사적 실제성을 의미하고, 후자는 시대와 문화를 뛰어넘는 보편적인 지향성으로서의 선비정신을 의미한다. 즉 우리가 찾으려는 선비정신의 의미는 '사실기술적' 의미와 '이상지향적' 의미 두 가지가 있다. 사실기술적인 의미는

---

51) 장윤수, 『경북 북부지역의 성리학』, 심산출판사, 2013, 20쪽 참조.

52) 김승동 편저, 『儒教 · 中國思想辭典』, 부산대학교 출판부, 2003, 1191쪽, '선비' 條 ; 이동환, 「선비정신의 개념과 전개」(『대동문화연구』, 제38집, 2001), 8~9쪽 참조.

과거와 현재의 삶 속에서 직접 확인할 수 있는 재현적(再現的) 의미를 가지며, 이상지향적 의미는 이러한 실제적인 의미를 넘어서 우리가 마땅히 지향해야 할 바의 가치 즉 요청적 구성을 뜻한다.

그런데 선비정신이 지닌 이 두 가지의 의미는 결국 통합될 수밖에 없다. 선비정신은 조선시대 성리학을 공부하던 유학자 계층 즉 선비들이 지향했던 정신이지만, 그 시대의 역사적 한계성만을 가진 개념이 아니라 우리 문화 속에 살아있는 도덕적 전통으로 이해되어야 하기 때문이다. 인간은 역사와 문화 속에서 체화(體化)된 심성을 가진 실천적 존재들이다. 선비정신은 한국인의 민족적 심성에 큰 영향을 주고 있다. 선비정신은 조선시대뿐만 아니라 현재와 미래 시대에도 통용될만한 충분한 의미와 가치를 갖는 도덕적 전통이다. 그러므로 우리는 선비정신의 의미를 특정 시대와 특정 계층의 학자들뿐만 아니라, 선비적 삶을 가능케 하는 지향적 정신의 의미로 더욱 발전시킬 필요가 있다. 바로 이러한 측면에서 남명과 퇴계의 삶은 선비정신의 전형으로 삼을만한 충분한 자격이 있다. 그들은 조선시대 선비 계층의 일원으로서 그 시대적 사명을 다하였고, 또한 선비정신이 미래적 삶으로 확장될 수 있는 보편적 가능성을 자신들의 삶으로써 직접 보여주었다.

제2장

한강 정구의 회통적 학풍과 대구지역 성리학

유학은 이론과 실천의 합일을 목표로 하고 있다. 한강(寒岡) 정구(鄭逑, 1543~1620)의 학문적 관심은 이론적 논변에만 머물러 있지 않고 실천적 측면으로 향하고 있다. 그가 심학(心學)에 기초하여 예학(禮學) 방면으로 학문적 관심을 집중시켜 나간 것은 내면적 수양을 바탕으로 체계적인 사회적 실천성을 확립하려는 의도에서 비롯된 것이다. 유학의 실천성을 보다 중시하는 한강의 자세는 그의 삶의 모습을 통하여 입증되고 있다. 그는 당쟁의 확산이라는 내우(內憂)와 임진란이라는 외환(外患)이 겹치는 시대의 소용돌이를 온몸으로 겪으면서도 진정한 지식인으로서 내면적 수양과 사회적 실천에서 조금도 흔들림 없는 삶을 살아간 선비의 표본이 되는 인물이다. 이러한 인물에 대한 고찰은 곧 현실에서 올바른 지식인의 자세가 어떠해야 하는지에 대한 문제의식을 환기시켜 준다.

지리적으로 볼 때 대구지역은 퇴계학의 본거지인 경북 북부지역의 남쪽이며 남명학의 본거지인 경남 서부지역의 동북쪽에 위치하여, 이른바 영남학파의 주변부에 해당하는 지역으로 인식되고 있다. 그것은 대구지역 출신 중에서 조선 중기 무렵에 이름난 성리학자가 없다는 점에서도 확인되고 있다. 그렇다고 이 지역이 성리학의 불모지라는 의미는 아니다. 성리학적 논변을 기준으로 하여 대표로 내세울 만한 인물은 찾아보기 힘들지만, 다른 지역에 비해 절대 뒤지지 않는 성리학적 실천성을 유지한 곳이 대구이다. 그러한 풍토를 이룩하는 데 결정적인 역할을 한 인물이 바로 한강 정구와 대구지역의 문인들이다. 한강을 통하여 대구지역에 성리학의 이론적인 내용과 실천적인 정신이 본격적으로 유입되었다고 볼 수 있다. 특히 수양을 바탕으로 한 사회적 실천은 가장 강조되는 부분이었으며, 그것은 한강의 문인들이 국가가 위기에 처했을 때 보여준 행동의 밑거름이 되었다.

1. 한강 정구의 사상과 삶의 지향성

한강 정구는 한국 유학사에서 독특한 위치를 차지하는 학자이다. 그는 영남학파의 두 갈래, 즉 내성적(內聖的) 수양을 강조하는 퇴계학과 사회적 실천을 강조하는 남명학의 학통을 함께 이어받았다. 한강은 심학의 대표 저술인 진덕수(眞德秀, 1178~1235)의 『심경(心經)』을 보완해서 『심경발휘(心經發揮)』라는 주석서를 새로이 편찬하여 심학사상의 발전에 크게 기여하였다. 그리고 예(禮)의 근원이 마음에 있다고 보고서 사회적 실천규범인 '예'에 대한 새로운 해석 작업을 시도하였다. 그는 또한 자신이 직면한 사회적 현실에서 그러한 현실을 회피함이 없이 올바른 길을 걷고자 끊임없이 노력한 인물이다. 학파의 등장 및 끊임없는 당쟁과 정권교체라는 혹독한 현실에서도 지식인으로서 한 점 부끄럼 없는 삶을 살아가고자 노력하였으며, 임진란으로 나라가 위기에 처했을 때는 자신의 한 몸을 돌보지 않고 전력을 다해 어려움을 극복하고자 노력을 했던 인물이 바로 한강이다. 한강의 이러한 실천 지향적인 학문 자세는 단순한 이론 성리학자의 틀을 넘어 폭넓은 학문 세계를 이루는 계기가 되었다. 그리고 이러한 그의 학문 경향은 미수(眉叟) 허목(許穆, 1595～1682)에게로 전해져서 기호남인학파(畿湖南人學派)의 성립을 이루기도 하였다.

1) 학문적 연원

일반적으로 한강은 남명 조식과 퇴계 이황의 학통을 모두 계승한 학자로 주목받고 있다. 그러나 남명과 퇴계로부터 사제 간의 실제적인 지식교육을 받은 적은 없었으며, 기록에 남아 있는 유일한 대면 교육의 스승은 덕계(德溪) 오건(吳健, 1521～1574)이다. 1555년, 한강이 13세 때에 덕계는 성주향교의 교수로 와 있었다. 이때 한강은 덕계로부터 『주역』 건(乾) · 곤(坤) 두 괘를 배웠으며, 나머지는 혼자서 유추하여 터득했다고 한다.[1] 덕계는 남명의 문인으로서 퇴계 문하에도 출입한 적이 있는 학자이다.[2] 덕계의 이러한 학문 경력은 한강에게도 많은 영향을 주었다.

한강이 퇴계를 처음 만난 것은 1563년 즉 21세 때인데, 63세의 노학자 퇴계 선생을 뵙고 제자의 인연을 맺게 된다.[3] 당시 무슨 이야기를 나누었는지 구체적으로 알 길은 없지만 대략 『심경』에 관한 이야기가 주를 이루었던 것 같다.[4] 그리고 기록에 의하면 1567년에도 한강은 퇴계를 직접 만

1) 『寒岡年譜』, 卷1, 「年譜」, 乙卯年(明宗10年), 寒岡13歲. “德溪諱健, 時敎授州學, 先生就學易傳, 纔讀乾坤二卦, 餘皆推類而通透無碍.” 참조.

2) 정순목, 「寒岡 鄭逑의 敎學思想」(『韓國의 哲學』, 제13집, 경북대학교 퇴계연구소, 1985), 127쪽 참조.

3) 『寒岡年譜』, 卷1, 「年譜」, 癸亥年(明宗18年), 先生21歲. “春. 拜退溪李先生.” 참조.

나 며칠간의 가르침을 받은 기록이 남아 있다.[5] 그 외에 서신을 통해 사제간의 일상적인 소식 전달과 학문 논의가 일정 부분 있었다.[6] 한강은 퇴계로부터 주로 내면적 수양에 관한 감화를 많이 받았던 것 같다. 즉 진리에 대한 구도자적 열정과 성리학적 사유와 삶을 일치시키는 지행합일(知行合一)의 정신을 배웠던 것이다.

그런데 한강이 남명을 처음 만난 것은 1556년 즉 24세 되던 해의 어느 봄날이다. 당시 지리산 천왕봉 아래의 덕산(德山)에 기거하던 남명을 찾아가자 남명은 한강을 제자로 받아들이면서, "선비의 '큰 절개〔大節〕' 는 오직 '나아가고 머무름〔出處〕' 에 있을 뿐이다. 자네가 출처(出處)에 대한 대략적인 소견이 있으니, 내가 진심으로 제자로 받아들인다."[7]라고 하였다. 한강은 비록 이때 처음으로 남명을 만났으나, 남명의 고제자인 덕계로부터 이미 배움을 받았기 때문에 남명의 분위기에 쉽게 젖어 들 수 있었을 것이다. 한강은 남명에게서 출처의 의리와 높은 기개를 배웠으며 또한 지경실행(持敬實行)의 큰 안목을 배웠던 것으로 보인다. 뒷날 내암(來庵) 정인홍(鄭仁弘)이 한강을 지목하여 '스승인 남명을 배신하였다' 고 비판하였으나, 한강은 단 한 번도 남명을 비판하거나 등진 일이 없다. 남명에 대한 한강의 생각은 그가 지은 제문(祭文)에 잘 드러난다.

아! 선생은 하늘과 땅의 순강(純綱)한 덕, 강과 산의 맑은 정기를 타고났도

---

4) 『寒岡集』, '序' . "二十一, 初見陶山李先生, 講心經." 참조.

5) 『寒岡集』, 卷3, 書, 「上退溪李先生」(隆慶戊辰). "昨進門下, 伏蒙數日提誨, 感幸良多." 참조.

6) 현재 남아 있는 것으로, 寒岡이 退溪에게 보낸 편지는 『寒岡集』에 총 6편 남아 있으며, 退溪가 寒岡에게 답한 편지는 『退溪集』에 총 5편이 실려 있다.

7) 『寒岡年譜』, 卷1, 「年譜」, 丙寅年(明宗21年), 先生24歲. "士君子大節, 惟在出處, 汝於出處, 粗有見得, 吾心許之也."

다. 재주는 한세상에서 빼어나고 그 기개는 천고(千古)를 덮을 만하다. 지혜는 천하의 변화에 통하고 용맹은 족히 삼군(三軍)의 장수가 될 만하며, 우뚝 솟은 태산의 기상과 높이 날아오르는 봉황의 기상을 지녔도다. 빛나기는 산봉우리의 구슬처럼 찬란하고, 맑기는 물 위에 뜬 달과 같이 청명하였으니, 내가 보건대 이분은 동방에 일찍이 없던 호걸임이 분명하도다.[8)]

이처럼 한강은 퇴계와 남명으로부터 지식 전수 위주의 사제 간 대면 교육을 받은 적은 없지만, 그의 삶과 사유에 있어서 두 선생이 끼친 영향은 지대하다.

일찍이 성호 이익은 퇴계학과 남명학의 특징을 지리적 요인과 결부시켜 설명하면서, 두 학자가 모두 영남지역인 소백산 밑과 두류산(지리산) 동쪽에서 태어났지만, 상도(上道, 경상좌도)는 인(仁)을 숭상하고 하도(下道, 경상우도)는 의(義)를 주로 한다. 퇴계의 학문을 바다처럼 넓은 것에 비긴다면, 남명의 기질은 태산처럼 높은 것에 견줄 만하다고 말하였다.[9)] 이중환(李重煥)도 『택리지』에서, 경상좌도와 우도는 토질의 상태, 물산의 형편, 풍속의 정도, 학문적 그리고 처세적 경향에 이르기까지 서로 대조적이라고 밝힌다. 즉 좌도(左道, 상도)는 관료 지향성이 강해 사환(仕宦)이 많고, 우도(右道, 하도)는 재부(財富)를 선호해서 부호(富豪)가 많다고 하였다.[10)] 이러한 비교는 퇴계와 남명의 학풍을 이해하는 데에 일정 부분

8) 『寒岡集』, 卷11, 祝文 · 祭文, 「祭南冥曺先生文」. “嗚呼, 先生稟天地純剛之德, 鍾河嶽淸淑之精, 才高一世, 氣蓋千古. 智足以通天下之變, 勇足以奪三軍之帥, 有泰山壁立之像, 有鳳凰高翔之趣, 璨璨如峯頭之玉, 灝灝如水面之月, 自我而觀之, 宜其爲振東方未有之人豪矣.”

9) 李瀷, 『星湖僿說』, 卷1, 「天地門」, ‘東方人文’. “中世以後退溪生於小白之下, 南冥生於頭流之東, 皆嶺南之地. 上道尙仁, 下道主義, 儒化氣節如海濶山高, 於是乎文明之極矣.” 참조.

10) 李重煥, 『擇里志』, 「八道總論」, ‘慶尙道’ 條. “左道則土瘠民貧, 雖儉嗇而多文士, 右道則土沃民富, 喜豪侈而倫惰不力於文學, 故少貴顯之士, 此其大較也.” 참조.

도움을 줄 수 있다.

그리고 또 하나 빠뜨릴 수 없는 사실은 한강이 한훤당 김굉필의 외증손(外曾孫)이라는 사실이다. 한훤당은 영남사림파의 주요 인물 중 한 사람으로서 『소학(小學)』을 신명(神明)처럼 여기고 평생 그 가르침을 실천하고자 애썼던 학자이다. 한훤당의 이러한 실천지향의 유학 정신은 한강에게서도 그대로 확인된다.

영남학파[11]의 학맥을 이어받은 한강은 전국에 걸쳐 수많은 제자를 배출했는데, 특히 대구문화권에서 이름난 학자 대부분이 그의 제자로 이름이 올라 있다. 그의 제자들은 학봉(鶴峰) 김성일(金誠一, 1538~1593), 서애(西厓) 류성룡(柳成龍, 1542~1607), 여헌(旅軒) 장현광(張顯光, 1554~1637)의 문하와 함께 영남 남인학파의 사소분파(四小分派)를 이루었다.[12] 한강의 제자 또는 교유한 대표적인 인물로는 미수(眉叟) 허목(許穆), 동악(東岳) 이안눌(李安訥), 모계(茅溪) 문위(文緯), 외재(畏齋) 이후경(李厚慶), 동계(桐溪) 정온(鄭蘊), 송암(松庵) 김면(金沔), 낙재(樂齋) 서사원(徐思遠), 모당(慕堂) 손처눌(孫處訥), 경당(敬堂) 장흥효(張興孝), 후천(朽淺) 황종해(黃宗海), 대암(大庵) 박성(朴惺) 등이 거론되며, 『회연급문제현록(檜淵及門諸賢錄)』에는 총 342명의 문인이 기록되어 있다. 문인들 모두가 나름대로 특색이 있지만 특히 경당 장흥효와 미수 허목을 언급할 만하다.

경당은 퇴계의 주요 문인인 학봉 김성일, 서애 류성룡 그리고 한강을 모두 사사(師事)한 보기 드문 경력의 소유자이다. 경당은 안동 금계리 출신으로, 1607년 한강이 안동부사로 부임하자 한강을 사사하게 된다. 경당

---

11) 15세기 후반 金宗直을 영수로 한 경상도의 新進士類를 '嶺南士林派'라고 한다면, 16세기 중반 李彦迪·李滉·曺植의 學統을 포괄해서 '嶺南學派'라고 할 수 있다. 두 학파의 차이에 대해서는 이수건, 『嶺南學派의 形成과 展開』, 일조각, 1995, 327~328쪽을 참고할 것.

12) 이병도, 『한국유학사』, 아세아문화사, 1987, 282쪽 참조.

의 학맥은 그의 외손자인 존재(存齋) 이휘일(李徽逸)과 갈암(葛庵) 이현일(李玄逸)에게, 그리고 갈암의 아들인 밀암(密庵) 이재(李栽), 밀암의 외손자인 대산(大山) 이상정(李象靖)과 소산(小山) 이광정(李光靖) 형제에게로 이어지며 영남 남인학파의 주류를 형성하게 된다.

한편 미수는 근기(近畿)지역 출신으로서 젊은 나이에 부친의 임지를 따라 고령 · 거창 등 영남지역의 여러 고을에 왕래하였다. 그러던 중 거창에 거주할 때 성주로 한강을 찾아가서 사제 간의 인연을 맺는다. 이후 미수는 한강의 학통을 근기지역으로 가져가서 기호남인학파의 비조(鼻祖)가 된다. 미수의 학문은 성호(星湖) 이익(李瀷)이 사숙하며, 성호의 학문은 순암(順庵) 안정복(安鼎福)과 녹암(鹿庵) 권철신(權哲身)에게로, 그리고 다시 순암의 학문은 하려(下廬) 황덕길(黃德吉)에게로, 녹암의 학문은 다산(茶山) 정약용(丁若鏞)과 그 형제들에게로 이어진다.

흥미 있는 사실은 한강이 영남학파의 양대 분파인 퇴계학과 남명학의 학통을 모두 계승하였고, 또한 한강으로부터 영남의 남인학파와 기호의 남인학파로 나누어진다는 점이다. 이러한 사상사적 표지(標識)는 한국 유학사에 있어서 한강의 위치가 어떠한지를 여실히 보여준다.

2) 심학사상

한강의 심학은 퇴계로부터 영향을 받은 바 크다. 그가 퇴계를 처음 만나서 받은 가르침이 바로 『심경』에 관한 것이었다. 그런데 퇴계를 '심학자'로 규정하는 데에는 문제가 따른다. 일반적으로 정이(程頤, 1033~1107)와 주희(朱熹, 1130~1200)의 학문을 '이학(理學)'으로 지칭하고, 육구연(陸九淵, 1139~1192)과 왕수인(王守仁, 1472~1528)의 학문을 '이학'의 상대적인 의미로서 '심학'이라 지칭하기 때문이다. 그런데 '이학'

의 상대적 개념으로 '심학' 이라는 말을 사용해서는 퇴계를 심학자로 정의하기가 어렵다. 왜냐하면 성리학적 심학자라 할 수 있는 퇴계는 유학이나 성리학을 의미하는 개념으로 심학이라는 말을 사용하였기 때문이다.[13)]

좀 더 정확히 말하여 퇴계가 말하는 '심학' 의 의미는 대부분 『심경부주(心經附註)』와 관련이 있고, 그 어원적 기원은 당연히 '십육자심법(十六字心法)' [14)]에서 찾을 수 있다. 『심경』의 저자 진덕수 또한 「심경찬(心經贊)」에서 "순(舜) 임금과 우(禹) 임금이 주고받은 16글자는 만세토록 심학의 연원이 된다."라고 하였다. 그러므로 퇴계 심학의 특징은 그가 도문학(道問學)보다는 존덕성(尊德性), 궁리(窮理)보다는 거경(居敬)에 치중했다는 점에서 찾아야 한다. 그리고 퇴계뿐만 아니라 대부분의 한국 성리학자들이 사용하는 심학 또는 심학자의 개념 또한 이 범위를 크게 벗어나지 않는다. 한강을 심학자로, 그리고 그의 학문을 심학이라 평하는 것 또한 마찬가지다.

즉 퇴계와 한강에 있어서 심학적 특징은 실천 · 윤리적 특징과 연계선상에 있다. 조선의 성리학은 초기부터 이미 『소학(小學)』과 '경(敬)' 공부를 강조하는 실천 · 윤리적 특징을 가졌기 때문에 사단칠정론(四端七情論)과 같은 '심의 이론' 에 천착했던 것이다. 예를 들면 권근(權近)은 『입학도설(入學圖說)』에서 사단칠정을 가지고 천인심성(天人心性)을 설명하였다. 그는 『입학도설』에서 사단〔四〕과 칠정〔七〕을 이(理)와 기(氣)로 분

13) 理學과 心學의 통상적인 기준은 대체로 理學은 '존재론적' 이며 '하나의 원리를 지향하는 것' 을 본질로 삼고, 心學은 '인식론적' 이며 '도덕적 실천을 지향하는 것' 을 본질로 한다.〔김종석, 「退溪 心學 硏究」(영남대학교 박사학위 논문, 1996), 28쪽 참조〕 그러므로 程朱學과 陸王學은 존재론적 입장에서는 모두 '理學' 이라 할 수 있으며, 인식론적 입장에서는 모두 '心學' 이라고 할 수 있다.

14) 『書經』, 「虞書」, '大禹謨' , "人心惟危, 道心惟微, 惟精惟一, 允執厥中."

대(分對)하여 설명하는데, 이러한 인간 심성에 대한 '사칠분대(四七分對)'의 설명방식은 퇴계 시대의 사단칠정 논쟁에도 그대로 원용된다. 류숭조(柳崇祖)의 경우도 권근과 마찬가지로 성리학의 요점을 '사단칠정(四端七情)과 이기(理氣)의 분대'로 이해하였다. 그리고 조광조(趙光祖)의 지치주의(至治主義) 또한 당시 도학(道學)에 반대했던 사장파(詞章派)들이 그의 도학을 심학으로 이해했듯이 그 요체는 역시 심학이다. 즉 조광조의 지치주의는 그 저변에 사대부 자신의 도덕 수양을 강하게 요구하는 것이므로 그 토대는 역시 성리학적 심학이라 할 수 있다. 조선 초기 유학의 이러한 심학적 특징은 조선 중기의 학자인 퇴계에 이르러 대단한 발전을 이루게 된다. 퇴계 심학의 특징을 한마디로 말하면, '경'의 수양법을 위주로 한 실천 위주의 성리학 이론이라 할 수 있다. 그리고 이 점에서 한강의 심학 또한 동일한 특징을 지닌다.

한강이 심학에 대해 관심을 가진 것은 사실 퇴계를 만나기 훨씬 이전이다. 1557년, 한강 15세 때에 지은 「취생몽사탄(醉生夢死嘆)」이라는 시는 한 마디로 『심경』에 대한 한강의 독후감이라 할 수 있다.[15] 그 주요 부분만 살펴보자.

> 태어날 때 훌륭한 자질을 부여받고 모습이 서 있어서 사람이라 이름했네. 마음 하나로 모든 착함을 주재하니, 그 마음 쓰임이 신묘하고 허령함을 알겠네. …… 거칠고 탐욕스러운 마음은 사단(四端)을 해치고, 식색(食色)에만 맛 들이는 삶은 칠정(七情)을 더럽히네. …… 혼미한 길 더듬다가 함정에 빠지게 되나, 그래도 좋은 열매 맺기를 바라네. 삶의 뜻이 곧음에 있으니 사람의 주인(마음)을 불러일으키는데 어찌 길이 없겠는가? 단단히 나의 마음을 가다듬어 혼탁한

15) 정순목, 「寒岡 鄭逑의 敎學思想」(『韓國의 哲學』, 제13집), 129쪽 참조.

> 흐름을 맑게 하려는데, 마음의 삼군(三軍)을 호령하는 길은 다만 문자 위에만 있지 않다네. 천군(天君, 마음)의 바른길은 명(明)과 성(誠)을 바라고, 경(敬)과 의(義)를 함께 지니는 것은 일상의 삶 속에 있도다. 아래로부터 차분히 힘써나가면 밝은 덕은 하루아침에 저절로 밝아지게 되리라.[16]

이 시를 살펴보면 15세 당시에 이미 한강은 『심경』의 대의를 어느 정도 체득한 것으로 짐작된다. 다만 퇴계와의 첫 만남 이후 스승의 가르침을 받아 그의 사상이 훨씬 정치(精緻)해졌다고 할 수 있다. 한강은 퇴계와의 첫 대면이 있고 난 두 해 뒤인 23세 때에도 서신으로 퇴계에게 『심경』에 관해 질문하였다.[17] 그리고 한강이 평소 제자들에게 강의한 주요 교재 중 하나가 『심경』이었다는 사실[18]을 고려해보면, 그가 『심경』을 얼마나 소중히 여겼던가 하는 사실을 충분히 짐작할 수 있다. 여헌 장현광은 한강의 「행장」에서 이러한 모습을 구체적으로 기술하였다.

> 한강 선생은 학문의 진결(眞訣)이 서산 진덕수(陳德秀)의 『심경』에 모두 모여 있다고 생각했다. 그래서 그 주해서를 보고 분명하지 않은 곳을 뽑아서 여기에다 정자(程子)와 주자(朱子) 및 여러 선생들의 말씀 중에서 본의를 밝힐 수 있는 것을 추가로 더하고, 또한 구주(舊註)에 빠진 상당 부분의 내용을 부록으로 하여 『심경발휘(心經發揮)』라는 책을 만들었다. 이 내용을 정서(淨書)하고

16) 『寒岡集』, 卷1, 詩, 「醉生夢死嘆」. “受命當年得其秀, 形肖上下人其名. 一箇靈臺主萬善, 妙用觸處知虛靈. …… 貪殘暴慢賊四端, 食色臭味淪七情. …… 樀埴迷路空墜坑, 雖然一脉尙碩果. 生意所以根於貞, 喚醒主人豈無道. 才膠可使黃流淸, 三軍旗脚勿字上. 天君正理要明誠, 敬義夾持動靜間. 下梢遂使明德明, 依然一朝透覺關.”

17) 『寒岡年譜』, 卷1, 「年譜」, 乙丑年(明宗20年), 寒岡23歲. “春, 就質心經于退溪先生.” 참조.

18) 1589년 47세 때에 한강은 찾아온 학자들에게 『심경』을 강의했다는 기록이 있다.〔『寒岡年譜』, 卷1, 己丑年(宣祖 22年), 先生 47歲. “與學者講心經.” 참조〕

책으로 엮어 언제나 손에서 떼지 않고 아침 · 저녁으로 항상 읽었다. 이는 마음으로 체득하고 정신으로 안 것이 아니겠는가? 그 문하에 있던 선비들을 그 수준에 따라 개도(開導)하였는데, 대체로 이 책에서 스스로 얻은 바를 넘어서지 않았다.[19]

한강 심학의 요체 또한 퇴계와 마찬가지로 '경(敬)' 이다. 한강은 심학과 관련한 그의 저술인 「양호첩(養浩帖)」에서 맹자의 '필유사언(必有事焉)' 을 해석하여, "반드시 일한 바가 있다고 함은 '경' 을 말하는 것이다."[20]라고 하였고, 또한 "주일무적(主一無適)하고 경이직내(敬以直內)하면 곧 호연(浩然)의 기(氣)가 있게 된다."[21]라고 하였다. 두 경우 모두 '경' 을 강조하는 말이다. 그리고 글을 읽다가 필요 적절한 것을 기록해 둔 「독서첩(讀書帖)」의 주된 내용도 '경' 과 함양(涵養)에 관한 것들이다. "경(敬)은 다만 함양의 일이다."[22]라고 하는 정이(程頤)의 말이나, "희로애락이 발하기 전에 함양하면 그 발하는 곳이 저절로 법도에 맞는 경우가 많게 된다."[23]는 주희(朱熹)의 말을 채록해 둔 것이 대표적인 사례이다.

심학에 관한 한강의 대표작은 『심경발휘』인데, 이 책은 한강의 심학에 있어서만이 아니라 우리나라 심학 연구에 있어서 가장 중요한 저작 중 하나로 평가된다. 한상은 이 책에서도 역시 '경(敬)' 을 강조한다. 『심경발

---

19) 『寒岡集』, 卷14, 「行狀」(張顯光). "先生以爲此學眞訣, 萃在眞西山心經一部. 見其註解取舍有所未瑩, 乃自裒取程朱及諸先生之語有以發明本義者, 增入之, 而多所損節於舊註, 又足之以附錄, 而目其書曰心經發揮. 精寫分卷, 凡其遠近動靜, 未嘗釋手, 而朝夕常目焉. 此非其心體神會之地乎. 其與踵門之士, 隨其人之所可及而開導之者, 大槩不出于其書中所自得者矣."

20) 『寒岡集續集』, 卷4, 「養浩帖」. "必有事焉, 有事于此, 一作敬也." 참조.

21) 『寒岡集續集』, 卷4, 「養浩帖」. "主一無適, 敬以直內, 便有浩然之氣."

22) 『寒岡集續集』, 卷4, 「讀書帖」. "敬只是涵養一事."

23) 『寒岡集續集』, 卷4, 「讀書帖」. "涵養於未發之前, 則其發處, 自然中節者多."

휘』의 서문에 실린 주요 구절을 살펴보자.

> 심리(心理)의 요체는 경(敬) 한 글자를 넘지 않는다. …… 이른바 '정미롭다〔精〕', '한결같다〔一〕' 고 하는 것도 '경' 을 말하는 것이 아니겠는가? …… 착한 것으로 반드시 옮겨가며, 잘못은 반드시 고친다. 잘못을 고치는 방법은 멀리 있지 않으니 그 누가 '경' 을 위주로 하지 않겠는가? …… 자사(子思)가 말하는 '계구(戒懼)' 나 증자(曾子)가 말하는 '성정(誠正)' 에 이르기까지 '경' 이 아닌 것이 없다. …… 서산(西山) 진덕수(陳德秀) 선생이 또한 전후(前後)시대의 경전의 가르침을 뽑아 이 책을 편집하였는데, 이로써 심학의 큰 근본을 세우게 되었다. 이에 '경' 이 드러나게 되었고, 이로 인해 심(心)은 더욱 밝고 뚜렷해지게 되었다.[24)]

퇴계와 한강의 심학은 부분적인 차이는 있겠지만 기본 노선을 같이한다. 한강은 퇴계로부터 '경' 을 위주로 한 내면적 실천을 배웠던 것으로 보인다. 즉 그는 자신의 학문을 덕성(德性)과 존양(存養)을 중심으로 한 내적 실천 위주의 방향으로 전개해 갔으며, 그러므로 격물궁리(格物窮理)와 심성 공부를 강조했던 것이다.

3) 예학사상

『예기(禮記)』의 첫 구절에서 "경(敬)하지 않으면 안 된다.〔毋不敬〕"[25)]라

24) 『心經發揮』, '序'. "夫要其幾, 不越乎敬之一字而已. …… 而所以精之一之者, 非敬矣乎. …… 善必遷而過必改. 改又必於不遠, 孰非以敬爲主乎. …… 至於子思子之戒懼, 子曾子之誠正, 蓋無非敬焉. …… 西山先生又歷選前後經傳之訓, 編爲此書, 以立心學之大本. 於是敬之爲公, 於此心益明且顯."

25) 『禮記』, 「曲禮」. "儼若思, 安定辭, 安民哉, 毋不敬." 참조.

고 하였는데, 이 말은 예(禮) 또한 경(敬)을 근간으로 하고 있다는 의미다. 그리고 이 점에서 심론(心論)과 예론(禮論)은 같은 연장선에 있다고 할 수 있다. 즉 '경' 을 중심으로 하여 심론은 그 내면적 영역을 다루고, 예론은 외형미를 다루는 것[26]이라고 할 수 있다.

한강의 서신에서 가장 많이 찾아볼 수 있는 내용이 바로 '예' 에 관한 논의다. 예의 본질이 '실천' 에 있기 때문에 실천 · 윤리적 성리학의 세계관을 강하게 지녔던 한강의 관심을 끌게 되었던 것으로 보인다. 후대에 와서 예론의 상당수가 실천적 지반을 상실하고 그야말로 '예' 의 형식이 인간의 실질을 구속하는 본말전도의 상황에 이르기도 했지만, '예' 의 본질이 실천에 있다는 점만은 부인할 수 없다. 중국의 신유학(新儒學)이 송대의 성리학에서 명대의 심학으로, 그리고 다시 청대의 박학(樸學)으로 발전되었음에 반해, 한국의 신유학은 성리학에서 예학으로, 예학에서 다시 실학으로 발전된다. 그런데 한국의 경우는 모두 '심학' 이라는 실천 · 윤리적 특징을 강하게 지닌다는 측면에서 중국에 비해 일관성을 유지한다고 해석할 수 있다. 그리고 이러한 시각에서 볼 때 '심학' 을 강조하고 '경' 을 중시했던 한강의 사상은 이기심성론(理氣心性論)의 이론에만 천착했던 학자들에 비해 오히려 한국 성리학의 실천적 전통에 충실했다고 할 수 있다. 그렇다면 예란 무엇인가? 그리고 왜 유학에서는 예를 그토록 중시하는 것일까? 이것을 제대로 이해하기 위해서 먼저 『중용(中庸)』의 첫 구절을 음미해 보자.

『중용』 첫 구절은 "천명지위성(天命之謂性), 솔성지위도(率性之謂道), 수도지위교(修道之謂教)" 로 되어 있다. 여기서 '교(教)' 는 일단 '수도(修道)' 라고 풀이된다. 그렇다면 '수(修)' 는 어떤 의미인가? 주희는 '차등을

26) 서수생, 「寒岡 鄭逑의 禮學」(『韓國의 哲學』, 제13집, 경북대학교 퇴계연구소, 1985), 169쪽 참조.

두어 절차를 매김〔品節之〕' 이라고 풀이하였다.[27] 여기에 대해 반병(潘柄)은 다시 다음과 같이 구체적으로 풀이하였다.

> '차등을 두어 절차를 매긴다' 는 것은, 예를 들면 친척 간에 친애하는 예절의 차등과 어진 이를 예우하는 등급과 같은 것들을, 그 두텁고 엷고 가볍고 무거움에 따라 제도를 만들어서 지나치거나 미치지 못하는 치우침을 바로잡는 것이다. 비록 사람이 만들어낸 것 같으나 실상은 하늘이 명령한 성(性)에 근원한 것이며, 도에 자연스럽게 본래부터 있던 것들이다.[28]

즉, '교' 란 '수도' 로 풀이될 수 있고, 수도는 다시 '차등을 두어 절차를 매기는 일' 로 이해될 수 있으며, '차등을 두어 절차를 매기는 일' 의 가장 대표적 보기가 바로 예(禮)인 것이다. 그러므로 『중용』을 통해서 이해하는 유가(儒家) 교육의 '교' 란 결국 예의 확립 및 예의 교육이라고 할 수 있다. 예란 인(仁)의 외적 표현이며,[29] 경을 본질로 하고 있다. 『중용』에서는 '교' 즉 가르침이란 결국 예의 실현이라는 점을 강조한다.

'예' 를 여러 가지로 이해할 수 있겠지만, 가장 중요한 것은 우선 실천과의 철저한 연계성을 주목해야 한다. '예' 개념은 그 자체가 실천 지향적이다. '예' 는 다른 한편으로는 '리(履)' 라고도 하는데, 그 의미도 '실천한다' 는 뜻이다. 물론 예의 실천은 인(仁)을 바탕으로 해야 한다. 유가에서 예를 중시하는 것은 공자의 사상에 따라 예의 본질이 인간의 본질에 기초하고 있다고 생각하기 때문이다.[30] 그러므로 천도(天道)는 인간에 있

---

27) 『中庸集註』, 首章, '朱子註' 참조.

28) 『原本備旨 中庸』, 首章, '潘柄의 備旨'. "品節之者, 如親親之殺, 尊賢之等, 隨其厚薄輕重而爲之制, 以矯其過不及之偏者也. 雖若出於人爲, 而實原於命性, 道之自然."

29) 行仁이 이루어지는 과정의 결과가 仁의 도덕성이라고 할 때, '仁의 도덕성' 을 禮라고 할 수 있을 것이다.

어 '인'으로 내재하고, 인간이 '예'에 따라 행동하는 것은 이러한 '인'이 밖으로 드러나는 것이요 곧 천도를 행하는 것이 된다.

한강은 경학(經學), 병학(兵學), 의서(醫書), 산수(算數)에 두루 밝았으나, 특히 예학에 조예가 깊어서 한국 성리학사에 있어서 예학 발전의 전기를 마련한 것으로 평가받는다. 그의 저술 대부분이 곧 예에 관한 문답이다. 대표 저술로는 『오선생예설(五先生禮說)』, 『예기상례분류(禮記喪禮分類)』, 『가례집람보주(家禮集覽補註)』, 『오복연혁도(五服沿革圖)』, 『심의제도(深衣制度)』 등이 있다. '예'에 대한 한강의 입장은 다음 글에서 분명하게 드러난다.

> 예(禮, 節文)는 천리(天理)를 질서 있게 하고 인사(人事)를 질서 있게 하며, 그것이 나누어지면 삼백·삼천 가지의 질서가 되나, 통일하게 되면 한 몸과 한 마음의 근간이 된다. 일찍이 이것은 군자의 몸에서 떠나지 않았다. 도덕과 인의는 예로써 이루어지고, 군신·부자·형제의 관계는 예로써 정해지니, 옛날 사람이 시·청·언·동(視聽言動)의 가까운 것으로부터 가·향·방·국(家鄕邦國)의 먼 곳에 이르기까지 '성(誠)'과 '경(敬)'으로 하지 않는 바가 없었다.[31]

즉, 절문(節文)과 의칙(儀則)이 삼백·삼천 가지라 할지라도 '예'는 일신(一身)과 일심(一心)의 근간이 된다. 그리고 도덕·인의와 군신·부자·형제간의 의리 및 인륜은 예가 근본인데, 예의 근본정신은 성(誠)과 경(敬)이라는 것이다. 여기에서 다시 한번 한강 예론의 근간이 '경'임을

30) 이병도, 『한국유학사』, 293쪽 참조.

31) 『五先生禮說分類』, '序'. "節文乎天理, 而儀則乎人事, 散之爲三百三千之有秩, 統之爲一身一心之所幹. 未嘗斯須去乎君子之身. 道德仁義以之而成, 君臣父子兄弟以之而定, 所以古之人, 自視聽言動之近, 達之家鄉邦國之遠, 無所不用其誠敬焉."

확인할 수 있다.

'예'와 관련된 한강의 어릴 적 일화가 몇 가지 전해진다. 하나는 그가 9세 때에 부친상을 당하여 의젓하게 상례를 잘 집행했다는 일화이고,[32] 다른 하나는 한강이 13세 되던 때, 즉 주학(州學, 지방의 관립학교)에서 덕계(德溪) 오건(吳健)에게 수업받던 때의 일이다. 동료 학생이 신분이 비천한 어떤 사람을 학교에 데리고 왔는데, 이를 본 한강이 그 사람을 보고 꾸짖기를 "여기는 존엄한 곳이니, 너희 같은 이들이 감히 들어올 곳이 아니다."라며 내쫓은 적이 있다는 일화이다.[33] 이 중에서 두 번째 일화는 한강의 초기 예학사상의 한계를 단적으로 보여준다. '예'는 기본적으로 수직적 질서를 강조한다. 그러므로 예론을 지나치게 강조하다 보면 '상·하'와 '귀·천'의 고정적인 계급관이 생기게 된다. 이러한 점에서 한강도 예외일 수는 없었던 것이다. 바로 이 부분에서 퇴계는 한강에게 큰 역할을 하였다. 퇴계는 형식과 규칙을 중시했던 한강의 예론이 '연변(演變)과 실정(實情)의 원리를 기초로 한 원융(圓融)의 예론'[34]으로 발전할 수 있도록 도와주었던 것이다. 『모당일기』에는 형식적 예보다는 원융한 예론을 지녔던 한강의 노년 모습과 관련한 주목할 만한 일화가 수록되어 있다. 그는 제자가 묻기를 "서얼 자식이 아버지라 부르고 형이라 부르는 것은 매우 온당치 않다고 들었는데, 관직이 있으면 '모관님〔某官主〕'이라 부르고 관직이 없으면 '상전(上典)'이라 부르는 것이 어떠하겠습니까?"라고 하자, "아버지라 부르고 형이라고 부르는 것이 온당할 것 같네."라고 답하

32) 『寒岡年譜』, 卷1, 「年譜」, 辛亥年(明宗6年), 寒岡9歲. "三月, 遭判書公憂, 執喪哀毁, 有若成人." 참조.

33) 『寒岡年譜』, 卷1, 「年譜」, 乙卯年(明宗10年), 寒岡13歲. "一日, 有邑子來學者, 招入賤人於黌舍, 與之語. 先生厲聲曰, 此地尊嚴, 非此輩所敢入, 令曳出之." 참조

34) 홍우흠, 「寒岡의 '上退溪李先生書' 一考」(『東洋禮學』, 제6집, 동양예학회, 2001), 21쪽 참조.

였다.[35] 『홍길동전』의 내용 중에서 아버지를 아버지라 부를 수 없는 홍길동의 아픔이 자주 회자된다. 아버지를 아버지라고도 부르지 못하던 서얼의 아픔을 잘 묘사했기 때문이다. 젊어서 그토록 원칙적인 예론을 고수하였던 한강이 노년에 이르러 유연함과 온화함을 갖춘 예학자로 변모하였던 것이다. 그래서 모당 손처눌은 "〈한강 선생을〉 종일토록 모시고 이야기를 나누었다. 말이 더욱 온화하고 공순하였으니 덕을 확충하고 기른 두터움을 헤아릴 수 없었다."[36]라고 증언하였다.

예론(禮論)의 차원에서 볼 때 한강은 성리학적 예론을 충실히 계승하면서도, 『가례(家禮)』에 대한 탐구와 실천을 중심으로 예의, 예절, 예속의 차원에 집중되어 있었던 퇴계의 예학사상을 확장시켜 예제(禮制)의 차원까지 포함하는 '총체적 예'의 인식을 보여주었다. 예설(禮說)의 차원에서 볼 때 한강은 '분류(分類)'의 예서(禮書) 편찬 방식을 도입하는 한편, 온건한 유교적 예속화(禮俗化)를 도모했다. 한강이 퇴계에 비해 고례(古禮)의 원칙을 지키려는 면모가 강했던 점은 유교적 예속화의 심화 양상에 따른 결과로 해석할 수 있다.[37] 한강은 퇴계로부터 실제적인 집지(執贄)를 받은 경험이 미약하다. 그렇지만 그 사상과 삶의 경향성 전반에서 퇴계로부터 많은 영향을 받았다.

한강이 죽던 날까지도 『가례회통(家禮會通)』을 검토했다는 점[38]은 그가 예를 얼마나 소중히 여겼던가 하는 사실을 단적으로 보여준다. 한강은

35) 『慕堂日記』, 丙辰年(光海君8年), 慕堂64歲, '8月11日' 條. "問孽息稱父稱兄, 極未安, 有官則稱某官主, 無官則稱上典, 何如. 先生答云, 稱父兄似安."

36) 『慕堂日記』, 甲辰年(宣祖37年), 慕堂52歲, '4月11日' 條. "終日侍話語, 益溫恭充養之厚, 不可量也."

37) 박종천, 「한강 정구의 예론과 예설」(『태동고전연구』, 제29집, 한림대학교, 2012), 2쪽 참조.

38) 『寒岡年譜』, 卷1, 「年譜」, 庚申年(光海君12年), 寒岡78歲, 1月5日. "朝, 披閱家禮會通." 참조.

당시 사회의 중요한 실천과제를 '예'의 복구로 보았다. 임진란 이후 허물어진 사회의 질서를 예교(禮敎)를 통해 복원하고자 애썼던 것이다. 한강이 생각한 예는 서로 관계하는 삶 속에서 인간의 본성을 표현하는 하나의 틀이었다. 그러므로 한강은 예라는 것이 인간의 본성에 근거하여 우리 모두가 사회의 공동선(共同善)으로 나아갈 수 있도록 하는 것이며,[39] 그러므로 유학적 이상을 실현하는 가장 좋은 방법이라고 생각하였다.

4) 사회적 실천성

한강의 학문과 생애를 아우를 수 있는 가장 특징적인 말이 바로 '실천'이다. 퇴계의 학문이 '경'을 위주로 한 내적·개인적인 수양의 실천성이 특징이라고 한다면, 남명의 학문은 '의'를 위주로 한 사회적 실천성이 특징을 이룬다. 두 선생의 학통을 모두 계승한 한강의 경우에는 내·외적, 개인·사회적 실천을 모두 겸비한 즉 경의협지(敬義挾持)의 성리학적 전통을 가장 잘 지닌 학자라고 할 수 있겠다. 앞에서 논했듯이 한강의 심론과 예론의 특징들은 모두 '경'을 위주로 한 내적·개인적인 수양의 실천성으로서 퇴계학의 특징을 잘 계승하고 있다. 그런데 한강의 사회적 실천성은 주로 남명학의 학파적 특징을 계승한 것이라고 할 수 있다.

남명은 일생을 초야에서 보냈지만 결코 현실을 망각한 은둔자는 아니었다. 그는 여러 차례의 상소문에서 척족정치(戚族政治)의 폐해와 서리(胥吏)들의 횡포를 지적하였으며, 또한 잘못된 현실정치에 대해 시종 솔직하고 과격한 언사로 직간하였다. 당시 절대적 권한을 휘두르던 문정왕후(文定王后)를 '뒷방의 과부'에 비유해 명종(明宗)을 격노케 했던 상소

39) 김현수, 「寒岡 鄭逑의 禮學思想」(『東洋禮學』, 제6집, 동양예학회, 2001), 92~93쪽 참조.

사건은 남명의 기상을 상징하는 일화이다. 의(義)를 존숭한 남명의 이러한 현실 대응 자세는 결과적으로 그의 문인들이 임진란이 발발했을 때 창의(倡義)와 토적(討賊)의 대열에 대거 나서게 했고, 불의를 보고 참지 못하는 저돌적인 자세 때문에 그의 제자 최영경(崔永慶)과 정인홍(鄭仁弘)이 각각 기축옥사(己丑獄事, 1589년)와 인조반정(仁祖反正, 1623년) 때에 옥사(獄死) 또는 처형되는 결과를 가져왔다.

한강은 과거를 통해 벼슬에 나아가려 하지는 않았지만, 일단 추천을 통해 벼슬길에 나아간 뒤로는 맡은바 직분에 최선을 다하고자 노력했다. 이 점은 지속적으로 벼슬을 그만두고 낙향하고자 했던 퇴계의 행보와 차이가 난다. 한강은 누차 관직을 사임하다가 1580년(선조 13년)에 창녕현감에 부임하여 선정(善政)에 힘썼다. 그는 고을 사람들과 더불어 『여씨향약(呂氏鄕約)』을 본떠서 강회계(講會稧)를 만들고, 관할구역 내 여러 곳에 서재(書齋)를 세우고 훈장을 선정하여 학문을 가르치게 하였다. 그리고 초하루와 보름에 향교에 나아가 공자상(孔子像)을 뵙고 명륜당(明倫堂)에서 선비들과 더불어 강론하기도 했다. 서재가 퇴락하면 즉시 고치고 제사 때에 쓰는 그릇이나 의복을 새롭게 갖추어서 봄·가을의 석전제(釋奠祭)를 행했다.[40] 한 마디로 유가적 이상 정치 실현을 위해 최선을 다하는 목민관의 모습이었다.

한강의 현실 대응 태도를 제대로 이해하기 위해서는 임진란 당시 그의 모습을 살펴보아야 한다. 1592년 임진란이 발발할 당시 그는 통천군수로 재임하고 있었다. 한강은 전쟁이 나자 의병을 일으켜 적을 토벌하고 각

40) 『寒岡集』, 卷14, 「行狀」(張顯光). "及到縣, 倣家塾之制, 四境皆設書齋, 擇定訓長, 日課敎讀. 每朔望, 行望闕禮, 就校謁聖, 坐明倫堂, 引諸生講論終日. 見其學舍頹毁, 卽爲之重新, 祭器祭服, 一時具新. 其於春秋釋奠, 備盡嚴敬, 至於社稷城隍厲祭之事, 必皆親行. 壇壝頹毁, 擇地改築, 傍設齋舍, 以便將事." 참조.

고을에 격문을 띄워 의병들로 하여금 적을 공격하게 하여 자신이 통치하던 고을에는 왜구가 침입하지 못하게 했다.[41] 그리고 금강산 계곡에 피신하고 있던 임금의 형 하릉군(河陵君)이 왜군이 닥친다는 소문을 듣고 스스로 목을 매달아 죽자, 하릉군의 시신을 찾아 정중하게 장례를 치렀다.[42] 그 뒤 강릉부사에 특배(特配)되어 무기를 수리하고 제조하여 군대를 엄격하게 훈련시키고 둔전(屯田)을 경작하여 군량미를 축적하였으며, 이를 가난한 백성들에게 나누어주기도 하였다.[43] 이후에도 강원도 관찰사 등을 맡아 임진란 후의 지역 사회를 정비하였고, 그리고 정유재란(丁酉再亂)이 일어나자 구국 활동에 최선을 다하였다.

한강은 상당히 오랜 기간 관료 생활을 했는데, 주로 지방 수령을 맡아서 유학의 통치이념을 직접 실현하였다. 이러한 처신은 '의'를 중시한 남명학의 사회적 실천 지향성과 밀접한 연관이 있다.

남명학은 경상우도(하도)라는 역사적 전통과 지리적 환경 및 선배 학자들의 영향 아래에서 형성되었다. 남명의 사우문인(師友門人) 관계를 살펴보면, 기질, 사상, 학문, 처세 및 문체에 이르기까지 공통된 특징이 있다. 남명학은 사변적이고 번쇄한 이론에 치우쳐서 현실적 · 정치적 기능이 약화된 당시의 성리학의 학풍에 대하여 비판과 반성을 촉구하였는데, 이러한 점에서 일정한 시대적 사명을 수행했다고 할 수 있다.

퇴계를 추종하던 신진사류가 명종과 선조의 교체기에 정계와 학계를

41) 『寒岡年譜』, 卷1, 「年譜」, 壬辰年(宣祖25年), 寒岡50歲. "正月赴任. 夏, 季奴入寇, 連陷三都, 大駕西幸龍彎, 乃移檄列邑, 倡義討賊.〔變出不意, 勢若風雨. 監司守令, 並皆逃竄, 大駕播越, 奈問無人. 先生獨進物膳, 上歎賞不已.〕" 참조.

42) 『寒岡年譜』, 卷1, 「年譜」, 癸巳年(宣祖26年), 寒岡51歲, '8月' 條. "時, 宣祖母兄河陵君, 避亂匿於通川山谷間, 値土賊導倭猝至, 遂自縊. 先生因鞫囚徒, 始得聞之, 躬往尋屍, 具棺槨權厝, 捕賊以聞. 上深加傷感, 傳曰 鄭逑之恩, 予何以報之. 姑陞堂上, 以示予意." 참조.

43) 『寒岡年譜』, 卷1, 「年譜」, 癸巳年(宣祖26年), 寒岡51歲. "閏十二月赴任.〔亂離孔棘, 公私板蕩. 先生勞來安集, 經理庶務. 屯田蓄穀, 以補軍餉, 割俸賑飢, 多所全活.〕 참조.

주도하면서 시국을 낙관하고 있었던 것에 비해, 남명은 그러한 현실 안주의 태도와 실천이 수반되지 않은 학풍에 대해 이록(利祿)만 탐내고 도명기세(盜名欺世)하는 행위라고 통렬하게 비판하였다.[44] 경의(敬義)와 반궁실천(反躬實踐)을 행신(行身) · 위학(爲學)의 도(道)로 삼았던 남명의 호방한 기상[45]과 학문적 태도는 그의 제자들에게도 그대로 확인된다. 한강 또한 남명의 이러한 성품과 기상을 닮았으며, 이러한 특징은 대구지역의 한강 제자들에게서도 확인된다. 다만 아쉬운 점은 기축옥사와 인조반정으로 인해 남명의 제자들이 역사의 공식 무대에서 사라졌으며, 그로 인해 남명학의 전통과 정신을 유형적 · 체계적으로 확인할 수 없다는 사실이다.

2. 조선 중기 대구지역[46] 성리학자들의 사상과 삶의 지향성

대구는 조선왕조 초기까지도 지방행정의 말단 체계인 '현(縣)'으로 존재했다. 그러나 1601년(선조 34년) 경상감영이 자리 잡으면서부터 경상도의 중심지의 역할을 수행하였으며, 이후 대구의 위상은 경상도의 중심 위치를 확고히 유지하게 되었다.[47] 또한 유교 이념을 표방한 조선사회의 특

44) 이수건, 『嶺南學派의 形成과 展開』, 333쪽 참조.

45) 이수건, 『嶺南學派의 形成과 展開』, 331쪽 참조.

46) 기본적으로 현재(2020년)의 행정구역을 기준으로 한다. 1601년(선조 34년) 기준에 따르면 大邱都護府는 경산, 하양, 화원을 포함하게 되고, 1685년(숙종 11년) 기준에 따르면 성주에 소속된 화원의 8개 坊과 밀양에 소속된 豊角의 4개 면도 대구에 속하게 되며, 이 체제가 1894년 갑오개혁으로 '8道制'가 폐지되고 전국을 '23府'로 나누는 지방행정 개편이 이루어질 때까지 유지된다. 이런 이유로 해서, 예컨대 풍각 출신인 菊潭 朴壽春(1572~1652)은 『嶺南人物考』, 『大丘邑誌』, 『大邱鄕校誌』에는 대구의 인물로 소개되고 있지만 여기서는 대구지역의 寒岡學派에서 제외하였다.

47) 대구 · 경북역사연구회, 『역사 속의 대구, 대구사람들』, 중심, 2001, 150~156쪽 참조.

성을 고려한다면, 이 지역에서 그동안 점진적으로 축적되어 온 성리학과 관련된 문화적·학문적 성과도 이러한 대구의 정치적 위상을 강화하는 요인으로 작용한 것으로 볼 수 있다.

여기서는 외부의 침략과 당쟁의 격화라는 환란 속에서도 대구지역 성리학적 문화가 굳건히 뿌리를 내리는 16세기 후반부터 17세기 중반의 시기를 주목하여, 이 시대에 활동한 대구지역 성리학자들의 사상과 삶을 개괄적으로 살펴보고자 한다. 이러한 과정을 통해 대구지역 한강 문인들의 학문적 경향성과 실천성의 특징을 부각시키고자 한다. 특히 그들이 경험한 특수한 역사적 시간 속에서 그들의 학문적 지향성과 현실의 선택이 어떠했는지를 중점적으로 살펴보고자 한다.

1) 괴헌(槐軒) 곽재겸(郭再謙)의 사상과 삶

달성 현풍에서 태어난 '곽재겸'[48]은 어려서는 『효경』과 『소학』 등을 공부하였으며, 14세 때부터 사서(四書)를 읽으면서 책을 덮게 되면 늘 "효제(孝悌)와 성경(誠敬) 이외에 또다시 해야 할 어떤 일이 있겠는가?"[49]라고 말하였다. 그는 1566년(20세)에 퇴계의 문인인 계동(溪東) 전경창(全慶昌, 1532~1585)을 찾아가게 되는데, 이때 계동은 그와 이야기를 나누고는 크게 기뻐하고 『근사록』 한 부를 주면서 "이것은 참으로 그대의 책이다."[50]라고 하였다. 이때 송담(松潭) 채응린(蔡應麟)과 더불어 계동을 종유(從遊)하여 강학하였다. 또한 23세 때는 대구의 연경서재(硏經書齋)[51]에

48) 郭再謙(1547~1615)은 본관이 玄風이고, 자는 益甫이며, 호는 槐軒이다. 대구의 柳湖書院에 제향되었다. 저서에 『槐軒先生遺集』이 있다.

49) 『槐軒年譜』, "孝悌誠敬外更有何事."

50) 『槐軒年譜』, "此眞子之書也."

서 퇴계의 문인인 매암(梅巖) 이숙량(李叔樑, 1519~1592)을 만났다. 30세 때 회연서재(檜淵書齋)로 한강 정구를 찾아가서 주자서(朱子書)와 『중용』을 강론하니, 한강이 '나의 익우(益友)'라고 찬탄하였다. 그는 낙재(樂齋) 서사원(徐思遠), 모당(慕堂) 손처눌(孫處訥)과 함께 한강의 문하에 출입하였으며,[52] 주자서 및 『심경』, 『근사록』 등을 강론하였다. 40여 년 동안 한강을 종유하면서 성리학에 대한 조예가 깊어졌다. 31세 때는 대구 동구로 이거하였으며, 34세 때는 송담 채응린, 연정(蓮亭) 류요신(柳堯臣)과 함께 안동에 가서 퇴계 이황의 묘당에 참배하였다. 이때에 월천(月川) 조목(趙穆)과 함께 몇 달 동안 학문을 강론하였고, 학봉(鶴峯) 김성일(金誠一)과도 형제와 같은 교분을 맺었다. 35세 때는 남명 조식의 문인이자 한강의 막역한 친구인 동강(東岡) 김우옹(金宇顒, 1540~1603)이 괴헌을 방문하였다. 동강과는 함께 즐거이 강론하는 사이였다. 괴헌이 30대 중반 무렵일 때 대구에는 금단(琴壇, 현재의 검단동)에 송담 채응린의 별장이 있었고, 무태(無怠)에는 의보(毅甫) 전간(全僴)의 세심정(洗心亭), 선사(仙査)에는 임하(林下) 정사철(鄭師哲)의 서재가 있었으며, 그리고 이천(伊川)에 낙재 서사원의 서재가, 황청동(黃青洞)에 모당 손처눌의 서재가 있어서 서로 교류하면서 학문의 강론에 힘썼다. 이상은 당시 대구권 지성계의 면모를 서술한 것이기도 한데, 퇴계의 학문과 남명의 학문이 공존·교차하는 상황이었음을 짐작할 수 있다. 누차 조정의 부름을 받았으나 나아가지 않고 학문에만 정진하던 괴헌은 1592년 임진란이 일어나자 서사원과 함께 의병을 모집하여 여러 차례 전공을 세웠으며, 칠곡에 진을 치고 있던 초유

51) 이곳은 1564년(명종 19년) 대구에서 최초로 건립된 研經書院이다. 원래는 李叔樑이 제자를 가르치던 서당〔研經書堂〕이었다.

52) 엄밀히 말한다면, 한강과 괴헌은 竹馬之交의 관계이다. 한강은 어려서 외가인 현풍 池洞의 한훤당 댁에서 자랐는데, 괴헌이 8세일 때 12세의 한강을 처음으로 만났다. 〔『槐軒年譜』, 참조〕

사(招諭使)인 학봉 김성일을 찾아가 모병과 군량 수집에 진력하고 또한 많은 방략을 제시하였다. 이 와중에도 성주로 한강을 찾아가서 주자서(朱子書)를 강론하고 모당과 더불어 『심경』을 강론하기도 하였다. 1597년 정유재란 때는 의병을 이끌고 창녕의 화왕산성(火旺山城)에 들어가 재종숙인 곽준(郭䞭)[53], 종제인 곽재우(郭再祐)[54]와 함께 적을 방어하였다. 임진란이 끝난 뒤 향리에서 후진 양성에 힘썼으며, 1604년(58세)에는 그의 대표 저술인 『훈자질십육도(訓子姪十六圖)』를 완성하였다. 이것은 「독서도(讀書圖)」, 「효제도(孝悌圖)」, 「오륜도(五倫圖)」, 「존성도(存省圖)」, 「구용구사도(九容九思圖)」, 「염계선생태극도(濂溪先生太極圖)」, 「횡거선생서명도(橫渠先生西銘圖)」, 「회암선생인설도(晦庵先生仁說圖)」, 「임은정씨심학도(林隱程氏心學圖)」, 「사친도(事親圖)」, 「신종도(愼終圖)」, 「육예도(六藝圖)」, 「사단칠정도(四端七情圖)」, 「시제도(時祭圖)」, 「설찬도(設饌圖)」, 「기제도(忌祭圖)」, 「묘제도(墓祭圖)」로 구성되어 있다.[55] 유학과 성리학의 요체를 간략한 그림 형식으로 구성하여 집안 자제들의 교육 자료로 사용하고자 한 것이다. 『훈자질십육도』에 병기한 '서(序)'를 통해서 이 저술의 내용과 목적을 살펴보자.

---

53) 郭䞭(1550~1597)은 본관이 玄風이고, 자는 養靜이며, 호는 存齋이고, 시호는 忠烈이다. 1592년(선조 25년) 임진란 때 金沔이 의병을 일으키자 그 휘하에 들어가 공을 세웠으며, 1597년 8월 정유재란 때 安陰縣監으로서 黃石山城을 지키던 중 아들 履常·履厚와 함께 전사하였다. 달성 현풍의 禮淵書院에 배향되었다. 저서에 『存齋實記』가 있으며, 『檜淵及門諸賢錄』에 이름이 실려 있다. 한강은 「祭郭存齋墓文」을 지어서 그를 추모하였다.

54) 郭再祐(1552~1617)는 본관이 玄風이고, 자는 季綏이며, 호는 忘憂堂이고, 시호는 忠翼이다. 경남 宜寧 출생. 南冥 曺植의 문인이자 外孫壻. 한때 달성의 비슬산에 은거하면서 도가의 양생술에 관심을 보이기도 했다. 달성 현풍의 禮淵書院에 祭享되었다. 저서에 『忘憂堂集』이 있다. 한강과 망우당은 서로 만난 적이 있다.

55) 『槐軒遺集』, 卷2, 拾遺, 「訓子姪十六圖幷序」 참조.

사람이 몸은 비록 작으나 천지와 함께하니, 사람이면서 사람의 도리를 알지 못하면 사람이라고 할 수 없다. 대체로 사람의 도리는 책에 전해온다. 그러므로 먼저 『소학』을 읽고 그다음에는 『대학』, 『논어』, 『맹자』, 『중용』을 읽으며, 그다음에는 『시경』, 『예기』, 『서경』, 『주역』, 『춘추』를 읽고 역사를 읽어서 고금에 밝고 일의 변화를 통달하기에 이른 뒤에라야 사람 된 도리가 천지와 같다는 것을 알 수 있을 것이다. 무릇 사람의 도리는 효도와 공손보다 앞서는 것이 없으니 오륜과 삼강의 도를 다해야 할 것이고, 학문을 위한 노력은 존양 · 성찰보다 중요한 것이 없으니 구용 · 구사의 일로 실천해야 할 것이다. 이치가 미묘해서 간파하기 어려운 것은 「태극도」와 「서명」을 참고해서 보아야 할 것이고, 학문이 정심(精深)하여 꿰뚫어 보기 어려운 것은 「인설(仁說)」과 『심경』의 가르침으로 체험해야 할 것이다. 집안에 거처하면서 어버이를 섬기는 도리를 다하고 초상을 당해서는 신종(愼終)의 의리를 다하며, 육예(六藝)의 규범을 상세하게 음미하고 사단칠정의 기미를 성찰하며, 또 시제(時祭) · 기제(忌祭) · 묘제(墓祭)의 의식을 잘 헤아려 넓혀간다면 사람의 한 몸이 천지와 무엇이 다르겠는가? 삼가 옛 성인들이 전해주신 도를 취하고 송나라 현인들이 저술하신 그림을 참고하여 '16도(圖)' 를 만든 것은 너희들이 언제나 보고 명심하는 자료로 삼으려 한 것이니, 아들 용(涌)과 조카 순(淳)은 힘쓰기를 바란다.[56]

59세 때는 이천서재로 한강과 함께 가서 『심경』을 강론하였으며, 이해

56) 『槐軒遺集』, 卷2, 拾遺, 「訓子姪十六圖幷序」. "人身雖眇與天地同, 人而不知人之道, 則不可以爲人也. 夫爲人之道, 布在方册. 是故先讀小學, 次大學論語孟子中庸, 次讀詩禮書易春秋, 以至于讀通史, 而明古今達事變然後, 庶可知爲人之道, 與天地同矣. 大凡爲人之道, 莫先於孝悌而以盡五倫三綱之道, 爲學之工, 莫要於存省而以行九容九思之工. 其於理之微妙而難見, 則以太極西銘之說參看焉, 學之精深而難透, 則以仁說心學之訓體驗焉. 居家而盡事親之道, 居喪而盡愼終之義, 詳玩乎六藝之規, 省察乎四七之幾, 而又以時祭忌祭墓祭之儀推廣, 則人之一身與天地何異哉. 謹取古聖所傳之道, 參以宋賢所著之圖, 合爲十六圖, 欲使汝等爲常目銘心之資, 曰涌曰淳, 其庶幾勉哉."

겨울에는 낙재와 의논하여 달마다 강론하는 규약을 정하고 실천하였다. 선사재(仙查齋)와 연경당(研經堂)에 모여 주자서(朱子書), 『심경』, 『소학』, 『퇴계집』 등을 매달 초하루와 보름마다 강론하였다. 또한 『여씨향약(呂氏鄕約)』의 규약을 준수하고 송나라 7현(賢)의 화상에 배례한 후 학문을 강론하였다. 60세 때는 『주자가례(朱子家禮)』에 주석을 달았다. 이후 연경서원의 원장이 되어 「학교모범(學校模範)」을 준용하여 월강(月講)을 설치하였으며, 1613년(67세) 11월에는 퇴계의 위패를 연경서원에 봉안하였다. 이에 앞서 1611년(65세) 9월 무렵 낙재와 모당이 만났을 때, 남명의 고제인 정인홍이 사문(斯文)에 저촉되는 일을 했다 하여 모당이 이를 강력하게 비판하였지만 이에 대해 괴헌과 낙재는 신중한 태도를 보였다. 이것은 대구지역의 성리학계가 점차 남명학파와는 소원해지고 퇴계학파로 모여드는 양상을 보여주는 장면이자, 대구지역 성리학계 내부에서도 약한 분열의 조짐을 보여주는 장면이기도 하다. 1614년(68세)에는 한강이 노곡(蘆谷)에서 사수(泗水, 현재 대구 북구)로 거처를 옮기자 더욱 자주 왕래하면서 낙재, 모당과 함께 학문 강론에 힘썼다. 이해 7월부터 병환이 위독해졌으며, 당시에 한강이 연경서원의 묘당을 배알하고 괴헌을 문병하였다. 1615년(69세) 4월에 괴헌은 병석에서 낙재의 부고를 들었으며, 5월 29일에는 마침내 괴헌 자신도 병으로 작고하였다. 작고하기 직전 한강이 병석을 찾아와 손을 잡고 이별의 말을 하면서 "지난달에는 행보(行甫, 서사원)가 세상을 떠났는데, 이제 그대도 또한 이와 같으니 우리의 도가 점점 외로워지겠습니다."[57]라고 하였다.

괴헌의 삶과 학문 강마의 내용을 통해, 대구지역 성리학계가 퇴계학의 영향권으로 들어가는 상황과 임진란과 당쟁의 격화라는 시대 상황에 대

---

57) 『槐軒年譜』. "去月行甫已逝, 今也君又如此, 吾道漸孤."

처하는 모습을 확인할 수 있다. 괴헌의 문중에서는 재종숙(再從叔)인 곽준(郭䞭)뿐만 아니라 곽준의 동생인 곽근(郭赾)[58] 역시 한강의 문하에서 수학하였다.

2) 낙재(樂齋) 서사원(徐思遠)의 사상과 삶

낙재 서사원(1550~1615)은 가정교육을 거쳐서 17세(1566년) 때부터 송담 채응린에게 배웠으며, 역시 같은 해에 계동 전경창을 찾아갔는데, 계동은 그에게 『심경』 한 부를 주면서 "오직 그대가 참으로 배울 만한 것이네."[59]라고 하였다. 24세 때는 임하 정사철을 찾아가서 더불어 강론하였는데, 임하가 대단히 찬탄하면서 '그대는 곧 나의 외우(畏友)' 라고 하였다. 28세 때 한강에게 나아가 배움에 대해 묻고 가르침을 받기 시작하였다. 한강의 문하에서는 그를 '연치(年齒)와 덕이 가장 높은 문인' 으로 평가하였다.[60] 한강은 7살 차이가 나는 그를 벗으로 대하고자 하였으나 그는 제자의 예를 다하였다. 이 무렵부터 『심경』, 『근사록』, 『주자서절요(朱子書節要)』 등의 성리서를 깊이 연구하였다. 30세 때는 여헌 장현광과 함께 강론하였고, 36세 때는 동강 김우옹을 찾아가서 학문을 논하였다.[61] 같은 해에 손처눌과 주자서(朱子書)를 강독하기도 하였다. 중년 이후에는

---

58) 郭赾(1554~1617년 이후 歿)는 본관은 玄風이고, 자는 穉靜이며, 호는 省齋이다. 일찍이 한강의 문하에 나아가서 爲己之學을 듣고 깊이 감복하여 일관된 태도로 자세하게 강마하였으며, 말하고 행동하는 것이 한결같이 師訓을 따랐다. 한강은 그의 사람됨을 높이 평가하면서 그의 형인 '存齋를 방불하게 한다' 라고 칭찬하였다. 한강에 대한 輓詩와 祭文을 썼으며, 『寒岡先生言行錄』에 그가 기록한 9개 조목이 들어있다.

59) 『樂齋年譜』, 卷1, 丙寅年(1578年), 樂齋17歲, "惟子眞可以學此."

60) 『柳溪集』, 卷1, 「謹輓樂齋徐先生(思遠)」. "年德岡門最."

61) 徐思遠은 東岡이 죽은 후 그의 죽음을 애도하는 挽詞와 祭文을 지었다. 『樂齋集』, 卷2와 卷5 참조.

후진 양성에 힘썼는데, 37세 때 도성유(都聖兪)가 배우러 왔을 때는 『주역』 한 부를 주면서 배움에 힘쓰도록 하였다. 1590년(41세)에는 존재(存齋) 곽준(郭䞭), 한림(翰林) 김달원(金達源)과 함께 도산서원에 가서 퇴계 선생의 묘당을 배알하였다. 전란 중인 1593년에도 『주서어류(朱書語類)』를 초록하는 등 학문에 힘썼으며, 이해 10월에는 망우당 곽재우를 방문하기도 하였다. 1594년(45세) 10월에는 『퇴계집』을 읽다가 「답기고봉서이기설(答奇高峯書理氣說)」에 이르러서는 경탄을 금하지 못했다. 같은 날 손처눌이 『화담집(花潭集)』을 가지고 왔다.[62] 1603년(54세)에는 『율곡집(栗谷集)』 7권을 읽었다. 1604년(55세)에는 망우당 곽재우가 찾아와서 『오진편(悟眞篇)』[63], 『금단대성집(金丹大成集)』[64]을 빌려 가기도 했다.[65] 낙재의 문집에는 도가(道家)와 관련성이 있는 글이 포함되어 있으며,[66] 그 글 속에는 "신(臣)이 일찍이 기학(氣學)에 종사했다."[67]는 표현도 들어있다. 이러한 기록들은 당시 대구지역 학자들과 도가사상의 관계, 좁게는 낙재와 도가사상의 관계에 대해 추론할 수 있는 중요한 자료이다. 낙재의 사상을 파악하기 위해서 그의 독서 내력의 대강을 『연보』에 의거하여 정리하면 다음과 같다.

○ 1596년(47세) 5월 서계(西溪) 이덕윤(李德胤)과 『주자문답(朱子問答)』,

---

62) 『樂齋年譜』, 卷1, 甲午年(1594年), 樂齋45歲, '10月' 條. "閱退溪先生集, 至答奇高峯書理氣說, 不勝警惕.〔是日孫慕堂得花潭集來.〕" 참조.

63) 중국의 도교 서적. 北宋 때 張伯端이 지었으며, 약 100수의 詩와 詞로 구성되어 있다. 신선이 되는 방법을 여러 단계로 구분하여 설명하였다.

64) 元나라의 蕭廷芝가 편찬한 道家書로서 총5권으로 이루어져 있다.

65) 『樂齋年譜』, 卷1, 甲辰年(1604年), 樂齋55歲, '4月' 條. "見郭忘憂季綏來訪.〔郭公借悟眞篇金丹大成集去.〕" 참조.

66) 『樂齋集』, 卷2, 「讀書如鍊丹」 및 「氣聽」 참조.

67) 『樂齋集』, 卷2, 「讀書如鍊丹」. "臣嘗從事於氣學."

『연평이선생서(延平李先生書)』를 읽음. 6월 『춘추(春秋)』를 읽음.

○ 1597년(48세) 4월 『성리대전(性理大全)』을 읽음.

○ 1602년(53세) 1월 『구경연의(九經衍義)』를 읽음. 2월 『심경』을 읽음.

○ 1603년(54세) 1월 『분류이정전서(分類二程全書)』와 『주서절요(朱書節要)』를 열독함. 3월 『율곡선생문집(栗谷先生文集)』 7권을 읽음.

○ 1604년(55세) 2월 『주자연보(朱子年譜)』와 『상채어록(上蔡語錄)』을 읽음. 4월 『회재선생문집(晦齋先生文集)』을 읽음. 8월 『무이지(武夷志)』와 『공자통기(孔子通記)』를 읽음.

○ 1605년(56세) 3월 정수(鄭錘)와 『분류이정전서(分類二程全書)』를 강송(講誦)함.

○ 1608년(59세) 6월 『성리대전』의 「역행(力行) · 존성편(存省篇)」을 읽음. 8월 『역총론(易總論)』과 『주자어록(朱子語錄)』을 읽음.

○ 1609년(60세) 11월 『구경연의(九經衍義)』를 읽음.

○ 1610년(61세) 2월 『이정자수언(二程子粹言)』을 읽음. 3월 『구인록(求仁錄)』을 읽음. 4월 「옥산강의(玉山講義)」를 읽음. 5월 『퇴계선생문집』을 읽음.

○ 1611년(62세) 3월 『가례(家禮)』를 읽음. 4월 『춘추』를 강론함.

성리학 위주의 이러한 독서와 강론을 통해서 이루어진 그의 공부가 무엇을 시향하고 있는지 그 한 단면을 보여주는 것이 바로 「공부차록(工夫箚錄)」[68]과 8개의 도(圖)[69]이다. 1601년(52세)에 저술한 「공부차록」은 무극(無極)과 태극(太極)에 관한 요점을 비롯하여 이(理), 심(心), 성(性), 정

68) 『樂齋集』, 卷6, 雜著, 「工夫箚錄」 참조.

69) '年譜' 에는 "著九圖爲常目存省之資"(『年譜』, 卷1)라고 하여 '9개의 도설' 로 기록되어 있지만, 「雜著」에서 확인해 보면 '8개의 도설' 로 구성되어 있다.

(情), 경(敬), 수양(修養) 등 성리학의 핵심적인 주제들을 선현의 학설에 기초해서 간략하게 기록하였다. 여기서는 삶의 자세와 관련된 몇 가지 항목만 살펴보자.

○ 일이 없을 때는 마음을 공허하게 두어서는 안 되며, 일이 있을 때는 마음을 어지럽게 해서는 안 된다〔無事時不敎心空, 有事時不敎心亂〕.
○ 하늘의 이치를 궁구하고 인륜을 밝히며, 성인의 말씀을 강론하고, 세상일에 두루 통한다〔窮天理, 明人倫, 講聖言, 通世故〕.
○ 몸을 닦고 이치를 궁구하며, 바름을 지켜 천명을 기다린다〔修身, 窮理, 守正, 俟命〕.
○ 예악은 잠시라도 몸을 떠나서는 안 된다〔禮樂不可斯須去身〕.
○ 사람이 하늘과 땅 사이에 태어나서 진실로 이 도를 들을 수 있으면 살아도 헛되이 산 것이 아니요, 죽어도 헛되이 죽은 것이 아니다〔人生天地間, 苟得聞此道, 生也不虛生, 死也不虛死〕.
○ 사람이 하늘과 땅 사이에 태어나서 진실로 이 도를 듣지 못한다면 살아도 억울하게 산 것이요, 죽어도 억울하게 죽는 것이다〔人生天地間, 苟不聞此道, 生也枉了生, 死也枉了死〕.

도설(圖說)은 유학의 기본 구조를 언제나 눈앞에 두고 자신의 존양 · 성찰의 자료로 삼고자 하는 것이다. 도설의 내용은 인도(仁圖), 구인도(求仁圖), 성기도(誠幾圖), 성경도(誠敬圖), 일신도(日新圖), 삼물도(三勿圖), 율려도(律呂圖), 간문자도(看文字圖)로 이루어져 있다.[70] 모당 손처눌이 지은 낙재의 「행록(行錄)」에 따르면, 낙재는 임진란 중에도 오직 『주자서절

70) 『樂齋集』, 卷6, 雜著, 「工夫箚錄」 참조.

요』를 행낭에 지니고 다녔으며, 또한 주희가 은거한 무이계곡(武夷溪谷)을 그린 「무이구곡도(武夷九曲圖)」를 집에 걸어 두는 것은 물론이고 작은 것을 만들어 가지고 다니기까지 하였다. 이것은 주자학에 대한 그의 깊은 관심을 엿보는 사례이다. 모당은 또한 낙재의 학문과 관련하여 '호학(好學)'이 큰 강령이고 '견고각려(堅苦刻勵)'가 '호학'의 조목이라고 규정하였다.[71]

낙재의 사회 활동을 살펴보면, 선조 때 학행(學行)으로 감역(監役) 등을 거쳐 1595년 청안현감(淸安縣監)에 부임하여 특히 문교의 진흥에 힘썼다. 이후 여러 관직에 임명되었으나 모두 응하지 않고 인재 양성에 각별히 힘썼다. 그는 주자서, 『심경』, 『소학』, 『퇴계집』 등의 저술을 강학 활동의 주교재로 사용하였는데, 특히 「학교모범(學校模範)」(1606년), 「선사정사학규(仙査精舍學規)」(1599년), 「정사약속(精舍約束)」(1607년) 등의 저술을 통해서 교육의 기본 틀을 확립하려고 노력했다.[72] 여러 성현의 격언을 모은 「학교모범」에서는 교육의 중요성을 강조하면서 학생이 반드시 익혀야 할 조목을 입지(立志)·검신(檢身)·독서(讀書) 등 16가지로 정리해서 제시하였으며, 「선사정사학규」에서는 학사의 제반 운영을 입학·복색(服色)·언행 등 수십 개의 항목으로 구분해 제시하였는데, 특히 입학을 사족(士族)과 서류(庶類)의 신분적 구분 없이 허용하고 있다. 임진란 때는 대구지역 최초의 의병장으로서 의병 활동에 적극적으로 참가하였다. 당시 의병의 모집을 위하여 지은 격문인 「초집향병문(招集鄕兵文)」과 그리고 의병들이 지켜야 할 조항 10가지를 제시한 「향병입약(鄕兵立約)」이 그의 문집(卷6, '雜著')에 전해지고 있다. 이 규약에는 양반과 천민의 구분 없이

71) 『慕堂集』, 卷5, 行錄, 「樂齋徐公行錄」(孫處訥). "好學二字, 乃公之大綱, 而堅苦刻勵, 亦公好學之條目也."

72) 『樂齋集』, 卷6, 雜著 참조.

부대를 편성하는 내용이 실려 있다. 또한 스승인 한강 정구가 『오선생예설분류(五先生禮說分類)』(1603)를 편찬할 때 직접 참여했으며, 달성 하동리(河東里)에서 '이사계약(里社契約)' 이라는 향례(鄕禮)를 시행하여 향촌사회의 안정과 교화에도 노력하였다.[73)]

낙재의 문중에서는 낙재 이외에도 그의 종제인 서사선(徐思選)[74)], 서사술(徐思述)[75)]과 족질(族姪)인 서시립(徐時立)[76)]이 한강의 문하생이다.

3) 모당(慕堂) 손처눌(孫處訥)의 사상과 삶

모당 손처눌(1553~1634)의 학업은 1566년 계동 전경창에게 배우면서 시작된다. 1571년에 처음으로 한강에게 인사를 드리게 된다. 이때 한강은 학문하는 방도를 제시하면서 "독서는 많이 하기를 바랄 것이 아니고 다만 정밀하고 익숙하기를 바라야 한다. 익숙하지 못하면 그 의리를 얻을 수 없고, 정밀하지 못하면 그 이치를 살필 수 없다."[77)]라고 말하였다. 그의

---

73) 고영진, 『조선시대 사상사를 어떻게 볼 것인가』, 풀빛, 1999, 386쪽 ; 『樂齋集』, 卷7, 「河東里社契約序」 참조.

74) 徐思選(1579~1651)은 자는 精甫이고, 호는 東皐이며, 본관은 達城이다. 어려서는 낙재에게서 배웠으며, 1595년에 한강을 배알하고 위학차제를 들었다. 경북 경산의 玉川祠에서 享祀하고 있다. 저술로는 『東皐集』이 전한다.

75) 徐思述(1556~?)의 자는 行可이고, 호는 樂山이며, 본관은 達城이다. '大邱鄕校儒生徐思述等' 의 이름으로 작성한 한강에 대한 祭文이 전해지고 있다.

76) 徐時立(1578~1665)의 자는 立之이고, 호는 全歸堂이며, 본관은 達城이다. 鄭逑의 문인으로 張顯光과 학문적으로 교유하였으며, 孝行으로 이름이 알려졌다. 대구 동구 도동의 百源書院에서 享祀하고 있다. 그의 저술로는 『全歸堂先生遺集』이 전해진다. 문집 첫머리에 나오는 「三省錄」은 임진란 때 저자의 할아버지가 1592년 4월 20일부터 1595년 9월 3일까지의 피난 생활을 기록한 것이며, 「手錄實記」는 임진란 때 그 자신의 이야기를 기록한 것으로 당시의 사회상을 파악할 수 있다.

77) 『慕堂集』, 卷6, 附錄, 「年譜上」, 辛未年(宣祖4年), 慕堂19歲. "讀書不要多, 只要精熟. 不熟則不能得其義, 不精則不能察其理."

주요한 강론 과정을 살펴보면, 1583년 인동(仁同)으로 가서 장현광과 함께 경학을 강론, 1585년에는 낙재 서사원과 『심경』을 강론, 1599년 봄에는 『근사록』을 강론, 9월에는 서사원과 함께 『주자서절요』를 강론, 1601년 5월에는 문인들과 새로 간행된 『퇴계집』을 강론, 1604년에는 『주자행장』과 『안씨가훈』을 강론, 1606년 3월에는 한강을 모시고 『심경』을 강론, 1612년에는 한강을 모시고 장현광과 함께 『근사록』과 『서명』에서 인(仁)을 논한 곳을 강론하였다. 이외에도 1613년(61세)에는 한강을 모시고 이기론(理氣論)을, 1614년(62세)에는 길천군(吉川君) 권반(權盼)과 더불어 「태극도(太極圖)」를, 문탄(聞灘) 손린(孫遴)과는 주자서(朱子書) 가운데 칠정(七情)의 '미발이발(未發已發)'에 대한 설을 강론했다. 그는 이러한 과정을 통해 성리학에 대한 이해를 심화할 수 있었다. 모당은 『퇴계선생문집』에 대해서 "이 책은 주자서(朱子書)와 매우 근사하니, 이제 그 시를 외우고 그 글을 읽음에 완연히 주자가 다시 일어난 것 같다."[78]라고 평하였다. 모당은 특히 여러 시를 통해서 유학 및 성리학과 관련된 자신의 뜻을 나타내기도 했는데,[79] 여기서 그의 '인간관'을 헤아려 볼 수 있는 '시' 한 수를 살펴보자.

천지 가운데 우리 인간이 가장 신령스러워,
만물 중 빼어난 참된 정기 받았구나.
그런데 어찌 많은 욕망에 얽매여,

---

78) 『慕堂集』, 卷6, 附錄, 「年譜上」, 辛丑年(宣祖34年), 慕堂49歲, '5月' 條. "與朱書甚相似, 今誦其詩讀其書, 宛然如朱夫子復起也."

79) 朱子가 언급한 대로 "시는 뜻이 나온 것이니, 마음에 있는 것이 뜻이 되고 말로 표현된 것이 시가 된다.(詩者, 志之所之. 在心爲志, 發言爲詩.)" 〔『性理大全』, 卷56, 學14, 「論詩」〕라고 한다면 詩야말로 내면에 깊게 잠재된 정신세계를 표현하는 한 방식으로 해석할 수 있다.

금수와 똑같은 길에서 일생을 골몰하는가?[80](「일생의 골몰」)

예학에 대한 모당의 관심도 적지 않았다. 1614년에는 『가례의절전서(家禮儀節傳書)』를 교정하였으며, 화재로 타버린 한강의 『오선생예설분류』를 다시 편찬하는 일에 참여했다.[81] 그는 한강에게 예와 관련된 여러 문목을 올렸으며, 1622년(70세)에는 『상제례찬(喪祭禮簒)』을 완성하였으나 화재로 일실되었다. 모당은 낙재에게 보낸 편지에서 예의 실천과 관련하여 "예를 베풀어야 할 곳에 베풀면 마음이 편하고 베풀지 않아야 할 곳에 베풀면 마음이 편치 않습니다."[82]라고 하였다. 그는 고례(古禮)의 실현을 강조하였는데, 제자〔禹達河〕가 찾아와서 "관례(冠禮)를 설날 치르고자 하는데, 잠행(暫行)[83]하는 것이 어떠하겠습니까?"라고 묻자, "잠행하는 예는 내가 배우지 않았네. 자네의 부친께 다시 여쭈어보고 만약 고관례(古冠禮)로 치르고자 한다면 자네가 다시 오게. 그때 홀기(笏記)를 써 주겠네. 합당하게 써야 할 사람과 합당하게 써야 할 물건에는 모두 수(數)가 있고, 또한 관례를 치르기 전에 계빈(戒賓) · 숙빈(宿賓)하는 절차가 있으니, 이처럼 소홀히 해서는 안 되네."라고 대답하였다.[84]

---

80) 『慕堂集』, 卷2, 詩, 「汩一生」. "天地中間我最靈, 秀于萬物禀眞精, 如何反受衆形役, 禽獸同歸汩一生."

81) 『慕堂集』, 卷7, 附錄, 「年譜下」, 甲寅年(光海君6年), 慕堂62歲, '4月' 條. "校正家禮儀節傳書. 與聞灘公講論朱書. 〔謁鄭先生, 陪入仙査參校禮說. 初鄭先生纂五先生禮說, 未及鋟梓而入於回祿之災. 至是火餘所存片片之紙, 先爲傳寫, 而所缺處以本册考類而充書之.〕" 참조.

82) 『慕堂集』, 卷4, 書, 「答徐行甫」. "凡禮施於所當施則心爲之安, 施於不當施則心亦不爲之安."

83) 정식으로 행하지 않고 임시변통으로 처리하는 것을 말함.

84) 『慕堂日記』, 壬子年(光海君4年), 慕堂60歲, '12月28日' 條. "參事冠事, 欲於元朝暫行之何如. 暫行之禮, 吾之未學也. 更稟渠大人, 若欲行古冠禮, 可再來作笏記. 與之合用之人, 合用之物, 皆有數, 亦有前期戒賓宿賓節次, 不可如是忽焉." 참조. 禹達何는 禹拜善의 아들이다. 禹拜善은 한미한 가문의 출신으로서 대구지역 유림 사회에서 존재감이 높지 않

모당은 국난을 당할 때마다 실천하는 지식인의 모습을 보여주었다. 임진란이 발생하자 의병장으로 활동하였으며, 1624년 이괄의 난 때에는 72세의 나이로 창의(倡義)하였고,[85] 심지어 1627년 정묘란 때에는 75세의 나이로 의병장에 임명되기도 하였다.[86] 모당은 특히 임진란이 끝난 이후에 교육을 통해 피폐해진 사회를 바로잡으려고 애썼다. 1599년 봄에 서실을 짓고 강학하기 시작하였으며, 작고하기 직전까지 문인들을 위한 강론을 멈추지 않았다. 『영모당통강제자록(永慕堂通講諸子錄)』에는 그의 문인 202명에 관한 기록이 남아있다. 1602년에는 연경서원을 중수(重修)하는 데 적극 참여하여 당사(堂舍)와 재실(齋室)을 직접 설계하는 등 일을 주도했으며, 1622년에는 한강이 연경서원에 배향될 때 '퇴계 선생께 드리는 고유문〔研經書院告退溪先生文〕' 과 '한강 선생의 봉안문〔研經書院寒岡先生奉安文〕' 을 지었다. 1611년에 정인홍이 오현종사(五賢從祀)와 관련하여 회재(晦齋)와 퇴계를 배척하자 그는 「부정척사통문(扶正斥邪通文)」을 지어 도내사림(道內士林)을 규합하였는데, 대구지역에서는 처음으로 대북(大北) 정권에 반대하는 입장을 분명히 하였다. 대북파(大北派)는 모당의 글이 한강의 사주로 이루어졌다고 생각하고서 한강을 비판하고 모당을 중학(中學)에서 제명한다.[87]

모당의 삶은 한 마디로 대구지역의 대표적인 향유(鄕儒)로서 자신의 역

았는데, 임진란을 통해 대구지역 주류 사림들과의 교유의 폭을 넓히게 된다. 그는 임신란 이후 자신의 아들 禹達海와 禹達河를 낙재와 모당의 문하에 보낸다.

85) 『慕堂日記』, 甲子年(仁祖2年), 慕堂72歲, '2月13日' 條. "罷齊後入府謁城主, 諭以倡義." 참조.

86) 『慕堂日記』, 丁卯年(仁祖5年), 慕堂75歲, '2月26日' 條. "城主連三致書, 諭以强起差定之文. 雖病義不可辭, 卽日入拜城主." 참조.

87) 『慕堂集』, 卷7, 附錄, 「行狀」(李羲發). "丙辰兇黨削先生名於中學. 愚伏貽書云, 斥邪扶正之文, 隱然有障瀾之功, 可知所養之正. 黔澗趙公竫爲書賀之曰, 中學之黜, 可賀不足唁." 참조.

할에 충실했다고 할 수 있다. 그는 1596년부터 1602년까지 향교의 문학관(文學官)을 지내면서 예교(禮教)의 진홍에 힘썼다. 향교(鄕校)의 향임(鄕任)을 비롯하여 서당(書堂)의 학사 관리 등 향촌사(鄕村事)에 매우 적극적으로 대응하였으며, 강신회(講信會)와 관혼상제(冠婚喪祭)의 모임 등에 부지런히 참석하였다. 그리고 향촌사회를 대표하여 관아(官衙)와 교섭하는 일도 마다하지 않을 만큼 열성적이었다.

모당은 마을 앞에 청호지(靑湖池)를 만들어 영농에도 힘썼는데, 이와 관련된 한 가지 흥미로운 일이 『문집』에 수록되어 있다. 직접 농사짓는 일과 관련해서 한강이 우려하는 편지를 보내자, 모당은 이에 대한 자신의 입장을 변호하는 편지를 한강에게 보냈다.[88] 또한 그는 1600년(48세) 정월 초하루부터 일기를 쓰기 시작하여 1629년까지 30년 동안 지속하였는데, 현재 『모당일기(慕堂日記)』라는 제목으로 7책이 전한다. 이것은 당시 대구지역 학술계의 상황과 유학자들의 삶을 파악하는데 대단히 중요한 자료로 평가된다.

모당의 문중에서는 그의 아우인 손처약(孫處約)[89]과 종숙(從叔)[90]인 손린(孫遴)이 한강의 문인이다.

---

88) 『慕堂集』, 卷4, 書, 「上寒岡先生」(두 번째 편지). "前下辱覆書, 治圃之盛, 奉讀再三, 驚汗浹背. 前此書疏, 無慮百牋, 一無拈出誨責之端, 而於今幸因物垂警, 使其因此而自悟其顯然之過尤, 此其察識於眉睫之間者雅矣. 先生盛德, 處訥爲所包容者久矣. …… 處訥自少貧賤, 家徒四壁, 不得已躬稼力田, 艱難辛苦. 爲諸友所憐, 或稱以朝耕夜讀, 而亡友徐行甫一日書以戲之, 處訥以周公明農大禹躬稼復之." 참조.

89) 孫處約(1556~1618)의 자는 希魯이고, 호는 五梅亭이다. 형인 모당과 함께 한강의 문하에서 공부하였다. 효행으로 鄕黨의 추앙을 받았다.

90) 孫遴(1566~1628)의 자는 季進, 호는 聞灘이다. 어려서부터 한강에게서 배웠으며, 특히 從姪인 모당과 서로 切磋琢磨하였다. 1611년(광해군 3년) 회재와 퇴계의 文廟從祀를 반대한 鄭仁弘을 비판하였다. 1627년(인조 5년) 정묘호란 때는 의병장으로 활약하였다. 대구의 鳳巖祠(鳳山書院)에 제향되었다. 저술로는 『聞灘集』이 전해진다.

4) 대구지역의 기타 한강 문인들

한강의 문인 중에는 상호 간에 친족 관계인 사람들이 적지 않다. 부자(父子)나 형제가 함께 문인인 경우도 있고, 숙질이나 종형제, 재종 등의 경우까지 고려하면 한강의 문인들은 거의 지연과 혈연 등으로 이중 · 삼중의 관계가 있는 사회집단을 구성하고 있으며, 이러한 지연 · 혈연의 바탕과 그리고 한강과의 학연을 통해 이들의 유대는 더욱 공고해졌다고 할 수 있다.[91]

○송원기(宋遠器, 1548~1615) : 자는 학무(學懋), 호는 아헌(啞軒)이다. 어려서 증조부인 송희규(宋希奎)의 문하에서 수학하였고, 장성해서는 한강과 여헌의 문하에서 낙재 서사원, 괴헌 곽재겸과 더불어 교유하였다. 그는 가장 오랫동안 한강을 종유(從遊)한 인물이다. 임진란이 일어나자 곡식 700두를 모아 병진(兵陣)에 보냈는데, 이 일로 선무원종공신(宣武原從功臣)에 책록되었다. 임금에게 육강소(六綱疏)를 상소하였는데 이를 받아들이지 않자, 병을 핑계로 낙향(落鄕)하여 자신의 호를 '벙어리' 라는 뜻의 '아헌(啞軒)' 이라고 짓고 반평생을 고향에서 조용히 은거하였다. 저술로는 『아헌집(啞軒集)』이 있다.

○정광천(鄭光天, 1553~1594) : 자는 자회(子晦), 호는 낙애(洛涯) 또는 송파(松坡)이다. 본관은 동래이다. 그는 『소학』을 몸가짐의 요체로 삼았으며, 임진란 때 부친인 임하(林下) 정사철(鄭師哲)[92]과 함께 의

---

91) 권연웅, 「『檜淵及門諸賢錄』小考」(『한국의 철학』, 13호, 경북대학교 퇴계연구소, 1985), 96~97 참조.

92) 鄭師哲(1530~1593)의 본관은 東萊이고, 자는 季明이며, 호는 林下이다. 한강과 交遊

병 활동을 하였다. 한강을 따라서 강학에 힘썼는데, 효성이 지극하여 당시 사람들이 공자의 제자인 증자(曾子)와 민자건(閔子騫)에 비견하였다. 부친과 함께 대구의 금암서원(琴巖書院)에 제향되었다. 저술로는 『낙애집(洛涯集)』이 있다.

○ 이주(李輈, 1556~1604) : 자는 경임(景任), 호는 태암(苔巖) 또는 육휴당(六休堂)이고, 본관은 인천이다. 계동 전경창에게서 배웠으며, 1589년 여름 무흘정사에서 한강을 만나 「서명(西銘)」에 나오는 '민오동포(民吾同胞)' 의 뜻을 강론하였는데, 한강이 칭찬을 아끼지 않았다. 정경세(鄭經世) 등과 교유하고 성리학을 연구했으며, 임진란이 일어나자 곽재겸, 서사원, 손처눌, 채몽연 등과 함께 창의병을 모집하고 군량미를 조달하였으며, 초유사 김성일의 소모관(召募官)으로 활동하였다. 1603년에 곽재겸과 함께 경전을 연구하는 연당(蓮堂)을 짓고 대구지역의 선비들과 더불어 학문을 강론하였다. 대구의 서계서원(西溪書院)에 제향되었다. 저술로는 『태암집(苔巖集)』이 있다.

○ 채몽연(蔡夢硯, 1561~1638) : 자는 정응(靜應), 호는 투암(投巖)이고, 본관은 인천이다. 일찍이 한강의 문하에 나아가서 성리학에 대하여 듣고는 한결같은 자세로 강마(講磨)하였으므로 한강이 그 향학(向學)의 정성을 인정하였다. 옛 성현의 풍모가 있었으며, 한강이 작고하자 소식(素食) · 소의(素衣)로 지내면서 3년간 심상(心喪)을 치렀다. 경북 칠곡의 소암서원(嘯巖書院)에 제향되었다. 저술로는 『투암집(投巖集)』이 있다.

하던 사이였다. 임진란이 일어나자 의병을 모집하여 관군을 지원하였다. 문집에 『林下集』이 있으며, 대구의 琴巖書院에 제향되었다.

○ 채선수(蔡先修, 1568~1634) : 자는 경중(敬仲), 호는 달서재(達西齋)이고, 본관은 인천이다. 채응린(蔡應麟)의 종질(從姪)이다. 그는 본성이 영민하고 효우(孝友)가 지극하였다. 한강 문하에서 공부하면서 이치를 닦는 것이 더욱 정밀하고, 나아가서 공부하는 것이 깊고 독실하여 한강이 자주 칭찬하였다. 대구의 서산서원(西山書院)에 제향되었다. 저술로는 『달서재집(達西齋集)』이 있다.

○ 류시번(柳時藩, 1569~1616) : 자는 위중(衛仲), 호는 사월당(沙月堂)이다. 팔공산 창의유사(倡義儒士)인 류요신(柳堯臣)의 아들이다. 도를 구하는 마음으로 한강에게 나아가서 배웠다. 기질이 순수하고 견식이 탁월했으며, 도의를 강마하고 위기지학(爲己之學)에 전심하였다. 또한 효행이 지극하였다. 모당 손처눌의 문인이기도 하다. 손처눌이 제향된 대구의 청호서원(青湖書院)에 배향되었다. 저술로는 『사월당선생유집(沙月堂先生遺集)』이 있다.

○ 채선길(蔡先吉, 1569~1646) : 자는 중길(仲吉), 호는 금탄(琴灘)이고, 본관은 인천이다. 채응린의 아들이다. 1587년에 한강에게 나아가서 배우니, 한강이 각별히 여겨서 『심경』 읽기를 권했으며, 이로부터 왕래하면서 강마(講磨)하고 질정(質正)하였다. 저술로는 『금탄집(琴灘集)』이 있다.

○ 배경가(裵褧可, 1570~1650) : 자는 장보(章甫), 호는 달천(達川)이고, 본관은 성산(星山)이다. 낙재, 모당, 여헌의 문하에서 가르침을 받았으며 당시 학자들로부터 인정을 받았다. 낙재 서사원이 창의할 때 그를 중군장(中軍將)으로 삼으려 했으나, 피란 중이던 노부모의 봉양으

로 인해 곡진하게 사양하였다.

○ 도성유(都聖兪, 1571~1649) : 자는 정언(廷彦), 호는 양직당(養直堂)이고, 본관은 성주이다. 상세한 내용은 이 책, 제3장 「성주도씨(星州都氏) 문중의 성리학자들과 대구지역 성리학」을 참고할 것.

○ 정수(鄭錘, 1573~1612)[93] : 자는 평보(平甫), 호는 양졸재(養拙齋)이고, 본관은 동래(東萊)이다. 정기(鄭錡)와 같은 집안이다. 13세에 이천배(李天培)의 문하에 나아갔으며, 18세에 향시에 급제하고 이 해에 관례를 행하였는데 낙재 서사원이 빈(賓)이 되어 자(字)를 지어주었다. 그 후 한강의 문하에 나아가 성리학에 대한 가르침을 받았는데, 한강의 처소인 백매원(百梅園) 근처 신당(新塘)에 우거하였다. 부지런하고 일을 잘 처리하였기에 사문(斯文)에 일이 있으면 한강이 반드시 그에게 일을 맡겼다고 한다. 한강이 직접 중매하여 이승(李承)의 딸과 결혼을 했을 만큼 사랑과 인정을 얻었으나, 스승보다 일찍 세상을 떠나게 되어 많은 안타까움을 받았다. 그래서 손처눌은 정수의 부음을 듣고 "온후한 모습과 배움을 좋아하던 정성은 그와 짝할 이가 드물어 기대가 작지 않았다."[94]라고 평하였다. 평소 주돈이(周敦頤)의 글인 「졸부(拙賦)」를 좋아하여 재실의 이름을 양졸(養拙)이라 하였고, 그곳에서 안빈낙도(安貧樂道)의 삶을 영위하였다. 오양사(梧陽祠)에 제향되었으며, 『양졸재실기(養拙齋實紀)』가 있다.

---

93) 鄭錘의 이름 '錘'는 본음이 '추'이나, '드리울 수'〔垂〕와 同字로서 '수'로 발음하기도 한다. 문중에서는 전통적으로 '수'로 발음한다는 후손들의 증언에 따라 여기서는 '수'로 표기하였다.

94) 『慕堂日記』, 壬子年(光海君4年), 慕堂60歲, '10月24日' 條. "聞鄭錘凶音. 溫厚之容, 好學之誠, 罕見其倫, 期徒不淺, 可惜." 참조.

○ 도여유(都汝兪, 1574~1640) : 자는 해중(諧仲), 호는 서재(鋤齋)이고, 본관은 성주이다. 상세한 내용은 이 책, 제3장 「성주도씨(星州都氏) 문중의 성리학자들과 대구지역 성리학」을 참고할 것.

○ 도응유(都應兪, 1574~1639) : 자는 해보(諧甫), 호는 취애(翠厓)이고, 본관은 성주이다. 상세한 내용은 이 책, 제3장 「성주도씨(星州都氏) 문중의 성리학자들과 대구지역 성리학」을 참고할 것.

○ 정기(鄭錡, 1574~1642) : 자는 정보(靖甫), 호는 금재(琴齋)이고, 본관은 동래(東萊)이다. 정광천의 아들이다. 일찍이 한강으로부터 가르침을 받았는데, 예서(禮書) 등의 책을 깊게 궁구하고 항상 곁에 두고 보았다. 낙재 서사원의 문인이기도 하다. 한강이 "효자 가문에 또 효자가 있구나."라고 칭찬하였다. 평생토록 출사하지 않고 대구 향리(鄉里)에 은거하였다. 저술로는 『금재일고(琴齋逸稿)』가 있다.

○ 채선견(蔡先見, 1574~1644) : 자는 명보(明甫), 호는 양전헌(兩傳軒)이고, 본관은 인천이다. 채응린(蔡應麟)[95]의 아들이다. 한강 정구와 지산(芝山) 조호익(曺好益)의 양 문하에서 가르침을 받았기 때문에 스스로 호를 '양전헌'이라고 하였다. 한강의 문하에서 학문으로 이름이 높았다. 이이첨(李爾瞻) 등이 모후(母后)를 유폐시키는 일을 벌이자 영남 유생들과 함께 이이첨을 참수하기를 청하는 상소를 직접 작성하여 올렸고, 인조반정 후에는 오적(五賊)을 참수하길 청하는 소

95) 蔡應麟(1529~1584)의 자는 君瑞이고, 호는 松潭 또는 灘隱이다. 1555년 式年試에 장원을 하였으나, 乙巳士禍 이후 과거에 뜻을 접고 금호강 인근에 정자를 짓고 은거하였다. 寒岡을 師友로 대하였다. 대구의 西山書院, 柳湖書院에 제향되었다.

를 지어 올려서 허락을 받았다. 1624년(인조 2년) 이괄(李适)의 난이 일어나자 의병을 일으키기도 하였다. 향내(鄕內)의 명사인 손처눌, 도신수(都愼修), 정극후(鄭克後), 최동집(崔東集) 등과 학문을 강론하면서 말년을 보냈다. 대구의 서산서원(西山書院)에 제향되었다. 저술로는 『양전헌집(兩傳軒集)』이 있다.

○채선근(蔡先謹, 1576~1615) : 자는 택중(擇仲), 호는 대곡(大谷)이고, 본관은 인천이다. 채응린의 아들이다. 그는 손처눌의 동생인 손처약과 함께 한강의 문하에 나아가서 경전의 난해한 부분에 대해 질의하였다. 문장과 시부에 능하여 사우(士友)가 존중하였다. 임진란 때는 중형인 금탄 채선길, 괴헌 곽재겸 등과 함께 팔공산(八公山)에서 창의하였다. 1613년 연경서원(研經書院)을 수축(修築)하고 학규(學規)를 다시 밝혔으며, 서사원, 손처눌, 이윤우(李潤雨), 도여유(都汝兪), 이천봉(李天封) 등과 강마하여 자질을 더욱 높였다.

○도언유(都彦兪, 1579~1623) : 자는 강보(康甫), 호는 일암(逸庵)이고, 본관은 성주이다. 상세한 내용은 이 책, 제3장 「성주도씨(星州都氏) 문중의 성리학자들과 대구지역 성리학」을 참고할 것.

○최동립(崔東岦, 1583~1660) : 자는 탁보(卓甫)이고, 본관은 경주이다. 최계(崔誡)의 중형인 최인(崔認)의 아들이며, 최동집과 최동률 형제의 종형이다. 임진란 직후 낙재의 문하에 나아가 수업했으며, 1611년(광해군 3년)에는 종제 최동률과 함께 회재와 퇴계 두 선생을 위한 변무소회(辨誣疏會)에 참석하였고, 1612년에는 부친의 명에 따라 최동률과 함께 한강의 문하에 나아갔다. 그리고 1621년에는 학봉 김성

일의 손자인 김시추(金是樞), 채선견(蔡先見)과 함께 정극후(鄭克後)를 만나 이이첨(李爾瞻)을 참수(斬首)하고 암울한 정치를 바로잡을 것을 요구하는 상소에 대해 의논하였다.

○ 최동률(崔東嵂, 1585~1622) : 자는 진백(鎭伯), 호는 다천(茶川)이고, 본관은 경주이다. 최계(崔誡)의 맏아들이며, 최동집의 형이다. 아우 최동집과 함께 일찍부터 재주가 널리 알려졌다. 1612년에 부친의 명에 따라 한강의 문하에서 수업하여 견식이 날로 높아지니 온 고을이 추앙하고 감복하지 않는 이가 없었다고 한다. 광해군 때 정치가 혼란스러워지자 다시는 진취에 뜻을 두지 않고 수정독학(守靜篤學)하였다. 1611년(광해군 3년)에는 종형 최동립과 더불어 회재와 퇴계 두 선생을 위한 변무소회(辨誣疏會)에 참석하였다. 저술로는 『다천실기(茶川實記)』가 있다.

○ 최동집(崔東集, 1586~1661) : 자는 진중(鎭仲), 호는 대암(臺巖)이고, 본관은 경주이다. 최계(崔誡)의 둘째 아들이다. 부인 여강이씨(驪江李氏)는 회재 이언적의 증손녀이다. 최동집은 일찍이 한강 문하에서 공부하면서 학문을 하는 요점을 들었다. 당대의 여러 명유들과 도의로써 교유하였다. 성인의 글이 아니면 더불어 강마하지 않았으며, 위기지학(爲己之學)이 돈독하였고 마음 씀이 주밀하였다. 명나라가 망하자 팔공산에 들어가 은거하였다. 그는 칠계(漆溪, 옻골)에 입향한 분파조로서, '무인 가풍에서 문인 가풍으로 바꾸라' 는 아버지 최계(崔誡)의 유명(遺命)을 잘 지켰다. 그의 후손 중에서 가학을 이어받아 대구를 비롯한 경상도 일대의 유학계에 큰 영향을 끼친 인물이 바로 5세손인 백불암(百弗庵) 최흥원(崔興遠, 1705~1786)이다. 최동집의

저술로는 『대암집(臺巖集)』이 있다.

○ 박종우(朴宗祐, 1587~1654) : 자는 군석(君錫), 호는 도곡(陶谷)이고, 본관은 순천이다. 박팽년의 후손이다. 한강에게 배우러 나가서 상례(喪禮)에 대해 질문하였다. 『사빈록(泗濱錄)』에는 "기미년(1619년)에 공이 와서 선생을 알현했다."라고 기록되어 있다. 상제례(喪祭禮)에 대한 문목(問目) 3개조가 『한강전서(寒岡全書)』에 기록되어 있다. 1636년(인조14년) 병자호란이 일어났을 때는 90세 된 양친 때문에 출전하지 못하고 관찰사 심연(沈演)에게 적병을 물리칠 계책 10조를 건의하였다. 항복 소식을 듣고 북향하여 통곡하고는 평생 쓴 초고(草稿)를 태워버렸다. 그 후 숭정처사(崇禎處士)를 자처하며 평생 산림에 은거하였다. 저술로는 『도곡집(陶谷集)』이 있으며, 사육신(死六臣)의 사적을 기록한 『병자록(丙子錄)』을 편집했다.

○ 채무(蔡楙, 1588~1670) : 자는 자후(子後), 호는 백포(栢浦)이다. 채몽연의 아들이다. 가학을 이어받았으며, 한강의 문하를 출입하여 위기지학(爲己之學)의 방법을 배울 수 있었다. 1636년 병자호란 때 의병활동을 하였다. 낙재 서사원의 문인이기도 하고, 만년에 낙향하여 김응조(金應祖)와 교유하였다. 경북 칠곡의 소암서원에 제향되었다. 저술로는 『백포집(栢浦集)』이 있다.

○ 도경유(都慶兪, 1596~1637) : 자는 내보(來甫), 호는 낙음(洛陰)이고, 본관은 성주이다. 상세한 내용은 이 책, 제3장 「성주도씨(星州都氏) 문중의 성리학자들과 대구지역 성리학」을 참고할 것.

○ 정천주(鄭天澍, 1596~1661) : 자는 백화(伯和), 호는 경한재(景寒齋)이고, 본관은 인천이다. 정수의 맏아들이며, 어린 시절부터 한강의 문하에서 수학하였다. 1617년 동래온천 욕행(浴行) 때 한강을 수행하였으며, 당시 쓴 일기가 남아 있다. 약관의 나이에 스승이 돌아가시자 그 가르침을 착실히 지키고 효제(孝悌)의 도리를 돈독히 행하였으며, 산림처사로 살았다. 한강이 강학했던 터전에 스승 한강을 경모한다는 뜻으로 '경한재(景寒齋)'를 짓고 그곳에 은거하면서 학문을 연찬하였다.

○ 도신수(都愼修, 1598~1650) : 자는 영숙(永叔), 호는 지암(止巖)이고, 본관은 성주이다. 상세한 내용은 이 책, 제3장 「성주도씨(星州都氏) 문중의 성리학자들과 대구지역 성리학」을 참고할 것.

○ 도신휘(都愼徽, 1598~1648) : 자는 미오(美五), 호는 서호(西湖)이고, 본관은 성주이다. 상세한 내용은 이 책, 제3장 「성주도씨(星州都氏) 문중의 성리학자들과 대구지역 성리학」을 참고할 것.

3. 한강 정구와 조선 중기 대구권 성리학의 연계성

조선 중기 대구권의 성리학 전파에 공이 있는 인물을 먼저 거론한다면 김종직(金宗直)의 제자이자 조광조(趙光祖)의 스승인 한훤당(寒暄堂) 김굉필(金宏弼)을 언급하지 않을 수 없다. 그는 서울에서 태어났지만 경북 성주에 세거하는 집안에 장가를 들면서 이 지역과 인연을 맺게 되며, 그 후손들은 이후 달성군 현풍 지역에 뿌리를 내리게 된다.[96] 한강 정구는 바로 그의 외증손이기도 하다. 한훤당의 '수기(修己)' 중심의 성리학적 경향이 이후 조선 성리학에 깊은 영향을 끼친 것은 널리 알려진 사실이다. 이후 16세기 중반 대구권의 성리학적 지형도를 말한다면, 일반적으로는 퇴계학맥과의 연관성이 먼저 거론될 수 있다. 예컨대 유교사회에서 사회적 지위의 척도로서 그 중요성이 인정되는 서원제향(書院祭享)과 관련해 살펴본다면, 대구에는 1564년(명종19년)에 이 지역의 학풍을 진작시키기 위하여 이황의 문인인 이숙량(李叔樑)[97]이 주도하여 연경서원(硏經書院)[98]을 최초로 건립하였다. 이곳에서는 퇴계 이황[99]을 제향하였으며, 그 후에는 퇴계의 제자 또는 재전(再傳)제자를 배향하였다. 이렇게 표면적으로만 본다면 조선 중기 대구의 성리학계는 분명 퇴계학파의 계열에 속한다고 볼 수 있다. 그러나 한 걸음 더 들어가 보면, 대구는 남진(南進)하는 퇴계의 학문과 동진(東進)하는 남명의 학문이 만나는 곳, 심지어는 기호학계의 학술에 대한 관심도 가지고 있었던 개방적인 지역이라 할 수 있다. 이러한 조선 중기 대구권 성리학계의 흐름에 결정적인 영향을 끼친 인물이 바로 한강 정구이다.

본 장에서는 한강 정구의 학문 체계와 삶이 조선 중기인 당시 대구권

96) 달성군 구지면 도동리에는 대원군의 서원 훼철에서도 제외된 47개 서원 중 하나이자 김굉필을 제향하고 있는 道東書院이 있으며, 서원 뒤편에는 김굉필의 유택이 있다. 한강도 도동서원에 배향되었다.

97) 李叔樑(1519~1592)의 자는 大用이고, 호는 梅巖이다. 퇴계의 문인으로 성리학의 연구에 전념한 인물이다. 저술로는 『梅巖集』이 있다.

98) 현재 대구광역시 동구 지묘동에 터만 남아 있다.

99) 퇴계 이황과 직접적인 관계가 있는 대구의 유적으로는 孤山書堂(대구광역시 수성구 城洞 산 22번지)이 있다. 고산서당이 언제 세워졌는가는 정확히 알 수 없으나 퇴계 이황과 우복 정경세가 이곳에서 강론했다는 것으로 보아 1500년대에 이미 건립되었던 것으로 추정된다. 그리고 고산이란 이름은 퇴계 선생이 지었다고 한다. 조선 명종 때에 지방 유생들과 尹希廉이 재실을 짓고 이황에게 齋號를 청하여 齋는 孤山으로, 門은 求道라고 한 친필을 받았다는 것이다. 당시 구도라고 쓴 편액은 지금도 남아 있다.

지역의 성리학계에 끼친 영향을 검토하고자 한다. 즉 이 부분에서는 한강 문인들의 사상과 삶이 성리학 일반을 포함한 학문적 연원, 심학사상과 예학사상, 사회적 실천 등의 분야와 관련해서 스승과 어떻게 연계되었고 어떤 영향을 받았는지를 살펴보고자 한다.

1) 학문적 연원

16세기 중반의 대구권 성리학과 관련해서 주목해야 할 인물은 계동(溪東) 전경창(全慶昌)이다. 퇴계의 문인이자 한강의 벗인 전경창은 한강의 초기 문인들에게 많은 영향을 끼쳤다. 곽재겸, 서사원, 손처눌 등은 한강을 만나기 이전에 모두 전경창의 문하에 나아가 학업을 연찬하였다. 이러한 사실은 남명보다 퇴계의 학문적 영향력이 대구에 한발 앞선 것을 의미한다. 그러나 17세기 초엽까지만 해도 대구의 성리학계는 퇴계와 남명의 학문적 결실을 다 함께 받아들였으며, 퇴계학파보다 남명학파의 영향이 오히려 강하게 작동한 측면이 있다.

앞에서 살펴본 바와 같이 한강의 학문과 삶의 태도는 퇴계와 남명을 종합한 것이며, 이것은 또한 낙동강 서쪽 지역인 성주와 고령지역의 학풍으로도 평가할 수 있다. 한강 정구와 함께 성주의 김우굉(金宇宏, 1524~1590), 김우옹(金宇顒, 1540~1603) 형제와 현풍의 배신(裵紳, 1520~1573), 고령의 김면(金沔, 1541~1592) 등이 이러한 무리에 속한다. 한강의 초기 제자들도 퇴계의 문인들뿐만 아니라, 남명의 문인들로부터도 가르침을 받았다. 이것은 당시 대구권 성리학계의 자유로운 학술 풍토를 보여주는 것이기도 하지만, 다른 각도에서 보면 이때까지만 해도 주로 퇴계학파로 이루어진 남인(南人)과 남명학파로 이루어진 북인(北人)의 정치적 이해관계가 별달리 충돌하지 않았기 때문이기도 하다. 그러나 이러한 경향은 곧 선조 말에서부터 광해군 집권에 걸쳐 전개된 정치적 격변기에서 남인과 북인의 당파적 대립이 격화하면서 변화하기 시작했고, 마침내 선택의 갈림길에서 대구권의 성리학계는 점차 퇴계의 학맥 쪽으로 집결하게 되었다. 1603년(선조 36년)에 일어난 한강 정구와 내암 정인홍의 절교는 이러한 정치적 상황에 연계된 개인사적 측면의 사건으로 볼 수 있다. 한강의 초기 문인들인 곽재겸, 서사원의 입장과 손처눌 및 그 이후 제자들의 정인홍에 대한 태도가 미묘한 차이를 보여주고 있는 것은 이러한 문제와 관련하여 시사하는 바가 크다.

한강 문인들의 학문 경향과 관련하여 한 가지 지적할 점은, 성리학에 대하여 일정 수준의 이해를 갖추고 있었을 것인데도 그와 관련되는 전문적인 저술을 찾아보기 힘들다는 점이다. 이 점은 한강도 마찬가지이다. 물론 1614년(72세)에 일어난 노곡정사(蘆谷精舍)의 화재로 한강의 많은 저술이 불타버린 탓도 있겠지만, 전해지는 저술 목록을 살펴보더라도 성리학 중에서 특히 이기론(理氣論) 등 형이상학적 논변에 관한 내용은 크게 주목되지 않는다.[100] 그 이유는 곧 이기심성론 등과 관련하여 퇴계가 성취한 거대한 학문적 성과로 인해 더 이상의 부연 설명이나 보충할 필요성을 느끼지 못했기 때문인 것으로 추측한다.[101] 또 다른 이유를 생각해본다면, 임진란 등의 전란과 그로 인한 후유증 때문에 이 방면에 적극적인 관심을 가질만한 개인적 · 사회적 조건이 제대로 갖추어지지 않았기 때문

100) 한강의 성리학 방면의 저술 목록은 다음과 같으며, 괄호 안의 숫자는 저술 당시의 나이를 말한다. : 1. 『改定朱子書節要總目』(31세) 2. 『中和集說』(56세) 3. 『聖賢風範』(59세) 4. 『心經發揮』(61세) 5. 『洙泗言仁錄』(62세) 6. 『濂洛羹墻錄』(62세) 7. 『谷山洞庵志』(62세) 〔이우성, 『寒岡全書』, 卷上, '解題' 참조〕

101) 이러한 당시의 사상적 풍토와 관련해 볼 때 독자적인 '道一元論的 性理說' 을 전개한 칠곡 출신인 여헌 장현광(1554~1637)의 사상사적 업적은 더욱 돋보이는 것으로 평가할 수 있다.

일 것으로 보인다. 그 대신, 개인적 차원의 수양과 관련이 깊은 '심학' 과 사회적 차원의 교화 및 질서유지와 관련되는 '예학' 등 이른바 성리학적 실천 학문의 방면에 대한 관심과 천착은 상대적으로 활발한 편이었다.

2) 심학사상과 예학사상

한강 문인들의 학문 강마 과정에서 심학과 관련된 공부는 필수적이었으며, 이 점은 대구지역이라고 해서 예외는 아니었다. 『심경』을 중심으로 하는 심학 공부를 강조한 퇴계의 학문적 영향력은 이 점에서 더욱 두드러져 보인다. 앞 장에서 살펴본 바와 같이 심학의 필독서인 『심경』에 대한 개인적 연구 혹은 집단적 강학의 사례는 한강의 문인이라면 누구에게서나 쉽사리 확인해볼 수 있다. 심학과 관련된 공부는 『심경』 뿐만 아니라 『소학』, 『근사록』, 『중용』에서 시작하여 퇴계서나 주자학 관련 저술 등과도 광범위하게 연계되어 있다. 이것은 '수기(修己)' 라는 유학의 강령을 생각한다면 한편으로는 주자학의, 더 나아가서는 유학 일반의 관점에서 볼 때 자연스러운 현상으로 볼 수 있으나, 퇴계학파 혹은 남인이라는 특정 집단에게서 더욱 두드러져 보이는 것은 정치적 상황과도 밀접한 관계가 있는 것으로 해석할 수 있다. 즉 당시 상황에서 정치적 주도권의 점진적인 상실을 성리학적 도덕성의 우위 확보라는 측면으로 보상받고자 하는 심리가 집단적으로 작동된 것일 수도 있다.[102]

그러나 이러한 해석보다는 임진란 등 극한적인 상황을 겪고 난 후 인간

102) 이와 상반되는 해석도 가능하다. 즉 영남 남인 계열의 內省 위주의 성리학 공부가 현실 정치와 관련된 적극적인 사회 참여 의식을 저하시키면서 점차 현실 정치에서의 영향력이 약화되었다고도 볼 수 있다. 한강의 대구권 문인들에서 나타나는 科擧에 대한 소극적인 태도를 자기변명으로만 받아들이지 않는다면 이러한 해석의 증거가 될 수 있을 것이다.

의 본성에 대한 새로운 반성의 결과로서 수양론이 강조되었으며, 그 과정에서 자연스럽게 『심경』을 중심으로 하는 심학 공부의 필요성과 중요성이 강조되었다고 보는 것이 좀 더 적절할 것이다. 영남지역, 특히 대구지역은 군사적 요충지로서 임진란 동안 다른 어느 지역보다 전쟁의 비극이 크고 오래도록 지속되었다는 점을 고려할 필요가 있다. 이와 관련해서 1601년에 쓰인 서사원의 「공부차록(工夫箚錄)」은 충분히 주목할 만하다.[103] 여기에는 인간 본성에 대한 기존의 여러 견해와 관련된 간략한 기록들이 수록되어 있다.

한강은 한국사상사의 예학 분야에서 결코 소홀히 취급받을 수 없는 학자이다. 그가 생애 후반기까지 가장 심혈을 기울인 것이 바로 이 분야이다. 31세 때 이루어진 『가례집람보주(家禮集覽補註)』가 예학에 대한 그의 관심이 얼마나 일찍 이루어졌는지를 보여준다면, 61세 때 이루어졌으나 72세 때의 화재로 타버린 후 고쳐서 편찬한 『오선생예설분류(五先生禮說分類)』와 73세 때의 『예기상례분류(禮記喪禮分類)』, 75세 때의 『오복연혁도(五服沿革圖)』는 한강이 평생토록 몰두한 분야가 예학이었음을 단적으로 입증해주는 증거들이다. 또한 그는 기호학파의 대표적 예학자인 김장생(金長生)과도 편지를 통하여 예와 관련된 여러 문제를 논하였으며[104], 예와 관련된 조정의 질의에 대해서도 답한 바가 있다.[105]

이러한 예서(禮書)의 편찬 작업에는 그의 제자들도 적극적으로 참여하였다.[106] 손처눌은 화재로 타버린 『오선생예설분류』의 편찬 작업에 참여

103) 『樂齋集』, 卷6, 雜著, 「工夫箚錄」 참조.

104) 『寒岡集』, 卷3, 書, 「答金希元長生(別紙)」 참조.

105) 『寒岡集』, 卷3, 書, 「答禮曹判書 · 禮曹啓目修改草」 참조.

106) 한강의 예학에 관련된 저술의 편찬 작업에 가장 공이 큰 제자는 아마도 칠곡 출신인 石潭 李潤雨(1569~1634)일 것이다. 그의 저술인 『石潭集』을 살펴보면 이 점이 분명히 드러난다. 卷2의 書는 대부분 鄭逑 · 崔季昇 · 權靜甫 · 孫幾道 등에게 보낸 것으

하여 교정하는 일을 주도하였으며, 또한 그 자신이 직접 『예찬(禮纂)』 2책을 저술하였으나 화재를 당해서 전해지지 않는다. 도응유 역시 『오선생예설분류』의 편찬 작업에 참여하였는데, 그는 예서(隷書)를 잘 썼기 때문에 한강은 책의 편집을 그에게 맡겼다. 또한 서사원의 경우에도 예와 관련된 문제에 대하여 문인들의 물음에 답하는 편지 등이 그의 문집에 실려 있는 것으로 보아 각별한 관심을 가진 듯하다. 한강의 제자 중에서도 대구지역의 성주도씨(星州都氏) 문중의 인물들은 특히 예학에 많은 관심을 가졌다. 뒷날 '예송(禮訟)'과 관련된 주요한 인물 중 한 사람[107]이 성주도씨 가문에서 배출되었으니, 바로 도신징(都愼徵, 1611~1678)이다. 그는 성리학을 깊이 연구하였으며, 예제(禮制)에 밝았다. 1674년(현종15년) 효종의 비인 인선왕후(仁宣王后)의 상에 인조의 계비인 자의대비(慈懿大妃)가 입어야 할 상복을 둘러싸고 논란이 일어나 대공복(大功服)을 입어야 한다는 쪽으로 의견이 기울어지자, 도신징은 영남 남인들과 더불어 유생의 신분으로 소(疏)를 올려 기년설(朞年說)을 주장함으로써 서인 일파를 축출하는 계기를 마련하였다. 이처럼 대구지역에서 예학에 대한 이해와 실천이 이루어지는 데 결정적인 역할을 한 인물이 바로 한강 정구이다.

로, 주로 『五服沿革圖』를 완성하기 위한 자료로 쓰기 위한 것과 『家禮』 및 諸家의 예설 가운데에서 이해하기 곤란한 것 등을 문답한 내용으로 이루어져 있는데, 조선 중기 禮學 연구를 위한 좋은 자료이다. 저자가 예학에 밝았던 만큼 저술의 다른 부분에도 禮에 관한 내용들이 많다. 편지의 내용 중 많은 부분이 예학과 관련된 것들이고, 「五先生禮說跋」, 「五服沿革圖跋」 등은 정구가 지은 책에 발문으로 사용하기 위해 쓴 것이다.

107) 그 인물이 바로 都汝兪의 아들이자 都愼修의 아우인 都愼徵이다. 도신징의 자는 休叔, 호는 竹軒이다. 성리학을 깊이 연구하였으며, 禮制에 밝았다. 1674년(현종 15) 효종의 비인 仁宣王后의 상에 인조의 계비인 慈懿大妃가 입어야 할 상복을 둘러싸고 논란이 일어나 大功服을 입어야 한다는 쪽으로 기울어지자, 영남 남인들과 더불어 유생의 신분으로 疏를 올려 朞年說을 주장함으로써, 서인 일파를 축출하는 계기를 마련하였다.

3) 사회적 실천성

유교 사회에서 사회적 실천과 일차적으로 관계되는 일은 출사(出仕)하여 정치·행정의 일을 담당하는 것이다. 그러나 보다 넓은 시각에서 보면 사회적 실천에 출사만이 있는 것은 아니다. 국가가 위기에 처했을 때 행동하는 구국(救國)의 일, 향촌 사회를 안정시키고 풍속을 교화하는 일, 강학을 통하여 제자를 양성하는 일, 그리고 효행의 실천도 역시 유교 사회의 중요한 사회적 실천 덕목이라고 할 수 있다. 이러한 측면에서 본다면 출사를 제외한 나머지 영역에서 한강의 문인들은 적극적인 면모를 보여주었다. 물론 서사원과 도신수처럼 외직(外職)에 나아간 제자들은 스승과 마찬가지로 목민관으로서의 소임을 충실하게 행하였다. 한강의 문인들이 숫자에 비해 출사가 적은 것은 남인의 세력이 점차 약화되는 당시의 정치 상황과 연계해서 이해할 필요가 있다.

국가가 위기에 처했을 때 보여준 한강 문인들의 실천성은 유학자의 진정한 모습이 어떠한가를 보여주는 것이었다. 앞에서 살펴본 바와 같이 임진란이 발발하자 한강은 자신의 임지에서 최선을 다해 위기를 타개하기 위해 노력하였으며, 그의 대구권 문인들은 향토를 지키기 위해 적극적으로 활동하였다. 예를 들면 임진란 당시 팔공산에서 여러 고을의 유학자들이 모여 의병 활동하기로 맹세한 일이 있는데, 거기에 참가한 대구권 인물의 대부분이 한강의 문인이거나 한강과 교분이 있던 인물들이었다.[108] 이들 외에도 손린, 정광천, 채선길, 채선근, 도성유, 도응유 등이 임진란이

108) 이와 관련된 대구권 인물의 명단은 다음과 같다(〔 〕 속의 인물들은 한강과의 관계가 확인되지 않은 경우이다). : 徐思遠, 鄭師哲, 崔誠, 孫處訥, 蔡先修, 〔李宗文〕, 蔡夢硯, 최인, 郭再謙, 〔朴忠後〕, 李輔, 柳堯臣, 孫處約, 崔東輔(崔誠의 장조카), 〔徐再謙〕, 〔朴忠胤〕, 〔洪幹〕, 〔鄭汝康〕

일어나자 의병 활동에 참여한 인물들이며, 이후 이괄의 난이 일어났을 때도 채선견, 도응유 등이 창의하였다. 위기 속에서 인간의 참된 모습이 드러난다는 것을 상기하면, 이러한 절대다수의 한강 문인들이 전쟁에 참여해서 지역과 국가를 지켜낸 것은 그들이 평소 스승으로부터 배운 공부가 어떠했는가를 짐작하게 한다.

중앙 정치의 주류권에서 점차 멀어지는 추세에서 영남의 유림들은 자신들의 사회적 지위와 영역, 본분을 지켜나가기 위해 유교 이념에 따른 도덕성의 실천을 강화하여 지역사회에서 실질적 영향력을 확보하고자 하였다. 이러한 측면과 관련되는 일이 바로 교육과 향약을 포함한 예의 실천, 유교적 이념에 따른 삶의 모범을 보여주는 일이었다. 한강이 가장 주의를 기울여서 실천한 분야가 바로 이러한 일들이다. 예컨대, 한강은 향촌의 교화를 위해서 1580년 창녕현감에 재임하면서 향교 학생들과 함께 향음주례(鄕飮酒禮)와 향사례(鄕射禮)를 강습하였으며,[109] 1619년에는 성주 사촌동에서 동계(洞契)를 시행하기도 하였다.[110] 그의 문인인 곽재겸은 『여씨향약(呂氏鄕約)』을 문인들과 함께 강습하였으며, 서사원은 직접 향례(鄕禮)를 시행하였다. 이들은 향촌의 교화와 풍속의 순화를 통하여 향촌 질서를 유지하는 한편, 그러한 일의 담당자로서 사회적 존경과 지지를 이끌어 낼 수 있었을 것이다. 또한 예학을 중시한 한강학파의 학습 과정과 내용을 살펴볼 때 『주자가례(朱子家禮)』의 보급에도 많은 기여를 한 것으로 보인다. 이러한 일들은 사회적 내구성을 강화하는데 일조한 것이기도 하다.

임진란 이후 대구권의 문교(文敎)를 진흥시키는데 핵심 역할을 한 인물들 역시 한강의 문인들이다. 물론 교육은 유학자의 기본 사업이기도 하지

---

109) 『寒岡年譜』, 卷1, 年譜, 庚辰年(宣祖13年), 寒岡38歲, '閏4月' 條. "行鄕射鄕飮酒養老禮."
110) 『寒岡集』, 卷10, 「沙村洞契序」 참조.

만, 대구권 한강 문인들이 지역 교육 사업에 절대적인 비중을 차지하였다. 곽재겸, 서사원, 손처눌 등은 그 당시 대구의 교육을 주도적으로 이끈 인물들이었다. 특히 손처눌은 『영모당통강제자록(永慕堂通講諸子錄)』이라는 문인록에 202명의 제자 이름이 등재되어 있을 정도로 큰 역할을 한 인물이다.

유교적 이념 중에서 인간의 정감에 가장 크게 영향을 끼치는 것은 효행(孝行)이며, 그것은 가족 중심주의의 경향이 강한 유교 사회에서 사회를 안정시키는 기능을 담당하기도 한다. 이처럼 효행의 사회적 영향력이 크기 때문에 조선 사회는 효행에 대하여 각별한 관심과 표창을 하였다. 한강의 문인들 중에도 효행으로 이름이 높은 인물들을 쉽게 찾아볼 수 있다. 손처눌은 대구 황청동(黃靑洞, 현재의 대구 수성구 황금동) 부모 묘소 앞에 집을 짓고 편액을 '영모당(永慕堂)' 이라 하였는데, 종신토록 시묘(侍墓)한다는 뜻으로 붙인 것이다. 이로 인하여 문인들이 그를 '모당(慕堂) 선생' 이라 불렀다. 서시립은 나라에서 표창한 효자이며, 정광천은 당시 사람들이 공자의 제자인 증자(曾子)와 민자건(閔子騫)에 비견할 만큼 효성이 지극하였다. 이외에도 정천주, 채선수, 류시번, 도성유, 도여유, 도경유, 박종우 등도 효행으로 이름이 알려진 경우이다.

이러한 사항이 종합적으로 결합하면서 도덕적인 측면에서나 이념적인 측면에서 충분히 지도자의 자격을 갖춘 한강의 문인들은 당시 대구 사회를 이끈 지도 세력이 될 수 있었으며, 그들의 사회적 영향력은 지역사회의 결속과 안정에 긍정적으로 작용한 것으로 보인다.

4. 조선 중기 대구지역 성리학의 특징

앞에서 우리는 학문적 연원, 심학사상과 예학사상, 사회적 실천성이라는 측면을 중심으로 한강 정구의 사상을 살펴보았으며, 그 결과 한강은 그 학문적 입장과 삶의 태도가 퇴계학과 남명학을 수렴하고, 또한 원칙성과 현실성을 아우르고 있는 비교적 개방적인 태도를 보여주는 성리학자라는 점을 확인하였다. 한강의 훈도를 받은 그의 제자들 역시 그들의 스승이 보여준 삶의 태도와 학문적 입장을 모범으로 삼아 진정한 유학자의 길을 가고자 끊임없이 노력했음을 또한 확인할 수 있었다. 여기서 우리는 조선 중기 대구지역의 성리학적 사상 형성에 끼친 한강의 절대적인 영향력을 확인해 볼 수 있었으며, 또한 그들의 삶의 모습에서 나타나는 앎과 삶의 일치를 추구하는 공통점을 통해서 그러한 지식이 헛된 지식이 아니라 실천의 추동력이 되는 진정한 유학자의 공부관임을 재인식할 수 있었다.

이러한 측면을 당시의 현실 정치와 관련해서 살펴본다면, 한강 정구에서 연유된 조선 중기 대구권 성리학자들의 삶의 자세는 점차 정치적 권력에서 소외되는 당시의 현실 상황을 비관적으로 받아들이기보다는 오히려 학문적 측면의 우월성과 정통성을 바탕으로 한 자존심을 강화하였다. 즉 그들은 '조선'이라는 성리학적 사회 속에서 그 사회의 중심 이데올로기에 대한 충분한 이해와 확신을 바탕으로 해서 현실 정치에의 참여 여부와 관계없이 자신들의 사회적 정체성을 유지했다고 볼 수 있다. 이 점에서는 대구지역 역시 영남 남인의 일반적인 경향과 일치한다고 볼 수 있다. 그러나 대구지역의 성리학자들은 이미 남명의 학풍에도 익숙할 뿐만 아니라, 기호지역의 학술 성과와 심지어 도가사상에 대해서도 관심을 가지는 개방성을 보여주었는데, 이러한 점은 특히 한강과 직·간접적인 연관성이 있는 것으로 보인다.[111] 그렇기 때문에 당시 대구지역에 드러났던 보수성은 오로지 권력 지향적일 때의 수구적이며 폐쇄적인 입장과는 달리 도덕 지향적 측면이 강하다. 그러므로 보수적이면서도 다른 한편으로는 오히려 수용적 · 개방적인 면모를 보여주기도 한다. 조선 중 · 후기 이후 대구지역에 면면히 유지되었던 기호학풍의 존재나, 조선 말기부터 이 지역에서 진행된 가톨릭과 개신교의 활발한 교세 확장은 모두 이와 같은 측면에서 해석될 가능성이 있다.

이러한 특징들은 현재의 대구지역 상황과 관련해서 시사하는 바가 크다. 대구지역은 지난 수십 년 동안 권력 창출의 중심지였다는 자부심, 그리고 그러한 자부심과 밀접한 관계를 가지고 있는 지나친 보수성, 연속되는 재난과 경제적 어려움 등으로 인해 침체된 상태를 벗어나지 못하고 있다. 침체된 지역사회를 새롭게 일으켜 세우는 원동력을 구하기 위해서는, 먼저 지역의 전통 속에서 그 실마리를 찾는 것이 지역 풍토를 고려한 적절한 방법일 수 있다. 이러한 현재의 여건을 고려할 때, 원칙에 입각한 현실적 유연성과 실천성을 보여준 한강 정구와 그의 학문 세계를 수용하였던 대구지역의 성리학자들에 대한 새로운 이해는 당면한 문제를 해결하는데 온고지신(溫故知新)의 지혜를 일깨워 줄 수 있을 것이다. 요컨대, 지금 우리들에게는 대구지역의 정신사적 전통에 대한 새로운 인식과 이를 바탕으로 한 지역 풍토의 새로운 모색을 도모할 필요성이 제기되고 있다.[112)]

---

111) 『寒岡言行錄』, 卷1, 類編, 「讀書」(張興孝). "異端之書, 亦無不涉獵, 究知其所以爲異端之故, 然後輒不復看." 참조.

112) 제2장은 기존의 연구 결과물인 「한강 정구와 조선 중기 대구권 성리학의 연계성에 관한 연구」(『동양사회사상』, 제8집, 동양사회사상학회, 2003)를 수정 · 보완한 것이다. 본래 이 글은 장윤수 · 임종진의 공동 연구인데 한강 정구와 관련한 부분은 '장윤수'가, 그리고 그의 문인들과 관련한 부분은 '임종진'이 주로 작성하였다. 그렇지만 두 부분 모두 양인의 공동 작업의 성격이 짙고, 유기적인 성격의 논문을 저자별로 엄격하게 구분하기도 어려워 임종진 교수의 양해를 얻어 전체 내용을 수록하였다. 글의 골격은 그대로 유지하였지만, 부분적으로 수정하거나 보충하였다.

제3장

성주도씨(星州都氏) 문중의 성리학자들과 대구지역 성리학

대구는 조선 초엽부터 경상도의 중심부에 있는 지리적 조건으로 인하여 교통과 군사상의 요충지로 그 중요성이 점차 주목받으면서 그 영역이 확대되기 시작하였다. 마침내 1601년(선조 34년) 경상감영이 자리 잡으면서 경상도의 행정·사법·군사 중심지의 역할을 수행하였으며, 이후 대구의 위상은 경상도의 중심 위치를 확고히 유지하게 되었다.[1] 그런데 학문 방면에서는 도시의 위상에 어울리는 명성을 쌓지 못하였다. 대구지역에 성리학적 학풍이 뚜렷하게 자리 잡게 된 것은 임진란이 계기가 되었다. 당시 대구지역 사림(士林)에 의해 의병(義兵)이 조직되고 임란(壬亂) 이후 이들을 중심으로 학파(學派)가 이루어지고 지역사회 성리학계의 중심역할을 하게 된다. 한마디로 말하여, 대구지역 성리학자들에게 있어서 임진란은 생존의 위기였지만, 학문 부흥의 기회가 되었다. 많은 문중과

1) 대구·경북역사연구회, 『역사 속의 대구, 대구사람들』, 중심, 2001, 150~156 참조.

학자들이 임진란을 계기로 크게 주목받았는데, 그중에서도 성주도씨 문중의 학자들이 지역사회에서 향유(鄕儒)로서의 자신들의 존재를 뚜렷하게 드러내었다. 그들은 가학(家學)을 통해 학문에 뜻을 두었고, 주로 한강, 낙재, 모당의 문하에서 성리학적 수양과 학문을 연찬하였다. 여기서는 성주도씨 문중 학자들의 학문적 연원으로서 한강, 낙재, 모당 세 사람을 설정하고, 이들과 성주도씨 문중 학자들의 관계를 살펴보려 한다. 그러고 나서 성주도씨 문중 학자들의 성리학 이론의 특징과 실천적 모색을 구체적으로 확인하고자 한다.

1. 17세기 대구지역 성리학계의 동향

임진란 이전 대구의 학풍이 진작되지 못했던 형편은 이 지역 출신의 대학자 서거정(徐居正, 1420～1488)의 말에서 충분히 짐작할 수 있다. 서거정은 일찍이 "내 고향 대구는 경상도의 큰 고을이다. 그 산천(山川)의 수려한 기상을 보면 인재를 배출해내야 하는데, 어찌하여 수십 년 동안 저작(著作)이 쇠락하고 풍속이 구차하여 한 사람의 문인(文人)과 재사(才士)도 나오지 않는가?"[2]라고 탄식한 바 있다.

그렇지만 대구지역에는 한국 성리학의 주요 인물인 한훤당 김굉필의 학풍이 존재한다. 김굉필은 21세 때에 야은 길재의 학풍을 계승한 점필재 김종직을 찾아가 학업을 연마하였다. 김굉필은 현풍에 거주하면서 처가인 합천의 야로와 성주의 가천 등지를 왕래하며 학문을 연찬하고 일두 정

2) 『四佳集』, 卷4, 序, 「送都壯元(夏)還鄕詩序」. "吾鄕大丘, 慶尙之巨邑, 其山川扶輿之氣, 宜產出英材, 迺之何數十年來, 文獻彫謝, 習俗偸惰, 無文人才士一出於其間. …… 然而若此, 則非但土風使然, 亦無唱明開道, 爲諸生先者存也."

여창 등의 학인(學人)들과 더불어 교유를 하였다. 그런데 이들 대부분이 무오사화(戊午士禍)에 연루되어 큰 화를 입음으로써 이후 대구지역의 성리학계는 16세기 중반까지도 별다른 특징을 보이지 못하게 되었다. 이러한 분위기에서 한강 정구의 등장은 대단히 주목할 만하다.

퇴계학과 남명학의 학통을 모두 계승한 것으로 평가받는 정구는 김굉필의 외증손(外曾孫)이다. 이런 연유로 그는 대구지역의 문인인 서사원과 손처눌 등에게 부탁하여, 1597년 정유재란 때 왜병의 방화로 소실된 한훤당 추숭(追崇) 서원인 '도동서원' 을 재건토록 하였다. 그는 70세 되던 해인 1612년(광해군 4년)에 팔거현(八莒縣) 노곡(蘆谷)으로 이거하였으며,[3] 1614년(광해군 6년) 정월에 노곡의 정사가 불타자 다시 사빈(泗濱, 泗水라고도 함)으로 이거하였다.[4] 한강은 칠곡에 거주하며 주로 대구의 연경서원(研經書院)을 중심으로 제자들을 양성하였고, 1620년 사빈에서 작고하였다. 이런 까닭에 대구지역의 수많은 학자들이 한강의 제자이거나 그와 관련된 인물들이며,[5] 특히 대구지역 서원에 향사(享祀)된 당시 인물들의 대부분이 한강에게 수학한 학자들이다.

대구지역의 성리학계는 임진란을 맞아 비약적으로 발전한다. 즉 임진란은 대구지역 성리학자들의 존재를 크게 부각시켰으며, 또한 이들 간에도 학파적 분화를 이루는 계기가 되었다. 대구의 의병(義兵)은 재지사족(在地士族)을 중심으로 조직되었는데, 이들은 상호 중첩적인 혼인관계를 맺고 있었으며, 또한 퇴계와 남명을 연원으로 하는 학문 관계를 맺고 있

3) 『寒岡年譜』, 卷1, 「年譜」, 壬子年(光海君4年), 寒岡70歲 참조.

4) 『寒岡年譜』, 卷1, 甲寅年(光海君6年), 寒岡72歲 참조.

5) 예컨대, 『大邱鄕校誌』(大譜社, 1998), 961쪽에는 '達城十賢人錄' 이라는 제목으로 10명의 이름이 열거되어 있는데, 그중에는 확인이 되지 않는 인물 1명을 제외하면 寒岡과 交友關係인 인물이 2명, 寒岡의 門人이 6명, 寒岡의 再傳 제자가 1명 포함되어 있다. 그런데 寒岡의 전체 門人 중 대구지역 출신은 대략 10% 정도를 차지한다.

어서 상호 간의 결집과 동질성을 강하게 유지하고 있었다.[6] 이들의 존재는 임진란 이전에는 크게 부각되지 않았지만, 임진란 이후에는 의병 활동을 계기로 하여 지역사회의 중심으로 등장하게 된다.

낙재 서사원은 대구지역 최초의 의병장이라고 할 수 있는데, 그는 1592년(임진년) 7월에 스스로 의병장이 되어 「초집향병문(招集鄕兵文)」을 발표하였다.[7] 이후 우배선(禹拜善)과 손처눌 등도 의병 활동에 가담하게 되었다. 대구지역의 의병은 결성된 시기가 늦었고, 그 활동이 주로 간헐적인 유격전 형태로 적을 교란하는 정도에 그쳤기 때문에 큰 공로를 쌓지는 못하였다. 더욱이 식량 부족으로 어려움을 겪고 주요 의병장들이 부모의 상(喪)을 당하거나 개인적인 어려움을 겪으면서 자연스럽게 해산되고 만다. 그러나 의병 활동은 미미했지만, 이 사건이 대구지역 사림(士林)에 끼친 영향은 막대하다. 우선 의병 활동에 앞장섰던 이들이 대구지역의 여론을 이끌어가는 위치에 서게 되고, 이를 바탕으로 이들의 후손들이 대구지역의 대표적인 사족(士族)으로 부상하게 된다.[8] 미증유의 큰 전란은 대구지역 사림을 집결할 수 있었고, 이를 통해 이 지역 학문의 부흥이 이루어지게 되었다.

임진란 이후 대구지역 성리학계 부흥의 중심에 선 대표 인물이 바로 낙재 서사원과 모당 손처눌이다. 이들은 임진란 후의 사회적 혼란을 극복하기 위해서는 무엇보다 예교(禮敎)의 진흥이 중요한 과제라고 생각하였다. 그러한 맥락에서 예교를 직접 담당할 대구향교의 재건이 과제가 되었고, 또한 예론(禮論)이 주목되고 당시 수많은 예서(禮書)가 출간되었다. 한편

---

6) 김형수, 「17세기 초 대구사림의 형성과 분화」(『역사교육논집』, 36집, 역사교육학회, 2006), 276~277쪽 참조.

7) 『樂齋集』, 卷6, 「招集鄕兵文」 참조.

8) 김형수, 「17세기 초 대구사림의 형성과 분화」, 281쪽 참조.

손처눌이 중심이 되어 대구향교를 재건하고[9] 또한 「학교모범(學校模範)」을 처음으로 강학하였다.[10] 그런데 대구향교의 재건에 참여한 인물 대부분이 한강 정구의 문인들이었다. 이것은 당시 대구지역 성리학계의 중심인물이 주로 한강의 제자들로 구성되었음을 말해 주는 사례이다.

임진란 직후 대구지역의 사림은 낙재와 모당을 중심으로 선사재(仙査齋)에서 홍학(興學)을 결의하고 강회(講會)를 여는 등 활발한 학술 활동을 펼쳤다. 그리고 연경서원(硏經書院)의 원규(院規)를 마련하고 이곳을 대구 사림의 강학 장소로 삼았다. 연경서원이 중건되자 한강은 이곳에 퇴계 이황을 봉안하는 봉안문(奉安文)을 짓고 연경서원의 중수(重修)가 완료되었음을 알리는 고유문(告由文)을 짓기도 했다. 이러한 사실은 당시 대구지역의 학교 재건과 홍학(興學) 운동에 한강이 많은 영향을 끼치고 있었음을 보여주는 사례이다.[11] 그런데 당시 대구지역 성리학계의 중심인물인 낙재와 모당 두 사람의 관계를 주목해볼 필요가 있다.

낙재와 모당은 기본적으로 우호적인 관계에 있었다. 그렇지만 성주 유생들의 '고변(告變) 사건' 과 정인홍의 '회퇴변척(晦退辨斥) 사건' 이후 두 사람과 그 문인들 간에 미묘한 갈등이 생겨나게 된다. 1610년(광해군 2년)에 박이립(朴而立)을 중심으로 한 성주지역의 유생 5, 6인이 주동이 되어 한강이 '부도지언(不道之言)' 을 했다고 고변하였다.[12] 이 일로 인해 한강은 큰 곤욕을 치르고 결국 이것이 계기가 되어 대구지역으로 이거하게

---

9) 『慕堂集』, 卷6, 附錄, 「年譜上」, 己亥年(宣祖32年), 慕堂46歲, '10月' 條. "與一鄕士友, 議定鄕校移建之擧.〔舊校在府東城門外, 爲龍蛇島夷之所窟, 至是先生倡率鄕人, 移卜于達城. 徐樂齋爲書賀之曰, 廟宇極爲精緻, 莫非老兄誠篤斯文所致, 甚慰輿望云云. 時先生與方伯柳川韓公, 地主金公九鼎幹是事.〕" 참조.

10) 『慕堂集』, 卷6, 附錄, 「年譜上」, 庚子年(宣祖33年), 慕堂47歲, '二月' 條. "會校堂講學校模範." 참조. 「學校模範」은 栗谷 李珥가 1582년 王命으로 지은 것이다.

11) 김형수, 「17세기 초 대구사림의 형성과 분화」, 283쪽 참조.

12) 『朝鮮王朝實錄』, 光海君2年(1610年, 庚戌年), 7月28日(辛未) 참조.

된다. 그런데 한강을 신원하는 과정에서 대구지역 사림의 동향은 미묘한 입장 차이를 보였다. 모당은 한강을 핍박하는 이러한 일의 배후에 정인홍이 있다고 보고서 한편으로는 한강을 신원하고 다른 한편으로는 정인홍을 비판하는 일에 적극적으로 참여하였다. 그렇지만 낙재는 어려움에 빠진 한강의 입장을 근심하기는 했으나 정인홍을 비판하는 일에 적극적인 태도를 보이지도 않았다. 이러한 미묘한 입장 차이는 정인홍의 '회퇴변척(晦退辨斥) 사건'에 이르러 좀 더 크게 드러난다. 정인홍이 스승 남명 조식을 칭송하는 반면 회재와 퇴계를 비판하자 모당은 '반-정인홍'의 입장을 분명히 하였고, 정치적으로는 남인(南人)의 입장을 표방했다. 반면 낙재와 그 문인들은 정인홍의 비판에 대해 미온적이었다. 그리고 당시 대구지역 성리학계의 일반적 정서 또한 정인홍에 대해 호의적이었으며 이로 인해 손처눌의 '반-정인홍' 입장에 대해 그다지 동감하지 않았던 것으로 보인다. 그 대표적인 사례가 바로 괴헌 곽재겸이다. 괴헌은 정인홍이 현인이며, 현인이 현인을 논하는 것은 가능하다고 주장했고, 이러한 주장에 낙재가 동의했다. 낙재는 모당에게 서신을 보내 곽재겸의 말을 인용하며 정인홍에 대한 모당의 입장을 간접적으로 비판하였다.[13)]

정인홍에 대한 모당의 입장을 분명하게 보여주는 것이 바로 「부정척사문(扶正斥邪文)」이다. 모당은 여기에서 정인홍을 중국 역사에 등장하는 '간신배의 인물〔王安石, 呂惠卿〕'에 비유하면서 정인홍을 극렬하게 비판하였다.[14)] 이 글을 계기로 모당은 전적으로 한강의 편에 서서 정인홍의

---

13) 『慕堂集』, 卷7, 附錄, 「年譜下」, 辛亥年(光海君 3年), 慕堂 59歲, '9月6日' 條. "行甫〔徐思遠〕兄書昨來, …… 謂余〔孫處訥〕曰, 益甫謂〔郭再謙〕, 贊成〔鄭仁弘〕以賢人論賢人, 猶之可也. 今之爲士者, 不及贊成而論贊成, 甚不可云, 此說然乎." 참조.

14) 『慕堂集』, 卷5, 雜著, 「扶正斥邪文」. "嗚呼, 衆情皷舞於從祀之敎, 而邪說橫流於反經之日, 做出三不道之說, 求過兩先生, 戴天居地者, 敢爲此等說乎. 嗚呼, 道之顯未及年, 道之晦兆欲見, 豈意安石惠卿毒正餘孼, 潛藏隱伏, 必欲萌於指佞之日乎. 天日重華, 國是已定, 在愚

일파에 등지게 되며, 이후 전개되는 경상도 좌·우도의 대립에 있어서 "경상우도의 사람들이 나(모당)를 허물하면 반드시 선생(한강)에게 미치고, 선생을 허물하면 또 내게 미치는" 어려움에 처하게 된다.[15] 그리고 모당은 정인홍을 공격하기 위한 소회(疏會)가 안동에서 열리자 대구지역에서 뜻을 같이하는 학자들을 규합하여 참석하였다.[16] 모당은 초년(初年)에 퇴계의 학통을 계승한 전경창(全慶昌) 문하에서 학문을 시작하였다. 이러한 연유로 그는 한강의 학맥도 퇴계학맥이라고 보았고 또한 그 자신을 퇴계학파로 생각하고 있었다.[17] 반면 낙재는 한강 또한 남명의 문인으로 생각하였고, 자신 또한 한강과 동강 김우옹을 통해 남명학통을 계승했다고 생각하였던 듯하다. 이러한 입장 차이에서 낙재와 모당 두 사람 간에 이견(異見)이 생겨나게 되었다.

낙재는 괴헌의 입장을 따라 먼저 정인홍이 현인(賢人)이라 전제하고서, 현인〔정인홍〕이 현인〔회재·퇴계〕을 논하는 것은 가능하지만, '현인이 아닌 자〔모당을 암시함〕'가 현인〔정인홍〕을 비판하는 것은 잘못이라고 하였는데, 이에 대해 모당은 지금의 정인홍은 옛날의 정인홍이 아니라고 반박하였다.[18] 이러한 입장 차이로 인해 정인홍이 주도한 대북 정권의 '남명문묘종사소(南冥文廟從祀疏)'에 대한 태도에 있어서도 두 사람 간에

者, 尙知其不可, 自謂知者而有不知者哉." 참조.

15) 『慕堂日記』, 丁巳年(光海君9年), 慕堂65歲, '9月14日' 條. "江右人, 咎余則必及於先生, 咎先生則亦及於余, 處世之難, 一至此哉." 참조.

16) 『慕堂集』, 卷7, 附錄, 「年譜下」, 辛亥年(光海君 3年), 慕堂 59歲, '5月' 條. "赴安東會所, 議定疏儒." 참조.

17) 모당은 안동 疏會의 儒疏 작성에 있어서 鄭仁弘에 대해서는 매섭게 비판했지만, 그 스승인 남명에 대해서는 비판해서 곤란하다는 입장을 분명하게 밝혔다. 〔『慕堂集』, 卷7, 附錄, 「行狀」(李羲發). "先生謂製疏儒生曰疏中不可語侵南冥." 참조.〕

18) 『慕堂日記』, 辛亥年(光海君3年), 慕堂59歲, '9月6日' 條. "余〔孫處訥〕謂, 贊成非昔日贊成, 孰不論之乎." 참조.

확연한 차이가 생겨났다. 낙재는 "우리 고을의 선비들은 대부분 남명의 풍모와 명성에 힘입었고 한강(정구)과 동강(김우옹) 선생도 모두 남명으로부터 떨쳐 일어났으니 남명을 문묘에 종사하기를 요청하는 상소에 참여하지 않을 수 없다."[19]라고 하였다. 그렇지만 모당은 이에 대해 낙재의 의론이 옳다고 하지 않을 수는 없지만 자신의 고을 유자들은 소(疏)에 참여하지 않겠다는 입장을 분명하게 피력하였다.[20]

낙재와 모당 간의 이러한 갈등은 시간이 지날수록 심화되어 단순히 정치적 입장에만 머무는 것이 아니라 인간성에 대한 비판으로까지 이어지게 된다.

> 아침에 류비숙(柳斐叔)이 와서 이야기를 나누고 머물러 잤다. 내가 류비숙에게 이르기를 "장광한(張光翰)에 대해 낙재가 크게 칭찬하던데, 어떤 사람인가?"라고 하니, 류비숙이 대답하기를 "형제간에 대단히 화목하지 않으니, 나머지는 볼 것이 없습니다."라고 하였다. 낙재가 사람을 어질게 여기고 사람을 믿어서 '생황(笙簧)의 혀' [21]처럼 아첨하니, 우습구나.[22]

1614년(광해군 6년), 모당 62세 때에 일어난 일이다. 위에서 언급한 일련의 정치적 갈등이 주로 모당 59세에 일어난 사건임을 고려하면, 3년 사이에 두 사람 사이의 갈등이 모멸감이 일어날 만한 인간적인 평가에까지

---

19) 『慕堂日記』, 乙卯年(光海君3年), 慕堂59歲, '3月29日' 條. "行甫來院北, 馳往見之. …… 且曰, …… 近邑吾鄕士子, 多被南冥風聲, 而先生背皆自南冥振起, 而今不赴宗祀之疏不可云云." 참조.

20) 『慕堂日記』, 乙卯年(光海君3年), 慕堂59歲, '3月29日' 條. "其論不其然乎, 時吾邑儒, 不可與朴乾甲同疏而止." 참조.

21) 교묘한 말로써 사람을 기쁘게 하는 것을 말함.〔『詩經』, 「小雅」, '巧言' 참조〕

22) 『慕堂日記』, 甲寅年(光海君6年), 慕堂62歲, '2月20日' 條. "朝, 柳斐叔來話留宿. 余謂張光翰行甫大贊何如人. 斐叔答曰, 兄弟間大不睦餘無足觀. 樂齋賢人信人如簧可笑."

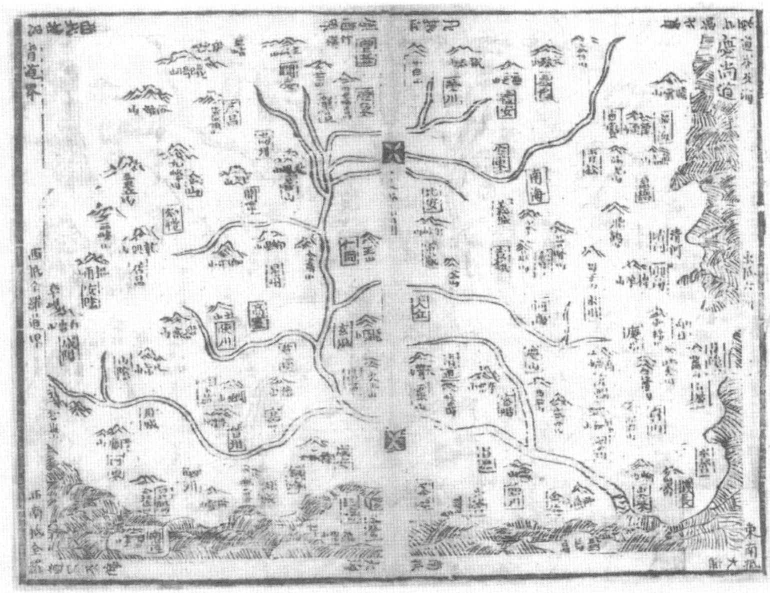

동람도(東覽圖) – 경상도(1531년, 규장각 소장)

이르렀다고 할 수 있다. 이러한 일들로 인해 이후 대구지역 사림에서는 낙재 계열과 모당 계열의 '약한' 분화를 이루게 되며, 특히 성주도씨 문중에서도 이들 두 사람과의 관계에 따라 정치적 입장이나 학문적 경향성에 있어서 '미묘한 차이'를 보이게 된다.

17세기 대구지역 성주도씨 문중의 주요 학자들은 대부분 한강, 낙재, 모당 세 사람의 문하에 나아가서 사승(師承) 관계를 맺었다. 그런데 낙재와 모당의 분열 조짐이 있고 난 이후에 대략 '서재계(鋤齋系)'는 낙재에 가까웠고, '서촌계(西村系)'는 모당에 가까웠다. 그렇지만 이러한 구분은 어디까지나 대체적인 '경향'일 뿐이지, 퇴계학파와 율곡학파를 구분하듯

23) 『慕堂集』, 卷3, 詩, 「辛亥五月向花山疏會……」 참조. 詩의 제목 하단 註에 이르기를, "이 때에 晦齋와 退溪의 辨誣疏 일로써 安東 會所에 가려하는데 蔡楨, 崔東岦, 李景培, 都聖兪, 閔蓍國, 李之華, 崔東嵂, 徐思選, 孫處約이 따랐다."라고 하였다.

이 엄격하게 나눌 수는 없다. 대구지역 성주도씨 문중 출신의 대부분의 학자들이 낙재와 모당 모두와 가깝게 지냈고, 나아가 사제(師弟) 또는 사우(師友) 관계를 맺었다. 낙재의 고제(高弟)로 평가받는 도성유(都聖兪)가 모당과 함께 정인홍을 공격하기 위한 안동지역의 소회(疏會)에 참석하였으며,[23] 또한 모당과 함께 강학하기도 했던 사실[24]이 대표적인 사례이다.

2. 성주도씨 문중 학자들의 성리사상 연원

1) 한강 정구와 성주도씨 문중의 학자들

한강 정구는 영남학파의 두 갈래, 즉 내성적(內聖的) 수양을 강조하는 퇴계학과 사회적 실천을 강조하는 남명학의 학통을 함께 이어받았다. 그러므로 심학(心學) 관련 대표 저술인 진덕수(眞德秀)의 『심경(心經)』을 보완해서 『심경발휘(心經發揮)』라는 주석서를 새로이 편찬하여 심학사상의 발전에 기여하였고, 예(禮)의 근원이 마음에 있다고 보고 사회적 실천 규범인 '예'에 대한 새로운 해석 작업을 시도하였다. 그는 또한 자신이 직면한 사회 현실에서 그러한 현실을 회피함이 없이 올바른 길을 걷고자 끊임없이 노력한 인물이다. 학파의 등장 및 당쟁과 정권교체라는 혹독한 현실 속에서 지식인으로서 부끄럼 없는 삶을 살아가고자 노력하였으며, 임진란으로 국가가 위기에 처했을 때는 자신의 한 몸을 돌보지 않고 전력을 쏟아 그 어려움을 극복하고자 최선을 다하였다. 한강의 이러한 실천 지향

---

24) 『永慕堂通講諸子錄』, '都聖兪' 條. "辛亥年(光海君3年) 9月에 『春秋』를 講하다 ; 乙卯年(光海君7年)에 와서 읽은 글을 講하다 ; 辛酉年(光海君13年) 6月에 『易學啓蒙』을 講하다." 참조.

적인 학문 자세는 단순한 이론 성리학자의 틀을 넘어서 폭넓은 학문 체계를 이루는 계기가 되었다.[25] 그의 이러한 학풍은 대구지역 제자들에게도 전해져 이후 이 지역의 주도적인 학문 분위기를 이루게 된다. 성주도씨 문중 출신의 성리학자들 또한 한강의 영향을 강하게 받았다. 이들이 한강의 문하에 나아간 것은 한강이 대구에 이거하기 이전부터이다.

『한강급문제현록』에는 총 7명의 성주도씨 문중 출신이 제자로 등재되어 있는데,[26] 이 중에서 무려 5명이나 서원(書院)에 배향되었다.

○ 도성유(都聖兪, 1571～1649) : 자는 정언(廷彦), 호는 양직(養直). 용호서원에 배향.

○ 도응유(都應兪, 1574～1639) : 자는 해보(諧甫), 호는 취애(翠厓). 병암서원에 배향.

○ 도여유(都汝兪, 1574～1640) : 자는 해중(諧仲), 호는 서재(鋤齋). 용호서원에 배향.

○ 도언유(都彦兪, 1579～1623) : 자는 강보(康甫), 호는 일암(逸庵).

○ 도경유(都慶兪, 1596～1637) : 자는 내보(來甫), 호는 낙음(洛陰). 병암서원에 배향.

○ 도신수(都愼修, 1598～1650) : 자는 영숙(永叔), 호는 지암(止巖). 용호서원에 배향.

○ 도신휘(都愼徽, 1598～1648) : 자는 미오(美五), 호는 서호(西湖).

25) 장윤수 · 임종진, 「한강 정구와 조선 중기 대구권 성리학의 연계성에 관한 연구」(『동양사회사상』 8집, 동양사회사상학회, 2003), 189쪽 참조.

26) 권연웅, 「『檜淵及門諸賢錄』小考」(『한국의 철학』, 13호, 경북대학교 퇴계연구소, 1985), 110～119쪽 참조.

도성유(都聖兪)는 한강의 문하에 나아가기 전에 이미 낙재의 문하에 나아가 학업을 연찬하였다. 그는 1586년(병술년)에 낙재의 문하에 나아갔고, 1603년(계묘년)에 한강의 문하에 들었다. 그런데 흥미로운 사실은 그가 처음 한강을 찾아갈 때 낙재를 배행(陪行)해서 함께 인사를 했다는 점이다.[27] 즉 낙재는 그 자신이 한강의 문하에 들었을 뿐만 아니라, 스스로 그 제자들을 이끌어 한강의 문하에 나아가게 했던 것이다.

도성유의 문집인 『양직집(養直集)』에는 한강에게 올리는 서신 3편이 수록되어 있고, 『한강집』에는 도성유에게 보내는 편지 한 편이 수록되어 있다. 한강이 도성유에게 보낸 편지에서는 병중의 근황을 묻고, 주희의 친필이 수록된 『가례회통(家禮會通)』의 서문을 모사해달라고 부탁하였다.[28] 그 외에도 한강은 도성유에게 선성(先聖) 및 염락제현(濂洛諸賢)의 유상(遺像)을 모사하도록 부탁하였는데, 그가 아니면 할 수 있는 사람이 없다고 여겼기 때문이다. 도성유는 한강이 임종할 때에도 직접 문안하러 찾아갔다가 위중한 병세로 인해 만나지 못하고 돌아가기도 했다.[29] 그리고 『양직집』에는 도성유가 한강을 위해 지은 제문(祭文)이 수록되어 있는데, 여기에서 한강의 높은 학문의 경지와 국가에 대한 공로를 언급하고, 자신에게 베푼 은혜를 회고하며 스승을 잃은 슬픈 마음을 피력하였다.[30] 이러한 사실들을 볼 때 한강과 도성유의 관계가 매우 돈독했음을 짐작할 수 있다.

---

27) 『養直集』, 卷3, 附錄, 「家狀」. "癸卯秋, 寒岡鄭先生謝仕還山, 公陪樂齋往拜." 참조.

28) 『寒岡集續集』, 卷2, 書, 「與都廷彦聖兪」. "卽今調況何似. 曾審唯履乍愆, 深慮深慮. …… 家禮會通之書, 曾借於京中宰相, 今旣三載, 方被督推. 於禮學甚關之書也, 欲圖謄寫, 其中多圖畫, 欲請君指敎, 而君適方在調護, 可恨. 其中序文, 朱子親筆也, 欲摸取而弁其首, 人皆言非君手不能摸. 切乞爲禮家, 毋惜暫頃揮筆之勞如何." 참조.

29) 『寒岡言行錄』, 卷3, 「考終記」(李潤雨). "庚申正月二日, 潤雨來謁泗水, 先生自昨患寒疾, 證勢極苦. 孫季進遴都廷彦聖兪諸人, 皆未得入謁而歸." 참조.

30) 『養直集』, 卷2, 祭文, 「祭寒岡鄭先生」 참조.

도성유 이외에도 성주도씨 문중의 여러 학자들이 한강과 긴밀한 관계를 맺었다. 도여유(都汝兪)는 도성유와 함께 한강과 낙재 사이를 오가며 학문을 연찬했다. 그래서 한강과 낙재 두 사람은 서신을 왕래할 때 자주 도여유와 도성유를 활용했던 것으로 보인다.[31] 도여유의 문집에도 그가 한강을 위해 지은 제문이 실려 있고,[32] 문집 말미에 한강의 서신 한 편이 수록되어 있다.[33]

도응유(都應兪)는 한강을 신원하기 위해 올린 소(疏)의 연명자로 이름을 올렸고, 또한 유사(有司)로 참여하였다.[34] 그리고 한강이 낙재 일행과 동유(東遊)를 할 때 도응유, 도여유 등이 함께 한강을 수행하였다.[35] 박이립의 고변사건 당시 도응유의 아버지인 도원량(都元亮, 1556~1616)은 세 부자가 모당과 함께 성주에 있는 한강의 처소로 달려갔다.[36]

도여유의 아들인 도신수는 부자간에 한강 문하에 나아갔는데, 그는 특히 한강에게 배운 바의 내용을 구체적으로 문집에 남겨두었다. 즉 도신수의 문집인 『지암집(止巖集)』에는 도신수가 한강에게 질문한 내용과 한강의 답변을 수록해 두었다.[37] 여기에는 10여 가지 사항이 문답 형식으로 수록되어 있는데, 주요 내용은 충(忠)·신(信)·예(禮)를 강조할 것, 『춘추(春秋)』의 뜻을 익힐 것, 일을 급히 이루려 하지 말 것, 극기(克己)의 도를

31) 『寒岡集』, 卷3, 書, 「答徐行甫思遠(癸卯年)」. "謹奉鄭潤甫所致辱書矣, 都廷彦〔都聖兪〕之所齎, 則未之伏領矣."〔甲辰〕; "諸仲〔都汝兪〕持盛簡來訪, 旣奉披翫, 又復與之晤語商確, 恍若吾樂齋聲容之相接, 蘇感何勝."〔壬子〕 참조.

32) 『鋤齋集』, 卷1, 祭文, 「祭寒岡先生」 참조.

33) 『鋤齋集』, 卷4, 「寒岡先生書」 참조.

34) 김형수, 「17세기 초 대구사림의 형성과 분화」, 287쪽에서 재인용.

35) 『樂齋集』, 卷7, 「東遊日錄」 참조.

36) 『慕堂日記』, 庚戌年(光海君2年), 慕堂58歲, '5月11日' 條. "希魯〔孫處約〕自査齋冒曉馳來, 傳鄭先生被人告變, 昨日有禁都來臨之奇. 卽與希魯及從叔正字馳向星州, 行甫〔徐思遠〕曉發云. 都翼卿〔都元亮〕三父子從次." 참조

37) 『止巖集』, 卷4, 「講學錄」 참조.

익힐 것 등이다.

이러한 기록들을 살펴볼 때, 한강은 17세기 대구지역 성리학의 태두(泰斗)였으며 당시 성주도씨 문중의 주요 학자들이 형제(종형제), 부자간을 가리지 않고 대부분 그의 문하에 나아갔음을 알 수가 있다. 그러므로 한강의 성리사상은 성주도씨 문중의 가학적(家學的) 연원이라 해도 크게 과장된 표현이 아닐 것이다.

2) 낙재 서사원과 성주도씨 문중의 학자들

낙재 서사원은 가학(家學)의 수업 시기를 거친 후에 17세(1566년) 때부터 채응린(蔡應麟)에게 배웠으며, 역시 같은 해에 양부(養父) 서형(徐泂)의 친구인 전경창(全慶昌)을 찾아갔는데, 전경창은 그에게 『심경』 한 부를 주면서 "오직 그대가 참으로 이것을 배울 만하다."라고 말하였다.[38] 24세 때는 정사철(鄭師哲)을 찾아가서 더불어 경의(經義)를 강론하니, 정사철이 찬탄하면서 '그대는 곧 나의 외우(畏友)' 라고 칭하였다. 그리고 28세 때에 드디어 한강에게 나아가 가르침을 청하였다.

한강은 7살 차이가 나는 그를 벗으로 대하고자 하였으나 낙재는 깍듯이 스승의 예(禮)로 한강을 대하였다.[39] 한강이 정인홍과의 갈등으로 성주를 떠나 대구로 이거하는 과정에서 낙재가 많은 역할을 하였다. 낙재는 이미 1609년(광해군 원년)에 한강을 연경서원에 초빙하고자 했고, 모당 손처눌도 적극적으로 동조하였다.[40] 그렇지만 이때까지만 해도 한강은

---

38) 『樂齋年譜』, 卷1, 丙寅年(明宗21年), 樂齋17歲. "就拜溪東全公慶昌.〔全公乃蓮亭公執友也. 贈以心經一部曰, 惟子眞可以學此." 참조.

39) 樂齋는 寒岡과의 관계를 회상하면서, "돌아보건대 용렬하고 비루하며 못난 나를 門下에서 노닐도록 허락해 주신 것이 거의 30년이 되었다."(『樂齋集』, 卷7, 「東遊日錄」, '爲寒岡鄭先生東遊記')라고 하였다.

성주를 떠날 생각이 없었는데, 1610년(광해군 2년)에 발생한 박이립의 고변 사건 이후 대구로 옮겨오게 되었다.

낙재는 한강의 문하에 나아간 뒤로 『심경』, 『근사록』, 『주자서절요』 등의 성리서(性理書)를 깊이 연구하였다. 30세 때는 여헌 장현광과 강론하였고, 36세 때는 동강 김우옹을 찾아가서 학문을 논하였다. 이처럼 여러 스승의 문하에 나아갔지만 낙재에게 가장 많은 영향을 끼친 스승은 한강 정구와 동강 김우옹 두 사람이다. 모당은 전경창의 영향을 받아 퇴계학의 전통을 강하게 받아들였고, 반면 낙재는 김우옹의 영향을 받아[41] 남명학의 전통을 흡수하였다. 그래서 낙재는 김우옹의 만사(挽詞)에서 "학문의 중요한 관건은 남명에게서 배웠다."[42]라고 하였다.

낙재는 중년 이후에는 주로 후진 양성에 힘썼는데 특히 성주도씨 문중의 많은 학자가 그의 문하에 나아갔다. 도성유, 도여유, 도응유, 도언유, 도경유, 도신수 등이 낙재의 문하에서 학업을 펼쳤다. 낙재의 문집에는 그와 성주도씨 문중의 학자들이 구체적으로 어떤 책을 공부했는지에 대한 기록이 자주 등장한다. 예컨대 1586년(낙재 37세)에 도성유가 배우러 왔을 때 『주역』 한 부를 주면서 배움에 힘쓰도록 하였고,[43] 1590년(낙재 41세)에 도응유에게 『소학』을 가르쳤다. 도여유, 도응유와 『심경』을 강론하였으며,[44] 또한 도여유와 함께 『근사록』을 읽었다.[45] 낙재가 개인적으

---

40) 『慕堂日記』, 己酉年(光海君元年), 慕堂57歲, '2月21日' 條. "行甫〔徐思遠〕曾請先生訪研經, 宜助未得見, 我大喜語此由仍留." 참조.

41) 樂齋는 東岡이 작고한 후 挽詞와 祭文을 지어 그의 죽음을 깊이 애도하였다.(『樂齋集』, 卷2, 挽詞, 「挽東岡金先生」; 『樂齋集』, 卷5, 祭文, 「祭東岡金先生文」 참조.)

42) 『樂齋集』, 卷2, 挽詞, 「挽東岡金先生」. "抽關發鍵自南冥."

43) 『樂齋年譜』, 卷1, 丙戌年(宣祖19年), 樂齋37歲. "都聖兪來學.〔先生以周易一部勉贈.〕" 참조.

44) 『樂齋集』, 卷2, 詩, 「仙査書齋新成〔都應兪汝兪來讀心經于此〕」 참조.

45) 『樂齋集』, 卷4, 書, 「與都廷彦」(첫 번째 편지) 참조. 樂齋는 『近思錄』을 평하여, "나누어

로 독서하거나 제자들에게 즐겨 강론한 책의 목록을 살펴보면 대략 다음과 같다.

『소학』, 『대학』, 『대학혹문(大學或問)』, 『대학장구보유(大學章句補遺)』[46], 『중용』, 『논어』, 『맹자』, 『효경』, 『주역』, 『초사(楚辭)』, 『두시(杜詩)』, 『문장궤범(文章軌範)』[47], 『주자서(朱子書)』, 『동래박의(東萊博義)』[48], 『퇴계집』, 『잠기(潛記)』

낙재의 독서록은 전체적으로 여타의 성리학자들과 큰 차이가 없다. 그는 일상생활에서는 유학의 기본인 『소학』, 『대학』과 『중용』의 구절을 자주 외우고 그 의미를 되새겼으며, 학문적인 측면에서는 『주자서』와 『퇴계서』를 좋아하여, "주부자(朱夫子)는 실로 공자와 맹자 뒤의 한 사람이며, 퇴계는 바로 우리 동방의 주자이다. 정자와 주자를 배우고자 하는 사람은 의당 퇴계를 목표로 삼아야 하건만 세대가 떨어져 직접 스승으로 모시고 그 나머지라도 들을 수 없음이 한스럽다."[49]라고 하였다.

그런데 낙재의 독서록을 면밀히 살펴보면 이러한 정통 유학과 성리학의 경전 이외에도 기학(氣學)과 도가(道家) 관련 서책을 자주 발견할 수 있다.[50] 낙재는 자신이 기학에 종사했다고 스스로 고백하기도 했다.[51] 이러한 점은 낙재가 경북 북부지역 성리학자들이 보여주는 '순혈주의적 도통

간 『近思錄』은 침잠하여 암송하기를 부지런히 하여 맛을 알아 입에 즐겁지 않은가(分去思錄, 想沈潛玩誦方勤, 得味而悅口否)."라고 하였다.

46) 李彦迪이 朱子의 『大學章句』를 보완한 책이다.

47) 중국 宋代의 산문집. 初學者가 모범으로 삼아야 할 문장이 수록되었다.

48) 東萊 呂祖謙이 『春秋左氏傳』을 논평하고 주석한 책이다.

49) 『樂齋集』, 「樂齋先生文集重刊序」(朴光錫). "朱夫子實孔孟後一人, 而退溪卽吾東方朱子也. 欲學程朱者, 當以退溪爲準的, 而世代差間, 恨未得摳衣於當日, 獲聞其緖餘."

50) 『樂齋集』, 卷2, 賦, 「讀書如鍊丹」, 「氣聽」 참조.

51) 『樂齋集』, 卷2, 賦, 「讀書如鍊丹」. "臣嘗從事於氣學." 참조.

관(道統觀)' 으로부터 비교적 자유로웠음을 말해준다. 그리고 낙재의 이러한 학문 경향의 배후에는 남명의 학풍이 잠재해 있을 것으로 짐작할 수 있다.

그렇지만 시대적 분위기의 영향인지, 아니면 문집을 편집한 후대 사람들의 의도에서인지 모르지만, 낙재의 문집을 보면 외형상 남명에 대한 언급이 거의 없고, 반면 퇴계와 『퇴계집』에 대한 언급은 상당 부분 발견된다. 예를 들면, 석담 이윤우가 상복(喪服) 예법에 대해 물어오자 답변이 될 만한 내용이 퇴계의 문집 가운데 있으니 읽어보라고 권유한다.[52] 그리고 퇴계의 문집이 완성되었는데 분량이 커서 소요되는 종이가 많으므로 향교에서 먼저 인쇄하도록 조치할 것을 모당에게 종용하기도 했다.[53] 또한 낙재는 주자학의 정수를 퇴계가 계승한 것으로 평가하여, "운곡(雲, 주희를 지칭함)의 남은 향기가 퇴계로 전해지네."[54]라고 하였다.

낙재가 남긴 저술 중에서 특히 눈여겨보아야 할 것은 「공부차록(工夫箚錄)」[55]과 8개의 도(圖)이다. 1601년(52세)에 저술한 「공부차록」은 성리학의 핵심적인 주제들을 선현(先賢)의 학설에 기초해서 간략하게 기록한 것이다. 그런데 이러한 학문 경향과 성리이론은 상당 부분 성주도씨 문중의 학자들에게도 전해졌다. 가장 대표적인 사례가 도성유의 「오경도(五經圖)」이다. 도성유는 「오경도」에서 유학의 대표 경전인 오경(五經)을 체(體)와 용(用)으로 분석하고, 각각의 경전을 다시 유가의 주요 개념을 중

52) 『樂齋集』, 卷3, 書, 「答李翰林茂伯」(첫 번째 편지). "退溪先生集新出, 先借得二十卷于慶州尹處, 已閱十卷先送之, 又有十册, 今幾畢閱. …… 服儀在先生問答中." 참조.

53) 『樂齋集』, 卷3, 書, 「與孫幾道」(첫 번째 편지). "退陶先生文集, 告厥成功, 紙地所入, 多至六十餘卷, 此非家家所能辦得. 乞吾兄以校中之力, 措置印上於校中, 勉與有志此事者, 時一講究, 則其爲幸甚. 如何如何." 참조.

54) 『樂齋集』, 卷2, 詩, 「題檜淵百梅園」. "雲谷遺芳屬退溪." 참조.

55) 『樂齋集』, 卷6, 雜著, 「工夫箚錄」 참조.

심으로 정리하였다. 낙재와 도성유 두 사람은 도설(圖說)로써 유가의 기본 사상을 정리하는 경향성뿐만 아니라, 그 내용에서도 상당 부분 견해를 같이하고 있다.

낙재가 작고한 후 제자들은 그 위패(位牌)를 연경서원에 배향하기 위해 노력했다. 그렇지만 위차(位次) 문제로 모당 손처눌과 갈등이 생기자,[56] 도성유가 중심이 되어 이강서원(伊江書院)에 배향했다.[57] 일찍이 낙재는 상중(喪中)에 있는 도성유에게 편지를 보내 상중이라도 성실하고 독실히 하는 공부에 힘쓰기를 당부하였다.[58] 이러한 사례를 볼 때 낙재와 도성유의 관계는 대단히 돈독했던 것으로 짐작할 수 있다.

그 외에도 낙재의 문집과 일기에는 수시로 성주도씨 문중의 학자들이 등장하는데, 도경응(都景膺), 도경익(都景益), 도성유(都聖兪), 도수부(都秀夫), 도여유(都汝兪), 도자겸(都子謙), 도원경(都元慶), 도원계(都元啓), 도원량(都元亮), 도원록(都元祿), 도장응(都章膺), 도진성(都盡誠), 도진효(都盡孝), 도충경(都忠卿) 등의 이름이 보인다. 성주도씨 문중은 낙재학단(樂齋學團)에서 실제적이고 구체적인 수업을 받았을 뿐만 아니라 또한 스승으로부터 상당한 인정을 받았던 것으로 보인다. 일찍이 도응유(都應兪)와 도여유(都汝兪)가 새로 완성된 선사재(仙査齋)로 낙재를 찾아가서 함께 『심경』을 읽었는데, 낙재는 이들이 처음 공부하러 왔을 때 지향처가 매우

---

56) 慕堂은 樂齋의 위패를 全慶昌의 윗자리에 둘 수 없다는 뜻을 분명하게 피력하였다. 〔『慕堂日記』, 辛酉年(光海君13年), 慕堂69歲, '12月1日' 條. "夜李剛來訪. 本意今先生配享之日, 欲以樂兄從祀, 意懇而辭微. 以竊老議, 余謂, 鄕賢祠宇他日論定. 如晦齋之自西岳遷入玉山, 豈不宜乎. 且鄕賢祀, 雖有道德之不齊, 一鄕所立, 豈以樂齋置於溪東之上乎. 時若干員會于南山, 使李剛徵余意耳." 참조.〕

57) 『樂齋集』, 附錄, 「伊江書院廟宇上樑文」. "門生都聖兪朴宗祐, 爲樂齋先生, 與一鄕士友, 爰謀爰度, 立廟于仙査講學之所, 旣上樑, 敢作辭賦以誌之." 참조.

58) 『樂齋集』, 卷4, 書, 「答都廷彦」(두 번째 편지). "但念日月流邁, 哀懷尤苦, 而及此廬居之日, 尊祀之餘, 念學不可悠悠. 此望惟在吾哀侍誠篤之工, 千萬千萬." 참조.

곧다는 것을 알아보았고, 그 후 이들이 자신의 퇴폐(頹廢)를 일깨워줄 때도 있었다고 칭찬하며 근체시(近體詩)를 지어 함께 수신(修身)하고 힘쓸 자료로 삼기도 하였다.[59] 이러한 기록은 낙재가 성주도씨 문중 학자들을 인정한 대표적 사례이다.

성주도씨 문중은 일상사의 문제까지 낙재에게 문의하고 조언을 구했다. 일례를 들면, 도여유가 낙재에게 서신을 보내 "종형(도성유) 장인(丈人)의 대상(大祥)이 임박하였는데, 종형수(從兄嫂)가 가서 곡을 하려 하나 마침 중상(重喪)을 당했습니다. 어떻게 하면 그 정(情)을 다하고 상례(喪禮)에 합당하겠습니까?"라고 문의하였고, 낙재는 이에 대해 출가(出嫁)한 사람으로 시집의 상사(喪事)를 무시하고 친정의 상제(喪祭)에 참여해 곡할 수 없다는 취지의 답변을 하였다.[60] 또한 낙재는 이들을 격식 없이 친밀하게 대하며 때로는 못마땅한 점을 직설적으로 훈계하기도 했는데, 예를 들면 도여유가 술을 두려워하여 피하는 것을 유순수(劉淳叟)의 고사[61]를 인용해가며 나무랐다는 기록이 남아 있다.[62] 이 기록은 낙재와 도여유의 관계가 그만큼 가까웠고 또한 그들 사이에서 실제적인 교학(敎學)이 이루어졌음을 알려 준다.

---

59) 『樂齋集』, 卷2, 詩, 「仙查書齋新成……」. "重營小屋劫灰餘, 正是升堂入室初. 古訓千方要切己, 世岐多惑貴回車. 明窓始見吾雙弟, 棐几新開第一書. 老我亦今聞此事, 敢將衰白歎窮廬." 참조.

60) 『樂齋集』, 卷4, 書, 「答都汝兪問目」. "第念重服在躬, 亦方在初喪, 出嫁之人, 似不敢越紼而哭私祥." 참조.

61) 朱子가 陸九齡과 대화를 하는데 劉淳叟가 跏趺坐를 틀고 모른 체했다. 그러자 朱子는 자신들이 말하는 내용이 듣기에 부족하더라도 몇 살 많은 어른인데 어찌 이런 괴이한 짓을 하는가 하고 꾸짖었다.

62) 『樂齋集』, 卷7, 「東遊日錄」, 9月25日. "諸仲〔都汝兪〕先畏酒而避, 余引劉淳叟而責之." 참조.

3) 모당 손처눌과 성주도씨 문중의 학자들

모당 손처눌의 학업은 1566년 전경창(全慶昌)에게 나아가 배우면서 시작되었고, 1571년에는 한강의 문하에 나아간다. 이때 한강은 학문하는 방도를 제시하면서 "독서는 많이 하기를 바랄 것이 아니고 다만 정밀하고 익숙하기를 바라야 한다. 익숙하지 못하면 그 의리를 얻을 수 없고, 정밀하지 못하면 그 이치를 살필 수 없다."[63]라고 하였다.

모당의 주요 강론(講論) 과정을 살펴보면, 1583년에는 인동(仁同)에 가서 여헌 장현광과 함께 경학을 강론, 1585년에는 낙재와 『심경』을 강론, 1599년 봄에는 『근사록』을 강론, 9월에는 낙재와 함께 『주자서절요』를 강론, 1601년 5월에는 문인들과 새로 간행된 『퇴계집』을 강론, 1604년에는 「주자행장」과 『안씨가훈』을 강론, 1606년 3월에는 한강과 함께 『심경』을 강론, 1612년에는 한강, 여헌과 함께 『근사록』과 「서명(西銘)」에서 '인(仁)'을 논한 곳을 강론하였다. 이외에도 1613년(61세)에는 한강과 함께 이기론(理氣論)을 강론, 1614년(62세)에는 권반(權盼)과 더불어 「태극도(太極圖)」를 강론하였고, 손린(孫遴)과는 주자서(朱子書) 가운데 칠정(七情)의 '미발이발(未發已發)'에 대한 설을 강론하였다. 이를 통해 볼 때 모당의 교학과정이 매우 독실하고 특히 성리학에 대한 깊은 이해가 이루어졌음을 알 수 있다.[64] 모당은 특히 퇴계를 존숭하여 『퇴계선생문집』에 대해 평하기를, "이 책은 주자서(朱子書)와 매우 근사하니, 이제 그 시를 외우고 그 글을 읽음에 완연히 주자가 다시 살아난 것 같다."[65]라고 하였다.

---

63) 『慕堂集』, 卷6, 附錄, 「年譜上」, 辛未年(宣祖4年), 慕堂19歲. "讀書不要多, 只要精熟. 不熟則不能得其義, 不精則不能察其理."

64) 장윤수 · 임종진, 「한강 정구와 조선 중기 대구권 성리학의 연계성에 관한 연구」, 214~215쪽 참조.

모당은 임진란이 발생하자 의병장으로 활동하였으며, 전쟁이 끝난 이후에는 피폐해진 사회를 교육을 통해 바로 잡으려고 애썼다. 그는 연경서원을 중수(重修)하는 데 적극적으로 참여하여 당사(堂舍)와 재실(齋室)을 직접 설계하는 일을 주관했으며, 한강이 연경서원에 배향될 때 '퇴계 선생께 드리는 고유문〔硏經書院告退溪先生文〕'과 '한강 선생의 봉안문〔硏經書院寒岡先生奉安文〕'을 지었다. 내암 정인홍이 오현종사(五賢從祀)와 관련하여 회재와 퇴계를 배척하자 그는 「부정척사통문(扶正斥邪通文)」을 지어 도내(道內) 사림(士林)을 규합하기도 했다. 정인홍을 극력 반대하던 모당은 인조반정 후 자신을 남인(南人)으로 분명하게 규정하면서 칠곡의 이윤우(李潤雨), 대구의 도응유(都應兪) 등과 함께 대구지역 한강학맥(寒岡學脈)을 퇴계학맥으로 정립하게 된다.[66] 1599년 봄에 서실(書室)을 짓고 강학하기 시작하여 죽기 직전까지 문인들을 위한 강론을 멈추지 않았다. 현존하는 『영모당통강제자록(永慕堂通講諸子錄)』에는 그의 문인(門人) 또는 사우(士友) 202명에 관한 기록이 남아 있는데, 특히 구체적으로 강학(講學)한 내용까지 포함되어 있다.

일반적으로 성주도씨 문중의 학자들 중에서 모당의 문인으로는 '서촌계(西村系)'의 도응유·도경유·도신휘가 많이 알려져 있으나,[67] 『영모당통강제자록』에 의거해 보면 '서재계(鋤齋系)'의 주요 학자들도 대부분 그 문하에서 수학하였다.

○도성유(都聖兪) : 1611년에 『춘추(春秋)』를 강하다. 1621년에 『역학계

65) 『慕堂集』, 卷6, 附錄, 「年譜上」, 辛丑年(宣祖34年), 慕堂49歲, '5月' 條. "此書與朱書甚相似, 今誦其詩讀其書, 宛然如朱夫子復起也."

66) 김형수, 「17세기 초 대구사림의 형성과 분화」, 298쪽 참조.

67) 金炳浩, 『儒學淵源錄』, 易經硏究院, 1980 참조.

몽(易學啓蒙)』을 강하다.

○ 도응유(都應兪) : 1604년에 『연원록(淵源錄)』을 강하다.

○ 도여유(都汝兪) : 1610년에 『심경』을 강하다. 1611년에 『춘추』를 강하다.

○ 도언유(都彦兪) : 1605년에 와서 읽은 글을 강하다.

○ 도경유(都慶兪) : 1621년에 『역학계몽』을 강하다. 1624년에 『퇴계집』을 강하다. 1625년에 『심경』을 강하다.

○ 도신수(都愼修) : 1624년에 『퇴계집』을 강하다.

○ 도신휘(都愼徽) : 1615년에 와서 읽은 글을 강하다.

『영모당통강제자록』에 등장하는 성주도씨 문중의 학자들은 총 7명인데,[68] 한강의 문인록에 등장하는 인물들과 정확하게 일치한다. 이를 통해 볼 때, 당시 성주도씨 문중의 주요 학자들은 한강·낙재·모당 세 사람의 문하에서 자유롭게 오가며 학문을 연찬했으며, 그러한 가운데서도 '서재계'는 비교적 낙재 계통에 가까웠고, 반면 '서촌계'는 모당 계통에 가까웠던 것으로 보인다. 도언유(都彦兪)와 도경유(都慶兪) 형제는 내암의 '회퇴변척 사건' 이후 확실하게 모당의 입장에 동조하면서 그들의 후손들 또한 남인(南人) 가문으로 자리 잡게 된다.[69] 특히 도경유는 어려서부터 모당의 문하에 나아갔으며, 모당의 총애를 많이 받았다. 그는 관직에 있을 때인 1629년 5월에 모당을 직접 찾아가 정사(政事)에 종사하는 것과 관련한 내용을 질문하였고, 이에 대해 모당은 성심껏 조언하였다. 또한 도경유는 평양서윤(平壤庶尹)으로 있을 당시에 모당의 비문(碑文)을 짓기도 하였다.[70] 그리고 도응유의 아들 도신휘의 경우에는 "모당이 심히 사랑했

68) 都聖兪, 都應兪, 都汝兪, 都彦兪, 都慶兪, 都愼修, 都愼徽.

69) 김형수, 「17세기 초 대구사림의 형성과 분화」, 296쪽 참조.

다."라는 기록[71]이 남아 있다. 이러한 사례를 살펴볼 때 성주도씨 문중의 학자들은 '서재계'에 비해 '서촌계'가 모당과 훨씬 더 친밀한 관계를 형성하고 있었음을 알 수 있다.

3. 성주도씨 문중 학자들의 성리학 이론 특징

1) 성주 도문(都門)의 주요 성리학자들

도씨(都氏)는 단일본(單一本)으로 본래 신라시대 수창군(壽昌郡)의 네 개의 현(縣)인 대구현(大丘縣), 팔거현(八莒縣), 사빈현(河濱縣), 화원현(花園縣) 중의 큰 행정 중심지였던 팔거현(八莒縣, 지금의 대구광역시 칠곡)[72] 지역에 지배계층인 씨족으로 거주해왔다. 이로 인해 팔거도씨(八莒都氏)로 불려왔으나 처음 족보〔壬申譜, 1752년〕 편집 작업을 할 당시에 팔거현이 소속된 성주목(星州牧)의 명칭을 따라 본관을 성주(星州)로 정하였다. 대구〔鋤齋〕 입향조는 16세(世)의 인물인 경상좌도 병마우후(兵馬虞侯)를 지낸 도흠조(都欽祖)이며, 그 후손 중에서 학자들이 다수 배출되었다.[73]

70) 『永慕堂通講諸子錄』, '都慶兪' 條. "平壤庶尹時來 書先生墓碣文." 참조.

71) 『永慕堂通講諸子錄』, '都愼徵' 條. "先生甚愛之." 참조.

72) 新羅 때는 '八居'로 불렸으나, 高麗 때 '八莒'로 바뀌었음.

73) 도재욱 편, 『鋤齋春秋』, 大譜社, 1999, 1쪽 참조.

〔16세〕 〔17세〕 〔18세〕

흠조(欽祖) - 원국(元國) - 성유(聖兪), 정유(正兪)

원결(元結) - 여유(汝兪), 명유(命兪)

원량(元亮) - 응유(應兪), 언유(彥兪), 경유(慶兪)

원례(元禮) - 이유(以兪), 내유(乃兪)

〔18세〕 〔19세〕 〔20세〕

성유(聖兪) - 신여(愼與) - 이망(爾望)

여유(汝兪) - 신수(愼修), 신징(愼徵)

응유(應兪) - 신휘(愼徽)

대구 입향조인 도흠조(都欽祖)는 팔거현이 퇴락하여 더 나은 곳으로 이주하려고 여러 장소를 물색하다가 대구부(大丘府)의 속현(屬縣)인 하동면(河東面) 도촌리(島村里)에 정착하였다. 도촌리는 집성씨(集姓氏)와 음(音)이 같아 도촌(都村)으로도 불리다가 후일 도흠조의 손자인 서재(鋤齋) 도여유(都汝兪)의 복록(福祿)을 기려 '서재공(鋤齋公) 마을'로 불리다가 이것이 동명(洞名)이 되었다. 대종파(大宗派)인 대구파(大邱派)는 자손이 번성하여 입향조 이래 여러 갈래로 분가하였다. 입향조의 종형제 응복(應復)의 후손인 경재공파(景齋公派)가 '괘진(掛津)'으로 이거하고, 입향조의 3남인 원량(元亮)이 와룡산 넘어 '서촌(西村)'으로 이거하였으며, 4남인 원례(元禮)가 '의흥(義興)'으로 분가하였다. 다음 대의 사정공파(司正公派) 명유(命兪)가 '함흥(咸興)'으로 이거하였고, 화재공파(華齋公派) 정유(正兪)가 '청도(淸道)'로 이거하였다.[74] 특히 많은 인물을 배출한 서재계

74) 도재욱 편, 『鋤齋春秋』, 5쪽 참조.

(鋤齋系)는 17세기 이후 줄곧 대구지역의 유력한 문중의 하나로 역할을 하며,[75] 자신들만의 고유한 유풍(儒風)을 내면적으로 간직해왔다.

이제, 성주도씨 대구파의 주요 계파인 '서재계'와 '서촌계' 출신의 성리학자들을 개관해 보도록 하자.

〔서재계(鋤齋系)〕

○ 도성유(都聖兪, 1571~1649) : 자는 정언(廷彦), 호는 양직당(養直堂)이다. 한강과 낙재에게 배웠으며 문장과 행실이 출중하였다. 경(敬)과 의(義) 두 글자를 좌우명으로 게시(揭示)하여 늘 눈여겨보고 마음에 새겨 스스로를 반성하였다. 그는 어버이를 모시는데 정성을 다했으며, 항상 그 마음을 즐겁게 해드렸다. 돌아가신 후에는 여막에서 삼년상을 치렀다. 한강이 사수(泗水)로 이거하자 동문들과 함께 분담하여 재거(齋居)를 이루었다. 임진란 때에는 낙재 서사원을 따라 의병을 일으켜 군량을 조달하였다. 그 후 낙재가 이천서재(伊川書齋)에서 강학하다가 병환으로 눕자 도성유를 재장(齋長)으로 삼고 배우는 선비들이 본받고 따르게 하였다. 병자호란 때에는 왕이 항복하였다는 흉보(凶報)를 접하자 비분강개하여 두문불출하고 세상과 등지고 지내다가 죽었다. 성리제설(性理諸說)을 모아서 『성리정학(性理正學)』[76]을 편찬하고 「오경체

75) '嶺南萬人疏'에 참여한 大丘府 소속의 門中은 모두 네 집안인데, 慶州崔(崔興遠), 漆谷都(都聖兪 從兄弟), 仁川蔡(蔡倫)氏 門中이다.〔이수건, 『嶺南學派의 形成과 展開』, 일조각, 1995, 553쪽 참조〕

76) 이 책은 金棍(1896~1978)이 '龍湖書堂記'를 기록하던 당시(1974년, 甲寅年)까지도 전해왔던 것으로 보이나 이후 逸失되었다. 최근에 逸失된 것으로 보아 어디엔가 남아 있을 가능성이 높다. 비록 編書이기는 하나, 養直堂의 학문 경향과 성리이론의 특징을 짐작할 수 있는 자료이기에 속히 찾을 수 있기를 바란다.

용분합지도(五經體用分合之圖)」를 만들었다.

후손인 도이망(都爾望)은 “『성리대전(性理大全)』을 본떠서 종류대로 편집하여 『성리정학(性理正學)』이라 하였다. 정문(正文)을 드러내고 주(註)를 붙여 고증하기를 한결같이 진덕수(陳德秀)의 『심경(心經)』처럼 하였다. 조목마다 절중(節中)하는 뜻으로 일통(一統)을 이루어 배우는 사람들이 한번 보고 의심이 없게 했다.”[77]라고 하였다. 「오경체용분합지도」는 『주역』으로 전체(全體)를 삼고 『춘추』로 대용(大用)을 삼았으며, 『서경』은 정치, 『시경』은 언어, 『예기』는 행실을 각각 한 가지씩 요지로 삼았으니, 마치 사덕(四德, 元 · 亨 · 利 · 貞)에 형통하고 마땅함이 있는 것과 같았다. 각각 그 본체와 작용을 도표로 분별하고 또 학문의 이치, 요체, 도리, 조목을 도해와 함께 상세히 설명하여 일목요연하게 알 수 있도록 하였다. 자식이 없어 종제(從弟) 여유(汝兪)의 아들인 신여(愼與)를 후사(後嗣)로 삼았다. 대구 용호서원(龍湖書院)에 배향되었다. 저술로는 『양직집(養直集)』이 있다.

○ 도여유(都汝兪, 1574~1640) : 자는 해중(諧仲), 호는 서재(鋤齋)이다. 도성유의 종제(從弟)이다. 그는 직접 농사를 짓고 땔나무를 하면서 날마다 어버이를 기쁘게 해드렸다. 그의 나이 15~6세 때 낙재가 사숙(私塾)을 열고 후진을 가르쳤는데 아버지의 명에 따라 낙재의 문하에 나아가 위기지학(爲己之學)을 배웠다. 1603년에 한강이 벼슬을 사임하고 고향으로 돌아오자 그 문하에 머물며 학문을 강론하였다. 일찍이 한강은 “후생(後生) 중에서 배움에 뜻을 둔 자는 도여유 그 사람이로다.”라고 칭찬하였다. 한강과 낙재 두 선생의 문하에 왕래하며 『심경』, 주자

77) 『養直集』, 卷3, 附錄, 「家狀」. “昉(仿)以性理大全. 而編類成書, 名曰性理正學, 表著正文, 附註考證, 一如眞西山心經, 逐條折中之意, 作爲一統, 俾爲學者一見而無疑貳.”

서(朱子書), 예학(禮學) 방면의 책을 강론하였다. 병화(兵火)로 서적이 없어지자 손수 역학(易學)과 정주서(程朱書) 가운데서 몸에 절실한 것을 베껴서 늘 눈앞에 두고 살펴보았다. 장현광(張顯光), 여대로(呂大老, 1552~1619), 이윤우(李潤雨) 등과 더불어 자연에서 노닐며 우의를 다졌다. 슬하에 4남 3녀를 두었는데, 특히 자녀교육에도 성공하였다. 도성유에게 자식이 없어 도여유의 아들인 신여(愼與)가 양자로 갔기 때문에 사실상 도여유 이후의 서재계 후손들은 모두 그의 후손들이다. 대구 용호서원에 배향되었다. 저술로는 『서재집(鋤齋集)』이 있다.

○ 도신수(都愼修, 1598~1650) : 자는 영숙(永叔), 호는 지암(止巖)이며, 아명은 영수(永修)이다. 도여유의 아들이며, 도신징(都愼徵)의 형이다. 8세 때에 낙재의 문하에 나아가 『소학』을 배웠고, 그 뒤 『주역』을 배우기도 하였다. 12세 때에 한강의 문하에서 학문하는 방도를 배웠다. 한강이 묻기를 "옛사람도 과거에 급제하고 입신양명하여 어버이를 영광스럽게 하는 일이 있는데, 어찌 과거공부에 마음을 두지 않는가?"라고 하니, 도신수는 "효제충신(孝悌忠信)이 이름을 드러내는 근본이니, 과거시험처럼 마음 밖에 있는 다른 것을 추구하고 거기에 몰두하여 그 본심을 잃어버릴 필요는 없습니다."라고 대답하였다. 이에 한강이 감탄하면서 "해중(諧仲, 도여유)이 제대로 된 자식을 두었구나."라고 하였다. 23세 때에 한강이 작고하자 삼 년간 술과 고기를 먹지 않고 심상(心喪)의 예절을 지켰다. 그는 항상 말하기를, "『시경』의 '생각에 사특함이 없다〔思無邪〕'는 말은 나의 '삼자부(三字符)'이다."라고 하였다. 그리고 그칠 줄 아는 것을 중요하게 여겨 "만족을 알면 욕되지 않고 그칠 줄 알면 위태하지 않다. 요즘 사람들이 만족을 알지 못하여 그 몸을 해치는 것을 부끄럽게 여겨야 한다."라고 하였다. 이러한 맥락에서 거

처하는 곳에 있던 바위를 '가지암(可止巖)'이라 명명하고, 띠집을 짓고 편액을 '지암(止巖)'이라 하여 자호로 삼았다. 그는 여러 관직을 거쳐 함흥판관으로 재임할 때에 공무를 신속히 처리하고 구휼(救恤)에 힘써 선정(善政)을 베풀었으며, 1640년에 서흥부사(瑞興府使)를 거쳐 울산부사(蔚山府使)로 근무할 때 향약(鄉約) 8조(條)를 지어 주민들의 교화를 이루고 풍속을 크게 진작시켰다. 1650년에는 영해부사(寧海府使)로 나아갔다가 임소(任所)에서 작고했다. 대구 용호서원에 배향되었다. 저술로는 『지암집(止巖集)』이 있다.

○ 도신여(都愼與, 1605~1675) : 자는 명숙(明叔), 호는 휘헌(撝軒)이며, 아명은 대성(大成)이다. 본래 도여유의 아들이었으나, 3세 때에 도성유의 양자로 들어갔다. 그는 15, 6세 때에 한강과 낙재의 문하에 나아갔는데, 단정하게 앉아 저녁이 다하도록 강론하여 익히기를 그치지 않으니 두 선생이 기특하게 여기고 사랑하였다고 한다. 1651년 식년문과에 병과로 급제하여 창락찰방(昌樂察訪), 성균관전적(成均館典籍), 사헌부지평(司憲府持平), 용담현령(龍潭縣令) 등을 역임하였다. 1656년(효종 7년) 용담현령으로 부임하여 봉급 일부를 가난한 백성들에게 나누어 주는 등 선정을 베풀었다. 1659년에 예조정랑에 제수되었다. 당시 효종의 상(喪)이 나자 예조(禮曹)에서 유신(儒臣)들과 예제(禮制)를 의논하여 자의전(慈懿殿, 仁烈王后)의 복제(服制)를 기년(朞年)으로 정했는데, 도신여가 예경(禮經)을 근거로 하여 이것이 잘못되었음을 변론하였다. 그 뒤 예송(禮訟)이 일어나게 되어 허목(許穆), 윤선도(尹善道)와 조정에 있는 대신들이 혹 상소하기도 하고 혹 의논을 아뢰기도 했으나 끝내 시행되지 못하였다. 이때 도신여가 상소하여 추정(追正)하기를 청했다가 임금으로부터 견책을 받아 귀양 가기도 했다. 그는 향리에서

지낼 때에는 연경서원의 원장(院長)이 되어 날마다 여러 유생(儒生)들과 더불어 사당에 참배하는 예(禮)를 행하고 물러나서는 학문을 강론하니, 그 문하에 학자들이 많이 모여들었다. 그의 막내아우인 도신징(都愼徵) 또한 예송(禮訟)에서 잘못된 것을 바로잡기 위해 노력하였다. 도신여는 숙종이 즉위한 뒤에 다시 관직에 나아가 전후(前後) 20여 년 가까이 치도(治道)에 힘썼다. 그는 예(禮)가 나라를 보존하는 큰 원리라고 보고서, 예경(禮經)에 근거해 당시 논란이 되었던 예송(禮訟)을 해결하여 국가를 안정시키고자 하였다.

○ 도신징(都愼徵, 1611～1678) : 자는 휴숙(休叔), 호는 죽헌(竹軒)이다. 도여유의 아들이며, 도신여의 아우이다. 여헌 장현광의 문인이다. 그는 경(經)·사(史)·자(子)·집(集)을 널리 섭렵하고 성리(性理)의 이치를 깊이 탐구하였으며, 또한 예(禮)를 강론하기를 좋아하였다. 당(堂)에 '죽헌(竹軒)' 이라는 편액을 걸었으니, 추운 겨울에도 절개를 바꾸지 않는다는 뜻을 취한 것이다. 1674년 7월 기해년의 국상(國喪) 때에 복제(服制)의 일로 상소하여 예(禮)를 논하였다. 그는 서인계(西人系)의 '체이부정설(體而不正說)' 을 강력하게 비판하였다. "예로부터 지금까지 대통(大統)의 중대함을 이어받아 종사(宗嗣)의 주인이 되었는데도 적장자(嫡長子)가 되지 못한 경우가 과연 있었습니까?" 라고 하며, 임금이 전례(典禮)를 자세히 상고하여 어긋남을 고치고 올바른 제도로 회복시켜서 적장자(嫡長子)의 의리를 밝히라고 간절하게 호소하였다. 그의 상소문은 정국을 일시에 전환시키는 효과를 가져왔다. 특히 현종은 '영남유신(嶺南儒臣) 도신징(都愼徵)' 이라는 일곱 글자를 병풍에 손수 쓰고, 대신들을 만날 때에 '도신징의 소본(疏本)을 자세히 읽어보라' 고 권하였다 한다. 그는 또한 의소(擬疏) 만언(萬言)을 초안하여 국

가 통치의 요체를 논하기도 했다. 도신징은 기개와 재능을 함께 갖추었던 대구지역 유림의 중요한 성리학자였다.

○ 도이망(都爾望, 1637~1692) : 자는 망지(望之), 호는 석천(石川)이다. 도신여의 아들이며, 어릴 때 조부 도성유에게 배웠고, 후에 갈암 이현일의 문하에 나아갔다.[78] 이러한 인연으로 갈암과 도이망은 일면식이 없었음에도 불구하고 도신여의 묘갈명을 갈암이 찬(撰)하게 된다.[79] 1661년에 성균관에 들어갔는데 당시 여러 선비의 사표(師表)가 되었으며, 15세 때에 생원시(生員試)에 급제하였다. 이조판서 류명현(柳明賢)이 그의 재행(才行)을 높이 평가하여 관직에 천거하였으나 당시 예소(禮疏) 문제로 유배되어 있던 아버지 도신여로 인해 관직을 사양하고 임천(林泉)에서 자적(自適)하였다. 그는 부친상(父親喪)을 마친 후에 안동(安東)에 우거했는데, 당시 도의(道義)로써 교제한 이들이 많았다. 대표적 이들로는 이유장(李惟樟), 김성구(金聲久), 권두인(權斗寅) 등을 예로 들 수 있는데, 이들 대부분이 갈암의 문인들이다. 그는 재질(才質)이 뛰어나고 기품이 고결하여 '남주고사(南州高士)'로 추앙받았으며, 도산서원 등 향안(鄕案)에 등재되었다. 생애 후반부의 대부분은 후학 양성에 힘썼다.

〔서촌계(西村系)〕

○ 도응유(都應兪, 1574~1639) : 자는 해보(諧甫), 호는 취애(翠厓)이다.

---

78) 都爾望의 文集에는 葛庵에게 보내는 편지 한 편이 수록되어 있다. (『石川集』, 書, '上葛庵先生' 참조)

79) 『葛庵集別集』, 卷5, 墓碣銘, 「通訓大夫成均館司藝都公墓碣銘」 참조.

도성유의 종제이고 도여유의 종형이다. 처음에 낙재에게 배워서 '학문하는 큰 방도〔爲學大方〕'를 알았다. 그 후 한강의 문하에 출입하였는데, 한강이 매우 아끼고 중하게 여겼다. 한강이 예설(禮說)을 모아들일 때 예서(隸書)를 잘 쓰는 그에게 맡겨 책의 편질(編帙)을 완성하게 하였다. 그는 제가(諸家)의 설에 두루 통하였고, 천문(天文)·역상(易象)·육도(六韜)·팔진(八陣)의 법에 대해서 알지 못하는 것이 없었다고 한다. 1611년(광해군 3년) 정인홍이 회재와 퇴계를 비판하자 그 부당함을 반박하였고, 박이립(朴而立)이 한강을 모함하자 상소하여 스승의 억울함을 해명하였다〔寒岡辨正〕. 1624년(인조 2년)에 이괄(李适)의 난이 일어나자 의병을 일으켰으며, 1627년 정묘호란 때에는 정경세(鄭經世)를 도와 활약하였다. 또한 기축옥사(1589년)로 희생당한 남명의 문인인 최영경(崔永慶)을 위하여 「최수우당영경변무소(崔守愚堂永慶辨誣疏)」를 올려 신원(伸寃)을 실현하였다. 그는 경험적 세계의 현실문제와 사회문제보다 도덕적 원리에 대한 인식과 그 실천을 중시하였다. 대구 병암서원(屛巖書院)에 제향되었다. 『오현예설(五賢禮說)』을 편찬하였으며, 저술로는 『취애집(翠厓集)』이 있다.

○ 도언유(都彥兪, 1579~1623) : 자는 강보(康甫), 호는 일암(逸庵)이다. 도응유의 아우이다. 형제들과 함께 한강과 낙재와 모당의 문하에서 수업하면서 경의(經義)를 질정(質正)하였다. 일찍이 과거시험을 단념하고 임천(林泉)에서 덕을 길렀다. 그는 어릴 때부터 총명함이 남달랐으며, 효도와 공경을 인륜의 근본으로 삼고 충효(忠孝)와 학덕(學德)을 숭상하였기에 당시 사람들로부터 칭송을 받았다. 관직은 통덕랑에 이르렀다.

○ 도경유(都慶兪, 1596~1637) : 자는 내보(來甫), 호는 낙음(洛陰)이다. 도응유의 아우이다. 한강의 문하에서 강학하여 위기지학(爲己之學)의 큰 방도를 들을 수 있었다. 가르침을 돈독히 믿고 언제나 자신의 본분을 다하였다. 어버이가 늙어서 봉양하기를 청하자 임금이 하양 근처로 임지를 바꾸어 주니 그는 집 가까이라 하여 곤란하게 여겼다. 이에 임금이 "청백리도 역시 집 가까이를 꺼리는 것이 있는가?"라고 하였다. 1627년 정묘호란 때 호남으로 세자를 호종(護從)하였으며, 1636년 병자호란이 일어나자 경상도관찰사 심연(沈演)의 종사관(從事官)이 되었다. 그런데 쌍령전투(雙嶺戰鬪)에서 쌓아놓은 화약의 폭발사고로 인해 패전하였다. 이 일로 인하여 1637년 5월에 평해군(平海郡)으로 유배되었다가 조정에서 억울하다는 견해가 많아 곧 사면되었다. 이해 8월 11일에 귀양에서 돌아오던 중 양지(陽智)에 이르러 작고하였다. 그는 병자호란 당시 지체하며 전쟁터로 나아가지 않은 우영(右營)의 군관 박충겸(朴忠謙)을 군령으로 참수한 일이 있었다. 그런데 박충겸의 아들이 이 일에 앙심을 품고서 숨어 있다가 도경유를 해친 것으로 전해진다.[80] 대구 병암서원에 배향되었다. 저술로는 『낙음집(洛陰集)』이 있다.

○ 도신휘(都愼徽, 1598~1648) : 자는 미오(美五), 호는 서호(西湖)이다. 도응유의 아들이다. 그는 가학(家學)의 전통을 이었으며, 한강과 모당의 문하에서 위기지학(爲己之學)의 방법을 배웠다. 성품이 순수하고 정직했으며, 학행(學行)이 뛰어났는데, 특히 모당이 그를 심히 사랑했다고 한다. 이이첨(李爾瞻)이 국기(國紀)를 어지럽히자 강좌(江左)의 모든

80) 이 내용은 『洛陰集』, 卷5, 附錄, 「家狀」을 참조하여 작성한 것이다. 『仁祖實錄』, 卷34, 仁祖 15年(1637年, 丁丑年), 5月21日, '두 번째 기사' 에도 이와 관련한 기록이 수록되어 있는데, 구체적인 내용은 「家狀」과 차이가 있다.

고을에서 그를 규탄하고자 하였는데, 이때 사림에서 도신휘를 추천하여 소유(疏儒)로 정하였다.

성주도씨 문중의 학자들을 개관해 볼 때 몇 가지 특징을 발견할 수 있다. 우선 스승을 맞이함에 계보(系譜)나 계파(系派)를 크게 따지지 않았다. 이것은 대구지역의 학풍이기도 하다. 한강이 남명과 퇴계의 문하에 모두 나아갔고, 또한 낙재와 모당도 여러 스승을 거쳤다. 이러한 배경을 통해 이들은 비교적 자유로운 학풍을 형성할 수 있었고, 학파(學派)의 순수성에 집착하는 편협함과 자폐적 도통의식(道統意識)에서 벗어날 수 있었다.

그리고 실천성이 강하다. 이 또한 지역 학풍의 특징이기도 한데, 특히 남명 학풍의 영향이 짙다. 상당수의 성주도씨 문중 학자들은 평상시에는 직접 농사에 참여하며 실질적인 공부에 치중하였고, 국난(國難)의 시기에는 거병(擧兵)하여 멸사봉공(滅私奉公)하였다.

또 한 가지 특징으로 글씨를 잘 쓰는 사람이 많았다는 점을 주목할 필요가 있다. 도성유, 도응유, 도언유 등이 모두 글씨로 유명하다. 도성유와 도응유는 예서(隸書)를 잘 썼는데, 특히 도성유는 한강, 낙재, 모당의 부탁을 받고 선현(先賢)의 수많은 유묵(遺墨)을 모사하였고, 또한 1611년 8월에 오현(五賢)의 문묘종사(文廟從祀)가 이루어지자 그 신위(神位)의 글씨를 직접 쓰기도 하였다.[81] 도응유도 한강이 예설(禮說)을 모아들일 때 그에게 맡겨서 책의 편질을 완성하게 했다.[82] 도언유도 문장을 잘 짓고 글씨를 잘 썼다는 기록이 전해진다.[83] 전통시대에 글씨는 곧 인격 수양의

81) 『養直集』, 卷3, 附錄, 「家狀」. "八月, 從享禮成, 諸先生神版, 皆公手書也." 참조.

82) 『翠厓集』, 卷' 2, 附, 「家狀」. "先生方收裒禮書, 而公善隸書, 屬公書編帙, 今所行五先生禮說也." 참조.

83) 『永慕堂通講諸子錄』, '都彦兪' 條. "能文善書, 爲士林師表." 참조.

한 단면이다. 그러므로 글씨를 잘 쓴다는 것은 그만큼 가학(家學)이 엄정(嚴整)하고 수양의 공부가 깊다는 사실을 시사한다.

이러한 특징들은 성주도씨 문중의 가학적 특징일 뿐만 아니라, 더 나아가서 일정부분 당대 대구지역의 학문 분위기이기도 하였다.

2) 성주도씨 문중 학자들의 성리학 이론 특징

성주도씨 문중 학자들의 성리학 이론은 스승과 선배 학자들의 영향을 받아 정주 계열(程朱系列)의 성리학을 존중하고 또한 성선설에 입각한 복성설(復性說)을 주장하고, 경이직내(敬以直內)와 의이방외(義以方外)로 대표되는 심성 수양론을 강조하였다. 이와 관련하여 가장 주목받는 학자가 바로 도성유이다.

도성유는 「총론무극태극(總論無極太極)」에서 육구연(陸九淵) 형제의 이론을 비판하고 정주 계열의 도통론(道統論)을 지지한다.[84] 이것은 저 유명한 주희와 육구연 형제의 '무극이태극(無極而太極) 논쟁'을 언급하는 것이다. 무극이태극 논쟁에서 가장 문제가 되는 것은 형이상(形而上)과 형이하(形而下)의 구별, 즉 도(道)와 기(器)의 구별에 관한 문제이다. 육구연은 "역(易)의 도(道)는 일음일양(一陰一陽)일 뿐이다."라고 하여 일음일양하는 자체를 '도'라고 해석하였다. 이것은 곧 음·양을 '형이상'이라고 생각하는 것이다. 이에 반해 주희는 정이(程頤)의 『역전(易傳)』에 의거하여 일음일양 자체는 '기(氣, 器)'이니 '형이하'이며, '일음일양하게 하는 까닭〔所以一陰一陽〕'은 '이(理, 道)'이니 '형이상'이라고 주장한다. 즉 주

84) 『養直集』, 卷1, 詩, 「總論無極太極」(二首). "而豈淪空寂, 且能驗本原. 如何陸氏子, 信此葉枝繁 ; 花開一榦茁, 月落萬川圓. 手授師門訣, 程朱獨得傳." 참조.

85) 김득만 · 장윤수, 『중국철학의 이해』, 예문서원, 2000, 99～107쪽 참조.

희는 '태극(太極)은 이(理)요 음양(陰陽)은 기(氣)' 라고 하여 분명히 이(理)와 기(氣)를 갈라놓고 있으며, 또한 이(理)는 일음일양하는 기(氣) 속에 내재해 있으며 기(氣)의 소이(所以, 원인)가 되는 동시에 기(氣)를 초월해 있는 '형이상' 의 존재라고 생각했던 것이다.[85)]

주희의 이러한 주장은 결국 이기론에서 '이(理)' 중심의 이론을 이루고, 또한 심성론에서 '성(性)' 중심의 이론을 형성하게 된다. 도성유는 주희의 성리학에서 가장 기본이 되는 이러한 이론을 「총론무극태극」이라는 시(詩)를 통해 확고히 표현함으로써 자신의 이론적 기반을 다지게 된다.

한강학단에서는 예학을 제외한 성리학적 이론 논변을 찾아보기 힘들다. 그런데 '무극이태극(無極而太極)' 논변에 대해서는 여러 학자들이 관심을 가졌다. 손처눌 또한 『상산집(象山集)』의 '무극이태극' 의 이론이 주희의 설과 같지 않은 점을 논의하였고,[86)] 장흥효도 한강에게 질문하기를 "무극이태극(無極而太極)에 대한 해석에 있어서 어떤 사람은 '극(極)이 없되 가장 지극하다' 고 하고, 또 어떤 이는 '극(極)이 없으므로 가장 지극하다' 고 합니다. 누구의 해석이 옳은지요?" 라고 말한 바 있다.[87)]

또한 도성유는 오직 사람만이 오행(五行)의 빼어난 기(氣)를 얻었으니, 그것이 바로 성(性)이라고 하였다. 그는 성선설에 의거해 "사람은 누구나 다 착한 본성이 있지만 물욕(物慾)에 눈이 어두워 타고난 아름답고 착한 본성을 버리고 오욕(五慾)과 칠정(七情)에 사로잡혀 악(惡)의 소용돌이 속으로 빠져들어 간다." 고 보고서, 자신의 본성을 회복하기를 강조하였다.[88)] 그리고 경(敬)과 의(義) 두 글자를 좌우명으로 게시(揭示)하여 항상

---

86) 慕堂日記』, 辛亥(光海君3年), 慕堂59歲, '3月15日' 條. "話康侯, 論象山集無極太極說, 與朱先生不相似." 참조.

87) 『寒岡集別集』, 卷3, 「答問」(張行原). "張行原〔興孝〕問, 無極而太極, 釋之者或云, 極이업소ᄃᆡᄀᆞ장極ᄒᆞ다ᄒᆞ고, 或云, 極이업ᄉᆞᆯᄉᆡᄀᆞ장極ᄒᆞ다ᄒᆞ니, 二釋孰是." 참조. 이 물음에 대해 한강은 "후자의 해석은 옳지 않네.〔後釋非是〕" 라고 답하였다.

눈여겨보고 마음에 새겨 스스로를 반성하였으며,[89] 빼어난 자연경관을 보더라도 수양이 부족한 자신의 삶을 뒤돌아보며 반성하였다.[90] 도성유의 이러한 면모는 주자학자로서의 가장 전형적인 모습이다.

도성유의 성리 이론과 관련하여 후대에 가장 유명한 것은 『성리정학(性理正學)』과 「오경체용합일지도(五經體用合一之圖)」(이하 '「오경도」' 로 표기함)이다. 성리학의 여러 이설(異說)을 모아서 편집한 『성리정학』은 현재 전하지 않고, 「오경도」는 온전히 문집에 수록되어 있다. 「오경도」는 『주역』으로 전체(全體)를 삼고 『춘추』로 대용(大用)을 삼았으며, 『서경』은 정치〔德治〕, 『시경』은 언어, 『예기』는 행실을 요지로 삼았으니, 마치 『주역』의 원 · 형 · 이 · 정(元亨利貞) 사덕(四德)에 형통하고 마땅함이 있는 것과 같다. 그러고 나서 도성유는 다시 오경(五經) 각각을 체(體)와 용(用)으로 나누었다. 예를 들면, 『주역』의 경우에 "체(體)를 이루는 역(易)의 '전체리(全體理)' 는 천지(天地)에 있다."라고 하였고, "용(用)을 이루는 '대용도(大用道)' 는 성인(聖人)에 있다."라고 하였다. 또한 그는 학문의 이치, 요체, 도리, 조목을 도해(圖解)와 함께 상세히 설명하여 일목요연하게 이해할 수 있도록 하였다. 「오경도」의 의의에 대해서는 박명섭(朴命燮)이 지은 「오경체용도서(五經體用圖序)」가 가장 잘 말해주고 있다.

> 오경(五經)이 전해진 것은 아주 오래되었는데, 전한시대(前漢時代) 이래로 주소가(註疏家)들이 아주 자세하게 분석하여 거의 덧붙일 말이 없을 정도이다. 그러나 『주역』을 공부하는 사람은 『주역』만 전공하고, 『춘추』를 공부하는 사

88) 『養直集』, 卷2, 賦, 「復初賦」 참조.

89) 『永慕堂通講諸子錄』, '都聖兪' 條. "常揭敬義二字於座右, 以觀省." 참조.

90) 『養直集』, 卷1, 詩, 「澄心臺」. "澄心臺上雨初晴, 落木寒泉一樣聽. 想像先賢遊賞處, 徘徊終日愧餘生." 참조.

람은『춘추』만 전공하기 때문에 체계적으로 관통하여 전체(全體)와 대용(大用)을 두루 갖춘 사람이 드물다. (…) 선생〔도성유〕의 시문(詩文)이 흩어져 없어지고 도(道)가 은미하여 시행되지 못하지만, 오직 「오경도」만이 찬란하게 이치를 갖추고 있다.[91]

체·용(體用)이란 사물의 본체와 그 작용, 또는 원리와 현상을 의미한다. 체·용은 동양철학의 기본적인 사상모형으로서, 미발(未發)과 이발(已發), 미(微)와 현(顯), 형이상과 형이하 등이 모두 체·용의 구조를 띠고 있다. 체·용이라는 두 글자가 서로 연결되어 병칭된 것에 대해서는 몇 가지 설이 있다. 이이곡(李二曲)은 주희에게서 비롯되었다고 생각하고, 중국 근대의 사상가 장동손(張東蓀)은 불교의 영향을 받은 후에 생겨났다고 주장하며, 왕부지(王夫之)는 한유(韓愈)가 일찍이 말한 적이 있다고 하였다.[92] 그렇지만 누구에 의해서 처음 말해졌든지간에 분명한 사실은 주희의 언급과 함께 유명해졌으며 주자학의 전파와 함께 널리 보급되었다는 점이다. 주희는 "내 마음이 전체·대용(全體大用)을 밝히지 아니함이 없다."[93]라고 하였는데, 여기서 '전체'는 마음의 완전한 본체를 의미하고, '대용'은 마음이 만사(萬事)에 응하는 작용을 뜻한다. 도성유가 오경(五經)을 이해하는 전반에 체용론을 적용하여 체계화시켰다는 것은 그만큼 그의 성리 이론의 수준이 높았으며 또한 주자학의 이론에 정통하였다는 방증이 된다.

도여유의 성리사상에 대해서는 현재 학계에 거의 소개된 바가 없다.[94]

---

91) 『養直集』, 卷3, 附錄, 「五經體用圖序」. "夫五經之作久矣, 自西漢以來, 註疏家縷析毫分, 殆無餘說. 而治易之家, 專於易, 治春秋之家, 專於春秋, 鮮有能統領條貫, 該全體而備大用者也. …… 先生之詩文佚而若而篇矣, 先生之道, 隱而不施矣, 獨其五經體用圖說, 燦然具存."

92) 김승동 편, 『儒教·中國思想辭典』, 부산대학교 출판부, 2003, 2624~2625쪽 참조.

93) 朱熹, 『大學章句』, 傳5章. "無不到而吾心之全體大用."

그렇지만 그는 성주도씨 문중 중에서도 인품이나 학식이 가장 빼어난 인물 중 한 사람이다. 그는 스스로 산수(山水)를 좋아한다고 수시로 말했을 만큼[95] 성품이 개결(介潔)했으며, 성리학적 수행과 삶에 충실하였다. 그의 삶을 누구보다 잘 알고 있는 종형 도성유는 그를 평하여, "마음은 관후(寬厚)하며, 행실은 효제(孝悌)의 도리를 충실히 행하였고, 학문은 독실했다."[96]라고 하였다. 도여유의 문집을 살펴보면 성리사상과 관련한 전적의 분량이 많지는 않지만, 그 깊이는 상당한 수준에 이른 것을 알 수 있다. 특히 성설(性說), 잠(箴:「仁·義·禮·智」), 찬(贊:「照鏡贊」,「寫眞贊」) 등의 글은 그의 성리학적 사유 수준을 가늠해볼 수 있는 좋은 자료이다. 그는 사람과 사물의 성(性)이 시초에는 같지 않음이 없었다고 보면서도, 만물 중에 사람이 가장 귀하다는 사실을 전제한다. 그는 여기에서 공맹(孔孟)의 이론뿐만 아니라 순자(荀子)와 양자(楊子)를 비롯한 여러 학자들의 성론(性論)을 평가하고 있다. 특히 그는 북송대(北宋代)의 유학자인 장재(張載)와 정이(程頤)가 거론한 기질지성(氣質之性)의 문제를 언급하면서 원래 하나였던 성(性)의 통폐(通蔽)와 개색(開塞)의 차이를 설명하였다.[97] 「조경찬(照鏡贊)」 또한 특색 있는 글이다. 옛사람들은 '거울'을 통해 자신을 살피고 잘못을 고쳐나가는 계기로 삼았으며, 이를 글로 표현하기도 하였다. 도여유 또한 '거울 속의 자신'을 타자화하여 "내 한 몸이 나뉘어 나와 너 둘이 되었으니, 네가 나인가, 내가 너인가?"[98]라고 읊었다. 도여유는 「조경찬」에서 주희와 퇴계의 「고경운(古鏡韻)」에 비해 훨씬 편안한 마음

---

94) 『한국민족문화대백과사전』(한국정신문화연구원 편, 1991)을 비롯한 전통문화 기본 검색 자료에 전혀 소개되지 않았다.

95) 『鋤齋集』, 卷2, 記, 「鋤齋記」. "余性愛山水, 家在臥龍山, 琴湖之陽." 참조.

96) 『養直集』, 卷2, 祭文, 「祭從弟諧仲」. "寬厚其心也, 孝悌其行也, 篤實其學也."

97) 『鋤齋集』, 卷2, 說, 「性說」 참조.

98) 『鋤齋集』, 卷2, 贊, 「照鏡贊」. "以吾一身, 而今化汝爲二身猗, 汝其我耶, 我其汝耶."

으로 자신을 바라보고 있다.

도신수(都愼修)의 경우에는 문집의 분량에 비해 성리이론이 많지 않다. 상당 기간을 관직에 있었기 때문에 순수한 성리이론이나 수기(修己)에 관한 내용보다는 치도(治道)에 관한 내용이 많다. 다만 「강학록(講學錄)」[99]은 눈여겨볼 만하다. 이것은 도신수가 한강에게 강학(講學)에 대한 여러 가지 일을 물어 기록한 것이다. 이 글에서는 충(忠) · 신(信) · 예(禮)를 강조할 것, 『춘추』의 뜻을 익힐 것, 일을 급히 이루려고 하지 말 것, 극기(克己)의 도를 익힐 것 등 10여 가지가 문답 형식으로 기록되어 있는데, 특히 배움이 민풍(民風)과 세도(世道)에 미치는 영향에 대해 자세하게 서술하였다. 내용상 특이한 부분은 보이지 않고, 다만 이 기록 또한 순수 이기심성론적(理氣心性論的) 관심보다는 유학의 실제적 관심을 주고받은 내용으로 편집되었다는 것이 특징적이다. 「도우니구산생공자(禱于尼丘山生孔子)」[100]는 공흘(孔紇, 일명 叔梁紇)이 니구(尼丘)에서 기도해서 공자를 낳았다는 이야기가 사실인가 하는 물음에 대답한 글이다. 이 글에서 도신수는 천지와 사시의 운행이 조화되어 만민을 낳고, 또 성인도 태어나는 것이지 범부(凡夫) 한 사람의 정성으로 성인이 태어날 수는 없는 것임을 논하였다. 주술적 힘이나 초월적 신비의 영역을 멀리하고 자연의 질서와 조화를 강조하는 성리학적 세계관의 입장에서 서술한 글이다.

도신여와 도신징의 경력이나 문집에서 가장 주목되는 것은 예학(禮學)이다. 이들은 직접 한강의 문하에서 수학한 적은 없지만, 가학(家學)의 전통을 따라 충분히 한강의 영향을 받았을 것이다. 그러므로 그들의 예학사상 또한 한강에게로 근원이 소급된다 하겠다.

한강의 서신에서 가장 많이 찾아볼 수 있는 것이 바로 '예(禮)' 에 관한

---

99) 『止巖集』, 卷4, 錄, 「講學錄」 참조.

100) 『止巖集』, 卷4, 論, 「禱于尼丘山生孔子」 참조.

논의이다. 예(禮)의 본질이 '실천'에 있기 때문에 실천윤리적인 성리학의 세계관을 강하게 지녔던 한강의 관심을 끌게 되었던 것으로 보인다.

한강은 예학에 조예가 깊어서 한국 성리학사에 있어서 예학 발전의 전기를 마련한 것으로 평가받는다. 그의 저술 대부분이 예에 관한 문답이다.[101] 한강은 도덕 · 인의와 군신 · 부자 · 형제간의 의리 및 인륜의 근본은 예이며, 예의 근본정신은 성(誠)과 경(敬)이라고 보았다.[102] 그는 작고하던 날까지도 『가례회통(家禮會通)』을 살펴보았을 정도로 예를 소중히 여겼다. 한강이 생각한 예는 서로 간에 유기적으로 관계하는 삶 속에서 인간의 본성을 표현하는 하나의 틀이었다. 그러므로 한강은 예라는 것이 인간의 본성에 근거하여 공동선(共同善)을 지향하는 것이며, 유학적 이상을 실현하는 가장 좋은 방법이라고 생각하였다.

도신수, 도신여, 도신징은 모두 성리학을 깊이 연구하였으며 특히 예제(禮制)에 밝았다. 도신여와 도신징은 당시 논란이 되었던 예송(禮訟) 논쟁에 정면으로 뛰어들어 자신들의 주장을 적극적으로 개진하였다. 도신여는 예(禮)가 나라를 보존하는 큰 원리이고 큰 핵심이라고 여겼으며,[103] 도신징 또한 상소문의 첫머리에서 "나라를 예(禮)로 다스려야 한다는 것이 성인의 분명하신 훈계여서 예가 한 번이라도 빠지면 뒤이어 나라가 망하는 법이니 신중하지 않아서야 될 일입니까?"[104]라고 반문하였다. 예에 대한 이들의 입장은 기본적으로 한강과 시각을 같이하고 있다. 예를 이처럼 소중히 여겼기 때문에 잘못되었다고 생각하는 예제(禮制)를 바로잡는 데

---

101) 대표 저서로는 『五先生禮說』, 『禮記喪禮分類』, 『家禮集覽補註』, 『五服沿革圖』, 『深衣制度』 등이 있다.

102) 『寒岡集』, 卷10, 「五先生禮說分類序」. "道德仁義以之而成, 君臣父子兄弟以之而定. 所以古之人, 自視聽言動之近, 達之家鄕邦國之遠, 無所不用其誠敬焉." 참조.

103) 『撝軒集』, 卷2, 附錄, 「行狀」(李時佐). "蓋禮者, 有國之大經也, 大柄也." 참조.

104) 『竹軒集』, 卷1, 疏, 「議禮疏」. "以禮爲國, 聖人明訓, 禮或一虧, 國隨以亡, 可不懼哉."

에 심혈을 기울일 수밖에 없었다. 도신여는 1660년에 자의대비의 상복(喪服) 문제를 논하면서 송시열 등이 주장한 기년설(朞年說)을 반대하고 예서(禮書)에 근거하여 삼년복(三年服)을 주장하였다.[105] 문집에 실려 있는 상당수의 서신도 당시 예송에 관해 허목(許穆), 조경(趙絅), 윤휴(尹鑴) 등과 의견을 나눈 것으로서 17세기의 가장 큰 정치적 문제 중 하나였던 예송에 대한 남인의 입장을 연구하는 데에 중요한 자료가 된다.

도신징의 경우는 도신여보다 서인의 예론 비판에 더욱 적극적이었다. 1674년(甲寅年, 현종 15년) 봄에 인선왕후(仁宣王后)가 세상을 떠나자 예조에서 대왕대비가 입는 상복(喪服)을 서자부복(庶子婦服)으로 강복(降服)하기를 청하였는데, 이는 1659년(己亥年, 현종 10년)의 옛 논의를 이은 것이다. 이때 도신징은 유생(儒生)의 신분으로 상소를 올려 기년설(朞年說)을 주장함으로써, 김수홍(金壽興) 등 서인 일파가 축출되는 계기를 마련하였다. 그는 "예로부터 지금까지 대통(大統)의 중대함을 이어받아 종사(宗嗣)의 주인이 되었는데도 적장자(嫡長子)가 되지 못한 경우가 과연 있었습니까?"[106]라고 하며, '체이부정설(體而不正說)'을 강력하게 비판하였다. 그의 이러한 주장은 곧 명분〔王〕과 실질〔次子〕이라는 관계에서 명분 위주의 명실상부론(名實相符論)이며, 이기론적 성리학에서는 당연히 주리론(主理論)으로 이어지게 된다. 그는 전례(典禮)에 따라 적장(嫡長)의 의리를 밝히고 이를 통해 국가의 기강과 질서를 바로잡고자 하였다.

도신징은 우선 당시 논란이었던 예제(禮制)의 모순성을 날카롭게 지적하여 말하기를, "대왕대비께서 인선왕후를 위하여 입을 복제(服制)를 처음에는 기년복(朞年服)으로 정했다가 뒤에 대공복(大功服)으로 고쳤는데

105) 『撝軒集』, 卷1, 疏, 「議禮疏」. "故長子一也, 長子而服不三年, 則安有主社承緖之義." 참조.
106) 『竹軒集』, 卷1, 疏, 「議禮疏」. "自古及今, 其果有承大統之重, 爲宗社之主, 而不得爲長嫡乎."

그게 어느 전례(典禮)를 따른 것입니까? 맏아들과 맏며느리의 복(服)은 모두 기년(朞年)으로 정한 것이 국전(國典)에 기록되어 있습니다. 그리고 기해년(己亥年) 대상(大喪) 때도 대왕대비의 복제(服制)를 기년(朞年)으로 정하면서, '국전(國典)에 따라 거행한다' 고 하였는데, 오늘날에 와서는 또 국전을 벗어나 대공(大功)의 복제가 나왔으니 어찌하여 앞 · 뒤가 그리 다른 것입니까?" 라고 하였다. 도신징은 상제의례(喪祭儀禮)에 대단히 밝았다. 그러므로 그는 자신의 주장을 펼 때에 관련 논거를 철저하게 고증한다. 예를 들면, "당나라 위징(魏徵)이 건의하여 시행하고, 송나라 주자(朱子)가 옛 전례를 엮어서 『가례(家禮)』를 편찬하였다." [107]라고 하는 식이다. 또한 그는 상대방의 비판 논거에 대해서도 성실하게 해명하였다. 일례를 들면, 한강 정구가 '오복도(五服圖)' 에서 『주례(周禮)』의 "맏며느리 복(服)은 대공(大功)이다." 라고 하는 구절을 삭제하지 않고 그대로 둔 것을 해명하여 말하기를, "그것은 '의심은 의심으로 전한다〔傳疑〕' 라고 한 『춘추』의 규례를 지킨 것일 뿐이지, 후세 사람들이 준행하기 위해 그대로 둔 것은 아니다." [108]라고 하였다.

도신징의 문집 '잡저' 에 실려 있는 「금호문답(琴湖問答)」은 당시 왕실의 예설(禮說)에 대해 자문자답의 형식으로 기록해 놓은 글이다. 그의 예론(禮論)을 연구하기 위해서는 상소문과 함께 이것 또한 자세하게 검토해야 한다. 도신징은 간곡하고 결연하게 상소의 매듭을 지으면서 말하기를, "신(臣)은 이 소(疏)를 올려 한 번 깨닫기를 바랐던 것인데, 중간에서 저지를 당하고 뜻을 풀지 못한 채 왔던 길을 다시 가다가 쓰러져 죽으면 그뿐이지만 국가 장래가 어떻게 될지 그것을 모르겠습니다." [109]라고 하였다.

---

107) 『竹軒集』, 卷1, 疏, 「議禮疏」. "唐之魏徵, 建白而行之, 宋之朱子, 輯古典修家禮."
108) 『竹軒集』, 卷1, 疏, 「議禮疏」. "其後本朝先正臣鄭逑, 作五服沿革圖, 幷存周禮長婦服大功不去者, 蓋是春秋傳疑之例而已, 非爲後世之遵用也." 참조.

그는 "예(禮)가 천리(天理)의 절문(節文)이요 종통(宗統)은 바꿀 수 없는 정위(正位)이기 때문에 예(禮)가 흔들리면 하늘의 이치와 사람의 기강이 문란해진다."고 보았으며,[110] 이것을 다시 이을 기회가 지금 임금에게 주어졌다고 간곡하게 호소하였다.

도응유(都應兪) 또한 예학에 밝았다. 그는 스승인 한강을 도와 『오현예설(五賢禮說)』을 편찬하였다. 그의 학문 경향은 주리적(主理的) 성리학의 특징을 강하게 지닌다. 그는 경험적 세계의 현실문제와 사회문제보다는 도덕적 원리에 대한 인식과 실천을 중시하였다. 그리고 그의 아우인 도경유(都慶兪)의 경우에는 사환(仕宦)에 오래 있었던 경력만큼 문집 전반이 치세적(治世的) 경향이 강하다. 즉 토벌 기록[111]이나 병영(兵營) 보고문,[112] 순영(巡營) 보고문,[113] 중국 사신을 맞이한 기록문[114] 등 실용적이고 사실적인 글이 주류를 이룬다.

성주도씨 문중 학자들의 학문 경향은 다양하지만 크게 세 종류로 구분된다. 첫째, 관직에 나아가지 않고 임천(林泉)에 거처하며 안빈낙도(安貧樂道)의 길을 걷던 학자들로서 성리학적 수양과 제자 강학에 힘썼다. 도성유와 도여유가 그러한 경우이다. 둘째, 당시 예론에 적극적으로 참여하여 이를 통해 국가의 질서와 사회의 기강을 바로잡고 성리학적 예학의 시대를 열어가려 했던 학자들이다. 도신여와 도신징이 대표 사례이다. 셋째, 관직의 길에 나아가 실용과 실제의 학문에 힘쓰며 유가적 선정(善政)

---

109) 『竹軒集』, 卷1, 疏, 「議禮疏」. "微臣獻疏, 庶幾一悟, 從中沮止, 齎志復路, 顚仆而死而已, 憂懣而死而已. 抑未知國家將稅駕於何地頭也."

110) 『竹軒集』, 卷1, 疏, 「辭職兼陳弊疏」. "禮者天理之節文, 宗統不易之正位. …… 而及至仁宣王后之降服也, 禮壞益甚, 而考據無徵, 則天理斁而人紀紊矣." 참조.

111) 『洛陰集』, 卷3, 雜著, 「在殷栗時裝船說」 참조.

112) 『洛陰集』, 卷3, 雜著, 「報兵營文」 참조.

113) 『洛陰集』, 卷3, 雜著, 「設鎭席島時稟巡營文」, 「報巡營請罷席島移鎭椒島文」 참조.

114) 『洛陰集』, 卷3, 雜著, 「黃岡延詔圖名帖」 참조.

의 이상사회를 펼치려 했던 경우이다. 도경유가 그러한 사례이다. 그렇지만 어떠한 경우이든 이들은 성리학의 독선적이고 순수관념적인 이론에만 빠져있지 않고 자신이 처한 시대 여건과 개인 상황에서 자기 나름으로 성리학적 이론과 실제를 합일시키기 위해 노력했던 책임 있는 지식인들이었다.

3) 실천적 모색

유교 사회에서 사회적 실천과 일차적으로 관계되는 일은 출사(出仕)하여 정치·행정의 일을 담당하는 것이다. 그러나 좀 더 넓은 시각에서 보면 사회적 실천은 출사만 있는 것은 아니다. 국가가 위기에 처했을 때 행동하는 일, 향촌 사회를 안정시키고 풍속을 교화하는 일, 강학(講學)을 통하여 제자를 양성하는 일, 그리고 효행(孝行)의 실천 역시도 유교 사회의 중요한 사회적 실천 덕목이라고 할 수 있다.

한강의 학문과 생애를 아우를 수 있는 가장 특징적인 말이 바로 '실천'이다. 퇴계의 학문이 경(敬)을 위주로 한 내적·수양적·개인적 실천성이 그 특징이라고 한다면, 남명의 학문은 의(義)를 위주로 한 외적·참여적·사회적 실천성이 특징을 이룬다. 두 선생의 학통을 모두 계승한 한강의 경우에는 내·외적, 개인·사회적 실천을 모두 겸비하였으니, 경의협지(敬義挾持)의 성리학적 전통을 잘 구현한 학자라고 평할 수 있겠다.[115)]

한강의 영향을 받은 대구권 성리학자들은 전반적으로 '실천적' 특징을 강하게 지니며, 특히 남명과 한강의 영향으로 사회적인 측면에서 실천적 모색이 돋보인다. 한강의 제자로서 대구권 성리학의 대표 학자인 낙재와

115) 장윤수·임종진, 「한강 정구와 조선 중기 대구권 성리학의 연계성에 관한 연구」, 201쪽 참조.

모당이 그러하고 또한 이들의 학문을 전수한 성주도씨 문중의 학자들이 그러하다. 우선 의병 활동과 관련한 사실이 두드러진다.

낙재는 임진란 때 의병 활동에 적극적으로 참가하였으며,[116)] 모당 또한 임진란 당시 의병장으로 활동하였다. 당시 성주도씨 문중에서도 이들의 문인을 중심으로 의병 활동에 활발하게 참여하였다. 도성유는 임진란이 일어나자, 스승 낙재를 따라 의병을 일으켜 군량미를 조달하였다. 그는 국가적 위기와 치욕을 당할 때마다 유자(儒者)로서 나라를 위하는 마음과 비분강개한 의식을 표출하였다. 도여유는 1624년 이괄의 난 때에 모당을 따라 군성(郡城)에 들어가 의병을 모집하였으며,[117)] 당시 도응유 또한 모당이 그를 추천하여 분의도유사(奮義都有司)가 되었다. 그리고 도응유는 정묘호란 때에 소모장(召募將)이 되어 정경세(鄭經世)를 돕기도 하였다.

성주도씨 문중의 학자들은 불의한 일에 대해 침묵하지 않고 직언하였으며, 잘못된 일을 광정(匡正)하고자 노력하였다. 도성유는 광해군 때 내암 정인홍이 회재와 퇴계를 비판하자 그들의 무죄를 변호하였으며, 도응유는 수운 최영경의 신원(伸寃)을 요청하였다.[118)] 특히 예송(禮訟)이 치열하던 시기에 도신여와 도신징 형제는 예(禮)의 명분과 실질을 합치시키고자 불굴의 노력을 하였다.

성주도씨 문중에서 사환(仕宦)의 길에 나아갔던 학자들은 성리학적 이념을 현실정치에 구현하기 위해 노력하였다. 그 대표적인 사례가 향약의 실천이다. 향약은 원래 중국 북송대의 유학자인 여대림(呂大臨) 형제가 처음으로 조직하였는데, 주된 강목은 덕업상권(德業相勸), 과실상규(過失

116) 당시 義兵의 모집을 위하여 지은 檄文인 「招集鄕兵文」과 그리고 義兵들이 지켜야 할 조항 10가지를 제시한 「鄕兵立約」이 그의 文集 卷6 雜著에 전해지고 있다. 이 規約에는 兩班과 賤民의 구분 없이 부대를 편성하는 내용이 실려 있다.

117) 『永慕堂通講諸子錄』, '都汝兪' 條. "甲子适亂, 從先生入郡城, 諭以倡義." 参조.

118) 『永慕堂通講諸子錄』, '都應兪' 條. "與鄭桐溪蘊成浮査汝信, 上疏請伸崔守愚寃." 参조.

相規), 예속상교(禮俗相交), 환난상휼(患難相恤)로서 향촌 사회의 실천규약이다. 성주도씨 문중의 학자들이 목민관으로 재직할 때 향약을 만들고 이를 실천했다는 것은 그들이 유가적 이상사회 실현을 위해 실제적이고 구체적인 노력을 하였다는 사실을 뜻한다.

도성유는 대구부(大丘府)에 있던 화암서원(畵巖書院)의 원지(院誌)를 만들고 또한 원록(院錄)을 수정하여 『여씨향약(呂氏鄕約)』의 조약(條約)을 모범으로 한 유가적 교화에 힘썼다.[119] 또한 그는 집안에서 관례가 폐지된 지 오래된 것을 안타까워하여 1623년에 직접 『가례』와 『문공가례의절(文公家禮儀節)』을 참고하여 양자(養子)인 도신여의 관례(冠禮)를 시행했다.[120] 그렇지만 도성유의 종제(從弟)인 도응유가 이미 1604년에 관례의 초고(草稿)를 베껴 썼다는 기록을 보면 그 이전에도 이미 성주도씨 문중에서 관례에 대한 관심을 두고 있었던 것으로 보인다.[121] 도신여는 1656년 용담현령으로 부임하여 향약을 창설하고 그 서문(序文)[122]을 직접 지었다. 그는 이 글에서 향약을 짓게 된 배경을 설명하였는데, 그의 유가적 통치관이 잘 드러나 있다.

이 고을은 지형이 후미지고 험하며, 또한 주민들은 질박하고 꾸밈이 적으며

---

119) 『養直集』, 卷3, 附錄, 「家狀」. "邑有畵巖書院, 乃鄕先輩肄業之所. …… 編成院誌, 兼修定院錄, 略倣呂氏鄕約之條, 以爲勸進德業, 敦尙風敎之地." 참조.

120) 『養直集』, 卷1, 「癸亥春, 行嗣子愼與冠禮, 請羅兄君善爲賓, 蔡戚明甫爲贊, 禮畢不勝感頌之私, 賦古詩二百八十字」 참조. 이 詩에는 당시 冠禮에 관한 구체적인 기록이 수록되어 있다. 癸亥年(1623년) 봄, 좋은 날을 택하여 대구부 都聖兪의 자택에서 관례를 행하였다. 당시 主人 都聖兪는 53세, 冠者 都愼與는 19세(만18세), 賓(이웃어른) 羅應淑은 58세, 贊者(외가 아저씨) 蔡先見은 50세였다. 그런데 賓을 맡은 羅應淑과 贊者인 蔡先見은 모두 鄭逑의 문인으로서, 主人 都聖兪와는 동문수학한 관계이다. 당시 대구지역 성리학계의 공고한 결속력을 확인할 수 있는 장면이다.

121) 『樂齋年譜』, 卷1, 年譜, 甲辰年(宣祖37年), 樂齋55歲, "都進士應兪, 寫冠禮草." 참조.

122) 『撝軒集』, 卷1, 「龍潭鄕約序」 참조.

> 풍속이 무지하여 예의를 모른다. 그렇지만 종종 본성을 보존하여 속이고 꾸미는 태도가 없다. 만약 다스림에 뜻을 두어서 인(仁)으로 어루만지고 예(禮)로 바로잡는다면 다른 고을과 비교했을 때에 다스림이 쉬울 것이다. 그러므로 내가 앞장서서 향약을 만들게 되었다. 더욱이 풍속을 바꾸는 것이 이보다 더 나은 것이 없을 것이다.[123)]

그는 조례(條例)에서 기본적으로 중국 여씨(呂氏) 형제의 규약을 따랐지만, 여러 학자의 의견을 물어 고을의 여건에 맞게 내용을 가감(加減)하였다.[124)] 도신수 또한 1640년 울산부사로 근무할 때 '향약 8조'[125)]를 지어 주민들의 교화와 풍속을 크게 진작시켰다.

한편 성주도씨 문중 학자들은 향리(鄕里)에 거처할 때는 직접 농사를 짓고 땔나무를 하기도 했으며 실용과 실질의 사업에 힘썼다. 도여유는 '서재(鋤齋)' 라는 자호가 상징하듯이 직접 농사를 짓고 땔나무를 하면서 날마다 어버이를 기쁘게 하는 일에 골몰하였다.[126)] 그리고 도신여도 과거 공부에 매달리지 않고 생가(生家)와 양가(養家)의 정훈(庭訓)을 받들어 여러 아우들을 가르치고 한가한 날에는 밭을 갈았다고 한다.[127)] 이러한 경향과 관련하여 모당 손처눌의 경우를 주목할 만하다. 모당은 마을 앞에

---

123) 『撝軒集』, 卷1, 「龍潭鄕約序」. "本縣僻介嶂峽, 居氓質多文少, 俗習貿貿, 不知禮義之爲何如, 而往往存得本性, 無欺詐巧譎之態. 苟能有志於治, 而撫之以仁, 糾之以禮, 則較諸佗邦, 其治也易矣. 肆余鄕約之所由以倡設者, 而且況移風易俗, 無愈於此乎." 참조.

124) 『撝軒集』, 卷1, 「龍潭鄕約序」. "其所條列, 一依藍田呂氏之規, 然亦不無時措損益, 而詢于當日約中僉彦, 咸曰允, 乃爲之撮要輪諭." 참조.

125) 『止巖集』, 卷4, 「蔚山鄕約八條」 참조.

126) 『鋤齋集』, 卷3, 附錄, 「家狀」(都愼修). "邊烽未熄, 饑饉荐甚, 躬自耕樵, 暇必讀書, 日以悅親爲事." 참조.

127) 『撝軒集』, 卷2, 附錄, 「行狀」(李時佐). "丙子, 翟人渝盟, 報友人書, 諭已意, 遂杜門廢擧. 奉承兩庭, 訓飭諸弟, 暇日耕釣, 寓興江湖, 時或賦詩酌酒, 翛然有物外趣." 참조.

청호지(青湖池)를 만들어 직접 영농에도 힘썼다.[128] 이러한 사실을 볼 때 직접 영농에 참여하고 실사(實事)의 학문에 정진한 것은 성주도씨 문중뿐만 아니라 당시 대구지역 학자들의 실천적 경향의 하나로 이해할 수 있는 가능성이 있다.

도여유와 도신징은 각각 '의소(擬疏)' 한 편씩을 남겼다. 이것은 그들의 정치적 견해를 좀 더 적극적으로 드러내 주는 자료이다. 도여유는 1628년(무진년)에 총 10조의 의소(擬疏)를 지었는데,[129] 그 주요 내용은 다음과 같다.

① 성인 되는 배움에 힘쓰라〔懋聖學〕.
② 학교를 일으키라〔興學校〕.
③ 인재를 기르라(養人才).
④ 어진 자와 능력 있는 자를 천거하라〔擧賢能〕.
⑤ 예(禮)와 악(樂)을 숭상하라〔崇禮樂〕.
⑥ 세금을 적게 거두라〔薄賦斂〕.
⑦ 잘못을 고치도록 간(諫)하는 말을 받아들이라〔納諫諍〕.
⑧ 상과 벌을 신중히 하라〔愼賞罰〕.
⑨ 재용(財用)을 절약하라〔節財用〕.
⑩ 국경의 수비를 엄격하게 하라〔嚴關防〕.

이에 비해 도신징은 총 14조의 '의소'를 지었는데,[130] 다음 네 조목에

---

128) 『慕堂集』, 卷4, 書, 「上寒岡先生」(두 번째 편지). "處訥自少貧賤, 家徒四壁, 不得已躬稼力田, 艱難辛苦. 爲諸友所憐, 或稱以朝耕夜讀." 참조.

129) 『鋤齋集』, 卷2, 疏, 「擬疏」 참조.

130) 『竹軒集』, 卷2, 疏, '擬疏' 참조. 주요 내용은 다음과 같다. ① 懋聖學, ② 輔興儲君, ③ 興學校, ④ 用人才, ⑤ 振紀綱, ⑥ 戒侈逸, ⑦ 選守令, ⑧ 薄賦斂, ⑨ 恤民隱, ⑩ 愼軍政,

서 아버지 도여유의 주장과 일치하고 있다.

① 성인 되는 배움에 힘쓰라〔懋聖學〕.

③ 학교를 일으키라〔興學校〕.

④ 인재를 등용하라〔用人才〕.

⑧ 세금을 적게 거두라〔薄賦斂〕.

두 사람 모두 성인 되는 배움에 매진하는 일과 학교 진흥을 강조하여 이 조목을 우선순위에 두었으며, 그다음으로 인재를 등용하는 것과 세금을 적게 거두는 것을 공통으로 강조하고 있다. 그런데 여기서 특히 성인 되는 배움 즉 '성학(聖學)'이라고 하는 것을 주목할 필요가 있다. 도여유는 '성학이란 요임금 · 순임금 · 우임금 · 탕왕 · 문왕 · 무왕이 서로 전해주던 심법(心法)'[131]이라고 설명하였다. 그런데 여기서 말하는 성학은 두 가지 의미를 지닌다. 일반적으로 '성인이 되기 위한 학문'이라는 의미로 이해할 수 있으며, 다른 한 가지 의미는 '군왕(君王)이 수행해야 할 학문'이라는 의미도 가능하다.

그렇다면 군왕이 수행해야 할 학문으로서 성인이 되기 위한 학문인 성학(聖學)은 무엇인가? 도여유는 앞 시대의 성왕들이 서로 전해주던 심법이라고 정의하였다. 그러면 서로 전해주던 심법의 요체는 무엇인가? 한마디로 말하여 '경(敬)'이다. 그래서 퇴계는 "경(敬)이라는 한 글자는 성학(聖學)의 시작과 끝맺음에 걸친 일관된 요체이다."[132]라고 하였으며, 또한

---

⑪ 察軍情, ⑫ 整還弊, ⑬ 置保障, ⑭ 樹義師嚴關防. 그 외에 都愼修의 문집에 수록되어 있는 策問에도 擬疏의 관련 조목과 연계하여 살펴볼 만하다. 都愼修는 이 글에서 朱子가 孝宗에게 國事를 논한 것을 예로 들면서 적을 방어하는데 마땅한 대책이 시급함을 주장하였다.〔『止巖集』, 卷2, 策, 「問禦賊」. "王若曰禦敵云云." 참조〕

131) 『鋤齋集』, 卷2, 疏, 「擬疏」. "聖學者, 堯舜禹湯文武之心法也."

"경을 가지고 서로 전수하는 일은 예전부터 그러하였으니, 이를테면 요임금의 '흠명(欽明)', 순임금의 '긍업(兢業)', 탕왕의 '성경(聖敬)', 무왕의 '경승(敬勝)', 공자의 '행독경(行篤敬)'과 '수기이경(修己以敬)'이 바로 그러한 것들로서, '경' 공부는 동(動)과 정(靜)을 관통하고 있기 때문에 정(靜)을 꼭 말하지 않아도 저절로 족합니다."[133]라고 하였다.

성리학에서 경(敬)은 성학의 요체이자, 천리(天理)의 인(仁)을 체인할 수 있는 치심법(治心法)이다. 그러므로 도여유와 도신징 부자는 임금이 '경' 공부로서의 성학(聖學)에 매진할 것을 국가 통치이념의 첫 번째 자리에 두었던 것이다. 결국 이들 부자의 실천적 정치이념은 성리학적 외왕(外王)의 이상과 근본적으로 일치하고 있다. 이들뿐만 아니라 17세기 대구지역 성주도씨 문중 학자들 상당수가 성리학적 공리공론에만 머물지 않고 자신들이 배우고 생각하던 바를 '사회'라는 매개체를 통해 실천하고 그 이상을 실현하기 위해 매진하였다.

4. 17세기 대구지역 성리학의 특징

'대구'는 1601년(선조 34년) 이래 400년 이상 경상도의 중심지 역할을 해왔다. 그렇지만 성리학적 인문지리의 입장에서 볼 때 영남학파의 '주변부'에 해당한다. 그리고 실제로 학문 방면에서는 상당히 오랫동안 침체기에 있었다. 그러던 중, 임진란은 대구지역 학자들에게 '위기'이자 '기회'

132) 『退溪集』, 卷7, 聖學十圖, 「大學圖」. "然則敬之一字, 豈非聖學始終之要也哉." 참조.

133) 『退溪集』, 卷37, 書, 「答李平叔」(세 번째 편지). "且以敬相傳, 自古而然, 如堯之欽明, 舜之兢業, 湯之聖敬, 武之敬勝, 孔子之行篤敬, 修己以敬, 是也. 敬字工夫, 通貫動靜, 不須言靜而自足."

로 작용하였다. 생존 환경에서는 위기로 작용하였고, 학문의 진작이라는 측면에서는 오히려 기회로 작용하였다.

임진란 직후 한 세기, 즉 17세기는 대구지역 성리학이 가장 큰 특색을 발휘하던 시기였다. 당시 대구지역은 재지사족(在地士族) 출신의 학자들에 의해 의병이 조직되었으며, 전쟁이 끝난 후에는 이들을 중심으로 학파가 형성되고 학풍이 진작되었다. 의병 활동의 중심에 섰던 낙재 서사원과 모당 손처눌은 이후 대구지역 성리학계의 구심점이 되었으며, 아울러 이 두 사람이 스승으로 받들고 존경했던 한강 정구는 대구지역 성리학의 종장(宗匠)이 되었다.

남명학과 퇴계학의 전통을 함께 계승한 한강은 '대구'라는 지역의 주변부적 '소외'를 극복하고 '실천성'과 '개방성'으로 대표되는 학문적 풍토를 이룩하는데 많은 기여를 하였다. 그는 본래 성주 출신이지만 만년에 대구의 인근 지역(칠곡)에 이주하여 수많은 후학을 길러냈다. 그리고 낙재와 모당은 대구지역에 한강의 학풍을 정착시키고 또한 대구 성리학을 가능케 한 중심인물이었다. 당시 대구지역의 학자들은 학문적 편견 없이 이 세 인물을 중심으로 여러 스승의 문하에 자유롭게 넘나들었으며, 관직에 나아가든 향리에 은거하든 자신이 처한 입장에 충실하여 성리학적 학문 연찬과 심성 수양 및 사회적 실천에 힘썼다. 이 중에서도 특히 성주도씨 문중은 한강·낙재·모당의 문하에서 주목받는 학자를 많이 배출하였다.

대구지역에 성주도씨를 뿌리내리게 한 인물은 도흠조(都欽祖)인데, 그의 손자 시대부터 많은 인재가 배출되었다. 그들은 지역사회에서 학풍과 가풍의 족적을 뚜렷하게 남겼다. 형제·부자·숙질 등이 동문 또는 사제 관계를 형성하며 서로 권면하고 힘써 교학하였다. 그들의 가풍은 이 지역의 학풍과 일치하는데, 자신들이 배우고 옳다고 여겼던 바를 실천하기 위해 각고의 노력을 하였다. 이러한 맥락에서 그들은 추상적·형이상학적 논쟁보다는 실제적 논의를 즐겼고, 유학의 이상사회 구현을 위해 향약의 조약을 수립하고 이를 보급했으며, 사회와 국가의 기강을 바로잡고 유학적 가치의 내면과 외형을 통일시키기 위해 예학을 강조하였다. 그들은 유학과 성리학의 가르침을 살아있는 의미로 해석하였으며, 그러므로 개인 · 가정 · 사회를 매개로 하여 성리학적 가치와 이상을 실현하기 위해 직접 실천하고 참여하였다.

17세기 대구지역의 성리학자들은 '원칙성' 과 '현실성' 을 함께 갖춘 학자들이었다. 이들은 비교적 개방적인 태도에 입각하여 현실적 유연성과 실천성을 보여주었다. 그러므로 이 시기 대구지역 성리학자들에 대한 이해는 곧 대구지역의 정신사적 전통에 대한 인식을 새롭게 하고, 이를 바탕으로 지역의 학풍을 새롭게 모색하는 데에 일조할 수 있다.

제4장

백불암 최흥원 가문의 실용적 학풍과 실천지향의 삶

낙동강은 영남문화권 형성에 중요한 역할을 한다. 이 강은 영남의 중앙부를 관통하면서 그 본류의 전·후와 좌·우에서 흘러내리는 여러 물줄기를 합류해서 한 '도(道)' 로서의 통일성과 일체감을 가져다주며 특색 있는 문화권을 형성하는 것이다.[1] 그러므로 낙동강은 영남인에게 '우리 강' 이라는 의식을 갖게 하였고, 영남의 문화는 낙동강을 기준으로 '좌도(左道)' 와 '우도(右道)' 로 나뉘게 된다. 주지하다시피 퇴계(退溪)가 거처하였던 안동(安東)을 중심으로 한 경북 북부지역을 일러 '영남좌도' 라 하고, 남명(南冥)이 생활하였던 서부 경남지역을 '영남우도' 라고 한다. 낙동강을 중심으로 한 좌도와 우도 지역의 학문적 연원과 특징에 대해서는 그동안 학계에 충분한 연구 성과를 축적하였다. 그렇지만 좌도와 우도의 '간(間)-지역' 인 대구와 인근지역의 학풍에 대해서는 크게 주목해오지 않

1) 이수건, 『영남학파의 형성과 전개』, 일조각, 1995, 17쪽 참조.

왔다.

백불암(百弗庵) 최흥원(崔興遠, 1705~1786)의 가문은 대구지역의 지식인 사회와 밀접한 연관을 맺고 있었으며, 이 지역의 학문적 특징을 강하게 지니고 있다. 이 가문은 가학(家學) 형성의 과정이나 학문의 정체성이라는 측면에서 대구지역 성리학의 특징을 가장 잘 보여준다. 백불암의 가문은 파조(派祖)로 설정된 최단(崔鄲)의 2대손인 최맹연(崔孟淵, 生沒年 未詳, 世宗祖 인물로 추정됨) 이후로 600년 가까이 대구지역에 세거(世居)해 왔다.[2)] 백불암 가문은 기록을 통해 선조들의 행적을 충실하게 전하였고, 대암(臺巖) 최동집(崔東集, 1586~1661) 이후 주손(胄孫)인 백불암 최흥원과 지헌(止軒) 최효술(崔孝述, 1786~1870)을 비롯한 많은 후손이 문집을 남겼으며, 그리고 이들은 모두 강렬한 가학적(家學的) 정체감을 형성하였다. 그렇지만 백불암 이전 시대의 학자들에게서는 사상적 특징을 드러낼 만한 충분한 자료를 확보하기가 어렵다. 17세기에 이 집안의 가장 두드러진 인물인 대암의 경우만 하더라도 문집의 분량이 지나치게 빈약하고 성리학적 이론을 확인할만한 구체적인 내용을 확인하기 어렵다. 그러므로 이 장에서는 본서의 주된 관심인 17세기 대구지역의 성리학 연구라는 시대적 범위에 한정하지 않고 백불암 가문의 가학적 특징을 종단적(縱斷的) 시각이라는 역사적 흐름에서 고찰하고자 한다. 이 연구를 통해 백불암 가문의 성리학적 가풍의 일관성을 확인하고, 이러한 특성을 대구지역 성리학의 특징으로 일반화할 가능성으로 확대해보고자 한다.

백불암에 대한 선행연구는 1980년대부터 주목된다. 1990년 이전의 연구 성과는 주로 부인동(夫仁洞) 동약(洞約)에 대한 것이었으며, 1990년 이후에는 동족(同族) 마을의 특성과 백불암 고택이 지니는 풍수지리적 측면

2) 최언돈, 「百弗庵 崔興遠의 夫仁洞 및 漆溪〔옻골〕 經營 規範 연구」(영남대학교 대학원 한국학과 박사학위 논문, 2010), 22쪽 참조.

에 대한 연구가 주류를 이루었다.[3] 그러다 2001년 경북대학교 퇴계연구소의 기획특집 학술대회에서 비로소 문학 · 역사 · 철학을 아우르는 다양한 연구가 이루어지게 된다.[4] 백불암 가문의 '부인동 동약' 에 대해서는 역사학계에서 상당 부분 자세하게 소개하였다. 그런데 그중 일부의 연구에서는 향촌 사회의 교화와 상호부조를 위해 결성되었던 향약(동약)이 실제로는 향민(鄕民)을 효율적으로 지배하기 위한 이념적 · 제도적인 도구로 사용되었음을 논증하였다.[5] 충분히 설득력이 있는 주장이지만, 대구지역 성리학의 학풍과 학문적 지형도를 살피려는 목적에서는 우선 향약(동약)의 본래 취지와 그 규약의 특징들을 고찰하는 것으로 연구 범위를 한정하고자 한다.

여기에서 백불암 가문의 사상적 연원을 밝힌 후에 성리사상의 특징을 이기론(理氣論)과 경론(敬論)으로 나누어 검토하려고 한다. 그리고 백불암 가문의 실천적 삶을 논하면서 효제(孝悌)의 실천과 유가적 이상사회 건설을 위한 향약(鄕約)의 시행으로 구분하여 살펴보겠다. 대암(臺巖), 백불암(百弗庵), 지헌(止軒)의 문집(文集)을 중심으로 원전 자료를 검토하고, 이들의 삶과 사상의 연속적인 측면을 부각시키고자 한다. 즉 문집(文集)과 일기(日記)를 통해 생생한 사례를 발굴하고, 이를 통해 백불암 집안의 학풍이 일관성 있게 유지되고 결국 이러한 학풍이 대구지역 성리학의 특징과 일치함을 확인하고자 한다.

---

3) 최언돈, 「百弗庵 崔興遠의 夫仁洞 및 漆溪〔옻골〕 經營 規範 연구」, 4~5쪽 참조.

4) 당시 학술대회에서 필자 또한 「百弗庵 崔興遠 성리학적 삶과 사유」라는 제목으로 발표를 하였으며, 발표문은 『한국의 철학』, 제29호(경북대학교 퇴계연구소, 2001)에 게재되었다. 그리고 이 발표문의 내용을 확충하고 백불암의 대표 門人들을 보완하여 「百弗庵 崔興遠과 18세기 대구지역 성리학에 관한 연구」(『철학연구』, 제90집, 대한철학회, 2004)를 발표하였다.

5) 정진영, 『조선시대 향촌사회사』, 한길사, 1988, 381~399쪽 참조.

1. 백불암 최흥원 가문의 사상적 연원

앞서 언급하였듯이 대구지역에 성리학적 학풍이 뚜렷하게 자리 잡게 된 것은 임진란이 계기가 되었다. 당시 대구지역 사림(士林)에 의해 의병(義兵)이 조직되었으며, 임진란 이후 이들을 중심으로 학파가 이루어지고 지역 학계의 중심역할을 하게 된다. 이러한 시대적 배경에서 한강 정구는 당시 대구지역 성리학 부흥의 구심점으로 등장하게 된다. 이 지역의 유력한 사림 집안은 상당수가 한강과 학연을 맺게 되는데, 백불암의 가문 또한 마찬가지다.

백불암의 5대조인 대암 최동집은 한강의 문인이다. 대암은 회재 이언적의 손자인 무첨당(無忝堂) 이의윤(李宜潤)의 사위가 되면서[6] 희미하게나마 회재 학문의 연원에 맥이 닿게 된다. 그런데 장인인 이의윤 또한 한강의 문인이다.[7] 대암은 아버지 최계(崔誡, 1567～1622)의 명에 의해 형〔崔東嵂〕과 함께 한강의 문하에 나아갔다. 백불암 문중의 가전(家傳) 자료들에 따르면, 최계(崔誡)는 맏아들 최동률(崔東嵂, 1585～1622)과 둘째 아들 최동집을 모두 한강의 문하에 보냈으며, 최계의 중형인 최인(崔認, 1559～?) 또한 자신의 아들 최동립(崔東岦, 1583～1660)을 한강의 문하생으로 보냈다. 최인과 최계의 형제 시대에 이르러 무인풍의 가풍을 문인풍으로 바꾸기 위해 많은 노력을 했으며, 그 결과로 그들의 아들 시대에 이르러 당당하게 대구지역의 사족으로 등장하게 된다. 특히 대암 최동집은 가문의 문풍을 일으키는 데에 많은 기여를 하였다.

대암은 어린 시절 유해(兪諧)에게 취학(就學)하기도 했는데, 유해 또한

---

6) 『臺巖集』, 卷4, 附錄, 「家狀」 참조.

7) 李宜潤은 1589년(己丑年, 宣祖22年)에 寒岡의 문하에 나아가 『心經』을 배웠다. 〔『無忝堂集』, 卷2, 附錄, 「墓碣銘」(權相一). "己丑往謁鄭先生, 于寒岡受心經." 참조〕

한강의 문인이다.[8] 대암이 한강을 사모하는 마음은 각별하였다. 그는 시(詩)를 통해서도 "가슴 속에 돋아난 띠풀은 제거하기 쉽지 않으니, 스승을 따르던 처음 뜻 소홀할까 두렵구나. 학업 꾸준하지 못하면 그 유익함 무엇인가, 거처를 스승이 계신 곳으로 옮기지 못한 것이 한스럽구나."[9]라고 하며 스승 한강을 그리워하였다. 그는 한강의 도학(道學)과 행의(行義)가 퇴계학의 적통을 계승한 것으로 평가하였으며,[10] 또한 여헌 장현광이 한강의 문인이라는 입장을 분명하게 밝힘으로써 후일 논란이 되었던 '한려시비(寒旅是非)' 에 있어서 한 준거를 제공하고 있다.[11]

대암은 연경서원(硏經書院)을 중건하고 퇴계의 위패를 제향토록 하는 일에도 적극적으로 동참하였다.[12] 한강이 연경서원(硏經書院)과 선사재(仙査齋)를 왕래하며 『소학』, 『대학』과 주요 성리학 서책들을 강학할 때에 고을의 이름난 유생들이 모두 모여들었는데 대암도 참석하였다. 그는 참석자들 중에서 가장 나이가 어렸으나 강학 내용이 크게 잘못됨이 없었다는 사실은 전해오는 강록(講錄)을 통해서 확인할 수 있다.[13] 이러한 사실들은 대암의 학문적 역량과 당시 대구 사림에 있어서 그의 위상을 짐작케 하는 사례이다.

임진란 직후 대구 사림에는 한강의 영향을 받은 제자들이 많이 포진하고 있었고, 그중에서도 낙재 서사원과 모당 손처눌이 중심이 되어 강학과 교제에 힘썼다. 그런데 지역 성리학계의 중심인물인 낙재와 모당 두 사람

---

8) 『臺巖集』, 卷4, 附錄, 「家狀」 참조. 寒岡의 「門人錄」에도 등재되어 있다.

9) 『臺巖集』, 卷1, 詩, 「泗上吟」. "胸裏草茅未易除, 從師初志恐還疏. 十寒一暴終何益, 恨不移家此地居."

10) 『臺巖集』, 卷2, 記, 「曆中謾錄」. "先生道學行義, 實爲陶山嫡傳."

11) 『臺巖集』, 卷3, 祭文, 「祭旅軒張先生文」(첫 번째 편지). "妙契岡門, 益勵眞實."

12) 『臺巖集』, '序' (鄭宗魯). "殫誠於硏經重建之役, 以俎豆退陶老先生者, 皆表表在遺事中而其有得於家庭師友之深, 又不可誣焉." 참조.

13) 『臺巖集』, 卷4, 附錄, 「家狀」 참조.

의 관계는 당시까지만 하더라도 상당히 우호적이었으나, 성주(星州) 유생들의 '한강(寒岡) 고변(告變) 사건' 과 정인홍의 '회퇴변척(晦退辨斥) 사건' 이후 두 사람과 그 문인들 간에 미묘한 갈등이 생겨나게 된다. 모당은 시종일관 이러한 일의 배후에 정인홍이 있다고 보고서 한강을 신원하고 정인홍을 비판하는 일에 적극적으로 참여하였다. 그렇지만 낙재는 한강의 어려움에 근심하기는 했으나 정인홍을 비판하는 일에 적극적인 태도를 보이지 않았다. 이러한 입장 차이는 '회퇴변척 사건' 에 이르러 보다 큰 차이로 드러난다. 모당은 '반-정인홍' 의 입장을 드러내고, 정치적으로는 남인(南人)의 입장을 분명히 표방했다. 반면 낙재를 비롯한 일부 대구지역의 학자들은 여전히 정인홍의 비판에 대해 미온적이었으며 남명학에 대해서도 모당에 비해 상당히 긍정적인 시각을 지니고 있었다.

모당은 정인홍을 공격하기 위한 소회(疏會)가 안동에서 열리자 대구지역에서 뜻을 같이하는 학자들을 규합하여 참석하였는데, 여기에는 대암 형제도 함께 참석하였다.[14] 모당은 스스로를 퇴계학파로 강하게 인식했지만, 낙재는 오히려 남명학통의 계승자라는 의식을 상당 부분 지니고 있었다. 바로 이러한 배경에서 퇴계학이 영남학파를 대표하고, 안동을 중심으로 한 경북 북부지역의 학자들이 영남학파를 주도해 나가던 시대에, 대구지역의 강학 중심은 갈수록 낙재보다는 모당에게 집중될 수밖에 없었다. 예를 들면, 대암 형제[15]도 처음에는 낙재와 모당의 문하에 모두 나아

14) 1611년(辛亥年)에 鄭仁弘이 상소문을 올린 일을 공박하기 위해 道疏의 모임을 安東에서 개최하였는데, 이 모임에 최동률과 최동집이 慕堂과 함께 참석했다. 그런데 『臺巖集』(卷4, 附錄, 「孫慕堂日記」)에서는 『慕堂日記』를 인용하며 東律과 東集이 참석했다고 하는데, 『慕堂日記』의 해당 부분에서는 崔氏(崔誠)의 두 아들이 참석했다고 되어 있다. 당시 이들 두 형제 외에 從兄弟인 崔東岦도 함께 참석하였다.(『慕堂日記』, 辛亥年, '5月11~15日' 條) 이 외에도 『慕堂集』, 卷6, 附錄, 「年譜」, 辛亥年(1611년, 光海君 3年), 慕堂59歲 ; 『慕堂集』, 卷3, 詩, 「辛亥五月向花山疏會……」에 관련 기록이 수록되어 있다.

갔으나, 남명 후학이 중심이 된 대북(大北) 정권의 전횡(專橫) 이후로는 모당의 문하에 집중적으로 나아가게 된다. 대암 형제는 낙재의 문하에 먼저 나아갔다. 그런데 1608년에 광해군이 왕위에 오른 이후로 이들이 낙재에게서 배운 기록은 보이지 않으나, 모당과의 강학 기록은 자주 보인다. 『모당일기』를 살펴보면, 최계(崔誡)는 무슨 이유에서인지 4, 5년 동안 낙재와 서로 반목하고 있었으며, 이러한 와중에 모당에 대해서는 시종일관 우호적인 태도를 취했다.[16] 대구지역의 유림 사회에서 크게 주목을 받지 못하던 최계의 가문이 지역을 대표하는 지식인들과 때로는 반목 갈등하고 또한 때로는 연대해가는 과정을 주의 깊게 살펴보아야 한다.

〔낙재(樂齋) 문하의 강학 기록〕

○ 1604년(선조 37년) : 최동집이 주자서(朱子書)를 배우다.(『樂齋年譜』, 卷1, 甲辰年, 12月)

○ 1606년(선조 39년) : 최동률이 강의(講義)에 참석하다.(『樂齋年譜』, 卷1, 丙午年, 5月)

〔모당(慕堂) 문하의 강학 기록〕

○ 1607년(선조 40년) : 최동률이 『논어(論語)』를 강하다.(『永慕堂通講諸子錄』, '최동률' 條)

○ 1611년(광해군 3년) : 최동률, 최동집이 『춘추(春秋)』를 강하다.(『永慕堂通講諸子錄』, '최동률' '최동집' 條)

---

15) 臺巖은 모두 3형제인데, 東嵂(1585년 출생), 東集(1586년 출생), 東直(1602년 출생)이다. 이 중 樂齋의 문하에는 東嵂과 東集이 나아갔고, 慕堂의 문하에는 3형제가 모두 나아갔다.

16) 『慕堂日記』, 甲寅年(光海君6年), 慕堂62歲, '7月23日-25日' 條 참조.

○1615년(광해군 7년) : 최동률, 최동집, 최동직이 읽은 글을 강하다.(『永慕堂通講諸子錄』, '최동률' '최동집' '최동직' 條)

○1619년(광해군 11년) : 최동률이 『근사록(近思錄)』을 강하다.(『永慕堂通講諸子錄』, '최동률' 條)

○1625년(인조 3년) : 최동집, 최동직이 『심경(心經)』을 강하다.(『永慕堂通講諸子錄』, '최동집', '최동직' 條)

○1630년(인조 8년) : 최동직이 동학암(動鶴庵)에서 강하다.(『永慕堂通講諸子錄』, '최동직' 條)

○1632년(인조 10년) : 최동직이 『심경(心經)』을 강하다.(『永慕堂通講諸子錄』, '최동직' 條)

이러한 변화와 관련하여 대암의 아버지인 최계(崔誡)의 행적을 살펴볼 필요가 있다. 최계는 임진란 당시 초유사(招諭使)였던 학봉 김성일로부터 대구의병가장(大邱義兵假將)에 임명되었으며, 당시에 낙재 서사원은 소모관(召募官)으로 임명되었다.[17] 이들은 팔공산 아래에서 의병을 일으켜 공을 세웠는데, 최계는 전쟁이 끝난 후 선무(宣武) 2등 공신에 책봉되고 곧이어 만경현령(萬頃縣令)이 되었으나 1609년(己酉年)에 교체되었다. 그는 선정(善政)을 베풀었으나 광해군이 즉위(1608년)하여 대북 정권이 들어서자 관직에서 교체되었던 것이다.[18] 이 일이 계기가 되어 최계와 그의 아들 형제는 대북 정권에 강한 불만을 품게 되고, 이후 철저하게 남인 계열

17) 『樂齋日記』, 壬辰年(宣祖25年), 樂齋43歲, '7月19日' 條 참조.

18) 遞職의 이유는 그가 武科 출신이라는 것과 관계가 있을 것으로 짐작된다.〔정진영, 「백불암 최흥원의 학문과 향약」(『한국의 철학』, 제29호, 경북대학교 퇴계연구소, 2001), 66쪽 참조〕 崔誡는 遞職되어 고향에 돌아온 후 가문의 분위기를 '武'에서 '文'으로 바꾸려는 뜻을 가지고 자식들에게 엄하게 공부를 시켰다.〔『百弗庵集』, 卷8, 碑碣, 「六代祖考縣令府君墓碣」, "己酉遞歸, 慨然有變武爲文之志, 嚴課諸子." 참조〕

에 학문적·정치적 접맥을 하게 된 것으로 추측된다.

백불암 가문의 문헌에는 북인(北人) 정권에 대한 불만을 여러 곳에서 피력하고 있다. 비슷한 기록이 많지만 가장 대표적인 내용 하나를 예로 들어 보면, "최계가 서울에 있을 때 두 아들(최동률, 최동집)의 명성이 높았는데, 당시 권력가이던 이이첨(李爾瞻)이 두 아들을 보고 싶다는 말을 전해 왔다. 이에 최계는 아들들에게 병을 핑계하여 만남을 사양하고 곧바로 귀향토록 하였다."[19]는 기록이다. 그리고 『대암집(臺巖集)』에서는 "〈'대암'이〉 성균관에 유학할 때에 이이첨(李爾瞻)이 교유하자고 요청했으나 이를 뿌리치고 고향으로 돌아왔다."[20]라고 기록되어 있다. 권력가의 교제 제의를 거절한 주체가 누구인가 하는 차이가 있지만, 어쨌든 대북 정권의 전횡에 반발하여 권세가를 멀리한 것은 아버지와 아들의 뜻이 같았음을 알 수 있다.

최계와 대암 이후 후손들은 줄곧 퇴계를 존숭하고 그 학문을 사숙(私淑)하였으며, 대산(大山) 이상정(李象靖, 1711～1781)과 정재(定齋) 류치명(柳致明, 1777～1861)을 비롯한 경북 북부지역 퇴계학파의 주요 학자들과 긴밀한 교류를 한다. 가장 대표적인 것이 백불암 최흥원의 경우이다. 백불암은 스스로가 말하듯이 그의 학문이 자득(自得)의 공(功)이 크지만,[21] 분명한 사실은 그가 퇴계 이황을 존숭했으며 퇴계학을 따르고자 노력했다는 점이다. 이러한 점과 퇴계학의 적전자(嫡傳者)로 평가받던 이상정과의 '긴밀한' 관계를 맺고 있었다는 점 등을 통해 유추해 볼 때 백불암을

19) 『百弗庵集』, 卷8, 碑碣, 「六代祖考縣令府君墓碣」. "嘗在京, 而二子盛有聲譽, 時爾瞻柄朝權, 寄語要見二子, 公辭以疾, 卽命之歸."

20) 『臺巖集』, 卷4, 附錄, 「聾淵遺墟碑銘」. "以上舍生遊太學, 賊臣爾瞻要與交, 遂拂袖踰大嶺以歸."

21) 『百弗庵言行錄』, 卷1, 「年譜」, 英祖元年, 乙巳年, '三月' 條. "某初間遇疑難處, 輒欲向人質問, 及其深究潛玩之久, 漸見文理自透, 自此必自致思, 惟恐人之指示也."

퇴계학파의 학자로 평가해도 크게 무리가 없을 것이다. 백불암과 대산의 관계는 대를 이어가며 지속된다. 백불암은 아들과 손자를 대산의 문하생으로 보내고, 대산 또한 자신의 아들을 백불암의 문인으로 보낸다. 그리고 백불암의 후손들도 그 학문의 정체성을 퇴계학에다 두었다. 대표적인 경우가 백불암의 증손인 지헌 최효술이다. 그의 학문은 증조부인 백불암과 외조부인 입재(立齋) 정종로(鄭宗魯, 1738~1816)로부터 연원하는데, 백불암과 입재의 학문은 모두 퇴계학에 근원을 두고 있기 때문에[22] 결국 지헌의 학문 연원도 퇴계학에 있다고 할 수 있다.

이처럼 백불암 가문의 학자들은 직접 퇴계학파와 사제(師弟)의 연(緣)을 맺기도 하고, 백불암 자신처럼 특별한 사승 관계없이 개인적으로 퇴계학을 사숙한 경우도 있다. 대암 이후 지헌 최효술에 이르기까지 거의 200년이 넘는 기간 동안 수미일관하게 퇴계를 존숭하고 그 학문을 계승하고자 노력하였다. 그렇지만 이들은 퇴계 사후(死後) 경북 북부지역의 일부 학자들이 보여주는 고식적인 폐단[23]을 벗어나 실천 수양 위주의 건강한 학문 세계를 구축하였다는 점에서 상당한 의의가 있다.

2. 백불암 최흥원 가문의 성리사상

1) '이(理)' 위주의 상호보완적 이기론(理氣論)

대구지역의 성리학자들에게는 이기론(理氣論)의 논변이 많지 않다. 이

22) 『止軒集』, 卷14, 附錄, 「墓表」 참조.

23) 맹목적인 스승 추종, 居敬보다는 窮理에의 지나친 傾度 그리고 理氣論에 있어서 理에 대한 지나친 편중 등을 예로 들 수 있다.

점은 백불암 가문도 마찬가지다. 백불암 가문에서 순수하게 성리학적 이론에 관해 전문적인 저술을 남긴 학자는 거의 없다. 그렇지만 이들의 중요한 독서 목록에 성리학 이론서가 포함되어 있고, 문집 곳곳에 상당한 수준의 성리 이론이 포함되어 있다.

백불암은 22세(1726년) 때에 신계(新溪) 이석(李晳)이 「태극도(太極圖)」, 『통서(通書)』, 「서명(西銘)」 등의 책을 읽어보기를 권하자, 손수 베껴 쓰고 문을 닫아걸고 오로지 연구에만 전념한 적이 있다. 그는 후일 다른 사람들에게 자신의 공부에 대해 이렇게 피력하였다.

> 내가 처음 공부를 하면서 의심이 나고 어려운 곳에 부딪히면 다른 사람들에게 질문을 하고 싶었으나, 이윽고 깊이 연구하고 완미(玩味)하기를 오래 하면 문리(文理)가 저절로 통해지는 것을 알게 되었다. 이로부터 스스로 생각해서 이루고자 하였고, 오히려 다른 사람들의 지시를 받을까 봐 그것이 두려웠다.[24]

이 말을 통해 우리는 백불암 사상의 자득지미(自得之味)를 충분히 짐작할 수 있다.

백불암의 성리이론은 『백분암문집』(이하 『백불암집』으로 표기함)을 통해서는 거의 찾아볼 수 없으며, 다만 『백불암언행록』에 기록된 제자들의 증언을 통해 그 개략적인 면모를 확인할 수 있다. 백불암의 이기론의 특징은 주리(主理)의 입장을 확고히 견지하면서도 이기(理氣)의 관계를 상호보합적(相互補合的)인 관계로 이해한 합리적 이론이라고 평가할 수 있다.[25] 이제 백불암 이기론의 특징을 간단하게 살펴보고, 그의 증손인

24) 『百弗庵言行錄』, 卷1, 「年譜」, 英祖元年, 乙巳年, '三月' 條. "某初間遇疑難處, 輒欲向人質問, 及其深究潛玩之久, 漸見文理自透. 自此必自致思, 惟恐人之指示也."

지헌 최효술의 이기론을 보충하여 살펴보도록 하겠다. 그리고 두 사람의 이기론의 특징이 이(理) 중심의 호보론(互補論)에 있다는 입장을 확인하고자 한다.

먼저 이기선후론(理氣先後論)과 이기동정론(理氣動靜論)에 대한 백불암의 주장을 살펴보자.

> 이(理)와 기(氣)의 선후(先後) 관계에 대해 〈백불암 선생께〉 질문했더니, 답하기를 "주자가 가로되, '본래 선후를 말할 수 없다. 그러나 그 소종래(所從來)를 미루어 본다면 먼저 이(理)가 있었다고 해야 할 것이다. 그렇지만 또한 〈기(氣)와〉 별도로 이(理)가 있는 것이 아니라 기(氣) 가운데 존재하며, 기(氣)가 없으면 이(理)도 붙어 있을 곳이 없다' 라고 하였으니, 이 한 조목을 마땅히 침잠해서 음미해야 할 것이다."라고 하였다. 또 "이(理)는 행위가 없고 기(氣)는 행위가 있다는 말은 어떤 것입니까?" 하고 질문하였더니, 답하기를 "일찍이 대산 이상정을 만났더니 가로되 '이(理)는 활물(活物)이다. 비록 기(氣)를 타고 동(動)하고 정(靜)하지만 그것이 발휘되는 오묘함은 곧 지극히 신묘(神妙)한 작용일 따름이니, 행함이 없으면서도 행하고 주재하지 않으면서도 주재한다' 라고 하니, 이것이 정확한 의론(議論)이다."라고 하였다.[26)]

백불암은 또한 천지만물의 모든 변화가 이(理)의 오묘한 작용임을 더욱 강조하여 이렇게 말했다.

---

25) 장윤수, 「百弗庵 崔興遠과 18세기 대구지역 성리학에 관한 연구」, 345~347쪽 참조.

26) 『百弗庵言行錄』, 卷4, 「講辨」(朴鼎洛). "問理氣先後曰, 朱子曰, 本無先後之可言, 而必推其所從來, 則須說先有此理. 然又非別有一物, 卽存乎是氣之中, 無是氣則是理無掛搭處, 此一條宜潛玩. 又問理無爲氣有爲之說, 如何. 曰嘗見李大山云, 理是活物, 雖乘氣爲動靜, 而其發揮之妙, 則乃其至神之用耳. 無爲而爲, 不宰而宰, 此的確之論也."

"이(理)가 기(氣)를 떠나지 못한다고 하니, 까마득한 하늘 텅 빈 곳 어디에 이(理)가 붙어 있겠습니까? 기물(器物)이나 용구(用具) 같은 것에 이르러서는 그 자체가 사람이 만든 물품인데 또한 천리(天理)가 있겠습니까?"라고 〈백불암 선생께〉 질문하였다. 선생이 답하기를 "천지(天地)는 허(虛)를 덕(德)으로 삼으니 지극히 선(善)한 것은 허(虛)이고, 지상(地上)의 것은 모두 천기(天氣)일 따름이다. 그 천지 사이에 만물을 덮고 싣으며 오기(五氣)가 순조롭게 펴지고 사계절이 교대로 운행되는 모든 것이 이(理)의 오묘한 작용이다. 사람이 그 가운데 있으면서 기(氣)를 호흡함이 물고기가 물에서 그 물을 삼키고 뱉는 것과 같으니, 어찌 까마득한 하늘에 기(氣)가 이지러짐이 있어서 이(理)가 붙을 곳이 없다고 할 수 있겠는가? 기물 · 용구 등과 같은 사물도 조화(造化)에 참여하고 돕는 한 부분이니, 만약 이치에 합당함이 이와 같지 않다면 사람이 어찌 만들어 낼 수 있겠는가?"라고 하고, 또 말하기를 "반드시 기물과 용구가 각각 그 적의(適宜)함을 알아야 비로소 이(理)자의 의미를 알게 될 것이다."라고 하였다.[27]

또한 백불암은 만물의 동일성을 이(理)의 개념으로 설명하고, 차별성을 기(氣)의 개념으로 설명하였다.

〈내가 백불암 선생께〉 "사물에 대한 이(理)의 관계를 냇물에 비친 달로 비유한 것이 있습니다. 그러나 모든 냇물에 비친 달은 다 같은 달인데 인성(人性)에는 같지 않음이 있으니 왜 그러합니까?"라고 질문하였다. 답하기를 "이(理)가

---

27) 『百弗庵言行錄』, 卷4, 「講辨」(朴鼎洛). "問理不離氣, 太空廓然處, 理何所寓. 至如器用, 自是人做底, 天理亦在否. 曰, 天地以虛爲德, 至善者虛也. 地上皆天氣耳. 覆載萬物於其中, 而五氣順布, 四時錯行, 皆是此理之妙, 人在其中, 呼吸這氣, 如魚在水, 呑吐這水, 豈可以太空爲氣有缺, 而理無搭乎. 如器用等物, 卻是贊化之一端. 若非理合, 如此人豈能做成. 又曰, 必須知器用之各適其宜, 方知理字義."

어찌 같지 않은 적이 있었던가? 다만 기(氣)에 차이가 있을 따름이다. 선유(先儒)는 냇물에 비친 달의 비유가 여전히 부족하다고 생각하였다. 그러나 이제 또한 달빛으로 비유하자면, 맑은 냇물과 흐린 냇물에 따라 비치는 바가 같지 아니하니, 다만 물로 인하여 그러한 것이다. 그러므로 물이 흐린 것을 맑게 하면 달빛이 저절로 완전하게 되니, 사람이 극기복례(克己復禮)를 하면 이(理)가 저절로 완전해지는 것과 같다."라고 하였다.[28)]

위 인용문만 보면 백불암의 이기(理氣) 관계론을 '이체기용(理體氣用)'의 관계로 이해해도 좋을 듯하다. 그러나 백불암은 이기론(理氣論)을 단순히 '이체기용'으로만 보지 않고, 이(理) 또한 체(體)와 용(用)의 양면성을 갖고 있으며, 당연히 기(氣)도 체(體)와 용(用)의 측면을 갖는다고 보았다.

'체'와 '용'은 동일한 근원이다. 어떤 사람들은 주자가 '이(理)는 체이고 상(象)은 용이다'라고 한 뜻풀이를 바꾸어서 '이(理)는 체이고 기(氣)는 용'이라고 한다. 그러나 이(理)와 기(氣)는 서로 좇아 '체'가 되고 서로 의지해서 '용'이 되니, 곧 주자가 '상(象)은 용(用)'이라고 했을 때의 상(象)도 또한 이(理)로써 말한 것이니, 만상(萬象)의 이치가 이미 충막(沖漠)한 가운데 갖추어져 있기 때문이다.[29)]

28) 『百弗庵言行錄』, 卷4, 「講辨」(崔興東). "問理之於物, 有川月之喩, 然萬川同, 是月也. 則人性之有不同, 何也. 曰, 理何嘗不同, 特氣有異耳. 先儒以川月之喩, 爲猶未盡, 然今且以, 月色喩之, 淸流濁流, 所照不同, 特因水而然, 是以水之濁者, 淸之則月色全, 如人之克復, 則理自全也."

29) 『百弗庵言行錄』, 卷4, 「講辨」(崔興璧). "體用一原, 或者, 以朱子理體象用之訓轉, 作理體氣用之說, 然天理氣相須, 以爲體相待, 以爲用則, 象用之象, 亦以理言, 以萬象之理已具於沖漠之中也."

〈내가 백불암 선생께〉 "사람이 모두 한 기(氣)를 받고 태어났는데, 기질에 서로 같지 않은 점이 있는 것은 왜 그렇습니까?" 라고 질문하였다. 답하기를 "기(氣)가 이미 음양(陰陽)으로 나뉘게 되면 그 기(氣)에 청(淸)·탁(濁)·강(剛)·유(柔)의 구분이 없을 수 없고, 음양이 오행으로 나뉘게 되면 생(生)·극(克)·왕(旺)·쇠(衰)의 차이가 없을 수 없다. 대개 사람의 천품(天稟)에 목(木)의 기가 적으면 자애로움이 부족하고, 금(金)의 기가 적으면 강단이 부족하다. 이로 미루어 본다면 기질에 있어서 다양한 차이가 있는 것이 어찌 의심스럽겠는가?" 라고 하였다.[30)]

이(理)에도 다시 체(體)와 용(用)이 있다는 이론은 백불암의 창의적인 주장이라기보다는 퇴계의 이론에서도 확인할 수 있다. 주희는 일찍이 인간은 본질적으로 이(理)가 기(氣)를 통해 실현된 것이지만 현실에서는 기(氣)의 특수성에 의해 제한될 수밖에 없으며, 양자 사이의 괴리는 기(氣)가 이(理)를 실현하는 본래 모습으로의 복귀를 통해 해결되어야 한다고 보았다. 즉 이(理)가 본령이고 주재이나, 기(氣)의 특수성에 의해 제한될 수밖에 없으므로 이를 잘 극복해야 한다는 것이다.[31)] 그런데 이(理)가 기(氣)의 제한을 극복하고 자신의 본래의 모습을 회복하기 위해서는 단순히 소극적인 소리(條理) 정도의 의미만으로는 부족하다. 퇴계는 이(理)도 스스로 움직일 수 있는 능력을 가진다고 말함으로써 주희의 이론과는 상당한 차이를 드러내게 되었다. 퇴계는 이(理)의 능력을 강조하기 위해 이(理)에 적극적으로 '운동' 의 능력까지 부여하였다. 그렇지만 주희가 이미

30) 『百弗庵言行錄』, 卷4, 「講辨」(崔興璧). "問人同稟一氣, 而氣質之有不同, 何也. 曰, 氣既分爲陰陽, 則不能無淸濁剛柔之分, 陰陽分爲五行, 則不能無生克旺衰之殊. 蓋人稟木氣少, 則少慈愛, 金氣少, 則少剛斷, 以此推之, 其有萬不同, 何足疑乎."

31) 정도원, 『퇴계 이황과 16세기 유학』, 문사철출판사, 2011, 188쪽 참조.

'이(理)는 활동 능력이 없다' 고 말한 바 있기 때문에, 이 말에 위배되지 않으면서도 이(理)의 운동성을 주장할 수 있는 방안이 있어야 했다.[32] 퇴계가 강조한 이(理)의 체용론(體用論)은 바로 이러한 배경에서 생겨났다. 퇴계는 이(理)를 체(體)와 용(用)으로 나누어서 앞서의 문제를 해결하고자 했다. 그는 이(理)에 '체' 와 '용' 이 있어서 '체' 의 면으로는 무작위하지만, '용' 의 면으로는 동정(動靜) 등의 작위성을 갖는다고 주장한다.[33] 바로 이러한 논리로 퇴계는 이(理)의 동(動)을 말하면서도 그것이 '이무작위(理無作爲)' 의 전제와 상충하지 않는다고 확신하였다.

위에서 보듯이 백불암의 이기론은 퇴계의 전통을 따라 이(理) 위주의 입장을 확고히 하면서도 이(理)와 기(氣)의 상호보합적인 관계를 특히 강조한다. 그렇다면 이러한 백불암의 성리사상은 후손들의 성리사상과 일관성을 가지는가? 이 점을 해명하기 위해 백불암의 증손인 지헌 최효술의 이기론을 검토해보도록 하자. 지헌의 이기론은 문집(文集)의 '서(書)' 와 '잡저(雜著, 「四端七情」)' 에 주로 보이는데, 백불암에 비해 좀 더 전문적이고 체계적인 논의가 이루어진다.

지헌의 이기론적 논의에서도 가장 주목받는 것은 이기(理氣)의 상호보완적 관계이며, 이(理) 위주의 세계관이다. 그러한 면에서 지헌의 이기론은 선조인 백불암의 이론과 일관성을 유지한다. 지헌은 우선 태극(太極) 즉 이(理)와 기(氣)가 공재(共在)함을 주장하면서 일음일양(一陰一陽) 자체를 기(氣)라고 하고, 그렇게 하는 바의 원인〔所以〕을 이(理)라고 하였다.

〔문〕 주자가 말하기를, "태극은 다만 한 개의 '이(理)' 자라고 하는데, 그렇다면 기(氣)는 일찍이 거기에 붙지 않는 것인가?" 라고 하였다.

---

32) 안종수, 『한국철학사상의 이해』, 개정판, 소강출판사, 2011, 243~247쪽 참조.
33) 윤사순, 『退溪哲學의 硏究』, 고려대학교 출판부, 1980, 227쪽 참조.

〔답〕 "태극은 움직여서 양(陽)을 낳고 고요하여 음(陰)을 낳으니, 능히 움직이고 고요하게 하는 것은 이(理)인데, 움직여서 고요하게 되는 것은 기(氣)가 아니겠는가? 이(理)는 원래 기(氣)에 걸려 있으므로, 있으면 〈이(理)와 기(氣)가〉 함께 있으니 어찌 이(理)만 있고 기(氣)는 없다고 의심할 수 있겠는가?"[34)]

또한 지헌은 이기(理氣)가 '서로 섞이지도 않고〔不相雜〕', '서로 떨어지지도 않는〔不相離〕' 관계임을 주장하면서도 우리 마음이 발하여 착한 것이 되는 것은 이(理) 때문이라고 본다. 즉 이(理)는 공(公)이고 기(氣)는 사(私)이며, 이(理)는 착하지 않음이 없으나 기(氣)는 혹 착하지 않기도 하다고 주장하며, 이러한 기미〔機〕를 잘 살피는 것이 초학자들의 공부에서 가장 긴요한 비결이라고 강조하였다.

이(理)와 기(氣)는 서로 섞이지도 않고, 서로 떨어지지도 않아 서로가 필요로 해서 바탕〔體〕으로 삼고, 서로가 기다려서〔待〕 쓰임〔用〕이 된다. 바야흐로 그것이 발하지 않은 때에는 기(氣)가 작용하지 않으며, 그것이 이미 발할 때에는 기(氣)가 문득 작용하게 되나 그러나 그 착한 것이 되는 것은 이(理)가 주가 되는 것이다.[35)]

이(理)와 기(氣)가 비록 서로 떨어지지 않으나 또한 서로 섞이지도 않는다. 이(理)는 공(公)이고 기(氣)는 사(私)이며, 이(理)는 착하지 않음이 없으며 기(氣)는 혹 착하지 않음이 있다고 한다. 그러므로 선유들이 구분하여서 홀로 이

---

34) 『止軒集』, 卷5, 書, 「答柳舜汝(祥坤)問目」. "朱子曰, 太極只是一箇理字, 然則氣未嘗附歟. 太極動而生陽, 靜而生陰. 所以能動靜者理也, 而其動而靜者非氣乎. 蓋理本掛搭於氣, 故有則俱有, 何可疑有理而無氣耶."

35) 『止軒集』, 卷3, 書, 「與柳誠伯」(두 번째 편지). "夫理氣不相雜而不相離, 相須以爲體, 相待以爲用. 方其未發, 氣未用事, 及其已發, 氣便用事, 然其爲善者, 理爲主也."

(理)만 말하여 상제(上帝)가 사람들에게 착한 마음과 성품을 내려 준 이치를 밝힌 것으로, 오직 공(公)과 사(私)의 차이가 처음 싹이 틀 때에 조짐을 보이고 종(宗)과 얼(孼)의 구분이 처음 움직일 때 관계되어 그 기미를 잘 살피고 그 시초를 삼가며, 단서를 알아서 그 착함을 채워야 된다. 이것이 초학자들에게 가장 긴요한 비결이다.[36]

그러기에 지헌은 "마음은 이(理)와 기(氣) 둘을 합한 것이지만, '덕(德)을 밝힌다' 라는 것은 반드시 이(理)를 위주로 해서 말한 것이다."[37]라고 하였다. 지헌은 기본적으로 이(理)와 기(氣)가 합해서 마음〔心〕이 된다는 점을 고려하여 이(理)와 기(氣)의 상호보완성을 강조하면서도 인의예지(仁義禮智)의 사단(四端)이 이(理)가 발한 것임을 분명히 하고 있다.

혹은 그 나누는 것이 너무 심한 것을 염려하여 '발(發)' 자를 온전히 기(氣)에 속하게 하나 그런 인의예지(仁義禮智)의 단서가 어찌 이(理)가 발한 것이라고 말하지 않겠는가? 대개 이(理)와 기(氣)가 합한 것이 마음〔心〕이 되기 때문에 통합해서 말한다면 아직 발하지 않은 것은 큰 근본〔大本〕이 되고, 이미 발한 것은 큰 작용〔大用〕이 되어 사단(四端)은 칠정(七情) 속에 있게 된다. 그렇지만 나누어서 말한다면 사단은 이(理)에서 나오는데, 그 이(理)가 나올 때에 힘을 빌려서 나오는 것이 기(氣)이나 주안점은 이(理)에 있다. 반면 칠정은 기(氣)에서 나오는데, 그것을 타고 행하는 것은 이(理)이나 주장하는 바는 기(氣)에 있다. 그러므로 어찌 〈이(理)와 기(氣) 두 가지를〉 뒤섞어서 말할 수 있겠는가?

36) 『止軒集』, 卷7, 雜著, 「四端七情」. "理氣雖不相離, 而亦不相雜. 理公而氣私, 理無不善而氣或不善. 故先儒剔發而獨言理, 以明上帝降衷之理, 而惟其公私之異, 兆於始萌, 宗孼之分, 係於初動, 審其幾而謹其始, 識其端而充其善. 豈非初學最緊要之訣乎."

37) 『止軒集』, 卷3, 書, 「與柳誠伯」(두 번째 편지). "竊嘗以爲心者理氣之合, 而曰明德者, 必主理而言也."

> 기(氣)가 이(理)를 따르는 것은 곧 칠정의 기(氣)이며, 이(理)가 기(氣)를 타는 것은 곧 사단의 이(理)이다. 서로 묘하게 합하고 함께 어울려서 잠시도 떨어지지 않고, 그 느낀 바에 따라서 서로 바탕이 되고 타기도 한다. 처음에는 머리를 나란히 하고서 함께 나오는 것이 아니며, 또 각각 한쪽을 차지하는 것도 아니며, 다만 그중에서 이(理)를 주장으로 하고 기(氣)를 주장으로 하는 분간이 있을 뿐이다. 이 때문에 선유(先儒)들이 '종합적으로 이야기하는 곳〔渾淪說〕' 도 있고, '나누어서 말하는 곳〔分開說〕' 도 있다. 종합적으로 보아야 하는 곳에서는 종합적으로 보고, 나누어 보아야 하는 곳에서는 나누어서 보는 것이 허점을 없애고 결점과 실수를 없애는 일이 될 것이다.[38)]

위에서 지헌은 "인의예지의 단서가 어찌 이(理)가 발한 것이라고 말하지 않겠는가?" 라고 하면서 이(理)의 능동성을 주장하는데, 이것은 바로 퇴계학단의 가장 큰 이론적 특징이다. 그런데 그는 다른 한 편으로는 "사단은 칠정 속에 있으며" 라고 하였다. 이 말은 얼핏 보면 사단을 칠정 속에 분속시키는 것으로서 퇴계학파의 주지(主旨)에 정면으로 위배되는 것처럼 보인다. 비록 혼륜설(渾淪說)과 분개설(分開說)의 양면성을 강조하여 언급된 말이기는 하나, 지헌의 사단칠정론과 관련하여 상당히 주의해 보아야 할 부분이다.

38) 『止軒集』, 卷7, 雜著, 「四端七情」. "或疑其分析之太甚, 而遂以發字專屬於氣, 然仁義禮智之端, 豈不可謂理之發乎. 蓋理氣之合爲心, 故統言之則未發者爲大本, 已發者爲大用, 而四端在七情之中. 析言之則四端發於理而其所資而發者氣也, 然所主則在乎理. 七情發於氣而其所乘而行者理也, 然所主則在乎氣. 安得渾而雜之也. 然氣之隨理者, 卽七情之氣也, 理之乘氣者, 卽四端之理也. 妙合渾融, 未或暫離, 隨其所感, 互相資乘, 則初非齊頭並出, 又非各占一邊, 但於其中有主理主氣之分焉. 是以先儒有渾淪說處, 有分開說處. 渾淪處作渾淪看, 分開處作分開看, 豈非絶滲漏而無病敗者耶."

2) '경외(敬畏)'의 의미를 강조하는 경론(敬論)

대구지역의 성리학은 성리학적 논변을 기준으로 보면 대표로 내세울 만한 인물이 적기는 하지만, 다른 지역에 비해 성리학적 실천성을 빼어나게 유지한다. 유학은 이론과 실천의 합일을 목표로 하는데, 대구지역의 성리학과 백불암 가문의 성리학은 이론적 측면보다는 실천 수양의 측면에서 특히 주목받는 점이 많다.

우선 백불암의 독서록을 살펴보면 성리서가 대단히 중요한 비중을 차지하는데, 그중에서도 특히 『심경』과 『소학』이 강조된다. 이 점은 백불암의 후손들에게서도 동일하게 드러난다. 백불암의 조카이자 문인이기도 한 최화진(崔華鎭)도 『소학』과 『심경』을 늘 가까이에 두었으며,[39] 그리고 김희주(金熙周), 이병운(李秉運)과 함께 '영하삼걸(嶺下三傑)'로 일컬어진 백불암의 손자인 최식(崔湜) 또한 천연두를 피해 멀리 우거할 때에 『심경』 등 몇 가지 책을 가지고 갔다고 한다.[40] 최식의 아들이자 백불암의 증손인 지헌 또한 일생토록 사서(四書), 『심경』, 『근사록』을 소중히 여겼다.[41] 이러한 사실을 통해 백불암 가문의 학자들은 지속적으로 『소학』과 『심경』을 중요시했음을 알 수 있다.

일찍이 백불암은 학문하는 차례를 논하여 말하기를, "옛사람들이 학문을 함에 있어서 『소학』으로부터 먼저 함양성취(涵養成就)하였으며, 그런 다음에 『대학』의 격물치지(格物致知)를 공부해갔다. 그러나 요즘 사람들은 이러한 『소학』 공부는 하지 않고, 다만 격물치지를 먼저 하여 망망탕탕

39) 『止軒集』, 卷13, 遺事, 「再從祖漆室先生遺事」. "爲平生服膺之資, 小學四子心近朱節退溪集易學啓蒙性理大全等書." 참조.

40) 『止軒集』, 卷14, 行錄, 「先考通德郎府君行錄」. "雖避痘遠寓, 必以四子心近朱子書隨身而行, 或讀或誦." 참조.

41) 『止軒集』, 卷15, 附錄, 「行狀」. "一生精力, 最在四書及心近濂洛諸書, 研究精覈." 참조.

(茫茫蕩蕩)하기만 하고 실제로 의거할 바가 없다. '경(敬)' 한 글자는 우리가 깊이 연구하고 본받아야 할 바이다."[42]라고 하였다. 즉 그는 학문이 『소학』으로부터 시작되어야 함을 강조한 것이다. 그래서 소산(小山) 이광정(李光靖)은 백불암의 「행장(行狀)」에서 그 학문을 평하여, "책을 읽음에 실천을 귀하게 여겨 다만 섭렵하기만 하는 것을 일삼지 않았고, 반드시 『소학』을 학문에 들어가는 첫 길로 삼았다."[43]라고 하였다.

또한 백불암은 『소학』에 못지않게 『심경』을 강조하였다. 그는 아들인 최주진(崔周鎭)이 『심경』을 보고 베끼는 것을 매우 기쁘게 여겼다고 하며,[44] 또한 늘그막의 공부가 이 책보다 더 긴요한 것이 없다고 하였다.[45] 그리고 70세 되던 해에 『심경』을 강론하며 말하기를, "퇴계 선생은 『심경』을 부모처럼 아끼고 신명(神明)처럼 공경하라고 했으니, 이 말은 진실로 거짓됨이 없다. 마음에 근심 있는 자가 이 책을 읽으면 마음을 다스리는 데 유익할 뿐만 아니라, 병을 다스리는 데에도 도움이 된다."[46]라고 하였다.

『소학』과 『심경』은 모두 실천 수양을 강조하는 서책들인데, 공통점은 경(敬)의 공부법을 강조한다는 사실이다. '경'은 학문과 생활 전반에 걸쳐 유학이 강조하는 실천 윤리의 개념이다. '경'은 특히 성리학이 발전했던 조선시대에 이르러 학문과 생활 전반에 걸친 실천정신으로 강조되었다.[47] 무엇보다도 퇴계와 그 후학들에게 '경'은 실천 수양의 공부법일 뿐

42) 『百弗庵言行錄』, 卷3, 「言行總錄」. "古人爲學 直自小學中, 涵養成就, 所以大學, 只從格致上做起. 今人從前無此工夫, 但以格致爲先, 茫茫蕩蕩, 未有實地可據, 惟此一敬字, 乃吾人究竟法."

43) 『百弗庵言行錄』, 卷2, 「行狀」. "其於書也, 貴於踐履, 不事涉獵, 必以小學, 爲入學初程."

44) 『百弗庵集』, 卷6, 書, 「答兒」. "昨得安報爲慰, 心經看謄甚喜然."

45) 『百弗庵集』, 卷3, 書, 「答李景文(辛巳)」. "與友朋入寺講心經, 老境工夫莫緊於此."

46) 『百弗庵言行錄』, 卷1, 「年譜」, 五十年甲午, '九月' 條. "退溪先生, 於心經愛之如父母, 敬之如神明, 此言誠不我欺矣. 又曰有心恙者, 當看心經, 不特有益於治心, 亦有益於治病."

만 아니라, 학파적 표지(標識)를 구성하는 주요한 요소이기도 하다. 그런데 백불암 가문에서도 '경' 이 크게 강조된다. 우선 백불암의 제자들은 스승의 학문을 평하여, "그 학문이 '경' 을 터전으로 이치를 궁구하여 평이한 가운데서 오묘한 요체를 터득하였다." [48]라고 하였다. 즉 백불암 학문의 시초와 근간이 '경' 임을 말해주는 것이다. 어떤 제자가 백불암에게 "한마디 말로 평생토록 애송할만한 것이 있습니까?" 라고 질문하자, "『단서(丹書)』에서 말하기를, '경' 이 나태함을 이기는 자는 길하고, 나태함이 '경' 을 이기는 자는 흉하다' 라고 했으니, 공부의 진퇴(進退)의 기미는 오로지 '경' 과 나태함의 사이에 있다." [49]라고 대답하였으며, 또한 "마음은 만사(萬事)의 근간이 되고 '경' 은 한마음의 주인이 되니, 마음이 아니면 만사를 관리할 수 없고 '경' 이 아니면 한마음을 주재할 수 없다." [50]라고 하였다. 이처럼 백불암은 지나칠 정도로 '경' 을 강조하고 평생토록 지경(持敬)의 삶을 살고자 노력하였다. 백불암은 일찍이 문하생인 정충필(鄭忠弼)이 쓴 '경자패(敬字牌)' 를 자신의 방에 걸어놓고 삶의 경계(警戒)로 삼았다.[51] 그는 죽음이 임박해서도 '경자패' 위에 옷이 걸려 있는 것을 보고 손을 흔들어 치우도록 하였다.[52]

일찍이 퇴계는 주희의 이론에 따라 경(敬)의 의미를 규정하는 요소로 네 개의 조목을 말하였다. 주희가 말하는 네 개의 조목이란 정이(程頤,

---

47) 김종문 · 장윤수, 『한국전통철학사상』, 소강출판사, 1996, 159~160쪽 참조.

48) 『百弗庵言行錄』, 卷4, 「學問」(崔鼎鎭). "其學也, 居敬窮理, 而平易中, 得其要妙."

49) 『百弗庵言行錄』, 卷4, 「存省」(崔宇鎭). "問一言可以有終身誦之者. 曰, 丹書云, 敬勝怠者吉, 怠勝敬者凶, 工夫進退之幾, 只在敬怠之間也."

50) 『百弗庵言行錄』, 卷4, 「存省」(李經祿). "心爲萬事之幹, 敬爲一心之主, 非心無以管萬事, 非敬無以宰一心."

51) 『百弗庵集』, 卷4, 書, 「答鄭昌伯」. "盛筆敬字, 煩致刻木, 盖要銘吾心而警其昏也." 참조.

52) 『百弗庵言行錄』, 卷3, 「實記」. "先生嘗刻敬大字于板, 揭之壁, 臨終, 忽見板上掛衣, 揮手使去之, 眞可謂君子之正終也." 참조.

1033~1107)의 '주일무적(主一無適)' 및 '정제엄숙(整齊嚴肅)' 설과 사량좌(謝良佐, 1050~1103)의 '상성성(常惺惺)' 설과 그리고 윤돈(尹焞, 1071~1142)의 '기심수렴불용일물(其心收斂不容一物)' 설이 바로 그것이다. 그런데 백불암은 경(敬)의 의미로서 '경외(敬畏)' 의 의미를 강조하였다.

43세 되던 해(1747년) 7월, 임필대(任必大)가 찾아와서 『퇴계선생문집』을 강론하였다. 〈당시 백불암 선생은〉 좌우에 '경(敬)' 자를 크게 써 놓고 항상 보시면서 경계하고 스스로를 반성하였다. 뒷날에 나무패에 '경' 자를 새겨서 벽에 걸어두었다. 일찍이 배우는 사람들에게 이르기를, "경(敬)자 공부는 먼저 용모와 말투에 따라 실천해야 하고 겉을 제어하는 것은 그 속을 기르는 것이다."라고 하시고, 또 이르기를, "경(敬)은 별도로 한 가지 일을 이루는 것이 아니라, 이것은 다만 방과(放過)하지 않음을 이르는 것이다. 오직 두려워하지만 가까이 한다는 설명이 가장 사람들이 쉽게 알도록 하는 것이다."라고 하였다.[53]

선유(先儒)들이 경(敬)을 말한 것이 일정하지 않은데 오직 '외(畏)' 자가 그 의미에 가깝다는 학설이 사람들을 가장 쉽게 깨우치게 한다. 깊은 못에 이르거나 얇은 얼음을 건널 때는 그 마음이 두렵고 조심스러워져서 다른 어떤 사물도 엿볼 수가 없으니, 이런 경지에서라면 '경' 자의 의미를 제대로 인식할 수 있을 것이다.[54]

그런데 백불암 후손인 지헌 또한 경(敬)의 의미를 '경외(외경)' 로 풀이

53) 『百弗庵言行錄』, 卷1, 「年譜」, 二十三年, 丁卯, '七月' 條. "任剛窩來訪, 講退溪先生文集. 大書敬字于座右, 常目警省. 後刻牌揭壁. 嘗謂學者曰, 敬字工夫, 先從容貌辭氣上, 做將去制於外, 所以養其中. 又曰, 敬非別般做一事, 只是不放過之謂, 惟畏近之之說, 最使人易曉."

54) 『百弗庵言行錄』, 卷4, 「存省」(曺翰邦). "先儒言敬者不一, 惟畏字近之之說, 最使人易曉, 臨深履薄底時, 其心竦然, 不容一物, 覰得這箇境界, 則敬字義可認取矣."

하였다. 그는 자신의 평생 이력이 '구(懼)' 자 한 글자에 있다고 말하며 심지어 두려워하다는 '구(懼)' 자로 편액을 만들어 당호(堂號)를 삼으려고도 하였다.

> 일을 처리하고 물건을 다룰 때는 늘 두려워하고 조심하는 마음씨를 스스로 가졌으며, 일찍이 말하기를 "나는 평생 이력을 모두 두려워할 '구(懼)' 자 한 글자를 좇아 지내왔으니, '구(懼)' 자로서 내 집에 편액을 만들어 달고자 하였다."라고 했다.[55)]

그래서 대산 이상정의 현손(玄孫)인 긍암(肯庵) 이돈우(李敦禹, 1807~1884)는 지헌의 삶을 평하며, "평생토록 편하게 앉아 있은 때가 적었으며, 혹 기운이 줄어 몸이 피곤하면 비록 베개를 의지해서 잠시 눈을 붙였다가 깨어나긴 하였지만, 엄숙하고 경외하는 뜻이 늘 한가로이 있을 때에도 드러났다."[56)]라고 하였다.

그런데 '경' 자의 의미를 '두려워하다' 라는 뜻으로 해석한 것은 주희에게서도 찾아볼 수 있다. 주희는 경(敬)을 "성문(聖門)의 강령이며 존양(存養)에 있어서 가장 긴요한 방법이다."[57)]라고 하였다. 주희에 의해 경(敬)은 가장 보편적이고 전면적인 수양방법론이 되었다. 주희는 정이(程頤)를 비롯한 앞 시대 학자들의 경(敬)에 대한 이론을 수렴하였지만, 이와는 별도로 '두려움' 의 의미를 강조하였다.

---

55) 『止軒集』, 卷15, 附錄, 「行狀」. "應事接物, 常以戰兢自持. 嘗曰吾平生踐歷, 都從一懼字過了, 欲以懼顏吾軒."

56) 『止軒集』, 卷15, 附錄, 「行狀」. "平生少平坐時, 或氣倦體疲, 則雖倚枕少睡而起, 然嚴畏之意, 每發於虛閒之際."

57) 『朱子語類』, 卷12. "聖門之綱領, 存養之要法."

> 경(敬)에는 어떤 의미가 있는가? 다만 '외(畏)' 자와 비슷하다고 할 수 있는데, 이것은 홀로 올연히 앉아서 귀가 있어도 듣지 않고 눈이 있어도 보지 않으며 온전하게 일을 살피지 않는 것을 말하는 것이 아니다. 단지 몸과 마음을 모으고 순일(純一)하게 정돈하여 함부로 방종하지 않도록 하는 것이 바로 경(敬)을 보는 것이다.[58)]

> 경(敬)이란 만사(萬事)를 그냥 내버려 두는 것을 말하는 것이 아니다. 〈마음을〉 오로지 한 가지로 하여 삼가고 두려워하며 제멋대로 방종하지 않는 것이다.[59)]

중국의 고전에서 사용된 경(敬)이라는 글자는 그 자체로 이미 '경신(敬愼)'과 '경근(敬謹)'의 뜻을 지니며, 향후 '경덕(敬德)'의 뜻까지 포괄하는 도덕적 개념으로 발전하게 된다. 그래서 퇴계 또한 「진성학십도차(進聖學十圖箚)」에서 경(敬)에 대해 언급하며 "외경(畏敬)을 일상의 삶에서 떨어지지 않게 하면 중화위육(中和位育)의 공(功)을 이룰 수 있다."[60)]라고 하였다.

그런데 조금 색다른 주장이기는 하지만 이러한 사유 방식에서 성리학의 '종교적' 의미를 연상할 수 있다. 주희와 퇴계는 이(理)의 형이상학을 지지하면서도 종교적 초월성을 지닌 천(天)의 관념을 완전히 방기(放棄)하지는 않았다. 그들에게 종교적 초월성은 철학적 확신으로서가 아니라 일종의 '종교적 감수성'으로서 머물렀다고 할 수 있다.[61)] 특히 퇴계는 중

58) 『朱子語類』, 卷12. "敬有甚事. 只如畏字相似, 不是塊然兀坐, 耳無聞, 目不見, 全不省事之謂. 只收斂身心, 整齊純一, 不恁地放縱, 便見敬."

59) 『朱子語類』, 卷12. "敬不是萬事休置之謂, 只是隨事專一, 謹畏不放逸耳."

60) 『退溪集』, 卷7, 箚, 「進聖學十圖箚」. "畏敬不離乎日用, 而中和位育之功可致."

국 신유학자들에 의해 종교적 성격이 퇴색되고 형이상학적 원리성의 의미가 강화된 이(理)의 개념에다 '능동성' 을 부여하였다. 그는 이(理)의 능동성의 의미를 원리적 · 이법적인 측면에서 주로 이해했지만, 만년(晩年)에 이르러 고봉 기대승의 지적을 받고 『대학강의(大學講義)』를 비롯한 고전을 다시 확인한 결과, 이(理) 개념의 '종교적' 초월성과 실재성의 측면을 확신하게 된 것이다. 여기에 이르러 퇴계학의 중심 개념인 경(敬)은 단순히 마음을 집중한다는 소극적 의미를 넘어서서 '경천(敬天)' 의 의미에로까지 지평을 확장해 나간다.[62] 경(敬)을 '외경(畏敬)' 의 의미로 해석하는 백불암 가문의 전통 또한 바로 이러한 맥락에서 해석해 볼 수 있다.

3. 백불암 최흥원 가문의 실천적 삶

1) 효제(孝悌)의 실천과 친친애(親親愛)

'자아' 개념은 서양 전통 철학에서 발전되어 왔는데, 최근에는 동양철학에서도 자아의 문제를 재조명하고 있다. 유가철학의 입장에서 자아론을 해석할 때 가장 두드러지는 견해가 바로 '공동체적 자아론' 이다. 서양철학에서는 개인을 강조하는 자유주의와 공동체를 강조하는 공동체주의 철학이 서로 대립하며 발전해왔는데, 공동체주의자들은 자유주의 진영에서 말하는 '추상적 인간' 혹은 '무연고적 자아' 란 존재하지 않으며 진정

61) 찰스 푸, 「朱子學 계승자로서의 退溪哲學의 독창성」(『퇴계학연구논총』, 제9권, 경북대학교 퇴계연구소, 1997), 112쪽 참조.

62) 장윤수, 「퇴계철학에 있어서 理의 능동성 이론과 그 연원」(『퇴계학과 유교문화』, 51호, 경북대학교 퇴계연구소, 2012), 25~26쪽 참조.

한 자아와 자유는 공동체의 맥락에서만 의미가 있다고 주장한다.[63] 이들의 이러한 관점은 기본적으로 유교의 입장과 맥락을 같이 한다. 자아는 철저한 자기 극복을 통해 자기완성을 이루기는 하지만, 고립된 분자로서의 개인의 의미가 아니다. 유교에서 말하는 자아는 어디까지나 공동체를 전제로 한 공동체의 일부로서, 공동체에 대한 책임을 자각하는 자아이다.

유교에서는 특히 공동체 중에서도 '가(家)' 를 강조하는데, '가' 는 자기 존재의 근원일 뿐만 아니라 모든 공동체의 기초라고 보았다. 즉 유교에서 '가' 는 '개인과 개인의 관계가 처음으로 이루어지는 장(場)' 인 동시에 '자기완성을 위한 여정이 시작되는 최초의 장' 인 것이다.[64] 그러므로 '가(家)' 의 강화는 자아의 매몰이나 상실이 아니라 오히려 자아 확립의 의미가 된다. 이러한 가족 이념에서 가장 강조되는 덕목이 바로 '효(孝)' 이다.

유교에서 효(孝)는 모든 덕의 근본이다. 그러므로 『효경』에서 "효는 덕의 근본이고, 가르침이 생겨나는 바이다."[65]라고 하였다. 또한 효가 덕의 근본이 되는 이유를 설명하며, "어버이를 사랑하는 자는 감히 남을 미워하지 않으며, 어버이를 공경하는 자는 남을 업신여기지 않는다. 어버이를 사랑과 공경을 다해 섬기면 덕의 가르침이 백성들에게 더해져서 천하의 의법(儀法)이 된다."[66]라고 하였다. 즉 부모에게 효도하는 자는 다른 사람을 사랑하고 존중할 줄도 안다는 말이다. 맹자는 여기서 한 걸음 더 나아가 "어버이에게 〈기쁨을〉 얻지 못하면 사람 노릇을 할 수 없고 어버이에게 〈道를〉 따르게 하지 못하면 자식 노릇을 제대로 할 수 없다."[67]라고 하

63) 이동철 외 엮음, 『21세기의 동양철학』, 을유문화사, 2005, 265~266쪽 참조.

64) 이승연, 「個와 家」(『동양사회사상』, 제3집, 동양사회사상학회, 2000), 179쪽 참조.

65) 『孝經』, 「開宗明誼章」. "夫孝, 德之本也, 敎之所繇生也."

66) 『孝經』, 「天子章」. "愛親者, 不敢惡於人, 敬親者, 不敢慢於人. 愛敬盡於事親, 而德敎加於百姓, 刑于四海."

67) 『孟子』, 「離婁上」. "不得乎親, 不可以爲人, 不順乎親, 不可以爲子."

였다. 즉 부모에게 효도하지 않는 사람은 사람 구실도 제대로 하지 못한다는 말이다.

백불암의 가문은 무엇보다 효제(孝悌)의 실천으로 유명하다. 효제를 중시하고 이를 삶 속에서 직접 실천하는 것은 백불암 가문의 가학(家學) 전통으로 계승되었다. 이러한 점은 지헌의 외조부인 입재(立齋) 정종로(鄭宗魯, 1738~1816))와 지헌의 장인인 만각재(晩覺齋) 이동급(李東汲, 1738~1811)의 평가에서 분명하게 드러난다.

> 〈'지헌' 은〉 입재(立齋)의 문하를 오가면서 공부했는데, 입재가 〈 '지헌' 을〉 애지중지하면서 말하기를 "사람들이 감발해서 효과를 이루는 것은 가정에서 보고 듣는 것보다 더 나은 것이 없다."라고 하며 일찍이 백불암이 실천하던 내용으로 가르쳤는데, 지헌이 이를 한마음으로 받들어서 혹시라도 어기는 적이 없었다. 입재가 두와(蠹窩) 최흥벽(崔興璧)에게 서신을 보내어 말하기를, "지헌의 행동거지와 식견이 넉넉히 가학을 계승할 만하다."라고 했다. 정묘년(1807년)에 만각재 이동급의 집으로 장가를 드니, 만각재가 말하기를 "내 일찍이 백불암을 스승으로 모셨는데, 지금 자네의 행동거지를 보니 반드시 집안의 명성을 이을 만하다."라고 하였다.[68]

그래서 이돈우(李敦禹)는 "지헌의 학문은 안으로는 가정에서 몸소 실행하는 법도〔訣〕에서 발단했다."[69]라고 하였다. 지헌 이외에도 백불암 가문의 사람들은 누구랄 것 없이 모두 효행과 우애를 실천했는데, 이러한

68) 『止軒集』, 卷15, 附錄, 「行狀」. "自是往來立翁門下, 先生愛重之, 每曰人之感發成效, 莫如家庭見聞, 嘗以百弗先生所踐履者教詔之, 先生一意承受, 未或違拂. 立翁抵書蠹窩公曰某容止見解, 有克紹家學之望云. 丁卯授室于李晩覺門, 李公曰吾曾師事先先生矣, 今見君言動擧止, 必能紹述家聲矣."

69) 『止軒集』, 卷15, 附錄, 「行狀」. "先生之學, 內而發端於家庭躬行之訣."

사실들이 그들의 행적을 소개한 각종 기록에 드러난다. 무엇보다 백불암은 사후(死後) 3년 만인 1789년(정조 13년)에 국가에서 그의 효행(孝行)으로 인해 정문(旌門)을 명하기까지 할 정도로 드러난 효자였다. 그래서 후인들은 "선생의 학문은 그 근원이 효도에 있었다."[70]라고 하였다. 백불암 가문의 사람들은 효제(孝悌)의 실천적 삶을 지속적으로 유지했다. 몇 가지 사례를 살펴보도록 하자.

최경함(崔慶涵, 1633~1699, 백불암의 증조부) : 천분(天分)이 매우 특이해서 효성과 우애로 행실이 돈독했다.[71]

최수학(崔壽學, 1652~1714, 백불암의 조부) : 부모를 섬김에는 맛 좋은 음식을 장만하여 봉양했으며, 부모가 돌아가시면 마음을 삼가고 조상을 추모함에도 정성과 예를 다했으며, 여자 형제가 아홉 명이 있었는데 이들을 대하는 데에 정성을 다했으며, 무릇 인척이나 친구들에게도 어려운 일과 질병이 있으면 돕는 일에 정성이 부족할까 염려하곤 하였다.[72]

최식(崔湜, 1762~1807, 백불암의 손자) : 어머니가 병환이 있을 때에 조섭(調攝)하고 간호하는 방법을 때에 맞추어서 적당하게 하였다. 약을 쓰는데도 반드시 몸소 달여서 먼저 맛을 보았다. 을묘년(1795년)에 어머니의 병세가 매우 심해 무릇 5개월 동안 밤낮으로 옷도 벗지 않고 눈도 붙이지 않았으며, 어머니의 숨이 끊어지게 됨에 손가락을 찔러 피를 내어 입에 넣어드려 보름 동안

70) 『百弗庵言行錄』, 卷4, 「學問」. "先生之學, 其發源在於孝."

71) 『止軒集』, 卷14, 行錄, 「六代祖考宣教郎府君行錄」. "天分甚異, 孝友篤行."

72) 『止軒集』, 卷14, 行錄, 「五代祖考監察府君行錄」. "事父母養極滋味, 愼終追遠, 克盡誠禮, 有妹九人, 問遺殆竭心. 凡於姻戚知友, 周窮恤患, 惟恐不及."

더 연명하게 하였으나 집사람들은 이 사실을 알지 못했다. …… 일찍이 어머니가 병환 중에 잉어를 찾았는데, 때가 맞지 않아 〈상인이〉 가격을 배나 올렸으나 '얼음 속 고기〔氷魚〕' 가 계속 들어왔다. 비록 싫어서 물리칠 때라도 이미 가지고 온 물건은 반드시 값을 쳐주었다. 어머니가 오얏 열매를 좋아하기에 일찍이 손수 여러 포기를 재배하여 드렸는데, 어머니가 돌아가신 후에는 차마 오얏 열매를 먹지 못했다.[73)]

최효술(崔孝述, 1786~1870, 백불암의 증손자) : 계축년(1853년)에 어머니 상을 당하니 94세였고, 최효술 본인도 거의 70세가 다 될 무렵이었지만, 마치 어린아이처럼 슬퍼했으며 상례를 부친상과 같이 정성껏 치렀다. 평소 부모님을 모실 때는 매달 초하룻날에 반드시 절을 하고 오래 사시기를 축원하였다. 어머니가 자주 다른 사람들에게 말하기를, "아들도 또한 늙었는데 나를 이렇게까지 섬기니 마음이 매우 불편하다."라고 하였다. 어버이 계실 때는 한 번도 멀리 여행하지 않았다. 집을 나설 때는 여러 가지 약품들을 한 봉지씩 나누어 묶어서 한글로 기록하여 아내에게 부탁하여 증세에 따라 투약하도록 하였으며, 매번 말하기를, "부모 섬기는 사람은 의술(醫術)에 대해 몰라서는 안 된다."라고 하였다.[74)]

최흥경(崔興庚, 최동집의 형인 최동률의 후손) : 효도와 우애가 돈독하여 한

---

73) 『止軒集』, 卷14, 行錄, 「先考通德郞府君行錄」. "母夫人夙抱疾恙, 而調護之方, 點時適宜, 每致誠於醫, 而其用藥必躬煎而先嘗. 乙卯症甚谻, 凡五朔, 徹晝夜不解衣交睫, 其絶也刺指灌口, 得延半月, 而家人莫之知也. …… 嘗於患中求鯉魚而非其時也. 懸價數倍, 冰魚相續. 雖至厭却之時, 已到者必償其價. 母夫人嗜李實, 嘗手栽數株以供之, 乙卯後不忍食李實."

74) 『止軒集』, 卷15, 附錄, 「行狀」(李敦禹). "親在之日, 未嘗遠遊, 家務外事, 悉委之三從弟觀述, 或有吊慶間出入, 必前期還省, 出行時凡諸藥餌, 各封分表, 識以諺書, 付之內間, 以爲隨症對投之地. 每曰事親者不可不知醫, 傍取醫書, 凡藥性味, 大略領會, 作一册子, 多記老人用藥之方, 時或依而投劑, 必有效應." 참조.

고을의 모범이 되었다.[75]

최홍건(崔興建, 백불암의 동생) : 어린아이 때부터 부모를 사랑하고 형을 존중하는 도리를 알았으며, 맛있는 음식이 생기면 반드시 어버이께 먼저 드리고 다음으로 형제가 함께 나누었다. 그의 어머니가 말하기를, "어린아이로서 어머니를 공경하는 것이 마치 엄한 아버지처럼 여기는 것은 유독 내 아이 형제들이다."라고 했다. 형님인 백불암도 말하기를, "어려서부터 형을 공경하는 것은 오직 내 아우가 그렇다."라고 하였다. 그는 일찍이 둘째 형〔崔興漸〕과 함께 땅에 엎어진 일이 있었는데, 일어서자마자 "형님, 다친 데는 없습니까?"라고 하니, 둘째 형이 말하기를 "너의 발에 흐르는 피가 안 보이느냐?"라고 했다.[76]

그런데 이때까지 살펴본 사례는 주로 「행장(行狀)」과 「행록(行錄)」의 형태로 전해지는 기록을 통해서이다. 일반적으로 볼 때 이러한 기록들은 지나치게 미화될 가능성이 크다. 백불암 가문의 사람들이 정말 그토록 절실하게 효를 실천하고, 이를 가문의 전통으로 삼았단 말인가? 이러한 사실을 확인하기 위해 이제 직접적인 생활기록들을 통해 백불암과 지헌의 사례를 살펴보도록 하자. 백불암의 『역중일기(曆中日記)』 중에서 기미년(1739년)의 몇 가지 기록과 지헌의 문집에 수록된 서신 몇 편을 인용해 보도록 하자.

어머니께서 가슴과 배가 막혀 때때로 아파하시니 치료를 늦출 수가 없다. 그

75) 『止軒集』, 卷12, 行狀, 「西山崔公行狀」. "公敦行孝友, 爲鄕邦矜式."

76) 『止軒集』, 卷13, 遺事, 「從曾祖陸窩公遺事」. "甫孩提有識, 已能知愛親敬兄. 得一美味, 必先供親, 次分兄弟. 母夫人曰小兒而敬慈母如嚴父者, 獨吾兒兄弟也. 伯氏公曰幼而敬兄者, 惟吾弟爲然. 嘗與仲氏公同仆地, 卽起曰兄得無傷乎, 仲氏公曰獨不見汝足出血乎."

렇지만 설날은 감영(監營) 약국(藥局)에서 약을 짓는 것이 매우 어려울 것 같아 어쩔 수 없이 다음날로 미루게 되니 심히 고민스럽구나.[77)]

어머니께서 병환으로 한결같이 대변(大便)이 건조하여 식후에 또 약 한 첩을 드리고 아울러 뜸을 떴는데, 애가 타고 심히 애가 타는구나.[78)]

어머니 건강은 다행히 더 심하지는 않으나 가슴과 배 사이에 아픈 증세가 여전하니, 애가 타고 애가 탄다.[79)]

어머니께서 평안치 않으시고 눈병이 여전하니, 애가 타고 애가 탄다.[80)]

어머니의 병환이 더하지 않으니 지극히 다행스럽고도 지극히 다행스럽다.[81)]

백불암은 성인이 된 후 거의 평생 일기를 썼다. 그가 처음 책력(冊曆)을 모은 것은 정미년(1727년)이지만 지금 전하는 사본(寫本)은 정사년(1737년)부터 매일 기록되어 있다. 그런데 1737년부터 모친이 작고하던 1765년까지의 일기에서 거의 매일 어머니의 병환을 염려하고, 구체적으로 어떻게 병구완했는지 소상하게 기록하였다. 위에서 인용한 일기는 그중의 일부이다. 부친의 병환 중에 대변을 맛보며 탕제(湯劑)를 조절했다는 백불

77) 『曆中日記』, 己未年, 1739年, 1月1日. "慈患胸腹痞塞, 間間作痛, 不可緩治, 而元日府局製藥似極難, 不得已留待明日, 甚悶."

78) 『曆中日記』, 己未年, 1739年, 1月4日. "慈患一樣, 大便乾燥, 食後又試藥一貼, 並臍灸煎迫煎迫."

79) 『曆中日記』, 己未年, 1739年, 2月6日. "慈候幸無劇添, 胸腹間往復之症, 一向不祛, 煎迫煎迫."

80) 『曆中日記』, 己未年, 1739年, 5月21日. "慈候不平, 眼患一樣, 煎迫煎迫."

81) 『曆中日記』, 己未年, 1739年, 12月26日. "慈候無添, 至幸至幸."

암의 일화[82]는 위 기록을 통해 볼 때 꾸미거나 과장된 이야기가 아님을 알 수 있다. 백불암의 이러한 삶은 그 후손들에게도 이어졌다. 백불암의 증손인 지헌 최효술의 삶 또한 그의 선조의 모습과 너무나 유사하다. 지헌은 "효(孝)가 모든 행위의 근원이며, 온갖 착한 일의 근본이다."[83]라고 하였다. 지헌의 서신에 담겨 있는 구절들을 통해 그의 효심을 살펴보자.

> 노모께서 올해 연세가 92세가 되어 원기가 쇠해서 부양해 드릴 방법이 없으니 새해를 맞아 두려움이 기쁨보다 더합니다.[84]

> 노모의 근력이 예전보다 점점 못해지니 자식으로서 두려운 마음이 아침저녁 잠시도 마음 놓을 수가 없습니다.[85]

> 어머니의 연세가 점점 높아져서 편한 날이 적고 편찮은 날이 많습니다. 아랫마을에 천연두의 경고가 돌아 바야흐로 엄중히 경계하는 중이니 제 마음이 타고 걱정됨을 어찌 다 말씀드릴 수 있겠습니까?[86]

> 어버이 연세가 점점 높아져서 편안한 날이 적고, 더하여 천연두의 두려움이 가까이 오니 에타는 마음을 어찌 다 말씀드리겠습니까?[87]

---

82) 『百弗庵言行錄』, 卷1, 「年譜」, 十一年, 乙卯, '七月' 條, "先生晝夜扶持, 衣不解帶, 目不交睫. 凡一證一候, 一飮一睡, 無不審視詳察, 至於嘗糞, 以驗其加減, 首尾五朔, 不少懈焉."

83) 『止軒集』, 卷8, 雜著, 「中庸疑義」. "孝者, 百行之源萬善之本."

84) 『止軒集』, 卷2, 書, 「與姜判書時永」. "孝述老母今年九十有二, 眞元陷敗, 扶護無術, 屬此新年, 懼多於喜."

85) 『止軒集』, 卷2, 書, 「答內叔漁樵齋鄭公」. "甥姪老親氣力, 漸非昔時, 人子煎懼之心, 未敢夙宵暫弛也."

86) 『止軒集』, 卷2, 書, 「上漁樵齋」. "甥姪親年漸高, 少寧多愆. 下邨告警, 方在戒嚴中, 私心煎慮, 何以仰達."

어버이 병환이 여러 달에 걸쳐 아직도 평상 상태로 회복되지 않고, 기피하는 천연두가 사방에서 다가오니 깊이 마음 태우고 답답해하고 있습니다.[88]

백불암 가문의 효제(孝悌)의 적용 대상은 직계가족에게만 국한되지 않고 유교의 친친애(親親愛)의 이념에 따라 친척들에게까지 확장된다. 대암 최동집은 맏형수를 정중하게 모셨고, 아버지 잃은 조카를 마치 자기 아들같이 돌보고 그들에게 밭과 집을 사주고 자립하도록 도와주었으며,[89] 최동률의 후손인 최수갑(崔壽甲)은 여러 종족들과 함께 선대의 제전(祭田)을 마련하여 후손들이 화목할 수 있도록 규정을 만들었다.[90] 그리고 백불암의 조카이자 제자이기도 한 최화진(崔華鎭)은 맏형수가 병이 들어 병상에 있자 정성껏 병구완하고 조카 여러 남매를 양육하여 가정을 이루게 하였다. 그리고 장조카에게 맏형이 남긴 글을 손수 책으로 엮어주어서 그 유지를 잇게 하였으며, 그에게 집과 토지를 마련해 준 뒤에야 비로소 자신의 집을 지었다.[91] 백불암의 손자인 최식은 고모와 여러 누이를 해마다 문후하였고, 시집간 누이가 노년에 남편을 잃고 그 자식이 아직 어려서 생활이 어렵게 되자 10년이 넘게 그들과 더불어 생활하며 외로운 생질들을 양육하고 나중에는 재물을 마련해서 가정을 이루게 하였다.[92]

그리고 백불암의 가문에서는 가학의 전통을 계승하고 친친애(親親愛)를 확인하는 계기로 관례를 소중히 여겼다. 특히 백불암은 아들, 손자, 조

---

87) 『止軒集』, 卷2, 書, 「與李俛齋秉運」. "孝述親年漸高, 寧日恒少, 加以痘警近逼, 焦煎之私, 如何仰喩."

88) 『止軒集』, 卷3, 書, 「與蔡景沃(沁)」. "孝述親癠數朔彌留, 尙未復常, 所忌痘疾四面來逼, 方深煎悶."

89) 『臺巖集』, 卷4, 附錄, 「家狀」 참조.

90) 『止軒集』, 卷13, 行狀, 「月厓崔公行狀」 참조.

91) 『止軒集』, 卷13, 遺事, 「再從祖漆室先生遺事」 참조.

92) 『止軒集』, 卷14, 行錄, 「先考通德郎府君行錄」 참조.

카, 문인들의 관례를 주관하거나 직접 참여하여 축하하고 격려하였다.[93] 백불암은 손수 관례의 홀기를 짓기도 하고, 관례가 의례대로 이루어지지 않으면 한탄하기도 했으며,[94] 자(字)를 지어주고 그 뜻을 깊이 새길 것을 당부하기도 하였다.[95] 백불암의 셋째 아우인 최흥건(崔興建)의 둘째 아들 용구(龍駒, 華鎭의 兒名)가 관례를 치렀는데, 당시 병석에 있던 백불암의 어머니가 옷을 갖추어 입고 함께 자리하였으며, 온 집안 식구들이 이것을 보고 기뻐하였다는 기록이 『역중일기』에 수록되어 있다.[96] 관례의 기록을 통해 백불암 가문의 친친애를 이루는 현장을 확인할 수 있다.

백불암 가문의 이러한 행위는 모두 인(仁)에 바탕한다. 유교에서 '인'은 가장 중요한 덕목인 동시에 유교적 인간이 지향하는 공동체적 자아상의 본성이기도 하다. '인'은 도덕적 실체이며, 동시에 만물이 모두 하나임을 확인하는 공동체적 자아의 본성이기도 하다. 그리고 '인'은 그 자체로 의미를 갖는 형이상학적 실체라기보다는 '관계' 속에서 자신의 정체성을 드러내는 '관계의 윤리'이다. 만물을 낳고 기르는 것이 천지의 본성이자 '인'이다. 마찬가지로 인간 또한 공동체(가정과 사회)를 이루어 그 안에서 한 가족처럼 서로 사랑하고 돕는 것이 인간의 본성 즉 인간다움이고 '인'이다. 유학자들이 말하는 '인'은 '가(家)'를 기반으로 하고 효제(孝悌)를 중심내용으로 하고 있다. 그러므로 유교의 인(仁)은 부자(父子)와 형제의 육친애(肉親愛)를 중심으로 하고, 거기서부터 타인과 만물에

93) 『曆中日記』, 丁巳年, 1737年, 11月25日; 癸亥年, 1743年, 11月1日, 9日; 甲子年, 1744年, 6月7日; 甲子年, 1744年, 12月13日, 15日; 乙丑年, 1745年, 9月9日, 10日, 12日, 13日; 丁卯年, 1747年, 3月24日; 戊辰年, 1748年, 1月23日; 己巳年, 1749年, 1月24日, 4月10日, 11日, 13日; 辛未年, 1751年, 11月10日, 11日; 壬申年, 1752年, 2月28日; 乙亥年, 1755年, 3月8日, 17日; 壬午年, 1762年, 1月12日; 乙酉年, 1765年 7月9日; 己丑年, 1769年 4月21日 참조.

94) 『曆中日記』, 乙亥年, 1755年, 3月17日 참조.

95) 『曆中日記』, 壬午年, 1762年, 1月12日 참조.

96) 『曆中日記』, 乙酉年, 1765年, 7月9日. "龍駒加冠於首, 老親衣裳出坐, 戶內見之而喜." 참조.

대한 사랑을 동심원적(同心圓的)으로 넓혀 나가는 것이다.[97] 바로 이 점에서 인(仁)은 곧 효제(孝悌)로 해석될 수 있으며, 백불암 가문의 효제 실천은 '인'의 실천으로 이해할 수 있다.

2) 유가적(儒家的) 이상사회 건설을 위한 향약(鄕約) 실행

백불암 가문의 효제(孝悌)와 친친애(親親愛)의 실천은 향촌 사회로 확장되는데, 향약(鄕約, 洞約)의 시행이 바로 그것이다. 주지하다시피 향약은 1076년, 중국 섬서성의 학자인 여대림 형제가 조직하고 그 규약을 기술한 것이 시초이다. 원래 『향약』 1권, 『향의(鄕儀)』 1권으로 이루어졌으나, 후일 주희가 이를 수정하여 『주자증손여씨향약(朱子增損呂氏鄕約)』을 완성하였다. 주된 강목은 '좋은 일은 서로 권장한다〔德業相勸〕', '잘못은 서로 고쳐준다〔過失相規〕', '사람을 사귈 때는 서로 예의를 지킨다〔禮俗相交〕', '어려움을 당하면 서로 돕는다〔患難相恤〕'는 것인데, 이 모두가 유가적 이상사회 건설을 꿈꾸는 향촌 사회의 실천규약들이다.

백불암 가문을 대상으로 하는 선행연구에서 가장 초기적인 연구는 부인동(夫仁洞) 동약(洞約)에 대한 역사학계의 성과들이다. 백불암은 효제를 중심으로 한 실천궁행(實踐躬行)의 삶을 살아간 학자인데, 그는 이러한 삶을 자신의 향촌 사회에도 실현하고자 애를 썼다. 백불암이 구체화하고 이후 100년이 넘도록 실시되어 온 부인동 동약은 다음 두 가지 점에서 의의가 있다. 우선, 조선조에 시행된 대부분의 향약이 그 조목만 전해질 뿐 실제 시행 기록이 자세하지 않은 데 비해, '부인동 동약'은 선공고(先公庫)와 휼빈고(恤貧庫)라는 구체적인 제도와 결부되어 실제로 시행된 기록

97) 溝口雄三 외, 『中國思想文化事典』, 김석근 외 옮김, 책과 함께, 2011, 209쪽 참조.

들이 풍부하다. 그다음으로 부인동 동약은 백불암 당대뿐만 아니라 후손들을 이어가며 100년이 넘도록 시행되어 그 역사적 의의가 크다.[98] 부인동 동약은 시행 당시에 이미 향약의 좋은 사례로 지목되며 지방관으로부터 칭찬을 받고 부세(賦稅)의 감면을 받기도 했으며, 심지어는 사창법(社倉法)의 시행에 대해 조정에서 임금과 신하가 논의하는 과정에서 좋은 사례로 거론되기도 하였다.[99]

그런데 백불암의 실천지향의 학문 성향과 향약 시행에 류형원(柳馨遠, 1622~1673)의 『반계수록(磻溪隨錄)』이 상당한 영향을 주었던 것으로 보인다. 류형원은 어려서 서울에서 생활하였지만 과거와 벼슬을 단념하고 전라도 부안에 은거하면서 독서와 저술에 전념하였다. 『반계수록』은 류형원의 실학적 개혁론을 집대성한 책이다.

백불암은 1748년(영조 24년) 44세 되던 해에 어머니 함안조씨(咸安趙氏)의 진외가(陳外家)인 문화류씨 류형원의 집안에 아들 주진(周鎭)을 보내 『반계수록』을 빌려왔으며,[100] 1752년에 친지와 제자들에게 이 책을 필사하게 하였다.[101] 그런데 『반계수록』이 발간된 것은 백불암이 필사한 해로부터도 20여 년이 지나고 책이 처음 이루어진 때로부터 백 년 만인

98) 정진영, 「조선 후기 향약의 一 硏究: 夫仁洞 洞約을 중심으로」(『민족문화논총』, 제2·3합집, 영남대학교민족문화연구소, 1982)에 관련 논의가 자세히 수록되어 있다.

99) 『朝鮮王朝實錄』, 正祖22年(1798년, 戊午年), 6月3日(乙未), '첫 번째 기사' 條. "秉模曰, 社倉之法, 故相嘗行之嶺南云. …… 其成其廢, 惟在得人與否耳." 참조.

100) 崔興遠의 어머니 咸安趙氏의 집안은 서울의 소론 명문 집안이었던 平昌李氏와 혼인이 잦았고, 그리고 어머니의 外家인 平昌李氏는 柳馨遠의 文化柳氏 집안과 혼인 관계가 많았다. 즉 文化柳氏는 崔興遠의 어머니의 陳外家가 되고, 柳馨遠의 아들은 崔興遠에게 조카뻘이 된다. 그래서 최흥원의 아들 崔周鎭은 서울을 왕래할 때마다 이들 집안을 자주 방문하였다.

101) 李象靖도 崔興遠으로부터 『磻溪隨錄』을 빌려보았고 경상감사도 이를 빌려보고자 했다. 당시 필사된 『磻溪隨錄』은 모두 13책인데, 현재 百弗庵門中의 유물전시관〔崇慕閣〕에 보관되어 있다.

1770년의 일이다. 당시 영조는 경상감사에게 명하여 이 책을 도내 명유(名儒)들의 교정을 거쳐 대구감영에서 간행하도록 하였고, 경상감사는 백불암에게 이 책의 교정을 부탁하였다.[102] 백불암은 조카 우진(宇鎭) 등의 도움을 받아 『반계수록』의 교정을 마쳤고, 이것이 드디어 1770년에 대구감영에서 발간되어 세상에 널리 전해지게 되었다.

백불암은 1739년에 부인동 동약을 시행하였다. 이것은 퇴계 이황의 예안현(禮安縣) 향입약조(鄕立約條)를 향약으로 완성한 김기향약(金圻鄕約)을 모델로 삼은 것으로서, 여타의 향약과는 달리 선공고(先公庫)와 휼빈고(恤貧庫)를 설치한 것이 가장 큰 특징이라고 할 수 있다. '선공고'는 공전(公田)을 마련하여 여기서 나오는 소출로 향약에 참여하는 동민들의 전세(田稅)를 대납하는 것이고, '휼빈고'는 토지가 없는 동민들에게 경작할 토지를 지급함으로써 농민들이 안정적인 삶을 살 수 있도록 한 것이다.[103] 그런데 이 선공고와 휼빈고는 주희의 사창법(社倉法)을 모방한 것으로 알려져 있으나, 실제로는 류형원의 사창법의 영향을 많이 받았다.[104] 이것은 선공고와 휼빈고가 설치된 시점이 곧 백불암이 『반계수록』을 접한 직후라는 점에서도 잘 드러난다. 선공고는 백불암이 친지와 제자들에게 『반계수록』을 필사하게 했던 다음 해인 1753년에 설립되었고, 휼빈고는 백불암이 『반계수록』을 제자들과 함께 교정한 직후인 1770년에 설립되었다.

이 외에도 백불암은 실학적 사고를 지닌 기호남인들과의 교류가 빈번하였다. 미수 허목의 글씨가 백불암 가문에 전해오고 있으며, 성호 이익

---

102) 『百弗庵言行錄』, 卷1, 「年譜」, 四十六年, 庚寅, '正月' 條. "校柳磻溪隨錄. 時自上命嶺伯刊行隨錄, 而先使之考校於道內名儒, 巡使李公瀰, 遂就正于先生." 참조.

103) 고영진, 「조선시대 영 · 호남의 학문과 사상 교류」(『영남학』, 제60호, 영남문화연구원/퇴계연구소, 2017), 100쪽 참조.

104) 정진영, 「백불암 최흥원의 학문과 향약」(『한국의 철학』, 제29호, 2001), 87쪽 참조.

과 백불암의 교류가 잦았고, 순암 안정복이 백불암의 묘지명을 작성하였다. 이러한 사실들은 한강의 제자인 허목을 통한 대구 사림과 기호남인들 간의 교류, 백불암 모친과 류형원 간의 인척 관계 등이 일차적인 원인으로 작용했겠지만, 백불암과 그 집안의 실용적 학풍 또한 무시할 수 없는 배경이 되었을 것이다. 그리고 이러한 교류를 통해 백불암 집안의 학문 분위기는 더욱더 실용적 학풍을 강화해 나갔던 것으로 보인다.

그런데 역사학계의 연구는 기본적으로 동계(洞契)와 동약(洞約)을 사족(士族)의 촌락 지배를 위한 장치로 보고, 따라서 동계의 근본 목적이 젊은 사람이 나이 많은 사람을 업신여기고〔以少凌長〕, 계급 질서가 허물어지고〔階級凌夷〕, 천한 사람이 존귀한 사람을 업신여기는 것〔以賤凌貴〕에 대한 좀 더 적극적인 대응, 즉 상・하 신분 질서의 확립에 있다고 본다. 그리고 이것에 대한 동민(洞民)들의 저항을 결국 사족의 촌락 지배가 해체되는 과정으로 해석하며,[105] 부인동 동약도 이러한 관점에서 바라보고 있다. 실제로 백불암 사후 그의 손자인 최식에 의해 동약이 운영되면서 공전(公田)에 대한 분쟁이 일어나고, 이로 인한 갈등이 결국 소송으로까지 이어진다. 그렇지만 우리는 여기에서 백불암 가문이 주체가 되어 시행하였던 향약(동약)의 의의를 유가적 도덕 사회 건설이라는 본래 의미에서 해석해 보고자 한다. 그리고 한 걸음 더 나아가 이러한 치용(致用)의 학문 경향을 대구와 그 주변 지역의 특색 있는 학풍으로 해석하고자 한다.

처음 향약을 실행한 여씨(呂氏) 4형제는 모두 관중(關中, 陝西省) 출신이고, 이 지역 출신의 저명한 학자인 장재(張載, 1020~1077)의 제자들이다. 그런데 당시 중국의 지식인들은 관중지역의 학자들이 실용과 실천의 학문에 치중했다고 여겼는데, 이 점은 이정(二程) 형제와 장재 간의 대화

105) 정진영, 『조선시대 향촌사회사』, 381쪽, 399쪽 참조.

에서 분명하게 드러난다.

> 선생〔二程〕이 장횡거(張橫渠)에게 말하기를, “관중(關中)의 선비들은 학문을 하면 정치에 이르게 되고, 정치를 논하면 예악(禮樂)과 병형(兵刑)의 학문에 이르게 되나니 무릇 선학(善學)이라고 할 만합니다.”라고 하였다. 그러자 장횡거가 말하기를, “관중의 선비들은 뜻은 크되 명예를 위하지 않으며, 또한 학문을 하되 실용을 귀하게 여긴다네.”라고 하였다.[106]

즉 낙양(洛陽) 출신의 이정(二程)은 장재를 비롯한 관중지역의 학자들이 실용과 실천의 학문에 치중한다고 평가했던 것이다. 이러한 전통으로 인해 장재는 ‘이(理)사상’에 비해 좀 더 현실적이고 실천적인 경향을 갖는 ‘기(氣)사상’에 주목했으며, 장재의 제자인 여씨(呂氏) 형제 또한 농촌사회의 실천적 자치규약인 향약을 만들어 보급했던 것이다. 그런데 대구와 인근 지역의 유학자들 상당수가 장재(張載)의 기학(氣學)에 관심을 두었고,[107] 그리고 여씨 형제의 향약을 지역사회에 실현하고자 애썼다. 이러한 사실들을 통해 관중의 실학적 경향이 대구지역 유학의 특색과 상당 부분 일치한다는 점을 주목하게 된다.

대구권 성리학자 중에서 향약의 시행과 관련하여 고령지역의 유학자인 김수옹(金守雍, 1513~1559)이 우선 주목된다. 그는 『소학』을 읽으며 쇄소응대(灑掃應對)의 가르침으로 향촌 사회의 질서를 유지하려 했으며, 『남전여씨향약지의(藍田呂氏鄕約之義)』라는 10여 조의 향약을 제정하여

106) 『二程粹言』, 卷1, 「論學篇」. “子謂子厚曰, 關中之士, 語學而及政, 論政而及禮樂兵刑之學, 庶幾善學者. 子厚曰, 如其誠然, 則志大不爲名, 亦知學貴於有用也.”

107) 장윤수, 「조선 중기 고령 유학의 특징: 회통성, 개방성, 실천성을 중심으로 하여」(『동양사회사상』, 제18집, 동양사회사상학회, 2008), 190~194쪽 참조.

상호부조를 통해 향풍(鄕風)을 쇄신하고자 하였다.[108] 그리고 이러한 향약의 전통은 조선 후기 이 지역의 학자 오경정(吳慶鼎)에게서도 확인된다. 그는 죽유(竹牖) 오운(吳澐, 1540~1617)의 후손으로서 1822년에 '매촌동약(梅村洞約)'을 제정하여 동민의 경제적 안정을 도모하였다. 특히 이 동약에는 부세(賦稅)의 공동납부와 환난에 대한 상호부조가 자세하게 기록되어 있어서 실용성에 바탕을 둔 이 지역의 실천정신이 구체적으로 드러나고 있다. '매촌동약'은 이전의 향약에 비해 교화와 관련한 내용은 소략해지고 일상생활에 직접 도움을 주는 방향으로 개선된 내용을 포함하고 있다.[109]

그런데 부인동 동약은 백불암이 처음 설립한 것이 아니다. 백불암의 5대조인 최동집도 부인동민(扶仁洞民)[110]과 더불어 계(契)를 만들어 규약(規約)을 세우고 동민들에게 효제충신(孝悌忠信)의 도리를 가르쳤다.[111] 즉 부인동의 부재지주(不在地主)였던 백불암은 동민들과 상의하여 전해 내려오던 동계(洞契)를 중수한 것이다. 이것은 단순히 옛날 법규를 복구한 것만이 아니다. 선공고(先公庫)와 휼빈고(恤貧庫)를 설치하여 선공고에서는 전세(田稅)를 대납하였고, 휼빈고를 통해서는 무전민(無田民)들에게 토지를 지급하였는데, 이전보다 한층 발전된 동약이었다.[112] 백불암이 주도한 부인동 동약 또한 여씨향약을 기초로 하고 있지만, 시대적 요구를 담아낸 흔적이 뚜렷하다. 백불암이 남긴 『역중일기(曆中日記)』에는 동약

---

108) 정우락, 「江岸學을 통해 본 고령 유학과 그 특징」(『고령문화사대계』2(사상편), 대가야박물관 · 경북대퇴계연구소, 2008), 233~234쪽 참조.

109) 우인수, 「고령 매촌동약의 특징과 동민의 결속」(『고령문화사대계』1(역사편), 대가야박물관 · 경북대퇴계연구소, 2008), 49쪽 참조.

110) 百弗庵 시대에는 '夫仁洞'이라 하였다.

111) 『臺巖集』, 卷4, 附錄, 「家狀」 참조.

112) 정진영, 『조선시대 향촌사회사』, 456쪽 참조.

을 시행하던 장면이 생생하게 기록되어 있다.

> 일찍이 아침을 먹고 동사(洞舍)에 나와서 동네 사람을 동(東)·서(西)로 나누어 뜰 밑에 앉게 하였다. 먼저 서기(書記)를 정해서 『남전여씨향약(藍田呂氏鄉約)』을 베끼게 한 후 이를 대략 수정하여 동약(洞約)으로 삼았다. 일가 사람인 최경순(崔慶淳)을 동약직(洞約直)으로 세우고 하인 중에서 배자운(裵自雲)을 동약소(洞約所)의 이정(里正)으로 삼았으며, 박신특(朴信特)을 동약소(洞約所)의 전곡(典穀)에 임명하였다. 임명이 끝난 후에 약조(約條)를 언문(諺文)으로 해석하여 하인들에게 그 내용을 설명하고 '옛것을 개혁하고 새것을 따르라〔革舊從新〕' 는 뜻을 거듭 깨우쳐주니, 마을 사람들이 모두 엎드려서 들은 후에 "감히 시키는 대로 하지 않겠습니까?" 라고 하였다. 날이 저물 때에 행사를 마쳤는데, 서기는 임봉래(林鳳來)였다.[113]

최소한 100년이 넘게 유지되어 온 백불암 가문의 동약을 조선 후기의 역사 발전단계나 사회경제사적 변천 과정에서 고찰할 때 계층 간의 갈등이나 충돌이 크게 주목될 수밖에 없다. 그렇지만 향약의 시행을 단순히 계층 간의 갈등만으로 해석해서는 곤란하다. 현대적인 시각에서 적(嫡)·서(庶)의 신분 차별이나 남·녀의 차별 같은 문제를 재단하게 될 때 그러한 비판에서 벗어날 수 있는 전통사상은 거의 없다. 백불암 가문의 향약 시행 이면에 적어도 유가적 도덕 사회 건설이라는 '선한' 동기가 작동하고 있었다는 점을 충분히 고려해야 한다. 백불암의 『역중일기』에는 수시

113) 『曆中日記』, 己未年, 1739年, 2月26日. "早食出坐洞舍, 令洞人分坐東西階下. 先差書記使謄出藍田呂氏鄉約, 略加增損以爲洞約, 以族人崔慶淳爲洞約直, 以下人中裵自雲爲洞約所里正, 朴信特爲洞約所典穀差任. 訖命以諺解釋約條, 通諭下人以革舊從新之意申申焉. 洞人等皆俯伏以聽作, 而對曰敢不唯命. 至昏乃罷坐書記林鳳來也."

로 규약을 맺은 동민들의 도덕적 문제를 거론하고 있다.

> 약정(約正)으로 있는 이초행(李楚行)이 찾아왔기에 만나보았다. 그가 이전에 서숙(庶叔)을 욕보인 일이 있어 매우 나무라고 돌려보냈다.[114)]

> 이정(里正) 배자운(裵自雲)이 동네 안에 효자, 열녀 및 불효한 사람들과 화목하지 못한 사람들을 각각 기록한 서류를 올렸다. 이들을 동약(洞約)에 따라서 상과 벌을 주고 이어서 동약 8개조를 강론한 뒤에 술을 돌리고 행사를 마쳤다.[115)]

> 식사 후에 강회(講會)를 여니 동네 사람 임봉래(林鳳來)의 외숙모가 진정서를 올리고 그의 조카 김만갑(金萬甲)의 불효하고 불순한 죄를 고하였다. 이것은 윤리강상(倫理綱常)에 관계되는 것인지라 사유를 갖추어 관청에 보고하고 아울러 동약책(洞約册)을 함께 바쳤다.[116)]

백불암은 동약의 집행을 맡은 집사들에게 특히 모범적인 처신을 요구하였다. 그는 다른 사람들의 앞에 서는 이들에게는 무엇보다도 수신(修身)이 필요하다고 보았으며, 그러한 바탕 위에서 다른 사람을 통솔할 수 있기를 바랐다.

---

114) 『曆中日記』, 丁巳年, 1737年, 閏9月25日. "李楚行尙帶約正來謁, 以前日侵辱庶叔, 故劇責而送之."

115) 『曆中日記』, 辛酉年, 1741年, 9月9日. "里正裵自雲, 以洞中孝烈及不孝不婣各成藉以進, 卽賞罰依約因, 講洞約八條, 後行酒而罷."

116) 『曆中日記』, 庚午年, 1750年, 10月14日. "食後開講會, 洞漢林鳳來外叔之妻, 有所志告其從子金萬甲不孝不順之罪係. 是綱常, 具由報官, 兼以洞約册呈納."

부인동약(夫仁洞約)의 이정(里正) 박세룡(朴世龍)이 부랑하고 패악함으로 이금세(李今世)로 바꾸고, 그가 동약(洞約)을 살피도록 하고 〈다른 사람들과〉 더불어 휼빈고(恤貧庫)를 설치하는 일을 시켰다. 그런데 그 위의 자리에는 내 몸을 바르게 하여 이끌어 거느릴 사람이 없으니 어찌하리오, 어찌하리오.[117]

지헌 최효술은 선조의 뜻과 사업을 잘 계승하였다. 일찍이 어사 박규수가 지헌을 칭찬하는 글을 임금께 올렸는데, "유학(幼學) 최효술은 일찍이 과거공부를 포기하고 경학을 공부하여 신기하거나 특이한 의론(議論)은 없으나 독실하게 실천한 행적은 있습니다. 그의 증조부 고(故) 익찬(翊贊) 흥원(興遠)은 향촌에 살면서 향약을 만들어 실행한 경륜이 있었으며, 효술은 선대(先代)의 기업을 이어받고 지켰으며 옛 규범을 잘 따라 행하였기에 촌민들이 많이 의지하였습니다."[118]라고 하였다. 한마디로 말하여, 지헌의 사상에 특이한 점은 없으나, 행실은 독실하게 실천한 바가 있다는 것이다. 백불암 가문의 가학적 특징을 잘 지적한 말이다. 지헌도 백불암과 마찬가지로 향약 설정의 근본 의도를 '도덕적 교화'에 두었다.

지헌 당시에도 부인동에 선·악을 기록한 장부와 상벌을 가리는 규정이 있었는데, 어느 날 동유사(洞有司)가 찾아와 착한 일을 기록한 장부에 등재된 두 사람과 악한 장부에 기록된 한 사람을 적절하게 처리해 달라고 하니, 지헌이 말하기를 "착한 일을 한 사람에게는 술과 고기를 주어 선행을 드러내는 뜻을 보여주라. 그리고 악한 일을 한 사람은 당연히 처벌해야 하지만 그 사람이 착한 두 사람의 이야기를 듣고 반드시 스스로 부끄

117) 『曆中日記』, 庚寅年, 1770年, 閏5月15日. "洞約里正朴世龍, 以浮悖遞之李今世對差, 以洞約修撿, 與爲設恤貧庫事分休. 然上座無可正己導率人, 奈何奈何."

118) 『止軒集』, 卷15, 附錄, 「行狀」. "幼學崔孝述, 早廢擧業, 專治經學, 無新奇特異之論, 有踐履篤實之行. 其曾祖故翊贊興遠, 鄕居條約, 極有經綸, 孝述嗣守先業, 遵行舊規, 民多賴之."

러워하여 뉘우치게 될 것이니 〈별도로 벌을 주지 말아라〉. 만일 그러고도 끝내 고치지 않는다면 그 뒤에 처벌해도 늦지 않을 것이다."라고 하였다.[119] 이러한 일화는 지헌이 의도하는 향약(동약)의 궁극적 의도가 악인을 계도하여 선으로 이끌며, 유가적 이상사회를 이루는 데 있음을 분명하게 보여 준다.

백불암의 『역중일기』에는 소를 잡고 잔치를 하며 마을 사람 모두가 더불어 즐기는 장면이 나온다. 그는 온 마을 사람들이 함께 기뻐하고 잔치를 하는 이것이야말로 동약을 함께하는 효과라고 만족스러워 하였다. 백불암이 진심으로 의도하는 향약(동약)의 목적이 어디에 있는지를 분명하게 말해준다.

> 동네 어른과 젊은이들이 모두 모여서 강의를 하고 마친 후에 선공고(先公庫)의 곡물을 정리하였다. 그리고 나서 관청에 부탁하여 소 한 마리를 잡고 하루 잔치를 베풀었으며 또 얼마간의 술과 음식이 있어 동네 사람 모두가 마음껏 취하고 배부르게 되니, 이것이 바로 '동약의 효과〔洞約之效〕' 이다.[120]

4. 백불암 최흥원 가문의 인인애(隣人愛) 정신

백불암이 남긴 서신(書信)을 보면 특히 예(禮)에 관한 언급이 많다. 그가 살던 시대 배경이 '예학적(禮學的) 성리학의 시대' 말미였기 때문이다.

---

119) 『止軒集』, 卷15, 附錄, 「行狀」. "夫仁洞有善惡籍賞罰之規, 一日洞有司以善籍二人, 惡籍一人請論斷. 先生曰其二饋酒肉, 以示揚善之義, 一人則當罰之, 然彼若聞二人之褒揚, 則必能自愧革面矣. 如其終不悛, 然後罰之未晚也." 참조.

120) 『曆中日記』, 乙亥年, 1755年, 11月9日. "洞人大小齊會講, 罷正劃先公庫穀物. 請于官宰一角以供一日之讌. 又有多少酒食, 洞人咸得醉飽歡呼, 此洞約之效也."

백불암은 천성적으로 논쟁을 싫어하였지만, 유독 '예'에 관해서는 자신의 의견을 비교적 소상하게 밝히고 심지어 타인의 견해를 반박하기까지 하였다. 당시의 예론은 상당수가 실천적 지반을 상실하고 그야말로 '예'의 형식이 인간의 실질을 구속하는 본말전도의 상황에 이르렀다. 그렇지만 백불암의 경우는 달랐다.[121] 그는 '예'의 본질을 실천성에서 찾았다.

백불암은 어머니의 장지(葬地)를 정하는 과정에서 마을 사람들과 송사(訟事)가 일어나자, "사람을 상하게 하면서까지 그 땅에 장례를 치르는 것은 돌아가신 분을 편하게 모시는 도리가 아니다."라고 하면서 처음 정한 장지를 버리고 다른 곳에 묘소를 정하였다.[122] 이 예화는 백불암이 무엇보다 인간을 소중히 여긴 인도주의적 사상가였음을 분명하게 말해준다. 또한 그의 예론이 이론만을 위한 이론이 아니라 진정 남을 배려하고 더불어 살아가는 지혜에 바탕을 둔 실천적 예론이었음을 알려준다.

백불암의 이러한 정신은 후손들에게도 계승된다. 후손들은 인간애뿐만 아니라, 동물과 심지어는 식물에까지 인(仁)의 정신을 실천하였다. 그들의 이러한 삶은 생명 존중의 의식으로 발전되어 백불암 가문의 가풍으로 전해진다. 대표적인 사례를 몇 가지 살펴보자.

> 백불암의 손자인 최식(崔湜) : 생명을 중히 여기는 마음이 미물(微物)에까지 미쳐서 봄에는 닭이나 오리의 알 또는 팥과 콩의 이삭을 먹지 않았으며, 집에서 기른 개를 먹지 않았고 집에서 기른 소를 도살장으로 보내지 않았으며, 매를 피해서 날아온 꿩을 풀어주었다.[123]

121) 장윤수, 「百弗庵 崔興遠과 18세기 대구지역 성리학에 관한 연구」, 349~350쪽 참조.

122) 『百弗庵言行錄』, 卷1, 「年譜」, 四十二年, 丙戌, '正月' 條. "葬母夫人, 于府北道藏洞, 寅坐之原. 初占山河陽地, 村民橫禁訟于官, 還被重罪以自服, 先生曰傷人而葬其地, 非安厝之道."

123) 『止軒集』, 卷14, 行錄, 「先考通德郎府君行錄」. "好生之意, 及於微物, 當春不食雞鴨卵豆

백불암의 증손이자 최식(崔湜)의 아들인 지헌 최효술 : 사물을 접할 때에는 오직 인애(仁愛)를 근본으로 삼았기 때문에 일찍이 집에서 기른 짐승을 잡아서 사용한 적이 없었고, 또 집에서 기른 소를 도살장에 보내지 않았다. 동네 어귀에 못이 있었는데 큰 가뭄이 들어 사람들이 이 물을 끌어 논에 대려고 하니, 지헌이 말하기를 "고기가 죽게 되었다. 그 안에 다시 작은 연못을 파서 물고기가 살도록 해라."라고 하였다.[124]

유학이 종교인가, 아닌가 하는 논쟁은 학계에서 오랫동안 다루어 온 해묵은 주제이다. 종교에 대한 정의를 어떻게 내리느냐에 따라 대답이 달라지겠지만, 굳이 유학을 종교라고 한다면 '도덕적 종교'라고 할 수 있다. 그렇다면 도덕적 종교가 지향하는 삶은 어떠한 삶인가?

백불암의 평생의 지기(知己)였던 대산 이상정은 일찍이 죽음을 앞두고 문하의 제자들에게 마지막으로 전하는 말로 "여러분들이 착실하게 공부하기를 바랄 뿐이네. 유학의 일은 다만 평범한 것인데, 그 평범한 가운데 오묘한 이치가 있다네."[125]라고 하였다. 부모님을 기쁘게 해드리고, 형제들과 우애 있게 지내며 이웃들과 화목하게 살아가는 우리의 평범한 일상이 그 어떤 거대한 이념보다 더 중요하다. 위대한 삶의 비결은 일상의 삶에 있다. 비범함은 무수한 일상이 쌓인 결과이다. 진정한 선비란 다름 아닌 평범한 일상을 정성스럽게 쌓아가는 존재이다. 그러한 의미에서 백불암 가문의 효제(孝悌)와 친친애(親親愛)의 삶은 인인애(隣人愛)의 유학적 이상과 통하게 된다.

太苗, 狗不食家畜, 牛不斥屠所, 嘗有華虫避鷹而投, 卽放之."

124) 『止軒集』, 卷15, 附錄, 「行狀」. "其接物也, 惟以仁愛爲本, 家畜之物, 未嘗屠以爲需. 所畜之牛, 未嘗鬻諸死地, 洞口有小池, 適大旱將引水灌諸禾, 公曰魚將盡矣, 使更鑿小池於其中, 以存其類."

125) 『樊巖集』, 卷51, 墓碣銘, 「通政大夫禮曹參議大山李公」.

5. 백불암 최흥원 문인들의 사상과 삶의 지향성

외면적으로 볼 때, 18세기 대구지역은 백불암의 학문적 영향력이 크게 미친 곳이었다. 당시 대구지역의 많은 학자가 백불암의 직·간접적인 제자들이었다. 백불암의 대구권 제자 중에서 일정한 학문 성과와 뚜렷한 문제의식을 보여준 인물들을 소개하고,[126] 이들을 통해 대구권 성리학의 특징을 좀 더 넓은 범위에서 살펴보고자 한다.

1) 조덕신(曺德臣, 1722~1791)

조덕신의 본관은 창녕, 자는 직부(直夫), 호는 둔암(遯庵) 혹은 일사정(一絲亭)이다. 그는 퇴계의 제자인 지산(芝山) 조호익(曺好益)의 후손으로 아버지는 조선적(曺善迪)이며, 아우는 무인 출신의 조학신(曺學臣, 1732~1800)이다. 그는 영천에 거주하였으며, 일찍이 이광정(李光靖)·임필대(任必大) 등과 어울려 팔공산에 있는 사찰에서 강론하기도 하였다. 백불암이 조덕신에게 보내는 글 1편이 『백불암집』에 실려 있는데, 이것은 백불암이 당시 산에 있던 조덕신에게 안부하고 그의 공부를 격려하기 위한

126) 崔興遠의 「及門錄」에는 모두 123명의 門人이 등재되어 있다. 거주지별로 살펴보면, 崔興遠의 주된 활동 무대였던 대구 부인동이 35명으로 가장 많았고, 안동 21명, 칠곡 13명, 기타 대구지역 12명, 밀양 8명 등이었다. 이를 통해 알 수 있는 사실은 그의 門人 대부분이 부인동과 인근 대구, 칠곡에서 及門하였다는 점이다. 안동지역이 특히 많은 것은 崔興遠의 畏友였던 李象靖의 子姪들이 及門했기 때문이다. 崔興遠의 門人 가운데에는 부자, 형제, 숙질이 함께 及門하는 경우가 많았으며, 특히 崔興遠 자신의 일가친척이 많았다. 그런데 123명의 제자 중에서 문집을 남긴 자가 무려 48명이었음에 반해, 문과 급제자가 9명, 무과 급제자가 3명에 지나지 않는다. 이것은 아마도 영남 출신을 홀대했던 시대적 배경도 있겠지만, 崔興遠 자신이 과거를 위한 공부에 비판적이었고 그러한 영향이 제자들에게까지 전해진 결과로 보인다.(『百弗庵言行錄』, 卷7, 「及門錄」 참조)

내용이다.[127] 6권 3책으로 된 문집인 『둔암집(遯庵集)』이 남아 있다. 이 중에서 「선후천설(先後天說)」, 「대역통지(大易通旨)」, 「혼고시천역변(混古始天易辨)」은 『주역』에 대해서 논한 것이며, 「사물설(四勿說)」은 『논어』에 나오는 '사물잠(四勿箴)' 에 대한 해석이다. 그리고 「사칠문답(四七問答)」은 이상정과 사단칠정(四端七情)에 관해 문답한 것이고, 「지자설(智字說)」은 인(仁) · 의(義) · 예(禮) · 지(智) 중에 '지(智)' 에 대해 풀이한 것이다. 그리고 「독서차록(讀書箚錄)」은 『주역』, 『서전』, 『논어』, 『맹자』, 『대학』, 『중용』 등의 중요 구절을 해석한 것이다.[128] 조덕신은 백불암의 제자 가운데서도 비교적 형이상학과 순수사변적 논의에 밝았던 학자이다.

2) 이경록(李經祿, 1736~1804)

이경록의 본관은 벽진, 자는 중수(仲綏), 호는 파강(巴江)이다. 그는 백불암의 제자이자 사위이다. 그의 아들인 이도(李鍍)와 이섭(李鍱) 또한 외조부인 백불암의 문인으로 올라 있으며, 특히 이도는 백불암의 임종을 지키며 「고종일기(考終日記)」를 쓰기도 하였다. 이경록은 평생 칠곡(漆谷)에서 학문 연구와 후학 양성에 전념하였다.

정종로(鄭宗魯)가 지은 「묘지명」에 따르면, 어릴 때 풍완중후(豐完重厚)하고 기력이 넘쳐나서 처음에는 제대로 교육시키지 못할 것 같았으나, 백불암의 사위가 되면서 배움에 힘썼다고 한다. 부모에게 극진히 효도했으

127) 『百弗庵集』, 卷4, 書, 「答曺直夫(德臣)」. "入山之後, 未卽致問, 方切戀鬱, 際承惠問, 宛如對晤, 因審與好箇朋友, 讀古書講古義."

128) 曺德臣의 성리학적 사유를 짐작할 수 있는 저작은 주로 『遯庵集』 '雜著' 에 실려 있다. 이 중 「先後天說」, 「智字說」, 「四勿說」, 「四七問答」, 「大易通旨」, 「混古始天易辨」은 卷4 '雜著' 에 실려 있고, 그리고 「讀書箚錄」은 卷5, '雜著' 에 수록되어 있다.

며 형제와 우애가 돈독했는데, 자질(子姪)을 가르칠 때에 오직 효제(孝悌)의 도리로써 우선을 삼았으며 그다음에 학문에 힘쓰게 하였다고 한다. 이러한 점은 장인이자 스승이었던 백불암의 근본 가르침과도 통한다.

6권 3책으로 된 『파강집(巴江集)』이 있는데, 비교적 성리학적인 논술이 풍부하다. 「답정사앙(答鄭士仰)」에서는 성리학적 입장에서 귀신(鬼神)의 이치를 밝혔다. 즉, 귀신설에 대하여 황당무계함을 비판하고 성리학적 입장에서 귀신의 이치를 밝혀 제례에 있어서 귀신의 흠격(歆格)을 논했다.[129] 그리고 「증변최사교심시기변조(增辨崔士敎心是氣辨條)」에서는 심(心)을 단지 기(氣)라고 하는 최흥벽(崔興璧)의 주장에 반론하여 심(心)은 이(理)와 기(氣)가 합쳐진 것이고, 성(性)과 정(情)이 통합된 것임을 논증하였다. 그리고 그는 '심'이 몸의 주인이며 만사를 관리하는 것이라고 논리적으로 변론하였다.[130] 그리고 「우변이기조(又辨理氣條)」에서는 이(理)와 기(氣), 형이상과 형이하의 관계에 대해 논하였다. 즉 "화(化)의 뜻이 신묘하여 헤아리기 어렵다."는 주장에 대한 반론으로, 화(化)는 기(氣)의 화(化)로서 '형이하'이며, 신묘불측(神妙不測)은 이(理)로서 '형이상'임을 밝혔다.[131] 또한 이경록은 남해안 일대를 유람하면서 그곳의 승경(勝景)과 여정(旅情)을 기행문 형식으로 상세히 기록한 「남행록(南行錄)」을 남겼다.

이경록의 문집인 『파강집』에는 그가 백불암에게 보낸 편지가 총 5편 수록되어 있으며, 또한 이상정에게 보낸 편지가 1편 수록되어 있다.[132] 『백불암집』에는 백불암이 이경록에게 보낸 서신 총 22편이 수록되어 있

129) 『巴江集』, 卷1, '書' 참조.
130) 『巴江集』, 卷3, '雜著' 참조.
131) 『巴江集』, 卷3, '雜著' 참조.
132) 『巴江集』, 卷1, '書' 참조.

다.[133] 그리고 이경록은 백불암의 제문을 3편이나 쓰기도 했다.[134] 이러한 점들을 살펴볼 때 이경록이 백불암의 문인 중에서도 대단히 비중 있는 인물이었음을 짐작할 수 있다.

백불암은 이경록이 자질구레한 예절일망정 이를 용감하게 고쳤다는 편지를 받고 자신도 모르게 공경심이 일어났다고 극찬을 하며,[135] 또한 이경록이 "비로소 제의(祭儀)의 정미(精微)함을 믿게 되었다."고 한 것을 강조하여, "순(舜)임금의 학문도 여기에서 말미암아 이르지 않은 것이 없다."라고 하였다.[136] 그리고 백불암은 자신의 외손(外孫)이자 이경록의 아들인 재현(再賢, 李鑊의 兒名)의 관례(冠禮)에 대해 비상한 관심을 표명하며, 가례(家禮)의 「관의장(冠儀章)」의 글을 거듭 해석해서 외우고 익히도록 할 것을 당부하기도 하였다.[137] 또한 백불암 자신이 근래에 들어 제사의 이치가 지극히 오묘하고 지극히 은미하면서도 참으로 절실하고 명백함을 깨닫게 되었다고 말하며,[138] 상주(喪主)들이 예서(禮書)를 읽어 정성을 지극히 하도록 하라고 권유하였다.[139] 당시 시대사조가 '예학' 이었던 만큼, 백불암이 제자들에게 가장 강조했던 가르침 또한 예(禮)에 관한 것들이 많았다. 그러나 백불암은 예(禮)의 세미한 절차나 절목보다는 그 본래의 정신과 의의를 강조했음을 알 수 있다.

---

133) 『百弗庵集』, 卷4, '書' 에 수록된 「答李仲綏(經祿)」와 「與李仲綏(經祿)」를 참고할 것.

134) 『巴江集』, 卷4 '祭文' 참조.

135) 『百弗庵集』, 卷4, 書, 「答李仲綏」(壬辰). "書末所諭, 承來不覺起敬. 此是細節, 而勇革如此, 則何事不可做." 참조.

136) 『百弗庵集』, 卷4, 書, 「答李仲綏」(甲午). "所諭始信祭義之精微者, 果眞箇窮研而有得焉. 則豈但於祭義有益, 如舜之學, 莫非由是而達, 令人深爲之期望焉." 참조.

137) 『百弗庵集』, 卷4, 書, 「答李仲綏」(乙未). "成人之初, 宜加以棄幼志收放心之敎, 以家禮冠儀章申申釋解, 使之誦習似好." 참조.

138) 『百弗庵集』, 卷4, 書, 「答李仲綏」. "日來益覺祭祀之義, 至妙至微, 眞切明白. 將事之際, 父母形神, 俱在心目, 便自有如不欲生之意, 此理誰與相講也." 참조.

139) 『百弗庵集』, 卷4, 書, 「答李仲綏」. "咸哀侍餘興寢連支否, 使之讀禮, 必致自盡之誠." 참조.

그리고 백불암은 『논어』를 일과로 정하여 읽으면서 조금이라도 게으르고 나태함이 없게 할 것을 강조하며,[140] 또한 '사서(四書)' 를 일과로 정하여 이를 읽고 기필코 암송할 수 있도록 하고, 아울러 『주서절요(朱書節要)』와 『연평답문(延平答問)』을 참고하여 잠자리에서 생각하고 풀어내어 활연히 터득하도록 마음 쓰기를 권유하였다.[141] 이러한 점을 미루어볼 때, 백불암이 제자들에게 강조했던 독서법은 '사서(四書)' 이며, 특히 정주이학(程朱理學) 계열 학자들의 저작 중에서도 퇴계학파가 강조했던 서책을 중요하게 여겼음을 알 수 있다.

3) 이동항(李東沆, 1736～1804)

이동항의 본관은 광주(廣州), 자는 성재(聖哉), 호는 지암(遲庵)이다. 6권 3책으로 된 『지암집(遲庵集)』이 남아 있다. 그는 칠곡(漆谷)에 거주하였다.

문집 중에서 눈여겨 볼만한 것으로는 다음 것들이 있다. 우선 소(疏) 가운데서 「청한강여헌양선생승무소(請寒岡旅軒兩先生陞廡疏)」는 그의 학문적 연원을 고찰할 수 있는 중요한 자료이다. 그는 이 글에서 정구와 장현광이 선현의 정맥(正脈)을 이어받아 지난 시절의 성인을 계승하고, 후학을 개도(開導)한 공이 컸음을 찬양하며, 그들을 문묘(文廟)에 승무(陞廡)시킬 것을 소청하였다.[142] 이러한 사실을 통해 정구와 장현광의 학문적 영향력이 18세기 당시까지도 대구권 성리학계에 강한 영향력을 끼쳤음을 알 수 있다.

---

140) 『百弗庵集』, 卷4, 書, 「與李仲綏」(壬寅). "獅孫數月在側, 時讀論語, 不無默聽之益." 참조.

141) 『百弗庵集』, 卷4, 書, 「與李仲綏」. "惟望篤志靜坐, 課讀四子, 期以成誦, 幷訂節要答問, 枕上思繹, 以自得豁然爲心." 참조.

142) 『遲庵集』, 卷3, '疏' 참조.

이동항의 글 중에서 특기할만한 것으로 「답안정첨(答安靜瞻)」도 주목할 필요가 있다.[143] 그는 이 글에서 그 나름의 독서법을 밝히고 있다. 『논어』와 『시경』을 먼저 읽은 다음에 장자(莊子) · 사마천(司馬遷) · 좌씨(左氏) · 한유(韓愈) · 유종원(柳宗元) 등의 글을 읽어야 문장 수업이 제대로 된다고 하였다. 여기에서 특이한 것으로는 무엇보다도 『장자』를 거론하고 있다는 점이다. 『장자』는 유학자들이 읽어서는 안 될 책으로 여겨졌는데, 『장자』 또한 독서할 내용에 당당히 올려놓은 것은 분명 개방적인 학풍의 면모라고 할 수 있다.

이동항은 여행기(旅行記)에도 능하여 각종 기록물을 남겼는데, 「방장유록(方丈遊錄)」, 「해산록(海山錄)」, 「풍악총론(楓嶽總論)」, 「유속리산기(遊俗離山記)」, 「삼동산수기(三洞山水記)」 등이 구체적인 사례이다.[144]

4) 최흥립(崔興岦, 1736~1809)

최흥립의 본관은 경주, 자는 산보(山甫), 호는 천옹(喘翁)이고, 백불암의 족제(族弟)이다. 3권 1책으로 된 『천옹집(喘翁集)』이 있다.

문집 가운데 특기할만한 것으로는 시(詩) 중에서 「성학십도(聖學十圖)」가 있다.[145] 이것은 퇴계의 '성학십도' 의 이치를 읊은 것인데, 특히 제6도(圖) '심통성정도(心統性情圖)' 에 관해서는 상 · 중 · 하 세 편으로 나누어 강조함으로써 「성학십도」의 중심이 '심통성정도' 임을 분명히 밝히고 있다. 그리고 '잡저(雜著)' 가운데 첫 글인 「중용차기(中庸箚記)」는 『중용』

---

143) 『遲庵集』, 卷3, 書, 「答安靜瞻」 참조.

144) 『遲庵集』의 卷3 '雜著' 에 「方丈遊錄」, 卷4 '雜著' 에 「海山錄」, 「楓嶽總論」, 卷5 '記' 에 「遊俗離山記」, 「三洞山水記」가 실려 있다.

145) 『喘翁集』, 卷1, 詩, 「聖學十圖」 참조.

의 성(性)과 도(道) 및 인심(人心) 등의 개념에 대해 자신의 철학적 견해를 밝힌 수준 높은 글이다.[146] 그는 학문 연마에 있어서 특히 경(敬) 공부에 힘썼으며, 마음의 수양을 강조하였다.

5) 이동급(李東汲, 1738~1811)

이동급의 본관은 광주(廣州), 자는 진여(進汝), 호는 만각재(晩覺齋)이다. 이동항(李東沆)의 아우로서, 백불암과 대산 이상정으로부터 배웠으며, 정종로(鄭宗魯) 등과 교유하였다. 6권 3책으로 된 『만각재집(晩覺齋集)』이 있다.

이동급의 문집에서는 특히 성리학설과 관련한 이론 연구서를 많이 찾아볼 수 있다. 잡저의 「하락설(河洛說)」은 하도(河圖)와 낙서(洛書)에 대해 해설한 것으로, 선유(先儒)들의 학설을 참고하여 자신의 견해를 역설한 저술이다.[147] 그리고 「무극태극설(無極太極說)」은 태극의 맨 처음의 상태인 '무극'과 우주 만물이 생긴 근원이자 본체인 '태극'에 대한 설명이다. 태극은 이(理)가 기(氣)의 주가 되고 세상 만물이 생기는 본원이 되는 것으로, 사람들이 온갖 강물에 비치는 달이 다만 하늘에 떠 있는 달 하나뿐이라는 이치를 터득하면 천(天)·지(地)·인(人) 삼재(三才)에 참여하여 천지의 화육(化育)을 도울 것이라고 하였다.[148] 「척사문답(斥邪問答)」은 천주 교리를 문답식으로 열거·비판한 것으로, 신라 이후 고려 때까지 불교가 성행하였던 과정과 조선에 들어오면서 유교가 성행하다가 점차로 퇴폐해짐에 따라 천주교가 침입하게 되었음을 지적하고, 유학을 적극적

146) 『喘翁集』, 卷2, 雜著, 「中庸箚記」 참조.
147) 『晩覺齋集』, 卷3, 雜著, 「河洛說」 참조.
148) 『晩覺齋集』, 卷3, 雜著, 「無極太極說」 참조.

으로 다시 진홍시킬 것을 강조하였다.[149] 그리고 「향약절목(鄕約節目)」은 성주지역의 향약으로, 지방자치제의 덕화(德化) 및 상호협조 등의 활성화를 추진하였다.[150]

6) 정위(鄭煒, 1740~1811)

정위의 본관은 청주, 자는 휘조(輝祖), 호는 지애(芝厓)이며, 한강 정구의 후손으로 주로 성주에 거주하였다. 7권 4책으로 된 『지애집(芝厓集)』이 있다. 문집의 서문은 퇴계학의 적통을 이은 것으로 평가받는 안동지역의 학자인 류치명(柳致明)이 썼다.

정위는 백불암과 이상정(李象靖)의 제자로서 퇴계의 이기호발설(理氣互發說)을 지지하였고, 예학을 깊이 있게 연구하였다. 그는 스승인 이상정이 『주자가례(朱子家禮)』 중에서 어려운 낱말을 골라 주석을 달다가 마치지 못한 『가례휘통(家禮彙通)』을 마무리하여 간행하기도 하였다.[151] 별지(別紙)와 문목(問目)은 경전에 대한 질의와 예설(禮說), 이기설(理氣說)에 관한 문답으로 되어 있다. '잡저(雜著)' 중 '독류이제군규장각강의(讀柳李諸君奎章閣講義)'는 규장각에서 강의한 내용을 읽고 소감을 적은 것으로, 사단칠정(四端七情)과 이기설(理氣說)의 강의 중에서 자기의 의견과 맞지 않는 점을 지적하고 보충하였는데, 퇴계의 이기호발설(理氣互發說)을 근거로 하여 설명하고 있다.[152] 정위는 특히 선조인 한강 정구의 선양사업에 노력했는데 숙야재(宿夜齋)와 무흘정사(武屹精舍)를 중건하였으

149) 『晩覺齋集』, 卷3, 雜著, 「斥邪問答」 참조.
150) 『晩覺齋集』, 卷3, 雜著, 「鄕約節目」 참조.
151) 『晩覺齋集』, 卷4, 序, 「家禮彙通」 참조.
152) 『晩覺齋集』, 卷4, 雜著, 「讀柳李諸君奎章閣講義」 참조.

며, '무흘구곡도(武屹九曲圖)'를 제작하기도 했다. 그리고 정조와 순조 연간에 한강의 문인록을 수정 보완하였으며, 한강이 지은 『심경발휘(心經發揮)』의 내용 중에서 자기의 생각과 다른 부분을 골라 해석하고 선유(先儒)들의 말을 인용하여 『심경발휘고이(心經發揮考異)』를 저술하였다.[153] 이 책은 『심경』의 연구에 있어서 대단히 귀중한 자료이다. 『백불암집』에는 정위가 백불암을 위해 지은 제문이 수록되어 있다.

7) 최화진(崔華鎭, 1752~1813)

최화진의 본관은 경주, 자는 사구(士矩), 호는 칠실(漆室) 혹은 칠당(漆堂)이며, 백불암의 아우인 홍건(興建)의 아들이다. 4권 2책으로 된 『칠실집(漆室集)』이 있다. 그는 큰아버지인 백불암과 영남의 거유(巨儒)인 대산 이상정을 모두 스승으로 섬겼다. 특히 대산은 최화진을 아껴서 자신이 지은 「경재잠집설(敬齋箴集說)」을 등사(謄寫)해 주기까지 하였다. 한편 최화진은 정종로를 형으로 대했는데, 정종로 또한 그를 아껴서 「숙흥야매잠해(夙興夜寐箴解)」를 지어서 주었다.

문집의 '서(書)'에는 정종로, 이경록 등과 주고받은 글이 비교적 많다. 특히 정종로에게 보낸 편지는 공부하는 도중 의문 나는 내용에 대해 질의한 것으로, 기질(氣質)의 편박(偏駁)과 연관된 존양성찰(存養省察)의 공부에서부터 내외교양(內外敎養)의 수양론에 이르기까지 다양한 문제에 대해 토론하고 있어서, 최화진의 학문 경향과 당시 성리학계의 학문적 성향을 이해하는 데에 크게 도움을 준다. 족제(族弟)인 최상룡(崔象龍)과는 『대학』의 몇 대목을 두고 문목(問目)을 나누어 토론하였고,[154] 이 밖에도

153) 『晩覺齋集』, 卷4, 雜著, 「心經發揮考異」 참조.

154) 『漆室集』, 卷2, 書, 「答族弟德容(象龍)問目」, 「與德容」 참조.

몇 차례의 서신 왕래를 통하여 이기성명(理氣性命)과 체용상수(體用相隨) 등에 대한 견해를 주고받기도 하였다. 「만록(謾錄)」은 학문하는 틈틈이 선현(先賢)들의 어록이나 스스로 다짐하는 말을 간결하게 기록하여 둔 비망기(備忘記)이다.[155]

『백불암집』에는 백불암이 최화진에게 보내는 편지가 총 12편 수록되어 있다. 그 내용은 주로 집안일과 관련된 것이 많으며, 예(禮)와 관련한 구절도 많다.[156] 최화진은 당시 효성으로 명성이 높았다. 한 가지 주목할 것은 백불암이 최화진에게 보낸 편지에서 예(禮)의 형식성에 얽매여 스스로 자신의 몸을 상하게 하지 말 것을 당부하는 부분이다. 즉 예의 형식성보다는 그 실질을 강조한 의미 있는 대목이다.

8) 박광석(朴光錫, 1764~1845)

박광석의 본관은 순천, 자는 중익(仲翼), 호는 노포(老圃)이며, 대구 출신이다. 그의 아버지인 박성수(朴聖洙) 또한 백불암의 문인이다. 박광석은 백불암의 제자 중에서는 보기 드물게 과거시험을 통해 관직에 등용되어 오랫동안 정치에 직접 참여하였다. 1795년 문과에 병과로 급제하여, 이후 남포현감(藍浦縣監) · 부교리(副校理) · 동부승지(同副承旨) · 호조참

155) 『漆室集』, 卷2, 書, 「謾錄」 참조.

156) 『百弗庵集』, 卷6, 書, 「答華鎭」(己丑). "爾之欲自盡於喪制者, 所以永爲孝悌, 則違親拂兄, 粗守小節, 是孝悌乎. 順親從兄, 俾緩憂慮, 是孝悌乎. 不但今日母兄之過爲憂慮, 爾父生時, 每憂爾之疾而慮爾之弱, 追體父心, 事死如生是孝乎. 寧貽冥戚, 必行己志是孝乎. 吾聞喪制有四, 有恩有理有節有權, 其說具在, 惟其如是而後, 可謂得居喪之道矣. 爾則不然, 不恤母兄之憂, 而必欲固守小節, 不知傷生之爲冥冥之念, 而只欲自行己志, 則以此執喪, 果可謂永爲孝悌乎. 禮五十而不毁, 五十者豈無哀痛之心, 然必節抑之, 以全其生, 所以追體父母之心而全其孝也. 否則雖盡於其節, 猶謂之不孝, 在爾道理, 惟當曲意承順, 追體父心, 毋或致有傷生然後, 可以無媿於孝矣." 참조.

의(戶曹參議) · 안변부사(安邊府使) · 한성부우윤(漢城府右尹) · 부총관동지의금부경연특진관(副摠管同知義禁府經筵特進官) 등을 역임하였다. 그는 남포현감으로 있을 때 선세(船稅)가 과중하여 백성들이 곤경에 빠져 있음을 알고 조정에 건의하여 시정토록 하였다. 그리고 안변부사로 있을 때도 송사(訟事)를 공정하게 처리하는 선정을 베풀었다.

3권 3책으로 된 『노포집(老圃集)』이 있다. 이 중 1819년(순조 19년, 기묘년)에 올린 '소(疏)' 는 천주교 신봉(信奉)을 묵인하자는 주장을 했다가 관직이 추탈(追奪)된 채제공(蔡濟恭, 1720~1799)의 신원(伸冤)을 주장하는 내용이며,[157] 1822년(순조 22년, 임오년)에 올린 '소(疏)' 는 당시 삼정(三政)의 문란함을 지적하고 그 시정책을 건의한 것이다.[158] 또한 조선(漕船)에 대한 개선책을 건의한 상소문에서는 선박을 수리할 때 선주(船主)들이 해송(海松)을 허가한 수량 이상으로 남벌(濫伐)하여 배를 건조하는데 사용하지 않고 다른 곳에 팔아 이익을 취하고, 낡은 배를 수리하여 취항하기 때문에 사고가 빈발하니, 배를 수리하거나 새로 만들 때 감독을 철저히 하고 기한 내에 파손되는 배의 선주를 조사하여 엄벌에 처해야 한다고 주장하였다.[159] 이러한 부분에서 박광석의 현실을 중시하는 의식을 읽어낼 수 있다. 그는 정치에 참여하여 막연한 성리학적 · 도학적 명분 정치에만 가담한 것이 아니라, 구체적으로 관내 백성들의 삶의 현장을 정확하게 파악하여 국가와 백성을 위한 정치를 펼쳤다. 백성들의 선세(船稅)를 절감시켜주자는 상소는 곧 위민정치(爲民政治)의 일환이고, 선주들의 남벌을 처벌하자고 주장한 것은 국가를 위한 정치였다. 이러한 관료 생활은 곧 남명의 문하생들이 선조와 광해군 시대에 정치에 참여하여 철저한

157) 『老圃集』, 卷1, 疏, 「玉堂再召在途乞遞仍請伸理蔡相國疏」 참조.

158) 『老圃集』, 卷1, 疏, 「壬午承召乞遞附陳民瘼疏」 참조.

159) 『老圃集』, 卷1, 疏, 「承牌請遞兼論漕船事宜疏」 참조.

현실 참여 정치를 벌였던 것을 연상하게 하며, 대구권 성리학의 주요 인물인 한강의 목민관으로서의 모습을 비슷하게 연상시킨다.

그는 스승인 백불암이 죽자 묘표(墓表)를 짓기도 하였고,[160] 또한 스승의 작시(爵諡)를 요청하는 상소를 올리기도 하였다.[161]

160) 『百弗庵言行錄』, 卷2, 「墓表」 참조.

161) 『老圃集』, 卷1, 疏, 「百弗庵崔先生請贈疏」 참조.

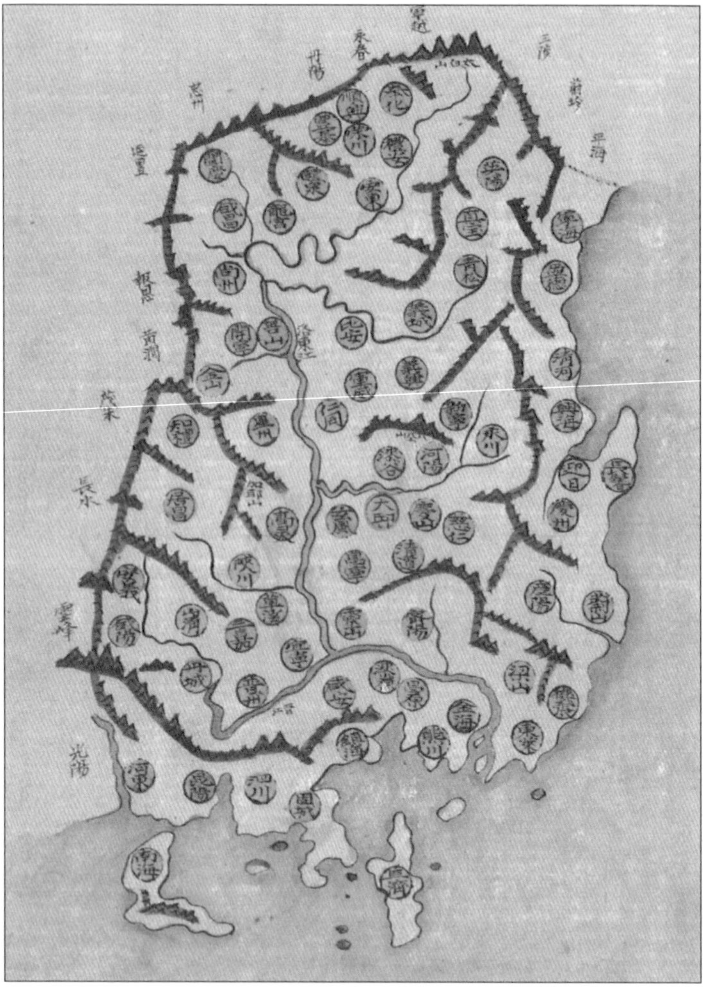

청구도(靑邱圖) – 영남전도(1834년, 규장각 소장)

제5장

송당 박영의 도학적 학풍과 선산(구미)지역 성리학

선산(구미)지역은 인재의 고장으로 유명하다. 이 지역은 조선조 사림파의 발상지인데, 사림파의 중심인물인 길재, 김숙자, 김종직이 모두 선산 출신이고, 김굉필 또한 선산과 연고가 있다.[1] 그런데 선산지역은 몇 차례의 정변을 거치면서 쇠락의 길을 걷게 된다. 이로 인해 사림파의 세력들이 정권을 주도해 나가는 16세기 후반 이후에는 정작 영남 문화의 주축 세력이 되지 못한다. 그렇지만 조선 초기에 횡행했던 이 지역의 도학적 학풍은 이후 영남우도의 지역과 대구권 유학에 상당한 영향을 준다. 특히

1) 金宗直은 밀양에서 출생했으나, 그의 의식 속에서는 언제나 善山 사람으로 자부했다. 그리고 金宏弼은 善山의 남쪽 지역인 仇彌里에 金宏弼의 田宅과 奴婢가 있어서 왕래한 흔적이 있다. 金宏弼은 1477년 善山鄕校에서 수학하며 당시 善山府使로 재직하던 金宗直에게 수학하였다. 이런 연고로 崔晛이 기록한 『一善志』, 卷2, 人物, '先賢' 條에서는 '金宏弼' 을 선산의 遺賢으로 소개하였다. 『一善志』, 卷2, 「人物, 先賢」, '金宏弼' 條. "府南仇彌里, 有宅田臧獲, 往來遺囑." 참조.

『松堂集』, 卷1, 詩, 「明鏡堂次松堂晦齋兩先生步金成之韻」. "風過無形色, 雲行迹亦空, 澹然無一事, 天地一般功."

송당 박영의 학문적 경향과 학파적 인맥은 선산(구미)지역의 유림 사회에 뿌리 깊은 영향을 끼치게 된다. 이 장에서는 조선 초기 선산(구미)지역의 도학적 학풍이 송당에 의해 어떻게 수렴되고, 이러한 학풍과 사승(師承) 관계가 구체적으로 어떻게 후대 학자들과 연계되는지를 고찰하고자 한다. 그리고 이러한 연구를 통해 송당의 '자득적 학풍' 이 영남우도의 남명 조식과 인동 출신의 여헌 장현광에게도 일정부분 학문적 연원이 되며, 또한 대구권 성리학에도 연면(連綿)히 이어져 오고 있다는 사실을 추론해 보고자 한다.

송당(松堂) 박영(朴英, 1471～1540)은 남명 조식과 퇴계 이황보다 한 세대 이전의 인물이다. 남명과 퇴계의 학문이 한국 성리학의 중흥 계기가 되기는 했지만, 이들 시대의 학문적 융성은 앞 시대 학자들의 지적(知的) 전통의 바탕 위에서 가능했다. '무인' 에서 '문인' 의 삶으로 전환한 박영은 조선조 도학의 계보를 잇는 중요한 학자로 평가받을 수 있다. 그는 김굉필의 제자이자 동향 출신의 학자인 신당(新堂) 정붕(鄭鵬, 1467～1512)을 통해 도학의 길로 나아가게 되며, 그러한 계기에서 『대학』의 공부와 심득(心得)의 방법론이 중요한 역할을 하게 된다. 즉 송당 사상의 학문적 특징은 실천에 바탕을 둔 자득(自得)과 체인(體認)의 공부론이라고 할 수 있다. 이러한 점에 주목하게 될 때 우리는 '김굉필-조광조' 계통의 도학적 계보 이외에 '김굉필-정붕-박영' 의 학문 계보를 또 하나의 '도학파' 로 인정할 수 있게 된다. 그리고 이러한 시각은 조광조의 도학적 계보와 퇴계 · 율곡 중심의 이기론적(理氣論的) 세계관을 극복하는 하나의 계기가 될 수 있다.

1. 명경당에서 열린 도학의 향연

1537년(중종 32년), 용암(龍巖) 박운(朴雲, 1493~1562)은 네모난 연못을 만들고 그 옆에 정자를 지어 '명경당(明鏡堂)' 이라고 이름 지었다. 당시 그는 이곳에서 송당 박영, 회재 이언적, 진락당(眞樂堂) 김취성(金就成)과 함께 어울려 시를 읊었다.

〔김취성 원운(原韻)〕 바람은 지나쳐도 형체 없고, 구름은 운행해도 또한 자취 없네. 고요하고 편안하여 한 가지 일도 없으니, 천지가 모두 같은 공(功)일세라.[2)]

〔박영 차운(次韻)〕 형상이 있다 하여 있는 게 아니요, 형체가 없다 하여 없는 게 아니로다. 진실과 일치해야 진실을 알게 될지니, 스스로 쌓은 공(功) 이외에 다른 공은 찾지 말지어다.[3)]

〔이언적 차운〕 〈바람은〉 소리가 있어도 잡기 어렵고, 〈구름은〉 무심하여도 공중을 덮는다네. 있고 없고가 누(累)가 될 게 있나, 순일(純一)이야말로 참된

2) 『松堂集』은 모두 4차례에 걸쳐 간행되었다. 먼저 초간본은 新堂 鄭鵬의 遺文과 함께 『兩賢淵源錄』이라는 이름으로 1655년(효종 6년)에 간행되었는데, 이후 편차에 문제가 있다는 士論이 생겨나 1665년(현종 1년)에 재간행되었다. 1864년(고종 1년)에는 『兩賢淵源錄』 가운데 박영의 遺文만을 별도로 분리한 후에 여기에다 몇 편의 글들을 더하여 1권으로 간행하였고, 이후 1905년 「大學圖」와 「大學經一章演義」를 보충하여 4권 2책의 『松堂集』을 간행하였다. 그리고 이 판본을 대본으로 하여 1990년에 『國譯 松堂先生文集』(密陽朴氏贊成公派宗親會, 1990)이 출간되었다. 이 글의 대본 또한 1905년에 간행된 『松堂集』이다.

3) 『松堂集』, 卷1, 詩, 「明鏡堂次松堂晦齋兩先生步金成之韻」. "有象非爲有, 無形不是空, 實中知是實, 功外莫尋功."

공일진저.[4]

〔박운 차운〕 샘의 근원은 밤낮으로 흐르는데, 물 맑은 작은 연못 텅 빈 듯하구나. 만상(萬象)이 함께 와서 비추이니, 특별한 공이 있음을 알겠네.[5]

박운과 김취성은 모두 선산 출신으로 송당의 제자들이고, 회재 이언적은 이들과 깊은 교유를 맺고 있던 영남 출신의 저명한 학자이다. 이들 네 사람이 지은 시는 모두 성리학적 도학시(道學詩)로서, 당시의 학문 분위기와 학문 수준을 짐작해볼 수 있는 좋은 사례이다.

일찍이 주희(朱熹)는 「관서유감(觀書有感)」이라는 시를 지어, "조그맣고 네모난 연못이 거울처럼 펼쳐져 있어, 하늘빛 구름 그림자 함께 떠다니는구나. 묻노니 어찌 저렇게 맑을 수 있는가, 근원에서 살아있는 물이 흘러나오는 까닭이라네."[6]라고 읊었다. 책을 읽다 느낀 점을 표현한 것인데, 책에 담겨 있는 무궁한 묘리(妙理)를 네모난 연못에 비친 만상(萬象)의 풍경에다 비유한 것이다. 주희를 흠모하고 그의 일상까지 닮고자 했던 조선의 유학자들은 별서(別墅)나 뜰에다 네모난 연못을 만들고 그것을 통해 자신을 수양하고 성찰하는 계기로 삼았다. 박운이 연못을 만든 뜻이나 여타 학자들이 함께 시를 차운하며 그 의미를 읊은 계기도 결국 주희에게서 비롯된다.

그런데 박영이 읊은 시는 「관서유감」을 풀이한 것 외에도 '무극이태극

---

4) 『松堂集』, 卷1, 詩, 「明鏡堂次松堂晦齋兩先生步金成之韻」. "有響還難捉, 無心却礙空, 有無都不累, 純一是眞功."

5) 『松堂集』, 卷1, 詩, 「明鏡堂次松堂晦齋兩先生步金成之韻」. "源泉流日夜, 淸澈小潭空, 萬象咸來照, 方知別有功."

6) 『朱子大全』, 卷1, 詩, 「觀書有感」'. "半畝方塘一鑑開, 天光雲影共徘徊, 問渠那得淸如許, 爲有源頭活水來."

(無極而太極)' 에 대한 주희의 해석을 연상시킨다. 일찍이 주희는 육구연(陸九淵)과 더불어 열띤 논쟁을 펼친 바 있다. 그중 하나가 바로 「태극도설」에 관한 두 사람 간의 논쟁이다. 두 사람은 주돈이(周敦頤)의 「태극도설」 가운데 첫 구절인 '무극이태극' 의 해석에 관해 의견대립을 보였는데, 이것은 단순한 해석상의 차이라기보다는 정주이학(程朱理學)과 육왕심학(陸王心學)의 세계관적 차이를 드러내 주는 중요한 징표이다. 이 논쟁에서 주희는 무극〔無〕과 태극〔有〕을 동시에 언급할 수밖에 없는 이유에 대해 체계적으로 변증하였다.

> '무극' 을 언급하지 않으면 '태극' 이 하나의 사물과 같아져서 만 가지 변화의 뿌리가 되지 못하고, 또한 '태극' 을 말하지 않으면 '무극' 이라는 것이 공적(空寂, 虛無)에 빠지게 되어 능히 만 가지 변화의 뿌리가 될 수 없다. '무극이태극' 이라는 구절을 이렇게 해석해야만 그 말하는 뜻이 정밀하여 미묘하기 끝이 없게 된다.[7)]

> 후대의 학자들이 태극의 오묘함이 '유' 에도 '무' 에도 속하지 않고, '방소(方所)' 에 떨어지지도 않음을 분명히 알게 하였다.[8)]

> 노자가 유 · 무를 말한 것은 '유' 와 '무' 를 둘로 하는 것이요, 주돈이가 유 · 무를 말하는 것은 '유' 와 '무' 를 하나로 하는 것이다.[9)]

---

7) 『朱子大全』, 卷36, 書, 「答陸子美」(첫 번째 글). "不言無極, 則太極同於一物, 而不足爲萬化之根, 不言太極, 則無極淪於空寂, 而不能爲萬化之根. 只此一句, 便見其下語精密, 微妙無窮."

8) 『朱子大全』, 卷36, 書, 「答陸子靜」(다섯 번째 글). "令後之學者, 曉然見得太極之妙, 不屬有無, 不落方體."

9) 『朱子大全』, 卷36, 書, 「答陸子靜」(여섯 번째 글). "老氏之言有無, 以有無爲二, 周子之言

주희의 입장을 한마디로 요약하면 이러하다. 만물의 본체인 태극의 도리는 형체의 '있음'과 허무공적(虛無空寂)의 '없음'만으로는 설명할 수 없다. 즉 눈에 보이지 않는다 하여 없다 할 수 없고, 눈에 보이는 단순한 형체와 같은 것으로써 구체화시킬 수도 없다는 것이다. 이른바 태극의 도리는 현상적인 유·무의 이분법적 관점을 뛰어넘는 횡단적(橫斷的) 시각에서 해석해야 제대로 읽을 수 있다. 앞서 언급한 송당의 차운시(次韻詩)에서 "형상이 있다 하여 있는 게 아니요, 형체가 없다 하여 없는 게 아니로다."라고 하는 구절은 바로 이러한 주희의 관점을 인용하고 있는 것으로 보인다. 박영은 「공중누각기(空中樓閣記)」에서도 이와 비슷한 관점에서 우주만물의 생성본체(태극)를 묘사하였는데, 즉 "있다고 말할 것 같으면 있는 것 같지만 없고, 없다고 말할 것 같으면 없는 것 같지만 있다."[10] 라고 하였다.

그런데 명경당의 모임이 있기 이미 20년 전에 '무극이태극'에 관한 회재 이언적과 조한보(曺漢輔)의 논쟁이 있었다. 당시 20대의 젊은 학자인 회재는 자신의 외숙부〔孫叔暾〕와 논쟁을 펼치던 조한보에게 당당하게 자신의 의견을 개진하였다. 이때 회재의 논지 또한 주희의 입장을 기본적으로 계승하고 있다.

> 유가사상의 '허(虛)'는 비었으나 '유(有)'하고, 이단의 '허'는 비었으면서 '무(無)'하다. 선유(先儒)들은 유가의 '적(寂)'은 고요하되 감응〔感〕하나 이단의 '적'은 고요하되 멸(滅)한다고 설명하였다. 그러므로 피차의 허무·적멸은 그 귀착점이 전혀 다르니 분변하지 않을 수 없다. 또 무극은 다만 이러한 이치의 신묘함이 흔적과 소리·냄새가 없음을 형용하여 말한 것이지 이단의 '무'

有無, 以有無爲一."

10) 『松堂集』, 卷1, 記, 「空中樓閣記」. "謂之有則似有而無, 謂之無則似無而有."

와 같은 것이 아니다.[11]

'무극이태극' 에 관한 사상은 박영이 제자들을 가르칠 때도 강조되었던 것으로 보인다. 김취성(金就成, 1492~1550)은 일찍이 박영의 문하에 들어가서 존심양성(存心養性)의 방법과 관물성찰(觀物省察)의 오묘한 뜻을 터득하고, 무극과 태극의 묘용(妙用)을 배워 그 이치를 깨달았다고 한다. 그리고 '무극이태극' 논변에 대해 대구지역 성리학자들 또한 많은 관심을 가졌다. 도성유는 「총론무극태극(總論無極太極)」을 지어 정주 계열의 도통론(道統論)을 지지하였고,[12] 손처눌 또한 '무극이태극' 의 이론에 관한 주희와 육구연 간의 논변을 논의하였다.[13]

일반적으로 한국 성리학사에 있어서 퇴계와 율곡의 시대 이전과 이후를 이분법적으로 구분하는 데에 익숙하다. 그런데 자칫하면 이러한 구분은 한국 성리학의 사상사적 흐름을 지나치게 단절적인 시각에서 해석할 우려가 있으며, 퇴 · 율 이전 시대의 학문 수준을 지나치게 낮게 평가함으로써 그 실체를 온전하게 그려내지 못하게 된다. 퇴 · 율 당시의 학문적 융성은 앞 시대 학자들의 지적(知的) 전통의 바탕 위에서 가능하였다. 명경당에서 가진 네 학자들의 시회(詩會)는 당시 성리학계의 도학적 학풍과 학문 수준을 잘 보여주고 있다.

---

11) 『晦齋集』, 卷5, 雜著, 「答忘機堂(第二書)」. "此之虛, 虛而有, 彼之虛, 虛而無. 此之寂, 寂而感, 彼之寂, 寂而滅. 然則彼此之虛寂同, 而其歸絶異, 固不容不辨. 而至於無極之云, 只是形容此理之妙無影響聲臭云耳, 非如彼之所謂無也."

12) 『養直集』, 卷1, 詩, 「總論無極太極」(二首). "而豈淪空寂, 且能驗本原. 如何陸氏子, 信此葉枝繁 ; 花開一榦茁, 月落萬川圓. 手授師門訣, 程朱獨得傳." 참조.

13) 慕堂日記』, 辛亥(光海君3年), 慕堂59歲, '3月15日' 條. "話康侯, 論象山集無極太極說, 與朱先生不相似." 참조.

2. 송당 박영의 학풍과 도학의 연원

1) 무인(武人)에서 문인(文人)의 삶으로

박영의 본관은 밀양, 자는 자실(子實), 호는 송당(松堂)이며, 시호는 문목(文穆)이다. 그는 무인으로 출사(出仕)했으나 나중에 문인으로 전환하여 조선조 도학의 계보를 잇는 중요한 학자로 평가받게 된다. 이러한 의미에서 송당은 흔히 송대의 신유학자인 횡거(橫渠) 장재(張載, 1020~1077)에 비교되기도 한다.

장재는 어려서부터 수많은 책을 탐독했는데, 그중에서도 특히 병법(兵法)에 관한 서책을 좋아했다. 그래서 병법에 능한 초인(焦寅)과 교류하며 학문을 논하기도 했고, 당시 서하(西夏)에 점령당한 조서(洮西)지역을 수복하여 공명을 세우고자 섬서경략안무부사(陝西經略安撫副使)로 서북지역인 연주(延州, 지금의 延安)에 부임해 있던 범중엄(范仲淹)에게 글을 올리기도 했다. 범중엄은 장재의 자질을 알아차리고 "선비란 명교(名敎, 인륜의 명분을 밝히는 교훈)를 즐거움으로 삼는 법인데 어찌하여 병법을 일삼으려 하는가?"라고 책려하며 『중용』을 읽기를 권유하였다. 장재는 이 사건을 계기로 유학 공부에 전념하게 되었고, 드디어 신유학의 중요한 한 축을 구성하게 된다.

송당 박영을 장재에 비교하여 '동방의 횡거'라고까지 칭한 것은 양자 간에 몇 가지 주목할 만한 유사점이 있기 때문이다. 송당 또한 천품이 활달하고 무예에 뛰어났으며 무과로 출사하였다. 박영은 양녕대군의 외손(外孫)으로서, 기골이 장대하고 천성이 괄괄하였다. 전해오는 기록에 따르면, 집안이 큰 부자였으며 17세에 직접 중국 요동까지 가서 비둘기와 할미새를 사 올 만큼 하고 싶은 일에 구애됨이 없었다. 성종의 훈계를 받고 무술을 익힌 후에는 무과로 출신(出身)하여 선전관에 임명되었다.[14] 그런데 연산군 당시 혼탁한 정치로 인해 가족을 이끌고 고향(선산)으로 돌아와 낙동강 강가의 태조산 밑에 터를 잡은 이후로 무인의 길은 접고 심성 함양의 공부에 치중하게 된다. 이때 박영의 공부에 있어서 질적 발전의 큰 계기를 이루도록 하는 이가 바로 신당(新堂) 정붕(鄭鵬, 1467~1512)이다. 정붕은 박영에게 학문의 도는 격물(格物)과 치지(致知)에 있으니 『대학』 공부를 통해 학문을 이루라고 권유하였다.[15] 이러한 고사에서 '장재와 박영', '범중엄과 정붕', '『중용』과 『대학』', '중국 성리학과 한국 성리학'의 대비가 절묘하게 이루어짐을 확인할 수 있다.

그래서 김재로(金在魯, 1682~1759)는 박영의 '시장(諡狀)'에서 "옛날부터 호걸의 선비가 하루아침에 지금까지 익혀온 습성을 탈피하여 과감하게 바른 궤도로 되돌아와 백세토록 존경과 추앙을 받는 분으로는 오직 무인을 탈피하신 장횡거 선생이 홀로 계신다. …… 그런데 장횡거 이후로 이러한 일을 이루어낸 분으로는 〈송당 선생〉 단 한 사람뿐이라 하겠다."[16]라고 하였다.

무인에서 문인으로의 전환은 단순히 무인을 천시하고 문인을 귀하게 여기던 시대 분위기로만 해석해서는 곤란하다. 즉 박영이 무인의 길을 접고 문인의 길로 나아갔다고 하는 것은 단순히 문관과 무관의 직책을 의미하는 것이 아니다. 이것은 곧 무인으로 상징되는 얽매임 없는 거친 성정을

---

14) 『寄齋雜記』, 卷1, 「歷朝舊聞(一)」, '燕山' 條 참조. "朴松堂英, 以讓寧大君外孫, 天資超邁, 家又豪富. 年十七, 親往遼東, 貿鳩鴿以還, 行事多落拓不羈. 成廟召戒之, 乃業武登第, 拜宣傳官." 참조.

15) 『松堂集』, 卷4, 「諡狀」(金在魯). "請學於新堂鄭先生鵬. 新堂知先生有質可大受, 激而進之, 謬曰, 子武人, 讀書何爲. 對曰, 悔却顚沛迷塗, 欲讀書知向方耳. 新堂以大學授之曰, 學問之道, 在格物致知, 宜精讀此書." 참조.

16) 『松堂集』, 卷4, 「諡狀」(金在魯). "自古豪傑之士, 一朝脫去舊習, 勇返正軌, 爲百世所尊仰者, 獨有早脫孫吳之橫渠夫子. …… 雖謂之橫渠後一人非過也."

벗어두고, 문인이 은유하는 도덕적 이상 인간으로서의 현인(賢人)을 지향하는 공부의 길로 나아갔다는 의미이다. 그래서 권연하(權璉夏, 1813~1896)는 "옛날 장횡거 선생은 무예의 길에서 벗어나서 범중엄의 권유로 『중용』을 읽고 도에 이르게 되었다. 송당 선생은 일찍이 무예에 종사하다가 신당(정붕)으로부터 『대학』을 배워 깨달음의 계기로 삼았다. 위대한 유학의 도덕군자가 마음을 돌이켜 가던 길을 바꾸어 뜻을 열고 깨달은 것은 바로 앞뒤 현인이 같은 과정인 것이다."[17]라고 하였다.

박영이 무인에서 문인의 길로 나아갔다고 하는 것은 결국 공명을 추구하는 출세 지향의 삶에서 심성 함양을 위주로 하는 도학 공부로 전환했다는 의미이며, 또한 주저됨 없이 흘러나오는 자신의 성정을 극복하고 성(誠)과 경(敬)의 유학 본연의 공부에 집중했다는 뜻이다. 그래서 김재로는 "송당 선생은 일찍이 무인으로서 뛰고 달리며 얽매임 없이 지내셨는데, 어느 날 대궐에서 숙직하던 중 〈자신의 삶에 대한 회한의〉 눈물을 흘리게 되었다. 이 눈물이 바로 도학의 근기(根基)가 되었다."[18]라고 기술하였다.

2) 김굉필과 도학의 학풍

흔히 조선 초기의 유학사를 이해할 때에 '도통론적(道統論的) 관점' 에서 인식한다. 즉 고려 말 정몽주로부터 연원을 두는 '한국적 성리학' 〔道學〕이 조선조에 이르러 '길재-김숙자-김종직-김굉필-조광조' 로 이어지는 사림파 유학자들에 의해 체계적으로 계승되었다는 관점이다. 이러

17) 『松堂集』, 卷4, 「精舍重建記」(權璉夏). "在昔橫渠夫子, 早脫孫吳, 而因范文正之勸, 讀中庸有一變至道之勇. 先生早事兜鍪, 因鄭新堂先生之講授大學, 有一言契悟之端. 大儒君子之回頭轉脚, 啓發而警省之者, 前後直一揆耳."

18) 『松堂集』, 卷4, 「諡狀」(金在魯). "惟先生亦嘗馳騁武事, 跅弛不羈, 禁直一夜之淚, 遂爲道學之根基."

한 시각은 퇴계 이황을 위시한 후대 유학자들에 의해 고착화 되었으며, 장지연(張志淵)과 현상윤(玄相允)을 위시한 근·현대 시기의 영향력 있는 학자들에 의해서도 그대로 계승된다. 그렇지만 역사적 기록을 확인해볼 때 도통적 계보에 있는 몇몇 사림파 유학자들이 당시 지식인 사회의 주류가 아닌 것은 분명하다. 이러한 측면에서 볼 때 정도전(鄭道傳)과 권근(權近)을 중요하게 다루고, 이들 이외에도 류숭조(柳崇祖)를 비롯한 관학파와 훈구파 학자들을 상당히 비중 있게 다룬 이병도의 『한국유학사』[19]는 상대적으로 균형 있는 저술이라고 볼 수도 있다.

그렇지만 조선 초기 유학사에 대한 도통론적 인식이 절대적 관점일 수 없다 하더라도, 여전히 조선시대 유학사를 이해하는 데에 영향력 있는 관점의 하나인 것은 분명하다. 그런데 문제는 도통론적 관점을 그대로 인정한다 하더라도 그 계보에 어떤 인물이 포함될 수 있는가 하는 점에서는 다시 논란의 소지가 있다.

일찍이 노경임(盧景任, 1569～1620)은 『숭선지(嵩善志)』에서 한국 도학의 계보를 정리하면서 '정몽주-길재-김숙자-김굉필-정붕-박영' 의 계통을 강조하였다.[20] 이것은 곧 김굉필의 적통(嫡統)을 정붕과 박영에게 둔 것이다. 이러한 관점은 노경임뿐만 아니라 상당수 학자들이 견지하고 있었다. 조광조의 도학적 지위를 강조한 장지연마저도 『조선유교연원』에서 김굉필과 정붕, 박영의 관계를 강조하였다. 그는 김굉필의 대표적인 문인 10여 명을 거론하면서 정붕을 포함했고, 이 중에서도 특히 조광조, 김안국, 정붕을 강조하였다. 그런데 그는 이들을 언급하는 중에 박영에 대해서도 언급하면서 "송당은 그의 학문을 이항(李恒), 박운(朴雲), 김취성(金就成), 김취문(金就文), 신계성(申季誠), 박소(朴紹) 등에게 전하였는

19) 이병도, 『한국유학사』, 아세아문화사, 1987 참조.

20) 『松堂集』, 卷3, 附錄, 「道統相承次第錄」.(盧景任의 『嵩善志』를 인용한 것임)

데, 송당 역시 한훤당(김굉필)의 일파이다."[21]라고 하였다. 그렇지만 전후 사정을 고려할 때 박영을 김굉필의 직접 제자로 보기는 어렵고, 정붕을 통해 김굉필의 학맥을 계승한 재전(再傳) 제자로 간주해야 한다. 다만 '김굉필-정붕-박영'으로 이어지는 도학적 계보는 분명하게 인정할 수 있다. 그리고 박영의 문인들에게서도 김굉필의 도학을 계승한 흔적을 지속해서 확인할 수 있다.[22]

그렇다면 문제는 도학(道學)의 실체가 무엇인가 하는 점이다. 특히 '김굉필-정붕-박영'을 통해서 연속적으로 확인되고 강조되는 도학의 학풍은 무엇인가? 우리는 여기에서 먼저 『대학』을 주목해보고자 한다. 박영이 정붕으로부터 처음 권유받은 공부가 바로 『대학』 공부이기 때문이다. 그런데 김굉필의 도학과 『대학』은 도대체 어떤 관련성이 있는가?

주지하다시피 김굉필은 스스로 '소학동자(小學童子)'라고 자처했을 만큼 평소 『소학』의 공부를 강조했다. 그렇지만 '소학'과 '대학'이 필연적 연계성을 지니고 있는 만큼 『소학』의 공부와 『대학』의 공부가 별개일 수 없다. 김굉필의 학문에서 『소학』의 비중이 크기는 하나, 추기급인(推己及人)에 바탕을 둔 수기(修己)와 치인(治人)의 연계적 공부를 강조한 성리학적 공부론에서 볼 때, 『대학』의 공부 또한 소홀히 여길 수 없다. 더 적극적으로 말하면, '소학'의 공부는 반드시 '대학'의 공부로 나아가야 하고, '소학'의 이념은 '대학'의 이념과 합일을 이루어야 비로소 온전한 의미를 가지게 된다. 그러한 면에서 김굉필 또한 『대학』 공부와 그 실천에 많은 관심을 두었다.

---

21) 張志淵, 『朝鮮儒敎淵源』, 솔출판사, 1998, 99쪽 참조.

22) 김성우, 「15세기 중 · 후반~16세기 도학운동의 전개와 송당학파의 활동」(『역사학보』, 제202집, 역사학회, 2009), 25~31쪽 참조.

〈선생〔김굉필〕은〉 매일같이 『소학』과 『대학』을 강송하여 학문의 규모를 삼으며, 육경을 깊이 탐구하고 힘써 성·경(誠敬)을 실천하였다. 존양·성찰을 체(體)로 삼고, 수신·제가·치국·평천하를 용(用)으로 삼아 반드시 위대한 성인의 경지에 이르고자 하였다.[23)]

선생〔김굉필〕은 몸소 도학을 창도하는 임무를 맡아 근세의 유종(儒宗)이 되었다. 『소학』을 실천하여 근본을 배양하였고, 『대학』을 준행하여 따르는 것으로 〈학문의〉 규모를 세웠다. 힘써 성·경(誠敬)을 실천하였고, 육경을 발휘하여 성현의 경지에 도달할 수 있기를 기약하였으니, 이것이 바로 선생이 학문을 닦던 대략의 모습이다.[24)]

김굉필의 학문에 대한 후대 학자들의 평가는 대략 몇 가지 점에서 일치한다. 첫째, 『소학』을 근본으로 삼고 『대학』으로써 학문의 규모를 세웠다는 점, 둘째, 육경(六經)을 깊이 탐구하고 성·경(誠敬)의 실천에 힘썼다는 점, 셋째, 성인이 되고자 하는 공부에 진력하였다는 점이다. 바로 이러한 점에서 우리는 김굉필의 도학적 정체성을 짐작해볼 수 있고, '김굉필-정붕-박영'을 일관하는 학파의 전통을 확인해 볼 수 있다. 특히 김굉필 제자들의 도학적 전통에서는 그동안 김굉필의 학문 배경에서 『소학』에 비해 상대적으로 소홀하게 취급받아 온 『대학』의 공부를 강조하였고, 『소

23) 『景賢錄』, 卷上, 「行狀」(李勣). "日誦小學大學書, 以爲規模, 探賾六經, 力持誠敬, 以存養省察爲體, 齊治平爲用, 期至大聖閫域."

24) 『景賢錄附錄』, 卷下, 「師友錄」(曺植). "先生身任道學之倡, 爲近世儒宗. 服小學以培根本, 遵大學以立規模, 力持誠敬而發揮六經, 以期至於聖賢之域, 此先生爲學之大略也." 그런데 이 인용문은 『南冥集』에서 발췌한 曺植의 글로 되어 있으나, 사실은 李滉의 글로서 「迎鳳書院記」에서 발췌한 것이다. 『退溪集』의 원문은 다음과 같다. 『退溪集』, 卷42, 記, 「迎鳳書院記」. "夫忠義道德, 本非二致, 而道德爲之本焉, 則服小學以培根本, 遵大學以立規模, 力持誠敬而發揮六經, 以期至於聖賢之域, 此金先生爲學之大略也."

학』과 『대학』의 상호 유기적이고 보완적인 관계를 주목했다는 점이다.

3) 박영의 도학사상에 끼친 스승 정붕의 영향

송당 박영은 정붕보다 불과 4세 연하이고, 후일 그의 아들〔朴居易〕과 정붕의 딸이 혼인하여 사돈 관계를 맺었다. 그럼에도 불구하고 그는 평생토록 정붕을 스승으로 대하였다. 정붕은 박영의 도학사상에 상당한 영향을 끼친 것으로 보인다. 일찍이 박영은 「자찬묘표(自撰墓表)」에서, 경신년(1500년)에 정붕과 더불어 몇 달간 송재(松齋)에 머물며 책상을 마주하고 옛글을 논하였는데, 이때 가슴 속에 특별히 한 건곤(乾坤, 세계)이 있게 되었다고 회고하였다.[25] 정붕과 함께 책상을 마주하고 옛글을 논한 뒤에 새로운 세계가 열렸다는 말은 그의 학문(도학) 형성에 있어서 정붕의 영향이 컸음을 상징적으로 보여주는 것이다. 그리고 정붕의 학문 또한 박영이 계발하고 발전시켜 나간 면이 많다. 그래서 김응조(金應祖)는 "신당(정붕)의 학문은 송당이 계발하고 발천(發闡)하였으니, 도통(道統)의 연원이 하나의 맥이 되고 있음을 짐작할 수 있다."[26]라고 하였다. 그렇다면 정붕은 어떤 인물인가?

정붕의 아버지인 정철견(鄭鐵堅)은 처향(妻鄕)인 선산 신당포로 이주하면서 선산과 인연을 맺게 된다.[27] 정철견은 1494년(성종 25년)에 경상도 관찰사인 이극균(李克均)에 의해 은일지사(隱逸之士)로 추천되었고, 이때 김굉필도 함께 추천되었다.[28] 정철견은 "정직하고 지조가 있으며, 시골에

---

25) 『松堂集』, 卷1, 「墓表」(自撰). "庚申, 鄭雲程氏, 朴伯牛氏, 數月留松齋, 對床論古, 別一乾坤在胸中也."

26) 『松堂集』, 卷4, 「跋文」(金應祖). "第念新堂之學, 有以啓發松堂, 則淵源一脈, 槩可想見."

27) 崔晛, 『一善志』, 卷2, 「人物, 先賢」, '鄭鵬' 條. "考諱鐵堅, 居開寧, 居有道, 爲居昌縣監. 娶生員玉莿宗之女, 始居本府西面." 참조.

은거해 있지만 학문을 궁구하고 덕을 기르며 스스로 수양하여 나이가 60이 넘었어도 기력(氣力)이 오히려 건장하며, 그 재능과 행실이 관직을 임용(任用)하여도 충분히 감당할 만하다."[29]라는 이유로 천거되었고, 김굉필은 "성리학(性理學)에만 전일(專一)하게 마음을 집중하며 조행〔操履〕이 방정하여 굽혀서 기용되기를 구하지 않았다."[30]라는 이유로 추천되었다. 김굉필은 1477년에 선산향교에서 김종직으로부터 가르침을 받았다. 이러한 여건을 고려해볼 때 정철견은 김종직을 매개로 김굉필과 교유관계가 있었을 것이며, 이런 연고로 그의 아들인 정붕이 김굉필의 제자가 되었던 것으로 짐작된다.[31] 정붕은 김굉필의 가르침을 받아 성리학을 깊이 연구하였고, 비록 남아 있는 저술이 많지 않지만 「안상도(案上圖)」 하나만 보더라도 그 학문적 깊이를 충분히 짐작할 수 있다. 그래서 이준경(李浚慶, 1499~1572)은 정붕과 박영을 대단히 높게 평가하였다.

> 허엽(許曄)이 이준경을 만나 뵈었더니, 이준경은 "요즘 사람들이 모두 도학자로 조광조를 추앙하는데, 박영과 정붕에 대해서는 아는 이가 없는 것은 무슨 까닭인가?"라고 물었다. 이에 허엽은 "박영과 정붕뿐만 아닙니다. 근래 민기(閔箕) 또한 학문과 실천을 두루 갖추었지만 아는 이가 없습니다."라고 대답하였다. 그러자 이준경은 "자네가 어찌 민기를 박영과 정붕에 비교하려고 하는가?"라고 하였다.[32]

---

28) 『朝鮮王朝實錄』, 成宗25年(1494年, 甲寅年), 5月20日(丁未), '첫 번째 기사', '李克均이 隱逸의 선비 朴始明·鄭鐵堅 등을 천거하다' 참조.

29) 『朝鮮王朝實錄』, 成宗25年(1494年, 甲寅年), 5月20日(丁未), '첫 번째 기사'. "善山人生員鄭鐵堅, 正直有操, 沈滯鄕曲, 窮養自脩, 年踰六十, 氣力尙健, 其才行可堪任用."

30) 『朝鮮王朝實錄』, 成宗25年(1494年, 甲寅年), 5月20日(丁未), '첫 번째 기사'. "生員金宏弼, 專精理學, 操履居正, 不曲爲求擧."

31) 김성우, 「15세기 중·후반~16세기 도학운동의 전개와 송당학파의 활동」, 20~21쪽 참조.

이준경은 도학자로서 정붕과 박영의 위상을 분명하게 인식하였으며, 또한 도학파의 계보로서 '김굉필-정붕-박영'의 계보를 인정하였던 것이다. 그리고 '실록(實錄)'에서는 정붕이 죽은 뒤에 그를 평하여, "국량이 크고 원대하며 학식이 높고 밝았으며, 외면은 광달(曠達)하고 실속은 차분하다."[33]라고 하였다. 정붕의 외모에 대해서 용모는 훤칠하고 신장이 8척이었다고 묘사하였는데,[34] 제자인 박영과 비슷하다. 박영 또한 8척 장신으로 큰 힘을 지닌 장사였고, 대단한 애주가였다고 한다.[35] 이러한 무인적 기질과 외모는 박영의 제자들에게서도 자주 확인된다. 이것은 '정붕-박영' 계열 학자들의 학풍을 특징짓는 하나의 요인이 된다. 즉 학문적 각성을 이루는 계기에 있어서 강한 실천 의지와 무인적 결단, 그리고 호방한 기질과 단순명료한 학문관 등은 이들 학파의 구성원들에게서 두드러지게 나타나는 특징이다. 그런데 이러한 특징은 이후 남명학파에서도 지속적으로 확인된다는 점에서 '송당학'과 '남명학'의 연관성을 충분히 주목해 볼 만하다.

박연(朴演)이 지은 「사우록(師友錄)」에서는 정붕과 박영 두 사람의 만남과 강학 및 박영이 도학에 전념하게 된 계기에 대해 비교적 자세하게 서술하고 있다.

---

32) 『石潭日記』, 卷上, 隆慶二年, 戊辰, 宣祖元年(1568년). "許曄謁李浚慶, 浚慶曰, 今人皆以道學推趙公光祖, 而朴英鄭鵬世無識者何歟. 曄曰, 不特朴英鄭鵬也. 近日閔公箕學行具備, 人無知者. 浚慶曰, 子欲比閔公箕於朴英鄭鵬乎." 師弟 간의 관계를 고려할 때 '鄭鵬과 朴英'이라고 해야 자연스러울 것이나, 원문에는 '朴英과 鄭鵬'이라고 하였다.

33) 『朝鮮王朝實錄』, 中宗7年(1512年, 壬申年), 9月19日(庚寅), '다섯 번째 기사', '청송 부사 鄭鵬의 卒記'. "鵬爲人局量宏遠, 學識高明. 外則曠達, 內實凝定."

34) 『己卯錄補遺』, 卷上, 「朴英傳(附鄭鵬傳)」. "形容魁偉, 身長八尺." 참조.

35) 『松堂集』, 卷1, 詩, 「偶吟七首」. '第1首 第1句'. "江湖에 당당한 八尺 되는 몸〔湖海堂堂八尺身〕"; 〔第2首 第3句〕 "내 여생 유유자적 劉伶인 양 술에 취해〔餘生只合劉伶醉〕" 참조.

송당이 젊었을 적에 무예로 출신(出身)하여 척당(倜儻)하고 호걸의 기풍이 있었는데, 신당 정붕은 그가 원대한 그릇인 줄 알면서도 마땅히 지도할 방도를 얻지 못하고 있었다. 하루는 송당이 술을 준비하여 신당을 강가로 청하여 놀다가 취하여 맨땅에 쓰러졌다. 신당이 밤중에 일어나 송당의 모습을 보고 탄식하기를 "무부(武夫)의 일생이 너무 불쌍하구나."라고 하며 한참이나 혀를 찼다. 이에 송당이 놀라 깨어나서 말하기를 "청컨대 선생님의 가르침을 듣겠습니다."라고 하였다. 이에 신당이 답하기를 "사내대장부가 세상에 태어나서 포부가 지극히 클 것인데, 취생몽사하게 되면 어찌 불쌍하지 아니한가?"라고 하였다. 송당이 재배하고 말하기를 "선생님의 가르치는 뜻은 제가 이미 대개는 들었으니, 원컨대 그 말씀을 끝까지 가르쳐 주십시오."라고 하였다. 신당이 말하기를 "옛사람들의 학문하는 차서(次序)가 어찌 다른 것이 있겠는가? 그대가 먼저 『소학』을 보고 또 『대학』을 읽어 기초를 견고하게 한 다음에야 학문하는 것이 어긋나지 않게 될 것이네."라고 하였다. 이에 송당이 답하기를, "제가 비록 민첩하지 못하오나 어찌 명심하지 않겠습니까?"라고 하고 이때부터 송당은 일절 외부 일을 사절하고 학문에 전심하여 오직 도학(道學)에 전념하였다.[36]

그런데 이 기록에서는 저 유명한 '냉산(冷山, 青山) 문답' 에 대한 언급이 없다. 김재로(金在魯)가 지은 「시장(謚狀)」에서는 정붕과 박영의 강학 장면을 좀 더 구체적으로 기록하고 있는데, '냉산(청산) 문답' 에 대해서도 언급하고 있다.

---

36) 『松堂集』, 卷3, 附錄, 「師友錄」(朴演). "松堂少時, 出自武藝, 倜儻有豪氣. 新堂知其有遠大之器, 而未得啓鑰之方. 一日, 先生設酌, 請新堂于江滸, 先生醉倒在地. 新堂中夜起而嘆曰, 武夫一生, 甚可哀也, 咄咄良久. 先生惕然驚悟曰, 小子請聞先生之教. 新堂曰, 丈夫生世, 抱負極大, 醉生夢死, 豈不哀耶. 先生再拜曰, 先生之意, 小子已聞梗槩, 願畢其說以教之. 新堂曰, 古人爲學次第, 豈有他耶. 君先看小學, 且讀大學, 使根基有所牢固, 然後爲學庶不差矣. 先生曰, 某雖不敏, 敢不佩服. 先生自此謝絶外事, 專心學問, 一以斯文自任."

〈송당이〉 낙동강 강가에 집터를 잡아 집을 짓고 지금까지 종사하던 무관의 일을 버려두고 얽매인데 없는 무관의 기절(氣節)을 꺾고서 오로지 글만 읽었다. 하루는 신당 정붕에게 학문을 청하였는데, …… 신당은 『대학』을 주며 말하기를 "학문의 도는 격물(格物)과 치지(致知)에 있으니 마땅히 이 책을 정독하라."라고 하였다. 이에 송당은 물러 나와 미봉산의 절간에 은거하면서 열심히 읽기를 거르지 않았다. 어느 날 신당이 박경(朴耕)과 함께 방문하여 담론하다가 손을 들어 냉산(冷山)을 가리키며 묻기를, "저 산 밖에는 다시 어떤 것이 있는가?"라고 하자, 송당이 능히 대답하지 못하였다. 이에 신당이 말하기를 "자네의 독서가 정밀하고 깊지 못하니 마땅히 다시 읽게나."라고 하였다. 이에 송당은 "예."라고 답하고 물러 나와 가르침을 저버리지 않고 다시 몇 달을 읽었더니 황홀하리만큼 환하게 깨닫게 되어 스스로 말하기를, "이 산 바깥에 다시 산이 있을 뿐이니 어찌 다른 물건이 있으리오."라고 하였다. 송당은 이 말로써 신당에게 복명(復命)하였는데, 이에 신당은 "이제야 자네의 독서하는 공을 알겠네. 도가 가까이 있는데도 사람들은 먼 곳에서 구하고 있는 것이지. '격물치지'는 절실하게 가까운 밑바닥을 따라서 힘을 쓴다면 투철하게 해득할 수 있을 것이니 특별히 높고 먼 곳에서 구할 필요가 없다네."라고 하였다.[37]

박영이 『대학』을 읽고 나서 황홀하리만큼 환하게 깨달은 실체가 무엇인가? 그는 "이 산 바깥에 다시 산이 있을 뿐이니 어찌 다른 물건이 있으리오."라고 탄식하였다. 여기에서 인용한 '냉산(청산) 문답'의 장면은 마

37) 『松堂集』, 卷4, 「諡狀」(金在魯). "卜築於洛江之上, 盡棄前業, 折節讀書. 一日, 請學於新堂鄭先生鵬. …… 新堂以大學授之曰, 學問之道, 在格物致知, 宜精讀此書. 先生退棲鳳山僧舍, 熟讀不輟. 新堂與朴斯文耕, 往訪談問, 新堂擧手指冷山曰, 彼山外, 復有何物, 先生不能答. 新堂曰, 子之讀書未精, 宜更讀之. 先生唯唯而退, 不省所指, 更讀數月, 況然覺曰, 此山之外, 復有山, 寧有他物. 以此復于新堂, 新堂曰, 乃今知子之讀書之功也. 道在邇而求諸遠. 格致當從切近底用力透得, 不必別求高遠."

치 선학(禪學)의 조사(祖師)들이 하는 선문답(禪問答)을 보는 것과 같고, 박영의 독백은 선불교의 오도송(悟道頌)을 듣는 듯하다.

정붕은 송당의 이 말을 듣고서야 비로소 그의 공부를 인정하게 된다. 그렇다면 정붕이 박영에게 주고자 했던 가르침의 핵심은 무엇인가? 그것은 바로 "도가 가까이 있는데도 사람들은 먼 곳에서 구하고 있다."라고 하는 말에서 찾을 수 있다. 성리학에서는 도는 날마다 사용하는 당연한 이치의 도리를 의미한다. 그래서 주희는 "도란 단지 날마다 사용하는 당연한 이치다."[38]라고 하였다. 즉 주희는 도란 일상생활에서 벗어나지 않는다고 보았으며, 그래서 도를 몸에 가까우며 구체적인 일상생활에서 구해야 한다고 주장했던 것이다.

4) 박영의 활달하고 자유로운 학풍

조선 초기의 성리학(주자학)은 '주희' 만 절대시하지 않았다. 그러한 사실이 세조 당시의 '실록' 에 뚜렷하게 기록되어 있다.

1465년(세조 11년)에 정자영(鄭自英)·구종직(丘從直)·유희익(兪希益)·유진(兪鎭)이 임금 앞에 불려가 『어정주역구결(御定周易口訣)』을 가지고 서로 논변하게 되었다. 이때 정자영과 유희익은 장구(章句)에 구애받았지만, 유진은 세조의 말을 그대로 이어받아 "주희(朱熹)가 정자(程子)의 아래 가는 사람〔朱熹爲程子下輩人〕"[39]이라고 평했고, 심지어 구종직은 "정자영이 주자보다 낫다."고 했음에도 세조는 구종직을 누둔하고 있다.[40]

---

38) 朱熹, 『朱子語類』, 「論語」, '述而(時學錄)'. "道者, 只是日用當然之理."

39) '朱子' 라 하지 않고 '朱熹' 라 하며, 그리고 '程頤' 라 하지 않고 '程子' 로 말한 것을 유념할 만하다. 즉 兪鎭은 程頤에 비해 朱熹를 낮추어 보았으며, 性理學에 있어서 朱子學 獨尊의 지위를 인정하지 않은 것으로 볼 수 있다.

그리고 1466년(세조 12년)에 있었던 강의에서 세조가 "태극(太極)이 이(理)냐, 기(氣)냐, 이기(理氣)냐?" 라고 묻자, 김종련(金宗蓮)이 대답하기를 "선유(先儒)의 말에는 태극(太極)은 이미 기(氣)에 속해 있다고 했는데 주자의 말에는 이(理)라고 했으니, 신(臣)은 마음속으로 주자의 설을 그르게 여기지만 감히 그르다고 말할 수 없습니다." 라고 하였다. 그러자 세조는 "바로 마음에 있는 대로 고할 뿐이다. 주자가 그대의 군부(君父)가 아닌데 무슨 이유로 감히 그르다고 하지 못하는가? 선유 중에 주자를 폄론한 사람도 있으니, 비록 주자일지라도 어찌 틀린 곳이 없겠는가?" 라고 질책하였다.[41)]

세조의 이러한 태도는 전통과 격식에 얽매이지 않는 그의 성정에서 나온 것이기도 하겠지만, '주희' 를 맹목적으로 추종하지 않던 조선 초기 성리학의 학풍을 보여주는 것이기도 하다. 박영도 마찬가지다. 그도 엄연히 주자학자이기는 했지만, 폐쇄적인 주자학의 이데올로기에 함몰되지는 않았다.

조선 중기 선조 당시에 영해 출신의 선비인 이함(李涵)은 과거시험에서

---

40) 『朝鮮王朝實錄』, 世祖11年(1465年, 乙酉年), 10月6日(庚辰), '두 번째 기사' , '정자영 · 구종직 · 유희익 등에게 『주역』을 논하게 하다' . "自英希益拘於章句, 鎭稍能對, 然重違上旨, 謂以朱熹爲程子下輩人, 從直醉妄對, 至以自英擬於朱熹之上. 上笑曰, 從直老而無意. 然汝等各勤所業, 老而不倦, 予甚嘉之." 참조.

41) 『朝鮮王朝實錄』, 世祖12年(1466年, 丙戌年), 9月2日(庚午), '의금부에 전지하여 김종련을 국문하여 아뢰게 하다' . "傳旨義禁府曰, 近日, 特召金宗蓮, 謂曰, 聞汝熟於經史, 喜其得人, 數召論經. 汝每每好勝, 議論不通處, 輒以他語參混之. 前言失序, 後意未發, 恥言不知, 不反求己, 此甚汝病也. 學問之道, 不如學也. 汝宜改非, 從實閑論. 太極理耶氣耶理氣耶. 對曰, 先儒云太極已屬乎氣, 朱子云理也. 臣心以謂朱說爲非, 而不敢非也. 問, 直告心耳. 朱非汝君父, 何故不敢非. 先儒貶朱子者多, 雖朱子, 豈無誤處. 對曰, 臣亦多見誤處, 而畏人不敢啓耳. 問, 所畏之人誰. 對曰, 畏公論. 問, 公論者誰. 對曰, 儒者. 上項辭緣, 初因論經, 而終現不忠. 初因對君, 而終見附臣. 初求致治, 而終致敗常. 初以禮接, 而終以威刑. 初以勸士, 而終以駭衆. 如是等利害, 利亦大矣, 害亦多矣. 予思之累日, 不敢違天. 必傳屍四方, 警衆策賢, 改正風俗, 以圖永年. 宗蓮者, 罪不容於天地, 命不延於頃刻, 而無職任無官守, 擅自誹謗之徒, 敗常亂俗之風, 猶有未殄焉. 速鞫以啓." 참조.

장원급제하지만, 시권(試券)에 『장자』의 글귀를 인용했다는 혐의를 받아 파방(罷榜)을 당하게 된다.[42] 그렇지만 앞서 보았듯이 조선 초기의 학술계만 하더라도 주자학 일변도의 고식적(姑息的)인 분위기를 벗어나 있었다. 그래서 송당 박영의 학문 또한 기본적으로는 주자학에 토대를 둔 '도학'을 표방하지만, 퇴 · 율 시대 이후의 조선 성리학이 보여주는 주자학적 신념에 사로잡힌 교조적인 학풍과는 상당한 차이가 있다. 박영은 자신의 시에서도 유 · 불 · 도를 넘나드는 자유롭고 활달한 학풍을 보여주었다.

양주(楊朱)는 몸 약했는데, 노자 따라 몸가짐 깨우쳤다네. 소강절(邵康節, 邵雍) 선생 그윽한 데 은거하여, 옛 성현 남긴 글을 초당에서 읊조리네. 옛날이나 지금이나 분수 따라 처신하나니, 미숙한 나의 심신 양생하며 내 고향 강마을에서 안온히 지내련다.[43]

부처님 말씀 놓칠세라, 진리를 설법하다 도리어 그르치게 되리. 향연(香煙)은 대울타리 너머 퍼지고, 새벽 종소리 솔바람 일으키네. 만권 서질(書帙)은 부처님 말씀이요, 한 몸 깨우치는 공(功)일러라. 도를 깨우친 사람은 영생하고, 세상 인간은 그 윤회 끝이 없구나.[44]

체기근원(體氣根源)은 금 솥 안에 있어, 한 일의 큰 난약(丹藥)으로 엉킨 것

---

42) 『朝鮮王朝實錄』, 宣祖33年(1600年, 庚子年), 4月19日(壬辰), '展試의 試券 문제로 下教하다', "以殿試試券, 傳于政院曰, 他文不之見, 適偶見李涵文, 用莊子語起頭. 科文, 與常時恒用之文有異. 況對策, 乃初見君父之贄禮. 用老莊語者, 事目當削去, 宜削去, 言于試官, 他試券, 亦察見." 참조.

43) 『松堂集』, 卷1, 詩, 「雜詩四首(其四)」. "楊公圓體弱, 隨子覺身防. 康節安窩室, 拾遺吟草堂. 古今隨分處, 養拙穩江鄕."

44) 『松堂集』, 卷1, 詩, 「贈惠允上人二首(其二)」. "禪語畏殘漏, 說中還破中. 香煙通竹塢, 新梵動松風. 萬軸華嚴說, 一身寤寐功. 谷神應不死, 載魄轉無窮."

같구나.[45)]

내 여생 유유자적 유령(劉伶, 竹林七賢 중 한 사람)인 양 술에 취해, 강가에서 왔다갔다 고기나 낚으련다.[46)]

분운(紛紜)한 이 세상은 긴요(緊要)한 것 하나 없으니, 나비가 장주(莊周)런가 남가일몽(南柯一夢)이로구나.[47)]

박영은 위 인용문에서 양주, 노자, 소강절(소옹), 부처, 도교, 유령, 장자 등을 자유롭게 언급하며 이들 사상에 대해 호의적인 입장을 취하고 있다. 그는 한 걸음 더 나아가 「공중누각기(空中樓閣記)」에서 "안락 선생(安樂先生, 邵雍)이 낙양에 살며 공중누각을 지으시고 스스로 누각의 이름을 무명(無名)이라 하였다. …… 아! 사통오달(四通五達)의 묘리를 정이천(程伊川, 程頤) 선생이 아니고 그 누가 능히 이름지을 수 있으리오?"[48)]라고 하였다. 여기서 그는 도가철학의 핵심 개념인 무명을 언급하고, 더 나아가서 '소옹-정이'의 학문 계보를 말하였다. 이러한 생각은 무명(無名)의 공허성을 경계하고 정주학(程朱學) 즉 '정이-주희'의 학문 계보를 강조하던 후대 학자들의 시각과는 커다란 차이를 보인다. 막힘이 없고 활달했던 박영의 학풍은 결국 모든 이치는 하나로 귀일된다는 원융적(圓融的) 학문 경향과 구애됨 없는 그의 활달한 인품에서 비롯된 것이다. 그래서

---

45) 『松堂集』, 卷1, 詩, 「鏡中燈」. "懸胎金鼎內, 一粒大丹凝."

46) 『松堂集』, 卷1, 詩, 「偶吟七首(其二)」. "餘生只合劉伶醉, 散步江湖堪打魚."

47) 『松堂集』, 卷1, 「墓表」(自撰)에 수록됨. "紛紜都不緊, 蝴蝶與南柯." 壬午年(1522년) 正月에 肩輿를 타고 서울을 떠나 고향에 돌아온 후에 지은 시라고 하였음.

48) 『松堂集』, 卷1, 記, 「空中樓閣記」. "安樂先生居洛陽, 創空中樓閣, 自號無名公. …… 噫, 四通五達之妙, 微伊川, 誰能名."

박영의 고제(高弟)인 박운(朴雲)은 스승을 기리는 '제문(祭文)' 에서 "늘그막에 배운 학문 연원이 크고 넓어서 여러 가지 다른 이치 빠짐없이 탐구했네. 모든 사물의 궁극을 해득하니, 결국은 하나로 귀일하는 것이라. 이를 바로 체득하여 만사에 예용(例用)하니 사물의 이치와 자아의 인식이 간격 없이 융합되어 조화롭고 순리적인 슬기가 가슴 속에 가득 찼네."[49] 라고 하였다.

3. 송당 박영의 성리학적 사유

1) 「백록동규해」의 내용과 평가

기묘사화(1519년) 이후 박영은 교육, 사색, 저술에만 전념하여 많은 저작을 남겼으나 거주지인 선산지역이 임진란의 병화를 입어 중요한 원고들이 산실(散失)되었다.[50] 다만 그가 남긴 도학의 방법론은 후대학자들에게 전해지게 되는데, 주희의 「백록동규(白鹿洞規)」를 풀이한 「백록동규해(白鹿洞規解)」와 「대학도(大學圖)」, 그리고 「대학(大學)」 '경(經) 1장' 에 대한 풀이인 「대학경일장연의(大學經一章演義)」가 대표적이다.

「백록동규」는 주희가 백록동에 있는 서원을 수축(修築)하고 문인 제생들에게 학문하는 방법을 가르치려는 목적에서 저술한 것이다. 박영은 1518년 강계도호부사(江界都護府使)로 재직할 당시 사민(士民)들의 교화

49) 『松堂集』, 卷3, 附錄, 「祭文」(朴雲). "晩就於學, 淵深浩博, 窮探諸異, 會極歸極, 體用混融, 物我無隔, 和順內腴."

50) 『國譯 松堂先生文集』, 密陽朴氏贊成公派宗親會 發行, 260쪽, 朴根表(朴英의 16대손)의 「己卯士禍」 참조.

를 진작할 목적으로 「백록동규해」를 지었다. 주희의 학설을 근본으로 하여 서술하되 여러 유학자들의 논설로써 보충하였고, 끝부분에 발문을 지어서 그 의미를 반복적으로 설명하였다.[51] 그 체제는 크게 오교지목(五敎之目), 위학지서(爲學之序), 수신지요(修身之要), 처사지요(處事之要), 접물지요(接物之要) 5편으로 이루어져 있는데, 인륜의 근본으로부터 도(道)의 일이관지(一以貫之), 나라를 다스리는 방도와 하 · 은 · 주 3대 시대를 본받을 것과 경계할 것에 이르기까지 자세하게 언급하였는데,[52] 총 24개 절목으로 구성되어 있다.

박영은 「백록동규해」 끝부분에서 이 저작을 무인년(1518년) 봄에 저술하였다고 스스로 밝히고 있다. 풍기군수였던 주세붕(周世鵬)이 백록동서원을 본떠 경상도 순흥에 백운동서원을 창건한 것이 1543년(중종 38년)이고, 이황이 풍기군수로 부임하여 서원의 격을 높이고자 국가에 합법적이고 정책적인 지원책을 요청하여 소수서원(紹修書院)이라는 편액을 하사받은 것이 1550년(명종 5년)이다. 이러한 일련의 사건들을 유념할 때 박영의 「백록동규해」는 조선 중기 서원 설립을 촉진한 선구적 저술로 해석할 수 있다. 특히 이황의 경우에 1559년(명종 14년) 황준량(黃俊良, 1517~1563)에게 보내는 서신에서 박영의 「백록동규집해」를 본격적으로 논평하였는데,[53] 이것은 그가 박영의 「백록동규해」를 그동안 충분히 주목하고 있었음을 드러내 주는 단적인 사례이다.

---

51) 『松堂集』, 卷4, 「諡狀」(金在魯). "又著白鹿洞規解, 祖述朱夫子, 而補以諸儒說, 末又自爲跋, 反復曉釋." 참조.

52) 『松堂集』, 卷4, 「神道碑銘」(許穆). "先生嘗著晦庵白鹿洞規解五教, 學序, 修身, 處事, 接物五篇. 自人倫之本, 推至於道之一貫, 以極爲邦之術, 三代損益, 其文二十四." 참조.

53) 『退溪集』, 卷19, 書, 「答黃仲擧論白鹿洞規集解」 참조.

(1) 「백록동규해」의 체제와 내용

① 오교지목(五敎之目), 제일(第一) : 오상(五常) 즉 부자유친(父子有親), 군신유의(君臣有義), 부부유별(夫婦有別), 장유유서(長幼有序), 붕우유신(朋友有信)의 의미를 설명하였다. 오상의 이치는 인심의 근본에서 나오는 것이나 기질이 치우치고 물욕에 의해 가려지기 때문에 그 이치를 잊게 되므로, 중국 고대의 현인인 설(契)이 요임금의 사도(司徒)가 되어 이를 깨우친 것이라 하였다.

② 위학지서(爲學之序), 제이(第二) : 박학(博學), 심문(審問), 신사(愼思), 명변(明辨), 독행(篤行)의 의미를 설명하였다. 학문은 먼저 넓게 하여 사물의 이치를 두루 갖추어야 하고〔博學〕, 넓어진 뒤에는 반드시 의문이 생기므로 이를 자세히 풀어가야 하며〔審問〕, 그다음에는 이를 마음에 되새겨 생각하되 잘못을 범하지 않도록 신중해야 하고〔愼思〕, 그런 후에 사물에 적용할 때 그 시비를 변별하되 분명하게 해야 하며〔明辨〕, 아는 것이 밝아진 다음에는 물욕과 자신을 속이는 위험에 빠지지 않도록 힘써 행해야 하는 것이니〔篤行〕, 이 중에서 하나라도 빠지면 진정한 학문이 될 수 없음을 강조하였다. 그래서 주희는 "배우며〔學〕, 묻고〔問〕, 생각하며〔思〕, 분명하게〔辨〕 되는 것은 선(善)을 가려 택해 알게 되는 바이다."[54]라고 하였다.

③ 수신지요(修身之要), 제삼(第三) : 충언신(忠言信), 행독경(行篤敬), 징분질욕(懲忿窒慾), 천선개과(遷善改過)의 의미를 설명하였다. 말은 반드시 충신(忠信)하되 한 구절도 속이는 것이 없어야 하고, 행동은 반드시 독실

54) 『中庸章句』, 20章, '朱子註'. "學問思辨, 所以擇善而爲知."

하고 경건하되 한 가지도 게을리하는 것이 없어야 함을 강조하였다. 그리고 분노와 욕망은 마땅히 제거해야 하니 분노를 징계하고 그 욕망을 틀어막아야 한다고 주장하였다.

④ 처사지요(處事之要), 제사(第四) : "의(義)를 바로 하되 이(利)를 꾀하지 않고, 도(道)를 밝히되 공(功)을 헤아리지 않는다.〔正其義, 不謀其利, 明其道, 不計其功〕"라고 하는 말의 의미를 설명하였다. 의(義)는 당연한 이치이고 이(利)는 의(義)에 따라오는 것이니 군자는 그 의(義)를 바르게 하고자 할 따름이라고 하였다. 그리고 도는 자연스러운 길이고 공(功)은 도를 행하게 되면 자연스럽게 따라오는 효과이므로 군자는 그 도를 밝히려고 할 따름이라는 점을 설명하였다.

⑤ 접물지요(接物之要), 제오(第五) : "스스로 원하지 않는 것을 남에게 행하지 말며, 행함에도 얻지 못하면 돌이켜 자신에게서 그 잘못의 원인을 구한다.〔己所不欲, 勿施於人, 行有不得, 反求諸己〕"라고 하는 말의 의미에 대해 설명하였다.

⑥ 백록동규해 · 논어 : 『논어』 중에서 두 구절을 뽑아 「백록동규」의 말미에 붙여둔 것이다. 박영은 여기에서 이 '동규(洞規)'를 능히 행할 줄 알고, 더 나아가서 '일이관지' 하는 유학의 도를 깨닫고 나라를 다스리는 도에 통달해야만 비로소 '가하다〔可〕'라고 하였다. 하학이상달(下學而上達)과 수기치인(修己治人)의 도리를 강조한 것이다.

⑦ 백록동규해 · 서(書) : 박영이 「백록동규해」의 말미에 발문 형식으로 붙인 글로서 원문에는 별도의 제목이 없다. 「백록동규해」의 의미를 『대

학』과 연결 지어 설명한 것이다. 주희의 「백록동규」에 있는 조목들은 성(誠)과 경(敬)을 위주로 한 것이다. 경을 중심으로 삼아야 비로소 행동할 근거가 생기는데, 그래서 존양지법(存養之法)은 경을 지니고 노력하는 것이다. 도에는 체(體)와 용(用)이 있으니 오직 성(誠)이 그것을 주재한다. 중(中)은 체(體)이니 천하의 대본(大本)으로서 명덕(明德)의 일이고, 화(和)는 용(用)으로서 천하의 달도(達道)이고 신민(新民)의 일이 된다. 따라서 학문하는 자는 「백록동규」의 의미를 잘 살펴서 스스로 깨칠 수 있도록 거듭 생각하고 힘써야 한다는 것을 강조하였다.

⑧ 백록동규해 · 후기 : 「백록동규해」의 말미에 추기(追記) 형식으로 넣은 5개의 구절로서 성(誠)과 경(敬)의 의미를 단적으로 설명한 것이다.

⑨ 백 록동규해 · 발(跋), 작자 미상 : 박영의 「백록동규해」에 붙인 발문으로 작자 미상이다. 작자는 여기에서 이 「규해(規解)」는 박영이 고제(古制)를 배우며 마음으로 얻은 것이라 주장하고, 천하 만물은 모두 하나에서 나온다고 역설하였다. 그리고 임금이 공맹(孔孟)의 학문을 존숭하고 삼대(三代)의 정치를 숭상할지라도 학자들이 한꺼번에 모두 성인의 경지로 나아갈 수는 없으므로 주희가 「백록동규」를 사방에 게시한 것이라고 주장하였다. 이 글의 작자는 「백록동규」가 하학이상달(下學而上達) 공부의 가장 긴요한 것을 보여준다고 역설하였다.

⑩ 백록동규해 · 지(識), 황효헌(黃孝獻)이 지은 글 : 주희의 「백록동규」는 종전에는 그 '풀이〔解〕' 가 없었으나 박영으로 인해 '풀이' 가 있게 되었다. 그런데 이 '해(解)' 는 박영 자신의 글이 아니라 대부분 옛사람들의 말을 빌려온 것이니, 주희의 「동규(洞規)」를 제대로 이해하고자 하면 먼

저 박영이 지은 「동규해(洞規解)」를 알아야 한다고 평한 글이다.

(2) 「백록동규해」에 대한 이황(李滉)의 비평

이황은 일찍이 황준량과 더불어 박영의 「백록동규해」를 논한 적이 있다. 그는 황준량에게 보내는 서신에서, 박영이 언급한 "의(義)를 바로 하되 이(利)를 꾀하지 않는다.", "비록 착한 생각이 있다고 하더라도 부당하게 발동하면 극복하지 않을 수 없다.", "먼저 명덕(明德)을 격(格)하고 그 다음 수신(修身)을 격한다." 등의 구절에 대해 자신의 생각을 체계적으로 논증하였다. 특히 그는 박영이 「백록동규해」 말미에 추기 형식으로 넣은 성(誠)과 경(敬)의 풀이부분에 대해 힘써 논박을 하였다. 이황은 우선 도학자로서의 박영의 면모와 그의 대장부적인 기질을 높이 평가하였다.

> 아! 오늘날 경서를 공부하여 문자로 출세하여 이익을 누리는 무리들은 '도학(道學)' 두 글자를 마치 독초와 같이 볼 뿐만 아니라, 일찍이 이것에 대해 입에 담지도 못하고 붓으로 쓰지도 못하면서 스스로 잘난 체하고 있습니다. 그런데 이 사람〔朴英〕만은 흐르는 세속으로부터 스스로 뛰쳐나와 창을 던지고서 학문을 강론하고, 진중(陣中)에서도 도를 생각하였습니다. 비록 중간에 꺾이기도 하고 욕을 보기도 했으나 스스로 포기하지 않았으며, 전현(前賢)들의 사람 가르치던 법을 취하여 주석(註釋)함으로써 세상을 깨우치기도 했으니, 역시 의연한 '대장부'라고 할 수 있습니다.[55)]

55) 『退溪集』, 卷19, 書, 「答黃仲擧論白鹿洞規集解」. "嗚呼, 今之經生學士以文字發身享利者, 其視道學二字, 不啻如堇喙, 未嘗開一口下一筆, 惆然自以爲得計. 斯人也自挺於流俗之中, 乃能投戈講學, 横槊思道. 雖中遭折辱, 不自沮廢, 至取前賢敎人之法, 註釋以曉世, 亦可謂毅然大丈夫矣."

그렇지만 이황은 곧이어 박영의 학문에 대해 언급하면서 "그러나 애석하게도 그 소견이 아직도 소탈함을 면치 못하며, 「백록동규」의 집해(集解)는 발명한 점이 많기는 하지만 자세히 상고해보면 몇 가지 합당하지 않은 점들이 있습니다."라고 평하였다.[56] 한마디로 말하여 박영의 사상이 후대 학자들을 깨우쳐주는 바가 있기는 하지만, 정밀하지 못한 부분이 있다는 것이다. 이황은 박영의 「백록동규해」에 대해서 언급하며 구체적으로 여섯 가지 병통을 지적하였다. 그 주요 내용을 정리하면 다음과 같다.

> 첫째, 경(敬)을 주로 하여 말한 것은 비록 말투가 급박하고 논리가 서로 맞지 않는 병폐는 있으나 크게 그릇되지는 않는다. 그러나 성(誠)을 주로 하여 말한 것은 병통이 더욱 많다. 가르침〔教〕은 마땅히 순서를 따라야 하고, 말〔言〕은 때에 알맞음을 귀하게 여기는데, 지금 갑자기 도(道)의 체·용(體用)을 논하여 성(誠)까지 언급하니, 발언에 순서가 없다.
>
> 둘째, 『중용』은 도를 논한 책으로 중(中)을 미발(未發)로 하고, 화(和)를 이발(已發)로 하여 성정(性情)의 덕을 나타낸 것인데, 지금 「학규(學規)」를 논하면서 이것을 인용하고 있으니 친절하지 못하다.
>
> 셋째, 『대학』의 명덕(明德)·신민(新民)을 『중용』의 중(中)·화(和)에 비교하는데, 이치는 두 가지가 아니지만 명의(名義)는 가리키는 바가 다르다. 이 두 가지를 견강부회하여 서로 짝짓는 것은 속유(俗儒)의 잘못이다.
>
> 넷째, 천하의 근본을 세운다는 것은 성의(誠意)·정심(正心)을 하고 난 뒤에 말할 수 있거늘, 이제 말하기를 "명덕(明德)을 격하여 명(明)을 다하고 천하의 큰 근본을 세운다."라고 하니, 이것은 곧 치지(致知)만 하면 그 근본이 이미 세워질 수 있다는 것이다. 그런데 그 아래에서 또 말하기를 "성의(誠意)·정심

[56] 『退溪集』, 卷19, 書, 「答黃仲擧論白鹿洞規集解」. "惜其所見猶未免疎脫, 集解雖甚發明, 而仔細考之, 有數條不合者." 참조.

(正心)한다."라고 하였으니, 이것은 선후가 거꾸로 되고 말의 뜻이 차례가 없는 것이다.

다섯째, 천하의 달도(達道)에서는 행(行)이라고 해야 옳은데, 지금 "천하의 달도를 정(定)한다."라고 하였으니 온당하지 못하며, 『중용』에 의거하여 달도를 논한다면 성의·정심 이하는 모두 논할 수 있는데, 지금 수신(修身) 이하부터 말하였으니 대조 분석을 잘못하였다.

여섯째, '대이화지(大而化之)' (『맹자』)와 '성신지묘(誠身之妙)' (『중용』)의 경지는 성인의 지위로서 안자(顏子)도 미치지 못할 바인데, 지금 이것을 「학규(學規)」에서 말하였으니 앞서 인용한 "하나로 꿰었다."는 말과 뒤에 논한 "건건불식(乾乾不息)이 곧 하늘이다."라고 하는 논변이 모두 허설(虛說)이 되고 말았다.[57]

박영은 기본적으로는 주자학에 입각해 있지만, 간혹 그 범위를 벗어나는 경향도 있었다. 특히 학문하는 방법으로 자득(自得)과 체인(體認)을 강조하는 점은 자칫 유학의 '하학이상달' 의 공부법과 배치되는 것으로 비판받기도 했다. 그래서 이황은 박영의 학문을 평하여 "대저 유학자의 학문은 높은 데로 오르려면 반드시 낮은 데서부터 하고, 먼 곳을 가려면 가

57) 『退溪集』, 卷19, 書, 「答黃仲擧論白鹿洞規集解」. "其主敬而言者, 辭氣之間, 雖有急迫之病, 齟齬之疵, 尙不至大繆矣. 主誠而言者, 病痛尤多. 教當循序, 言貴適時, 今率爾而論道之體用, 以及於誠, 發之無端, 一病也. 中庸, 論道之書也. 中以未發爲言, 和以已發爲言, 以顯性情之德爾. 今論學規, 而引以爲言, 殊不親切, 二病也. 以大學之明德新民, 擬於中庸之中和, 理雖無二, 名義異指. 附會相配, 俗儒之陋也. …… 三病也. 立天下之大本, 誠意正心而後, 可言也. 今曰, 格明德以致明, 而立天下之大本, 則是但能致知, 而大本已可立矣. 其下又曰, 而誠意正心, …… 先後倒置, 語意無倫, 四病也. 於天下之達道, 言行可也, 而今曰, 定天下之達道, 已爲未穩, 且據中庸而論達道, 自誠正以下, 皆可言也, 今斷自修身以下而言之, 失於勘析, 五病也. 大而化之, 誠神之妙, 是聖人地位, 顏子之所不逮, 今以語於學規, 與前之引一貫, 後之論乾乾不息, 便是天者, 同歸於虛說, 六病也. 大抵儒者之學, 若升高必自下."

까운 데서부터 해야 한다. …… 이것이 〈유학과〉 석가·노자의 학문이 다른 까닭이다. 그런데도 〈 '박영' 의 학문은〉 발〔足〕도 들기 전에 갑자기 높은 데로 오를 것을 강구하고, 출발도 하기 전에 먼 길에 오르기를 급히 기약하니, 천하에 어찌 이러한 이치가 있겠는가?"[58]라고 비판하였다. 그리고 율곡 이이 또한 「백록동규해」의 "학문하는 방법은 자득한 것이 있은 뒤에야 함양할 수 있으니, 만약 배우되 자득한 것이 없으면 무엇을 조존(操存)하고 함양하겠는가?"[59]라고 하는 말에 대해, "만약 배우는 사람들에게 먼저 자득하기를 구한 뒤에 그것을 존양(存養)토록 한다면, 그러고서도 이학(異學)에 빠지지 않을 사람이 드물 것이다. …… 일찍이 듣건대 퇴계가 송당의 학문을 평하여 '선학(禪學)의 기미를 띠고 있다' 고 하였는데, 아마도 이러한 점을 지적한 것으로 보인다."[60]라고 평하였다.

「백록동규해」에 대한 이황의 평가 요지는 그 내용이 소략하고 정밀하지 못하다는 것이다. 그런데 율곡은 퇴계의 언급을 인용하며 박영의 학문에 선학(禪學)의 기미가 있다는 점을 지적한다. 그러고 나서 "자득이 있은 뒤에 존양이 있다."라고 하는 박영의 말을 비판하며 "존양이 있는 뒤에라야 자득이 있다."라는 점을 강조하였다. 이처럼 박영의 「백록동규해」는 한 세대 뒤의 학자들에 의해 호된 비판을 받게 되지만, 다른 한 편으로 후학들에게 이 저술의 중요성을 일깨워준 점이 크다. 「백록동규해」를 계기로 비로소 조선사회에서 주자의 서원 운동에 대해 관심을 두게 되었으며,

---

58) 『退溪集』, 卷19, 書, 「答黃仲擧論白鹿洞規集解」. "大抵儒者之學, 若升高必自下. …… 所以異於釋老之學也. 今未一擧足, 而遽責以窮高之升, 未嘗發軔, 而亟期以極遐之陟, 天下安有此理哉." 참조.

59) 『松堂集』, 卷1, 雜著, 「白鹿洞規解」. "爲學之道, 有所得然後操存養之, 若學而無所得, 則何物操存養之乎."

60) 『栗谷全書』, 卷13, 跋, 「擊蒙編跋(附記)」. "若使學者, 先求自得而後乃存養, 則其不陷於異學者幾希. …… 曾聞退溪評松堂之學, 帶得禪味云, 無乃指此等處耶."

그 이후 본격적으로 서원 설립이 이루어지고 주자학적 학문론이 조선 지식인 사회의 주요 담론으로 등장하게 된다.

2) 박영의 『대학』 이해

(1) 「대학도」의 구성과 특징

박영의 「대학도」는 『대학』의 중심개념을 두 개의 도표로 설명한 것이다. 첫 번째 도표에서는 『대학』의 8조목에 대해 설명한다. 그는 먼저 격물(格物)과 치지(致知)를 '지(知)' 의 시작〔格物〕과 끝〔致知〕으로 보고 이것은 '마음' 에서 이치를 궁구하는 것이라고 이해하였다. 그리고 성의(誠意)와 정심(正心)·수신(修身)을 '행(行)' 의 시작〔성의〕과 끝〔정심·수신〕으로 보고, 이것은 '몸' 에서 이치를 체득하는 것이라고 하였다. 또한 박영은 제가(齊家)와 치국(治國)·평천하(平天下)를 추(推)의 시작〔齊家〕과 끝〔治國·平天下〕으로 보고, 이것은 다른 사람들에게 이치를 미루어나가는 것이라고 설명하였다. 그러고 나서 그는 8조목 중에서 '격물·치지·성의·정심·수신' 다섯 가지를 추행(推行)의 근본으로 규정하고, '제가·치국·평천하' 세 가지를 지행(知行)의 징험으로 규정하였다.

두 번째 도표에서는 정심(正心)을 중심으로 삼고 격(格)·치(致)·성(誠)을 마음공부로 설명하고, 수(修)·제(齊)·치(治)·평(平)을 정심에서 유출(流出)되는 것으로 이해하였으며, 격·치·성의 '지(知)' 와 수·제·치·평의 '행(行)' 이 정심을 매개로 하여 연계된다고 설명한다. 박영의 「대학도」를 후대시대 학자들의 「대학도」와 비교해볼 때 가장 두드러지는 점은 '3강령' 이 아닌 '8조목' 중심이라는 점이다. 이것은 곧 이론보다는 실천을 중시하는 박영의 학문적 특징과 일맥상통하는 부분이다.

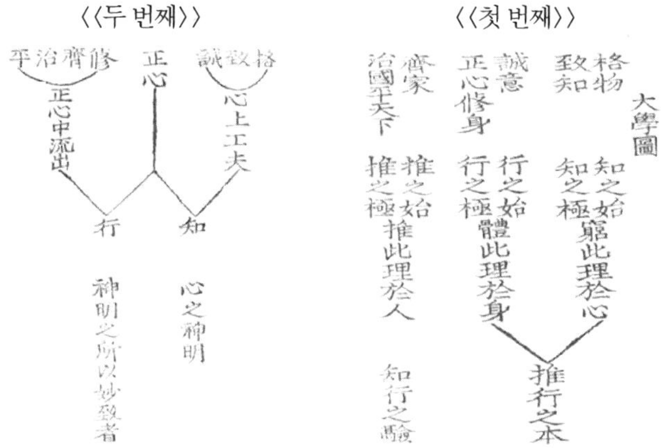

〔박영(朴英)의 대학도(大學圖)〕

박영의 8조목 중심의 「대학도」와 대비되는 가장 대표적인 3강령 위주의 사례로 이황의 「대학도」를 거론할 수 있다. 이황은 3강령을 「대학도」의 가장 위에 위치시키고 이것을 중심으로 그 아래에 다시 8조목을 분속시켰다. 그리고 전체적인 구조에서도 8조목보다는 3강령을 중심으로 『대학』의 의미를 밝히고자 하였다.

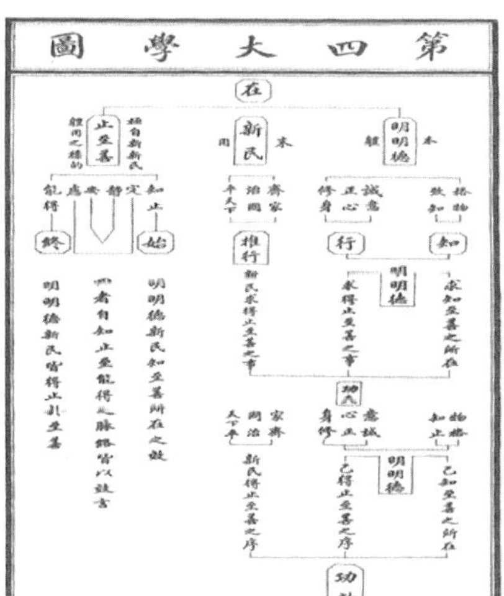

〔이황(李滉)의 대학도(大學圖)〕

숙종 때의 반주자학자(反朱子學者)로 명성이 높은 박세당(朴世堂, 1629~1703) 또한 『대학』을 이해하면서 3강령을 중심으로 8조목을 설명하였다. 다만 그는 3강령이 아니라 2강령을 주장했다. 즉 '명명덕(明明德)' 과 '신민(新民)' 은 강령이지만, '지어지선(止於至善)' 은 강령이 아닌 최종 목표라고 보았다. 그는 이러한 근거로 명명덕〔격물 · 치지 · 성의 · 정심 · 수신〕과 신민〔제가 · 치국 · 평천하〕은 그 아래에 조목이 있지만 '지어지선' 은 조목이 없다는 점을 언급하였다.[61] 박세당의 『대학』 이해는 강령을 기본으로 하고 있으며, '강령 I' 〔명명덕〕에 '조목 5개' 〔격물 · 치지 · 성의 · 정심 · 수신〕를 분속하고, '강령 Ⅱ' 〔신민〕에 '조목 3개' 〔제가 · 치국 · 평천하〕를 분속시킨다는 점에서 퇴계의 입장과 유사하다. 다만 그는 퇴계와 달리 '지어지선' 을 '강령 Ⅲ' 으로 보지 않고 최종 목표로 이해하였다.

박영의 「대학도」가 3강령이 아닌 8조목 중심이라는 점은 곧 그의 『대학』 이해가 원리적 강령에 치중하기보다는 실천적 조목에 집중하였음을 설명해준다. 그는 무장 출신답게 「대학도」를 간단명료하게 구성하였는데, 지(知)와 행(行)을 중심으로 하여 8조목을 구분하고, 정심(正心)을 매개로 하여 지(知)와 행(行)을 연계하였다. 이러한 「대학도」의 특징에 대해 김재로(金在魯)는 다음과 같이 분명하게 정리하였다.

> 송당은 「대학도」 두 개를 지었는데 첫 번째 도(圖)는 격물로써 지(知)의 시(始)로 삼고 치지로써 지(知)의 극(極)으로 삼으며, 성의로써 행(行)의 시(始)로 삼고 정심과 수신으로써 행(行)의 극으로 삼아서 이러한 이치를 궁구하고 이치를 체득하는 중요한 요점을 삼았고, 제가로써 미루어나가는 시(始)로 삼고

61) 『思辨錄』, 卷1, 「大學」, 經1章. "且有綱必有目, 未有無其目而獨有其綱. 綱所以挈衆目, 目旣不存, 綱安所設. 故此書爲明德之目五, 爲新民之目三, 而及求其爲止至善之目者, 則終不可以得, 以此知此書之爲綱者, 二而已." 참조.

치국과 평천하로써 미루어나가는 극으로 삼아 그것으로써 이치를 미루어나가는 징험을 밝혔다. 두 번째 도(圖)는 왼쪽에 격(格)·치(致)·성(誠)을 써서 그것으로써 심상공부(心上工夫)로 삼고, 중앙에 크게 '정심'이라는 두 글자를 써서 지(知)와 행(行)을 관통시켜 그 본말의 주요한 요점과 주된 실체를 밝혔고, 오른쪽에는 수(修)·제(齊)·치(治)·평(平)을 써서 정심 가운데의 유출(流出) 즉 중심의 작용과 발현으로 삼았다.[62)]

(2) 박영의 『대학』 경일장(經一章) 이해

박영은 평생토록 『대학』을 도학의 지침서로 중요하게 여겼다. 그런데 『대학』에 대한 강조는 당시 사상계의 시대 분위기이기도 하다. 박영과 깊은 교유관계를 가졌던 이언적을 비롯한 상당수의 학자가 『대학』을 깊이 연구했다. 박영은 평소 이른 새벽에 일어나 세수하고 빗질하고 옷차림을 가다듬은 후에 정좌하고서 "마음이 신령스러워 모든 이치를 갖추고 만사에 대응한다.〔虛靈不昧, 具衆理, 應萬事〕"[63)]라고 하는 구절을 몇 차례 암송하였다고 한다.[64)] 또한 그는 손수 『대학』 경일장(經一章)을 쓰고 저명한 유학자들의 논설을 붙여서 이것을 자주 암송하였다.[65)] 그리고 『대학』 경일장의 중간중간에 자신의 의견을 '안(按)'이라 하여 삽입하였는데, '안'

---

62) 『松堂集』, 卷4, 「諡狀」(金在魯). "又著大學兩圖, 第一圖, 以格物爲知之始, 致知爲知之極, 誠意爲行之始, 正心修身爲行之極, 以明窮此理體此理之要, 以齊家爲推之始, 治國平天下, 爲推之極, 以明推此理之驗. 第二圖, 左書格致誠, 爲心上工夫, 當中大書正心二字, 爲統知行該本末之樞紐主宰, 右書修齊治平, 爲正心中流出."

63) 朱熹, 『大學章句集註』의 구절임.

64) 盧景任, 『敬庵集』, 卷4, 遺事, 「先府君松庵公(盧守誠)遺事」. "先君每戒告子弟曰, 吾侍學先生, 常見先生於淸晨, 盥櫛衣冠而坐, 厲聲誦虛靈不昧具衆理應萬事者三四遍. 然後及他書, 吾每思之, 聲若在耳, 心自肅然, 汝輩亦宜識之." 참조.

65) 『松堂集』, 卷4, 「諡狀」(金在魯). "先生嘗手寫大學經一章, 附以諸儒之論, 常目在之." 참조.

은 모두 5개로 그 주요 내용은 다음과 같다.[66)]

〔按1〕 명덕(明德)에 대한 설명으로서, 심(心)과 성(性)을 합하여 '명덕' 이라고 하고, 본체가 발하는 것은 순수하게 선한 것이지만 의(意)가 발하는 것은 선악(善惡)이 함께 있다는 것을 설명함.

〔按2〕 "사천하지인(使天下之人), 개유이명기명덕야(皆有以明其明德也)."라는 구절에 대해 '사(使)' 자가 가지는 의미를 설명한 것임. 사람들이 이 구절을 치인(治人)과 비슷하다고 여기는데 '소치지인(所治之人)' 으로 해석하게 되면 '자명지의(自明之意)' 를 해석할 수 없음을 지적하고, '사(使)' 자의 의미가 '재기사인(在己使人)' 이라는 의미에 구애될 필요가 없음을 지적함.

〔按3〕『대학』의 중심 개념인 팔사(八事)를 세 가지로 나누어야 함을 설명한 것으로서 격물 · 치지는 이치를 궁구하는 것이고, 성의 · 정심 · 수신은 이치를 자신에게 체현하는 것이며, 제가 · 치국 · 평천하는 이치를 다른 사람에게 미루어가는 것이라고 설명함.

〔按4〕 이(理)와 사(事)의 관계를 설명한 것으로서 '심(心)' 외에 이(理)가 있는 것이 아니고 '이(理)' 외에 사(事)가 있는 것이 아니며, 지(知)는 나에게 있고 이(理)는 물(物)에 있는 것이므로 격물이 곧 치지가 된다고 설명함.

〔按5〕 '물격이후지치(物格而后知致)' 라 하지 않고 '물격이후지지(物格

66) 『松堂集』, 卷2, 「大學經一章演義」 참조.

而后知至)' 라고 표현한 것을 설명함. 지(知)는 스스로 이르는 것이니 격물 이외에 다시 치지의 공부가 있는 것이 아님을 지적하였고, 이어서 격물은 지(知)의 시작이고 성의는 행(行)의 시작이니 이것이 곧 『대학』의 중심이 된다는 것을 강조하였음.

박영은 『대학』을 논하면서 심상공부(心上工夫)를 중시하여 "위학공부(爲學工夫)에는 순서가 있으니 치란(治亂)은 일심(一心)에서 생겨난다."라고 하였다. 그래서 그는 「대학도」의 가운데에 '정심(正心)' 두 글자를 크게 써두고 지(知)와 행(行)을 연계하고자 했다. 박영의 『대학』 경일장(經一章)의 '풀이 글' 인 「대학경일장연의(大學經一章衍義)」는 그의 「대학도」를 글로써 풀이한 것이다. 박영은 여기에서 이(理)와 사(事)의 관계를 설명하면서 '심(心)' 외에 이(理)가 있지 않고 '이(理)' 외에 사(事)가 있지 않다고 하였는데, '심' 외에 이(理)가 있지 않다는 말은 특히 육왕심학(陸王心學)의 심즉리설(心卽理說)을 연상시킨다.

박영의 학풍이 주지주의적인 주자학의 경향과 차별성을 보이고 지행합일의 양명학적 풍조를 띠고 있다는 점, 그리고 박영 자신이 1520년(중종 15년)에 성절사(聖節使)로 중국에 다녀온 적이 있다는 이유를 들어 그와 양명학 간의 연계성을 추측해보려는 연구도 있지만,[67] 왕수인(王守仁)의 대표 저작인 『전습록』이 대략 1518~1556년 사이에 편찬되었다는 사실, 그리고 왕수인의 생몰년이 1472~1528년인 점을 고려하면 박영이 직접적으로 양명학의 영향을 받았을 것으로 생각하기는 힘들다. 그의 학문적 경향성이 비교적 개방적이고 활달하였으며, 또한 당시만 하더라도 퇴·율 시대에서 보여주는 주자학 일변도의 교조적인 학풍이 그다지 큰

67) 최영성, 『한국유학사상사(II)』, 아세아문화사, 1995, 329쪽 참조.

영향을 발휘하지 못하였기 때문에 위학방법으로 심상공부(心上工夫)를 중심에 둘 수 있었다.

박영의 이러한 학풍을 접한 퇴계는 "송당의 이학(理學)은 의심할 만한 데가 있다."라고 평하였는데,[68] 송당 사상의 계발성은 인정하지만 주자학적 성리학의 순수성에 대해서는 의문을 표시한 것이다. 송당 사상에 대한 이러한 입장은 율곡 또한 마찬가지다.[69] 즉 퇴계와 율곡의 시각에서 볼 때 송당 사상의 자유롭고 개방적인 학풍은 사상적 융합과 포용성으로 읽히기보다는 도학의 순수성을 흐리는 이단학(異端學)의 기미로 여겨졌던 것이다.

퇴계와 율곡의 시대에 이르면 중국 학계의 학풍이 양명학 일색으로 변모하고, 당시 조선의 학자들 또한 양명학의 존재를 뚜렷하게 인식한다. 주자학적 정통성을 고집했던 당시 학자들의 시각에서는 박영의 이러한 학풍이 양명학의 심학적 경향을 띠고 있으며 더 나아가서는 선학(禪學)의 기미를 지니고 있는 것으로 이해되었다. 그렇지만 주자학의 독존적 지위를 인정하지 않는 시각에서 본다면, 심(心)을 중심으로 체인·체득을 강조하는 박영의 사상이 그 순수성을 의심받기보다는 오히려 자기 성찰과 실천을 강조하는 진지한 학문관으로 이해될 수도 있다.

4. 송당 박영의 문인

박영과 그 문인들을 일컬어 '학파'라고 칭할 수 있을까? 통상 '학파'라고 하면 그 학문적 계보〔계통〕가 분명하게 드러나야 하고, 이러한 계보에

---

68) 『退溪集』, 卷14, 書, 「答南時甫」 참조.

69) 『栗谷全書』, 卷13, 跋, 「擊蒙編跋(附記)」 참조.

있어서 학문적 특색과 주장이 뚜렷하게 구분되어야 한다. 즉 '송당학파'라는 용어가 가능하려면 박영의 학문적 정체성이 뚜렷해야 하고, 그러한 정체성이 후학들에게 지속적으로 계승되어야 한다. 그런데 문집의 자료가 충분하지 못하고 또한 박영의 사상과 사승(師承) 관계에 대한 연구가 미미한 점으로 인해 '송당학파'라는 명칭을 사용하기에 주저되는 점이 있다. 그렇지만 박영과 그 문인들에게 있어서 '학파'로 불릴만한 가능성 또한 적지 않다. 우선, 박영 자신의 학문 내용이 충분한 특색을 띠고 있으며, 적어도 '김굉필-정붕-박영-박영 문인들' 간에 학문적 연속성을 지니고 있다. 향후 이 계통의 학문적 정체성에 대한 좀 더 심도 있는 연구가 이루어져야 할 것이고, 이에 더해 사승 관계에 대한 엄밀한 연구를 통해 그 외연을 충분히 확충할 필요가 있다.

『송당집』(권3, '부록')에는 '도통상승차제도(道統相承次第圖)'와 '문인록(門人錄)'이 수록되어 있다. '도통상승차제도'에서는 박영의 학통을 언급하며 '정몽주-길재-김숙자-김종직-김굉필-정붕-박영'의 계보를 제시하였다.[70] 한 마디로 조선 성리학의 정맥(正脈)이 '박영'에게 있다는 말이다. 박영은 대략 17년간(1522~1538년) 고향 선산지역에서 강학 활동을 하면서 많은 제자를 배출했는데, 「문인록」에서는 총 16명의 제자를 기록해두고 있다.[71]

이항(李恒, 1499~1576), 성운(成運, 1497~1579), 김취성(金就成, 1492~1550), 박운(朴雲, 1493~1562), 김취문(金就文, 1509~1570), 신계성(申季

70) 『松堂集』, 卷3, 附錄, 「道統相承次第圖」 참조.

71) 『松堂集』, 卷3, 附錄, 「門人錄」 참조. 朴雲은 자신의 저술 「師友門人錄」(『龍巖集』, 卷4, 附錄)에서 총 41명의 이름을 거론하였다. 이 중에서 상당수 인물은 朴英의 제자이거나 아니면 再傳弟子들인 것으로 짐작된다. 향후 지속적인 연구를 통해 朴英 門人의 外延을 최대한 넓혀나갈 필요가 있다.

誠, 1499~1562), 박소(朴紹, 1493~1534), 박집(朴緝, 1494~1521), 노수함(盧守諴, 1494~1521), 임건(任楗, 생몰년 미상), 최응룡(崔應龍, 1514~1580), 길면지(吉勉之, 1507~1561), 최해(崔海, 1508~?), 최심(崔深, 1512~1589), 안명세(安名世, 1518~1548), 권응인(權應仁, 1517~?)

○ 이항(李恒, 1499~1576) : 본관은 성산(星山), 자는 항지(恒之), 호는 일재(一齋), 시호는 문경(文敬)이다. 그는 바탕이 굳세고 호방하여 젊어서는 오로지 활쏘기와 말타기를 즐겨 했고 유협(遊俠)으로 이름이 났다. 30세를 전후하여 유학에 입문하면서 『대학』을 읽고 평생 그것을 공부의 바탕으로 삼았다. 그 후 주희의 「백록동강규(白鹿洞講規)」를 읽고는 더욱 분발하여 학문에 힘썼다. 도봉산(道峯山) 망월암(望月庵)에 들어가 마음을 가다듬고 무릎을 꿇고 앉아 반드시 체인(體認)하고 마음속으로 터득한 뒤에야 그만두었다.[72] 그는 박영의 명성을 듣고 선산에 머물며 직접 가르침을 받았다. 조식(남명)과는 젊어서부터 친구 사이였으며, 기대승(奇大升), 김인후(金麟厚), 노수신(盧守愼) 등과 교유하였다. 일찍이 황준량(黃俊良)은 이항을 평하여 "은거하여 뜻을 구하니 참으로 가상한데, 경약(徑約)[73]하다."라고 하였다. 이기설(理氣說)에서는 이(理)와 기(氣)의 묘합을 체득할 것을 강조하여 이기일물설(理氣一物說)을 주장했다.[74] 저서로는 『일재집(一

72) 『一齋集』, 附錄, 墓碣銘, 「一齋李公墓碣銘」. "伯父判書公, 召而訶警之, 屬有悔念, 瞿然驚惕, 立謝其黨, 乃折節讀大學, 句讀所已解處, 晨夜不輟.……見壁上揭朱子十訓白鹿洞規, 況若有省, 問此何爲曰, 己卯學者課程也. 略爲解其說, 先生慨然曰, 幾失此生. 於是奮發激厲, 銳意求道, 登道峯山望月庵, 收心危坐, 或誦或思, 要必體認心得而後已." 참조.

73) 博文보다는 約禮에 치중한다는 의미이다.

74) 『一齋集』, 卷1, 書, 「贈奇正字大升書」(己未). "須姑舍博覽群書, 而居敬窮理, 默思自得, 而尊性涵養之功久, 則理氣雖似二樣, 而渾然一物之體, 自然見得矣." 참조.

齋集)』이 있다. 노수신이 지은 묘갈문에 그의 행적이 자세하게 소개되어 있다.

○ 성운(成運, 1497~1579) : 본관은 창녕(昌寧), 자는 건숙(健叔), 호는 대곡(大谷)이다. 30세에 사마시에 합격했으나 친형이 을사사화로 인해 화를 당하자 충청도 보은 골짜기에 은거하며 학문에 정진하였다. 시문에 능하였으며 은둔과 불교적 취향을 드러낸 시를 많이 남겼다. 그는 성리학자로서의 수양과 실천을 중시하였지만, 그의 학풍에 은둔적이고 노장적(老莊的)인 경향도 있어서 이황을 비롯한 여러 학자들의 지적을 받기도 했다. 그는 불교에 대해서 적극적으로 비판하는 입장을 취하지 않았는데, 성리학의 실천을 위한 심신의 수양에 필요한 것이라면 불교나 노장사상이 도움을 줄 수 있다고 여겼다. 그의 학풍과 사상은 당대에 높은 평가를 받았는데, 허목(許穆)과 윤휴(鑴) 등 17세기 중반 이후 근기남인(近畿南人) 학자들에게 일정한 영향을 주었다. 남명 조식이 가장 아끼던 친구였으며 성수침(成守琛)과는 종형제였는데, 임금이 불러도 관직에 나아가지 않은 징사(徵士)로서의 명성이 높았다. 저서로는 『대곡집(大谷集)』이 남아 있다.

○ 김취성(金就成, 1492~1550) : 본관은 선산(善山), 자는 성지(成之), 호는 진락당(眞樂堂)이다. 젊은 시절부터 박운(朴雲)과 더불어 박영에게 수학하였다. 일찍이 박영의 문하에 들어가서 존심양성(存心養性)의 방법과 관물성찰(觀物省察)의 오묘한 뜻을 터득하고, 무극과 태극의 묘용(妙用)을 배워 그 이치를 깨달았다고 한다. 그는 한평생을 학문 탐구에 몰두하여 일가를 이루었다. 또한 스승인 박영의 영향을 받아 근본을 정하는 필수적인 경전으로 『대학』을 중시하였으며, 경(敬)

을 위주로 한 심성 공부에 힘썼다. 박운에게 보내는 편지에서 자식들에게 먼저 『대학』을 읽히고 그런 후에 『논어』와 『맹자』를 읽히라고 당부하기도 했다. 박영은 그를 칭찬하여 "그대의 재주가 옛 현인에 못지않다."라고 하였다. 김정국(金正國)과 이언적(李彥迪)의 추천으로 여러 차례 관직이 주어졌으나 이를 받지 않고 학문에만 힘썼다. 의약(醫藥)으로 활인(活人)하였고, 누구나 질병을 호소하면 약을 주어 치료하였는데, 이러한 행적 또한 스승인 박영의 영향을 받은 것으로 보인다. 김취성은 특히 교육자로서 수백 명의 제자를 길러냈는데, 김우옹(金宇顒)의 부친 김희삼(金希參)도 그의 문인이다. 낙봉서원(洛峰書院)에 배향되었고, 저서로는 『진락당집(眞樂堂集)』이 남아 있다.

○박운(朴雲, 1493~1562) : 본관은 밀양(密陽), 자는 택지(澤之), 호는 용암(龍巖)이다. 1519년(중종 14년)에 진사가 되었는데, 그 당시 서울에 거처하던 박영을 찾아가 학문하는 큰 방도를 묻고 문인이 되었다. 그는 김취성과 더불어 박영의 고제(高弟)로 평가받는데, 김취성이 교육자로서의 면모가 두드러진다면 박운은 저술가로서의 명망이 높다. 그는 성리서, 의서, 인물지와 같은 다양한 종류의 저서를 남겼다. 65세의 노령에 자신보다 8세 연하인 이황과 서신으로 교유하며, 자신의 저술에 대한 의견을 구했다. 이러한 연고로 이황은 박운이 세상을 떠난 뒤에 묘갈문(墓碣文)을 지어 그의 학문과 덕행을 칭송하였다. 효행으로 이름이 높아 선조 때에 고향에 정문(旌門)이 세워지기도 했다. 특히 이황은 묘갈문에서 "선산 고을에 전에는 길재 선생의 기풍이 있었고 뒤에는 송당 박영과 신당 정붕의 도의가 있었다. 박운의 타고난 자질이 아름다워도 제공(諸公)의 여운을 바탕으로 삼지 않았다면 어디에서 본받아 이처럼 성취할 수 있었겠는가?"라고 평하

며, 박운의 선산 학맥을 특기하였다. 박운은 송희규(宋希奎)·송순(宋純)·김취성(金就成) 등과 교유하였으며, 낙봉서원과 월암서원(月巖書院)에 배향되었다. 남긴 저서로 문집인 『용암집(龍巖集)』을 비롯하여 「격몽편(擊蒙篇)」, 「자양심학지론(紫陽心學至論)」, 「경행록(景行錄)」, 「삼후전(三侯傳)」, 「위생방(衛生方)」 등이 전해진다. 박운은 이 가운데 「격몽편」과 「자양심학지론」의 산정(删正)을 이황에게 부탁하였다. 「격몽편」은 초학자의 성리학 입문서이고, 「자양심학지론」은 주희의 심학을 정리한 것이다.

○ 김취문(金就文, 1509~1570) : 본관은 선산(善山), 자는 문지(文之), 호는 구암(久庵)이다. 형인 김취성과 함께 박영의 문하에서 존양과 성찰의 요체를 배웠는데, 박영으로부터 많은 칭찬을 받았다. 그는 회재 이언적, 퇴계 이황과 더불어 종유(從遊)하였고, 청백리에 녹선(錄選)되어 목민관들의 사표가 되었다. 일찍이 임금 앞에서 제왕학을 강의한 바 있는데, 사관이 평하여 "김취문은 진실한 유학자로서 임금이 사장학(詞章學)을 좋아하는 것을 경계하였지만 애석하게도 임금이 이를 깨닫지 못했다. 경연에서 하는 말은 진실로 이러한 말이어야 한다."라고 하였다. 최응룡(崔應龍)은 묘지문(墓誌文)에서 "청렴과 절개를 갖추어 세상에 홀로 서서 권세 있고 부귀한 사람 보기를 마치 사신이 더럽혀지는 것처럼 여겼네."라고 칭송하였다. 낙봉서원에 배향되었고, 저서로는 『구암집(久庵集)』이 전해진다. 이현일(李玄逸)이 문집의 서문을 썼다.

○ 신계성(申季誠, 1499~1562) : 본관은 평산(平山), 자는 자함(子諴), 호는 석계(石溪)이다. 어려서부터 성리학에 뜻을 두고 과거시험장에 나

아가지 않았다. 일찍이 박영에게 수학하고, 김대유(金大有), 조식(曺植) 등의 제현과 더불어 종유하였다. 항상 말하기를 "존심양성의 공력이 무르익으면 기상이 고대(高大)해지고, 조존성찰(操存省察)의 공부가 오래되면 마음이 선명해져서 만 가지 변화에 적응하더라도 자연히 두루 응하고 곡진히 합당하게 된다."라고 하였다. 그는 송림(松林)의 석계(石溪) 가에 초당을 지어 석계정사(石溪精舍)라 이름 짓고 제자 양성에 힘쓰는 한편 도학 연구에 전념하였다. 그의 사후 제자들이 스승을 존숭하여 송계(松溪)라는 호를 지어 추존하였다. 황준량과 조식은 특히 신계성을 높게 평가했다. 저서로는 『송계실기(松溪實記)』가 전한다. 조식이 지은 「묘갈명」이 있다.

○박소(朴紹, 1493~1534) : 본관은 나주(羅州), 자는 언주(彦胄), 호는 야천(冶川), 시호는 문강(文康)이다. 어려서부터 글을 읽으며 구도(求道)에 뜻을 두었는데, 박영에게 나아가니 박영이 그를 벗으로 대하면서 스승으로 자처하지를 않았다. 대과에 장원급제하였으며, 이언적과 함께 번갈아 가며 세자의 강의를 맡기도 했다. 조광조 등의 신진사류와 함께 왕도정치의 실현을 위해 노력했다. 박소는 17세기 반주자학자(反朱子學者)로 유명한 박세당(朴世堂)의 고조(高祖)이기도 하며, 이황의 제자로 명망이 높았던 박승임(朴承任)과는 삼종(三從) 간이다. 합천의 이연서원(伊淵書院)과 나주의 반계서원(潘溪書院)에 배향되었다.

○박집(朴緝, 1494~1521) : 본관은 나주(羅州), 자는 희중(凞仲)이다. 형인 박소(朴紹)와 함께 박영의 문하에서 수학하였다. 2세 때에 아버지를 잃고 형의 가르침을 받았다. 성품이 담박(澹泊)하고 정직하였으

며, 의리를 집약하는 공부로 덕을 함양하였고 이치를 명확하게 파악하였다. 28세의 젊은 나이로 세상을 떠나자 스승인 박영이 묘지문(墓誌文)을 지었다.

○ 노수함(盧守諴, 1494~1521) : 본관은 경주(慶州), 자는 경부(敬夫), 호는 송암(松庵)이다. 그는 약관도 안 된 나이에 박영의 문하에서 수학하였는데, 당시 함께 공부한 이들이 많았다. 특히 김범(金範), 최응룡(崔應龍) 등과 형제처럼 지냈으며, 만년에는 송순(宋純), 김취문(金就文), 박운(朴雲), 박소(朴紹) 등과 가까이 지냈다. 1540년(중종 35년) 진사가 되었으나 벼슬에 나아가지 않고 학문과 후진 양성에 전념하였다. 만년에 월파정(月波亭)과 마주 보는 곳에 초가 정자를 지어놓고 '송암(松庵)' 이라고 이름 지은 뒤 자신의 호로 삼았다. 그는 여헌 장현광의 자형이자 스승이기도 하다. 장현광은 9세 때에 그의 문하에서 수학한 바 있다. 또한 노수함은 선산지역의 저명한 유학자인 노경임(盧景任)의 아버지이기도 하다. 저서로는 『성리군서잠명(性理群書箴銘)』이 있다. 구미의 문산서원(文山書院)에 배향되었다.

○ 임건(任楗, 생몰년 미상) : 본관은 풍천(豊川), 자는 사방(士防)이다. 임유겸(任由謙)의 아들로서 학식으로 이름이 났고, 1519년(중종 14년)에 진사가 되었으며, 풍저창수(豊儲倉守)를 역임하였다. 그의 학술사상은 바르고 곧았으며 도량은 크고 원대하였다. 말을 하고 일을 처리함에 있어서 반드시 처음과 끝을 생각하였다. 사려 깊은 행동으로 유명하여 여러 가지 일화가 전해지는데, 특히 형인 임추(任樞)는 "아우는 나의 스승이다."라고 했을 만큼 동생의 학문을 깊이 인정하였다. 동문인 박소(朴紹)와 긴밀한 교유관계를 맺었다.

○ 최응룡(崔應龍, 1514～1580) : 본관은 전주(全州), 자는 견숙(見叔), 호는 송정(松亭)이다. 어려서부터 문장에 능했으며, 1546년 문과에 급제한 후 여러 관직을 역임하였다. 박영뿐만 아니라 이황에게도 수학하였다. 박운 · 김취문 등과 더불어 교분이 두터웠으며, 조식(曺植)과도 교유하였다. 관직에 있으면서도 학문을 잊지 않았으며, 면학에 소홀할까 끊임없이 자신을 책려하였다. 그의 재주와 뜻이 매우 굳고 강직하여 이황도 그를 깊이 인정하였다. 선산의 송산서원(松山書院)에 배향되었다.

○ 길면지(吉勉之, 1507～1561) : 본관은 해평(海平), 자는 희중(希中)이고, 선산 금산동(金山洞)에 거주하였다. 1540년에 사마시에 합격한 이후로 과거시험에 응시하지 않았다. 그는 야은 길재의 아우인 길구(吉久)의 후손으로 아버지는 참봉 길대연(吉大淵)이고, 여섯 명의 아들을 두었다. 맏이 길겸(吉謙)은 문과에 급제하여 당진현감을 역임하였고, 여섯째 길회(吉誨)는 문과에 급제하여 임진란 때에 관서(關西)로 어가(御駕)를 호종(扈從)하였다. 이 공로로 1604년(선조 37년)에 원종공신(原從功臣) 일등에 추록되었다. 길면지는 박영의 문하에서 배울 때 많은 칭찬을 받았다. 박운(朴雲)과는 도의로써 교유하였고, 최동량(崔東亮)이 지은 묘갈명이 있다.

○ 최해(崔海, 1508～?) : 본관은 전주(全州), 자는 태함(太涵), 호는 송호(松湖)이고, 진사이다. 참봉 최치운(崔致雲)과 김해 허씨 사이에 태어난 3형제 중에서 장남이다. 아우인 최심(崔深)과 더불어 상주, 성주, 선산지역의 유명 인사들과 교유하였다. 아들은 최노(崔魯)이고, 성주목사를 지낸 최산립(崔山立)이 손자이다.

○최심(崔深, 1512~1589) : 본관은 전주(全州), 자는 태원(太源), 호는 송암(松庵)이다. 최해(崔海)의 아우로 3형제 중에서 둘째이다. 그는 노수함(盧守諴)이 써 준 『성리잠명(性理箴銘)』을 끊임없이 읽고 또 외웠다. 매번 겨울밤에 샘물의 얼음을 깨고 세수를 하여 잠을 깨웠는데, 자신도 모르는 사이에 이것이 병의 원인이 되어 나이 서른도 안 되어 고질병을 얻게 되었다. 이로 인해 과거공부를 단념하고, "기욕(嗜慾)을 단절하고 희로(喜怒)의 감정을 조심하고 말을 적게 해야 한다."라는 등의 요법을 지키고자 노력하였다. 송산(松山)에 집을 짓고 은거하며 문밖출입을 자제하였다. 임종할 때도 다른 말은 하지 않고 다만 "거처할 때 공순히 하고 일을 할 때 경건히 하며 다른 사람과 대할 때 충심으로 해야 한다."라는 말만 거듭하였다. 그의 둘째 아들이 최현(崔晛)인데, 당대의 이름난 유학자이다. 장현광이 지은 묘갈명이 있다.

○안명세(安名世, 1518~1548) : 본관은 순흥(順興), 자는 경응(景應)이다. 『근사록』과 『성리대전』을 늘 옆에 두고서 돈독하게 실천하고 그 이치에 두루 통하였으며, 부지런히 힘써 게으르지 않았다. 부모에게 효도하고 예법으로 아내를 대하여 집안이 화락하였다. 1544년(중종 39년)에 문과에 급제한 후 여러 관직을 역임하였다. 일찍이 사국(史局)에 있으면서 을사사화의 실상을 빠짐없이 사초(史草)에 올렸다가 이기(李芑), 정순붕(鄭順朋)의 무리에 의해 무고를 당해 1548년(명종 3년) 31세의 나이로 죽음을 맞게 된다. 그는 국문을 당해서도 소신을 굽히지 않고 당당하게 이기와 정순붕의 죄악을 폭로하였고, 형장에서도 의연한 모습을 보여주었다. 토정 이지함이 안명세와 절친한 사이였으며, 그의 죽음으로 인해 이지함은 관직을 포기하고 처사(處士)의 길을 선택하였다. 그 뒤 선조 때 신원되었다. 김효원(金孝元)이 지

은 묘갈명에 행적이 자세하다.

○ 권응인(權應仁, 1517~?) : 본관은 안동(安東), 자는 사원(士元), 호는 송계(松溪)이고, 성주(星州) 출신이다. 그는 강원감사를 지낸 권희맹(權希孟)의 서얼로서 청백의 삶을 살았고, 당대의 문장가로 이름이 높았다. 1562년에 문장에 뛰어난 일본 사신이 왔을 때 특명으로 선위사(宣慰使) 일행의 한 사람으로서 사신을 영접하였다. 송대(宋代)의 시풍이 유행하던 당시 문단에서 만당(晩唐)의 시풍을 받아들여 큰 주목을 받았다. 그는 우리나라 시에 있어서 당대 제일인자를 남명 조식이라고 높이 평가하였다. 저서로는 『송계집(松溪集)』이 있으며, 그 밖의 저서로는 1588년(선조 21년)경에 지은 『송계만록(松溪漫錄)』 상하 2권이 있다. 『송계만록』의 상권에는 시화(詩畫), 하권에는 시화 및 잡기 · 설화 등이 수록되어 있다.

박영의 제자들은 몇 가지 특징을 보인다. 우선, 무인의 기질을 가진 호방한 성품의 소유자가 많았다. '정붕-박영' 에게서 보이는 무인의 기질은 특히 이항과 성운에게서도 강렬하게 드러난다. 호방하고 활달한 기상과 성품은 곧 실천과 실용을 중시하는 개방적인 학풍을 형성하는 한 계기가 된다. 이러한 특징으로 인해 박영의 제자들은 퇴계의 문인들보다는 주로 남명 조식, 토정 이지함, 화담 서경덕과 같은 자유롭고 특색 있는 학풍의 학자들과 깊은 교유관계를 맺었다.

제자들의 지역적 분포는 주로 선산을 비롯한 인근 지역에 집중되나, 선산을 제외한 기타 영남지역과 서울 및 전라도 지역에까지 펼쳐져 있다. 김취성, 박운, 김취문, 노수함, 최응룡, 길면지, 최해, 최심은 '선산(善山)' 출신, 신계성은 '밀양(密陽)' 출신, 권응인은 '성주(星州)' 출신, 성운, 박소, 박집, 임건, 안명세는 '한양(漢陽)' 출신, 이항은 전라도 '태인(泰仁)' 출신이다. 이를 통해 볼 때 박영은 '도학자'로서 전국적인 지명도를 가진 학자였다. 그리고 박영의 제자들은 스승의 호인 '송당(松堂)' 중에서 '송(松)' 자를 취하여 자신의 아호로 삼은 경우가 많다. 노수함과 최심은 송암(松庵), 최응룡은 송정(松亭), 최해는 송호(松湖), 권응인은 송계(松溪)를 자신의 호로 삼았다. 심지어 신계성은 자신의 호를 석계(石溪)라 하였지만, 사후 제자들이 선생을 추존하여 송계(松溪)라는 호를 올리기도 했다. 이것은 박영의 문인들이 학파적 결속력이 강했고 스승에 대한 존경심이 깊었던 것을 보여주는 사례이다.

박영과 그 제자들에게서 볼 수 있는 가장 큰 특징은 바로 도학(道學)에 대한 자각심이다. 그 대표적인 경우가 바로 박영과 김취성의 만남에 관한 일화이다. 김취성은 박운과 함께 박영의 고제(高弟)로 일컬어지는데, 그는 박운의 소개를 통해 박영을 처음 만난다. 그런데 이때 김취성이 박영과 사제 관계를 맺게 되는 일화가 특이하다. 박영은 자신의 집을 찾아온 동향(同鄕)의 젊은 학자인 박운에게 역시 동향의 학자인 김취성을 소개해 달라고 부탁한다. 그리고 1519년 4월, 선산 월파정에서 박운의 주선으로 세 사람이 모이게 된다. 김취성은 평소 무관 출신이자 전직 관료인 박영에 대해 그다지 좋게 생각하지 않았는데, 이 모임을 통해 박영의 인격과 학문 수준을 제대로 인식하게 되었다. 그는 이 자리에서 박영에게 제사의 예를 갖추게 되는데, 후일 박운에게 "그대가 아니었으면 평생 헛되이 살다 죽을 뻔했다."[75]라고 하며 고마움을 표시했다.

박운은 처음 김취성에게 박영을 만나보라고 권유하면서 "〈송당 선생은〉 도가 크고 덕이 높아 혼연(渾然)하고 충융(冲融)하여 '동방 이학(理學)

75) 『松堂集』, 卷3, 附錄, 「師友錄」(朴演). "若非吾子, 余其虛死矣." 참조.

의 종장(宗匠)' 이시니 원컨대 우리들이 경서를 끼고 그 문하에서 어려운 것을 묻고 하여 그 제자의 반열에 참여하게 되면 그보다 더 다행한 일이 없겠네."[76]라고 하였다. 이러한 일화에서 알 수 있는 사실은 박영과 제자들 간에 도학파의 의식이 분명했다는 것이다. '동방 이학의 종장' 이라는 말은 곧 '도학의 정통' 이라는 의미이다. 일찍이 목은 이색은 정몽주를 평하여 '동방이학의 조(祖)' 라고 하였다. 우리나라 도학의 근원이 정몽주로부터 비롯된다는 극찬이다. 박운은 스승 박영을 평하여 정몽주로부터 비롯된 우리나라 도학의 정맥(正脈)을 잇고 있는 큰 스승이라고 했다. 처음에는 이 말에 흔쾌히 동의하지 않던 김취성은 박영을 직접 만나고 나서 마음으로 깊이 인정하게 된다. 그래서 그는 만약 박영을 만나지 못했더라면 평생 학문의 진정한 묘미를 깨닫지 못하고서 헛되이 살다 죽을 뻔했다는 고백하게 된다. 도대체 김취성은 어떤 자각이 들어 이러한 탄식을 하게 된 것일까? 그것은 바로 도학에 대한 자각이다. 즉 그는 박영을 만나 함께 담론을 나눈 후에야 비로소 박영 학문의 요체가 '도학' 이라는 점을 깨닫게 되었으며, 박영의 제자가 됨으로써 자신도 비로소 도학파의 계보에 들게 되었다고 고백하였던 것이다.

5. 송당 박영을 사숙한 학자들

1) 남명 조식

남명 조식은 박영의 학문에 대해 직접적인 언급을 거의 하지 않았다.

---

76) 『松堂集』, 卷3, 附錄, 「師友錄」(朴演). "道大德崇, 渾然沖融, 爲東方理學之宗匠, 願吾輩執經問難於門墻之下, 以就弟子之列, 不勝幸甚."

그렇지만 학풍의 유사성과 인맥의 긴밀한 교류를 생각할 때 그에게 끼친 박영의 영향이 상당했음을 충분히 짐작해 볼 수 있다.

박영과 그 제자들에게서 조식의 기질 및 학풍과 일치하는 특징을 많이 찾아볼 수 있다. 우선 송당학파에서는 무인의 기질을 가진 호방한 성품의 소유자가 다수이다. 박영과 그 스승 정붕에게서 보이는 무인의 기질은 박영의 제자인 이항과 성운에게서 더 강렬하게 드러난다. 이들의 호방하고 활달한 기상은 곧 실천과 실용을 중시하는 개방적인 학풍을 형성하는 계기가 된다. 이들은 출사(出仕)보다는 처사로 사는 삶을 더 선호하였으며, 대장부로서의 기개를 드러냈다. 또한 송당학파의 학자들은 스승인 박영의 영향으로 경전 중에서도 특히 『대학』을 강조하였고 도학(道學)에 대한 자각심과 자득(自得)의 공부법을 중요하게 생각했다. 이러한 특징은 조식에게서도 그대로 확인된다. 박영과 조식은 모두 솔선수범의 실천을 통해 제자를 양성했으며, 성공한 교육자로서 명망이 높다. 이러한 유사성이 도대체 어디에서 연유하는지 면밀하게 검토해볼 필요가 있다.

『조선왕조실록』에서는 조식의 학풍에 대해, "조식의 학문은 마음으로 도를 깨닫는 것을 중시하고 치용(致用)과 실천을 앞세웠다. 시비를 강론하거나 변론하는 것을 좋아하지 않아 학도(學徒)를 위하여 경서를 풀이해 준 것이 없고, 다만 자신에게서 돌이켜 구하여 스스로 터득하게 하였다."[77]라고 평하였다. 즉 조식은 학문에 있어서 마음으로 도를 깨닫는 것을 중시하였고, 제자들을 가르칠 때에도 스스로 터득하게 하였다. 조식이 평소 공부와 교육에 있어서 자득(自得)과 심득(心得)을 강조했다는 것은 여러 사람들이 동일하게 증언하고 있다.

---

77) 『朝鮮王朝實錄』, 宣祖修正實錄5年(1572年, 壬申年), 1月1日(戊午). "植之爲學, 以得之於心爲貴. 致用踐實爲急, 而不喜爲講論辨釋之言, 未嘗爲學徒談經說書, 只令反求而自得之."

> 조공(曺公)은 만년에 이르러 학력이 더욱 진전하고 터득한 경지가 더욱 심오해져서 사람을 가르칠 때 각각 그 자질에 맞추어 독실하게 지도하였고, 질문하는 바가 있으면 반드시 의문나는 뜻을 자세히 분석하고 상세하게 설명하여 듣는 자로 하여금 철저히 깨닫게 한 뒤에야 그쳤다.[78]

> 학문에는 반드시 자득(自得)함을 귀하게 여겼으니, 말하기를 "다만 서책에 의지하여 의리를 강론해도 실제로 체득함이 없는 것은 끝내 소용이 없으니 이를 마음에 체득하여 입으로 표현하기 어려운 듯이 해야 한다. 학자는 말 잘하는 것을 귀하게 여기지 않아야 한다."라고 하였다.[79]

조식은 심지어 임금(명종) 앞에서도 "임금의 학문은 치정(治政)의 근본입니다. 스스로 터득하는 것을 귀하게 여겨야지 만약 〈경연에서〉 청강만 할 것 같으면 아무런 유익함이 없습니다. 평소에 경사(經史)를 보시면서 반드시 스스로 터득하도록 해야 합니다."라고 진언하였다. 그는 평소 강론(講論)이나 변석(辨釋)보다는 체험과 심득(心得)을 중시하였으며, 사변적 성리이론보다는 실용적이고 실천적인 학문에 관심을 두었다. 그래서 장구(章句)나 기억하고 암송하는 습관으로 책을 읽는 속유(俗儒)나 견문을 넓히는 글을 좋아하는 학자들에 대해 "이런 사람들은 도체(道體)를 알지 못할 뿐만 아니라, 끝내 〈성인의〉 문호(門戶)도 엿볼 수 없을 것이다."라고 강하게 비판하였다. 바로 이러한 배경에서 그는 외적 실천의 기준이 되는 의(義)를 존심양성(存心養性)의 내적 수양을 목표로 하는 경(敬)과 거

78) 『南冥集』, 卷5, 附錄, 「墓碣銘」(成運). "公晩歲, 學力益進, 造詣精深, 其敎人, 各因其材而篤焉. 有所質問, 則必爲之剖析疑義, 其言細入秋毫, 使聽者洞然暢達而後已."

79) 『來庵集』, 卷12, 行狀, 「南冥曺先生行狀」(鄭仁弘). "學必以自得爲貴, 曰徒靠册字上講明義理, 而無實得者, 終不見受用, 得之於心, 口若難言. 學者不以能言爲貴."

의 대등한 위치에 두었다. 그래서 그는 경(敬)과 의(義) 두 가지를 해와 달에 비유하였고, 내적 수양과 외적 실천을 종속 관계가 아닌 병렬적 두 단계(과정)로 이해하였던 것이다.

그런데 자득과 실천을 강조하는 조식의 학풍과 연관하여 주목할 만한 학풍이 있으니, 바로 박영의 학풍이다. 일찍이 노경임은 『숭선지(嵩善志)』에서 한국 도학의 계보를 정리하면서 '김굉필-정붕-박영'의 계통을 강조한 바 있다. 이것은 곧 김굉필의 적통(嫡統)을 조광조가 아닌 정붕과 박영에게 둔 것이다. 이러한 관점은 노경임뿐만 아니라 당시 상당수의 학자가 견지하고 있었다.

박영의 제자 중에서 성운, 신계성, 이항, 최응룡, 권응인 등이 조식과 긴밀한 인간관계를 맺었다. 특히 조식, 서경덕과 더불어 삼처사(三處士)로 세상에 널리 알려진 성운은 조식의 가장 친밀한 벗이었는데, 조식은 속리산에서 은둔하고 있던 성운을 직접 찾아가기도 했다. 그리고 신계성 또한 조식에게 깊이 인정받은 인물이다. 조식은 「처사신군묘표(處士申君墓表)」를 지었는데, 여기에서 "우리 무리 중에 인재가 많은데, 그중에 신군이 첫째라네."라고 높이 평가하였다. 그래서 황준량은 스승 이황에게 보내는 편지에서 "응천(凝川, 밀양)에 처사 신계성이 있는데, 평상이 뚫어지도록 40여 년 동안 학문을 닦아 자득(自得)한 공이 많습니다. 조식이 일찍이 스승으로 삼는다고 하니, 조만간 한번 찾아가 그 사람됨을 보려고 합니다."[80]라고 하였다. 그리고 최응인은 조식을 당대 우리나라 최고의 시인으로 평가하였다. 향후 박영과 조식의 학풍 사이에 주목되는 유사성, 그리고 박영의 문인들과 조식 사이에 이루어진 폭넓은 교유 관계에 대한 좀 더 전문적인 후속 연구가 요망된다.

80) 『錦溪集』, 卷7, 外集, 書, 「答退溪先生書」. "凝川有申處士季誠, 穿牀四十餘年, 多有自得之功. 建中嘗稱爲師, 早晩一叩, 亦欲見其爲人矣."

자득(自得)을 강조하는 박영의 학문론과 관련해서 퇴계 이황과 율곡 이이가 문제를 삼은 적이 있다. 이황과 이이는 자득을 강조하는 박영의 학풍을 비판하면서 존양〔存心養性〕의 공부가 앞서야 한다는 주자학적 입장을 피력하였다. 그리고 이들은 자득을 강조하는 박영의 학문관을 비판하면서 '깨달음'을 앞세우는 불교의 냄새가 난다는 혐의를 덧붙였다. 이러한 평가는 이황이 조식의 학풍을 비판하는 논조와 거의 일치한다. 그렇다면 자득을 강조하는 박영과 조식의 학풍은 도대체 어디서 연유한 것일까?

이러한 학풍은 궁리(窮理)보다는 거경(居敬), 이론보다는 실천을 중시하던 조선 초기의 학풍과 연속선상에 있는 것으로 보인다. 고려 말 원나라를 통해 주자학이 수용될 때의 사회상황이 형이상학적·사변적 탐구에 열정을 쏟을 만큼 한가하지 못했고, 주자학 중에서도 이기론(理氣論)보다는 지경(持敬)을 중시한 원(元)의 대유(大儒)인 허형(許衡, 1209~1281)의 학풍이 첨가됨으로써 주자학 중에서도 거경(居敬)의 학풍이 고려 말 사상계의 주류로 인정받게 되고 이후 조선 초기까지도 이러한 경향이 지속된다. 조선 초기 또한 새로운 국가와 사회 건설에 주자학의 이론적 측면보다는 실천적 면이 훨씬 유용했기 때문이다. 허형은 주희가 편찬한 『소학』을 신명과 같이 믿고 부모처럼 공경했으며, 그 제자들에게도 쇄소응대(灑掃應對)로써 진덕(進德)의 기틀을 삼으라고 했다. 그리고 그는 『소학』에서 강조되는 '경' 공부를 특히 중시했다.

조선 초기의 주자학은 『소학』과 '경' 공부를 강조하는 실천 윤리적 특징을 가졌기 때문에, 사단칠정론과 같은 '심(心)의 이론'에 천착하게 된다. 그런데 역설적이게도 처음 출발이 실천 윤리적 측면에서 시작되었던 사단칠정론은 이후 조선 중기 유학에 이르면 순수 이론적 차원으로 전이된다. 그렇지만 조선의 주자학이 이미 이론적 쟁론의 시대에 접어든 시기에도 박영이나 조식 같은 학자들이 여전히 자득과 심득의 공부론을 견지

한다는 것은 무슨 의미가 있을까? 시대사조를 제대로 따라가지 못한 사상적 미숙함으로 해석하기보다는, 조선 초기 유학의 사공(事功)과 실천 윤리적 성격을 도학의 정신으로 계승하여 여전히 자주적이고 생동감 넘치는 유학을 그려나간 학문적 태도로 이해하는 것이 훨씬 타당할 것으로 보인다.

조식은 유학 경전 중에서도 특히 『대학』의 공부를 강조했다. 원래 쇄소응대의 하학(下學) 공부는 『소학』의 전유물처럼 여겨진다. 그렇지만 『소학』의 공부와 『대학』의 공부가 별개일 수 없고, 『소학』이 실천의 근본에 힘쓰는 공부라면 『대학』은 학문의 실천적 규모를 확장시키는 공부라고 할 수 있다. 더 적극적으로 말하면, 『소학』의 공부는 반드시 『대학』의 공부에로 나아가야 하고, 『소학』의 이념은 『대학』의 이념과의 합일을 이루어야 비로소 온전한 의미를 가지게 된다. 그러한 면에서 김굉필 또한 『대학』 공부와 그 실천에 많은 관심을 두고 있었다. 즉 '소학동자' 라고 자처할 만큼 평소 『소학』의 공부를 강조했던 김굉필도 추기급인(推己及人)에 바탕을 둔 수기(修己)와 치인(治人)의 연계적 공부를 강조한 『대학』을 중요하게 여겼던 것이다.

조식은 김효원(金孝元)에게 보낸 서신에서 『대학』을 강조하여 말하기를, "항상 『대학』의 한 집에만 출입하게 되면, 연나라에 가고 초나라에 가더라도 본가로 돌아와 머물게 될 것입니다. 성인이 되고 현인이 되는 것도 모두 이 집안에서 벗어나지 않습니다. 회암(晦庵, 朱熹)이 평생 힘을 얻은 것도 모두 이 책에 있었다고 하니 어찌 후인을 속이는 말이겠습니까?" 라고 하였다. 그리고 독서법으로 정독(精讀)과 숙독(熟讀)을 강조하면서 특히 『대학』이 여러 경전의 강령이므로 『대학』을 읽어서 훤히 꿰뚫어 알게 되면 다른 글을 보기가 쉬워질 것이라고 하였다. 그런데 『대학』에 대한 강조는 '정붕-박영' 의 학문 계보에서도 두드러지게 표현된다. 정붕과 박영 간의 강학(講學)과 관련하여 전해오는 '냉산(청산) 대학' 의 고사가 그 단적인 사례이다.

조식이 강조한 『소학』의 '쇄소응대진퇴지절(灑掃應對進退之節)' 의 가르침은 결국 『대학』의 '치국평천하(治國平天下)' 의 외왕적(外王的) 실천으로 확장될 수밖에 없다. 그는 당시 젊은 학자들을 향해 물 뿌리고 청소하는 예절도 모르면서 천리(天理)를 담론한다고 준열하게 질책하고, 이러한 학풍을 조장하는 데에는 '사문(斯文)의 종장(宗匠)인 사람〔이황〕' 이 오로지 상달(上達)만 주로 하고 하학(下學)을 궁구하지 않아 구제하기 어려운 습속을 이루었기 때문이라고 비판하였다. 이러한 비판은 격물궁리의 담론이 실제 일의 옳고 그름을 판단하는 의리를 밝히는 일에 있어야 하고, 성리학 본연의 면모는 이론적 탐구와 사변적 담론에 있는 것이 아니라 올바른 인격을 완성해가는 인성 함양의 실천적 학문 특징에 있어야 한다는 점을 지적한 것이다.

조식은 돈오적(頓悟的) 자득의 공부를 얻기 위한 선행 공부로서, 또는 자득의 공부를 구체적으로 실행하고 지속시켜 나가기 위한 점수적(漸修的) 공부로서 일상생활 속에서의 실천 즉 하학(下學)의 공부를 강조했다. 이러한 조식의 공부는 김굉필과 박영에 의해 강조된 실천 지향적 도학의 학풍과 기본적으로 맥을 같이 하고 있으며, 내적 성실성과 정직성에 바탕을 둔 자기 성찰의 삶을 기본으로 하고 있다. 그리고 더 나아가 지식인으로서의 대(對) 사회적 책무를 몸소 감당했다는 점에서 우리들에게 시사하는 바가 크다.

2) 여헌 장현광

여헌 장현광은 조선시대를 대표하는 유학자 중 한 사람이다. 그는 독창적 사상가로 유명한데, 퇴계와 율곡을 비롯한 전대의 사상가 그 누구의 사상도 맹목적으로 추종하지 않았으며, 이로 인해 같은 영남지역의 학자인 이현일(李玄逸)로부터 매서운 비판을 받기도 했다. 장현광과 박영의 출신 지역은 현재 모두 구미지역에 속한다. 장현광은 박영이 죽고 나서 태어났지만, 박영의 제자 및 후손들과 밀접한 관계를 유지하였고, 문집 곳곳에서 박영에 대해 언급하였다.

일찍이 송시열은 장현광의 학문에 대해 평하면서 "그 연원을 후생(後生)이 감히 알지 못한다."라고 하였다. 그래서 장현광에 대한 현대의 연구물에서도 그의 학문 연원에 대해서는 자세하게 밝히지 않고, 다만 자득처(自得處)를 강조하는 경우가 많다. 그렇지만 어떠한 사상이든 역사적 과정 속의 한 요소이고, 그 의미들이 항상 일정한 역사적 상황과의 연관성 속에서만 제대로 규정될 수 있다. 장현광의 사상 또한 그 혼자만의 노력으로 이루어진 사유체계일 수는 없다. 그의 사상적 연원을 면밀히 고찰해 보면, 선산(구미)지역의 학문적 전통이 깊게 내재해 있고, 그 중심에 박영의 삶과 사상이 자리 잡고 있다.

장현광은 선산지역의 선배 유학자들에 대해 상당한 존경심을 품고 있었는데, 그중에서도 특히 야은 길재에 대해 존숭하는 마음이 컸다. 그는 길재가 심은 대나무를 보고 이를 기념하는 글을 지었다.

> 세모(歲暮)가 되어 날씨가 추우니, 말라서 잎 떨어지는 모든 식물 안타깝네. 마침내 청려장 짚고 짚신 신고서, 설한풍(雪寒風) 속에 금오산 찾았다오. 산언덕에 있는 대나무, 푸른 빛 천추(千秋)에 일색이네. 이것은 야은 선생 손수 심으신 것으로, 시원한 바람 어제와 같다네. 선생은 고려의 백이와 숙제라, 수양산의 뛰어난 대나무 절개 전해오네. …… 선생이 돌아가신 지 수백 년이 되었건만, 아직도 정정히 창 벽에 의지함 볼 수 있다네. 생각 붙일 곳 없다고 말하

지 마오, 바로 이 대나무가 있지 않소.[81]

그 외에도 사육신 하위지(河緯地), 생육신 이맹전(李孟專)을 비롯한 선산지역의 유명한 인물들에 대해 자주 언급하며, 그들의 후손들과도 각별한 교유관계를 형성하였다. 그는 11세 때에 정붕의 아들인 정각(鄭慤)을 만난 적이 있는데, 정각은 그를 보고 "기상이 웅대하여 이 아이는 반드시 특출한 사람이 될 것이다."라고 예언하였다. 그렇지만 장현광의 사상 연원에서 가장 주목해야 할 학자는 바로 박영이다. 장현광은 박영의 낚시터를 찾아가 회포를 시〔題朴松堂漁磯〕로 읊기도 했고, 송당 문인과 후손들의 묘갈문을 쓰면서 박영의 사승 관계를 밝혔다. 특히 박운(朴雲)의 증손자인 박진경(朴晉慶, 1581～1665)은 장현광의 문인이자 사위이다.

『연보』에 의하면, 장현광의 스승으로 언급할 수 있는 사람은 노수함(盧守諴)과 장순(張峋) 두 사람이다. 그런데 이 두 사람은 모두 박영과 밀접한 관련이 있다. 장현광은 9세 되던 1562년(명종 17년)에 모친의 명으로 선산에 사는 자형(姊兄) 노수함에게 나아가 글을 배웠다. 노수함은 박영의 문인이기 때문에, 결국 장현광은 박영의 재전(再傳) 문인인 셈이다. 그는 평소 자제들에게 박영의 모습과 가르침을 전하면서 '스승의 평소 모습을 생각하면 그 소리가 아직도 귀에 들리는 듯하여 마음이 절로 숙연해진다'고 하였다.[82] 노수함의 가르침은 자제들뿐만 아니라 제자들에게도 전해졌으며, 장현광의 삶에도 상당한 영향을 끼쳤을 것으로 보인다. 그리고 노수함의 아들인 노경임은 장현광의 문인이기도 한데, 그는 일찍이 한국

81) 『旅軒集』, 卷1, 賦, 「冶隱竹賦」. "方歲暮而天寒, 憫衆植之枯落. 遂杖藜而鞋芒, 訪金烏於風雪. 爰有竹兮山之阿, 綠千秋兮一色. 云是冶隱之手栽, 凜寒風之如昨. 先生麗代之夷齊, 傳首陽之孤竹. …… 距先生數百載, 猶見亭亭倚蒼壁. 毋曰寓思之無地, 有此竹."

82) 『敬庵集』, 卷4, 遺事, 「先府君宋庵公遺事」 참조.

도학의 계보를 '정몽주-길재-김숙자-김종직-김굉필-정붕-박영'으로 강조한 바 있다.

장현광은 14세 되던 해인 1567년(명종 22년)에 문중 사람〔四從叔〕 장순(張峋, 1532~1571)의 문하에 나아간다. 장순은 이언적, 이황, 고응척(高應陟), 정구 등과 교유하였으며, 박영의 문인인 박운, 김취문 등과도 가깝게 지냈다. 장순은 박운의 손자인 박성일(朴成一)을 사위로 맞기도 했다. 장순은 특히 북송시대의 유학자인 횡거(橫渠) 장재(張載)가 지은 『정몽(正蒙)』과 「서명(西銘)」을 읽고 그 뜻에 감동하여 장횡거를 앙모한다는 뜻에서 '학거(鶴渠)'라고 스스로 호를 지었다. 장횡거와 성이 같고 자신이 학산(鶴山) 기슭에서 살고 있었기 때문에 횡거의 호를 취해서 학거(鶴渠)라고 하였던 것이다. 또한 장순은 소옹의 『황극경세(皇極經世)』를 읽고 그 뜻을 취하여 『황극요의(皇極要義)』를 짓기도 하였다. 일찍이 장현광은 『황극경세』를 평하여 "이 한 권의 책은 마땅히 천지와 더불어 종말을 함께 할 것이다."[83]라고 극찬하였다. 장현광의 「연보」에 의하면 그가 15, 6세 되던 해에 장순의 책상 위에서 『황극경세』를 본 적이 있는데, 박영의 집안에서 보관해오던 책이었다고 한다. 장현광이 장순의 가르침을 받아 『황극경세』를 읽어보니 마음에 맞았다고 하였다. 장순과 장현광이 장재와 소옹의 가르침을 강조하는 배경에는 바로 박영 사상의 영향이 짙게 깔려 있다.

후대의 사람들은 무인에서 문인의 삶으로 전환한 박영을 일컬어 '동방의 횡거'라고 하였다. 이것은 박영의 삶뿐만 아니라 사상도 장재의 사상과 유사성이 많음을 말해 준다. 그래서 권연하(權璉夏)는 "옛날 장횡거는 일찍 무예의 길에서 벗어나서 범중엄의 권유로 『중용』을 읽고 도에 이르

83) 『旅軒集』, 卷1, 賦, 「觀物賦」. "然皇極經世之一書, 當與天地而終始."

게 되었고, 박영은 일찍이 무예에 종사하다가 정붕으로부터 『대학』을 배움으로 인해 깨달음의 계기로 삼았다. 위대한 유학의 도덕군자가 마음을 돌이켜 가던 길을 바꾸어 뜻을 열고 깨달은 것은 바로 앞뒤 현인이 같은 과정인 것이다."[84]라고 하였다.

한편, 박영은 소옹의 학문에 대해서도 높게 평가하였다. 그는 시에서 "소강절 선생 그윽한 데 은거하여, 옛 성현 남긴 글을 초당에서 읊조리네."[85]라고 하였고, 「공중누각기(空中樓閣記)」에서는 소강절 사상의 오묘한 의미를 풀이하였다.[86] 장현광 또한 곳곳에서 소옹의 인품과 학문을 칭송하였으며, 「공중누각부(空中樓閣賦)」라는 글에서 소옹과 그의 학문을 읊었다.[87] 그래서 장현광의 제자인 이언영(李彦英)은 "선생의 도덕과 문장은 하늘이 만물을 덮어 주고 바다가 온 물을 포함하는 것과 같아서 진실로 형용할 수가 없다. 그러나 담소하며 세속 사람들과 친함은 마치 소강절 선생과 같다."[88]라고 평가하였고, 아들인 장응일(張應一)은 아버지가 평소 소강절의 「사사음(四事吟)」을 손수 써서 벽에 걸어놓고 이를 묵상하였다고 증언하였다.[89] 이것들은 모두 장현광이 소옹과 그의 사상을 귀중하게 여겼음을 보여주는 사례이다.

당시 한국 성리학계의 학풍 특히 안동을 중심으로 한 경북 북부지역의 학문 분위기에서 본다면, 장재와 소옹은 결코 주류 사상가가 아니다. 주

---

84) 『松堂集』, 卷4, 附錄, 「精舍重建記」. "在昔橫渠夫子, 早脫孫吳, 而因范文正之勸讀中庸, 有一變至道之勇. 先生早事兜鍪, 因鄭新堂先生之講授大學, 有一言契悟之端. 大儒君子之回頭轉脚, 啓發而警省之者, 前後直一揆耳."

85) 『松堂集』, 卷1, 詩, 「雜詩四首(其四)」. "康節安窩室, 拾遺吟草堂."

86) 『松堂集』, 卷1. 記, 「空中樓閣記」 참조.

87) 『旅軒集』, 卷1, 賦, 「空中樓閣賦」 참조.

88) 『旅軒集續集』, 卷9, 附錄, 「記聞錄」(李彦英). "先生道德文章, 如天覆海涵, 固不可以形容矣. 然其笑談親俗, 彷彿於邵康節."

89) 『旅軒集續集』, 卷10, 附錄, 「趨庭錄」(張應一). "手書康節先生四事吟, 揭之壁." 참조.

류 사상가의 범위에는 어디까지나 정이(程頤)와 주희 계열의 정주학자(程朱學者)들이 포함된다. 그런데 선산(구미)지역의 학풍은 이것과는 상당한 차이를 보인다. 이 지역의 학자들은 심성론적 사유보다는 우주론적 형이상학에 많은 관심이 있었으며, 그 결과 장재와 소옹 같은 우주론적 철학 사유를 펼친 학자들에 대해 깊은 호감을 표시했다. 이것은 박영과 장현광뿐만 아니라, 그 시대 선산지역의 학풍이기도 했다. 그러한 사실을 가장 잘 알 수 있는 사례가 바로 '명경당(明鏡堂)'의 시작(詩作) 일화이다. 앞서 언급한 것처럼, 1537년(중종 32년)에 박운(朴雲)은 '명경당(明鏡堂)'을 짓고 나서 박영, 이언적, 김취성과 함께 어울려 시를 읊었다. 명경당에서 가진 시회(詩會)는 당시 성리학계의 학풍과 학문 수준을 보여주는 좋은 사례가 될 뿐만 아니라, 후대 학자들의 많은 관심을 받았다. 이황, 송순, 고응척 등 여러 명의 학자들이 차운시(次韻詩)를 남겼는데, 특히 장현광은 명경당에 대해 많은 관심을 표명하였다. 그는 명경당의 당주(堂主)이자 자신의 외손자인 박율(朴慄)을 격려하기 위해 명경당과 관련한 몇 편의 글을 남겼다.

이러한 이치 어찌 이곳에만 있겠는가,
하늘과 땅 고금에 통한다오.
세상은 항상 옛것 지나가고 새로운 것 이어지며,
이 몸은 만물 가운데 섞여 있다네.
당(堂)이 조용하니 거울 더욱 밝아,
이 마음 언제인들 근심 걱정할 것인가.
정(定)한 성품 보냄도 맞이함도 없으니,
이 거울 바로 중(中)과 같아라.
책 펼쳐 놓고 엄숙히 앉아,

곧바로 복희(伏羲)의 유풍 상상하네.
도는 진실로 비(費)와 은(隱) 겸하나니,
일 지나가면 마음 다시 비워야 하네.
고요함과 감동함에 뜻이 없으니,
이것이 바로 성성(惺惺)의 주인옹(主人翁)이라오.[90)]

내가 가만히 생각해 보니, 우주가 있은 이래로 언제나 항상 있고 항상 없어지지 않는 것은 오직 이치뿐이었다. 형체와 기운으로 물건이 된 것들은 때로는 있기도 하고 때로는 없기도 하여 항상 없지도 않고 항상 있지도 않다. 그리하여 있고 없는 것이 서로 반반씩인 것이 떳떳한 이치인데, 있게 된 소이(所以)와 없게 된 소이는 곧 그 이치가 그러한 것이니, 어찌 항상 있으며 어찌 항상 없을 수 있겠는가? 때로는 없기도 하고 때로는 있기도 하여 이치를 순순히 따름이 바로 여기에 있는 것이다. …….

이제 여러 선생의 절구(絶句)를 보니, 위에 있는 '공(空)' 자는 바로 무(無)의 뜻이니, 곧 형기(形氣)가 없는 것을 가리킨 것이요, 이치가 없는 것을 말하는 것이 아니다. 두 운자(韻字)에 뜻을 지극히 쏟은 것은 혹 형기가 있는 것에 너무 집착할까 두렵고 혹은 허무(虛無)의 이단(異端)으로 흐를까 두려워서이니, 큰 뜻이 모두 이 두 가지에서 벗어나지 않는다. …….

우리 후학(後學)들은 다만 네 분 선생의 높은 소견과 터득한 실제를 우러러 반복하고 읊어서 찬양하고 감탄하기에 겨를이 없으니, 어찌 감히 억측(臆測)한 소견을 말할 수 있겠는가? 소견이 낮고 말이 거침을 헤아리지 않고 망령되이 그 시운(詩韻)에 차운(次韻)하니 여러 친구들이 또 따라서 화(和)하는 자가 있

90) 『旅軒集續集』, 卷1, 詩, 「次諸君韻, 題明鏡堂」. "此理何偏此, 天地古今通. 世常過續際, 身羣萬有叢. 堂靜鏡益明, 方寸那時忡. 定性無將迎, 這鏡乃是中. 開卷坐肅然, 直遡羲皇風. 道固兼費隱, 事過心還空. 寂感非有意, 惺惺主人翁."

었다. 과연 네 선생의 견해에 어긋나지 않겠는가?…….[91)]

'사숙(私淑)' 이라는 말의 사전적 의미는 '직접적인 가르침을 받지는 않았으나 마음속으로 본받아서 도나 학문을 닦는다' 라는 뜻이다. 그러한 의미에서 조식과 장현광이 박영을 사숙했는지에 대해서는 의문의 여지가 있다. 현재 남아 있는 문헌에서 두 사람이 박영의 학문을 사숙(私淑)했다는 기록을 구체적으로 찾아보기는 힘들다. 그렇지만 두 사람 모두 박영의 존재를 충분히 인식하고 있었으며, 박영의 문인들과 긴밀한 교류를 하였으며, 이로 인해 박영의 사상과 학풍이 일정부분 두 사람에게 영향을 주었다는 사실은 분명하다. 조식과 장현광의 사상적 연원으로 박영을 설정해 보는 작업은 구체적 전거 확보라는 점에서 많은 어려움이 있다. 그렇지만 이러한 작업은 종래 '김굉필-조광조' 라는 도학 계보의 단선적 시각을 넘어 한국 성리사상사의 외연을 확대하고, 새로운 연구 영역을 개척한다는 점에서 많은 의의가 있다. 또한 조식이 중심인 영남우도의 학풍과 장현광이 중심인 선산지역(넓게는 대구, 칠곡, 성주지역을 포함)의 학풍 연원으로 박영의 학풍을 가정하면, 조식과 장현광 간의 사상적 유대성 또한 설득력 있게 설명해 낼 수 있을 것이다. 이와 관련하여 광해군의 실각과 함께 조식의 제자가 중심이 된 대북 정권이 몰락하고 나서, 영남우도의 비중 있는 학자들 상당수가 경북 북부지역의 퇴계학파에 흡수되지 않

91) 『旅軒集續集』, 卷4, 雜著, 「題明鏡堂四先生空字絶句後」. "就竊思之, 宇宙以來, 其常有而未常無者, 惟理也. 若夫形焉氣焉而爲物者, 則有時而有, 有時而無, 不爲常無, 不爲常有. 其有其無之相半者, 乃其常也, 而所以有所以無者, 卽其理之然也, 則烏能常有, 烏能常無. 以其時無時有而理之順者, 在乎是矣. …… 今見諸先生絶句, 其上云空字, 乃無之義也, 而卽指夫形氣之無者焉, 非謂理之無也. 其所致意於兩韻者, 或懼其滯泥於形氣之有, 或懼其流蕩於虛無之異, 其大義都不出於二者矣. …… 若吾後學, 則只仰夫四先生所見之高, 所得之實, 而反覆吟詠, 贊歎之不暇焉, 何敢容其臆見者乎. 不揣見卑言荒, 妄次其韻, 諸友又有從而和之者矣, 其果不謬於四先生之見乎. ……."

고 장현광의 학맥에 합류된 사실 또한 기억해 둘 만하다.

6. 도학자로서의 송당 박영에 대한 평가

조선 초기 선산지역은 수많은 인재를 배출했는데, 세종 당시의 명신(名臣)이었던 정초(鄭招), 박서생(朴瑞生), 하위지(河緯地) 등이 이곳 출신이고, 생육신의 한 사람인 이맹전(李孟專)도 이곳 출신이다. 특히 길재(선산)-김숙자(선산)-김종직(선산)-김굉필(선산 연고)로 이어지는 학문적 계보는 조선(영남)사림파의 도학(도맥) 형성에 있어서 결정적인 역할을 하게 된다. 그래서 "조선 인재의 반은 영남에 있고, 영남 인재의 반은 선산에 있다."[92]라는 말이 생겨나게 되었다.

일반적으로 '도학'은 송대(宋代)에 번창한 정주이학(程朱理學)의 별칭으로서 주자학(朱子學), 성리학(性理學), 송학(宋學) 등과 비슷한 의미로 통용되기도 한다. 우리나라의 도학파를 말할 때 비록 정몽주를 '이학(理學)의 조(祖)'라 하고 그로부터 의리파가 계승되어 왔다고 하나, 조선에서 실질적인 도학의 시작은 조광조부터라는 인식이 강하게 확산되어 왔다. 즉 조광조는 우리나라 도학의 태두로 숭앙을 받으며 후세에 끼친 영향이 심대하다. 조광조는 학문 저술보다는 도학의 실천적 측면에서 큰 의미를 지닌다. 학문적인 측면에서는 이언적과 이황, 그중에서도 특히 이황이 도학자로서의 명망이 높다.

그런데 우리나라 도학파의 전개 과정에서 '김굉필-조광조' 계보 이외에 '김굉필-정붕-박영'의 계보를 주목할 필요가 있다. 정붕과 박영은 모

---

92) 『擇里志』, 「八道總論」, "朝鮮人材半在嶺南, 嶺南人材半在一善."

두 선산 출신으로 도학자로서의 의식을 뚜렷하게 지니고 있었으며, 특히 박영의 제자들은 대부분 자신이 도학파의 계보에 속한다고 생각하였다. 박영은 김종직(1431～1492), 김굉필(1454～1504), 권벌(權橃, 1478～1548), 김안국(金安國, 1478～1543), 조광조(1482～1519), 이언적(1491～1553) 등과 동시대 인물이다. 그의 시대는 사화(士禍)로 인해 많은 어려움을 겪은 시기이기도 하지만, 그만큼 선비정신에 투철한 학자들이 많이 배출되었고, 무엇보다 존심양성(存心養性)의 유학의 참 공부를 지향하는 '도학' 운동이 활발했던 시기이다.

박영에 대해서는 당대부터 이미 도학자로서 높이 평가했다. 박영과 깊은 교유를 했으며, 후대 학자들에 의해 도학의 계보에 잇는 것으로 평가받았던 이언적은 박영을 평하여 다음과 같이 말했다.

> 하늘이 유학을 망하게 하지 않음이여 동쪽 우리나라에 오히려 인물 있네.
> 도통(道統)의 연원은 원래부터 뚜렷하고 뛰어난 품성과 고매한 인격이로다.[93)]

박영의 도학적 계통과 그 학문의 깊이를 인정한 말이다. 그리고 박영과 동관(同貫)의 동지로 자처했던 박하담(朴河淡, 1479～1560)은 "〈'박영'은〉 한훤당 김굉필과 일두 정여창의 도학을 연구하고 이를 몸소 실천하여 유종(儒宗)으로서 부끄러움이 없다."[94)]라고 칭송하였다. 그리고 선조시절 영의정이었던 이준경(李浚慶)은 "지금 사람들이 모두 도학자로서 조광조를 추앙하면서도 박영과 정붕에 대해서는 아는 이가 없는데, 이것은 무슨

---

93) 『松堂集』, 卷3, 附錄, 「輓詞」(李彥迪). "天不喪斯文, 東隅尙有人. 淵源元有自, 英邁又超倫."
94) 『松堂集』, 卷3, 附錄, 「送朴松堂遊襄陽序」(朴河淡). "究暄蠹之心, 法其踐履樹立, 無愧爲儒宗."

까닭인가?"[95]라고 하며, 박영과 정붕을 도학자로서 조광조의 지위에 비견하였다. 이준경의 이러한 평가는 조선 도학의 계보를 '김굉필-조광조' 계열의 단선적 시각에서만 볼 것이 아니라 '김굉필-정붕-박영'의 계열로도 볼 수 있다는 의미를 담고 있다.

그런데 이황과 이이는 박영의 도학자로서의 면모(풍모)는 높이 평가했으나 그 학풍의 순일함과 학문적 엄밀성에 대해서는 비판적 태도를 취했다. 그렇지만 스스로 해득하는 것을 첫째 과제로 삼고, 투철하게 깨닫는 것을 요결(要訣)로 삼는 박영 학문의 특징은[96] 도학 즉 성리학이 본래부터 추구하던 공부법이다. 주자학적 신념이나 독단에 얽매이지 않고, 좀 더 자유롭게 '도학'이라는 주제를 곱씹어보면 그 학문적 정체성은 분명 철저한 자기 이해와 각성을 벗어날 수 없다. 바로 이러한 면에서 박영의 학문은 도학으로 인정받을 수 있을 것이다. 마지막으로, 비교적 객관적인 입장에서 박영을 평가한 정조(正祖)의 언급을 살펴보도록 하자.

> 송당은 무인 출신이었으나 …… 마침내 기질을 변화시켜 큰 선비가 되었다. 비록 이황이 그의 학설에 선미(禪味)가 있다고 비판하기도 했지만, 예로부터 무신 가운데 송당 같은 사람은 들어보지 못했으니 어찌 기이하지 않으랴. 또한 야천(冶川, 朴紹)·석계(石溪, 申季誠)와 같은 여러 사람들이 모두 송당의 문하이니, 후학을 성취시킨 공이 어찌 적다고 하겠는가?[97]

95) 『石潭日記』, 卷上, 隆慶二年, 戊辰, 宣祖元年(1568年). "今人皆以道學推趙公光祖, 而朴英鄭鵬世無識者何歟."

96) 『松堂集』, 「松堂先生文集跋」(金應祖). "蓋先生之學, 以自得爲先, 悟透爲要." 참조.

97) 正祖, 『弘齋全書』, 卷171, 「日得錄」, 11, '人物(1)'. "松堂起身弓馬, …… 卒能變化氣質, 爲世巨儒. 李文純雖譏其帶得禪味, 從古武臣中如松堂者, 未聞其人, 豈不奇哉. 且如冶川, 皆是松堂門下, 成就後學之功, 亦豈可少之也."

제6장

성주 · 칠곡지역 성리학의 특징과 학풍

16세기 당시의 성주는 '목(牧)' 으로서 경상도에서는 경주 다음으로 큰 고을 가운데 하나였는데, 현재 대구광역시에 편입된 화원현(花園縣), 팔거현(八莒縣, 칠곡)과 고령에 편입된 가리현(加利縣, 성산현)이 모두 속현으로 있었다. 그러므로 전통시대의 '성주문화권' 을 언급할 때는 이 지역들을 모두 수렴해야 한다. 특히 칠곡은 성주와 역사적으로 중첩되는 경우가 많다. 지금은 군세(郡勢)가 성주보다 칠곡이 압도적으로 왕성하지만, 근대화 이전 시대에는 오랫동안 칠곡지역이 성주의 직접적인 관할구역 안에 있었다. 이로 인해 현재 칠곡지역의 인물로 분류되는 상당수의 인물이 '성주 출신' 으로 자처하였다. 석담(石潭) 이윤우(李潤雨)와 성주도씨(星州都氏) 문중의 학자들이 그 대표적인 사례이다. 그러므로 성주 · 칠곡지역에서 활동하며 문명을 떨친 전통시대 학자들의 지역적 연고를 엄밀하게 성주와 칠곡으로 구분하기가 쉽지 않다. 이러한 점을 고려하여 이 장에서는 '성주 · 칠곡지역의 성리학' 으로 함께 묶어서 고찰하기로 한다.

1. 성주 · 칠곡지역의 역사적 배경

성주는 경상북도 남서부에 위치하며, 동쪽은 낙동강을 경계로 대구광역시와 칠곡군, 서쪽은 김천시와 경상남도 합천군, 남쪽은 고령군, 북쪽은 김천시와 접하고 있다. 이 지역에는 가야연맹의 한 나라로 발전하였던 성산가야(星山伽耶)가 존재하였으며, 늦어도 6세기 중엽까지는 신라에 복속되어 군현(郡縣) 체제하에서 본피현(本彼縣)이 되었다. 757년(경덕왕 16년)에 본피현은 신안현(新安縣)으로 개칭되어 성산군(星山郡)의 속현이 되었으며, 뒤에 다시 벽진군(碧珍郡)으로 개칭되었다.

고려에 이르러 940년(태조 23년)에 경산부(京山府)가 신설되었으며, 당시 신안현(新安縣) · 계자현(谿子縣) · 수동현(壽同縣) · 도산현(都山縣)을 보유한 성산군은 경산부에 귀속되었다. 980년(경종 6년)에 광평군(廣平郡)으로 강등되었다가 995년(성종 14년)에 대주(岱州)로 개칭되었다. 1018년(현종 9년)에 지경산부사(知京山府事)가 파견되었는데, 당시에 고령군(高靈郡) · 약목현(若木縣) · 지례현(知禮縣) · 가리현(加利縣) · 화원현(花園縣) · 황간현(黃澗縣) · 팔거현(八莒縣) · 김산현(金山縣) · 관성현(管城縣) · 안읍현(安邑縣) · 양산현(陽山縣) · 이산현(利山縣) · 대구현(大丘縣) · 하빈현(河濱縣) · 인동현(仁同縣) 등 1군 14현이 귀속되어 그 위세를 크게 떨쳤다. 1295년(충렬왕 21년)에는 흥안도호부(興安都護府)가 되었다가 1308년(충렬왕 34년)에 성주목(星州牧)으로 승격되었으며, 1310년(충선왕 2년)에 다시 경산부(京山府)로 강등되었다.

조선 건국 이후인 1413년(태종 13년)에 다시 성주목으로 승격되면서 가리현 · 팔거현 · 화원현을 속현으로 거느리게 되었다. 이때 성주는 경상도에서는 가장 넓은 간전결수(墾田結數)를 보유하였고, 많은 제언(堤堰)이 축조되었으며 경제적으로 풍요로운 곳이었을 뿐만 아니라, 인재도 많이

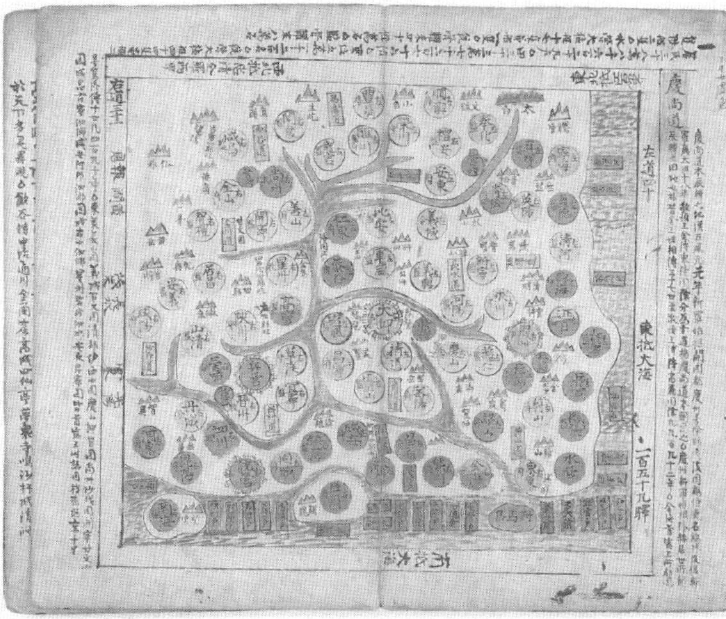

천하국도(天下國圖) – 경상도(부산대학교 도서관 소장)

배출한 영남의 큰 고을의 하나로서의 위상을 다졌다. 특히 성리학이 널리 보급되면서 이 지역에서 한강 정구와 동강 김우옹을 위시한 주목할 만한 많은 학자가 배출되었다. 조선시대에 정치적 사건과 연루되어 성주의 행정단위가 몇 차례의 승강(陞降)을 겪기도 하였지만, 이 지역의 지리적 · 학문적 중심지의 위상은 변함이 없었다. 조선 후기에 이르러서도 성주에는 많은 서원과 사우가 설립되었고, 이진상(李震相)을 비롯한 영남학파를 계승한 성리학자들이 다수 배출되었다. 그렇지만 성주는 1895년 근대적인 지방 행정구역의 개편 이후 군세(郡勢)가 현격히 약화되었으며, 특히 대구광역시의 성장에 따른 근교 농촌도시로서의 한계를 절감하게 된다.

칠곡은 성주, 대구, 구미와 경계를 맞대고 있으며 역사적으로 많은 행정구역 개편을 겪었는데, 그 정도가 성주의 경우보다 더욱 심하다. 칠곡 문화권의 중심지 역할을 해왔던 지역은 현재 대구광역시 북구에 편입되어있다.[1] 그리고 오랫동안 칠곡지역의 한 부분을 차지해왔던 '인동' 또한 구미와 칠곡으로 분리되었는데, 그 핵심 지역은 구미시에 편입되어 일개 '동(洞)' 이 되었다. 그러므로 칠곡의 문화와 정체성을 언급할 때 먼저 그 범위를 한정할 필요가 있다.

'칠곡' 이라는 지명이 처음 등장한 것은 1018년(고려 현종 9년)이다. 『고려사(高麗史)』에서는 "팔거현(八莒縣)은 본래 신라 팔거리현(八居里縣)으로, 경덕왕 때 이름을 팔리(八里)로 고치고, 수창군(壽昌郡)에 속하는 고을이 되었다. 고려 초에 팔거(八居)로 고쳤다. 현종 9년(1018년)에 내속(來屬)하였다. 별호는 칠곡(七谷)이다."[2]라고 하였다. 이 해는 고려가 개국한 지 100년이 되는 해로서, 전국의 지명을 새로 확정하고 그것을 기록에 남기게 된 해이다. 현재 행정지역으로서 '칠곡군' 이 존재하지만, 원래 칠곡의 중심은 대구 북구지역에 소재한 이른바 '칠곡지역' 이다. 그러므로 현재의 행정구역인 '칠곡' 과는 별개로 '칠곡문화권' 의 범위를 추정해 볼 필요가 있다.

신라시대에 이르러 칠곡지역에 사동화현 · 대목현 · 팔거리현이 설치되었다. 이후 757년(경덕왕 16년)에 각각 수동현 · 계자현 · 팔리현으로 개칭되어 수동현과 계자현은 성산군(현재 성주)에, 팔거리현은 수창군(현재 대구)에 소속되었다. 고려 초에 수동현이 인동현(仁同縣)으로, 계자현이 약목현(若木縣)으로, 팔리현이 팔거현(八居縣 또는 八紺縣)으로 각각 개칭되었다. 이후 몇 차례의 변화를 거듭하다가 조선 초에 이르러 약목현은 인동현의 속현으로, 팔거현은 성주목의 속현이 되었다. 1593년(선조

---

1) 이 지역에 관아를 비롯한 여러 유적들이 존재하고, 지금도 여전히 '칠곡향교' 가 전통문화의 중심을 이루고 있으며, '칠곡' 을 명칭으로 사용하는 학교 및 기관들이 산재한다.

2) 『高麗史』, 卷57, 「志」, 卷11, '地理(二)'. "八莒縣本新羅八居里縣〔一云北恥長里, 一云仁里〕, 景德王, 改名八里, 爲壽昌郡領縣. 高麗初, 改爲八居〔後居音轉而爲莒〕. 顯宗九年, 來屬. 別號七谷." 참조.

26년) 무렵에 경상도 감영을 일시 팔거현으로 옮기면서 이 지역이 중요시 되었다. 그 결과 1604년에 도원수 한준겸의 요청에 따라 천생산성(天生山城)이 축조되고 인동현이 도호부로 승격되었다. 그리고 1640년(인조 18년)에는 팔거현에 가산산성(架山山城)이 축조되면서 팔거현이 칠곡도호부로 승격되었다. 이처럼 좁은 지역에 2개의 도호부가 설치됨으로써 이 지역은 대구와 함께 경상도의 중심부 역할을 하게 된다. 두 개의 도호부는 1895년(고종 32년) 갑오개혁 때 23부제가 실시됨에 따라 칠곡군과 인동군으로 개편되어 대구부에 속하였다가, 다음 해에 13도제가 실시되자 다시 경상북도에 소속되었다. 1914년 행정구역 통폐합 정책에 따라 인동군이 폐지되었고 그 관할구역은 칠곡군에 편입되었다. 그 후 1978년에 인동면 일원이 구미시로 편입되었고, 1981년에 칠곡의 중심지인 칠곡읍이 대구직할시에 편입됨으로써 군세(郡勢)가 크게 약화되었다.

성주 · 칠곡지역의 역사를 개관해 보면 몇 가지 특징이 드러난다. 그중에서도 가장 특기할 만한 것은 이 지역과 이웃 지역 간의 행정 개편 작업이 빈번하게 이루어졌다는 점이다. 그렇기 때문에 문화적으로 성주 또는 칠곡지역 운운할 때에 그 범위를 현재의 행정구역에 제한해서는 곤란하며 좀 더 광의적인 시각으로 바라볼 필요가 있다. 그러므로 여기서 사용하는 성주 또는 칠곡의 문화권이라는 말 또한 역사적 통폐합을 함께 겪어왔고 문화적 상근성(相近性)을 지닌 지역을 함께 아우르는 보다 넓은 개념으로 받아들여야 한다.

2. 성주 · 칠곡지역 유학의 개괄적 특징

성주 · 칠곡을 비롯한 대구권 성리학계는 퇴계학파와 남명학파가 큰 충돌 없이 공존하는 형국을 취하고 있었으나, 남명의 제자들이 많이 포진되어 있던 북인(北人)의 실각과 영조 때에 일어난 무신란(戊申亂) 등 일련의 정치적 사건을 겪으면서 남명학파는 쇠퇴하고 퇴계학파가 주도권을 잡게 된다. 시대적으로 보아 칠곡지역은 16세기 초반과 중반의 경우에는 남명학파와 퇴계학파가 공유하고 있었고, 16세기 후반과 17세기 초반은 한강과 여헌의 사상이 성행했으며, 17세기 중반 이후로는 경북 북부지역의 유학자들이 주도하는 퇴계학파의 영향권 아래에 있었다. 그러므로 17세기 중반 이후 이 지역의 대표적인 문중은 대부분 정치적으로 영남 남인(南人)의 세력에 포함되어 있었다. 그렇지만 이 지역은 다양한 학풍을 비교적 자유롭게 수용하였으며, 특히 한강과 여헌의 학맥을 꾸준히 계승하면서도 자기 나름의 특색 있는 유학적 전통을 이루어 나갔다.

1) 17세기 중반까지 성주 · 칠곡지역 유학의 학맥

성주 · 칠곡지역에서 주목할 만한 유학자의 등장은 고려시대부터 이루어진다. 그런데 이 지역의 학술 활동으로 고려 전기에는 두드러진 인물이 거의 없으며, 고려 후기에 이르러 특히 공민왕의 시대에 집중된다. 이들은 주로 성주이씨(星州李氏), 성산배씨(星山裵氏), 경산이씨(京山李氏), 가리이씨(加利李氏), 성산이씨(星山李氏) 등과 같은 이 지역의 몇몇 유력 집안에 편중되어 있는데, 특히 주목할 점은 성주지역을 관향으로 삼는 성씨의 후손들이 대다수를 차지한다는 점이다. 이들 성씨들은 대개 성주지역에 오랫동안 세거해 온 호족(豪族) 또는 호장(戶長) 집안으로서 고려 후기부터 중앙관직에 진출하여 사대부 계층으로 성장하였다.[3] 이 중에서도

3) 황위주, 「16세기 성주지역 학술계의 동향」(『국학연구』, 제37집, 한국국학진흥원, 2018), 10~16쪽 참조.

성주이씨 이장경(李長庚)의 아들들인 이백년(李百年), 이천년(李千年), 이만년(李萬年), 이억년(李億年), 이조년(李兆年)의 활동이 두드러진다. 특히 막내인 이조년은 성산군(星山君)에 봉해질 정도로 크게 현달하였고, 시문에도 빼어나 성주의 위상을 드높였다.

고려시대 칠곡 출신의 문과 급제자로는 『교남지(嶠南誌)』에 김수(金洙) 한 사람만 언급되고 있지만, 『칠곡군지(漆谷郡誌)』에 따르면 이 외에도 장신원(張信元), 장균(張均), 유창(劉敞) 3인이 추가로 확인된다. 이 중에서도 가장 주목할 만한 인물은 김수(金洙)이다. 그는 본관이 해평인데, 고려 충목왕때 문과에 장원급제한 뒤 대사간과 직제학을 거쳐 개성부윤에 이르렀으며, 1361년(공민왕 10년) 홍건적의 난 때 공을 세워 '해평군(海平君)'에 봉해지고 조선이 개국된 뒤에도 예조판서를 역임했다. 그 후 일선에서 은퇴한 뒤 이숭인(李崇仁)과 더불어 도의를 강마하고 녹봉서당(鹿峯書堂)을 세워 후진 양성에 진력하였다. 이 외에도 칠곡지역 출신의 고려시대 유학자로 장안세(張安世)와 그의 아들 장중양(張仲陽)을 주목할 만하다. 장안세는 고려 멸망 이후 의리를 지켰던 두문동(杜門洞) 72현(賢) 중의 한 사람이며, 장중양은 태조 이성계와 친구 사이로 태조가 한성좌윤에 제수하고자 했으나 끝내 사양했던 사람이다. 이 두 사람은 '부자절신(父子節臣)'으로 유명하다.

조선시대에 들어와 성주 · 칠곡지역의 학문적 위상은 크게 높아진다. 15세기 성주지역에는 사림파의 영수인 김종직(金宗直)의 영향이 강하게 작용하였다. 김종직은 그의 부친인 김숙자(金叔滋)가 인근 고을의 수령으로 재직할 때에 성주를 자주 출입하였고, 1454년에 김숙자가 성주향교 교수로 부임하였을 때에는 이곳에서 공부하기도 했다. 그는 함양군수와 선산부사로 재직하는 동안에 많은 제자를 길러냈는데, 당시 그의 문하에는 성주 출신의 상당수 제자가 포함되어 있었다. 이철균(李鐵鈞), 이철배(李

鐵培), 이승언(李承彦) 등은 김종직의 직전(直傳) 제자이고, 이우(李佑)는 재전(再傳) 제자였을 것으로 짐작된다. 그리고 도형(都衡), 도균(都勻), 이장곤(李長坤) 등은 김종직의 제자인 김굉필의 문인이고, 여희림(呂希臨) 또한 김굉필의 제자였던 것으로 추측된다. 송희규(宋希奎)는 도형의 문인이고, 이문건(李文楗)과 장잠(張潛)은 조광조(趙光祖)의 문인이다. 이로 보아 15세기 후반에서 16세기 초반의 성주지역의 학계는 김종직과 그의 제자 계열의 사림파 인물들이 활발하게 활동했던 것으로 보인다.[4] 이 중에서 주목할 만한 이는 이철균(李鐵均, 1450~1541)과 장잠(張潛, 1497~1552)이다. 이철균은 김종직의 문인으로서 무오사화 때에 벼슬을 버리고 낙향했다가 후일 성균관 대사성을 역임하고 청백리에 오른 인물이다. 그리고 장잠은 중종 19년(1524년)에 인동현감으로 부임한 이언적(李彦迪)과 교유하면서 학문을 논하였으며, 후일 스승 조광조의 신원을 요구하는 상소를 올리기도 했다. 그는 특히 예학을 중시하여 자제를 가르칠 때 이를 강조하였고, 아들인 장곤(張崑)과 장률(張嵂)의 관례를 행하기도 했다.

이전에는 성씨별로 주로 몇몇 집안에 편중되었던 인물들의 분포가 15세기 중엽 이후 다양한 집안의 인물들로 확장되는 경향이 있다. 이러한 경향성은 16세기 중반 이후에 더욱 두드러진다. 의성김씨(義城金氏), 광주이씨(光州李氏), 청주정씨(淸州鄭氏), 순천박씨(順天朴氏) 등의 새로운 집안의 인물들이 이 시기에 부각된다. 특히 청주정씨 집안의 정구(鄭逑)와 함양오씨(咸陽吳氏) 집안의 오건(吳健)을 주목할 만하다. 청주정씨는 정구의 부친인 정사중(鄭思中)이 김굉필의 외손(外孫)으로, 외가에서 생활하다가 성주이씨와 혼인하면서 비로소 성주 대가(大家)에 정착하였다. 오건은 성주향교 교수로 부임하여 대가에 우거하였는데, 그 시기에 김담수(金

4) 황위주, 「16세기 성주지역 학술계의 동향」, 26쪽 참조.

聃壽), 김우옹(金宇顒), 정구 등 뛰어난 문인들을 배출하여 이들이 성주지역 학술계에 커다란 영향력을 끼칠 수 있도록 도와주었다. 16세기 중엽 이후 성주·칠곡지역의 유학은 대단히 번성하는데, 이 시기의 학자들은 퇴계와 남명 계열의 문인들이 많다. 김담수, 김우굉(金宇宏), 김우옹, 박이장(朴而章), 박찬(朴澯), 이경명(李景明), 이린(李麟) 등은 남명의 문인이고, 권응인(權應仁), 송현(宋絢), 이순(李淳), 정곤수(鄭崑壽) 등은 퇴계의 문인이며, 오건과 정구는 퇴계와 남명 문하를 동시에 출입하였다.[5] 이 시기 성주 출신의 학자 중에서 지역적 범위를 벗어나 전국적인 명망을 얻은 이들이 상당수 있었는데, 한강 정구와 동강 김우옹의 존재가 두드러진다.

정구의 경우에는 자신의 학문적 성취를 이루었을 뿐만 아니라, 실제로 강학에 힘쓴 기간이 오래되었기 때문에 한강학파의 형성이 가능할 수 있었다. 16세기 중반 이후 17세기 초에 이르기까지 성주지역의 성리학계는 한강과 그 문인들의 활동이 두드러진다. 당시 성주지역에서 유력한 집안의 자제들은 상당수가 한강의 문하에 출입하였으며, 이들은 성주권(대구권) 성리학의 형성과 발달에 있어서 결정적 기여를 하게 된다.

김우옹은 경연(經筵)에서 자주 학문적 문제와 정치적 시책을 진언하여 선조의 두터운 신임을 받았다. 1573년에는 경연에서 유교의 심법(心法)을 역설하며 유교적 정치 이념과 위정자의 정치적 도의를 밝히는 한편, 주경(主敬)의 공부를 논하여 왕의 정신 수양의 원리를 강조하였다. 그는 왕명에 따라 「성학육잠(聖學六箴)」을 지었으며, 또한 남송의 장식(張栻)과 명나라의 유학자 설선(薛瑄)의 문집을 간행할 것을 청하여 이를 실현시켰다. 대사성으로 있을 때에는 학령(學令)·독법(讀法)·치경행재(置經行齋)·택사유(擇師儒)·선생도(選生徒)·공사(貢士)·취사(取士)의 「학제

5) 황위주, 「16세기 성주지역 학술계의 동향」, 32~33쪽 참조.

칠조(學制七條)」를 짓기도 하였다. 그는 1573년에 퇴계 이황의 시호를 요청했으며, 이듬해에는 조광조(趙光祖)를 제향한 양주의 도봉서원(道峰書院)에 사액을 내릴 것을 청하였다.[6] 그리고 한강 정구와 곽재우(郭再祐)를 비롯한 숨어 있는 인재를 천거하기도 하였다. 정치적으로는 김성일(金誠一), 류성룡(柳成龍) 등과 가까워 동인(東人)에 속하였는데, 율곡 이이에 대해서도 존경의 태도를 취하였다.

한편 칠곡지역에서는 남명 조식과 퇴계 이황의 문하에 직접 출입한 인물이 크게 주목되지 않는다. 반면 한강 정구와 여헌 장현광의 문하에는 학파를 이룰 만큼 많은 인물이 출입하였다. 정구는 만년에 칠곡지역으로 이주하여 많은 문인을 배출하였으며, 장현광은 이 지역 출신으로서[7] 대장부의 인품과 자득(自得)의 특색 있는 학풍으로 수많은 제자를 배출하였다. 『칠곡군지』에 따르면 칠곡지역의 학자 중에서 정구의 문인이 10인, 장현광의 문인이 13인 등재되어 있다. 이것은 그 시대 칠곡지역의 유림(儒林) 가운데 사승(師承) 관계가 분명하게 확인되는 인물 총 49명 가운데 거의 절반을 차지한다. 이를 통해 볼 때 17세기 중반까지 이 지역의 유학자들은 대부분 한강과 여헌의 학맥을 계승하고 있었던 것을 알 수 있다.

한강과 여헌의 문하에 출입했던 학자들의 상당수는 두 선생을 함께 스승으로 섬겼는데, 그중에서도 성주 · 칠곡지역 출신으로서 주목되는 이가 완석정(浣石亭) 이언영(李彦英, 1568~1639)이다. 그는 문과에 장원급제한 수재인데, 초기에 대구 출신의 유학자 서사원(徐思遠)의 문하에 나아갔으며 나중에 다시 한강과 여헌의 양 문하에 모두 출입하였다. 일찍이

---

6) 한국정신문화연구원 편집부 편, 『한국민족문화대백과사전』, 정신문화연구원, 1991, '김우옹(金宇顒)' 條 참조.

7) 張顯光의 출신지인 仁同은 상당히 오랜 기간 '성주 · 칠곡'과 동일한 행정구역에 포함되어 있었다.

한강은 이언영을 평하여, "요사이 젊은 사람 중에서 마음가짐이 확연하고 자질이 굳건한 사람이 흔치 않은데, 이제 그대를 보니 이와 같으니 후일 크게 성공하리라."라고 칭찬하였고, 여헌 또한 "이 사람은 가정교육을 참으로 잘 받았기 때문에 뒷날 집안을 빛낼 재목이다."라고 평하였다. 이언영은 한강과 여헌으로부터 심도 있는 대면 교육을 받았던 것으로 보인다. 그리고 서신(書信)의 문목(問目)을 통해 스승에게 구체적인 가르침을 청하기도 하였다.[8] 특히 한강 제자들의 경우에는 스승에게 문목을 많이 보냈는데, 그 문답의 내용을 통해 한강의 박학다식함과 한강학단의 실제적인 강학 장면을 확인할 수 있다. 이언영은 여헌으로부터 선단(善端)을 확충하는 수양 공부를 했던 것으로 보인다. 그는 여헌을 만나고서 비루한 마음이 저절로 사라져 선단(善端)이 다시 싹트게 되었으나, 헤어지고 나서는 이것을 잃어버린 듯하다고 탄식하기도 하였다.[9] 이언영은 대쪽 같은 성품으로 유명했는데, 『여헌집』에는 이언영의 성품을 짐작할 수 있는 일화가 수록되어 있다.

> 정사년(1617년)에 내〔李彦英〕가 선생〔여헌〕을 모시고 앉아있을 적에 공자(孔子) 문하생들의 거취(去就)의 올바름에 대해 논한 적이 있었다. 내가 선생께 여쭙기를, "자로(子路)는 어떠한 인물입니까?"라고 물으니, 선생이 대답하시기를, "공자 문하의 훌륭한 제자이지."라고 하였다. 다시 내가 여쭙기를, "어찌하여 아버시가 없는 나라에서 난리를 만나 죽었습니까? 저는 어머니가 없는 조정에서는 벼슬하고 싶지 않습니다."라고 하니, 선생은 한동안 탄식하셨다.[10]

8) 『浣亭集』, 卷2, 書, 「上寒岡先生問目」 참조.

9) 『浣亭集』, 卷2, 書, 「上旅軒先生」(壬戌年). "頃陪登龍之席, 胸鄙自消, 善端復萌, 歸來如有所失, 何令人景慕一至此耶." 참조.

춘추시대 위나라 영공(靈公)의 세자인 괴외(蒯聵)는 아버지에게 죄를 짓고 진(晉)나라로 도망쳤는데, 그 후 영공이 죽자 위나라에서는 괴외의 아들인 첩(輒)을 임금으로 추대하였다. 그러자 괴외는 진나라 군대를 이끌고 위나라로 들어와 군주가 되려 하였는데, 이에 아들 첩이 아버지 괴외를 막았다. 후대 사람들은 이러한 사실에 대해 '아버지가 없는 나라' 라고 비판하였는데, 자로(子路)는 바로 이 싸움에 휘말려 죽었다. 이언영은 당시의 조정을 위나라에 빗대 '어머니가 없는 조정' 이라고 하며 인목대비(仁穆大妃)를 폐출(廢黜)한 광해군을 강하게 비판하였던 것이다. 이언영은 인근 지역에 살던 이윤우(李潤雨), 이육(李堉), 배상룡(裵尙龍) 등과 깊은 교유관계를 맺었는데, 문집에는 특히 이윤우에게 보내는 서신이 많이 남아 있다. 잡저(雜著)에 수록된 「운계한화(雲溪閒話)」[11]에는 이언영의 가문과 관련한 수많은 일화, 이윤우를 비롯한 지역 학자들과의 교유 장면 등 주목할 만한 기록들이 풍부하게 수록되어 있다. 그렇지만 아쉽게도 지금까지 그의 학문에 대해 제대로 연구된 바가 거의 없다.

성주 · 칠곡지역에서는 서인 계열의 학맥도 발견된다. 일찍이 장용한(張龍翰)이 율곡 이이의 문하에서 수업한 바 있고, 장경홍(張慶弘)과 장류(張瑠)는 노론의 영수인 송시열의 문인들이다. 그리고 장지천(張知天)은 도암(陶庵) 이재(李縡)의 문인이다.

성주 · 칠곡과 대구지역은 학문적 지형도에 있어서 기본적으로 일치하는 부분이 많다. 16세기 당시 영남학파의 주 무대는 퇴계학파를 중심으로 한 경북 북부지역과 남명학파를 중심으로 한 경남 서부지역에 집중되어

---

10) 『旅軒集續集』, 卷9, 附錄, 「記聞錄」(李彦英). "丁巳, 彦英侍坐, 論聖門諸子去就之正. 彦英曰, 敢問子路何如人, 先生曰, 聖門高弟也. 曰, 何以死難於無父之國乎. 英則不欲仕於無母之朝, 先生歎息久之."

11) 『浣亭集』, 卷3, 雜著, 「雲溪閒話」 참조.

있었다. 성주 · 칠곡지역에서는 퇴계학과 남명학의 영향이 비교적 고르게 영향을 끼쳤다. 그렇지만 17세기 이후 성주 · 칠곡지역 유학의 형성에 많은 공헌을 한 사람으로 무엇보다 한강 정구와 여헌 장현광을 주목해야 한다. 한강은 만년에 이 지역에서 학문과 강의에 전념하였다. 그리고 여헌은 성주 · 칠곡문화권에 속하는 '인동' 출신으로서 그 후손과 후학들이 지속해서 이 지역 유림의 중추 역할을 하였다. 이 지역 학자들은 비교적 개방적이고 실천적인 학풍의 경향을 보이는데 주류의 학자들은 영남학파, 그중에서도 특히 한강과 여헌의 강한 영향권 아래에 있었다.

2) 17세기 중반 이후 영남지역과 성주 · 칠곡지역 유학의 동향

17세기 조선의 정치권력과 성리학계의 동향에 가장 큰 영향을 미친 사건은 광해군의 등장과 북인 세력의 굴기(崛起), 그 후 인조반정(仁祖反正)으로 인한 광해군의 실각과 서인 세력의 등장이다. 퇴계와 율곡의 생존 당시에는 두 사람 간에 주목할 만한 반목이 없었다. 선조 때에 동 · 서인(東西人)의 당파적 분립이 처음 생겨날 당시에도 후대에 나타나는 그러한 지속적이고 집요한 당파적 갈등과 대립은 있지 않았다. 그렇지만 인조반정으로 대북정권이 몰락한 뒤의 정치 구도는 서인과 남인이 서로 견제하는 형태로 전개된다. 서인 세력이 정국의 주도권을 잡고 북인에 대해 철저한 정치적 탄압을 했을 뿐만 아니라, 남인에 대해서도 경계를 하였다. 기호지역의 서인 세력들은 율곡설(栗谷說)을 이론적 무기로 하여 자신들의 세력을 결집하고, 이에 대해 영남 남인들도 강렬한 응전(應戰)을 한다.

17세기 영남 남인의 정치기반은 서인 세력에 비해 전반적으로 부진한 편이었지만 '명분상의 우세'와 공론적(公論的) 기반의 강화를 통해 세력의 균형을 유지하고자 했다. 16세기 전국에 만 명 정도로 추산되던 유생

(儒生)의 수가 효종시대에는 영남에만 만 명이 넘어섰다. 영남 유생들은 원우(院宇)를 비롯해 사마소(司馬所)와 향교(鄕校)를 무대로 하여 결속을 강화하는 한편 향론(鄕論)을 주도하며 자치적 기반을 구축하였다. 이처럼 17세기 조선의 유림 동향은 '영남 대 비영남' 의 구도로 전개되었다. 그런데 당시 영남 유림의 핵심은 안동을 중심으로 한 경북 북부지역이었다.

17세기 이후 성주 · 칠곡지역의 유학 또한 크게 보아서 정치적으로는 영남 남인에 속하였고, 계파적으로는 퇴계학파에 참여하였다. 1792년(정조 16년)에 일어난 영남만인소(嶺南萬人疏)는 당시 영남지역의 유림 동향과 분포를 짐작하는 데에 좋은 자료이다. 정조가 평소 영남에 대해 호감을 느끼고 있다는 사실을 탐지한 영남 유림(儒林) 사회는 그동안 금기사항으로 되어 있던 사도세자의 신원(伸寃) 문제를 두고 유소(儒疏)를 준비하였다. 안동에서 도내 각 읍의 교원(校院)에 통문을 돌려 소유(疏儒)를 규합하고 소자(疏資)를 마련하여 소(疏)를 올린 것이 바로 제1차 '영남만인소' 이다. 당시에 영남지역 대부분의 유력한 집안들이 이에 참여하였으며, 성주 · 칠곡지역에서도 당연히 상당수의 집안이 참여하였다. '영남만인소' 에 참여한 성주목(星州牧)의 문중은 청주정씨(淸州鄭氏: 鄭逑 후손-枝村), 의성김씨(義城金氏: 金宇顒 후손-沙月谷), 벽진이씨(碧珍李氏: 李堅幹 후손-楡谷), 성주여씨(星州呂氏: 呂希臨-樹村), 성산이씨(星山李氏: 李碩九 후손-大浦), 성주배씨(星州裵氏: 裵惠 후손), 칠곡도씨(漆谷都氏: 都夏), 순천박씨(順天朴氏: 朴可權), 야성송씨(冶城宋氏: 宋希奎), 의성김씨(義城金氏: 金用超-修倫) 문중이다. 그리고 칠곡부(漆谷府) 소속의 문중은 광주이씨(廣州李氏: 李潤雨 후손-上枝, 石田, 梅院), 벽진이씨(碧珍李氏: 李彦英 후손-吾道宗)이며, 인동부(仁同府) 소속의 문중은 인동장씨(仁洞張氏: 張顯光 후손-玉山), 평산신씨(平山申氏: 申瀏 후손-약목) 문중이다.[12]

즉 17세기 이후 성주 · 칠곡지역의 유림(儒林)은 외형상 퇴계학파의 강한 영향권 아래 있었다. 구체적으로는 한강 정구를 통해 광범위하게 형성된 학문 전통을 제자들마다 자기 집안 전통의 가학(家學)이라는 형태로 세습하는 양상을 보였다. 19세기에 접어들어서도 퇴계학파가 주도 세력을 이루었다. 성주지역에서는 한주(寒州) 이진상(李震相, 1818~1886)이 등장하고 그 문하에서 이른바 한문팔학사(寒門八學士)[13]를 배출하여 이들이 성주권(대구권) 성리학의 중심을 이루게 된다. 그리고 칠곡지역에서는 여헌 장현광의 후손인 사미헌(四未軒) 장복추(張福樞, 1815~1900)를 중심으로 하는 퇴계학파의 학자들이 지역 학계를 주도하였다. 그렇지만 이 시기 성주·칠곡지역의 유학은 경북 북부지역의 퇴계학파와는 차별적인 고유한 색채를 내면적으로 간직하고 있었다.

3. 성주·칠곡지역의 한강학파 형성

한강 정구와 그의 제자들은 금호강 유역을 중심으로 성리학적 이상사회 건립을 위해 심혈을 기울였다. 현재, 대구 북구의 칠곡지역인 사수동과 연경동, 그리고 경북 칠곡군에 속하는 지천면과 신동면, 대구광역시 달성군 서재리 등은 한강과 그 제자들의 흔적이 집중적으로 포진해 있다. 한강은 금호강변 사수(泗水)[14]에서 생애 마지막 6년을 보냈다. 원래 그가 만년을 보내고자 한 곳은 고향 성주의 수도산 무흘정사(武屹亭舍)였지만, 동문이었던 내암 정인홍과의 갈등이 깊어지자 고향 거주를 단념하게 된

12) 이수건, 『영남학파의 형성과 전개』, 553쪽 참조.

13) 寒門八學士란 李承熙, 許愈, 金鎭祜, 郭鍾錫, 尹冑夏, 李正模, 張錫英, 李斗勳을 일컫는 명칭이다.

14) 현재의 지명으로, 대구시 북구 사수동에 해당한다.

다. 한강과 내암은 남명의 문집 간행을 두고 견해 차이가 있었고, 동강 김우옹의 만사(輓詞)를 두고 갈등이 더욱 깊어져 마침내 절교하기에 이르렀다. 곧이어 한강이 역모를 도모했다고 고변하는 일까지 일어나게 되자 1613년(광해군 5년) 칠곡의 노곡정사(蘆谷精舍)[15]로 거처를 옮기게 된다. 그런데 이곳마저 화재가 일어나 집과 서책이 모두 불타게 되자, 1614년에 사수(泗水)로 거처를 옮기게 되고, 1620년 사수의 사양정사(泗陽亭舍)에서 삶을 마감한다.

한강이 노곡으로 거처를 옮겨올 때에 대구와 칠곡지역의 제자들이 분담하여 처소를 마련하였고, 사수로 이거할 때에도 제자들이 주도하여 거처를 마련한 것으로 짐작된다.[16] 한강의 칠곡 생활은 여러모로 힘들고 어려운 시기였다. 고향에서는 배척을 받고, 집과 거의 모든 문적이 소실되었으며, 사수로 이거한 직후에 맏아들〔樟〕을 잃고 자신도 병까지 얻게 되어 스스로 몸을 지탱하기 어려운 지경에 이르렀다. 이러한 어려움을 겪으면서 한강의 인품은 더욱 성숙되고 원숙한 경지에 이르렀던 것으로 보인다.

한강은 원래 원칙을 중시하던 강직한 성품의 소유자였던 것으로 추측된다. 어릴 때에 신분이 비천한 사람이 학교〔州學〕에 오자, "여기는 존엄한 곳이니, 너희 같은 이가 감히 들어올 곳이 아니다."라고 하며 내쫓은 사례[17]와 정몽주의 출처에 대해 의심하면서 그의 죽음이 가소롭다고 직설적으로 자신의 의견을 개진한 경우[18]를 보면 그의 성품을 충분히 짐작할 수

15) 현재의 지명으로, 칠곡군 왜관읍 금곡리 노실에 있었던 것으로 추정된다.

16) 당시 '泗水'는 鄭師哲과 鄭光天 부자를 비롯한 東萊鄭氏들이 세거하고 있었다. 鄭光天은 한강의 문인이었으며, 역시 한강의 제자인 鄭錘와 鄭天澍 부자 또한 그곳에 거처를 두고 있었다.

17) 『寒岡年譜』, 卷1, 「年譜」, 乙卯年(明宗10年), '寒岡13歲' 條. "一日, 有邑子來學者, 招入賤人於黌舍, 與之語. 先生厲聲曰, 此地尊嚴, 非此輩所敢入, 令曳出之." 참조.

18) 『退溪集』, 卷39, 「答鄭道可問目」(두 번째 서신). "南冥曹先生嘗以鄭圃隱出處爲疑, 鄙意鄭圃隱一死頗可笑." 참조.

있다. 그렇지만 만년의 인간적인 시련은 한강의 인품을 더욱 성숙하게 했고, 이러한 원숙한 인품은 제자들에게 많은 감화를 주었다. 1617년(광해군 9년)에 사수로 한강을 찾아갔던 안동 출신의 제자인 장흥효(張興孝)는 "선생〔한강〕이 사람을 대하는 데에 온 정성을 기울였으므로 문하생 중에서 기뻐하여 따르지 않는 사람이 없었다."[19]라고 증언하였다.

대구권 성리학계는 한 마디로 한강의 칠곡지역 이거를 기준으로 그 이전과 이후가 확연히 구분될 만큼 한강과의 인연이 각별하다. 한강의 마지막 거주지인 '사수(泗水)'는 그 이름 자체가 한강의 이거와 관련이 있다. 즉 한강이 72세 때에 이 지역으로 이거하게 되자 이곳을 유교적 이상향으로 만들고자 하는 의도를 담아 원래 '사빈(泗濱)'이었던 마을 이름을 공자의 고향 곡부에 있는 강의 이름을 따라 '사수'로 바꾸었다. 이 마을에는 원래 동래정씨(東萊鄭氏), 청주한씨(淸州韓氏), 문화류씨(文化柳氏), 창원황씨(昌原黃氏), 성산배씨(星山裵氏) 등이 정착하고 있었는데, 특히 동래정씨 문중에서 한강의 제자들이 많이 배출되었고, 이들 문인들이 중심이 되어 한강의 사수 거주지를 주선하게 된다. 한강은 여기에 사양정사(泗陽精舍)를 세워 제자를 양성하였고, 이곳을 통해 지역의 관료 및 학자들과 교류하였다.

사수를 중심으로 성주·칠곡·대구지역의 한강학단이 형성된다. 사수의 북쪽 지역에는 이윤우(李潤雨)를 비롯한 광주이씨(廣州李氏)의 세거지인 웃갓〔上枝〕과 매원(梅園) 마을이 있고, 금호강을 마주한 지역에는 한강의 제자 도여유(都汝兪)의 아호를 딴 서재(鋤齋) 마을이 있으며, 금호강을

19) 『敬堂集』, 卷1, 雜著, 「南行錄」, 1617年(光海君9年) '10月1日' 條. "十月一日壬辰, 別崔季昇. 先生待人以誠, 門下諸人, 無不說服." 참조. 張興孝는 金誠一의 '行狀'을 요청하기 위해 泗水로 鄭逑를 찾아갔다. 그는 9月13日에서 10月21日 사이에 泗水에 머물며 鄭逑로부터 직접적인 가르침을 받았는데, 당시의 일들을 日記의 형식으로 구체적으로 기록해두었다. 寒岡學團의 講學 장면에 대한 중요한 자료이다.

거슬러 올라가면 한강과 제자들의 강학처인 연경서원(研經書院)이 존재한다. 사수와 인근 지역에는 한강과 관련한 무수한 유적이 남아 있고, 많은 일화가 전해 온다. 예를 들면, 한강이 머물던 사수에는 관어대(觀魚臺)가 있었는데, 한강이 직접 그 이름을 작명하였다.[20] 한강은 평소 여기서 심성을 함양하고 제자들과 함께 시작(詩作)을 행하기도 하였다. 지금 관어대는 없어졌지만, 관어대와 관련한 '시'는 무려 19수[21]가 전해온다.

한강은 사수에서 한강학단을 결성하고, 성주 · 칠곡 · 대구지역의 성리학 부흥에 엄청난 기여를 하게 된다. '봉산욕행(蓬山浴行)'[22]의 기록을 보면 당시 한강학단의 엄청난 세력을 실감할 수 있다. 한강이 지병을 치료하기 위해 봉산(蓬山)[23]으로 온천욕을 떠나자 수많은 문인들이 함께 동행하거나 배웅 또는 영접하였다. 1617년 7월 20일 새벽에 한강은 사수를 출발하여 금호강변의 지암(枝巖)에서 배를 타게 된다. 당시 칠곡지역의 학자인 이윤우와 이언영을 위시하여 채몽연(蔡夢硯), 곽영희(郭永禧), 이천봉(李天封), 배상룡(裵尙龍), 이명룡(李命龍), 류무룡(柳武龍), 이난귀(李蘭

20) '觀魚'는 『詩經』「旱麓」에 나오는 "鳶飛戾天, 魚躍于淵."에서 유래하는 말이다. 한강의 제자인 張興孝는 일찍이 스승의 인품을 경모하여 "鳶魚飛躍兩儀間, 潑潑洋洋不少閑, 妙理如今誰會得, 悠然終日仰高山."(『敬堂集』, 卷1, 詩, 「呈寒岡鄭先生」)이라는 시를 지은 바 있는데, 내용으로 보아 '觀魚臺'에서 행한 詩會의 글이거나, 아니면 觀魚臺와 스승 한강의 인품을 의도적으로 유비하여 지은 시로 보인다.

21) 도성유 3수, 정유식 1수, 정익동 6수, 정지순 4수, 우성규 1수, 구태서 1수, 배석하 1수, 정지순 4수, 우성규 1수, 구태서 1수, 배석하 1수, 정지순 4수, 도석규 1수, 채귀해 1수.

22) '蓬山浴行'이란 한강 정구가 75세 되던 해인 1617년에 부산의 동래 온천을 다녀온 것을 말한다. 한강은 당시 지병〔風痹〕이 있었는데, 제자들이 스승을 위해 이 행차를 주선하였다. 병을 앓고 있는 스승을 제자들이 수행하여 뱃길로 동래에 가서 한 달간 온천욕을 하고, 육로를 통해 귀향하는 과정이다. 일차적으로는 신병치료에 목적이 있었지만, 중간의 휴식처에서는 船遊的 분위기도 있었고, 부수적으로는 한강이 몰락한 남명학파를 끌어안는 효과도 있었다.

23) 지금의 부산 동래이다.

貴), 이학(李學), 정천주(鄭天澍) 등이 수행하였고, 대구부사인 이박(李㙐)이 배에까지 들어와 전송하였다. 그리고 돌아오는 일정인 9월 4일에는 경상감사 윤훤(尹暄)이 대구 검단동 금호강변에 위치한 소유정(小有亭)[24]까지 직접 마중 나왔다.[25] 이러한 일화는 당시 성주·칠곡·대구지역의 지식인 사회에서 한강의 위상을 보여주는 구체적인 사례들이다.

4. 여헌 장현광의 학풍이 성주·칠곡지역에 끼친 영향

여헌 장현광의 생장지(生長地)인 인동(仁同)은 현재 구미시 소속으로서 선산지역의 문화와 정체성을 같이하는 부분이 많다. 그렇지만 역사적으로는 행정구역의 측면에서 선산지역보다는 성주·칠곡지역과의 긴밀성이 훨씬 더 강하다. 여헌 자신도 성주와의 인연이 깊다. 즉 여헌의 고조에서 조부에 이르기까지 3대가 성주 암포(岩浦)에 거주하였고 이 일대에 선영이 조성되었다. 부친〔張烈〕 대에 이르러 인동 남산에 돌아온 뒤에도 숙부〔張熙〕의 후손들은 여전히 암포에 거주하였으며, 여헌의 양자(養子)인 장응일(張應一) 또한 이곳에서 출생하였다. 성주는 여헌의 선향(先鄕)일 뿐만 아니라, 외가〔星山李氏〕와 처가〔淸州鄭氏, 冶爐宋氏〕의 소재지이기도 하다. 이러한 배경으로 인해 여헌의 문인들이 성주·칠곡지역에서 다수 배출되었다.[26]

여헌은 선산지역의 선배 학자들로부터 많은 사상적 영향을 받았고, 성

---

24) 1561년에 蔡應麟이 창건하였고, 1609년에 蔡先吉이 중건하였다.

25) 『石潭集』, 卷4, 雜著, 「蓬山浴行錄」 참조.

26) 박병련(외), 『여헌 장현광연구』, 태학사, 2009, 178~179쪽 참조.〔위 글은 김학수, "여헌학파의 형성과 전개" 에 수록된 내용임〕

주 · 칠곡지역의 후배 학자들에게 깊은 영향을 끼쳤다. 그는 퇴계와 남명을 직접 수학하지 않았으며 또한 사상적으로도 이들 양인과는 구별되는 독특한 면이 있다. 여헌은 퇴계와 율곡을 비롯한 전대의 사상가 그 누구의 사상도 맹목적으로 추종하지 않았으며, 이로 인해 갈암 이현일과 같은 영남학파의 후배 학자들로부터 사상의 순정성(純正性)을 의심받기도 했다. 그렇지만 한강 정구의 저술 대부분이 '편집 작업' 의 형식을 띤 것임에 반해, 여헌은 이를 한 단계 더 발전시켜서 자신의 목소리로 체계적인 학문을 수립하고자 했다. 그의 학문 규모는 대단히 방대했는데, 여헌 스스로가 도학자(道學者)로서의 삶의 지표로 삼은 말이 '우주 사업' 이다.[27] 여헌은 1571년에 「우주요괄첩(宇宙要括帖)」을 지어 대학자로서의 면모를 나타내기 시작하였다. 그는 1576년에 재능과 행실이 드러나 조정에 천거된 이후 여러 관직에 임명되었으나 대부분 출사하지 않았다. 1597년에는 자신을 여러 차례 조정에 추천했던 류성룡(柳成龍)을 만났는데, 당시 여헌의 학식에 감복한 류성룡은 아들 류진(柳袗)을 그 문하에 보내기도 하였다.

여헌 장현광은 1608년에 「주역도설(周易圖說)」을 지었고, 1621년에 「경위설(經緯說)」을 지어 '이체기용(理體氣用)' 즉 '이경기위(理經氣緯)' 의 학설을 제창하였다. 그는 퇴계의 이기호발설(理氣互發說)을 비판하면서 기발이본설(氣發理本說)을 주장하였다. 그리고 이(理)와 기(氣)를 이원적으로 보지 않고 합일적(合一的) 혹은 한 물건의 양면적인 현상으로 파악하였는데, 이러한 관계를 설명하는 그의 독특한 이론이 바로 '경위설(經緯說)' 이다. 그는 이(理)를 경(經)으로, 기(氣)를 위(緯)로 비유하여 이 · 기가 둘이 아니고 서로 체(體)와 용(用)의 관계를 이룬다고 하였다.[28] 따라

---

27) 계명대학교 한국학연구원, 『낙중학, 조선시대 낙동강 중류 지역의 유학』, 계명대학교 출판부, 2012, 228쪽 참조.

서 사단(四端)과 칠정(七情)의 관계에 있어서 사단도 정(情)인 이상 이발기발(理發氣發)로 나누어 말하는 것은 의심이 가는 것이라고 하였다.[29] 이러한 주장은 퇴계의 학설과도 분명한 차이를 드러내는데, 이기(理氣)의 관계를 체용론(體用論)의 입장에서 이해하고 있다는 점에서 율곡의 성리학과도 다른 입장이다.

여헌은 선산지역의 선배 유학자들에 대해 상당한 존경심을 품고 있었는데, 그중에서도 특히 야은 길재에 대해서 존숭하는 마음이 컸다. 그 외에도 사육신 하위지(河緯地), 생육신 이맹전(李孟專)을 비롯한 선산지역의 저명한 유학자들에 대해 자주 언급하며, 그들의 후손들과도 각별한 교유관계를 형성하였다. 또한 여헌은 문무를 겸비한 학자로 유명했던 선산 출신의 학자 박영(朴英)을 존중하여 그 유적지를 찾아가 시를 읊기도 했고,[30] 박영의 학문적 사승 관계를 밝히기도 했다. 박영은 김굉필(金宏弼)과 정붕(鄭鵬)의 학맥을 잇는 도학자이다.

여헌의 스승으로 언급할 수 있는 사람은 노수함(盧守諴)과 장순(張峋) 정도이다. 여헌은 9세 되던 해인 1562년에 모친의 명에 의해 선산에 거주하던 자형(姊兄) 노수함에게 나아가 글을 배웠다. 노수함 또한 박영의 문인이다. 그리고 여헌은 14세 되던 해인 1567년에 문중 사람 장순(張峋)에게 수학하였다. 장순은 일찍이 북송시대의 유학자인 횡거(橫渠) 장재(張載)와 강절(康節) 소옹(邵雍)의 학문을 높이 평가하였는데, 이러한 학문적

28) 『旅軒性理說』, 卷4, 「經緯說」, '論經緯可以喩理氣'. "理爲道之理, 氣爲道之氣, 而不可以一道字, 而明其體用之妙, 故又必以理字氣字而分其名."

29) 『旅軒性理說』, 卷7, 「分合篇」, '四端七情分合'. "四端亦情也, 而以仁義禮智四德之端言之. 故晦翁以理發言之, 若七情以氣發言之, 則後學不得不致疑於其間也." 참조. 이 구절은 李玄逸의 「愁州管窺錄」(『葛庵集』, 卷19, 雜著)에서도 인용되고 있다. 李玄逸은 여기에서 旅軒의 理氣四七論에 대해 비판했다.

30) 『旅軒集』, 卷1, 詩, 「題朴松堂漁磯」 참조.

경향은 제자인 여헌에게도 그대로 이어졌다. 예를 들면, 장순은 소옹의 『황극경세(皇極經世)』를 읽고 그 뜻을 취하여 『황극요의(皇極要義)』를 지었는데, 여헌 또한 『황극경세』를 평하여 "이 한 책은 마땅히 천지와 더불어 종말을 함께 할 것이다."[31]라고 극찬한 바 있다. 소옹과 장재의 학문을 높이 평가하는 이러한 학문적 전통은 정이(程頤)와 주희(朱熹) 계열의 정주학적(程朱學的) 도통론(道統論)을 주창하던 우리나라 주류의 성리학적 흐름과는 많은 차이가 있다.

여헌은 자신의 우주생성론을 입안(立案)할 때 상당 부분 소옹(邵雍)의 이론을 수용하였다. 소옹과 그의 성리학 이론은 정통 주자학 계보에서는 소홀하게 취급받았는데, 특히 주자학을 존숭하던 조선 성리학에서는 홀대의 정도가 더욱 심했다. 이러한 배경에도 불구하고 여헌은 소옹의 이론을 적극적으로 수용하여 자신의 이론으로 더욱 발전시켜 나갔다. 바로 이러한 점에서 여헌의 개방적이고 진취적인 학풍이 강하게 드러난다.

여헌은 이기(理氣)의 균형과 상호 작용성을 토대로 우주의 원리를 설명하고자 하였다. 이러한 그의 사상은 『우주설(宇宙說)』, 『역학도설(易學圖說)』 등의 저술에서 피력한다. 특히 『우주설』은 현재의 학문 분야로 말하자면 천문학, 지질학, 진화생물학, 물리학, 수학 분야 등을 포괄하는 저술이다. 『우주설』은 네 개의 작은 편목으로 구성되어 있다. 첫째 편은 이(理)와 기(氣), 체(體)와 용(用)이 행하는 끝없는 묘법을 논하고 있고〔'論理氣體用無窮之妙'〕, 둘째 편은 온갖 갈래의 물품(物品)이 서로 갖춰지는 이치를 논하고 있으며〔'論品彙互備之理'〕, 따로 편목을 명시하지는 않았지만 셋째 편은 도(道)의 불변성, 이(理)의 무한한 역량, 순환하는 천지의 역사 그리고 이에 따른 사람의 도리를 논급하고 있다. 마지막으로 부편(附篇)

31) 『旅軒集』, 卷1, 賦, 「觀物賦」. "然皇極經世之一書, 當與天地而終始."

에 해당하는 동자의 물음에 답하다〔'答童問'〕라는 글에서는, 지각 불가능한 영역에 헛되이 정신을 소모하지 말 것을 경계하며, 무궁한 천지 우주의 이치가 나의 한 치 마음속에서 구해야 함을 강조하고 있다.[32)]

여헌은 심성론에서 도심(道心)을 '미발지성(未發之性)'으로, 인심을 '이발지정(已發之情)'으로 파악했으나, 이미 발한 뒤에도 역시 도심이라고 할 수 있다고 하였다.[33)] 즉 도심이 인심 가운데 있고 인심이 도심 가운데 있어서 별개로 분리된 것이 아니라고 본 것이다.[34)] 또한 그는 사단(四端)이란 칠정(七情) 밖에 있는 것이 아니고, 칠정 가운데에서 본성을 따라 발현한 것 중에서 거짓되지 않은 것이라 하여, 사단의 순수 고유한 발현을 인정하지 않았다.[35)]

이러한 여헌의 사상은 명나라의 유학자인 나흠순(羅欽順)의 사상과 율곡 이이(李珥)의 심성론에 영향을 받은 것으로도 해석되지만, 어느 한 곳에 얽매이지 않고 기존의 사상적 제한을 넘어서려 했던 자발적인 것이기도 하다. 즉 여헌은 좀 더 자유로운 입장에서 여러 가지 사상을 자기 방식으로 통합(회통)시키고자 했던 것이다. 여헌은 이러한 학문적 태도로 인해 다양한 학문과 학파에 대해 개방적인 자세를 취할 수 있었다.

여헌은 주체적이고 능동적인 도덕 실천을 강조했으며, 그 시대의 문제에 대해서도 깊은 관심을 가졌다. 즉 향촌 사회의 구체적인 현실을 고려하여 그 내용을 구체화하고자 했으며, 우리 문화와 국토에 대한 긍정적인 시선을 통해 사회 기강을 회복하고 문화의 복원을 꾀하였다. 향촌 사회의

32) 『旅軒性理說』, 卷8, 「宇宙說」 참조.

33) 『旅軒性理說』, 卷4, 「歷引經典」 참조.

34) 『旅軒集』, 卷6, 雜著, 「人心道心說」. "道心亦人心也, 人心亦道心也, 人不離道, 道常在人, 其果二焉耶." 참조.

35) 『旅軒性理說』, 卷7, 「分合篇」, '四端七情分合'. "則四端定不在七情之外, 而七情果皆爲四德之用也." 참조.

질서 수립과 연관하여 여헌은 '지지(地誌)' 의 편찬에도 많은 관심을 기울였다. 문인 신열도(申悅道)의 증언이 이러한 사실을 분명하게 보여 준다.

> 갑술년(1634년) 2월, 나는 남산〔인동〕에 와서 선생을 뵙고 여러 친구와 여지(輿地)의 일에 대하여 언급하였다. 선생이 분부하시기를, "우리나라는 전적(典籍)이 구비되지 못하였으니, 이 고을에 살면서 이 고을의 고사(故事)를 모른다면 되겠는가? 여러분들은 각각 지지(地誌)를 편찬하여 권하고 징계하는 바가 있게 하는 것이 좋다." 라고 하시고는, 나에게 명하여 『문소현지(聞韶縣誌)』를 편찬하도록 하였다. 선생이 일찍이 문소현(聞韶縣, 義城의 별칭)의 현령이 되어 자료를 수집할 뜻이 있었으나 이를 성취하지 못했기 때문이었다.[36]

지지(地誌)의 편찬에 대한 여헌의 관심은 그의 문인들에게도 계승되었다. 『동경지(東京志)』(경주), 『문소지(聞韶誌)』(의성), 『경산지(京山志)』(성주), 『밀주지(密州誌)』(밀양), 『오산지(鰲山誌)』(청도), 『일선지(一善志)』(선산), 『천령지(天嶺誌)』(함양), 『선사지(仙槎誌)』(울진) 등은 모두 여헌의 권유에 따라 제자들이 편찬한 책들이다.[37] 그런데 이러한 관심은 한강과 그의 문인들에게서도 확인된다. 17세기 영남지역 특히 성주 문화권을 중심으로 이루어진 활발한 '지지' 의 편찬사업은 한강과 여헌의 실용적 학문 경향과 '지지' 에 대한 관심이 많은 영향을 끼친 것으로 보인다.

여헌은 성주 · 칠곡지역의 많은 학자들과 교유하며 학연(學緣)을 넓혀 나갔다. 성주 · 칠곡지역의 대표적인 문중의 하나인 석담 이윤우의 집안

---

36) 『旅軒集續集』, 卷9, 附錄, 「拜門錄」(申悅道). "甲戌二月, 來謁于南山, 與諸益語及輿地事. 先生敎曰, 吾東載籍不備, 居在此邦, 不知此邦故事, 可乎? 諸君各撰地誌, 俾有所勸懲, 可矣. 因命余撰聞韶縣誌. 蓋先生嘗宰聞韶, 有意修輯而未就故也."

37) 여헌사상연구회, 『여헌학의 이해: 여헌 장현광의 학문과 사상』, 예문서원, 2015, 183~188쪽 참조.

과 여헌의 관계는 특히 각별하다. 석담은 개인적으로도 여헌과 가깝게 지냈다. 석담이 경성판관에 재직하는 동안 여헌에게 안부 편지를 보냈고 여헌도 다시 답신을 보냈는데, 여헌은 답신에서 석담을 일컬어 '친구〔知舊〕' 라고 칭하였다.[38] 그리고 1621년(광해군 13년)에 석담은 여헌과 더불어 일건재(日乾齋)에서 강학하였고,[39] 1626년(인조 4년) 9월에는 조정에 나아가기 위해 인동을 지나갈 때에 여헌으로부터 전별의 주연(酒宴)을 대접받기도 했다.[40] 또한 1631년(인조 9년, 신미년) 여름에는 여헌이 문인 조임도(趙任道)를 통해 상소(上疏)한 글과 임금의 비답(批答)을 석담에게 전달토록 하였는데,[41] 이러한 사례를 통해 두 사람의 관계가 얼마나 친밀했는지를 짐작해볼 수 있다. 그리고 석담의 세 아들인 이도창(李道昌, 1595~1659), 이도장(李道長, 1603~1644)과 이도장(李道章, 1607~1677)이 모두 여헌의 문인이다.[42] 더욱이 이도장(李道章)의 딸과 여헌의 손자가 혼인의 인연을 맺었으며, 이도장(李道章)은 후일 천곡서원(川谷書院)에 여헌의 위패를 추향(追享)하기 위해 힘써 노력하였다. 그리고 석담의 손자인 이원정(李元禎, 1622~1680)은 여헌의 제자인 이주(李紬)로부터 학문을 배웠고, 여헌의 '행장(行狀)' 을 찬술하기도 하였다.[43] 석담의 문중과 여헌의 문중 간에는 잦은 혼인이 이루어졌고, 이러한 관계로 인해 석담의 후손들은 한강학파와 여헌학파의 갈등 시기에 여헌학파에 가깝게 기울었다. 이원정은 '행장' 의 말미에서 석담 문중과 여헌 간의 친밀한 관계에

38) 『旅軒集』, 卷4, 書, 「答李判官茂伯(潤雨)」. "豈非所以差强知舊之意者哉." 참조.

39) 『石潭年譜』, 天啓元年, 辛酉, 先生53歲, '二月' 條. "與旅軒同會, 講學于日乾齋."

40) 『石潭實記』, 天啓六年, 丙寅. 先生58歲, '九月' 條. "是月還朝, 過仁同, 旅軒來餞設酌."

41) 『旅軒集續集』, 卷9, 附錄, 「就正錄」(趙任道) 참조.

42) 「門人錄」에는 李道長과 李道章 두 사람만 등재되어 있다.

43) 旅軒의 「行狀」은 현재 『歸巖集』에만 실려 있고, 『旅軒集』에는 수록되어 있지 않다. 그 이유에 대해서는 자세하게 알려진 바가 없다.

대해 자세하게 기록해 두었다.

> 예전에 우리 선친〔李道長〕께서는 선생〔旅軒〕의 집안과 혼인을 맺었다. 신미년(1631년)과 임신년(1632년)에 선생께서 나의 조부〔石潭〕를 만나기 위해 매원(梅園)의 집을 두 번이나 방문하셨다. 그때 나〔李元禎〕는 어린아이였는데 선생께서는 인자하게 내 머리를 어루만져 주셨다. 그때 볼 수 있었던 것은 오직 천 길을 날아오르는 봉황의 자태와 한 줄기 온화한 봄바람뿐이었으니, 그 훌륭한 덕과 큰 업적을 보잘것없는 후학이 감히 한두 가지로 표현할 수가 없을 뿐이다.[44]

여헌의 학맥과 학풍은 성주·칠곡지역의 후학들에게 연면히 계승되었다. 대표적인 사례가 지암(遲庵) 이동항(李東沆, 1736~1804)과 사미헌(四未軒) 장복추(張福樞), 회당(晦堂) 장석영(張錫英, 1851~1926)의 경우이다.

이동항은 성주·칠곡의 지역적인 특색을 가장 강하게 지닌 학자이다. 우선 학문적 연원을 짐작하기 위해 그의 문집에서 「청한강여헌양선생승무소(請寒岡旅軒兩先生陞廡疏)」를 주목할 필요가 있다. 이 글은 한강과 여헌의 문묘(文廟) 종사(從祀)를 요청하는 상소이다. 그는 여기에서 한강과 여헌 두 사람이 선현의 정맥(正脈)을 이어받아 지난 시절의 성인을 계승하고, 후학을 개도(開導)한 공이 컸음을 찬양하며, 그러므로 그들을 문묘(文廟)에 승무(陞廡)시킬 것을 소청하고 있다. 이 상소문을 통해 미루어 짐작해볼 때, 18세기 당시까지도 성주·칠곡지역의 성리학계에는 한강과 여헌의 영향이 많이 남아있었음을 알 수 있다. 한강은 남명과 퇴계의 학

44) 『歸巖集』, 卷9, 行狀, 「旅軒張先生行狀」. "始吾先君子觀道德於先生之門素矣. 念昔辛未壬申之歲, 先生訪祖父石潭先生, 于梅院之私第者再. 元禎方在垂髫, 獲荷撫頂. 其時所得見者, 惟是鳳翔千仞之儀, 春風一團之和而已, 若其懿德宏業, 非滅裂後學所敢形容其一二者."

문을 모두 전수받은 학자이고, 그리고 여헌은 영남학파 중에서도 퇴계와 남명으로부터 비교적 자유로운 분위기에서 자신의 학풍을 진작시켰던 학자임을 고려할 때, 당시 성주 · 칠곡지역 성리학계의 분위기가 외적으로는 시대적 배경으로 인해 퇴계학풍을 존숭하였지만, 내적으로는 남명학의 유풍을 비롯한 고유한 색채를 지니고 있었음을 짐작해 볼 수 있다.

이동항의 글 중에서 또한 특기할만한 것으로 「답안정첨(答安靜瞻)」이 있다. 이동항은 이 글에서 그 나름의 독서법(讀書法)을 밝히고 있다. 즉 그는 『논어(論語)』와 『시경(詩經)』을 먼저 읽은 다음에 장자(莊子) · 사마천(司馬遷) · 좌씨(左氏) · 한유(韓愈) · 유종원(柳宗元) 등의 글을 읽어야 문장 수업이 제대로 된다고 하고, 글을 짓는 데는 사화(詞華)보다는 의리(義理)정신이 중요함을 강조하였다. 여기에서 특이한 것은 『장자』를 언급하고 있다는 점이다. 『장자』는 당시 퇴계 후학들에 의해 유학자들이 읽어서는 안 될 책으로 평가받았던 것이다. 이러한 관점은 영남학파뿐만 아니라 조선 후기의 지배 세력이던 기호 노론의 학자들에게 있어서도 일관되게 유지된 한국 성리학의 기본 노선이었다. 예를 들면 1804년(갑자년)에 19세의 추사 김정희가 『노자』를 공부한다는 말을 듣고서 아버지 김노경(金魯敬)은 아들에게 편지를 보내 "『도덕경』 오천 자에는 지극한 이치가 담겨 있다고 하니, 육경(六經)의 글에 비하면 차이는 조금이라고 할지라도 잘못됨은 무수히 많다. …… 하물며 네 병통의 근본이 오로지 경박하게 시문이나 꾸미는 습속과 기이하고 새로운 것만 좋아하는 폐단이 있으니, 그것을 버려야 한다."[45]라고 훈계하였다. 이러한 지식인 사회의 분위기에도 불구하고 이동항은 『장자』를 당당히 독서 목록에 올려놓고 있으니 충

45) 『西堂遺稿』, 卷6, 雜著 · 墓文, 「與長子書」(甲子). "道德五千言, 雖是至理所寓, 比之六經之文已, 是差毫謬千. …… 況汝之病根, 專在於浮薄詞華之習, 務奇尙新之弊, 捨他." 金魯敬의 『西堂遺稿』는 日本 '靜嘉堂文庫' 에서 발행하였다.

분히 주목할 만하다. 이동항은 여행기(旅行記)에도 능하여 각종 기록을 남겼는데, 이를 통해 실용적이고 개방적 학풍을 존중하던 그의 문풍(文風)을 짐작할 수 있다. 「방장유록(方丈遊錄)」, 「해산록(海山錄)」, 「풍악총론(楓嶽總論)」, 「유속리산기(遊俗離山記)」, 「삼동산수기(三洞山水記)」 등이 그의 저작이다. 이러한 점들은 모두 이동항의 자유로운 학풍을 엿볼 수 있는 좋은 사례인데, 특히 그에게서 남명과 여헌의 학문 분위기를 강하게 연상하게 된다.

여헌의 8세손인 사미헌 장복추는 19세기 후반 칠곡지역의 대표 유학자이자, 더 나아가서 조선 후기 영남지역의 '3대 징사(徵士)' 이자 '3대 학자' 로 평가받는 선비이기도 하다. 그는 정치 · 사상적인 격변기를 살아가면서 폭넓은 저술 활동으로 후배 유학자들에게 큰 영향을 끼쳤으며, 400명이 넘는 많은 문인들을 배출하였다. 선조인 여헌의 사상이 경북 북부지역을 중심으로 한 퇴계학파에 의해 부당하게 대접받고 있다는 문제의식하에 가학의 계승과 위선숭조(爲先崇祖)의 사업에 심혈을 기울였다. 장복추는 조부로부터 '가학을 계승하라' 는 명을 받은 이후에,[46] "천하제일의 사업을 할 수 있어야 천하제일의 인물이 된다."라고 하는 여헌의 가르침을 마음속 깊이 새기며 학문에 정진하였다. 그는 선조를 위한 여러 가지 사업을 적극적으로 추진하였고 연비(聯臂)가 있는 가문들과의 관계 유지에 애썼으며, 여헌의 흔적이 남아 있는 곳에서 직접 교육을 행하기도 하였다. 특히 후손들의 관례를 적극 실행하여 가학의 전통을 잇고자 하였다. 예를 들면 손자 희원(熙遠)이 16세 되던 해에 관례를 치르면서 관계(冠誡)를 지어주었는데, 장복추는 이때 여헌이 손자 장벽(張鈲)에게 경계한 관사(冠辭)[47]의 의미에 근본하여 글을 지었으며, 손자가 선조를 욕되

46) 『四未軒集』, 卷11, 遺事, 「祖考覺軒府君家傳」. "府君嘗語不肖曰, 汝今成童, 才短氣弱, 毋與進取者爭名, 謹守家學." 참조.

계 하지 말라고 경계하였다.[48]

장복추는 학문적으로는 대산(大山) 이상정(李象靖)의 이론을 활용하여 여헌의 사상을 복원하고자 하였다.[49] 그러한 측면에서 장복추의 학술사상의 특징이 성리학적으로는 이설(異說)을 대립적 관점에서만 보지 않고 이를 회통하려 했으며, 사상적으로는 퇴계학과 남명학의 융합 및 한강과 여헌의 통합적 학문 정신을 계승했다고 평가할 수 있다.[50] 장복추의 이러한 학문 경향은 당연히 그를 추종하던 문인들에게도 전해졌으며, 이로 인해 여헌의 학풍은 19세기 후반을 넘어 20세기까지도 이 지역의 유학 정신으로 존재하였다.

회당 장석영은 여헌의 후손으로 사미헌 장복추와 한주 이진상의 제자이기도 하다. 그렇지만 장석영의 경우에는 장복추와는 달리 가학(家學)으로서의 여헌의 학문에 집착하지 않고, 성주지역의 대유학자인 한주(寒洲) 이진상(李震相)의 학문에 많이 경도되었다. 장석영은 28세 때인 1878년에 회연서원에 가서 향음주례(鄕飮酒禮)에 참여했는데, 여기서 이진상을 처음 만난다. 그는 이진상의 학문과 인품에 감복하여 9년 동안 그 문하에서 학업을 연마하였다. 동문 관계인 곽종석(郭鍾錫), 허유(許愈), 이승희(李承

47) 『旅軒集續集』, 卷4, 說, 「孫鉌冠說」. "是日, 鉌首已加冠矣, 此古禮也. 冠者, 責成人之道也. 汝生壬戌, 今則十有五歲矣. 唐法, 人年十五, 則名之以丁, 以成人處之也. 凡人之道, 卽此齡而成焉. 冠者, 所以表其爲成人也. 所謂人之道, 不過曰盡人之道, 盡人之道, 果何外五倫哉. 汝今能盡五倫之道乎. 於家其能善事父母友愛兄弟, 信於朋友乎. 未久當作夫婦, 其能以禮相接乎. 人旣就成, 君臣之義, 在其中矣, 汝果能盡之乎. 汝其冠矣, 我爲耄祖, 爲汝慮焉, 汝亦能慮汝身乎. 敢發耄戒以與之." 참조.

48) 『四未軒集』, 卷6, 雜著, 「冠誡」. "故推本吾旅軒先生, 戒衛率公冠辭之旨意以責汝, 須服膺而無忝熙遠." 참조.

49) 권상우, 「文辨至論에서의 성리학적 이론구조」(『四未軒 張福樞의 經學思想과 性理思想』, 경북대학교 영남문화연구원 학술대회 발표집, 2009), 60쪽 참조.

50) 최석기, 「四未軒 張福樞의 학술과 그 의미」(『四未軒 張福樞의 經學思想과 性理思想』, 경북대학교 영남문화연구원 학술대회 발표집, 2009), 3쪽 참조.

熙) 등과 교유하며 평생 이학(理學) 중심의 학문관을 견고하게 유지했다. 장석영은 특히 외래문화의 유입으로 인해 무너지는 전통문화를 잡기 위해 예학 방면의 연구에도 진력하였으며,[51] 대구권 성리학의 예학사상을 두루 참고한 의미 있는 저술들을 많이 남겼다.[52]

5. 석담 이윤우의 학문 연원과 주요 행적

석담 이윤우의 관향은 광주(廣州)이다. 광주이씨 일파가 칠곡에 정착하게 된 계기는 연산군 초기 성주목사로 부임한 이극견(李克堅)의 둘째 아들인 이지(李摯)와 관련이 있다. 이지는 아버지의 임지에 따라왔다가 당시 팔거현(칠곡) 상지촌(上枝村, 웃갓)에 거주하던 영천최씨의 가문에 장가들었는데, 이후 후손들이 이 지역에 거처하며 득세하게 되었다. 이지의 현손(玄孫)인 석담 이윤우는 광주이씨를 영남의 대표적인 남인(南人) 문벌로 만든 중심인물이다. 석담 이후로도 이도장(李道長,), 이원정(李元禎), 이담명(李聃命), 이한명(李漢命) 같은 후손들이 대를 이어가며 중앙정치에 참여하게 되어 이 문중은 영남 남인을 대표하는 가문으로서의 위상을 갖추게 된다. 영남인이 홀대받던 인조반정 이후의 시대 배경에 있어서 이 가문의 출신들이 몇 대에 걸쳐 중앙정치의 중심에서 지속해서 활동했다는 사실 자체가 이례적이다. 그로 인해 석담과 후손들이 거처하던 칠곡의 매원마을은 안동의 하회마을, 경주의 양동마을과 더불어 '영남의 3대 반촌(班村)' 으로 불리기도 한다.

석담 이윤우가 칠곡지역을 대표하는 학자로 부상할 수 있었던 것은 기

51) 장석영, 『국역 대례관견』, 남재주 옮김, 한국국학진흥원, 2019, 13~14쪽(해제) 참조.
52) 『四禮節要』, 『戴禮管見』, 『儀禮集傳』, 『九禮笏記』, 『四禮汰記』 등이 있다.

본적으로 개인의 학문적 역량과 성실한 삶의 태도 때문이지만, 그를 둘러싼 인척 관계도 무시할 수 없다. 석담은 자신의 직계 자녀를 포함하여 내·외 8촌 이내에서만 약 20명에 달하는 한강의 문인들과 인척 관계를 맺고 있다.[53] 대구지역 한강 문인의 중심이었던 낙재 서사원(6촌), 모당 손처눌(5촌)이 모두 가까운 인척이었다. 그리고 대구지역에서 성리학을 처음 열었던 학자 중의 한 사람인 채응린(蔡應麟)은 석담의 장인이고, 역시 대구지역의 주요 성리학자인 채선견(蔡先見)은 석담의 처남이다. 이러한 배경에서 석담은 일찍부터 낙재와 모당의 문하에 나아갔으며, 처가인 채씨(蔡氏) 집안과의 교류도 빈번하였다. 특히 석담은 어릴 때부터 종고모부(從姑母夫)인 모당을 따라 강학했는데,[54] 여기에 한강이 가세하여 세 사람 간에도 긴밀하고 활발한 교류가 이루어졌다.

> 일찍이 석담이 모당을 위해 칠곡 상지(上枝)에서 주연을 베풀고 그를 맞았는데, 당시 모당은 사수(泗水) 가에 살고 있었다. 한강이 말하기를 "석담이 모당을 맞이하고 모당이 석담을 찾아가니 참으로 좋은 모임인데, 내가 병으로 함께 어울리지 못하는 것이 한스러울 따름이네."라고 했다.[55]

석담은 21세(1589년) 때에 한강에게 수업을 청하였는데, 그 이후에도 지속해서 모당의 문하에 출입하였다. 모당과 석담 간에는 경전의 의미와 출처(出處)의 절도에 대해 편지를 주고받은 것이 매우 많았다.[56] 23세

53) 김학수, 「17세기 영남학파 연구」(한국학중앙연구원 한국학대학원 박사학위 논문, 2008), 58쪽 참조.

54) 『慕堂集』, 卷7, 附錄, 「行狀」(李義發). "石潭李公自少從先生講學."

55) 『慕堂集』, 卷7, 附錄, 「行狀」(李義發). "石潭嘗爲先生設酌於上枝, 來邀先生, 先生時在泗上. 鄭先生曰, 茂伯之要幾道, 幾道之赴茂伯, 誠好會也. 恨余病不能致身於其間." 『慕堂年譜』에 따르면, 이 일은 1599年(宣祖32年) 7月에 있었다.

(1591년) 때에는 진사시에 합격하였으며, 이듬해에 임진왜란이 일어나자 양친을 모시고 팔공산으로 피난을 하였는데 난리 중에 모친이 타계하였다. 그리고 32세(1600년) 때에 부친상을 당하였으며, 상(喪)을 마친 후인 34세(1602년) 때에는 다시 모당의 문하에 나아가서 『주역』을 공부하였다. 모당은 『주역』에 관한 석담의 견해가 매우 총명〔精明〕하여 심히 경애(敬愛)할 만하다고 하였다.[57)]

석담은 한강과도 역시 인척 관계이다. 한강의 이모가 이윤우의 종조모(從祖母)이다. 석담이 처음 한강에게 나아갔을 때에 『주역』을 배웠는데, 한강은 『소학』 공부를 권유하면서 말하기를, "『주역』은 초학자에게 급한 것이 아니다. 학문을 하는 요체는 마땅히 『소학』에서 공(功)을 거두고, 그런 후에야 사서(四書)와 『심경(心經)』, 『근사록(近思錄)』, 『주자서(朱子書)』를 차례로 공부하고 이해해야 한다."라고 하였다. 석담은 이 말을 마음 깊이 새기고 열심히 노력하였으니, 한강이 그를 더욱 소중하게 대했다고 한다.[58)] 이 기록을 통해 '『소학』-사서(四書)-성리학 서책'의 순서로 공부하기를 강조하는 한강의 하학이상달(下學而上達)의 공부법을 확인할 수 있다.

1612년(壬子年) 정월, 한강이 칠곡의 노곡(蘆谷)으로 거처를 옮길 때에 석담을 비롯한 문인들이 정사(精舍)를 마련하는 데에 적극적으로 도움을 주었다.[59)] 석담과 문인들은 그 이후에도 한강이 새로운 건물을 짓거나 증

---

56) 『慕堂集』, 卷7, 附錄, 「行狀」(李羲發). "經傳旨義之奧, 初晩出處之節, 往復甚多." 참조.

57) 『慕堂集』, 卷6, 附錄, 「年譜上」, 壬寅年(宣祖35年), 慕堂50歲. "石潭李茂伯講質周易.〔日記, 李茂伯上舍來留, 問易傳疑義, 所見多精明, 甚可敬愛云.〕"

58) 『石潭年譜』, 萬曆十七年, 己丑, 先生21歲. "鄭先生曰, 此非初學急務. 爲學之要, 當先收功於小學, 然後四書心經近思錄朱子等書, 可次第理會. 先生於是專心服膺, 精探力踐, 鄭先生深加敬重."

59) 『寒岡言行錄』, 卷3, 類編, 「雜記」(孫處訥) 참조.

축하려 할 때마다 전심으로 힘을 합쳐 도움을 주었다. 석담은 거의 30년을 한강의 문하에서 수학하였는데, 한강의 만년인 1616년 6월 이후부터는 사상(泗上)을 왕래하며 한강과 더불어 강학과 학문에 전념하였다. 이 과정에서 한강은 자신의 저술 작업을 석담과 함께 논의하였으며, 특히 1617년 '봉산욕행(蓬山浴行)'을 계기로 석담의 존재가 크게 부각되었다. 당시 한강은 제자들과 더불어 『이선생예의답문(李先生禮儀答問)』과 『오복연혁도(五服沿革圖)』의 내용에 대해 논의하였는데, 한강은 석담에게 이를 정사(淨寫)토록 하였다.[60] 욕행의 일정이 모두 끝나고 처소로 돌아온 후에도 석담은 다른 제자들이 모두 떠날 때까지 한강의 곁을 지키고 있었다.[61]

그리고 1619년 5월에는 석담과 함께 『오선생예설(五先生禮說)』의 편찬 작업을 수행하였다. 석담은 『오선생예설』의 '발문'에서 "우리 선생 일생의 정력이 모두 이 책에 있다."[62]라고 하였다. 일찍이 석담은 경성판관으로 있을 때에 한강의 편지를 받았는데, 그 편지에서 한강은 "『오선생예설』은 아직도 그 단서를 이루지 못하고 있다네. 어찌 자네의 손길을 기다리느라 이렇게 늦어지는 것이 아니라고 하겠는가?"[63]라고 하였다. 이 책의 편집에 기여한 석담의 공로를 충분히 짐작할 수 있는 사례들이다. 석담은 60세(1628년) 때에 담양부사로 부임하여, 드디어 한강의 저술인 『오선생예설』과 『오복연혁도』를 간행하게 된다.

1620년 한강이 작고하자 석담은 상례를 주관하였고, 회연서원(檜淵書院)의 건립과 『오선생예설분류』의 교정 및 간행작업을 주도하였다. 그리

60) 『石潭集』, 卷4, 雜著, 「蓬山浴行錄」, '8月8日' 條. "先生命潤雨寫五服沿革圖."

61) 『石潭集』, 卷4, 雜著, 「蓬山浴行錄」, '9月5日' 條. "陪行諸子, 以次辭退, 惟潤雨最後辭歸."

62) 『石潭集』, 卷3, 跋, 「五先生禮說跋」. "吾先生一生精力, 盡在於此."

63) 『寒岡集續集』, 卷2, 書, 「答李茂伯(潤雨)」. "禮說一書, 尙未就緖. 豈非必待吾賢契之點竄而然乎."

고 인조반정 이후에는 한강의 증직(贈職)과 증시(贈諡) 및 『오선생예설분류』의 간행을 요청하였다. 이러한 일련의 과정들을 통해 석담은 한강학단의 고제(高弟)로서의 위상을 공고히 하게 된다. 석담은 사후(死後)에 한강을 주향(主享)으로 삼고 있는 회연서원과 사양서원(泗陽書院) 두 곳에 종향(從享)됨으로써 한강학통 계승자의 지위를 분명하게 인정받는다.

그런데 석담 또한 원래는 율곡의 문인이었으나, 율곡 사후 종형제 · 두 아들과 함께 한강의 문하에 나아갔다는 주장이 있다.[64] 『한국민족문화대백과사전』에도 "〈'이윤우' 가〉 처음에는 이이(李珥)로부터 수학하였으나 그 사후에 정구(鄭逑)의 문인이 되었다."[65]라고 기술하고 있다. 이러한 주장은 모두 박세채(朴世采, 1631~1695)가 '어릴 때 들은 바를 기록〔記少時所聞〕' 한 글에 의거한 것이다. 박세채는 어릴 때 외사촌인 신경(申炅, 1613~1653)으로부터 "이윤우는 율곡의 문인으로서 가장 오래 수학하였다. 율곡이 세상을 떠나자 다시 한강을 찾아가서 섬겼다."는 말을 들었다고 한다.[66] 그렇지만 전후 사정을 고려해 볼 때 이러한 주장은 사실로 받아들이기 어렵다. 석담이 율곡의 문인 중에서 수학한 기간이 가장 길다고 하지만, 석담과 율곡의 생몰연대를 비교해보면 이러한 주장이 성립하기 힘들다는 것을 쉽게 알 수 있다. 율곡이 작고했을 때 석담은 16세였는데, 그러한 석담이 율곡의 문인 중에서도 가장 오래 수학하였다는 것은 믿기 어렵다. 더욱이 석담의 연보와 행적을 자세하게 고증해보면 그가 율곡의 문하에 나아갔다는 것도 사실로 받아들이기 어렵다.[67] 박세채는 이와 더

64) 김학수, 「寒岡(鄭逑) 神道碑銘의 改正論議와 그 의미」(『조선시대사학보』, 제42집, 조선시대사학회, 2007), 51~119쪽 참조.

65) 1997년, 김용덕 집필.

66) 朴世采, 『南溪集』, 卷57, 雜著(記事), 「記少時所聞」. "申兄用晦言, 李公潤雨栗谷門人也. 受學最久. 及先生歿, 又去事寒岡公." 참조.

67) 구본욱, 「석담 이윤우의 師承과 交遊에 관한 고찰」(『퇴계학과 유교문화』, 제57집, 경

불어 '한강의 율곡후사론(栗谷後事論)' 을 거론하기도 했는데,[68] 이러한 주장에 대해서는 당시 노론의 영수였던 우암 송시열조차 다른 사람의 조롱을 살 것이라며 일축한 바 있다.[69] 혹자는 율곡이 관직에서 물러나 황해도 해주의 '석담(石潭)' 에서 기거한 사실과 이윤우의 아호인 '석담(石潭)' 의 연관성을 지적하기도 하지만, 이윤우의 아호인 석담은 그가 머물던 칠곡 상지리(上枝里) 부근에 있는 지명에서 취해온 것이다.

> 천계(天啓) 삼년(三年) 인조(仁祖) 원년(元年) 계해년(癸亥年, 1623년), 선생 55세 때의 일이다. …… 삼월 청명일에 석담(石潭)에서 놀았다. 석담은 상지(上枝)에 있는데, 선생이 놀며 쉬던 곳이니 이로 인해 호를 '석담' 이라고 하였다.[70]

석담의 행적은 교육자와 학자로서보다는 목민관으로서의 행적이 더욱 두드러진다. 그는 45세(1613년) 때에 경성의 판관에 임명되었다. 경성은 수천 리 떨어진 국경의 요새로서 이민족의 주거 지역과 가까워서 다스리기 어려웠다. 그는 이곳에서 3년간 재임하면서 정성을 다하여 목민관의 임무에 충실하였는데, 임기를 마치고 돌아오자 고을 사람들이 쇠로 비석을 만들어 그의 공적을 기렸다고 한다.

북대학교 퇴계연구소, 2015), 14~23쪽 참조.

68) 朴世采, 『南溪集』, 卷38, 題跋, 「跋寒岡先生甲申手帖」. "因記少時內兄平山申用晦爲余說, 故石潭李公潤雨之言曰, 寒岡甚敬栗谷. 晩歲猶然. 常以後事自擬." 참조.

69) 宋時烈, 『宋子大全』, 卷102, 書, 「答沈德升別紙」. "以寒岡道通歸之栗谷云者, 無論道德之如何, 以時世先後, 殊甚倒錯, 此說或掛他眼, 則恐不免見笑也." 참조.

70) 『石潭年譜』, 泰昌 三年, 癸亥, 先生 55歲, 3月. "淸明遊石潭. 石潭在上枝, 先生遊息之地, 因號石潭."

> 수성찰방(輸城察訪)을 그만두고 경성판관(鏡城判官)이 되었는데, 수성(輸城)과 경성(鏡城)은 모두 수천 리 밖 외진 변방으로 옛날 석막(石幕, 경성의 옛 이름)의 터전이었다. 그 풍속이 오랑캐의 습속과 뒤섞여 있어서 더욱 다스리기가 어려웠다. 공(公)이 정성껏 추서(推恕)의 도리로써 정사를 행하니, 그가 임기를 마치고 돌아간 뒤에 고을 사람들이 철비(鐵碑)를 만들어서 사모하는 마음이 그치지 않았다.[71]

석담은 목민관으로서의 본이 되는 삶을 실현하였을 뿐만 아니라 후손들에게도 강조하였다. 석담은 처음 관직에 나아가는 아들 이도장(李道長)에게 편지를 보내 훈계하기를, "새로 관직에 나아가는 사람은 마치 규중(閨中)의 처녀와도 같은데, 신진(新進)의 입장에서 어찌 자신을 자랑하겠는가? 나의 절친한 벗이 현재 요직에 있으나 절대로 찾아가서는 안 된다."라고 하였다. 그리고 아들이 병조(兵曹)의 관원이 되어 문안을 드리자, "우리 집에 내세울 만한 것은 오직 청백(淸白)뿐이니, 네가 만약에 아비를 잘 봉양하려 한다면 부디 의롭지 않은 물건으로 나를 더럽히지 마라."라고 하였다.[72] 옛사람들은 관리로서 지켜야 할 법으로 세 가지를 강조하였는데, 청렴함〔淸〕과 신중함〔愼〕과 부지런함〔勤〕이다.[73] 석담은 관직에 나아가는 후손들에게 목민관으로서의 덕목 중에서 특히 청렴함과 신중함을

---

71) 『石潭集實記』, 附錄, 「墓碣銘」(許穆). "出爲輸城道察訪, 鏡城府判官, 輸城鏡城, 皆絶塞累千里, 鏡城古石幕之墟. 其俗雜胡羯尤難治. 公爲政以誠, 善推恕, 旣還其人冶鑄鐵碑, 追思不已." 이 일화는 丁若鏞이 지은 『牧民心書』에도 수록되어 있다.(『牧民心書』, 卷14, 「解官」, '遺愛' 참조)

72) 『石潭集』, 附錄, 「墓誌銘」. "公貽書戒之曰, 新進之人, 有同處子, 旣無自衒處子, 寧有自衒新進. 雖在吾執友, 方在要路, 切勿往見也. 及以馬官來省, 公戒之曰吾家長物只淸白, 若欲養若翁者, 愼無以不義物汚我." 참조. 이 일화는 朴在馨이 지은 『海東續小學』의 「善行編」에도 수록되어 있다.

73) 『明心寶鑑』, 「治政篇」. "當官之法, 唯有三事, 曰淸曰愼曰勤."

거듭 강조하였던 것이다.

6. 장흥효의 「남행록(南行錄)」을 통해서 본 한강학단의 풍경

장흥효는 안동 출신의 성리학자로 학봉 김성일, 서애 류성룡, 한강 정구를 모두 사사하였다. 그는 1617년 9월에 스승인 학봉 김성일의 '행장'을 청하기 위해 한강이 머물던 사수(泗水)를 방문했는데,[74] 당시의 행적을 일기에 남겼다. 이 일기에서 장흥효는 만난 학자들의 이름과 함께 나눈 대화를 기록했고, 특히 한강을 만나 함께 한 40여 일 동안의 일정을 소상하게 소개하였다.[75] 기록을 통해 당시 한강학단의 강학(講學) 장면을 살펴볼 수 있으며, 특히 한강이 머물던 사수를 중심으로 성주 · 칠곡 · 대구뿐만 아니라 선산의 문인들까지도 긴밀하게 교유하던 모습을 구체적으로 확인할 수 있다.

장흥효는 1617년 9월 7일에 김성일의 맏아들인 김집(金潗, 1558~1631)[76]과 함께 집을 나섰고, 9일에 선산에 도착하여 월파정(月波亭)에 올라 시 한 수를 지었다.[77] 그리고 노경임(盧景任, 1569~1620)의 집을 거쳐

74) 원문에서는 "당시 寒岡先生은 星州 新安에 계셨다.(時寒岡先生, 在星州新安)"라고 註解를 달았다. 星州牧은 1614~1623년에 新安縣으로 강등되었다. 이로 보아 당시 泗水 지역은 新安縣의 소속이었던 것으로 추정된다.

75) 『敬堂集』, 卷1, 雜著, 「南行錄」 참소.

76) 金潗은 자는 活源, 호는 愛景堂이다. 金誠一의 아들이며, 李滉의 문인이다. 1597년에 翊衛司 洗馬에 임명되었으나 사퇴했다. 1627년 丁卯胡亂에 고향에서 義兵將으로 추대되었다. 金潗의 어머니와 張興孝의 어머니는 사촌 자매 사이이다. 金潗은 또한 寒岡의 문인이기도 한데, 그는 大邱의 講會에 직접 참석하기도 했다.〔『樂齋年譜』, 卷1, 庚戌年(光海君2年), 樂齋61歲, '2月' 條 참조〕

77) 『敬堂集』, 卷1, 雜著, 「南行錄」. "月波亭下有深潭, 潭面粼粼碧似藍. 往事如今無復問, 金烏千丈鎭西南."

서 최현(崔晛, 1563~1640)의 집에서 숙박하였다. 10일에는 최현에게 '행장'의 초고를 검토해주기를 부탁하였고, 저녁에는 김윤안(金允安, 1562~1620)이 찾아와 함께 잤다. 11일에는 최현이 장흥효의 부탁을 받아 짓고 있던 '경당기(敬堂記)'[78]의 초고를 보여주었다. 그리고 최현, 김윤안 등과 더불어 이기설(理氣說)에 대해 담론하였다. 최현과 김윤안은 모두 선산지역에 기거하던 한강의 문인들이다.[79] 12일에는 인동(仁洞)을 지나면서 여헌 장현광의 처소를 방문하였다.

9월 13일에 드디어 한강의 거처가 있는 사수(泗水)에 도착하였다. 한강은 이때 감사 윤훤(尹暄)과 자리를 함께하고 있었다. 잠시 후에 한강이 인근의 산에 올랐는데 몇 사람이 함께 따라 올랐다. 나중에 헤어질 때 한강은 두 손을 들어 읍례(揖禮)를 하며 전송하였다. 14일과 15일에는 한강과 함께 사랑채에서 종일토록 대화를 나누었다. 16일에 한강은 날도 채 밝기 전에 손님들의 안부를 물었으며, 접빈객의 도리에 정성을 다하였다. 장흥효가 자신의 저작인 「일원소장도(一元消長圖)」[80]를 한강에게 보여주며 질정을 바라자, 한강은 잘 되었다고 격려하였다. 그러고 나서 주희(朱熹)와 육구연(陸九淵) 간의 논쟁에 대해 함께 논의하였다. 19일에는 장흥효가 한강의 책상 위에 있던 『심경발휘(心經發揮)』[81]의 열람을 요청하자 이를 허

78) 『敬堂集續集』, 卷1, 雜著에는 張興孝가 崔晛에게 記文을 청한 「敬堂說求記」와 崔晛이 지은 「敬堂記」가 함께 수록되어 있다.

79) 崔晛은 善山 출신이다. 그런데 金允安은 원래 안동 九潭 출신이나, 당시 선산 海平에 우거하고 있었다.〔『東籬集』, 卷5, 附錄, 「行狀」 참조〕

80) 張興孝는 『易學啓蒙』에 있는 胡方平의 「分配節氣圖」를 살피다가 그 잘못된 곳을 의심하여 공부에 힘쓴 지 20여 년 만에 마침내 12圈圖를 만들었다. 여기에서 그는 12會와 12月에 배합하고 24절기를 그 가운데에 나누어 배치하였으며, 또 元·會·運·世·歲·月·日·辰의 수를 그 위에 더하고 합하여 「一元消長圖」라 하였다. 張顯光이 이것을 보고서 감탄하여 말하기를, "진실로 이른바 앞사람들이 발명하지 못한 것을 발명했다."〔『敬堂集』, 卷1, 書, 「答張旅軒書」. "有發前人未發."〕

락하였다. 20일에 한강이 드디어 학봉 김성일의 행장 짓는 일을 수락하였는데, 이때 한강 주위에 있던 제자들이 돌아가며 서로 치하(致賀)하였다.

9월 21일에 『심경발휘』를 읽고 자신을 반성하였으며, 22일과 23일에는 의문 나는 곳을 한강에게 질의하였다. 25일에 한강이 비로소 「행장」을 기초(起草)하였다. 29일에는 최현, 이윤우, 이탁(李濯)과 함께 사수 강가에 앉아 제례(祭禮)에 대한 논의를 하였다. 10월 1일에 최현과 작별하였는데, 한강은 사람들을 대접하는 데에 온 정성을 기울였으므로 문하의 사람들 중에서 기뻐하여 따르지 않는 이가 없었다. 3일에 한강이 방에서 나가자 이서(李紓)가, "선생께서는 그대〔장흥효〕가 그린 「십이도(十二圖)」를 나에게 보여주면서 '매우 잘 되었다' 라고 하셨네." 라는 말을 전해주었다. 4일에는 한강과 더불어 강론을 하였다. 8일에는 문목(問目) 6, 7개 조목을 가지고 나아가 한강의 가르침을 청하였다.

10월 10일에는 한강의 집 몇 칸을 추가로 짓고자 터를 닦았는데, 문하생들이 다투어 달려와 일을 통솔하면서 각자 전력을 다하였다. 이윤우와 이서가 술기운이 오르자 운자(韻字)를 내어 함께 시를 읊었다. 12일에는 이서와 작별하고, 13일에는 도여유(都汝兪)와 작별하였다. 15일에는 문인의 질문에 답한 한강의 서신 중에서 의문 나는 곳을 질의하자 "만약 그대의 질문이 아니었더라면 잘못된 답이 되었을 것이네." 라고 하면서 곧바로 문제가 되는 구절을 없애버렸다. 19일에 『심경발휘』를 읽고 나서 요점이 되는 말을 간추려서 한강에게 보여주니, 스승이 매우 잘되었다고 격려하였다. 20일에 행장(行狀)의 초본(草本)이 완성되었다. 21일에 집으로 돌아갈 뜻을 밝히자 한강이 함께 술을 나누며 따뜻한 정을 피력하였다. 돌아오는 길에 인동에서 여헌을 만나 성리학적 담론을 나누었다. 11월 2일에

81) 『心經發揮』는 鄭逑가 『心經』에 대한 諸家의 해석을 첨가하여 1603년에 간행한 주석서이다.

집에 돌아왔다.[82)]

이러한 기록을 통해 다음 몇 가지 사실을 확인할 수 있다. 우선 한강의 제자들 간에 강한 결속력을 유지한다는 점이다. 장홍효 일행이 선산에 도착하자 그곳에 거주하는 동문들이 극진하게 대접하였으며, 최현의 경우에는 장홍효와 동행하여 함께 한강을 방문하였다. 최현은 일찍이 장홍효의 부탁을 받고 장홍효의 당호인 '경당(敬堂)'에 관한 기문을 지었는데, 자신의 집에 찾아온 장홍효에게 초고를 보여주었다. 그리고 장홍효는 최현이 안동에 오자 하회에서 함께 야유회(野遊會)를 하며 시회(詩會)를 갖기도 하고, 최현과 작별하면서 시를 짓기도 하였다.[83)] 장홍효와 마찬가지로 역시 안동 출신의 한강 문인인 김중청(金中淸)은 신안현〔성주〕의 현감으로 부임하자 가장 먼저 스승을 찾아가서 인사를 했으며, 자기 아들〔金柱漢〕의 관례를 행할 때에는 한강의 문인인 도응유(都應兪)를 초청하여 빈(賓)을 맡겼다.[84)] 이러한 사례는 모두 한강의 문인들 간에 결속력이 매우 공고했음을 보여주는 일화들이다.

장홍효는 비교적 늦은 나이에 한강의 문하에 들었다. 1607년에 한강이 안동부사로 부임하자, 이미 인근 유림에서 명망 있는 선생으로 명성이 높았던 장홍효는 마흔을 넘긴 나이에도 한강의 문하생이 되기를 자청했다. 일기의 배경이 되는 1617년은 장홍효의 나이가 이미 54세가 되던 해이다. 그럼에도 불구하고 한강과 장홍효 사이에는 실제적인 강학이 이루어졌다. 『한강집별집(寒岡集別集)』의 「답문(答問)」에는 몇 가지 문목으로 이루어진 장홍효의 질문과 한강의 답변이 수록되어 있다. 그중에서 한 부분은

82) 『敬堂集』, 卷1, 雜著, 「南行錄」 참조.

83) 『敬堂集』, 卷1, 詩, 「河上夜泛」과 「贈別崔季昇(晛)」 참조.

84) 『苟全集』, 卷2, 詩, 「萬曆戊午冬十二月二十七日」. "行杜漢冠禮于新安正聽, 都上舍應兪爲賓, 余於是兒之鞠而長成而冠, 竊有所感, 仍以詩贈之." 참조.

장홍효가 "무극이태극(無極而太極)에 대한 해석에 있어서 어떤 사람은 '극(極)이 없되 가장 지극하다' 라고 하고, 또 어떤 이는 '극(極)이 없으므로 가장 지극하다' 라고 합니다. 누구의 해석이 옳은지요?" 라고 묻자, 한강은 "후자의 해석은 옳지 않네." 라고 답했다는 문답 내용[85]을 수록하고 있다. 이러한 내용은 두 사람 간에 실제적이고 구체적인 강학이 이루어졌음을 보여준다. 사수(泗水)에서도 장홍효는 평소 궁금했던 바를 한강에게 질의하였고, 또한 스승이 편찬한 책(『심경발휘』)을 읽으며 심성 공부에 힘을 쏟았다. 당시 75세의 스승은 이미 쉰을 넘기거나 가까운 나이에 이른 나이 든 제자들(김윤안 56세, 최현 55세, 장홍효 54세, 이윤우 49세)과 더불어 다양한 주제의 성리학적 논변을 펼쳐나갔다. 그리고 제자들 간에도 서로 실제적인 학문 담론을 이어나갔으며, 어떤 때는 운자(韻字)를 내어 함께 시를 짓기도 하였다. 제자들은 스승의 거처를 마련하기 위해 전심을 다해 노력하였고, 한강은 제자들에게도 공손히 읍하며 예의를 갖추었으며 새벽부터 그들의 안부를 물으며 대접하는 일에 온갖 정성을 기울였다. 한강은 제자들과 더불어 학문적 담론을 나누다가 자신의 주장이 문제가 있다는 점을 깨닫게 되면 그 자리에서 잘못됨을 인정하였고 제자를 칭찬하고 격려하는 일에 주저하지 않았다. 이러한 모습에서 한강의 겸허하고 원숙한 인품을 엿볼 수 있다. 여기에 더해, 지역과 당파까지 다른 경상감사 윤훤(尹暄)[86]이 한강을 방문하여 한강학단에 힘을 실어주는 모습이 자주 목격된다.

당시 강회(講會)에 참여하여 함께 식사했던 제자들의 기록인 '사빈서재(泗濱書齋)의 식기안(食記案)' 이 최근 유림에 소개되었다.[87] '식기책(食

85)『寒岡集別集』, 卷3,「答問」(張行原). "張行原〔興孝〕問, 無極而太極, 釋之者或云, 極이업소ᄃᆡᄀᆞ장極ᄒᆞ다ᄒᆞ고, 或云, 極이업슬ᄉᆡᄀᆞ장極ᄒᆞ다ᄒᆞ니, 二釋孰是. 後釋非是." 참조.

86) 尹暄은 尹斗壽의 아들이자 牛溪 成渾의 문인이다.

記冊)' 은 1617년(정사년) 2월 26일부터 1618년(무오년) 1월 7일까지의 기록인데, 장흥효는 이 기록이 작성될 무렵에 사수를 방문하였다. '식기책(食記冊)' 에는 총 85명의 인물이 등재되어 있으며, 당시 한강학단의 면모를 구체적으로 확인할 수 있다. 식기책을 살펴보면 비록 한강의 제자일지라도 장흥효와 최현의 경우처럼 일시적으로 방문한 경우에는 이름을 기록하지 않은 것으로 보인다. 강학원(講學院)에 머물며 본격적으로 강회에 참여했던 대구권 성리학자들의 경우에는 아침저녁으로 각각 서명하도록 했다. 이로 짐작해 보건대, 당시 한강이 머물던 사양정사의 앞에 별도로 제자들을 가르치는 강학소인 사빈서재가 있었고, 강학원의 식사는 관급(官給)의 양식이 제공되었던 것으로 보인다.

한강은 사수에 정착한 이후에 지속해서 집을 증축하거나 신축하였는데, 그때마다 제자들은 온 힘을 다해 스승을 도왔다. 1617년(광해군 9년)에 사수(泗水)를 방문한 장흥효의 『일기』에는 당시의 정황을 묘사하여, "선생〔한강〕은 장차 집 몇 칸을 더 짓고자 이날 터를 닦고 있었다. 제자들이 다투어 달려와 일을 통솔하면서 각각 마음과 힘을 다하였다."[88]라고 하였다. 그리고 장흥효의 『일기』를 통해 학봉 김성일의 「행장」이 이루어지는 구체적인 과정을 확인할 수 있다. 우선 장흥효와 김집이 「행장」의 초고를 마련한 뒤에, 그 원고의 검토를 최현에게 부탁하였다. 그 뒤 한강으로부터 「행장」 집필의 승낙을 얻게 되자 당시 주위에 있던 동문들의 축하를 받는 장면이 마치 옆에 있는 듯 생생하게 그려져 있다. 『모당일기』에 따르면, 김집(金潗)은 선친의 행장을 짓는 일로 모두 일곱 차례나 사수를 방문하였다.[89] 한강 또한 학봉 김성일의 「행장」에서 "공(김성일)의 아

87) 도재욱, 「사빈서재(泗濱書齋)의 고찰」(『明倫』, 제20집, 대구향교, 2016) 참조.
88) 『敬堂集』, 卷1, 雜著, 「南行錄」, 1617年(光海君9年) '10月10日' 條 참조.
89) 『慕堂日記』, 丁巳年(光海君9年), 慕堂65歲, '9月13日' 條. "金潗活源張興孝行源, 今日亦

들 집(㴫)이 공의 문인 최현과 함께 …… 300리 먼 길을 오간 것이 10여 차례 남짓이다. 가면 반드시 오래지 않아 다시 오고, 왔다면 몇 달을 머물며 돌아갈 것을 잊었다."[90]라고 하였다. 당시 한강에게 선조의 행장이나 묘갈명을 부탁하는 사람들이 많았다. 박승임(朴承任)의 손자인 박회무(朴檜茂) 또한 여러 차례 조부의 묘갈명을 청하였는데 쉽게 허락을 받지 못하였다.[91]

이러한 기록을 통해 한강의 학단이 어떻게 형성되고 유지되었던가 하는 의문에 대해 상당 부분 구체적인 해답을 얻게 된다. 한마디로 말하여, 한강학단에서는 인간관계로는 형제애에 비견될 만큼 친밀함이 있었고, 학문적으로는 사제와 동학들 사이에 구체적이고 치열한 학문 담론이 있었다. 이들은 이러한 인간관계와 실천적인 학문수행을 통해 학파의 기반을 공고히 하였고 학단의 외연을 확대해 나갈 수 있었다.

7. 성주 · 칠곡지역 유학의 향후 과제

현재 성주 · 칠곡지역은 전통시대의 지리 영역을 상당 부분 대구와 구미 등 이웃 지역에 양도하였고, 그 학문적 정체성 또한 경북 북부지역의 유교문화권만큼 선명하게 그려내지 못하고 있다. 그렇지만 성주 · 칠곡지역이야말로 유학의 고장이자 선비의 마을이다. 이 지역에는 수많은 선현들의 향기가 어려 있고, 그 유풍(遺風)이 여전히 존재한다. 성주와 칠곡의

來, 活源爲大人行狀, 今來七矣." 참조.

90) 『寒岡集續集』, 卷6, 「行狀」. "公之子㴫, 與公之門人崔晛 …… 三百里之遠, 而來且往者十有餘矣. 去必不久而復來, 來輒連月而忘去."

91) 『慕堂日記』, 己未年(光海君11年), 慕堂67歲, '3月26日' 條 참조.

『인물지』에 등재된 학자들의 숫자와 면모를 살펴보면 다른 어떤 지역과 비교해보더라도 뒤지지 않는다. 이제라도 성주 · 칠곡의 명예를 회복하고 본래의 모습을 되찾기 위해 노력해야 한다. 유학의 보편적 가치와 함께 이 지역의 유학 정신과 가치를 살려내야 한다. 그렇지만 이 지역 유학의 가치를 단순히 전통시대의 회복에 두어서는 곤란하다. 문중 간의 세력다툼이나 지역 간의 주도권 확보를 위한 갈등은 사라져야 한다. 그리고 미래적 의미를 확보하지 못한 채 단순한 선비들의 고담준론이나 놀이문화를 강조하는 것은 유학 복원의 필요성을 감소시킬 뿐이다.

이러한 의미에서 우리는 '지금'과 '여기'의 의미를 충분히 고려한 유학의 진정한 의미와 가치를 물어야 한다. 즉 성주 · 칠곡의 정신은 전통시대에 '성주 · 칠곡'이라는 지역이 지녔던 보편적 문화와 의식이라는 의미뿐만 아니라, 지금 이 지역 사람들이 지향해야 할 미래지향적 가치를 함께 지녀야 한다. 전자는 역사적 실재성을 의미하고, 후자는 시대와 문화를 뛰어넘는 보편적인 지향성을 의미한다. 과거를 성찰하는 것은 결국 현재의 삶을 어떻게 영위해야 하는가 하는 문제의식과 함께한다. 성주 · 칠곡지역의 유학과 성주 · 칠곡의 정신 또한 우리들이 바라보고자 하는 방향에서 기억되고 그 모습을 드러낼 것이다.

지금도 유학(儒學)은 인간 본연의 인륜성(人倫性)을 회복하고, 실천하는 지성인으로 살아가는 데에 많은 도움이 된다. 유학 본래의 인(仁)의 가치와 이 지역의 유학이 갖는 '소통'과 '실천'의 정신을 잘 살려서 타자(他者)에 대해 관용하고 더불어 좋은 공동체를 이루기 위해 노력하는 것이야말로 이 지역의 유학뿐만 아니라 모든 유학이 진정으로 추구해야 할 과제이다.

제7장

고령지역 성리학의 학풍

조선은 유교의 시대이다. 특히 고려 말에 전래한 성리학은 과거제도 권장과 학교 부흥으로 인해 학자들 사이에 널리 유포되었고, 『주자가례(朱子家禮)』와 주희의 사상은 유교적인 조선의 양반사회에서 정통적인 학풍으로 자리 잡아 갔다. 이러한 시대적 배경으로 인해 조선은 초창기부터 유교 정치를 전개해 나갔다. 정치 제도는 말할 것도 없고, 학교의 수학(受學) 내용과 임금께 올리는 진강(進講)도 그러하였다. 예컨대 태조 이성계는 그 자신이 철저한 배불론자(排佛論者)는 아니었지만, 통치 원년(元年)부터 대사성인 유경(劉敬)으로 하여금 지속해서 『대학연의(大學衍義)』를 진강케 하였다.[1] 이러한 영향으로 조선은 개국 초기부터 전국에 걸쳐 유학사상이 광범위하게 보급되었으며, 지역마다 지방 특색에 따라 학파를 형성하고 고유한 유교문화를 꽃피우게 되었다.

이 장에서는 조선시대 고령지역의 유학사상에 대해 살펴보고자 한다.

1) 『朝鮮王朝實錄』, 太祖元年(1392년, 壬申年), 9月21日(己亥), '命成均大司成劉敬, 講大學衍義' 참조.

연구 방법에서는 보편성과 특수성 양 측면의 시각을 함께 견지하여 기술하고자 한다. 고령 유학 또한 조선 유학의 큰 줄기 속에 있기 때문에 그 보편성 측면을 무시할 수 없다. 그렇지만 지나치게 보편성에 함몰되어 '고령적' 특색을 드러내지 못한다면 지역학 연구의 의의가 떨어질 수밖에 없다. 반면, 지역학 연구의 특징과 의의를 충분히 인식한다고 하더라도 학파적 · 지역적 특수성을 지나치게 부각시키려는 시도 또한 문제가 있다. 무리한 지역학 규정은 자칫하면 자의적인 짜깁기 연구가 될 우려가 크기 때문이다. 그러므로 여기서는 고령 유학이 지니는 보편성과 특수성의 양 측면을 균형 있게 기술하고자 한다.

연구 대상인 '고령' 유학자의 범위에 대해서는 최대한 외연을 넓혀서 받아들이도록 하겠다. 고령에서 출생하였거나, 혹은 성장해서 고령으로 이주한 후 이곳을 거점으로 활동했던 학자들은 당연히 포함된다. 그 외에도 신숙주(申叔舟)처럼, 비록 고령이 출생지나 거주지도 아니더라도 고령을 관향(貫鄕)으로 삼고 있고 고령사람으로서의 의식을 가진 경우라면 연구범위에 포함하고자 한다. 또한 외연을 더욱 넓혀서 김종직(金宗直)과 박이장(朴而章)[2]의 경우처럼, 고령에 잠시 거주했지만 고령에 깊은 애정을 가지고 있었으며, 당대 고령 학자들에게 많은 영향을 끼친 경우라면 역시 고령 유학자로 보기로 한다. 그리고 이종기(李種杞)의 경우처럼 그 세거지가 당대에는 성주(星州) 소속이었지만 현재는 고령에 속하는 경우도 고령 유학자의 범위에 포함하도록 하겠다.

그리고 연구 시기는 남명과 퇴계의 시대를 기준으로 전기, 중기, 후기

2) 朴而章은 冶爐縣(현재 합천 가야면)에서 출생하였지만, 71세 때 1617년(광해군9년) 봄에 高靈 龍潭里로 이주하여 살면서 이 지역 사상계에 많은 영향을 끼쳤다. 그는 여기에서 鄕約洞規를 짓고, 五常과 十晦의 가르침으로써 鄕俗을 깨우쳐 이끌며 매월 초하루에 講會를 열어 많은 제자를 길러냈다.

세 시기로 구분하고자 한다. 전기는 조선 개국을 상한선으로 하고 15세기를 하한선으로 삼으며, 중기는 16세기를 상한선으로 하고 퇴계와 남명의 학풍이 교호적(交互的)으로 확인되는 17세기 초반을 하한선으로 삼고자 한다. 그리고 후기는 17세기 중반부터 조선의 멸망(1910년)까지이다.[3] 이 책의 주된 관심은 조선 중기에 있으므로 17세기 초반을 중심으로 한 횡적 고찰이 주류를 이룬다. 그렇지만 고령이라는 한 지역을 대상으로 지역학으로서의 유학(성리학)의 지형도가 어떻게 형성되고 변모되는지를 역사적인 흐름에 따라 종적으로도 살펴보고자 한다. 그러한 의미에서 전기, 중기, 후기의 시대별 특성이 갖는 공통성과 차별성에 대해 주목해 볼 필요가 있다.

1. 조선 전기 고령의 유학사상

1) 사회사상사적 배경(1) : 조선 전기의 지방정치 제도

현재 고령지역에 남아 있는 조선 전기의 유교 유물과 기록은 많지 않다. 비교적 조선조 초기에 건립되었을 것으로 추정되는 고령지역의 최초의 향교 건물 또한 남아 있지 않으며 그 창건 연대도 미상이다. 현재 남아 있는 건물은 임진란 후인 1701년(숙종 27년)에 현재 위치로 옮겨 중수한 것이다. 그리고 고령군 내에 소재하는 서원들도 모두 17세기 이후의 것으로서 조선 전기시대의 고령 문화를 짐작하기에는 적절하지 않다. 그렇기 때문에 조선 전기의 지방정치 제도와 유교사상의 일반적 특징을 통해 당

3) 여기서 시도하는 고령 유학사의 시대 구분은 연구의 편의를 위한 잠정적인 장치로서, 일반적인 朝鮮時代史의 구분과는 차이가 있다.

시 고령지역의 유교문화를 짐작해볼 수밖에 없다.

개국 초기 조선의 지방제도와 중앙제도는 고려의 제도를 그대로 답습했으나 태종 때에 이르러 획기적인 개혁을 단행하였다. 고령은 1413년(태종 13년) 지방제도를 개혁했을 때 감무(監務)에 의해 통치되어오던 것이 현감(縣監)으로 교체되었다. 감무는 학식과 행정력을 갖추지 못한 사람이 등용되는 경우가 많아서 지방 토호 세력을 제대로 통치하지 못하였다.[4] 반면 종6품 이상의 사류(士類) 출신을 임명하는 현감 제도는 중앙집권을 꾀할 수 있었고, 또한 중앙정부와 발맞추어 체계적으로 성리학적 통치이념을 실행할 수 있었다. 고령 향교 또한 이즈음에 창건된 것으로 추정된다.[5] 그리고 세종 때부터는 고령에 훈도(訓導) 1명이 파견되었다. 훈도는 지방 교학(教學)의 진흥을 위하여 파견된 유학 교관인데 조선 후기 삼정(三政)의 문란으로 인해 폐지될 때까지 현감 제도와 함께 나름대로 고령지역의 유교 이념 전파와 유학 발전에 크게 기여한 것으로 여겨진다.

한편, 조선의 향촌 지배는 '임금-감사-지방 수령' 으로 체계화된 관치행정 외에 '경재소(京在所)-유향소(留鄕所)-면리임(面里任)' 으로 이어지는 사족(士族) 중심의 향촌 자치적인 계통이 있었다. 경재소의 경우 해당 군현(郡縣)의 토성(土姓) 출신으로 서울에서 업무에 종사하는 자가 맡으며, 소관 군현의 유향소와 긴밀한 종적 유대를 가지고 서울에 있으면서 각종 활동을 주도하였다. 그러나 경재소는 임진란 이후 지방 수령권이 강화되면서 1603년(선조 36년)에 폐지되었다. 유향소는 여말선초 군현이나 향촌의 지배 세력이 향리에서 재지사족으로 점차 대체되는 과정에서 서울의 경재소와 함께 자발적으로 조직되어 갔다. 유향소에는 좌수(座首)와

4) 고령군, 『고령군지』, 1996, 200쪽 참조.

5) 정동락, 「고령향교의 연혁과 운영기반」(『민족문화논총』, 26집, 영남대학교 민족문화연구소, 2002), 293쪽 참조.

별감(別監)을 두었는데, 고령은 현감 아래에 좌수 1명과 별감 2명이 배정되어 향리를 규찰하고, 향토의 풍속을 다스리는 역할을 수행하였다.[6]

그런데 이러한 좌수와 별감직은 대부분이 그 지역의 명망 있는 재지사족 출신으로서 학문적으로 존중받는 유학자가 담당하였다. 그러므로 조선 전기 고령지역은 다른 지역과 마찬가지로 유교가 통치 이념으로 작동하였으며, 또한 유교의 이념에 가장 충실한 사람들이 지역사회의 지도자가 되었을 것이다. 즉 고령은 조선조에 들어와 성리학적 유교 이념이 현실화되었으며, 특히 태종과 세종대를 거치면서 그 이념이 정치제도의 정비와 더불어 지역사회 곳곳에 강하게 흡착되었다고 할 수 있다. 그렇다면 조선 전기 유학사상의 특징은 무엇인가?

2) 사회사상사적 배경(2) : 조선 전기 성리학의 특징

조선 전기의 유학사상을 제대로 이해하기 위해서는 그와 대비되고 또한 연속선상에 있기도 한 고려 말기의 유학사상계와 이웃 나라인 명나라의 사상적 동향을 함께 언급해야 한다. 또한 이러한 조선 전기의 사상적 동향이 그 당시의 사회·문화적 현실에 어떻게 반영되었는가 하는 점도 함께 검토되어야 한다.

조선의 유학은 한마디로 성리학이다. 그러므로 성리학의 수용부터 살피지 않을 수 없다. 성리학 수용의 직접적 계기는 고려 충렬왕 때 안향(安珦)에 의해 처음 이루어진 것으로 평가된다. 그러나 성리학 수용은 안향 개인에 의한 것이라기보다는, 안향의 사상을 직접 계승한 제자들과 이를 발전시킨 고려 말기의 학자들, 그리고 중국의 성리학을 '자주적'으로 정

6) 이수환, 「조선시대의 고령」(『고령문화사대계』 1(역사편), 고령군 대가야박물관·경북대학교 퇴계연구소 편, 2008), 183~184쪽 참조.

착시킨 정도전(鄭道傳) · 권근(權近)과 같은 조선 전기의 학자들 다수의 노력으로 이루어진 것이라 할 수 있다.

한국적 성리학이 갖는 특징 중 상당 부분은 성리학 수입기의 중국사상계, 즉 원나라와 명나라의 성리학과 특징을 같이하고 있다. 바로 이 점에서 동시대적 연구 공간 확대가 필요하다. 성리학 수용기의 한국 성리학의 가장 큰 특징은 실천 윤리적 측면과 자주적 측면에서 찾을 수 있으며, 이러한 특성은 비슷한 시대인 원나라와 명나라의 성리학 학풍에서도 유사하게 확인할 수 있다.

조선 전기의 성리학은 궁리(窮理)보다는 거경(居敬), 이론보다는 실천을 중시하였다. 그 이유는 첫째, 고려 말 원나라를 통해 성리학이 수용될 때의 사회상황이 형이상학적 · 사변적 탐구에 정열을 쏟을 만큼 한가하지 못했고, 둘째, 성리학 중에서도 이기론(理氣論)보다는 지경(持敬)을 중시한 원나라의 유학자인 허형(許衡)의 학풍이 첨가됨으로써 성리학 중에서도 거경 쪽이 고려 말 사상계의 주류로 인정받게 되었다. 그리고 조선 전기의 경우에도 새로운 국가와 사회 건설에 성리학의 이론적 측면보다는 실천적 면이 훨씬 유용했기 때문에 이러한 경향이 지속된다.

다른 한 편으로, 우리나라 성리학의 '역사적 전개 과정'에 주목한 연구, 즉 시간적 고찰의 방법이 필요하다. 정몽주를 기점으로 그 이전과 그 이후, 즉 성리학 수용 전반기와 후반기가 특색 있게 비교된다. 전반기의 학자들 대부분은 원나라에 머무른 적이 있거나 의식적으로 원과 가까웠던 이들이며, 그리고 후반기의 학자들 대부분은 명나라에 머무른 적이 있거나 명과 가까웠던 이들이다. 그러므로 전자는 반원(反元) · 배불적(排佛的) 성격이 약하며, 또한 성리학의 문학적 측면에 관심이 많았고, 아직 성리학의 수입에만 급급했을 뿐이지 '한국적 수용' 즉 자기 방식의 해석이나 발전과정이 거의 보이지 않는다. 반면, 후자는 그 대부분이 조선의 건국에 적극적으로 동참하며, 사공(事功)과 실천 윤리적 성격이 강하고 배불(排佛)의 태도가 상당히 강하게 표출된다. 그리고 이 시기의 성리학은 무엇보다도 '자주적' 인 측면이 강하였으며 '자득지미(自得之味)' 가 있었다. 그러므로 '주희' 에 대해서도 절대 존숭의 분위기가 아니었다.

예를 들면, 권근은 주자학의 입문서에 해당하는 『입학도설(入學圖說)』을 짓고, 거기에서 『중용(中庸)』의 절(節)을 나누는 과정에서 주희가 『중용』을 나눈 것에 구애받지 않고 독자적으로 절을 나누고 있다. 조선 전기의 성리학이 주희에게만 국한되지 않았다는 사실은 1467년(세조 12년)에 있었던 김종련(金宗蓮)의 경연 강의에서도 잘 드러난다. "태극(太極)은 이(理)냐 기(氣)냐 아니면 이기(理氣)냐?" 라고 묻는 세조의 말에 답하여 김종련(金宗蓮)은 "앞 시대 유학자들의 말에는 태극은 이미 기(氣)에 속해 있다고 했는데, 주자의 말에는 이(理)라고 했으니, 저는 마음속으로 주자의 설을 그르게 여기지만 감히 그르다고 말할 수 없습니다." 라고 하였다. 이에 대해 세조는 주희의 가르침을 교조화하는 입장에 대해 단호하게 비판하였다.[7] 이것은 이 시대의 학풍을 드러내는 단적인 사례이다.

그리고 우리나라 성리학의 수용과정을 일본과 비교해 보아도 주목할 만한 몇 가지 특징을 찾을 수 있다. 일본의 경우, 주로 승려학자들에 의해 수입이 주도되었음에 반해 우리는 철저히 유학자들에 의해 주도되었고, 그러므로 수입 후에도 일본의 경우는 유불일체(儒佛一體)의 성격이 오랫동안 강하게 유지되고, 우리의 경우는 조선에 이르면 배불적(排佛的) 태도가 선명하게 드러난다. 그리고 일본은 성리학 수입 후 일반화까지는 오랜 시간이 걸렸으나 우리는 수입 직후 광범위하게 보급되는 놀라운 적응력을 보여준다. 이러한 특징은 우리나라의 경우 성리학을 수용할 만한 충

7) 『朝鮮王朝實錄』, 世祖12年(1466年, 丙戌年), 8月 29日(戊辰) ; 9월 2일(庚午) 참조.

분한 준비가 이미 이루어져 있었음을 나타내준다.

조선 전기의 문화는 사상적 특징과 그 궤를 같이한다. 이 시기의 가장 큰 사상적 특징은 실천적이고 종합적인 성격의 성리학 보급이었다. 예를 들면, 정도전이 「금남야인(錦南野人)」을 통해 제시하고 있는 모범적인 유학자의 상(像)은 윤리 도덕적인 성리학자일 뿐만 아니라 천문(天文)·의학(醫學)·지리(地理)·복서(卜筮) 등 여타의 분야에도 능통한 박학치지적(博學致知的)인 학자이다. 이러한 사상적 특징과 맥을 같이하여 새로운 왕조의 개창과 더불어 제반 제도가 정비되었고, 옛 영토의 수복이 이루어졌으며, 또한 주체적이고 실용적인 문화 창조 활동이 있었다. 한글 창제, 실록(實錄)의 편찬사업, 그리고 세종 시대를 중심으로 한 과학·기술의 발달은 이 시대 문화 창조 활동의 대표적인 사례이다. 후대에 와서 조선의 사상과 문화 전반을 사변적(思辨的)인 것으로 몰고 가는 데 결정적 역할을 하였던 성리학이 이 시대에 있어서 오히려 실천성과 실용성의 논리로 사용되고 있음이 대단히 이채롭다.

한마디로 말하여 조선 전기 사상의 핵심은 성리학에 있고, 그리고 성리학은 사상뿐만 아니라 생산성을 담보한 문화적 코드로서 그 특징은 자주적이고 실천 지향적이었다. 조선 전기시대 유학의 이러한 특징은 고령지역의 유학에서도 강하게 확인된다.

그렇다면 이제, 조선 전기 유학이 갖는 이러한 보편성을 선이해로 하여 고령 유학이 지니는 특수성에 대해 살펴보도록 하자.

3) 도학(道學)의 전통과 고령 유학

조선 전기 고령 유학의 대표자로는 이사징(李士澄), 신숙주(申叔舟), 김종직(金宗直), 신용개(申用漑), 박은(朴誾) 등을 거론할 수 있다. 이들은 대부분 상호 간에 긴밀한 관계를 맺고 있다. 즉 신숙주는 김종직이 정계에 진출했을 때 후원자 역할을 하였으며, 신용개를 비롯한 손자들을 김종직의 문하에 보냈다. 그리고 고령 출신 사림파의 학자인 박은은 신용개의 사위이자 김종직의 제자이다. 이 시기 고령 유학의 특징은 기본적으로 조선 전기시대 우리나라 유학의 특징을 대부분 공유하고 있다.

『소학』을 강조하고 실천 수양을 중시하는 도학적 전통이 조선 전기시대 유학의 가장 큰 특징이 된다. 흔히 우리나라 도학의 중심은 조광조(趙光祖)에게 놓이며, 그리고 조광조의 학문 연원은 김굉필(金宏弼)을 통해 김종직에게까지 소급되는 것으로 평가받는다. 전기시대 고령 유학은 김종직과 김굉필 두 사람에게 많이 의존하고 있다. 여기서는 김종직과 김굉필을 중심으로 고령 유학의 특징을 설명하고자 한다.

김종직은 고려 말 정몽주(鄭夢周)와 길재(吉再)의 학통을 이은 아버지 김숙자(金叔滋)의 학문을 계승하여 조선시대 도학(道學)의 정맥을 이어가는 중추적 구실을 하였다. 그의 도학사상은 제자인 김굉필(金宏弼) · 정여창(鄭汝昌) · 김일손(金馹孫) · 유호인(兪好仁) · 남효온(南孝溫) · 조위(曺偉) · 이맹전(李孟專) · 이종준(李宗準) 등에 지대한 영향을 주었다.

그렇다면 도학이란 무엇인가? 일찍이 율곡 이이(李珥)는 조광조에 대해 '도학을 밝혔다〔唱明道學〕' 라고 평하며, 조광조를 조선 성리학의 도통(道統)의 주체로 여겼다. 그렇지만 조광조의 도학의 연원을 따져보면 김굉필과 김종직에게까지 소급된다. 송시열(宋時烈)은 조광조의 서원비문(書院碑文)을 지으면서 조광조 도학의 연원으로 언급되는 수많은 학자에 대해 의심을 하였으나, 조광조가 김굉필에게서 배웠다는 점은 분명하다고 말하였다. 즉 그는 도학의 연원을 김굉필에게로 소급하였다.

김굉필은 평소 실천 위주의 유학 공부를 쌓았으며 자칭 '소학동자(小學童子)' 라고 했을 만큼 『소학』에 따라 마음가짐을 한결같이 하였다. 그리고 43세 때에 지은 「한빙계(寒氷戒)」에서 "〈마음은〉 하나를 위주로 해야 하며 두 갈래로 해서는 안 된다."[8]라고 하여, 정신을 하나에로만 집중시키는 것이 곧 경(敬)의 공부라고 하였다. 김굉필의 이러한 실천 위주의 도학정신은 그 제자인 조광조에게 계승되어 마침내 '도학정치'로 실현된다. 조광조 또한 『소학』을 중심으로 하여 실천 수양하는 공부에 역점을 두었으며, 그러므로 '경' 공부를 강조했다. 도학자들은 마음공부 즉 존양(存養)하는 공부인 '경' 공부가 바로 학문의 기본이라고 생각하였다. 그리고 김굉필은 이러한 도학적 전통을 김종직으로부터 계승 받았다. 그는 젊어서는 문장에 힘썼으나, 스승인 김종직으로부터 참으로 학문에 뜻을 두었다면 『소학』 책으로부터 시작해야 한다는 가르침을 받았다. 결국 그는 『소학』에 깊이 침잠한 결과 마침내 "문(門)을 업(業)으로 하느라고 천기(天機)를 알지 못했더니 『소학』 책 가운데서 어제의 잘못을 깨우쳤네."[9]라고 하는 유명한 시구(詩句)를 남기게 되었다.[10]

도학적 전통은 김굉필로부터 시작하여 조광조 당시에 크게 성장하였으며, 이후 그의 제자들과 사림파(士林派)의 학자들에 의해 계승된다. 이러한 도학적 전통은 이기론(理氣論)보다는 지경(持敬)을 중시한 원나라의 유학자인 허형(許衡)의 학풍을 연상시킨다. 앞서 언급한 바처럼 실천 윤리의 기본 가르침을 담고 있는 『소학』을 신명(神明)과 같이 믿고 부모처럼 공경했다. 또한 이 책에서 강조하는 '경' 공부를 중요시했던 허형 학풍의 영향으로 고려 말 유학자들 사이에서 『소학』이 널리 읽히게 되며, 조선왕조에 들어와서도 관학(官學)의 필수 교과목이 되고 성리학자들에

8) 『景賢錄』, 卷1, 詩賦文, 「寒氷戒」. "主一不二." 최근에 와서 학자들 간에 「寒氷戒」의 저자에 대해 논란이 있기는 하나, 저자가 누구이든 간에 金宏弼이 '敬'을 강조했다는 사실 자체에는 변함이 없다.

9) 『景賢錄』, 卷上, 「讀小學」. "業文猶未識天機, 小學書中悟昨非."

10) 張志淵, 『儒教淵源』, 卷1, 9쪽 참조.

의해 더욱 중요하게 대접받게 된다. 도학적 전통은 『소학』을 읽고 '경' 공부를 강조하며 성리학적 가르침을 실천으로 옮기고자 노력하는 것이며, 또한 화려한 시문이나 부(賦)·송(頌) 등의 문장보다는 궁극적으로 정의를 숭상하고, 시비를 분명히 밝히는 의리를 중요하게 여겼다.

그렇다면 도학과 고령지역은 어떠한 관계가 있는가? 우선 김종직과 고령의 연고를 따져보자. 김종직은 비록 밀양 태생이기는 하지만 고령과 긴밀한 관계를 맺고 있다. 그는 고령현감이었던 아버지를 따라 고령에 살았던 경험이 있었다. 그는 후일 고령을 기억하며 읊은 시에서 "풍속이 순박하니 백성의 삶이 조용하고, 관청이 한가하니 주거가 그윽하도다. 내가 옛날 아버님 모시던 곳이라, 자유(子游)의 현가(絃歌) 소리 기대되는구나."[11]라고 하며 깊은 애정을 표시했다. 그리고 김종직의 후손들은 밀양에서 거주하다가 손자인 김유(金維)와 김뉴(金紐) 형제 때에 합천으로 이거하였으며, 이후 임진란을 당하여 고령 용담으로 이주하였다가 김종직의 5대손인 김수휘(金受徽) 때인 1651년(효종 2년)에 고령군 쌍림면 합가동으로 거처를 옮겨 현재까지 종가를 유지하고 있다.

이러한 연고 이외에도, 김종직의 학문은 그 제자들에 의해 고령지역의 유학자들에게 정신적으로 많은 영향을 끼쳤다. 특히 김종직의 제자이자 조광조의 스승인 김굉필은 고령과 인근 지역인 현풍(玄風), 야로(冶爐), 성주(星州) 등지를 왕래하면서 학문을 연찬하고 제자를 길러냈으며, 김종직의 또 다른 제자인 정여창(鄭汝昌)도 고령에서 멀지 않은 지역인 함양에서 거주하며 교학 활동을 펼쳤다. 이들이 당시 고령지역의 유학자들에게 상당한 영향을 끼쳤을 것이라는 점은 미루어 짐작할 수 있다. 그렇지만

11) 『佔畢齋集』, 卷18, 詩, 「辛丑歲, 僕嘗記夢與金監察係行相遇事. …… 聊以賭行云」. "風淳甿保靜, 官冷屋廬幽. 昔我趨庭處, 絃歌待子游." 이 詩는 고령현감으로 좌천되어 가는 金係行을 위로하며 지어 준 詩의 일부분이다.

아쉽게도 현존하는 기록 자료를 통해 이들의 고령 문인을 구체적으로 확인하기는 어렵다. 고령의 군지(郡誌)를 비롯한 각종 자료를 통해 확인할 수 있는 퇴계와 남명 이전의 고령지역의 학맥은 이견간(李堅幹)-이사징(李士澄), 김종직-신용개 정도이다. 그런데 이견간-이사징의 학맥이 미미하고, 김종직의 제자로 기록되어 있는 신용개 또한 고령에 세거를 두지 않은 재경 명문가의 후손이라는 점을 고려해보면, 이 시기 고령 유학의 구체적 학맥에 대해서는 거의 밝혀진 바가 없다고 해도 과언이 아니다. 그러므로 전기시대 고령 유학의 경우 그 특수한 지역적 특색을 강조하기보다는 조선 전기 유학의 보편적 특징을 통해 대략적 면모를 짐작하는 것이 현명한 방법일 것이다.

4) 주요 학자들[12)]

○신숙주(申叔舟, 1417~1475) : 본관은 고령(高靈), 자는 범옹(泛翁), 호는 희현당(希賢堂) 또는 보한재(保閑齋)이다. 세종이 '훈민정음'을 창제할 때 참가하여 공적이 많았다. 중국음을 훈민정음인 한글로 표기하기 위해, 왕명으로 성삼문(成三問)과 함께 당시 유배 중이던 중국 명나라의 언어학자인 황찬(黃瓚)을 만나러 요동지역을 십여 차례나 내왕하였다. 1455년 수양대군이 즉위한 뒤에는 동덕좌익공신(同德佐翼功臣)의 칭호를 받고 예문관 대제학에 초배(超拜)되어 고령군(高靈君)에 봉하여졌다. 1472년(성종3년)에는 『세조실록』과 『예종실록』의 편찬에 참여하였다. 이어 성종의 명으로 세조 때부터 작업을 해온 『동국통감』의 편찬을 총괄하였다. 또 세조 때 편찬하도록 명을 받은

12) 이 부분은 『한국민족문화대백과사전』(한국정신문화연구원, 1991)과 『고령군지』(고령군, 1996) 등을 참고하여 정리한 것이다.

『국조오례의(國朝五禮儀)』의 개찬(改撰)과 산정(刪定) 작업을 위임받아 완성시켰다. 여러 나라의 음운(音韻)에 밝았던 그는 여러 역서(譯書)를 편찬하였으며, 또한 일본과 여진의 지도를 만들기도 하였다. 그리고 『해동제국기(海東諸國記)』를 지어 일본의 정치 세력들의 강약, 병력의 다소, 영역의 원근, 풍속의 이동(異同), 사선(私船) 내왕의 절차, 우리 측 관궤(館饋)[13]의 형식 등을 모두 기록하여 일본과의 교빙(交聘)에 도움이 되도록 하였다. 신숙주는 비록 고령에 살지는 않았지만 관향지인 고령에 대해 각별한 마음을 가졌으며, 고령 출신자들에 대해 많은 도움을 주었다. 특히 김종직에 대해서는 정치적 후원자 노릇을 하기도 하였다. 그렇지만 그의 정치적 행보는 많은 비판을 받아왔다. 특히 세조와의 관계에 대해서는 사육신(死六臣)과 생육신(生六臣)의 절의정신을 추앙하는 도학적(道學的) 분위기에서 항상 비판의 대상이 되었다. 그러나 그의 학문적 역량이 당대 최고였음은 그 누구도 부인하지 못한다.

○ 이사징(李士澄, 1418~1454) : 본관은 성산(星山), 호는 송오(松塢)·산화(山花)이다. 이견간(李堅幹)의 문인으로 정명당(正明堂) 정복주(鄭復周)와 도의로써 사귀었고 문학으로 이름이 높았다. 이 일대 학자들로부터 종장(宗匠)으로 존중을 받았다. 그가 고령지역에 정착한 뒤로 그의 후손들이 대대로 이 지역에 세거하면서 많은 유학자를 배출하였다. 그의 7세손인 현룡(見龍, 호 竹圃), 문룡(文龍, 호 菊圃), 택룡(澤龍, 호 梅圃)은 모두 한강과 박이장의 문하에 입문하여 가르침을 받은 당대의 인재들이다. 당시 사람들은 그들을 '삼포선생(三圃先

13) 客舍로 보내는 음식을 말한다.

生)'이라 칭하였다. 그리고 조선 말기의 유학자인 이두훈(李斗勳)과 이인재(李寅梓) 또한 그의 후손이다.

○ 김종직(金宗直, 1431~1492) : 본관은 선산(善山), 자는 효관(孝盥)·계온(季昷), 호는 점필재(佔畢齋)이다. 1453년(단종 원년)에 진사가 되고, 1459년(세조 5년)에 식년문과에 급제, 사가독서(賜暇讀書)하고 1462년에 승문원박사로 예문관봉교를 겸하였다. 이듬해 감찰이 된 뒤 경상도병마평사·이조좌랑·수찬·함양군수 등을 거쳐 1483년에 우부승지에 올랐으며, 이어서 좌부승지·이조참판·예문관제학·병조참판·홍문관제학·공조참판 등을 역임하였다. 정몽주(鄭夢周)·길재(吉再)의 학통을 이은 아버지 김숙자로부터 수학하여 후일 사림(士林)의 조종(祖宗)이 된 그는 문장과 사학(史學)에도 두루 능했으며, 절의(節義)정신을 중요시해 조선시대 도학(道學)의 정맥을 이어가는 중추적 역할을 하였다. 그는 어려서부터 문장에 뛰어나 많은 시문과 일기를 남겼다. 1486년에는 신종호(申從濩) 등과 함께 『동국여지승람』을 편차(編次)한 사실은 문장가로서 그의 면모를 짐작하게 한다. 그러나 무오사화(戊午士禍) 때에 많은 저술이 소실되어 그의 학문의 온전한 모습을 그려내는 데에는 한계가 있다. 무오사화의 단서가 된 「조의제문(弔義帝文)」은 중국의 고사를 인용하여 초나라 임금인 의제(義帝)와 단종을 비교하면서 세조의 왕위 찬탈을 비판한 글로써, 그의 깊은 역사적 식견과 절의(節義)를 중시하는 도학자로서의 참모습을 잘 보여주고 있다. 그는 세조·성종 대에 걸쳐 관직생활을 하면서 정의와 의리 정신을 존중했으며, 이러한 정신이 그의 제자들에게 전해졌고, 그래서 후대의 학자들은 이들의 사승관계를 도학파(道學派)라고 명명하였다.

○신용개(申用漑, 1463~1519) : 본관은 고령(高靈), 자는 개지(漑之), 호는 이요정(二樂亭)·송계(松溪)·수옹(睡翁)이다. 대제학 신장(申檣)의 증손으로, 할아버지는 영의정 신숙주이고, 아버지는 관찰사 신면(申㴐)이다. 김종직의 문인이며, 무오사화 때에 이러한 사실로 인해 한때 투옥되었으나 곧 석방되어 직제학을 거쳐 도승지가 되었다. 1502년에 왕을 기피하는 인물로 지목되어 충청도 수군절도사로 좌천되었다가 이듬해 형조판서를 거쳐 예조참판이 되어 명나라에 사신으로 다녀온 뒤 다시 갑자사화(甲子士禍)에 연루되어 전라도 영광에 유배되기도 하였으나, 그 뒤 사면되었다. 그는 기품이 높고 총명하여 문명을 떨쳤을 뿐만 아니라, 활쏘기 등 무예에도 뛰어나 문무를 겸비하였다. 인품 또한 꿋꿋하여 쉽게 범하지 못할 기상이 있어 당시 선비들의 중심인물이 되었다. 성종은 그의 높은 학덕을 대단히 아끼고 존중하였다.

○박은(朴誾, 1479~1504) : 본관은 고령(高嶺), 자는 중열(仲說), 호는 읍취헌(挹翠軒)이다. 그는 어려서부터 용모가 비상하여 속세 사람 같지 않았다고 한다. 이미 4세 때에 독서할 줄 알았으며, 8세에 학문의 대의(大義)를 깨쳤다. 15세에 이르러서는 문장에 능통하였으며, 당시 대제학이었던 신용개(申用漑)가 그를 아껴 사위로 삼았다. 1498년 20세의 나이에 류자광(柳子光)과 성준(成俊)을 탄핵하는 상소를 올려 그들의 모함을 받았다. 평소 직언을 꺼린 연산군은 '사실이 아닌 것으로 속인다〔詐似不實〕' 는 죄목으로 그를 파직시켰다. 이후 그의 생활은 불우한 쪽으로 기울어갔으며, 이때부터 자연에 묻혀 밤낮 술과 시로 세월을 보냈다. 그는 갑자사화 때에 동래로 유배되었다가 다시 의금부에 투옥되어 사형을 당했는데, 당시 나이가 26세였다. 3년 뒤 신

원되고 도승지로 추증되었다. 후일 그의 절친한 친구인 이행(李荇)이 그의 시를 모아 『읍취헌유고(挹翠軒遺稿)』를 편찬했다. 그의 시는 주로 파직된 23세 때부터 아내가 죽기 전까지의 것이다. 현실 세계의 온갖 고뇌를 벗어나 정신적으로 평화로울 수 있는 경지를 열망하였고, 또한 주변 인물들의 죽음을 목도하고 이를 통해 인생무상을 읊었다.

2. 조선 중기 고령의 성리학

남명 조식과 퇴계 이황의 시대는 우리나라 유학의 최고 전성기이다. 영남에는 남명과 퇴계가 있었고, 호남에는 이항(李恒), 김인후(金麟厚), 기대승(奇大升), 류희춘(柳希春)이 있었으며, 경기에는 노수신(盧守愼), 이이(李珥), 성혼(成渾) 등이 있었다. 이 시대는 특히 이론적인 이기(理氣) · 심성(心性)의 학(學)과 도학(道學) · 절의(節義)정신을 계승한 실천 유학의 정신이 크게 일어났다. 그리고 학자들 간의 학설과 견해 차이로 여러 가지 논쟁이 일어나서 우리나라 유학계의 단조로움과 적막함을 깨뜨린 시대였다. 이들의 학통은 끊이지 않고 이어져 그 학풍과 사상이 후세에 끼친 영향이 지대하였다.[14] 고령의 유학도 마찬가지다. 이 시대는 양적으로나 질적으로 가장 왕성한 시대였다. 고령지역은 남명학과 퇴계학이 회통하던 지역이다. 이러한 영향으로 남명과 퇴계의 양 문하에서 함께 수학한 학자가 상당수이며, 또한 한강 정구와 여헌 장현광 계열의 학자들이 많다. 이 지역에는 남명과 퇴계가 직접 강학하던 시기에는 남명 연원의 학맥이 훨씬 우세하였다. 16세기 중엽 고령 유학은 남명이 합천과 산청에 연고

14) 이병도, 『韓國儒學史』, 아세아문화사, 1987, 200쪽 참조.

를 두고 있었고, 그의 매부(妹夫)인 정사현(鄭師賢)이 고령지역에 살았으며, 낙천 배신과 송암 김면을 비롯한 다수의 문인이 고령지역에 거주하였기 때문에 퇴계학파보다 남명학파의 세력이 훨씬 우세하였던 것이다.

그렇지만 17세기 초반 이후에는 광해군의 실각과 그에 따른 정인홍(鄭仁弘)의 실각, 연이은 일련의 정치적 사건으로 남명계는 급속하게 파괴되어 갔다. 그래도 이 시기까지만 하더라도 여전히 안동을 중심으로 한 경북 북부지역의 유학과는 교류가 그다지 많지 않았다. 조선 초기 고령 유학의 사상적 지주가 김종직과 김굉필이라면, 17세기 이후 고령 유학의 중심인물은 한강 정구와 여헌 장현광이다.[15] 그들은 비록 고령 출신은 아니지만, 고령 인근에 기거하며 고령 유학의 발전에 큰 영향을 끼쳤다. 고령지역의 상당수 유학자가 그들로부터 학은(學恩)을 입고 학풍을 계승하게 된다. 이 중에서도 특히 한강의 영향이 컸다.

1) 한강 정구와 고령 유학

한강 정구는 조선유학사에서 독특한 위치를 차지하는 학자이다. 그는 영남학파의 두 갈래, 즉 내성적(內聖的) 수양을 강조하는 퇴계학과 사회적 실천을 강조하는 남명학의 학통을 함께 이어받았다. 한강의 이러한 학통은 미수(眉叟) 허목(許穆)에게로 전해져서 기호지역 남인학파의 성립을 이루기도 하였다. 그러므로 한강의 사상은 실학사상의 전개와 관련해서도 일정부분 주목받고 있다. 한강은 남명과 퇴계로부터 지식 위주의 사제간 대면교육을 받은 적은 없지만, 그의 삶과 사유세계에 있어서 양 선생이 끼친 영향은 지대하다. 그리고 또 하나 빠뜨릴 수 없는 사실은 한강이

15) 이동훈 편저, 『학맥에 따른 고령의 유학자』, 고령문화원, 2019, 34쪽 참조.

김굉필(金宏弼)의 외증손(外曾孫)이라는 점이다. 김굉필은 영남사림파의 주요 인물 중 한 사람으로서 『소학』을 신명(神明)처럼 여기고 평생 그 가르침을 실천하고자 애썼던 학자이다. 김굉필의 이러한 실천지향의 유학 정신은 한강에게서도 확인된다.

한강이 남명과 퇴계의 사상을 회통했다는 사실은 그의 학풍에서 잘 드러난다. 수양론을 예로 들어보자. 한강은 "주일무적(主一無適)하고 경이직내(敬以直內)하면 문득 호연지기(浩然之氣)가 있다."[16]라고 하였는데, 그의 경(敬) 공부는 호연지기를 기르는 '양호(養浩)' 즉 양기(養氣)를 기반으로 하고 있다. 그는 이러한 '양기집의(養氣集義)'의 공부를 체계화하기 위해 「양호첩(養浩帖)」을 엮기도 했다. 물론 퇴계도 양기의 수양을 말하고는 있다. 즉 『활인심방(活人心方)』을 편집하여 도인법(導引法)을 소개하고 활용하기도 했지만, 그는 이귀기천(理貴氣賤)의 입장에서 이(理)를 실천하는 천리(踐理)를 위주로 하고 주기(主氣)의 방법에 치우치지 말 것을 경고하였다. 이에 반해 한강은 독서를 위주로 하는 퇴계의 수양론과 양기를 위주로 하는 남명의 수양론의 두 측면을 아울러 겸하고 있었고, 그의 「독서첩」과 「양호첩」은 이러한 사실을 잘 드러내 준다.[17]

남명과 퇴계로부터 영남학파의 맥을 이어받은 한강은 전국에 걸쳐 수많은 제자를 배출했는데, 특히 성주문화권(대구문화권)에서는 이름난 학자 대부분이 문인록에 그의 제자로 등재되어 있다. 한강의 문인록에는 무려 수백 명의 제자들이 기록되어 있으며, 실제로 가르침을 받은 제자의 숫자는 훨씬 많다. 한강의 제자들은 학봉(鶴峰) 김성일(金誠一), 서애(西厓) 류성룡(柳成龍), 여헌(旅軒) 장현광(張顯光)의 문하와 함께 영남 남인

16) 『寒岡集續集』, 卷4, 「養浩帖」. "主一無適, 敬以直內, 便有浩然之氣."

17) 김성윤, 「영남의 유교문화권과 지역학파의 전개」(『朝鮮時代史學報』, 37집, 朝鮮時代史學會, 2006), 162쪽 참조.

학파의 사소분파(四小分派)를 이루었다.[18)]

고령은 한강의 거주지인 성주와 접경 지역이다. 그러므로 퇴계와 남명 사후에 고령지역에 가장 큰 영향을 끼친 학자는 당연히 한강이다. 기록에서 확인되는 고령지역의 한강 문인은 단일 계열로는 최대이다. 곽홍점(郭鴻漸), 나경(羅璟), 박분구(朴豱衢), 박정번(朴廷璠), 이난귀(李蘭貴), 이난미(李蘭美), 이로(李簬), 이명기(李命夔), 이명룡(李命龍), 이문룡(李文龍), 이숙(李淑), 이장형(李長亨), 이택룡(李澤龍), 이현룡(李見龍), 최여계(崔汝契), 허명신(許命申) 등이 한강의 직계 제자이다. 그리고 한강의 제자인 허목(許穆)의 문인으로 박지(朴遲), 배진택(裵振澤), 이광언(李光彦)의 이름이 올라 있고, 손처눌(孫處訥)의 문인으로 이윤(李玧)의 이름이 올라 있으며, 또한 허전(許傳)의 문인으로 이준(李俊), 이해린(李海麟)의 이름이 기록되어 있다. 이러한 사실은 당시 고령지역의 유학자들 상당수가 한강 또는 한강 계열의 문인이었다는 점을 분명하게 증거가 될 뿐만 아니라, 그로 인해 한강의 학풍이 고령지역의 학풍에 많은 영향을 끼쳤을 것이라는 점을 시사하고 있다. 그러므로 아래에서 언급하게 될 고령 유학의 특징 또한 상당 부분 한강의 학풍으로부터 생성된 것임을 부인할 수 없다.

2) 고령지역 성리학의 특징(1) : 회통성

고령 유학을 대표하는 특징으로 회통성을 주목하는 학자들이 많다. 특히 퇴계학과 남명학의 회통, 영남학과 기호학의 회통을 언급한다. 회통성을 주목하는 학자들은 낙동강 연안 지역이 내륙에 비해 타문화의 흡수력이 빠르다는 점을 지적하며, 그 이유로 낙동강의 물길을 통해 이질적인

---

18) 이병도, 『韓國儒學史』, 282쪽 참조.

문화가 신속하게 전파될 수 있었다는 점을 언급한다.[19] 외견상으로 볼 때 퇴계와 남명의 문하를 동시에 드나든 이 지역 출신 학자들이 많고, 또한 학파적 경색(梗塞)이 이루어지기 전에는 양 문하의 학자들이 비교적 고르게 분포되었다는 점이 회통적 특색이다. 이러한 점은 당연히 고령 유학의 특징으로 주목할 만하다. 그렇지만 한 걸음 더 나아가 이 지역 출신 학자들의 사상에 있어서 도대체 어떤 측면이 회통적 특징으로 주목될 수 있을지에 대해 구체적인 언급이 있어야 한다. 즉 남명과 퇴계 양 선생의 문하에서 배웠다는 사실만으로 회통성을 주장하기에는 설득력이 부족하다. 고령지역의 유학자들이 양 선생의 어떤 면들을 종합적으로 간직하고 있는지, 더 나아가서 양 선생의 가르침을 어떠한 방식으로 절충하고 회통해 나갔는지를 해명해야 한다. 그리고 두 문하를 동시에 드나든 학자들 간에 어떠한 차이가 있는지도 주목할 만하다.

여기서 우리는 남명학과 퇴계학의 회통적 측면을 중심으로 고령 유학의 특징을 설명하고자 한다. 남명과 퇴계를 특별하게 주목한 이유는 두 선생 모두 영남의 사림파를 강하게 대변하고 있고 또한 그들의 생활 기반이 영남의 '좌도'와 '우도'로 구분되며, 그들의 사상이 상당한 차별성과 대립성을 갖고 있기에 회통적 측면을 설명하는 데에 가장 적합한 대상이기 때문이다. 고령지역에서는 남명과 퇴계를 함께 스승으로 모신 제자들이 많이 배출되었다. 이들 중에서도 배신(裵紳), 오운(吳澐), 김면(金沔)이 가장 대표적인 인물들이다. 이들은 모두 『도산급문제현록(陶山及門諸賢錄)』과 『덕천사우연원록(德川師友淵源錄)』에 동시에 등재되어 있으며, 당대와 후대에 끼친 영향이 비교적 큰 학자들이다. 여기서는 이 세 사람의 사상과 행적을 중심으로 고령 유학의 회통성을 살펴보기로 하겠다.

---

19) 정우락, 「江岸學과 高靈 儒學에 대한 試論」(『퇴계학과 한국문화』, 43호, 경북대학교 퇴계연구소, 2008), 60~61쪽 참조.

낙천(洛川) 배신(裵紳)은 고령 출신의 유학자이자 교육자이다. 특히 그가 교육자로서 명망이 높았던 사실은 월천(月川) 조목(趙穆)과 함께 동몽교관(童蒙教官)이 되어 학도들을 가르칠 때 따르는 학생들이 많아 강소(講所)에 다 수용할 수가 없었다는 기록에서 충분히 짐작할 수 있다. 그의 문하생으로는 대암(大庵) 박성(朴惺)을 비롯한 많은 학자가 있었는데, 특히 고령 출신의 학자이자 의병이었던 송암(松庵) 김면(金沔) 또한 초기에 그의 제자로 입문한 적이 있다. 낙천은 약관의 나이에 남명의 문하에서 수학하였고, 뒤에 다시 퇴계의 문인이 되었다. 바로 이러한 면에서 후대인들은 그를 남명학과 퇴계학의 '회통자' 로 평가하였다. 그렇지만 굳이 비교하면 낙천에게서는 퇴계보다는 남명에게 가까운 분위기를 강하게 느끼게 된다.

우선 미수(眉叟) 허목(許穆)이 찬한 「행장(行狀)」의 기록에서 남명의 기상을 연상시키는 일화를 엿볼 수 있다. 「행장」에 따르면, 그는 7세에 입학하고 8세에 엄한경(嚴漢卿)에게 나아가 배웠으며 이때 '기재(奇才)' 라는 칭호를 얻었다. 그런데 당시 엄 씨의 집이 부유하여 아름다운 여자 종이 많았는데, 어느 한 여종이 댕기를 풀어서 낙천이 읽는 책 속에 넣어둔 사건이 일어났다. 이것을 발견한 낙천은 성현의 글을 읽고 아직 제대로 행하지도 못하고 있는데 도리어 책을 더럽혔으니 그 여종을 추방하라고 주인에게 요청하였으며, 주인 또한 어쩔 수 없이 사과하였다고 한다. 우리는 여기에서 배신의 추상(秋霜)같은 기질을 엿볼 수 있는데, 추상같은 남명의 기상을 연상하게 된다.

남명이 죽은 후에 조정에서 그의 행적을 알고자 하였는데, 당시 많은 문도 중에서 배신이 천거되어 조명(朝命)으로 『남명선생행록(南冥先生行錄)』을 지어 올렸다. 많은 제자 중에서도 배신이 스승의 행적을 기록할 문인으로 선발되었다는 것은 그만큼 그가 남명을 많이 닮아 있었을 뿐만 아니라 남명의 사상에 정통하다고 보았기 때문일 것이다. 또한 중종(中宗)과 인종(仁宗)의 국상 때에는 친상(親喪) 못지않게 3년을 소식(素食)하면서 군(君)과 부(父)는 하나이고 충(忠)과 효(孝)도 하나임을 강조하였다.[20] 이러한 충절 의식도 남명의 기본 가르침과 일치한다. 또한 배신은 남명을 위한 제문을 짓기도 하였으며, 그가 남긴 문집에서는 남명의 문인인 덕계(德溪) 오건(吳健)과 교류한 편지 3편이 수록되어 있다. 이러한 사례는 모두 배신이 남명학파의 중심에 있었음을 보여주는 것들이다.

그렇지만 그는 퇴계의 문하에서 가르침을 받기도 했기 때문에 그 영향도 간직하고 있다. 「근독부(謹獨賦)」에서는 『대학』의 '성의장(誠意章)' 이 가르쳐주는 군자의 일상 몸가짐과 수양의 요체를 본받아서, 군자는 모름지기 신독(愼獨)과 무자기(毋自欺)로 일관해야만 성현의 길에 이르게 되는 것임을 깨우쳐 준다. 『대학』에 근거한 '신독' 과 '무자기' 의 공부가 다름 아닌 퇴계학의 핵심 공부라는 사실을 염두에 두면, 배신이 받은 퇴계학의 영향을 짐작할 수 있다. 배신의 제자이기도 한 송암 김면이 11세 되던 해(1551년)에 친구 김우옹(金宇顒)을 따라 퇴계 선생을 뵙고 『대학연의(大學衍義)』를 배웠다는 기록이 이와 관련하여 주목할 만하다. 그리고 배신이 퇴계의 고제자 월천(月川) 조목(趙穆)과 교류한 사실 등은 그가 퇴계학파와도 인적 교류를 하고 있었던 점을 보여준다.

바로 이러한 특징 때문에 조선 후기 성주지역의 학자인 이원조(李源祚)는 배신을 평하여, "남쪽 지방의 학자들은 퇴계와 남명 두 선생 시대에 가장 전성하였다. 〈'배신' 은〉 세속에 물들지 않고 우뚝 빼어났는데 이것은 물어보지 않아도 남명 문하의 선비임을 알 수 있겠고, 진실하게 옛 성현

20) 『洛川集』, 賦, 「忠孝本無二致賦」 참조. 여기서 洛川은, 하늘이 사람에게 준 것은 理 하나뿐인데 그것을 온전하게 지니고 있는 사람이 君子이며, 君子는 忠孝를 그의 마음속에 간직하고 있어서 그 근본은 하나라고 하였다.

의 자취를 따르며 스스로 과시하지도 않고 성현의 법도를 어기지도 않았는데 이것은 퇴계의 풍모와 가르침을 얻은 것임을 알 수 있다."[21]라고 하였다. 남명과 퇴계학파의 특징을 잘 회통시킨 배신의 품성과 수행 공부에 대해 평가한 말이다.

죽유(竹牖) 오운(吳澐) 또한 남명과 퇴계의 양 문하에서 수학하였다. 그는 남명과 퇴계의 문하를 동시에 출입한 학자들 중에서도 회통적 측면이 두드러진다. 다른 학자들은 대부분 시간 차이를 두고서 두 선생의 문하를 출입하였으나, 죽유는 청년 시절부터 두 문하를 거의 동시에 출입하기 시작하여 두 선생이 서거할 때까지 양 문하의 출입을 지속하였다. 그는 두 선생의 직접적인 가르침을 가장 많이 받았으며, 그래서 두 선생의 특징을 회통적인 측면에서 가장 잘 계승한 학자로 평가받고 있다.

죽유 오운은 원래 경남 함안에 거주하였으나 맏아들인 오여은(吳汝檼) 시대에 이르러 고령으로 이주하였다.[22] 오여은의 둘째 부인이 고령의 유력 재지사족(在地士族)인 박정완(朴廷琬)의 딸이었기 때문에 처가를 따라 이주한 것으로 보인다. 이후 그의 직계손들은 고령에 정착하였다. 일반적으로 평가하여 낙천 배신이 상대적으로 남명학에 더 기울었다고 한다면,

---

21) 『洛川集』, '序' (李源祚). "南方學者, 最盛於退溪南冥兩先正之世. 蚤定脚跟, 卓然自拔於流俗, 不問可知爲雷龍門下士, 而恂恂塗轍, 不矯不徇, 兼有得於陶山風旨."

22) 吳澐 자신은 고령에 직접 거주한 적이 없다. 그렇지만 맏아들인 吳汝檼의 고령지역 정착 이후 후손들이 줄곧 고령을 세거지로 삼았으며, 그들을 통해 죽유의 학통이 계승되었다는 점에서 의의가 있다. 1822년에 '梅村洞約'을 제정하여 동민의 경제적 안정을 도모한 吳慶鼎(1756~1827) 또한 죽유의 후손이다. 吳慶鼎은 죽유의 胄孫인 吳顯畝의 양자가 됨으로써 고령지역의 高畝吳氏 가문 전체를 대표하게 되며, 이러한 배경에서 '梅村洞約'을 주도할 수 있었다. 특히 이 동약에는 부세(賦稅)의 공동납부와 환난에 대한 상호부조가 자세하게 기록되어 있어서 실용성에 바탕을 둔 이 지역의 실천정신이 구체적으로 드러나고 있다. '매촌동약'은 이전의 향약에 비해 교화와 관련한 내용은 소략해지고 일상생활에 직접 도움을 주는 방향으로 개선된 내용을 포함하고 있다.

죽유 오운은 퇴계학에 좀 더 가깝다고 할 수 있다. 이러한 평가는 우선 죽유의 출신과 관련이 있다. 죽유의 조부인 오언의(吳彦毅)가 송재(松齋) 이우(李堣)의 사위이고, 송재는 퇴계의 숙부이다. 그리고 죽유는 18세를 전후하여 의령에 세거하던 몽재(蒙齋) 허사렴(許士廉)의 딸을 아내로 맞았다. 허사렴은 곧 퇴계의 처남이다. 그러므로 퇴계는 죽유의 할머니의 종제(從弟)이자 죽유 자신의 처고모부가 된다. 이러한 관계로 인해 죽유는 자연스럽게 퇴계 문하에 나아가게 된다. 죽유가 퇴계 집안의 족보인 『진성이씨족보(眞城李氏族譜)』의 서문을 쓴 것도 이러한 인연과 깊게 연관되었을 것이다.

그리고 죽유는 퇴계의 제자들과도 깊은 관계를 형성하였다. 그가 남긴 문집의 서간문에는 학봉과 교유한 서신이 3편 수록되어 있으며, 학봉의 아들이자 죽유의 사돈이기도 한 김집(金潗)과 교유한 서신도 남아 있다. 그리고 그가 『김학봉용사사적(金鶴峯龍蛇事蹟)』의 발문을 쓴 사실에서도 그와 학봉가(鶴峯家)의 깊은 관계를 짐작할 수 있다. 한편 서애 류성룡은 죽유가 편찬한 『동사찬요(東史纂要)』에 대해 "깊이 역사가의 뜻을 얻었다."라고 칭찬하며 한 질(帙)을 임금에게 올렸다. 죽유는 여타의 퇴계 문인들과도 좋은 관계를 유지하며 학문적 · 정치적 동료가 되었다.

죽유의 『연보(年譜)』의 기록을 훑어보면 남명보다는 퇴계와 관련한 기사가 훨씬 많이 등장한다. 『연보』에 의거하면 죽유는 1558년(19세)에 남명의 문하에 들었고, 1564년(25세)에 퇴계의 문하에 들었다. 그리고 1566년(27세)에는 퇴계로부터 시를 받았으며, 1568년(29세)에는 매화를 화분에 옮겨 퇴계에게 올렸다는 기록이 있다. 퇴계가 평생토록 매화를 얼마나 소중히 여겼던가 하는 것은 "매화나무에 물을 주라."라고 했던 생애 마지막 말에서 잘 드러난다. 그러한 퇴계에게 죽유가 직접 매화분을 선물로 바쳤다는 것은 양인의 관계가 의례적인 사제 간 이상의 관계임을 시사한다. 그리고 죽유는 1614년(75세)에 퇴계의 첫 부인인 김해허씨부인(金海許氏夫人)의 묘갈명(墓碣銘)을 직접 찬(撰)하기도 하였다. 이러한 기록들은 죽유가 남명보다는 퇴계학파에 좀 더 가까웠음을 느끼게 한다. 일찍이 죽유는 퇴계를 존숭하여 "퇴계는 그 도덕과 문장은 태산북두와 같아 세상의 모범이 된다. 주자 이후 제일인자다."[23]라고 말하기까지 하였다.

죽유가 남긴 저작들을 살펴보더라도 퇴계의 영향이 강하게 느껴진다. 남명이 저술하는 것을 좋아하지 않았다는 점을 고려하면, 죽유의 다양하고 풍성한 저술 활동은 쉽게 퇴계를 연상케 한다. 실제로 죽유는 퇴계학과 주자학의 연마에 힘썼다. 그는 1600년(61세)에 『퇴계문집』 간행에 참여하여 『퇴계연보』를 교정하였으며, 문집고성제(文集告成祭)에서는 퇴계의 학문을 강론하기도 하였다. 그리고 1611년(72세) 때에는 『주자문록(朱子文錄)』을 완성하였다. 이 책은 퇴계가 편찬한 『주자서절요(朱子書節要)』의 미진한 부분을 보완한 것이다. 일찍이 퇴계는 주자서 가운데서도 서간문을 중심으로 긴요한 글을 가려 뽑아 『주자서절요』를 편집한 바 있다. 죽유는 그 나머지 부분 즉 봉사(封事), 소차(疏箚), 잡저(雜著), 서(序), 기(記) 가운데서 필요한 부분을 발췌하였다.[24] 죽유가 퇴계의 문하에서 성리학적 학문 연마에 충실했음은 그가 "학문에 힘쓰고 문장에 유능하였다."[25]라고 하는 평가에서도 충분히 짐작할 수 있다.

그렇지만 죽유의 내면을 들여다보면 남명을 연상시키는 면이 많다. 우선 죽유는 기질상 남명의 기상을 많이 닮았다. 그는 평생토록 아전들과 귀를 맞대고 말한 적이 없었고, 또한 자기를 굽혀서 지위 높은 사람을 떠

---

23) 고령대가야박물관 · 경북대학교 퇴계연구소 편, 『죽유 오운의 삶과 학문세계』, 역락, 2007, 27~28쪽 재인용.

24) 고령대가야박물관 · 경북대학교 퇴계연구소 편, 『죽유 오운의 삶과 학문세계』, 23쪽 참조.

25) 『竹牖集』, 附錄下, 「記聞錄」(溪門諸子錄). "登先生門, 力學能文."

받들지 않았다고 한다.[26] 이러한 일화는 아첨할 줄 모르고 자기 이익을 위해 비굴하지 않던 죽유의 당당함을 잘 그려내고 있다. 죽유는 이러한 성품 탓에 관직에 있을 동안 자주 파면을 당했다. 불의와 타협하지 않는 올곧은 성품 때문이다. 죽유의 이러한 성품은 현실을 비판하고 불의와 타협하지 않으며 시속(時俗)에 휩쓸리지 않는 남명의 성품과 일치하는 바가 많다. 죽유는 남명을 언급하면서, 평소 제자들을 가르칠 때 시속에서 멀리 벗어난 측면이 있었다고 회상하였다. 남명에 대한 이러한 평가는 후대 사람들에 의해 죽유 자신이 받는 평가와도 일치한다.

그리고 학문적인 측면에서도 남명의 영향을 확인할 수 있다. 죽유가 주자학의 필요성을 강조하고 나름으로 보급을 위해 노력도 하였지만, 주자학의 이론적 측면인 이기심성지설(理氣心性之說)에 대해서는 거의 언급하지 않은 점을 눈여겨보아야 한다. 이 점은 그가 주자학적 경세론(經世論)에 대해서는 주목하였지만, 순수사변적인 이론들에 대해서는 큰 관심을 두지 않았다는 사실을 잘 드러내 준다. 이러한 그의 학문적 성향은 상당 부분 남명으로부터 영향을 받은 것이며, 여기에 더해 임진란 등 혼란한 시대 상황이 더욱 그러하게 했을 것으로 짐작된다.

일찍이 남명은 성리학의 이론이 정자와 주자에 의해 완성되었기 때문에 후대 학자들은 이것과 관련해서 더 이상의 저술이 필요 없다고 말하였다.[27] 그는 성리학적 이론연구보다는 실천이 중요하다고 생각했으며, 그렇기 때문에 자신도 많은 저술을 남기지 않았다. 반면 죽유는 남명과 달리 많은 저술을 남겼다. 이 점에서는 그가 남명보다는 퇴계의 영향을 받

26) 『竹牖集』, 附錄下, 「記聞錄」(權省吾). "先君嘗曰, 竹牖平生未嘗與下吏附耳語, 此人所難及處. 又不曲奉貴人, 不諂不瀆, 不亦君子乎." 참조.

27) 『南冥集』, 卷4, 「學記類編下」, '學記跋'. "先生一生常以求知爲恥, 有言曰, 程朱以後不必著書, 深以後學著書立言爲病焉." 참조.

은 것처럼 보인다. 그러나 내용을 들여다보면 퇴계의 학풍과 상당 부분 차이가 난다. 즉 현존하는 그의 저술에서 성리학적 순수이론을 거의 찾아보기 힘들며, 그의 문집에서 주목되는 글은 예설(禮說)에 관한 내용, 그리고 국가의 대사를 위한 인재 양성과 그것을 위한 향촌의 서당교육 강조[28] 등과 같은 실천적 관심에 관한 내용이 많다.

한편 죽유는 사림파(士林派)의 중요한 특징이자 남명학과 퇴계학의 공통기반인 도학(道學)에 대해서도 깊은 관심을 가졌다. 그가 남긴 저술 곳곳에서는 도학에 대한 관심을 찾아볼 수 있다. 「책문제(策問題)」가 대표적인 사례이다. 죽유는 도학의 전승과 특이한 인연이 있다. 죽유의 처증조부인 허원보(許元輔)는 한훤당 김굉필과 일두 정여창 등 도학의 중요 인물들과 깊은 교류를 맺고 있었다. 이런 연유로 허원보는 한훤당으로부터 화병첩(畵屛帖)을 얻었으며 이후 허원보의 후손들이 이를 보관해왔다. 그런데 후일 죽유가 처가에 갔다가 이 화병첩을 발견하고 자신의 집으로 옮겨 보관하였으며, 나중에 이것을 다시 김굉필의 후손에게 전해주게 되었다.[29] 이러한 일들을 통해 죽유는 자연스럽게 도학에 관심을 가졌던 것으로 보인다.

죽유는 학연(學緣) 이외에 혈연(血緣)과 지연(地緣)의 측면에서도 퇴계학파와 남명학파 간의 회통적 측면을 가진다. 우선 지리적 측면을 살펴보면 그는 영남우도인 함안(咸安)에서 태어나 의령(宜寧)으로 이거하였고, 생애 만년에는 다시 영남좌도인 영주(榮州)로 옮겨가 살았으니 거주지의

28) 『竹牖集』, 卷4, 雜著, 「呈巡察使沈公惇文」. “伏以敎育人才, 乃國家第一事, 內有大學, 外設鄕校, 又有書院, 讀書之有其地, 培養之盡其方, 則村巷間書堂之作, 似無所增益, 而自古及今, 苟有志學之士, 擧皆致力於此, 至若大人君子操作人之柄者, 亦莫不樂聞而勸成之.” 참조.

29) 『竹牖集』, 年譜, 宣祖2年(己巳年), 竹牖30歲. “改粧寒暄堂金先生畵屛帖, 與金草溪立.”; 『南冥集』, 卷2, 跋, 「寒暄堂畵屛跋」 참조.

배경 또한 영남 좌·우도의 회통적 측면이 있다. 그리고 죽유는 두 아들을 통해 각각 남명학파와 퇴계학파의 핵심 집안과 혼반(婚班)을 맺는다. 장남인 오여은(吳汝檼)은 남명학파의 거두인 내암 정인홍(鄭仁弘)과 사돈간이며, 차남인 오여벌(吳汝橃)은 퇴계학파의 수장(首長) 학봉 김성일의 손서(孫壻)이다.

죽유의 이러한 측면들은 후대 학자들이 그를 진정 남명학과 퇴계학의 회통자라고 여기는 까닭이다. 그래서 후대 사람들은 박학(博學)의 격물(格物)공부에 밝았으면서도 동시에 의리심성(義理心性)을 강조하였던 죽유의 학풍을 평하여 말하기를, "뇌룡정(雷龍亭, 남명의 처소) 앞에서 출발하여 암서헌(巖栖軒, 퇴계의 처소) 마당에서 졸업했다."[30]라거나, 혹은 "산해당(山海堂, 남명문하)에 오르고 퇴도실(退陶室, 퇴계문하)로 들어갔다."[31]라고 하였다.

송암(松庵) 김면(金沔)은 고령지역을 대표하는 의병장으로 유명하지만, 유학자로서의 명망도 높다. 「연보」에 따르면 그는 1546년(6세)에 가학(家學)으로서 『소학』을 익혔고, 1549년(9세) 전에 이미 『대학』, 『중용』 등을 모두 읽었으며, 1550년(10세) 때 이웃 고을에 살던 낙천 배신을 찾아가 공부하였으며, 그해 11월에는 퇴계를 찾아가 『대학연의(大學衍義)』를 배웠다. 그리고 1559년(19세)에는 지리산 밑 덕산으로 남명을 찾아가 제자가 되었다고 「연보」에 실려 있는데, 「남명선생편년(南冥先生編年)」에는 남명이 60세 때인 1560년에 송암이 와서 배웠다고 기록되어 있다. 남명이 덕산으로 이주한 것은 송암이 21세 때의 일이다. 그러므로 당시 고령에 살던 송암은 덕산이 아니라 토동(兎洞)으로 찾아가서 남명을 만났다고 보아야 한다. 이때부터 과거에 뜻을 두지 않고 진리를 탐구하여 이를 실천하

30) 『竹牖集』, '序' (李級). "發軔於雷龍堂前, 卒業於巖栖門庭."

31) 『竹牖集』, 附錄上, 「士林祭文」(趙亨道). "升山海堂, 入退陶室."

는 공부에만 몰두하였다. 그리고 1560년(20세)에는 폐백을 갖추어 도산으로 퇴계를 찾아가 정식으로 제자의 예를 갖추기도 하였다. 대략 20세를 전후하여 막역한 친구인 동강 김우옹, 한강 정구와 함께 퇴계와 남명의 두 문하를 본격적으로 드나들었다.

송암의 학풍과 인적 교유관계에서 보다 두드러지는 것은 퇴계보다 남명이다. 송암이 1564년(24세)에 『율례지(律禮志)』 2권을 지어 남명에게 보여주고 수정을 구하자, 남명이 이를 보고 감탄하였다고 한다. 그리고 1568년(28세)에 송암이 재실을 짓고 남명에게 이름을 지어달라고 부탁을 하였다. 이때 남명은 '송암(松庵)' 이란 현판을 자필로 써주었으며, 이로부터 '송암' 을 자신의 아호로 삼았다. 이러한 일화는 남명과 송암의 관계가 대단히 긴밀했었음을 보여주는 구체적 사례이다. 송암은 1572년(32세)에 스승인 남명의 부음을 듣고 제자의 예로써 상을 치렀다.

송암은 남명과 퇴계의 문하를 드나들면서 동문과 교유하며 학문을 강론하고 도의를 서로 권하는데 게을리하지 않았다. 그는 두류산, 가야산, 낙동강 등 경치 좋은 곳을 찾아 유람하며 시 짓기를 즐겨하였는데, 이러한 모습 또한 남명의 도가적 처사 기질을 연상시킨다. 남명학파는 정통 성리학을 고수하는 퇴계학파와는 달리 경의(敬義)를 전제로 한 반궁실천(反躬實踐)에 목표를 두고, 강론보다는 체험과 심득(心得)을 중시하며, 이로 인해 때로는 노장학(老莊學), 선학(禪學), 기학(氣學), 양명학(陽明學)의 요소를 내비치기까지 한다.[32] 「행장」에 따르면, 송암은 무장(武將)의 집안 출신으로 어릴 때부터 불의(不義)에 대해 강개(慷慨)함이 있었고 절의(節義)를 소중히 여겼으며, 실질(實質) 공부에 힘썼다. 이러한 기록에서도 송암의 기질과 학풍이 퇴계보다는 남명 쪽에 가깝다는 인상을 느끼게 한다.

32) 고령문화원, 『송암선생일대기』, 대일출판사, 1998, 27쪽 참조.

그렇다면 구체적인 송암의 학문과 공부 또한 남명풍이 강한가? 이러한 의문을 풀기 위해서는 그의 『문집』을 통해 사상을 살펴보아야 할 것이다. 그렇지만 아쉽게도 임진란 때 거의 모든 서적이 불탔기 때문에 현재 『문집』에 남아 있는 유고로는 시편(詩篇) 몇 가지와 기타 소수 기록자료 정도여서 그의 사상을 온전히 복원해내기가 쉽지 않다. 우선 몇 편의 시를 통해 그가 주력했던 공부를 짐작해보자.

아! 우리의 군자학(君子學),
천리(天理)가 사욕(私慾)을 이기네.
모름지기 시냇물같이,
가을되어 날로 맑으리라.[33)]

소나무 아래 초가집, 그 집 아래 연못,
하늘빛 구름 그림자가 맑은 물에 비치네.
늙고 병든 집주인은 어디로 가는가,
매화, 대숲 우거진 곳에 정좌(靜坐)함이 옳으리.[34)]

무당은 그르게 신에게 비나니,
말〔馬〕의 조상인 마제(馬蹄)에게 비는 것도 부끄러운 일이라네.
붉은 주머니 속 괴상한 말 믿지 말게나,
주일무적(主一無適)의 공부야말로 온갖 삿됨을 이기게 한다네.[35)]

---

33) 『松庵遺稿』, 卷1, 詩, 「幽居講學」. "嗟吾君子學, 天理勝私情. 須得如溪水, 秋來日漸清."

34) 『松庵遺稿』, 卷1, 詩, 「松下茅齋」. "松下茅齋齋下池, 天光雲影暎清漪. 主人老病將安適, 梅竹深邊靜坐宜."

35) 『松庵遺稿』, 卷1, 詩, 「爲惑符章有感」. "巫覡禱神旣以訛, 馬蹄禳鬼亦應羞. 紅囊怪語君休信, 主一工夫勝百邪."

이 시를 통해 우리가 짐작할 수 있는 것은, 송암이 힘썼던 공부는 천리가 사욕을 이기게 하는 군자의 학문, 본원에 정착하기 위해 마음을 가라앉히고 몸을 바르게 하여 정좌하는 공부, 그리고 본원의 마음 한 가지를 주로 하여 다른 것에 유혹되지 않는 주일무적의 경(敬) 공부이다. 이것은 모두 성리학의 핵심 공부이자, 남명과 퇴계학파의 공통적인 특징이기도 하다. 그러므로 여기에서 남명과 퇴계가 송암에게 끼친 영향을 차별적으로 분석해내기는 대단히 어렵다. 다만 그가 지향했던 공부가 도덕 수양의 심성 수련을 목표로 했기 때문에 출세 지향의 과거공부와 차이가 있다는 점은 분명하다. 그러므로 「행장」에서는 송암이 어려서 배움에 뜻을 두었지만 과거공부에는 힘쓰지 않았다고 하며, 그 대신 성리(性理)의 학문을 강구하고 연마해서 제자들의 가르침에 힘썼다고 한다.

송암의 교유관계를 살펴보면 남명과 퇴계의 회통적 인적 관계가 분명하게 드러난다. 송암이 주로 교유했던 학자들은 동강(東岡) 김우옹(金宇顒), 덕계(德溪) 오건(吳健), 사호(思湖) 오장(吳長), 설학(雪壑) 이대기(李大期), 송암(松巖) 이로(李魯), 한강(寒岡) 정구(鄭逑), 대소헌(大笑軒) 조종도(趙宗道), 수우당(守愚堂) 최영경(崔永慶), 각재(覺齋) 하항(河沆) 등인데, 이들 중 상당수가 당시 남명과 퇴계 문하에 함께 출입했던 선비들이다. 즉 송암이 남명과 퇴계의 문하를 함께 드나든 것은 당시 성주와 고령권 유학의 한 풍조로 볼 수 있다.

남명 자신은 말할 것도 없고 그의 문하생들 상당수가 문제해결에 있어서 과단성 있는 태도를 보여주었고, 그 과정에서 퇴계학파의 학자들에 비해 과격하다고 할 만큼 결단성이 있었다. 앞서 언급하였다시피 송암의 천성적 기질 또한 불의에 대해 강개(慷慨)함이 있었고 절의를 소중히 여겼다. 그런데도 송암의 일 처리 방식은 화합을 중시하는 온건한 태도를 보여준다. 이러한 특징은 그가 퇴계로부터 받은 영향 때문이었을 것으로 추측할 수 있다. 왜냐하면 남명의 문하생들 중에서 퇴계의 문하에 동시에 수학한 자들의 상당수가 이와 비슷하게 비교적 온건한 태도를 보여주기 때문이다. 송암의 어릴 때 스승이었던 배신이 그러하고, 한강과 동강도 그러하다. 이들은 퇴계 문하를 거치면서 남명학파가 지니고 있는 강경한 분위기를 상당 부분 벗어났다. 송암의 경우에는 이러한 면이 의병 활동 중에서 두드러지게 드러난다.[36]

「행장」에 의거하면, 송암은 의병장 곽재우와 감사인 김수(金睟)의 갈등을 중재하고자 하였다. 일찍이 곽재우는 김수가 병사들을 데리고 도적을 피해 달아나는 것을 보고 분개하여 격문을 돌려 그 죄를 알렸다. 이에 김수 또한 곽재우가 교만 방자하여 다스릴 수 없다고 조정에 보고를 올렸다. 이러한 갈등을 보고 송암은 양비(兩非)의 논리를 사용하며 양측을 중재하고자 하였다. 즉 당장 왜군을 토벌하는 것이 급한데 곽재우가 왕의 명을 받은 관리를 마음대로 몰아세우는 것이 옳지 않고, 김수 또한 의병을 함정에 몰아넣는 것이 옳지 않다는 것이다. 그리고 송암의 이러한 일처리 방식은 내암 정인홍과의 관계에서도 일관되게 유지되었다. 당시 영남우도 출신으로서 정인홍의 세력권에 들지 않는 자가 거의 없었으나, 송암은 정인홍에 대해 적대감을 드러내지 않으면서도 엄격한 법도를 지켜 정인홍과 일정한 거리를 두었다. 이러한 처세로 인해 송암은 정인홍에게 이끌려가지 않으면서도 그 미움을 피할 수 있었다. 송암의 이러한 처신은 어릴 때부터 교유했던 한강과 동강 등 절친했던 친구들의 영향이기도 하고, 더 소급해서는 퇴계 개인의 온화한 인품과 퇴계학파의 인(仁)을 숭상하는[37] 학풍과도 관련이 있을 것이다.

---

36) 고령군 · 영남대학교 민족문화연구소, 『송암 김면의 생애와 의병활동』, 2005, 60~61쪽 참조.

37) 『星湖僿說』, 「天地門」, '東方人文' 條. "上道尙仁, 下道主義." 참조.

3) 고령지역 성리학의 특징(2) : 개방성

고령 유학의 두 번째 특징은 개방성이다. 우선 고령 유학에 많은 영향을 끼쳤던 남명, 한강, 여헌의 개방적인 학풍과 자유로운 사상에 대해 살펴보도록 하자.

일찍이 퇴계는 남명의 「유두류록(遊頭流錄)」을 읽어본 뒤 도가류의 풍취가 있다고 비판했다. 그만큼 남명에게는 노장(老莊)의 풍취가 강했으며, 스스로도 특정 학문과 학파로써 자신을 속박하려 하지 않았다. 남명의 이러한 학풍은 유교문화에 있어서 성주(대구)문화권 지역에 상대적으로 강하게 남아 있다. 예를 들면, 이 지역 학자들 중에서 각종 여행기를 쓴 이들이 많다. 여행기는 글의 성격상 「유두류록」에서 보듯이 도가사상적 경향을 보이기 쉽다. 남명과 비슷한 연배의 지기(知己)였던 윤규(尹奎)도 도가적 처사형의 학풍을 남겼다. 그리고 18세기 칠곡지역의 유학자인 이동항(李東沆)은 독서법을 언급하면서 유가의 서책들과 함께 『장자(莊子)』를 읽을 것을 당당하게 주문하고 있다. 18세기의 시대 배경은 비록 남명학을 공식적으로 언급할 분위기는 아니었지만, 이 지역에 연면하게 지속되어 온 남명의 학풍이 존재한다는 방증으로 볼 수 있다. 이동항의 스승이 백불암 최흥원이고, 백불암의 5대조인 대암 최동집이 한강의 문인이라는 점을 염두에 두면 더욱 그러하다.

한강 또한 비교적 자유롭고 다양한 학풍과 사상 경향을 보인다. 그는 경학(經學), 병학(兵學), 의서(醫書), 산수(算數)에 두루 밝았으며, 특히 예학(禮學)에 조예가 깊어서 한국 성리학사에 있어서 예학 발전의 전기를 마련한 것으로 평가받는다. 한강은 『오선생예설(五先生禮說)』, 『예기상례분류(禮記喪禮分類)』, 『가례집람보주(家禮集覽補註)』, 『오복연혁도(五服沿革圖)』, 『심의제도(深衣制度)』 등의 예설 외에도 지방지, 역사서, 의서 등 다양한 분야에 관심을 갖고 있었다. 그의 이러한 개방적이고 실용적인 학풍은 고령지역의 후대 학자들에게서도 강하게 확인된다. 예를 들면, 효종 때에 대사성을 역임하고 진유(眞儒)로 칭송받았던 매헌(梅軒) 곽수강(郭壽岡)의 경우에도 음양(陰陽), 지지(志地), 의서(醫書), 성력(星曆)에 정통하였고, 시(詩), 율(律), 서(序), 기(記) 등에 관한 저작을 많이 남겼다. 또한 죽유 오운의 경우에도 전쟁 기록, 우리나라의 역사와 지리 같은 구체적이고 실제적 삶에 연관된 저술을 많이 남겼다. 그는 한강과 함께 『함주지(咸州誌)』를 편찬했는데 이 책은 우리나라에서 가장 오래된 지방지이다. 죽유는 만년에 영주에 거주하면서 임진년과 계사년 간의 전쟁 상황을 정리하여 『용사난리록(龍蛇亂離錄)』을 저술하였다. 한편 죽유는 재주를 인정받아 사관(史官)을 겸임하기도 했으며, 1606년(67세) 때에는 『동사찬요(東史纂要)』를 지었는데, 이 책은 단군조선에서 고려 말까지의 역사서로서 편년체(編年體)와 기전체(紀傳體)의 역사를 절충한 독특한 서술방식으로 이루어졌다.

그리고 남명과 한강 못지않게 이 지역에 많은 영향을 끼쳤던 여헌의 학풍 또한 개방적이다. 여헌의 개방적인 학풍의 하나로 기학적(氣學的) 측면을 예로 들 수 있다. 여헌의 철학이 갖는 기학적 측면은 특히 도(道)의 인식 문제 혹은 수양론에서 잘 드러난다. 그는 우주본유(宇宙本有)의 근원적 창조 실체인 도(道)는 심회(心會)를 통하여 인식할 수 있다고 했다. 그리고 '심회'란 것은 정기〔精〕를 모으고 신(神)을 응결하여 세월을 두고 쌓아야만 가능하다고 주장했다. 이러한 그의 수양법은 정주 계열의 수양법과는 다른 기학적 방법이다. 이것은 곧 북송대(北宋代) 유학자인 장재(張載)가 『정몽(正蒙)』에서 주장하는 입신(入神), 존신(存神)의 수양법과도 크게 다르지 않다.[38]

남명, 한강, 여헌은 모두 조선 중기 고령지역의 유학에 많은 영향을 끼친 학자들이다. 그러한 영향으로 이 지역 유학의 학풍은 다른 지역, 특히 퇴계의 학풍이 강하게 살아있던 안동을 중심으로 한 경북 북부지역의 유학과는 상당한 차이를 보인다. 우선 비교의 준거를 찾기 위해 다른 지역 학자들의 독서록을 살펴보자. 하나의 경우는 기호학파의 주요 학자인 우계(牛溪) 성혼(成渾)이고, 다른 하나의 경우는 퇴계학의 적통을 계승했다고 평가받는 안동지역의 유학자인 경당(敬堂) 장흥효(張興孝)이다.

일찍이 우계는 정사조(鄭士朝)에게 보내는 글에서 배우는 자가 마땅히 읽어야 할 책을 거명하였다. 그 내용을 살펴보면 우계가 지향한 교학 이념과 방법을 대략적으로나마 짐작할 수 있다. 우계가 거론한 서책의 목록은 다음과 같다.

> 『소학(小學)』, 『대학(大學)』, 『대학혹문(大學或問)』, 『논어(論語)』, 『맹자(孟子)』, 『중용(中庸)』, 『중용혹문(中庸或問)』, 『근사록(近思錄)』, 『주자서절요(朱子書節要)』, 『심경(心經)』, 『시경(詩經)』, 『서경(書經)』, 『역경(易經)』, 『춘추(春秋)』, 『예기(禮記)』, 『이정전서(二程全書)』, 『주자대전(朱子大全)』, 『이락연원록(伊洛淵源錄)』, 『연평답문(延平答問)』, 『이학통록(理學通錄)』, 『자치통감강목(資治通鑑綱目)』, 『속자치통감강목(續資治通鑑綱目)』, 『황명통기(皇明通紀)』.[39]

유가의 기본 경전과 신유학의 기본 서책들을 고르게 언급한 가장 전형적인 유가의 독서록이다. 그러므로 독서록만으로 사상이나 학풍의 특징을 짐작하기 어렵다. 이에 비해 경당 장흥효의 독서록은 훨씬 자기만의 특색을 갖는다. 목록을 살펴보면 다음과 같다.

---

38) 김성윤, 「영남의 유교문화권과 지역학파의 전개」, 161~162쪽 참조.

39) 『牛溪集續集』, 卷3, 簡牘, 「與鄭士朝」 참조.

『대학(大學)』, 『중용(中庸)』, 『주역(周易)』, 『태극도설(太極圖說)』, 『성리대전(性理大全)』, 『주자대전(朱子大全)』, 『근사록(近思錄)』, 『심경(心經)』, 「심잠(心箴)」, 『심경석의(心經釋疑)』, 『심경발휘(心經發揮)』, 『서산독서기(西山讀書記)』, 『황돈부주(篁墩附註)』, 『퇴계집(退溪集)』, 『역학계몽(易學啓蒙)』, 「계사전(繫辭傳)」, 『가례(家禮)』[40]

경당의 독서록을 살펴보면 다음 몇 가지 특징이 발견된다. 첫째, 경당은 문학서(文學書), 역사서(歷史書), 예학서(禮學書)보다는 순수 철학서(哲學書)에 주로 관심을 두었다. 둘째, 고대 유가 경전보다는 성리학 이론서에 관심을 두었다. 셋째, 고대 유가 경전 중에서는 상대적으로 『대학』과 『중용』을 중요시하였다. 특히 『대학』과 『중용』을 제자들에게 많이 강론했는데, 이것은 『대학』이 유가의 '학(學)'의 이념을 잘 설명하고, 『중용』이 유가의 '교(敎)'의 이념을 잘 드러내고 있다고 보았기 때문이다. 넷째, 성리학 이론서 중에서도 정주 계열(程朱系列)의 기본 서적에 많은 관심을 두었다. 다섯째, 성리학 이론서 중에서도 특히 존심양성(存心養性)의 수양을 언급하는 심학 계열(心學系列)의 서적을 중시하였는데, 『심경』, 『심경발휘』 등이다. 여섯째, 역학(易學)에 관심을 가졌다. 『주역』, 「계사전」, 『역학계몽』이 자주 등장한다.

경당의 독서록을 통해 17세기 초반 경북 북부지역 퇴계학파의 학풍을 짐작해 볼 수 있다. 이를 요약하면, 문학 · 역사 · 예학서보다는 순수 철학이론에 많은 관심이 있었으며, 『대학』과 『중용』을 중심으로 한 유가의 교학 이념에 천착하였으며, 성리학자들 중에서도 정주 계열의 학자들을 추종하였고, 심학과 역학에 많은 관심을 가졌다.

---

40) 敬堂의 학문이 성숙되어가던 시기인 51세(1614년)부터 61세(1624년)까지의 讀書錄을 그의 文集(敬堂集)과 日記(敬堂日記)를 통해 재구성한 것이다.

위 두 사례를 비교준거로 고령지역 유학자들의 학풍을 살펴보면 몇 가지 주목할 만한 차이가 보인다. 가장 큰 특징은 고령 유학자들의 학풍이 여전히 조선 초기의 개방적이고 실용적인 학풍을 지니고 있었다는 점이다. 이러한 점은 후대 한국 유학, 특히 경북 북부지역의 퇴계학파가 보여주는 그러한 정통주의와는 분명히 차별화된다. 이와 관련하여 가장 먼저 주목할 것으로는 장재(張載)의 기학(氣學)에 대한 관심이다.

장재는 중국의 저명한 유학자로서, 주자학의 근원이 되는 '북송시기의 다섯 선생〔北宋五子〕'[41] 중의 한 사람으로 언급된다. 특히 그의 기학(氣學)은 이후 등장하는 거의 모든 기학 이론의 전거(典據)가 된다. 그렇지만 이러한 중요성에도 불구하고, 조선 유학에서 장재는 언제나 변방인이었다. 조선 유학에서 정자와 주자 계열의 정주학이 정통으로 자리 잡았으며, 여타 학자들은 제대로 대접받지 못했을 뿐만 아니라 관심조차 끌지 못했다. 이런 이유로 경당 장홍효의 독서록은 말할 것도 없고, 기호지역의 학자인 우계 성혼의 독서목록에서도 신유학의 저술 중에서 정주 계열 이외 학자들의 서책은 찾아볼 수 없다. 그런데도 고령지역 유학자들의 경우에는 장재의 기학에 대해 우호적인 관심을 표명하였다. 이러한 개방적인 학풍은 고령만이 아니라 성주권(대구권) 유학이 갖는 특색이기도 하다. 예를 들면, 1891년에 제정된 성산향약(星山鄕約)의 강규(講規)에서 연원정학(淵源正學)에 속하는 서책을 언급하면서 소옹(邵雍)의 『황극경세(皇極經世)』와 장재의 『정몽(正蒙)』도 당당히 포함하고 있다.[42] 비록 이 향약이 19세기 말에 제정되기는 했지만, 이러한 학풍은 조선 중기에까지 소급된다. 특히 고령지역의 유학자인 이기춘(李起春, 1541～1597)이 만년에 장재의 학문을 추구했다는 사실이 『고령인물지』에 기록되어 있다.[43]

41) 周敦頤, 邵雍, 張載, 程顥, 程頤를 말한다.

42) 김성윤, 「영남의 유교문화권과 지역학파의 전개」, 159쪽 참조.

그리고 박이장(朴而章)은 죽던 해, 즉 1622년(76세)에 문생(門生)들에게 주장정주(周張程朱)의 글을 읽게 하였다는 기록이 전해진다.[44] 박이장은 23세 때에 남명을 찾아 덕산(德山)에 갔으며, 그 뒤 다시 소재(蘇齋) 노수신(盧守愼)을 찾아가 성리학을 깊이 연구하였다. 그런데 박이장이 스승으로 삼은 남명과 소재 양인 모두 비교적 자유롭고 개방적인 학풍을 지녔다. 남명의 경우는 앞서 언급했듯이 노장(老莊)과 기학적 측면의 학풍이 있었고, 소재의 경우에는 특이하게도 양명학(陽明學)과 깊은 관련이 있다. 즉 소재는 우리나라의 초기 양명학자로 평가받을 만큼 양명학에 많은 관심이 있었다. 양명학은 명대의 주류 사상이기도 했지만, 조선의 유학에서는 이단(異端)의 학문으로 배제됐다. 이런 연고로 앞서 살펴본 경당 장흥효와 우계 성혼의 독서록에서는 양명학 관련 서적을 찾아볼 수 없다. 심지어 퇴계는 소재의 학풍에 대해 순정(純正)하지 못하다고 염려하고 충고까지 하였다. 그렇지만 소재는 주변 정황에 개의치 않고 일관되게 개방적인 학문 태도를 유지하였다. 소재의 이러한 학풍은 당연히 그 제자인 박이장에게도 전해졌을 것이다.

장재의 기학을 존중하는 고령 유학의 전통은 조선 후기 이 지역 출신의 유학자인 만구(晚求) 이종기(李種杞)까지 이어지고 있다. 만구는 '마음〔心〕은 곧 이(理)다〔心卽理〕' 라고 주장하는 한주학파의 곽명원(郭鳴遠)에게 답하는 편지에서, '마음은 곧 이와 기의 합이다〔心合理氣〕' 라고 주장하면서 적극적으로 장재의 학설을 인용하였다.[45] 만구는 '맑고 한결같은 상태가 기의 근본' 이라고 하는 장재의 말을 인용하면서, 기의 정상(精爽)

43) 김성윤, 「영남의 유교문화권과 지역학파의 전개」, 161쪽 참조.

44) 『龍潭集』, 卷5, 附錄, 「年譜」, 壬戌年, 先生76歲. "沈痾屢日, 猶使門生讀周張程朱之書, 聽之不倦." 참조.

45) 『晚求集』, 卷4, 「答郭鳴遠」(마지막 편지) 19張. "張子曰, 澹一氣之本." 참조.

을 이(理)로 해석하는 한주학파의 의견에 반대의 입장을 피력하였다.[46]

조선 성리학사에서 주목되는 주리(主理)와 주기(主氣)의 대립은 대부분 주자학 내의 상대적 이기론(理氣論)이다. 그렇지만 이 지역 학자들이 관심을 두는 기(氣)는 그러한 상대적인 기론(氣論)보다는 화담(花潭) 서경덕(徐敬德)의 사상처럼 장재의 기학(氣學)에 훨씬 가깝다. 즉 장재의 철학을 주자학의 시각에서 해석하는 것이 아니라, 장재의 철학 그 자체로 해석하고자 하는 전통이다. 기학을 중시하는 이러한 학풍은 성주(대구)문화권의 학자들에게서 빈번하게 확인된다. 대구지역의 유명한 학자이자 한강의 제자이기도 한 서사원(徐思遠)의 경우 노골적으로 자신의 글에서 "일찍이 기학에 종사한 적이 있다."라고 피력하기까지 하였다.

그리고 이 지역 학풍의 개방성은 학통에서도 확인된다. 이 지역 출신의 학자들은 다른 지역과 비교해 볼 때, 도통주의적(道統主義的) 폐쇄성을 벗어나 비교적 자유롭게 여러 스승의 문하를 출입하였다. 앞서 언급한 남명학과 퇴계학의 회통성은 달리 말한다면 곧 학문의 개방성으로도 해석할 수 있을 것이다. 고령지역의 학맥도를 보면 남명과 퇴계 계열은 말할 것도 없고, 기호지역의 남인(南人)과 심지어는 노론(老論)의 학맥까지도 다양하게 포진되어 있다. 고령 유학이 지닌 학문적 개방성과 융통성이라고 말할 수도 있을 것이다. 그리고 이러한 개방성은 남명과 한강 및 여헌에까지 소급되는 부분이 있다.

각각의 사상체계가 그 시대의 여러 가지 현실적 조건 하에 가장 최적의 형태로 이루어진 사상이라는 사회 사상적 시각에서 볼 때, 사상적 우열론 특히 도통론(道統論)은 의미가 탈색된다. 특히 학문적 소통과 열림의 세계를 지향하는 현대적 의미에서는 이 지역의 개방적 유학의 학풍이 다른

46) 『晩求集』, 卷4, 「答尹忠汝胄夏心說箚疑」 24~25張 참조.

어떠한 사상들보다 더 적극적이고 긍정적인 의미를 줄 수 있다.

4) 고령지역 성리학의 특징(3) : 실천성

유학은 이론과 실천의 합일을 목표로 하고 있다. 그런데 일반적으로 조선 성리학과 관련해서 오늘날 학계의 주목을 받는 부분은 주로 이기론과 심성론에 관한 이론적 내용들이다. 고령지역은 성리학적 논변을 기준으로 하여 대표로 내세울 만한 인물이 적기는 하지만 다른 지역에 비해 성리학적 실천성을 빼어나게 유지한 곳이라 할 수 있다. 이러한 풍토를 이룩하는 데 결정적인 역할을 한 인물이 바로 남명과 한강이다. 이들을 통하여 고령지역에 성리학의 이론적인 내용과 실천적인 정신이 본격적으로 유입되었다고 볼 수 있다. 특히 수양을 바탕으로 한 사회적 실천은 가장 강조되는 부분이었으며, 남명과 한강의 문인들이 국가가 위기에 처했을 때 보여준 행동의 밑거름이 되었다.

남명학은 경상우도(하도)라는 역사적 전통과 지리적 환경 및 선배 학자들의 영향 하에서 형성되었다. 남명의 사우문인(師友門人) 관계를 살펴보면 기질, 사상, 학문, 처세 및 문체에 이르기까지 공통된 특징이 있다. 남명학은 사변적이고 번쇄한 이론에 치우쳐서 현실적 · 정치적 기능이 약화된 당시의 성리학풍에 대해 비판과 반성을 촉구하였는데, 바로 이러한 점에서 일정한 시대적 역할을 하였다고 할 수 있다. 퇴계를 추종하던 신진사류(新進士類)가 명종 · 선조 교체기에 정계와 학계를 주도하면서 시국을 낙관하고 있었던 것에 비해, 남명은 그러한 현실 안주적인 태도와 실천이 수반되지 않은 학풍에 대해 이록(利祿)만 탐내고 도명(盜名) · 기세(欺世)하는 행위라고 통렬하게 비판하였다.[47] 남명은 일생을 초야에서 보냈지만 결코 현실을 망각한 은둔자는 아니었다. 그는 수차례의 상소문에서 척족정치(戚族政治)의 폐해와 서리(胥吏)들의 횡포를 지적하였으며, 또한 잘못된 정치 현실에 대해 시종 솔직하고 과격한 언사로 직간하였다. 당시 절대적 권한을 휘두르던 문정왕후(文定王后)를 '뒷방의 과부'에 비유해 명종을 격노케 했던 상소 사건은 남명의 기상을 대표하는 사례이다. 의(義)를 존숭한 남명의 이러한 현실 대응 자세는 결과적으로 그의 문인이 임진란이 발발했을 때 모두 창의(倡義)·토적(討賊)의 대열에 나서게 했고, 불의를 보고 참지 못하는 저돌적인 자세 때문에 마침내 진주의 음부(淫婦) 사건에 연루되기도 하였으며,[48] 그의 제자인 최영경(崔永慶)과 정인홍(鄭仁弘)이 각각 기축옥사(己丑獄事)와 인조반정(仁祖反正) 때에 옥사(獄死) 또는 처형되는 결과를 가져왔다. 즉 경의(敬義)와 반궁실천(反躬實踐)을 행신(行身)과 위학(爲學)의 도로 삼았던 남명의 호방한 기상과 학문적 태도는 그의 제자들에게도 그대로 확인되며, 고령지역의 제자들에게서도 강하게 확인된다.

사실 남명과 퇴계 모두 실천을 중시했다고 할 수 있다. 그렇지만 남명이 실천을 중시했다는 것은 사회적 실천을 중시했다는 의미이며, 이는 경(敬)과 함께 의(義)를 대등하게 중시한 데서 그 연원을 찾을 수 있다. 개인적 실천이 경(敬)과 깊은 관련이 있다면 사회적 실천은 의(義)와 보다 강한 관련성이 있다. 이것은 남명이 평생토록 지향했던 엄정한 출처관, 현실비판, 사회적 실천지향과 '벽립천인(壁立千仞)'으로 일컬어지는 드높은 기상과 연결되어 있다. 이러한 기상은 결국 상무(尙武)정신, 사공(事功)의 중시 등으로 연결되어 실천 위주의 사상으로 정립되어 나타난다.[49] 남명의 문인들이 다른 학파와 차별성을 갖는 특징은 바로 이러한 사회적 실

47) 이수건, 『嶺南學派의 形成과 展開』, 일조각, 1995, 333쪽 참조.
48) 이수건, 『嶺南學派의 形成과 展開』, 332쪽 참조.
49) 고령군·영남대학교 민족문화연구소, 『송암 김면의 생애와 의병활동』, 56쪽 참조.

천을 중시한 점에 있다.

한강 정구의 학문적 관심 또한 이론적 논변에만 머물러 있지 않고 오히려 실천적 측면으로 향하고 있다. 한강은 과거를 통해 벼슬에 나아가려고 하지는 않았지만, 일단 추천을 통해 벼슬길에 나아간 뒤로는 맡은 직분에 최선을 다했다. 한강은 누차 관직을 사임하다가 1580년에 창녕현감을 수락하고, 부임한 후에 선정을 펼쳤다. 그는 고을 사람들과 더불어 여씨향약(呂氏鄕約)을 본떠서 강회계(講會稧)를 만들고,[50] 군내 여러 곳에 서재를 세우고 훈장을 선정하여 학문을 가르치게 하였다. 그리고 초하루와 보름에 향교에 나아가 공자상에 배례하고 명륜당에서 선비들과 더불어 종일 강론했다. 서재가 퇴락하면 즉시 고치고 제사 때에 쓰는 그릇이나 옷을 새롭게 갖추어서 봄 · 가을에 석전제(釋奠祭)를 모셨다.[51] 한 마디로 유가적 이상 정치 실현을 위해 최선을 다한 목민관(牧民官)의 모습 그대로이다.

한강의 현실 대응 태도를 제대로 이해하기 위해서는 역시 임진란 당시 그의 모습을 살펴보아야 한다. 1592년 임진란이 발발할 당시 그는 통천군수로 재임하고 있었다. 한강은 전쟁이 나자 의병을 일으켜 적을 토벌하고 각 고을에 격문을 띄워 의병이 적을 공격하게 하였다.[52] 그리고 금강산 계곡에 피난 왔던 하릉군(河陵君)이 스스로 목을 매달아 죽자 적절한 예로 장례를 치렀다.[53] 이 일로 인해 강릉부사에 특배(特配)된 후에 무기를

---

50) 『寒岡年譜』, 卷1, 「年譜」, 癸未年(宣祖16年), '寒岡41歲' 條. "與門下諸生爲月朔講會稧. 〔約條皆倣呂氏鄕約, 而先生又作勸戒之詞以諭之.〕"

51) 『旅軒集』, 卷13, 行狀, 「寒岡鄭先生行狀」(張顯光). "及到縣, 倣家塾之制, 四境皆設書齋, 擇定訓長, 日課敎讀. 每朔望, 行望闕禮, 就校謁聖, 坐明倫堂, 引諸生講論終日. 見其學舍頹毁, 卽爲之重新, 祭器祭服, 一時具新. 其於春秋釋奠, 備盡嚴敬, 至於社稷城隍厲祭之事, 必皆親行. 壇壝頹毁, 擇地改築, 傍設齋舍, 以便將事." 참조.

52) 『寒岡年譜』, 卷1, 「年譜」, 壬辰年(宣祖25年), '寒岡50歲' 條. "正月赴任. 夏, 李奴入寇, 連陷三都, 大駕西幸龍灣, 乃移檄列邑, 倡義討賊." 참조.

수리하고 제조하여 군대를 엄격하게 훈련하고 둔전(屯田)을 경작하여 군량미를 축적하였으며, 이를 가난한 백성들에게 나누어주기도 하였다.[54] 이후에도 강원도 관찰사 등을 맡아 임진란 후의 지역 사회 정비, 그리고 정유재란 때의 구국 활동 등 관료로서 맡은바 직분에 최선을 다하였다. 한강은 상당히 오랜 기간을 관료직에 있었는데, 주로 지방 수령 직책을 맡아서 유학의 통치이념을 직접 실현하였다. 이러한 처신은 의(義)를 중시한 남명학의 전통 즉 사회적 실천 지향성과 관련이 깊다. 그리고 그가 심학에 기초하여 예학 방면으로 학문적 관심을 집중시켜 나간 것 또한 내면적 수양을 바탕으로 체계적인 사회적 실천성을 확립하려는 의도에서 비롯된 것으로 해석할 수 있다.

일찍이 역사가들은 고령의 풍속과 고령인의 기질에 대해 말하기를, "풍속이 굳세고 용맹스러움을 숭상한다. 그리고 농사에 부지런하다."[55] 라고 평하였다. 이러한 풍속과 기질은 『소학』을 위주로 하는 도학적 전통과 그리고 실질과 절의를 숭상하는 남명의 학풍과 함께 어우러져 실천을 중시하는 유학적 경향으로 드러났다. 고령지역 유학자들의 실천성이 가장 잘 드러나는 대목은 임진란 때의 의병 활동이다. 성리학적 명분론보다는 절의를 중시하고, 경의(敬義)사상과 무실역행(務實力行)의 과단성 있는 실천성을 지녔던 남명학파의 학문적 경향성이 바로 의병운동의 원동력이 된 것으로 해석할 수 있다. 고령에 연고를 둔 사람 중에서 대표적인 의병장으로는 당연히 송암 김면을 언급할 수 있겠으며, 죽유 오운도 빼어난

53) 『寒岡年譜』, 卷1, 「年譜」, 癸巳年(宣祖26年), 寒岡51歲, '8月' 條. "時, 宣祖母兄河陵君, 避亂匿於通川山谷間, 值土賊導倭猝至, 遂自縊. 先生因鞫囚徒, 始得聞之, 躬往尋屍, 具棺槨權厝, 捕賊以聞. 上深加傷感, 傳曰 鄭逑之恩, 予何以報之. 姑陞堂上, 以示予意." 참조.

54) 『寒岡年譜』, 卷1, 年譜, 癸巳年(宣祖26年), '寒岡51歲' 條. "閏十二月赴任.〔亂離孔棘, 公私板蕩. 先生勞來安集, 經理庶務. 屯田蓄穀, 以補軍餉, 割俸賑飢, 多所全活.〕" 참조.

55) 『新增東國輿地勝覽』, 卷29, 「慶尙道」, 高靈縣, '風俗'. "俗尙强武. 勤稼穡."

활약을 보였다. 두 사람의 의병 활동을 간략하게 살펴보자.

송암 김면은 임진란이 일어나자 곧 의병을 모집하여 왜적이 부산에 상륙한 지 28일 만인 1592년 5월 11일 정식으로 기병(起兵)하였다. 그는 임금 일행이 서쪽으로 피난했다는 소식을 듣고 즉시 달려가 문안하고자 했으나 내암 정인홍이 함께 의병을 일으키자고 하므로 고령에서 군사를 모았다. 김면은 고령의 군세(郡勢)가 작다고 여겨 이웃 고을 거창으로 달려갔는데, 당시 거창의 선비와 백성들이 이미 약간의 군사를 모아 있다가 합세하였다. 김면은 곽준(郭䞭), 문위(文緯), 윤경남(尹景男), 박정번(朴廷璠), 류중룡(柳仲龍)을 참모로 삼고 박성(朴惺)을 시켜 군량을 모으게 하였다. 4~5일 동안에 군사 이천 명이 모였다.[56)]

송암은 주로 고향인 고령을 중심으로 의병 활동을 전개했는데, 첫 승리 또한 고령의 개산포(開山浦)[57)] 전투에서 얻게 된다. 그리고 왜적이 낙동강을 따라 내려온다는 정보를 듣고 군사를 대장산성(大壯山城)[58)]과 무계산성(茂溪山城)[59)]에 나누어 배치했으며, 이 전투에서 적선 두 척을 섬멸하고 적군 80여 명의 목을 베었다. 송암은 연이어 우척, 지례 등지에서도 왜군을 무찔렀다. 이러한 전공으로 선조는 송암에게 경상도 의병의 총지휘권인 의병도대장(義兵都大將)에 제수하였다. 그리고 1593년에는 경상우도 병마절도사가 되나, 선산에 집결해 있던 왜적을 격퇴하기 위해 작전을 수립하던 중 병을 얻어 세상을 떠났다. 그가 세상을 떠나기 직전에 남긴 마지막 말, "다만 나라 있는 줄만 알았지 내 몸 있는 줄은 몰랐네〔只知有國不知有身〕."라고 하는 유언은 송암의 사회적 실천정신을 가장 잘 드러내

56) 『燃藜室記述』, 卷16, 「宣祖朝」, 壬辰義兵, '金沔' 참조.
57) 현재, 개진면 개포동 일대이다.
58) 현재, 고령군 우곡면 도진리에 소재하며, 일명 '桃津里山城'이라고도 한다.
59) 현재, 고령군 성산면 무계동에 소재한다.

준다.

죽유 오운은 임진란이 일어나자 의령에서 의병을 일으켜 곽재우의 휘하에서 소모관(召募官)·수병장(收兵將) 등으로 활약하였다. 그때 백령(白嶺)에서 모집한 의병이 전후 2만여 명에 이르렀다고 한다. 특히 의령 부근의 전투와 현풍 전투에서 공이 뛰어났다. 1597년 정유재란 때 다시 합천 부근의 왜적을 쳐서 공을 세웠으며, 명나라 장수인 진린(陳璘) 제독의 접반사(接伴使)로 활약하기도 했다. 그는 임진란 당시 곽재우와 함께 분전(奮戰)한 17명의 장수(將帥) 중의 한 사람으로 선무원종공신(宣武原從功臣) 1등에 책록되고 병조참판에 증직되었다.

이 외에도 임진란 때 학봉 김성일의 주청으로 종사관이 되어 크게 활약한 박이장(朴而章)을 비롯해 김급(金汲), 김성진(金聲振), 김양(金瀁), 김응성(金應聖), 김회(金澮), 노조우(盧祖祐), 박대복(朴大福), 박정번(朴廷璠), 박정완(朴廷琓), 이득춘(李得春), 이승(李承), 이홍우(李弘宇), 정언충(鄭彦忠), 정이례(鄭以禮) 등이 고령과 연고를 가진 의병들이다. 이러한 면모를 당시 다른 지역의 창의 활동과 비교해 보면 두드러지게 많다. 이웃 성주 지역, 심지어는 남명학의 본고장인 경상우도의 어느 고을과 비교해 보더라도 절대 뒤지지 않는다.

또 한 가지 고령 유학의 실천성으로 주목할 수 있는 것이 예론(禮論)에 대한 관심이다. 예(禮)를 여러 가지로 이해할 수 있겠지만, 가장 중요한 것은 바로 실제, 실천과의 연계성이다. 이 점은 예(禮)를 달리 '이(履)'로 쓰기도 한다는 점에서 분명하게 드러난다. '이(履)'는 곧 실천을 의미하기 때문이다. 유학에서의 예론은 원래 실천적 지평에서 해석되어야만 한다. 그렇지만 조선 유학에 이르러 예론은 주로 정치적 쟁론을 위한 도구로 변질되어 갔다. 특히 영남권에서는 퇴계학의 영향을 받아 이기(理氣)를 중심으로 하는 성리이론과 경(敬)을 중심으로 하는 수양론에 치중한 반면, 예(禮)에 대해서는 비교적 소홀하게 다루는 듯한 느낌이 든다. 그런데 한강은 예(禮)를 강조하며, 그 제자들도 예에 대해 비교적 많은 관심을 둔다. 이러한 특성은 고령지역의 한강의 문인 학자에게서도 공통으로 발견된다. 우선 한강에게 있어서 예론의 의미와 특징을 대략 그려 보자.

한강의 서신에서 가장 많이 찾아볼 수 있는 것이 바로 예(禮)에 관한 논의이다. 예(禮)의 본질이 '실천'에 있기 때문에 실천 윤리적 성리학의 세계관을 강하게 지녔던 한강의 관심을 끌었던 것으로 보인다. 후대에 와서 예론의 상당수가 실천적 지반을 상실하고 그야말로 예(禮)의 형식이 인간의 실질을 구속하는 본말전도의 상황에 이르기도 했지만, 예(禮)의 본질이 실천에 있다는 점은 부인할 수 없다. 한강은 다양한 학문 방면에 관심을 가졌는데, 특히 예학에 조예가 깊어서 한국 성리학사에 있어서 예학 발전의 전기를 마련한 것으로 평가받는다. 그의 저술 대부분이 곧 예(禮)에 관한 문답이다. 한강이 죽던 날까지도 『가례회통(家禮會通)』을 살펴보았다는 사실은 그가 예(禮)를 얼마나 소중히 여겼는가 하는 것을 잘 설명하고 있다. 한강이 생각한 예(禮)는 서로 관계하는 삶 속에서 인간의 본성을 표현하는 하나의 틀이었다. 그러므로 한강은 예(禮)라는 것이 결국 인간의 본성에 근거하여 우리 모두가 사회의 공동선으로 나아가도록 하는 것이며, 유학적 이상을 실현하는 가장 좋은 방법이라고 생각하였다.

고령지역의 유학자들에게서도 예론이 강조된다. 송암 김면은 24세 때에 『율례지(律禮志)』 2권을 지어 남명에게 보여주고 수정을 요구하였는데, 남명이 이를 보고 감탄했다는 기록이 「연보」에 전한다. 그리고 죽유 오운 또한 그의 문집에 예설을 남겨두었으며, 박이장의 경우에는 『문집』 '서(序)'에 향음례(鄕飮禮)에 관한 글이 있고, 논(論)에는 상례(喪禮)에 대한 글이 남아 있다. 그리고 고령의 근접 지역 달성군 출신인 이서(李簭)는 「상한강정선생품목(上寒岡鄭先生稟目)」[60]을 남겼는데, 그 내용은 대부분

상례(喪禮)에서의 의례(疑禮)·변례(變禮) 등에 대해 스승 한강에게 질문한 것이다.

또 한 가지, 고령 유학의 실천성으로 주목되는 것은 향약(鄕約)에 대한 관심이다. 향약은 1076년, 중국 섬서성(陝西省)의 학자인 여대균(呂大鈞)·대충(大忠)·대방(大防)·대림(大臨) 4형제가 향약을 조직하고 그 규약을 기술한 것이다. 원래 『향약』 1권, 『향의(鄕儀)』 1권이었으나, 나중에 주희가 이를 수정하여 『주자증손여씨향약(朱子增損呂氏鄕約)』을 완성했다. 주된 강목은 향촌 사회의 실천규약이다. 그런데 주목되는 것은 여씨 4형제가 모두 관중(關中, 섬서성) 출신이며, 이들 대부분이 이 지역 출신인 장재(張載)의 제자라는 점이다. 여씨 형제 당시 중국의 지식인들은 관중지역의 학자들이 실용과 실천의 학문에 치중했다고 여겼다.[61] 이러한 전통으로 인해 장재는 이(理)철학에 비해 보다 현실적이고 실천적인 경향이 있는 기(氣)철학에 주목했으며, 그의 제자인 여씨 형제 또한 농촌사회의 실천적 자치규약인 향약을 만들어 보급했던 것이다. 고령지역의 유학자들 역시 장재의 기학에 관심을 두고 있었으며, 그리고 여씨 형제의 향약을 자신들의 지역 사회에 실현하고자 애썼다.

향약과 관련하여 특히 고령지역의 유학자인 기재(棄齋) 김수옹(金守雍)이 주목된다. 그는 『소학』을 읽으며 쇄소응대(灑掃應對)의 가르침으로 향촌 사회의 질서를 유지하려 했으며, 『남전여씨향약지의(藍田呂氏鄕約之義)』라는 10여 조의 향약을 제정하여 상호부조를 통해 향풍(鄕風)을 쇄신하고자 하였다.[62] 그리고 이러한 향약의 전통은 조선 후기 고령지역의 학

60) 『東湖集』, 卷1, 書, 「上寒岡鄭先生稟目」.

61) 『二程粹言』, 卷1, 「論學篇」. "子謂子厚曰, 關中之士, 語學而及政, 論政而及禮樂兵刑之學, 庶幾善學者. 子厚曰, 如其誠然, 則志大不爲名, 亦知學貴於有用也." 참조.

62) 정우락, 「江岸學과 高靈 儒學에 대한 試論」, 69쪽 참조.

자 오경정(吳慶鼎)에게서도 확인된다. 그는 죽유 오운의 후손으로 1822년에 「매촌동약(梅村洞約)」을 제정하여 동민의 경제적 안정을 도모하였다. 특히 이 동약에는 부세(賦稅)의 공동납부와 환난에 대한 상호부조가 자세하게 기록되어 있어서, 실용성에 바탕을둔 이 지역의 실천정신이 구체적으로 드러나고 있다. 「매촌동약」은 교화와 관련한 내용은 소략해지고 일상생활에 직접적인 도움을 주는 방향으로 변해간 사례이다.[63]

고령은 지리적으로나 사상적으로 모두 '접점 지대' 에 있다. 즉 경북의 하단부에 속해 있으면서 경남과 접해 있다는 지리적 접점, 그리고 경북 북부지역의 주류 유학인 퇴계학과 서부 경남지역의 주류 유학인 남명학의 사상적 접점이 바로 그것이다. 고령의 유학은 남명학과 퇴계학을 비교적 편견 없이 받아들이고자 애썼으며, 그러한 가운데서 자신의 고유한 색채를 형성하고 이러한 전통을 지속해서 유지했다는 점에서 긍정적으로 평가할 수 있다. 우리는 이러한 고유 색채를 '회통성', '개방성', '실천성' 이라는 세 가지 특징으로 가설화하여 살펴보았다. 그런데 이러한 가설 자체에 대한 반론이 가능할 것이며, 특히 이러한 특징이 고령 유학에서만 확인될 수 있는지를 묻는다면 답하기가 쉽지 않다. 그러나 영남지역의 여타 문화권, 특히 경북 북부지역의 유학사상과 비교해 본다면 고령 유학의 특징으로 언급한 세 가지 가설은 어느 정도 합당성을 인정받을 수 있다.

한국 유학을 지역학의 입장에서 해석하게 될 때 그 내용은 지역의 다양성만큼이나 풍부해질 수 있다. 일제강점기의 식민사관 학자들은 조선조 성리학의 종속성과 고착성을 강조한 바 있다. 여기서 우리들이 고령 유학의 특징을 회통성, 개방성, 실천성으로 읽어낼 수 있다면, 그만큼 한국 유학을 부정적으로 해석하는 시각들에 대해 근거 있는 반박을 할 수 있을

63) 우인수, 「고령 매촌동약의 특징과 동민의 결속」, 『고령문화사대계』 1(역사편), 498쪽 참조.

것이다. 이러한 측면에서라도 향후 이 분야의 연구가 좀 더 활성화될 필요가 있다.

5) 주요 학자들

○ 윤규(尹奎, 1500～?) : 본관은 파평, 자는 문로(文老), 호는 월오(月塢)이다. 고령군 우곡면 월오리에서 거주하였다. 『남명집』에는 윤규의 시운(詩韻)을 따라 남명이 지은 시 두 편과 또한 윤규를 위해 남명이 지은 시 한 편이 수록되어 있다. 그 내용을 보면 윤규의 능력과 인품을 짐작해 볼 수 있다.

> "문로(文老)의 재주와 명성 일류인데, 전날 터 잡아 지은 집 깊고도 그윽하도다. 천성이 자연을 즐겨 이것에 깃들어 숨을 만하고, 몸은 관복(官服)을 싫어하여 벼슬하기를 싫어하네. 꿈속에서 찾아가고자 해도 중간의 길 모르겠고, 편지 전하기 어려워 삼 년이나 소식 몰랐지. 명리(名利)의 마당에서 묵은 빚 이제 모두 던져버렸지만, 노년 세월은 또한 멈추어주질 않는구나."[64]

○ 정사현(鄭師賢, 1508～1555) : 본관은 진양(晋陽), 초명은 사현(思玄), 자는 희고(希古), 호는 월담(月潭)이다. 고령에서 거주하였는데 효자로 이름이 높았다. 남명의 매부이다. 『남명집』에 '정사현의 사랑에 쓴다〔題鄭思玄客廳〕', '월담 정사현의 묘갈에 쓴다〔題鄭月潭思玄墓碣〕' 라는 글 두 편이 수록되어 있다.

---

64) 『南冥集』, 卷1, 詩, 「竹淵亭. 贈尹進士奎」. "文老才名第一流. 從前卜築更深幽. 性耽泉石堪棲隱. 身厭簪紳不宦遊. 魂夢欲尋迷半路. 書筒難遞隔三秋. 名場宿債今抛盡. 老境光陰亦不留."

○ 김수옹(金守雍, 1513～1559) : 본관은 경주, 자는 경화(景和), 호는 기재(棄齋)이다. 고령읍 지산리 출생했다. 퇴계의 제자로 『소학』을 읽으며 쇄소응대(灑掃應對)의 가르침으로 향촌사회의 질서를 유지하려 했다. 향약을 제정하고 상호부조를 통해 향풍을 쇄신하고자 했다.

○ 박윤(朴潤, 1517～1572) : 본관은 고령, 자는 덕부(德夫), 호는 죽연(竹淵)이다. 고령군 우곡면 도진리에 거주하였다. 『남명집』에 박윤의 환갑 때 지은 '죽연정(竹淵亭)' 과 관련한 시가 수록되어 있다.

○ 배신(裵紳, 1520～1573) : 본관은 성산(星山), 자는 경여(景餘), 호는 낙천(洛川)이다. 어려서 남명에게 수학하였으나, 후에 퇴계의 문인이 되었다. 그래서 후대인들은 그를 남명학과 퇴계학의 회통자로 평가하였다. 남명의 사후 조정에서 남명의 행적을 알기 위해 문도 중에서 배신을 선발하여 『남명선생행록(南冥先生行錄)』을 짓게 하였다.

○ 이홍량(李弘量, 1531～1592) : 본관은 광산(光山), 자는 중용(仲容), 호는 육일헌(六一軒)이다. 아버지를 일찍 여의었으나, 홍기(弘器) · 홍량(弘量) · 홍우(弘宇) 3형제가 모두 효성과 우애가 뛰어나 '영남삼객(嶺南三客)' 으로 불리었으며, 뒤에 영남 유림의 총의(總意)로 3형제의 고결한 생애를 기리기 위해 회연서원(檜淵書院) 향현사(鄕賢祠)에 향배(享配)되었다. 특히 이홍량은 동생인 이홍우와 함께 '낙강칠현(洛江七賢)' 으로 존숭받기도 한다. 여기서 말하는 '낙강칠현' 이란 주로 낙동강 강변 지역에서 활동하던 7명의 현자를 지칭하는 것으로서 이홍량, 이홍우 형제 외에도 정구(鄭逑), 김면(金沔), 박성(朴惺), 이승(李承), 이기춘(李起春)을 일컫는다. 이들은 1580년에 이곳 개산포(開

山浦)의 낙동강 강변에서 함께 뱃놀이한 것으로 유명하다.

○ 이홍우(李弘宇, 1535~1594) : 본관은 광산(光山), 자는 계용(季容), 호는 모재(茅齋)이다. 형들과 함께 김우옹(金宇顒), 김면(金沔), 이기춘(李基春), 오건(吳健), 최영경(崔永慶) 등과 사귀며 학문을 논하였다. 임진란 때 노구(老軀)를 무릅쓰고 김면(金沔)과 함께 창의(倡義)하여 전공을 세웠다. 형인 이홍량과 함께 '낙강칠현(洛江七賢)'으로 존숭 받는다.

○ 오운(吳澐, 1540~1617) : 본관은 고창(高敞), 자는 태원(太源), 호는 죽유(竹牖)·죽계(竹溪)이다. 함안 출신이며, 남명과 퇴계의 문하에서 수학하였다. 1583년(선조 16년) 경원부 아산보(阿山堡)의 추장인 번호(藩胡)가 난을 일으키자 북도조전장(北道助戰將)으로 나가 공을 세웠다. 그 뒤 임진란이 일어나자 의령에서 의병을 일으켜 곽재우(郭再祐)의 휘하에서 소모관(召募官)·수병장(收兵將) 등으로 활약하였다. 당시 백령(白嶺)에서 모집한 의병이 2만여 명에 이르렀다고 전해진다. 특히 의령 부근의 전투와 현풍 전투에서 많은 공을 세웠다. 정유재란 때 다시 합천 부근의 왜적을 쳐부수는 공을 세워 도원수 권율(權慄)의 추천으로 통정대부(通政大夫)에 오르고, 명나라 장수인 신린(陳璘) 제독의 섭반사(接伴使)로 활약하였다. 1616년(광해군 8년) 공조참의에 올랐으나 병으로 사직하였다. 이때 시정득실(時政得失)을 진술하였다. 임진란 당시 곽재우와 함께 분전한 17명의 장수(將帥) 중 한 사람으로 선무원종공신(宣武原從功臣) 1등에 책록되고 병조참판에 증직되었다.

○ 김면(金沔, 1541~1593) : 본관은 고령(高靈), 자는 지해(志海), 호는 송암(松庵)이다. 남명과 퇴계의 문하에서 수학하였다. 명종 때 효도와 청렴으로 천거되어 참봉에 임명되었으나 사퇴했으며, 선조 즉위 초년에 조목(趙穆)·성혼(成渾)·정구(鄭逑) 등과 함께 유일(遺逸)로 천거되어 공조좌랑에 임명되었지만 역시 사퇴하였다. 임진란이 일어나자 조종도(趙宗道)·곽준(郭䞭)·문위(文緯) 등과 함께 거창과 고령에서 의병을 일으켰다. 금산과 개령 사이에 주둔한 적병 10만과 우지(牛旨)에서 대치하였는데, 공격해오는 적의 선봉을 진주목사인 김시민(金時敏)과 함께 지례(知禮)에서 역전해 크게 승리를 거두었다. 이 대첩으로 합천군수에 제수되었으며, 그 뒤 무계(茂溪)에서도 승전을 거듭해 9월에 첨지사(僉知事)에 임명되고, 11월에 의병대장의 교서를 받았다. 당시 호남의 관찰사에게 군사와 군량의 도움을 청했으나 회답이 없으므로 스스로 무기를 수선하고 병사를 격려해 전투에 임했으며, 호남과 영남 의병장들과 함께 진격하고자 했으나 그 약속이 이행되지 못하자, 혼자 군사를 이끌고 고령·지례·금산·의령 등을 수복하였다. 이에 왕이 그 공적을 장하게 여겨 이들의 군사로 근왕(勤王)하게 하고자 명했는데, 백성들이 통곡하며 보호를 청하고 관찰사인 김성일(金誠一)이 장계를 올리니 경상도에 머물며 수호하라는 교서가 내려졌다. 1593년 1월에 경상우도 병마절도사가 되어 충청·전라도 의병과 함께 금산에 주둔해 선산(善山)의 적을 격퇴할 준비를 하던 도중, 갑자기 병에 걸리자 자신의 죽음을 발표하지 말라는 유언을 남기고 죽었다. 그는 정구와 교분이 깊었으며 강직한 절의를 지녔고, 문장보다는 성현의 본지(本旨)를 마음에 새겨 실천에 힘썼는데, 특히 북송대(北宋代)의 철학자인 이정(二程: 程顥와 程頤)의 글을 좋아하고 이를 본받으려고 노력하였다.

○이기춘(李起春, 1541~1597) : 본관은 성산, 자는 계욱(季郁), 호는 옥산(玉山)이다. 그는 어릴 때부터 성현의 학문을 강구하였다. '낙강칠현(洛江七賢)'의 한 사람으로 언급된다. 또한 그는 만년에 장재의 기학(氣學)을 연구하였다.

○박이장(朴而章, 1547~1622) : 본관은 순천(順天), 자는 숙필(叔弼), 호는 용담(龍潭)·도천(道川)이다. 합천 야로현(冶爐縣)에서 출생하였다. 어려서 가학(家學)을 수업하고, 23세에는 남명을 찾아 덕산(德山)에 갔으며, 1574년에는 노수신(盧守愼)을 찾아가 성리학을 깊이 연구하였다. 임진란 때 김성일(金誠一)의 주청으로 종사관이 되어 크게 활약하였다. 1615년에 폐모론(廢母論)이 일어나자 이를 반대하는 만언소(萬言疏)를 올렸다가 삭직(削職)되었다. 그 뒤 성주로 내려가 저술과 후진 양성에 힘썼다. 71세 때인 1617년(광해군 9년) 봄에 고령 용담리(龍潭里)로 이주하여 「향약동규(鄕約洞規)」를 짓고, 오상(五常)과 십회(十晦)로써 향속(鄕俗)을 깨우쳐 이끌며 매월 초하루에 강회(講會)를 열었다.

○박정번(朴廷璠, 1550~1611) : 본관은 고령, 자는 군신(君臣), 호는 학암(鶴巖)이다. 박성(朴惺)·박월(朴越) 등과 함께 동문수학하였다. 임진란 때는 형 박정완(朴廷琬)과 더불어 왜구에 대항하여 싸웠다. 왜란이 끝나고 공을 논할 때 자신의 공적은 드러내지 않고 형만을 내세웠다. 1605년부터는 당대의 유명한 학자인 정구(鄭逑)·장현광(張顯光) 등과 더불어 『심경』을 가르치며 후진 양성에 힘썼다.

○이서(李紓, 1566~1651) : 본관은 광산(光山), 자는 이직(以直), 호는

동호(東湖)이다. 한강의 문하생이다. 한강이 권신(權臣)들의 배척을 받아 향리로 돌아가자 벼슬에 뜻을 버리고 한강과 함께 학문을 강론하면서, 스승의 명을 받아 송대 유학자들의 예설(禮說)을 담은 『오선생예설(五先生禮說)』을 편집하였다. 1620년(광해군 12년)에 한강이 타계하자 3년간 심상(心喪)을 입고 기념사업에 앞장서는 한편, 『한강집(寒岡集)』을 간행하였다. 만년에는 동호학당(東湖學堂)을 열어 스스로 호(號)를 '야로(野老)'라 칭하고 후학을 기르는데 정성을 다하여 훌륭한 인재를 많이 배출하였으며, 『한강언행록(寒岡言行錄)』을 편집하기도 하였다.

○ 신유한(申維翰, 1681~1752) : 본관은 영해(寧海), 자는 주백(周伯), 호는 청천(靑泉)이다. 1719년 제술관(製述官)으로 통신사인 홍치중(洪致中)과 함께 일본에 다녀왔다. 문장으로 이름이 높았으며, 특히 시에 걸작품이 많고 사(詞)에도 능하였다. 저술로는 『해유록(海遊錄)』, 『청천집(靑泉集)』, 『분충난록(奮忠難錄)』 등이 있다.

3. 조선 후기 고령의 성리학

조선 후기 고령 유학은 대세(大勢)가 경북 북부지역의 퇴계학파에 기대고 있었지만, 안동문화권의 성리학이 부분적으로 지닌 사상적 독선과 아집을 비교적 멀리하고 고령 유학이 지닌 개방적 학통을 어느 정도 유지하고 있었다. 비록 외면상으로는 남명의 학통이 완전히 단절되었으나, 내면적으로는 여전히 그 영향이 전해지고 있었고, 그러므로 이 지역 학자들의 학풍에는 여전히 회통성, 개방성, 실천성의 분위기가 내재되어 있었다.

고령 유학에 있어서 두드러진 세력은 시대별로 차이가 있다. 17세기 후반에는 이현일(李玄逸)의 학맥이 두드러졌고, 18세기 중반 이후에는 이상정(李象靖), 정정로(鄭宗魯), 신유한(申維翰)의 학맥이 주목된다. 그리고 1712년(숙종 38년)에 고령 출신의 유학자인 나학순(羅學洵)과 성주 출신의 유학자인 이지완(李志完) 등이 주도하여 노론계의 서원인 노강서원(老江書院)을 창건한 사실도 주목할 만하다.[65] 당시 고령지역에 다양한 학맥이 공존했음을 알려주는 단적인 사례이다. 이 지역의 노론 학맥은 19세기에도 여전히 존재한다. 임헌회(任憲晦), 서찬규(徐贊奎), 전우(田愚), 이직현(李直鉉) 등과 같은 노론 학자들의 문인들이 고령지역의 유학계에서 발견된다. 그렇지만 지역 학계를 주도해 간 세력은 여전히 퇴계학파였다.

류치명(柳致明)의 학맥, 이진상(李震相)과 그 제자인 곽종석(郭鍾錫), 이두훈(李斗勳)의 학맥, 이종기(李種杞)의 학맥, 장복추(張福樞)의 학맥, 허전(許傳)의 학맥이 이 지역에 존재했는데, 그중에서도 이두훈, 이종기, 곽종석의 문인들이 고령 유학의 주축 세력을 이루었다.[66] 이들은 이론적으로 상당한 차별성을 지니고 있었지만, 모두 퇴계학을 표방한다는 공통점이 있었다.

1) 조선 후기 영남 유학계의 동향

여기에서 조선 후기 영남 유학계의 동향을 먼저 이해해봄으로써 당시 고령 유학의 분위기를 짐작해보도록 하자.

영남지역 특히 고령지역에서는 광해군 시절까지 퇴계학파와 남명학파가 협력과 견제의 관계로 상호 발전하는 형국을 띠었다. 그리고 퇴계학파

---

65) 이동훈 편저, 『학맥에 따른 고령의 유학자』, 35쪽 참조.

66) 이동훈 편저, 『학맥에 따른 고령의 유학자』, 35쪽 참조.

와 율곡학파 간에도 큰 대립은 없었다. 일찍이 퇴계는 비판적인 언론행사에는 신중한 입장을 견지했으며, 율곡 또한 극한적인 공론(公論) 대결을 자제하는 태도를 보여주었다. 비록 율곡이 고봉(高峰) 기대승(奇大升)의 학설을 지지하여 퇴계학설을 비판하였지만, 그는 퇴계 생전에 깍듯한 예의를 갖추었고, 퇴계 또한 율곡을 재사(才士)로 아꼈다. 그러므로 퇴·율 당시 양인 간에 결정적인 반목은 없었다.

이이(李珥), 성혼(成渾), 정철(鄭澈)의 학통을 계승한 서인 세력과 이언적(李彦迪), 이황(李滉)을 종장(宗匠)으로 삼는 남인 세력은 학통상의 차이에도 불구하고 정치적인 이해로 대립한 적은 거의 없었다. 그렇지만 선조 사후 광해군의 등장과 함께 남명 조식의 후학이 중심이 된 북인 정권의 등장으로 말미암아 당파 간에 긴장 관계가 형성되었다. 특히 정인홍(鄭仁弘)은 광해군 시대에 대북(大北) 세력과 연결되어 정계를 뒷받침하는 거물로 등장했는데, 그는 강력한 재지적(在地的) 기반을 바탕으로 하여 중앙 정계에 큰 문제가 있을 때마다 경상우도 사림(士林)을 총동원하여 북인 정권을 지원하였으며, 이로 말미암아 학파 및 정파의 대립이 부각되었다. 이 당시에 남인은 서인보다는 오히려 북인 세력을 경계하였다.

기축옥사(己丑獄死)를 둘러싸고 서인이 북인과 치열한 명분 대결을 전개할 당시에 류성룡(柳成龍)을 중심으로 한 남인은 여기에 개입하지 않았다. 정인홍의 회재(晦齋)·퇴계(退溪)에 대한 비판과 이이첨(李爾瞻)의 정치적 전횡(專橫)에는 서인과 남인이 공동으로 대처하는 등 오히려 단결된 면모를 보여주고 있었다. 서인 세력이 회재·퇴계를 포함한 오현(五賢)[67]의 문묘종사(文廟從祀)에 적극적으로 나서고 자신들을 비난한 정인홍을 극력 배척한 것은 성혼을 그들 학통에 접목하여 신원운동(伸寃運動)을 효

67) 金宏弼, 鄭汝昌, 趙光祖, 李彦迪, 李滉을 말함.

율적으로 전개하려는 의도가 작용하고 있었기 때문이다.[68] 이러한 의도가 서인들이 남인과 우호적이고 동반자적인 관계를 형성하는 데에 상당한 기여를 한 것으로 판단된다.

인조반정 이후 영남학파의 중심은 안동을 중심으로 한 경북 북부지역이 되었고, 퇴계학파가 곧 영남학파를 대표하게 되었다. 그리고 정치 구도 또한 서인과 남인이 상호 견제하는 형태로 전개된다. 서인 세력이 정국의 주도권을 잡고 북인에 대해 철저한 정치적 탄압을 했을 뿐만 아니라, 남인에 대해서도 경계하기 시작한다. 특히 정국을 장악한 기호 서인 세력들이 퇴계설을 비판한 율곡설을 이론적 무기로 하여 자신들의 세력을 결집하자 영남 남인들도 이에 대한 준비태세를 갖추게 된다. 갈암 이현일에 이르면, 외조부 장흥효(張興孝)로부터 말미암는 가학적(家學的) 전통에 기반을 둔 퇴계학을 앞세우며 강력하게 율곡설을 비판하게 된다.[69] 이현일은 퇴계학의 핵심이 심학(心學)에 있으며, 그 심학적 적전(嫡傳)이 자신의 외조부인 장흥효를 통해 자신의 형제들에게로 이어졌다는 자부심을 굳게 지니고 있었다.[70] 이현일의 시대에 이르러 영남지역은 대부분 경북 북부지역의 성리학이 대세를 이루게 되었다.

---

68) 설석규, 「16~18세기의 儒疏와 公論政治」(경북대학교 대학원 박사학위 논문, 1994), 149쪽 참조.

69) 유명종, 『朝鮮後期性理學』, 이문출판사, 1985, 241~242쪽 참조.

70) 『存齋集』, 卷8, 附錄, 「行狀」(李玄逸). "初敬堂先生, 得厓鶴所傳溪門心學之訣, 自其云沒, 微言遂絶, 世之所謂學者, 不入於驚怪況惚之域, 則或競於儀章度數之末, 不復知窮理以踐實, 近裏而爲己, 所謂存心之訣, 或幾乎泯滅而無傳矣. 公以童子, 幸及摳衣於敬堂之門, 雖未及叩發要旨, 得聞所傳之奧, 賴其聰睿夙成, 知所考據, 卒能尋思玩繹, 晩復有契於心, 以爲心不存則無以爲養性窮理之本. 故號其所居之室曰存齋, 蚤夜其間, 以自循省, 以爲顧名思義之地." 참조.

2) 조선 후기 고령 유학과 이종기(李種杞)

이러한 분위기에서 영남지역의 유생들은 대부분 정치적으로는 남인의 계보에 속하고, 학통으로는 퇴계학파에 속하게 되었다. 고령지역의 유학자들 또한 갈암 이현일 이후 상당수가 퇴계학에 접목하며, 조선시대 멸망까지 주류의 학술 분위기를 퇴계학파가 이어간다. 그러므로 조선 후기 고령지역 유학자들의 분포는 퇴계학파의 적통(嫡統)에 있다고 평가받는 이현일(李玄逸), 이상정(李象靖), 류치명(柳致明)의 문인뿐만 아니라, 스스로 퇴계학통을 계승했다고 자처하는 최흥원(崔興遠), 장복추(張福樞), 이원조(李源祚), 이진상(李震相), 곽종석(郭鍾錫)의 문인들까지 고르게 포진되어 있다. 그리고 조선 후기 고령 유학의 학파적 특징으로 또 한 가지 언급할 수 있는 것은 당시에도 여전히 한강 정구 계열의 문인들이 많다는 점이다. 한강의 직접 문인을 포함해서 한강의 제자인 허목(許穆), 손처눌(孫處訥), 허전(許傳)의 문인이 상당수 포함되어 있다.

그리고 고령 유학은 이 시대에도 여전히 개방적인 학문 분위기를 유지하고 있었다. 고령지역의 유림(儒林)은 영남의 여타 지역과 비교할 때 차별성을 가질 만큼 노론(老論)과 여타 학파에 대해 관대했다. 이러한 점은 조선 후기 고령 출신 유학자들의 학맥을 살펴보면 분명하다. 즉 고령 출신 유학자들은 노론 계열인 민진원(閔鎭遠), 임헌회(任憲晦), 전우(田愚), 서찬규(徐贊奎)를 비롯한 정홍석(鄭弘錫), 송병순(宋秉珣), 신유한(申維瀚), 류광곤(柳廣坤), 차석우(車錫祐), 곽문한(郭文翰), 박승렬(朴升烈) 등의 문하에까지 비교적 자유롭게 출입하였다. 이러한 개방적인 학풍은 안동권은 말할 것도 없고, 같은 문화권으로 분류되는 성주지역과 비교해보더라도 두드러진 차이를 갖는다.

조선 후기 고령지역 출신의 주요 유학자들로는 대략 곽수강(郭壽岡),

배진택(裵振澤), 곽식(郭湜), 곽기(郭基), 오경정(吳慶鼎), 이종기(李種杞), 이두훈(李斗勳), 이인재(李寅梓) 등을 거론할 수 있다. 여기서는 만구(晩求) 이종기(李種杞)를 중심으로 조선 후기 고령 유학의 특징을 살펴보도록 하자.

만구 이종기는 퇴계학의 보수적 경향을 충실하게 계승하고자 노력했다. 그는 두 가지 측면에서 자신의 성리학적 입장을 잘 드러냈다. 첫째, 기호학파의 비조인 율곡의 성리학적 입장에 대한 비판을 통해 퇴계학파로서의 사상적 좌표를 명확하게 설정하고, 둘째, 한주학파(寒洲學派)와의 논변을 통해서 자신의 철학의 차별성을 드러낸다.[71] 그런데 논쟁을 잘 살펴보면 만구의 사상이 한주(寒洲) 이진상(李震相)에 비해 고령의 전통 즉 '회통성'에 충실해 있음을 볼 수 있다. 즉 만구는 자신이 살던 조선 후기 영남지역 성리학계의 동향에 따라 기본적으로 퇴계학파의 입장을 따른다. 그는 퇴계사상을 전거로 내세우며 율곡학파와 한주학파의 이론을 모두 비판한다. 만구는 한주학파의 영향권에 살았지만, 한주와도 분명한 차별성을 유지했던 것이다.

한주학파에서는 한주의 학문 계보를 한강에서 찾는다. 그렇지만 만구의 경우는 가학적 전통이 퇴계학의 정맥(正脈)이라 평가받는 대산(大山) 이상정(李象靖)의 학맥을 이어받고 있다. 만구의 장인(丈人)은 이상정의 외증손인 정재(定齋) 류치명(柳致明)의 학맥을 이어받았으며, 이러한 영향으로 인해 만구 또한 류치명을 사숙한 것으로 보인다. 그런데 만구의 이론적 특색이 가장 잘 드러나는 것이 바로 '심합이기설(心合理氣說)'이다. 만구는 이 이론이 '퇴계-대산-정재'로 이어져 오는 퇴계학의 핵심 이론이라고 여겼다.

---

71) 임종진, 「晩求 李種杞의 성리학적 입장에 대한 검토」(『퇴계학과 한국문화』, 43호, 경북대학교 퇴계연구소, 2008), 97쪽 참조.

만구는 기본적으로 퇴계의 이기호발설(理氣互發說)과 심합이기설(心合理氣說)의 입장을 성리학 이해의 근간으로 삼고 있기 때문에 지나치게 이발(理發) 또는 기발(氣發)만을 강조하는 성리학적 입장에 대해서는 회의적이었다. 이러한 만구의 입장은 퇴계학파 중에서도 대산 이상정의 이론과 크게 유사하다. 대산이 18세기 영남지역의 대표적인 학자였으며, 또한 만구의 가학이 대산의 학맥을 이어받는다는 점을 고려해보면 양자 간의 유사성은 충분히 납득할 수 있다. 대산은 일반적으로 주리론을 전개하는 것에 대해서도 반대하였다. 그는 이기론에서 중요한 개념인 이기동정(理氣動靜), 이기선후(理氣先後)의 문제에 대해 횡설(橫說, 가로읽기)과 수설(竪說, 세로읽기)의 관계를 통해 그 양면성을 확실하게 파악한 뒤에 그것이 가지는 본래 의미를 이해하는 것이 중요하다고 역설하였다. 당시 퇴계학파의 학자들이 주리적 입장만을 지나치게 고집한 나머지 학설을 전개할 때 대체로 분개간(分開看) 즉 이기분리(理氣分離)의 입장에 지나치게 치우치는 경향이 있었다. 그러나 대산은 이러한 경향에서 탈피하여 이기(理氣) 문제를 합리적으로 이해하고자 애썼다. 그는 주리(主理)와 주기(主氣)의 양변을 모두 제대로 보아야만 이기(理氣)의 본래 의미를 파악할 수 있다고 주장했다. 그는 이기동정(理氣動靜)의 관계를 대단히 명료하게 설명했다. 즉 이기(理氣)의 문제를 본원으로부터 수간(竪看, 세로로 보기)하면 이(理)가 기(氣)의 동정인(動靜因)이 되므로 '이유동정(理有動靜)' 이라 할 수 있고, 유행(현상)으로부터 횡간(橫看, 가로로 보기)하면 동정하는 것은 기(氣)이므로 '이무동정(理無動靜)' 이라 할 수 있다는 것이다.[72] 이러한 대산의 이론은 기본적으로 만구의 이론과 합치하고 있다.

한주의 이론이 퇴계학파의 전통과 차별성을 띤다는 측면에서, 특히 심

72) 최영성, 『韓國儒學思想史(Ⅳ)』(朝鮮後期篇), 아세아문화사, 1995, 288~289쪽 참조.

즉리(心卽理)라는 이론의 차별성 때문에 독창적이라고 평가할 수 있겠다. 반면 만구의 경우 퇴계학파의 학파적 견고성이 지니는 폐쇄성을 어느 정도 벗어나 있었기에 퇴계학파의 초기적 균형감과 역동성을 유지할 수 있었다. 특히 퇴계학 내에서도 갈암 이후 강화되어 온 이(理) 위주의 철학 전통에서 만구는 주리론의 경화(硬化) 현상에 대한 퇴계학파 내부의 자기반성적 태도를 보였다고도 할 수 있다.[73] 그리고 한주학파와는 달리 기(氣)의 정상(精爽)을 이(理)로 해석하지 않고,[74] 기 자체로 보고자 애쓴다. 바로 이러한 점에서 만구는 절충적(회통적) · 개방적 고령 유학의 전통을 누구보다 잘 계승한 학자라고 하겠다.

만구의 문집 내용 가운데 특기할만한 것으로는 「양현청무소(兩賢請廡疏)」가 있는데 이것은 김종직(金宗直)과 김일손(金馹孫)의 문묘 배향을 청하는 상소이다. 만구 또한 이 지역의 도학적 전통을 자각하고 그 근원이 되는 양인의 문묘 배향을 소청했던 것이다. 그리고 특이하게도 「의척야소(擬斥耶疏)」라는 상소문이 『문집』에 포함되어 있는데, 이것은 김홍집(金弘集)이 일본에 사신으로 갔다가 『야소학(耶蘇學)』이라는 책을 가지고 귀국하여 이를 배포하려 하고, 또한 청나라 사람 황준헌(黃遵憲)이 야소교(예수교)를 전파시키려고 한 일련의 기독교 전도 움직임에 대해 반대하는 상소이다. 그는 예수교를 국법으로 배척하라고 소청하였다. 고령 유학의 특성을 개방성이라 전제할 때 상소의 내용은 오히려 폐쇄적이어서 서로 잘 맞지 않는다. 그렇지만 이것은 만구가 특별히 보수적인 기질이 있어서라기보다는 기독교에 대한 당시 유학자들의 일반적인 견해를 드러낸 것이라고 보아야 할 것이다.

'서(書)' 가운데는 허전(許傳) · 이원조(李源祚) · 이진상(李震相) 등 인

73) 임종진, 「晩求 李種杞의 성리학적 입장에 대한 검토」, 126～128쪽 참조.

74) 『晩求集』, 卷7, 「氣之精爽辨附朱子說諸條」, 1～2張 참조.

근 지역 학자들과 주고받은 서신이 많은데, 성리이론에 대한 논의가 풍부하다. 태극동정설(太極動靜說)과 이기설(理氣說)을 조목조목 열거한 문목(問目)이 특히 주목된다. 그 밖에 동문과 제자들이 예설(禮說), 성리학적 논설, 경서에 관해 학문적으로 질의한 문목에 대해 답한 서찰도 많이 포함되어 있다. 성리학적 논의를 담은 저작들로 「사칠개기발이승지변(四七皆氣發理乘之辨)」, 「비양자근태극도해문답(批楊子根太極圖解問答)」, 「독한주집이장통서차의(讀寒洲集李丈通書箚義)」, 「이기선후주종편전설(理氣先後主從偏全說)」 등이 주목된다.

만구를 통해 고령 유학을 들여다보면, 우선 당시 고령지역의 유학자들이 대부분 퇴계학에 접목하고자 애썼던 사실을 알 수가 있으며, 그러면서도 역시 어느 학파에도 편중되지 않고 나름대로 균형감과 절충적 회통 의지가 있었음을 알 수 있다. 즉 이 지역이 외형상으로는 정치적 사유로 인해 남명학의 전승이 단절되고 퇴계학파에 줄을 대고자 노력한 것처럼 보이지만, 내적으로는 여전히 남명의 학풍이 살아 있었고, 조선 중기 고령 유학이 지녔던 특성을 지속적으로 계승하고 있음을 짐작할 수 있다.

3) 조선 후기 영남 유학과 고령 유학의 특징

17세기 영남 남인의 정치 기반은 서인 세력에 비해 전반적으로 부진한 편이었지만 '명분상 우세'[75]와 공론적(公論的) 기반의 강화를 통해 세력의 균형을 유지하고자 했다. 그들의 공론적 기반 강화책은 대체로 단위 지역의 사론(士論)을 결속하는 데 있었다. 이러한 배경에서 영남지역에서는

75) 退溪學이 한국 성리학의 嫡子라는 생각, 그리고 자신들이 그 전통을 계승하였다는 자부심, 그러므로 그들이 살고 있는 지역이 이 나라 정신적 首都라는 긍지 등을 예로 들 수 있다.

원우(院宇) 건립 운동이 활발하게 일어났는데, 지역적 범주의 확대는 이루지 못했다.[76] 그렇지만 이 지역의 원우 건립 양상은 여타 지역에 비해 유림(儒林)의 결속도가 훨씬 강하고 그 상징성과 역할이 두드러졌기 때문에 남인의 사회적 기반은 지역적 범위에 비견할 성질의 것이 아니었다.

16세기 전국에 만 명 정도로 추산되던 유생(儒生)의 수가 효종시대에는 영남에만 만 명이 넘어섰고, 그러므로 "전국 인재의 절반이 영남 사람이다."라고 일컬어진 사실은 질적인 면뿐만 아니라 양적인 면에서도 압도적이었음을 의미한다. 영남 유생들은 원우를 비롯해 사마소(司馬所)와 향교(鄕校)를 무대로 결속을 강화하는 한편 향론(鄕論)을 주도하며 자치적 기반을 구축하였다.[77] 그들의 이러한 동향은 일찍부터 군주나 서인 세력에게 비상한 관심의 대상이 되었으며, 그로 인해 서인들은 영남의 사림 동향에 대해 특히 민감한 반응을 보이며 유생(儒生)의 분열을 조장하고 통제를 강화해 나갔다.

이 시기 고령지역의 동향 또한 넓은 국면에서는 영남의 여타 지역과 대동소이하다. 이 지역에 뿌리를 둔 명문가의 자손들인 재지사족들이 힘을 발휘하여 향론을 주도하고 자치 기반을 구축하였다. 예를 들면 1792년(정조 16년)에 이루어진 영남만인소(嶺南萬人疏)에 참여한 고령 출신의 집안을 살펴보면 고령박씨(朴烱[78]의 후손), 고령김씨(金沔의 후손), 선산김씨(金宗直의 후손), 성주이씨(李士澄의 후손) 등 네 집안이다. 역대의 영남유소(儒疏)가 거의 그러하였듯이 고령을 대표했던 명현의 후예들이 참여하였다.[79] 이 사실을 통해 알 수 있는 것은 조선 후기에 이르러서도 전기

76) 설석규, 「16~18세기의 儒疏와 公論政治」, 150쪽 참조.

77) 설석규, 「16~18세기의 儒疏와 公論政治」, 150~151쪽 참조.

78) 고령 도진에 거주했으며, 세조의 '靖難原從功臣'이 되어 고령지방을 대표하는 강력한 재지사족으로 성장하였다. 그의 손자인 朴潤 형제는 남명과 교유하였고, 朴潤의 증손인 朴宗胤은 한강 정구의 문인이다.

와 중기에 이 지역에서 활약했던 유학자들의 후손 또는 후학들이 대부분 이 지역에서 주류로 활동하고 있었다는 사실이다. 이러한 사실은 조선 전기와 중기의 고령 유학의 특징이 상당 부분 후기에도 계승되었다는 점을 짐작하게 한다.

그렇다면 이제 조선 후기 고령 유학의 특징에 대해 항목별로 구체화해 보자.

첫째, 고령 유학의 주류는 외형적으로는 퇴계학파이다. 상당수 학자들이 퇴계학파와 직·간접적으로 관련을 맺고 있다. 이들은 자신들의 학문적 정체성을 퇴계학에서 찾았고, 그러기 위해서 당시 퇴계학의 정통성을 확보하고 있던 이상정을 비롯한 안동지역의 퇴계학파의 학자들에게 크게 의지하였다. 그렇지만 내면적으로는 남명학의 학풍이 여전히 상당 부분 계승되고 있었다.

둘째, 한강 정구 계열의 학자들이 많았다. 그 이유로 몇 가지를 언급할 수 있다. 우선 한강의 출신 지역이 고령과 인근 지역인 성주였으며, 그리고 그가 남명과 퇴계의 양 문하에서 수학하여 고령 유학의 학풍과 일치하는 부분이 많았기 때문이다. 또한 한강은 정치적으로도 온건한 입장을 취했기 때문에 정인홍 일파와는 차별성을 유지했으며, 이로 인해 정인홍의 실각 때에도 무사할 수 있었다. 이 외에 한강 자신이 오랜 기간 낙향해서 강학(講學)과 제자양성에 열중하였기 때문에 인근 지역의 문인들을 많이 배출할 수 있었던 것이다.

셋째, 이들은 조정의 정치 현실에 대해서는 무관하려고 하였다. 이것은 이미 앞에서 살펴보았듯이, 당시의 시대적 배경과도 관련이 있다. 인조반정 이후 영남지역의 재지사족(在地士族)이 보여주던 일반적 특징이기도

79) 이수건, 『嶺南學派의 形成과 展開』, 550~553쪽 참조.

하다.

넷째, 추상적 · 형이상학적 논쟁보다는 실제적 논의를 즐겼다. 고령지역 학자들의 문집을 보면 예(禮)에 관한 언급이 많다. 그런데 예(禮)의 형식적인 측면이나 절차보다는 그 본래의 정신을 강조했다. 그리고 장재의 기학과 도가사상에 대해서도 비교적 포용적이었다. 특히 장재학(張載學)에 대한 관심은 향약(鄕約)을 비롯한 실천적 관심의 방향으로 확장되어 갔다.

4) 주요 학자들

○ 곽수강(郭壽岡, 1619~1660) : 본관은 포산(苞山, 현풍), 자는 진옹(鎭翁), 호는 매헌(梅軒)이다. 그는 성리학에 통달하였고, 당시 충효상겸(忠孝相兼)의 유학자로 높이 평가받았다. 16세 때에 「천인상감설(天人相感說)」을 저술하여 세상 사람들을 놀라게 했으며, 음양(陰陽), 지지(地誌), 의서(醫書), 성력(星曆)에도 정통하였고, 시(詩), 율(律), 서(序), 기(記) 등에 관한 저작도 많았다. 이러한 학풍은 치용(致用)의 학문을 존중하는 고령 유학의 학풍과 맥을 같이 한다. 그는 부모의 병환에 손가락을 잘라 그 피를 바쳤고, 부모의 상을 당하여 5년간 시묘살이를 하였다. 그리고 효종이 죽자 군신일여(君臣一如)의 의리로 나섯 달 동안 소소(蔬素)의 예를 지켰다. 저술로는 『매헌집(梅軒集)』이 있다.

○ 배진택(裵振澤, 1636~1699) : 자는 성명(聖鳴), 호는 성심재(省心齋)이다. 타고난 재능이 뛰어나 8세에 「부신월시(賦新月詩)」를 지었는데, "옥경(玉京)에 새로운 거울 열리니 천고의 빛깔이 변하지 않네."

라는 구절은 당시 사람들에게 회자되었다. 미수(眉叟) 허목(許穆)의 문하에 나아가서 학업을 연마하였으며 스승으로부터 큰 재목으로 평가받았다.

○ 곽식(郭湜, 1655~1713) : 본관은 포산(苞山), 자는 건숙(健叔), 호는 지분당(知分堂) 또는 졸옹(拙翁)이다. 갈암 이현일의 문인이고 독오당(獨梧堂) 황협(黃悏)으로부터 수학하였으며, 학문과 행의(行義)가 높았다. 제현(諸賢)들과의 교유가 넓었고, 마을 사람들로부터 "충효는 하늘 아래 빼어나고, 학문은 세상에 드높네〔忠孝出天, 學問著世〕."라는 칭송을 받았다.

○ 곽기(郭基, 1735~1775) : 자는 덕부(德夫), 호는 정관재(靜觀齋)이다. 대산 이상정과 백불암 최흥원 두 선생으로부터 모두 배웠다. 당시 백불암과 대산은 서로 비슷한 연배로 우의가 두터웠는데 상호 간에 자제를 문하생으로 보내고, 제자들 또한 비교적 자유롭게 왕래하였다.

○ 이종기(李種杞, 1837~1902) : 본관은 전의(全義), 자는 기여(器汝), 호는 만구(晩求) 또는 다원거사(茶園居士)이다. 그는 잘 알려지지 않은 유학자이지만, 학문적 업적은 높이 평가될 여지가 많다. 그는 기본적으로 이황의 주리론적 입장을 따랐으나, 지나치게 이(理)와 기(氣)만을 중시하는 주리론(主理論)과 주기론(主氣論)의 이론에 대해서는 회의적이었다. 당시의 영남지역의 대표적인 유학자들과의 긴밀한 학술적 교류가 있었으며, 특히 한주학파와의 논변은 주목할 만하다. 그는 지리적으로 볼 때 고령지역에 거주하였기 때문에 이진상의 한주학파에 속하는 것이 자연스러웠을 것이나, 퇴계사상의 본래 입장에

충실하면서 이진상 및 그의 문인들과 날카로운 성리학적 논변을 펼쳐나갔다. 이종기는 평생 학문에만 정진했기 때문에 『만구집(晩求集)』에 원집 17권 9책, 목록 1책, 속집 8권 4책의 비교적 풍부한 시문집을 남겼다.

○ 오경정(吳慶鼎, 1756~1827) : 본관은 고창(高敞), 호는 괴옹(槐翁)이고, 죽유 오운(吳澐)의 후손이다. 1822년에 '매촌동약(梅村洞約)'을 제정하여 동민들의 경제적 안정을 도모하였다. 그는 죽유의 주손(胄孫)인 오현창(吳顯敞)의 양자가 됨으로써 고령지역의 고창오씨(高敞吳氏) 문중 전체를 대표하게 되었으며, 이러한 배경에서 '매촌동약'을 주도할 수 있었다.

○ 이두훈(李斗勳, 1856~1918) : 본관은 성산(星山), 자는 대형(大衡), 호는 홍와(弘窩)이고, 초명은 중훈(中勳)이다. 조선 초기 고령 출신의 유명한 유학자인 이사징(李士澄)의 후손이며, 한강의 문하생인 국포(菊圃) 이문룡(李文龍)의 후손이다. 그리고 한주 이진상(李震相)의 문하에서 수학했다. 지조와 행실이 곧고 예절과 학문을 겸비한 덕망과 인품을 갖추어 고을 사람들의 사표가 되었다. 저술로는 『홍와집(弘窩集)』과 『동화세기(東華世紀)』가 있다.

○ 이인재(李寅梓, 1870~1929) : 본관은 성산(星山), 자는 여재(汝材), 호는 성와(省窩)이다. 이사징(李士澄)의 후손이며, 이문룡(李文龍)의 후손이다. 가학(家學)의 연원을 따지면 그 또한 한강의 학문적 영향을 입었다고 할 수 있다. 그런데 직접적인 학맥은 곽종석(郭鍾錫)을 통해 한주학파의 성리학적 입장을 계승했다. 그는 고령지역 학풍의 영

향을 받아 어느 학파에도 전적으로 구속되지 않는 비교적 자유로운 학풍을 지니고 있었으며, 왕성한 시무(時務)의식과 새로운 문화에 대한 개방적 태도를 보여주었다. 대표적인 사례가 바로 서양철학에 대한 연구와 소개를 들 수 있다. 시문집으로 『성와집(省窩集)』이 있고, 그 외에 철학과 관련한 저술로 『고대희랍철학고변(古代希臘哲學攷辨)』이 있다.

〔표 1〕 고령지역의 학맥[80)]

<table>
<tr><th>門主</th><th colspan="3">高靈 門人</th></tr>
<tr><td>李堅幹</td><td colspan="3">李士澄</td></tr>
<tr><td>金宗直</td><td colspan="3">申用漑</td></tr>
<tr><td rowspan="14">李滉 계열</td><td colspan="3">金沔 金守雍 裵紳 吳澐</td></tr>
<tr><td rowspan="2">盧守愼</td><td colspan="2">朴而章</td></tr>
<tr><td>朴而章</td><td>李見龍 李文龍 李澤龍</td></tr>
<tr><td>鄭宗魯</td><td colspan="2">朴慶家</td></tr>
<tr><td>李玄逸</td><td colspan="2">郭混 朴世貞 李基錫 鄭錫儒</td></tr>
<tr><td>李象靖</td><td colspan="2">郭基 郭壽岡 李震義 李晦根</td></tr>
<tr><td>柳致明</td><td colspan="2">朴鍾源</td></tr>
<tr><td>張福樞</td><td colspan="2">都右龍 宋浚弼</td></tr>
<tr><td>李源祚</td><td colspan="2">裵震相 裵震朝 李俊 李海麟</td></tr>
<tr><td rowspan="2">李震相</td><td colspan="2">李斗勳 李英勳</td></tr>
<tr><td>李斗勳</td><td>金尙德 南亨祐 李基洛 李邦桓 李寅光</td></tr>
<tr><td>郭鍾錫</td><td colspan="2">金聲夏 吳瑀相 李寅梓 李寅杓 李正宇 崔坤述 韓南敎</td></tr>
<tr><td rowspan="2">기타</td><td>李種杞</td><td>羅燦基 吳寅淳 李基魯</td></tr>
<tr><td>崔興遠</td><td>郭基 金應鉉</td></tr>
<tr><td rowspan="5">曺植 계열</td><td colspan="3">郭赳 金沔 朴而章 裵紳 吳澐 李應命 鄭師賢 鄭序 鄭有禮 鄭廈</td></tr>
<tr><td>金沔</td><td colspan="2">羅璟</td></tr>
<tr><td>金宇顒</td><td colspan="2">李淑</td></tr>
<tr><td>李堉</td><td colspan="2">裵世逸</td></tr>
<tr><td>裵紳</td><td colspan="2">朴慶會 朴世儉 崔汝契</td></tr>
</table>

鄭逑 계열	郭鴻漸 羅璟 朴玢衢 朴玒衢 朴廷璠 李蘭貴 李蘭美 李簬 李命夔 李命龍 李文龍 李潚 李長亨 李澤龍 李見龍 崔汝契 許命申	
	許穆	朴遲 裵振澤 李光彦
	孫處訥	李玧
	許傳	李俊 李海麟
張顯光	李惟碩	
西人 계열	成渾	姜晋暘
老論 계열	金長生	金應鑑 金應鉉
	閔鎭遠	鄭元燮
	任憲晦	鄭萬中
	田愚	朴永祺 曺塽
	徐贊奎	曺塽
기타	鄭弘錫	金時振
	宋秉珣	羅燦基
	申維瀚	李晦根
	柳廣坤	白炳三
	車錫祐	洪仁杓
	郭文翰	孫浩成
	朴升烈	申馨永
	申相譱	曺秉直 曺鎭煥

80) 〔표 1〕과 〔표 2〕는 金成潤이 『嶠南誌』, 『高靈誌』, 『高靈郡誌』, 『高靈鄕校誌』 등을 참고하여 작성한 도표〔김성윤, 「조선시대 星州圈 유림층의 동향」(『역사와 경계』, 제59호, 부산경남사학회, 2006), 159~160쪽, 201~202쪽 참조〕를 필자가 부분적으로 수정하여 가·나·다 순으로 재배열한 것이다.

〔표 2〕 고령지역 유학자들의 가문별 분포

본관	등재인물	인원
苞山 郭氏	郭基 郭聖淵 郭聖濂 郭壽岡 郭弘址	5
安東 權氏	權邦傑 權銖	2
高靈 琴氏	琴柔	1
慶州 金氏	金乃雍 金守雍 金泳奎 金璡	4
高靈 金氏	金南得 金沔 金畝 金士行 金肅 金鉦 金鉄 金鐸 金弘遠	9
善山 金氏	金驥鉉 金相稷 金世鳴 金養默 金準 金虎振	6
江華 魯氏	魯承周	1
星州 都氏	都汝垣	1
高靈 朴氏	朴健順 朴慶家 朴慶九 朴季孫 朴公亮 朴光先 朴思明 朴世貞 朴時源 朴英佐 朴誾 朴履坤 朴廷璠 朴廷琬 朴宗胤 朴宗冑 朴珍 朴澤 朴興陽	18
順天 朴氏	朴而章	1
南陽 宋氏	宋寅	1
高靈 申氏	申權 申德隣 申泗 申成用 申淑 申松舟 申叔舟 申用漑 申檣 申瀞 申從濩 申浚 申潔 申包翅	14
禮州 申氏	申維瀚	1
高敞 吳氏	吳善基 吳斗淳	2
坡平 尹氏	尹世禎	1
星山 李氏	李見龍 李克用 李基東 李起春 李東禮 李文龍 李士澄 李士淸 李錫賢 李蕤 李惟直 李翊亮 李天一 李熙春	14
全州 李氏	李淙宇 李錫禧	2
仁川 李氏	李仁老	1
慶州 崔氏	崔廷鎭 崔興壁	2
陽川 崔氏	崔虎文	1
淸州 韓氏	韓璉 韓廉 韓仁迪 韓哲冲 韓希迪	5
盆城 許氏	許命申	1

제8장

'통강록(通講錄)' 을 통해서 본 대구지역 성리학의 특징

1. 17세기 이후 영남 성리학계의 동향

16세기 당시 영남학파의 주 무대는 퇴계학파를 중심으로 한 경북 북부지역과 남명학파를 중심으로 한 경남 서부지역에 집중되었다. 영남지역에서는 광해군 시절까지만 하더라도 퇴계학파와 남명학파가 협력과 견제의 관계로 상호 발전하는 형국을 띠었으나, 인조반정으로 서인이 왕권과 강력하게 결탁하고 정권을 장악한 후로는 광해군과 연계되어 있던 남명학파는 궤멸하기 시작하였다. 특히 영조 때에 일어난 무신란(戊申亂)의 주도층 가운데 경상우도 출신의 정희량(鄭希亮)이 포함됨으로써 경상우도는 반역향(叛逆鄕)으로 지목되었다. 그리고 우도의 사상적 근원인 남명학파는 순정(純正)치 못한 집단으로 분류되어 더 이상 재기할 수 없는 지경에 이르렀다.[1] 이러한 일련의 정치적 사건을 겪으면서 자연스럽게 영남학파의 중심은 안동(安東)을 중심으로 한 경북 북부지역이 되었고, 퇴계학파가 곧 영남학파를 대표하게 되었다.

인조반정(仁祖反正)으로 대북 정권이 몰락한 뒤에 서인과 남인은 갈등을 겪는다. 서인 세력이 정국의 주도권을 잡고 북인에 대해 철저한 정치적 탄압을 가하였을 뿐만 아니라, 남인에 대해서도 경계하였다. 정국을 장악한 서인 세력들은 율곡의 학설을 이론적 무기로 삼고 자신들의 세력을 결집한다. 반면 17세기 영남 남인의 정치기반은 서인 세력에 비해 전반적으로 부진한 편이었지만 퇴계가 문묘에 종사된 '명분상의 우세'[2]와 공론적(公論的) 기반의 강화를 통해 세력의 균형을 유지하고자 했다. 16세기 조선에 있어서 전국적으로 만 명 정도로 추산되던 유생(儒生)의 수가 효종시대에는 영남에만 만 명이 넘어섰고, '전국 인재의 절반이 영남사람'이라고 일컬어졌을 만큼 영남 유생의 세력은 강대해졌다. 영남 유생들은 원우(院宇)를 비롯해 사마소(司馬所)와 향교(鄕校)를 무대로 결속을 강화하는 한편 향론(鄕論)을 주도하며 자치적 기반을 구축하였다.[3] 이처럼 17세기 조선의 유림 동향은 '영남 대 비영남'의 구도로 전개되었으며, 영남 유림의 핵심은 경북 북부지역이었다.

17세기 이후 대구권의 유학 또한 크게 보아서 정치적으로는 영남 남인에 속하였고, 계파적으로는 퇴계학파에 참여하였다. 1792년(정조 16년)에 일어난 영남만인소(嶺南萬人疏) 사건은 당시 영남지역의 유림(儒林) 동향

---

1) 『朝鮮王朝實錄』, 英祖16年(1740年, 庚申年), 12月5日(辛丑). "上御召對. 檢討官李天輔因文義言, 曺植學問門路不純正, 故其門下出鄭仁弘, 如荀卿之有李斯, 而植居右道, 故右道之人專尙氣. 李滉居左道, 故戊申之亂, 人無犯者, 至于今, 多有文學行誼者, 宜收用, 上可之." 참조.

2) 退溪學이 한국 성리학의 嫡子라는 생각, 그리고 자신들이 그 전통을 계승하였다는 자부심, 그러므로 그들이 살고 있는 지역이 이 나라 정신적 首都라는 긍지 등을 예로 들 수 있다.

3) 설석규, 「16~18세기의 儒疏와 公論政治」(경북대학교 대학원 박사학위 논문, 1994), 150~151쪽 참조.

과 분포를 짐작하는 데에 좋은 자료이다. 정조가 평소 영남에 대해 호감이 있다는 사실을 탐지한 영남 유림은 그동안 금기사항이던 사도세자의 신원(伸冤) 문제를 두고 유소(儒疏)를 준비하였다. 안동에서 도내 각 읍의 교원(校院)에 통문을 돌려 소유(疏儒)를 규합하고 소자(疏資)를 마련하여 제1차 영남만인소를 올렸다. 바야흐로 영남학파와 기호학파의 뿌리 깊은 대립이 다시 전개되었다.

2. 17세기 대구권 성리학계의 동향과 통강(通講)의 배경

17세기 이후 대구권 유림은 외형상 퇴계학파의 강한 영향권 아래에 있었다. 그렇지만 이 시기 대구권 유학은 경북 북부지역의 유풍과는 다른 자신만의 고유한 색채를 내면적으로 간직하고 있었다. 16세기 이전의 대구지역은 문풍(文風)이 활발하게 일어나지 못했다. 그래서 15세기 대구지역 출신의 최고 학자였던 서거정(徐居正)은 이 지역의 학풍이 미진하고 훌륭한 스승이 존재하지 않는다는 탄식을 한 바 있다.[4] 그러나 서거정이 죽은 지 100여 년이 지난 1563년에 이 지역에 연경서원(硏經書院)이 건립되었고, 17세기 초반부터 본격적으로 강회(講會)가 열리는데, 이러한 일들을 통해 대구지역은 바야흐로 성리학의 부흥기를 맞이하게 된다.

그런데 문헌상 대구지역에서 본격적으로 성리학을 처음 강론한 것은 16세기 후반 계동(溪東) 전경창(全慶昌), 송담(松潭) 채응린(蔡應麟), 임하(林下) 정사철(鄭師哲) 세 사람과 연관된다. 퇴계의 문인인 전경창이 중심

4) 『四佳集』, 卷4, 序, 「送都壯元(夏)還鄕詩序」. "吾鄕大丘, 慶尙之臣邑, 其山川扶輿之氣, 宜產出英材, 迺之何數十年來, 文獻彫謝, 習俗偸惰, 無文人才士一出於其間. …… 然而若此, 則非但土風使然, 亦無唱明開道, 爲諸生先者存也." 참조.

이 되었고, 채응린과 정사철이 함께 강학에 참여하였다. 이들 세 사람은 모두 덕행과 학문이 뛰어난 이들로서 당대 대구지역 사림의 존중을 받았는데, 팔공산과 금호강 주위를 왕래하면서 주로 대구의 서북부지역을 중심으로 제자들과 함께 유교 공동체 건립에 애썼다.[5] 17세기 이후 대구 성리학의 전성기 시절을 이끌어간 많은 학자들이 이들의 문하에서 배출되었다. 임진란 이후에 서사원(徐思遠), 손처눌(孫處訥), 곽재겸(郭再謙), 류요신(柳堯臣) 등이 연경서원의 강학을 이끌었고, 그리고 정사철(鄭師哲), 정광천(鄭光天), 서사원, 손처눌 등이 선사재(仙查齋)의 강학을 주도하였다. 당시 강학에 참여한 학자들의 명단은 여러 기록에 수록되어 있는데, 무려 200여 명이 넘는다.[6] 16~7세기 대구지역에서 활동했던 성리학자 그룹을 3세대로 구분해본다면 제1세대는 서원을 창건하고 몸소 강학했던 전경창, 채응린, 정사철이고, 제2세대는 이들의 제자인 곽재겸, 서사원, 류요신, 손처눌, 정광천이며, 제3세대는 제2세대로부터 강학을 받았던 사람들이다.[7] '통강록' 에 등재된 인물들 대부분은 제3세대의 학자들이다.

제1세대의 학자 중에서도 특히 전경창을 주목할 만하다. 그는 퇴계 이황의 문인인데 채응린, 손처눌, 곽재겸, 류요신 등이 그의 문하에서 배출되었다. 더욱이 채응린은 전경창보다 3살이나 위인데도 불구하고 전경창의 가르침을 받았으니, 당시 대구 유림(儒林)에서 차지하는 전경창의 학문적 위상을 짐작할 수 있다.[8] 전경창의 타계 이후 그의 문인들과 후학들

---

5) 구본욱, 「대구지역의 성리학을 연 계동(溪東) 전경창(全慶昌)」(『조선사연구』, 제20집, 조선사연구회, 2011) 참조.

6) 『通講錄』(徐思遠) ; 「硏經書院講學錄」, 「仙查講錄」(蔡先修의 『達西齋集』 所收) ; 『永慕堂通講諸子錄』(孫處訥).

7) 구본욱, 「연경서원의 경영과 유현들」, 103~4쪽 참조.

8) '全慶昌' 의 師承 관계 및 대구지역 유학의 계보에 관해서는 구본욱, 「계동 전경창 선생의 연보작성을 위한 시론」(『명륜』, 제13집, 대구향교, 2009)을 참고하기 바란다.

이 한강 정구에게 나아가 가르침을 받으면서 대구지역의 유학은 한층 더 심화될 수 있었다.

대구지역의 제2세대와 3세대의 유학자들은 상당수가 한강 정구의 문하에 나아가며, 이들이 이후 대구지역의 성리학계를 주도한다. 한강은 임진란 이전에 이미 서사원과 손처눌을 제자로 받아들였지만, 그가 본격적으로 대구지역의 유림들과 집단적으로 인연을 맺는 것은 1603년경 이후부터로 짐작된다. 이해 3월에 한강은 작은 배를 타고 물길을 따라 내려가면서 한훤당 김굉필의 묘소에 참배하였고, 그리고 파산(巴山) 강어귀로부터 비를 맞아가며 서사원의 처소인 미락재(彌樂齋)를 방문하였다. 이때 대구지역의 학자 70여 명이 한강을 맞아들였다.[9] 한강은 1605년 3월에도 대구지역을 방문하여 많은 학자들을 만나게 된다. 그는 이때도 서사원의 처소를 먼저 방문하였는데, 당시 40여 명의 학자가 찾아왔다. 한강의 대구 방문 소식에 날이 갈수록 많은 사람들이 몰려들었으며, 이들 중에는 인동에 거주하던 장현광도 포함되어 있다. 한강은 연경서원을 방문하고, 서사원과 도응유(都應兪)의 집을 방문하는 등 대구지역의 대표 학자들과 교유하였다.[10] 한강의 대구 방문은 이 지역 학자들에게 깊은 인상을 심어주었으며, 이러한 인연은 결국 10여 년 후에 한강의 대구(칠곡)지역으로의 이주라는 결과로 이어지게 된다.

한강은 1582년부터 3년간 매달 초하루에 열리는 강회계(講會契)를 조직했다. 그는 「계회입의(契會立議)」와 「월조약회의(月朝約會議)」 등의 운영 규정을 만들고 이를 직접 실행하였으며, 1606년에는 통독회(通讀會)의 규약을 정하기도 했다. 대구지역에는 한강의 영향을 받기 이전에도 강회가 존재했지만, 서사원과 손처눌이 강장(講長)으로 주도한 강회는 한강으

---

9) 『樂齋年譜』, 卷1, 癸卯年(宣祖36年), 樂齋54歲, '3月' 條 참조.

10) 『慕堂日記』, 乙巳年(宣祖38年), 慕堂53歲, '3月9日～12日' 條 참조.

로부터 많은 영향을 받았다. 한강은 1605년에 대구지역의 통강회 규약을 제정할 때 절목(節目)과 과정(課程)을 정하는 부분에 있어서 직접 자문에 응하기도 하였다.[11)]

3. 통강록에 등재된 인물 분석

'통강록' 에 등재된 인물의 거주지는 대구에 거주하는 사람이 대다수이고 인근 칠곡 등지에 거주하는 사람도 있다. 이들의 학문적 연원으로 가장 주목할 만한 학자는 한강과 여헌이다. 낙재 서사원과 모당 손처눌의 제자들이 통강록에 등재된 인물의 절대다수를 차지하고 있지만, 이들의 제자들이 서로 중첩되는 경우가 많고 특히 한강의 문인 또는 재전(再傳) 문인이기도 하다는 점에서 차별화하기가 쉽지 않다. 반면 여헌의 경우에는 거주지가 떨어져 있을 뿐만 아니라 학문적 성격에서도 한강 · 낙재 · 모당과 구분되는 부분이 많기 때문에 그의 문인들을 구별할 필요가 있다. 통강록에는 한강의 제자가 26명, 여헌의 제자가 8명 등재되어 있다. 이 중에서 한강과 여헌의 문하에 모두 나아간 제자는 총 4명이다.

〔한강의 제자〕

곽재겸(郭再謙), 나응숙(羅應淑), 도경유(都慶兪), 도성유(都聖兪), 도언유(都彦兪), 도여유(都汝兪), 도응유(都應兪), 박종우(朴宗祐), 배경가(裵褧可), 서사술(徐思述), 서사원(徐思遠), 손처눌(孫處訥), 손처약(孫處約), 이강(李㓻), 이탁(李濯), 채몽연(蔡夢硯), 채무(蔡楙), 채선견(蔡先見), 최동률(崔東嵂), 최동립(崔東

11) 『慕堂集』, 卷5, 行錄, 「樂齋徐公行錄」. "乙巳冬, 與鄕友共議通講會之約, 其中節目課程, 皆稟於鄭先生." 참조.

岦), 최동집(崔東集), 최흥국(崔興國), 한경조(韓景祚), 서사선(徐思選), 서시립(徐時立), 이지영(李之英)〔총 26명 중에서 4명 공통〕

〔여헌의 제자〕

류사온(柳思溫), 류시번(柳時藩), 배경가(裵褧可), 서사선(徐思選), 서시립(徐時立), 손기업(孫起業), 이지화(李之華), 이지영(李之英)〔총 8명 중에서 4명 공통〕

통강의 장소가 모두 대구에 속해 있으므로 여헌의 문인들보다는 상대적으로 한강의 문인들이 많다. 그리고 한강과 여헌의 문인 이외의 인물은 대부분 낙재와 모당의 문인들이다. 그렇지만 이들은 어느 한 스승만을 따랐기보다는 대구지역에 영향을 준 다수의 학자로부터 학업을 연찬한 경우가 많았다. 예를 들면, 류시번(柳時藩)은 9세 때에 곽재겸에게 나아가 『소학』을 배웠으며, 이후 한강과 여헌을 위시하여 서사원, 손처눌 등에게 나아가 가르침을 받았다.

한강의 제자들이 17세기 대구지역 성리학계를 주도했다는 사실은 여러 가지 측면에서 확인된다. 「달성십현인록(達城十賢人錄)」에 등재된 인물들도 대부분 한강과 교우관계가 있거나 한강의 문인 또는 재전(再傳) 제자들이다.[12] 그리고 역대 연경서원의 원장들 또한 대부분이 한강의 제자 또는 재전 문인이다.

〔기록에 남아 있는 역대 연경서원 원장〕

〔1565년〕 이숙량(李叔樑, 47세)-퇴계문인, 전경창(全慶昌, 36세)-퇴계문인 ;

12) 대구향교, 『大邱鄉校誌』, 大譜社, 1998, 961쪽 참조.

〔1598년〕 이주(李輈, 43세)-한강문인 ; 〔1605년〕 손처눌(孫處訥, 53세)-한강문인 ; 〔1607년〕 서사원(徐思遠, 58세)-한강문인 ; 〔1609년〕 곽재겸(郭再謙, 63세)-한강문인 ; 〔1616년〕 서사술(徐思述, 61세)-한강문인 ; 〔1617년〕 손처약(孫處約, 61세)-한강문인 ; 〔1619년〕 손린(孫遴, 54세)-한강문인 ; 〔1627년〕 류시번(柳時藩, 59세)-한강 · 낙재문인 ; 〔1637년〕 이지화(李之華, 50세)-여헌 · 낙재문인 ; 〔1645년〕 서시립(徐時立, 68세)-한강 · 여헌 · 낙재문인 ; 〔1659년〕 이휴운(李休運, 63세)-한강 · 모당문인 ; 〔1668년〕 도신여(都愼與, 64세)-한강 · 낙재문인

강학에 참여한 학자들은 대부분 당시 대구와 인근 지역의 유력 문중 출신의 자제들이다. 현풍곽씨〔郭再謙〕, 성주도씨〔都慶兪, 都聖兪, 都彦兪, 都汝兪, 都應兪〕, 문화류씨〔柳思溫, 柳時藩〕, 순천박씨〔朴宗祐〕, 성산배씨〔裵駿可〕, 달성서씨〔徐思選, 徐思述, 徐思遠, 徐時立〕, 일직손씨〔孫處訥, 孫處約〕, 경주이씨〔李濯〕, 전의이씨〔李之英, 李之華〕, 인천채씨〔蔡夢硯, 蔡楙, 蔡先見〕, 경주최씨〔崔東嵂, 崔東岦, 崔東巢〕, 청주한씨〔韓景祚〕 문중이 대표적이다. 이들 문중은 특히 임진란 이후 지역사회의 중심 세력으로 등장하여 향론(鄕論)을 주도해 나가는데, 이러한 분위기는 18~9세기까지도 이어진다. 예를 들면, 1792년(정조 16년)의 '영남만인소(嶺南萬人疏)'에 참여한 대구와 인근 지역 소유(疏儒)들의 면모는 강학에 주도적으로 참여한 문중과 대부분 일치한다.

〔'영남만인소'에 참여한 집안〕

* 성주목(星州牧) : 청주정씨〔鄭逑〕, 의성김씨〔金宇顒-沙月谷〕, 의성김씨〔金用超-修倫〕, 벽진이씨〔李堅幹〕, 성주여씨〔呂希臨〕, 성산이씨〔李錫九〕, 성주배씨〔裵惠〕, 성주도씨〔都夏〕, 순천박씨〔朴可權〕, 야성송씨〔宋希奎〕

* 대구부(大丘府) : 달성서씨〔徐思遠〕, 경주최씨〔崔興遠〕, 성주도씨〔都聖兪 형제〕, 인천채씨〔蔡倫〕

* 칠곡부(漆谷府) : 광주이씨〔李潤雨〕, 벽진이씨〔李彦英〕

강학에 참여한 학자들의 나이는 14~5세에서 63~4세에 이르기까지 다양하다. 물론 나이 든 사람들은 선생의 역할을 하기도 했지만, 강학의 장(場)에서는 누구나 할 것 없이 본인 분량의 책을 읽고 동등하게 강학에 임하였다. 그야말로 교학상장(教學相長)의 유학이념을 제대로 실천하는 장(場)이었다고 할 수 있다. 참고로 1606년(선조 39년) 6월 25일, 선사재(仙查齋)에 모인 통강 참석자들의 나이를 살펴보면 다음과 같다.

한우(韓愚, 64세), 곽재겸(郭再謙, 59세), 최흥국(崔興國, 56세), 서사원(徐思遠, 56세), 류요신(柳堯臣, 56세), 손처눌(孫處訥, 53세), 손처약(孫處約, 50세), 서사술(徐思述, 50세), 이경배(李景培, 48세), 도경익(都慶益, 48세), 류소조(柳紹祖, 45세), 서승후(徐承後, 44세), 나응숙(羅應淑, 43세), 여응주(呂應周, 42세), 이응기(李應祺, 39세), 어운한(魚雲翰, 38세), 이원생(李元生, 38세), 류시번(柳時藩, 37세), 진엽(陳曄, 37세), 도성유(都聖兪, 35세), 양우형(楊遇亨, 34세), 민충국(閔忠國, 34세), 류사온(柳思溫, 33세), 도응유(都應兪, 32세), 도여유(都汝兪, 32세), 배종서(裵宗緖, 31세), 구신립(丘信立, 30세), 곽용(郭涌, 28세), 민겸(閔謙, 27세), 서사선(徐思選, 27세), 도언유(都彦兪, 27세), 진현(陳晛, 25세), 이경욱(李景旭, 25세), 여극홍(呂克弘, 23세), 한경기(韓景祺, 23세), 최동률(崔東律, 21세), 서신(徐愼, 21세), 이지영(李之英, 21세), 정일신(鄭日新, 21세), 허사중(許士中, 21세), 한경조(韓景祚, 21세), 배윤서(裵胤緖, 21세), 배정기(裵正己, 21세), 류종언(柳宗彦, 20세), 최동집(崔東集, 20세), 정수(鄭鎹, 20세), 이강(李剛, 20세), 홍이정(洪頤正, 19세), 도호(都鎬, 19세), 채모(蔡模, 18세), 최기(崔璣,

18세), 이홍중(李弘中, 18세), 이지화(李之華, 18세), 류종경(柳宗慶, 18세), 배영거(裵暎琚, 16세), 여홍주(呂興周, 16세), 정광형(鄭光亨, 15세), 이이립(李以立, 15세)

이이립(李以立)의 경우에 1605년 11월 18일의 선사재(仙査齋) 강회에도 참여했는데, 당시 나이가 14세이다. 그는 여기서 『맹자』를 읽었다. 반면, 한우(韓愚)는 1606년의 강회에 참석하였는데, 당시 나이가 64세로서, 이이립과는 무려 50세 가까이 차이가 난다. 조손(祖孫)의 나이 차이에도 불구하고 함께 모여 강학하는 모습에서 대구지역 성리학자들의 면학 분위기를 짐작해볼 수 있다.

대구지역 주요 성리학자들의 행장(行狀)류의 전기(傳記) 기록을 살펴보면, 이들이 서로 간에 학통으로 긴밀하게 연계되어 있고 함께 공부하는 아름다운 전통을 지속적으로 실천하고 있었음을 알 수 있다. 학문적 연원으로 가장 두드러진 학자는 한강 · 여헌 · 낙재 · 모당이며, 통강의 장소가 대구지역에 있었기 때문에 통강에 참여한 학자들 또한 대구와 인근 지역의 주요 가문 출신의 인물들이 주류를 이루었다. 이들 구성원의 주축은 주로 한강의 문인들이었으나, 이 지역 주요 학자들의 문하에 자유롭게 출입하였다. 이러한 대구권 성리학의 특징은 다른 지역에서 찾아보기 힘든 개방적이고 소통적인 지역학의 학풍을 구축할 수 있게 하는 배경이 되었다.

4. 통강의 내용과 특색

대구지역 유림(儒林)의 '통강록'으로는 현재까지 여러 종류가 전해오고 있는데, 가장 자세하고 체계적인 기록은 백불암(百弗庵) 최흥원(崔興

遠) 종택(宗宅)이 소유한 '통강록' 이다. 이 통강록에는 1605년(선조 38년) 11월 18일부터 1613년(광해군 5년) 10월 1일까지 대구지역 유림들의 통강자 명단과 통강을 한 서적의 명칭 및 편명(篇名) 또는 권명(卷名)이 충실하게 기록되어 있다. 1605년 11월에 서사원, 손처눌, 곽재겸, 류요신 등이 의논하여 통강〔月講〕의 규정을 정한 바 있는데, 이때부터 본격적으로 통강의 전통이 이루어진 것으로 보인다. 그런데 이 통강록에는 기록자에 대한 정보가 전혀 없다. 다만 직접 강학에 참여하였고 통강록이 현재 그의 주손(冑孫) 가문에서 보관되고 있다는 점 등을 고려해보면 최홍원의 5대조인 대암(臺巖) 최동집(崔東集)일 것으로 추정할 수 있다.[13)]

1) 강학 장소

대구지역 성리학자들은 연경서원(研經書院), 선사재(仙査齋), 영모당(永慕堂) 세 곳에서 주로 강학했다. 연경서원은 이숙량과 전경창이 중심이 되어 건립하였고, 선사재는 정사철이 건립한 선사서당을 서사원이 계승한 것이고, 영모당은 손처눌이 자신의 부모 묘소 앞에 지은 건물이다. 그런데 통강록에서는 강학 장소로 주로 연경서원과 선사재가 등장하고, 드물게 향교와 달성에서 이루어졌다는 기록이 있다.[14)]

---

13) 구본욱, 「『大邱儒賢 通講錄』의 正字化와 해제」(『퇴계학논집』, 제11집, 영남퇴계학연구원, 2012), 1쪽 참조.

14) 1607년 선조 40(정미년) 8월 20일에 '達城' 에서 通講이 있었고, 1608년(선조 41년) 1월 16일에 '鄕校' 에서 모임이 있었다. 그런데 達城이 어떤 장소인지에 대해서는 구체적으로 밝혀진 바가 없으나 이전의 鄕校 건물로 추정된다.

(1) 연경서원

연경서원은 1563년(명종 18년) 가을에 공사를 시작해 1564년에 상량고유(上樑告由)를 하였고, 1565년(명종 20년) 10월에 완공했다. 서원 건립을 주도한 사람은 이숙량, 전경창, 채응린, 정사철 등이었다. 이 중에서 이숙량은 농암(聾巖) 이현보(李賢輔)의 아들로서 중년 이후에 대구로 이거하였는데, 퇴계의 문인이기도 하다. 그리고 대구 출신인 전경창 또한 퇴계의 문인으로서 대구지역에 거의 처음으로 퇴계학을 소개한 사람이다. 당시 서원 건립에 필요한 재원은 대구지역의 유림들이 분담했으며, 대구부사가 후원하였다. 서원이 완공된 후에도 서원의 운영에 필요한 각종 기물을 대구부사와 지역 유림이 서로 협력하여 제공하였다. 서원에는 관찰사와 대구부사를 비롯한 관리들이 수시로 방문하여 원생들의 공부를 점검하고 격려했다.[15] 당시 많은 서원들이 관(官)의 주도로 건립되었고, 제향(祭享)과 강학(講學)의 두 가지 목적 또는 강학보다는 제향을 위한 목적에서 설립되었다. 이에 비해 연경서원은 민간에서 주도하고 관에서 지원하는 형태의 관 · 민(官民) 협조형의 건립과정을 거쳤고, 처음 설립 당시에는 사당이 없는 강학 위주의 서원이었다는 점이 이색적이다. 이러한 점은 당시 대구지역 성리학계의 분위기를 짐작할 수 있는 좋은 사례이다.

(2) 선사재

선사재는 신라의 고찰(古刹)인 선사암(仙槎庵) 자리에 정사철이 마련한 선사서당에서 비롯되었다. 선사암은 고운 최치원 선생이 가야산 해인사

15) 구본욱, 「연경서원의 경영과 조선 중기 대구지역의 유학」(『퇴계학논집』, 제11집, 영남퇴계학연구원, 2012), 4~5쪽, 17쪽 참조.

에 들어가기 전에 머물렀던 유서 깊은 절이다. 이 절은 정사철이 58세 때인 1587년(선조 20년)에 이곳에 서당을 열기 얼마 전에 폐사(廢寺)된 것으로 보인다. 선사서당은 임진란 이후에 서사원이 불에 탄 정사철의 선사서당을 개축하여 강학의 장소로 삼은 이후에는 선사서재(仙査書齋) 또는 선사재(仙査齋)로 불렸다.

(3) 대구향교

대구향교는 1592년 임진란 때 소실된 후 1599년(선조 32년)에 관찰사인 한준겸(韓浚謙)과 부사인 김구정(金九鼎)이 사림(士林)과 협력하여 현재의 달성공원 부지에 이건(移建)했으며, 1605년(선조 38)에 관찰사 류영순(柳永詢)이 옛터 교동(校洞)으로 환건(還建)하였다. 그리고 1625년(인조 3년)에 부사 조국빈(趙國賓)의 재임 시에 명륜당(明倫堂)을 건립하였다.[16]

2) 통강 도서 목록의 특징

전통 유학자들의 사상을 제대로 이해하기 위한 기본 자료의 하나가 바로 '독서록(讀書錄)' 이다. 즉 그들이 어떤 책을 어떤 순서와 어떤 방법으로 읽었는지를 면밀하게 검토해 보면, 사상적 특징을 간취하는 데 많은 도움을 얻을 수 있다. 통강의 도서 목록 또한 마찬가지다. 대구지역의 통강 도서 목록과 다른 지역의 독서 목록을 비교해봄으로써 양자 간의 학문적 경향의 보편성과 차별성을 짐작해볼 수 있다.

대구지역의 통강회에서는 『소학』, 『대학』, 『논어』, 『맹자』, 『중용』, 『시

16) 대구향교, 『大邱鄕校誌』, 大譜社, 1998, 407쪽 참조.

경』, 『서경』, 『주역』, 『춘추』 등과 같은 유학의 기본 경전을 대부분 강독하였음을 알 수 있다. 그 외에 『심경』, 『근사록』, 『통감』, 『고문진보』, 『가례(家禮)』, 『문장궤범(文章軌範)』, 『훈몽절구(訓蒙絶句)』, 한문(韓文, 韓愈의 글), 문산책(文山策)도 강의하였다. 성리학과 관계되는 서적으로는 주돈이(周敦頤)의 「태극도설(太極圖說)」과 주희의 『주자서절요(朱子書節要)』를 강의하였고, 그 외 주희의 시문으로는 「재거감흥(齋居感興)」, 「무이구곡도가(武夷九曲櫂歌)」, 「백록동부(白鹿洞賦)」를 강의하였다. 또 소옹(邵雍)의 「안락음(安樂吟)」과 양시(楊時)의 「차일부재득시학자(此日不再得示學者)」도 강론하였다. 그리고 잠(箴), 명(銘), 찬(贊)도 강론하였는데, 「숙흥야매잠(夙興夜寐箴)」, 「경재잠(敬齋箴)」, 「동명(東銘)」, 「서명(西銘)」, 「육군자화상찬(六君子畫像贊)」, 「취성정화병찬(聚星亭畫屛贊)」, 「심경찬(心經贊)」, 「역원상찬(易原象贊)」, 「역술지찬(易述旨贊)」, 「역계류찬(易稽類贊)」 등의 제목을 확인할 수 있다. 통강에 사용된 서책이 매우 다양한데, 특히 송대 성리학의 기본 전적들이 많이 활용되었다.

그런데 통강회의 강장(講長)으로 활동했던 서사원과 손처눌은 무엇보다도 주희의 저술을 강조했으며, 이러한 경향은 다른 학자들에게도 많은 영향을 주었던 것으로 보인다. 서사원의 사례는 『연보』를 통해서 쉽게 확인할 수 있다.

1582년(33세) : 『주자서절요』를 읽기 좋아하여 잠시도 그만둔 적이 없었다.

1593년(44세) : 『주자어류』를 초록하였다.

1599년(50세) : 『주자전서』를 가장 좋아하기에 이 책을 학도들에게 먼저 가르치며 말했다. "자고로 후학들이 힘을 얻을 곳으로 『주자전서』만한 것이 없느니라."

1603년(54세) : 『주자전서』 읽는 것을 좋아하여 임진년과 계사년에 전쟁으로 인해 떠돌아다니며 우거하는 와중에도 항상 몸에 지니고 다닌 것은 이 책 10권이었다.

1611년(62세) : 1월 15일 : 손수 주자의 『훈몽절구(訓蒙節句)』를 써서 학생들을 일깨우며 말하기를, "학문을 하는 요체는 모두 이 책에 있다."라고 하였다.

손처눌 또한 주희의 저작을 중시하였는데, "『주자서(朱子書)』는 묻고 답하는 가운데 말의 뜻이 엄정(嚴正)하고 뜻이 주밀(周密)한 데 귀결되니, 사람의 병통에 대하여 병이 발생한 원인에 따라 약을 처방하는 것과 같아서 사람들이 쉽게 감동하는 마음을 지니게 한다."[17]라고 하였다.

통강에는 우리나라의 성리학자인 회재 이언적의 「원조오잠(元朝五箴)」도 강론하였는데, 통강록의 도서명에서 『퇴계집』을 찾아보기는 어렵다. 서사원과 손처눌이 '『퇴계집』을 읽었다' 라는 내용이 『연보』와 『일기』의 여러 곳에 보이는데, 통강에서 직접 활용하지 않은 것은 아마도 문집의 보급이 원활하게 이루어지지 않았기 때문인 것으로 추정된다. 『퇴계집』이 대구지역에 처음으로 전해진 것은 관찰사인 김신원(金信元, 1553~1614)[18]이 1600년(선조 33년)에 서사원에게 1질(帙)을 선물한 것에서 비롯되었다.[19] 『퇴계집』은 이때에 조목(趙穆)의 주도하에 도산서원에서 처음으로 간행되었는데, 1601년 5월 7일에 손처눌이 서사원의 강학처를 방문했을 때에 『퇴계집』을 강독하였다는 기록이 『모당일기』에 실려 있다.[20] 그런데 『낙재연보(樂齋年譜)』에는 서사원이 이미 1594년에 『퇴계

17) 『慕堂日記』, 戊午年(光海君10年), 慕堂66歲, '5月11日' 條. "朱書問答之間, 詞義嚴正, 旨歸周密, 於人病通施藥處, 令人易生感動意思."

18) 일명 '金履元' 이라고도 함.

19) 『樂齋年譜』, 卷1, 庚子年(宣祖33年), 樂齋51歲. "送于金相公守伯, 謝退溪集簡齋集持贈厚意." 참조. 1601년 5월에는 문인들과 새로 간행된 『퇴계집』을 강론,

20) 『慕堂日記』, 辛丑年(宣祖34年), 慕堂49歲, '5月7日' 條 참조. 그런데 『慕堂年譜』에는

집』을 읽다가 고봉 기대승에게 답한 편지에서 이기(理氣)를 논한 내용을 보고 놀라움을 금치 못했다는 내용이 수록되어 있다.[21] 이때는 아마도 퇴계의 문집 전체가 아니라 서신 일부를 보았던 것으로 추측된다. 그리고 서사원은 1603년 4월에 제생(諸生)의 교과과정을 정하면서 독서할 책의 목록을 언급하였는데, 여기에도 『퇴계집』이 포함되어 있다.[22] 또한 손처눌은 1607년 4월 4일에 『퇴계시집』을 강론하였고,[23] 1624년 12월 8일에는 『퇴계집』을 읽고 나서, "퇴계 선생께서는 참으로 동방의 주자(朱子)라고 할 만한 분이다. 비록 『퇴계집』에 좋은 말이 많지만 금방 보고 돌아서면 잊어버리니 한스럽다."라고 하였다.[24] 류시번(柳時藩)의 경우에는 1628년(인조 6년)에 연경서원에서 『퇴계집』을 강론하였다는 기록을 확인할 수 있다.[25] 대구 성리학계의 퇴계학 수용과 『퇴계집』 강학 과정에 대해서는 향후 좀 더 전문적인 연구가 필요할 것으로 여겨진다.

일찍이 장흥효(張興孝)는 스승 한강의 독서 목록에 대해 언급하면서 "선생은 이단(異端)의 서적도 섭렵하지 않은 것이 없었으나 그것이 이단인 까닭을 탐구하여 알고 난 다음에는 더 이상 보지 않았다."[26]라고 증언

"門人들과 새로 간행된 『退溪集』을 강론했다."고 기록되어 있다. 당시 모당은 이 책을 보고 『朱子書』와 대단히 흡사하다고 하였다.〔『慕堂集』, 卷6, 附錄, 「年譜上」, 辛丑年(宣祖34年), 慕堂49歲, '5月' 條. "五月講退陶先生新刊集. 先生曰此書, 與朱書甚相似." 참조〕

21) 『樂齋年譜』, 卷1, 甲午年(宣祖27年), 樂齋45歲, '10月' 條. "閱退溪先生集, 至答奇高峯書理氣說, 不勝警惕." 참조

22) 『樂齋年譜』, 卷1, 癸卯年(宣祖36년), 樂齋54歲, '4月' 條. "定授諸生課程.〔先自朱書, 心經, 近思錄, 小學, 退溪集等書, 至於經傳, 而隨其人淺深, 定日課嚴條約, 要以反身自得, 期入於聖賢之學.〕" 참조.

23) 『慕堂日記』, 丁未年(宣祖40年), 慕堂55歲, '4月4日' 條. "論退溪詩集." 참조.

24) 『慕堂日記』, 甲子年(仁祖2年), 慕堂72歲, '12月8日' 條. "讀退溪集. 先生眞所謂東方朱子也. 雖多嘉語, 旋見旋亡, 可恨." 참조.

25) 柳時藩, 『沙月堂集』, 年譜, '60歲' 條 참조.

하였다. 이 말에서 보듯이 한강과 그 제자들은 비교적 자유로운 분위기에서 개인의 독서 경력을 쌓았던 것으로 여겨진다. 그렇지만 통강의 모임에서는 공식적인 성격을 감안하여 사서오경(四書五經)과 성리학의 기본 서적들이 강회(講會)의 교재로 사용되었다.

3) 통강 방법

통강을 실시할 때는 통상 여씨향약(呂氏鄕約)의 통강 규정을 따랐다. 손처눌의 '연보' 에는 통강에 대하여 다음과 같이 구체적으로 기록하고 있다.

> 학규(學規) 및 약조(約條)는 한결같이 여러 선정(先正)이 지은 바에 따랐다. '매월 초하루' 에 혹 연경서원에 모이기도 하였고, 혹 선사재에서 모이기도 하였다. 성현의 잠계(箴戒)를 강당의 벽 위에 걸어 놓고 북쪽의 벽 아래 스승의 자리를 설치한다. 모당 선생이 낙재 선생과 나란히 앉으면 제생(諸生)들은 앞으로 나와서 배례(拜禮)를 하고, 이어서 3면으로 나누어 서서 서로를 향하여 읍례(揖禮)를 한다.[27] 자리를 정하고 앉으면 유사(有司)가 소리 내어 「백록동규(白鹿洞規)」와 「학교모범(學校模範)」을 한 번 읽는다. 직월(直月)이 여러 생도의 선악(善惡)을 기록한 장부를 올리면 선행(善行)을 한 자에게는 장려하고 권

26) 『寒岡言行錄』, 卷1, 類編, 「讀書」(張興孝). "異端之書, 亦無不涉獵, 究知其所以爲異端之故, 然後輒不復看."

27) 『慕堂日記』에서는 "아침에 모인 儒生들이 相揖禮를 하고 자리를 잡고 섰는데, 한강 선생께서 나와서 남향하고 섰다. 나와 낙재 형 및 여러 유생들이 모두 절을 마쳤다. 나와 낙재 형이 서로 읍을 하고 물러났다. 그런 뒤에 여러 유생들이 또 나와서 낙재 형에게 절을 하고 서로 읍을 한 뒤에 자리에 앉았다."라고 하였다.〔『慕堂日記』, 甲寅年(光海君 6年), 慕堂 62歲, '4月25日' 條. "朝會儒行揖相禮立定, 先生出南向立. 余與樂兄及諸生皆拜訖. 余與樂兄相揖而退然後, 諸生亦拜樂兄, 相揖而坐." 참조〕

면하며 악행(惡行)을 한 자는 경계하고 책려한다. 그 후에 제생들은 각기 읽은 책으로 진강(進講)을 하는데, 이때에는 반드시 단정하게 손을 맞잡고 바르게 앉아서 서로 돌아보며 이야기를 할 수 없다. 성현의 글과 사학(史學)이 아니면 강(講)을 허락하지 않고, 혹 연고가 있어 참석하지 못하면 사유를 적어 유사에게 고하여 스승에게 알린다.[28]

1605년(선조 38년)에 서사원(徐思遠)은 '매월 초하루'에 통강을 행한다는 규약을 설치하였는데,[29] 실제로 통강이 이루어진 날짜는 다양하다. 몇 차례를 제외하고는 초하루에 열리지 않았다. 대구지역 성리학자들의 기록에는 한결같이 '매월 초하루'에 통강이 이루어졌음을 강조하고 있지만,[30] 다른 날짜에 열린 경우가 많았다.[31] 강회(講會) 날짜의 일관성은 떨어지지만 통강은 거의 매달 지속적으로 열렸으며, 계동 전경창이 처음 시작하던 때로부터 모당 손처눌이 작고하던 때까지 무려 60년이 넘는 오랜 시간 동안 지속적으로 유지되었다는 점에서 주목할 만한 가치가 있다.

제술(製述)은 시(詩), 부(賦), 의(疑), 책(策), 논(論)으로 나누어 실시하였는데 별도로 '시방당일감개(詩方塘一鑑開)', '시한인유관수(詩閑人有官

---

28) 『慕堂集』, 卷6, 附錄, 「年譜上」, 乙巳年(宣祖38年), 慕堂53歲, '11月' 條. "學規及約條, 一依諸先正所著. ○每月朔, 或會研經, 或會仙査. 以聖賢箴戒, 掛于講堂壁上, 設丈席于北壁下. 先生, 與樂齋, 並坐, 諸生就前行拜禮, 因分立三面, 相向行揖禮. 坐定, 有司抗聲讀白鹿洞規及學校模範一遍. 直月, 以善惡籍進呈, 善者奬勸之, 惡者鐫誨之. 然後,諸生, 各以所讀書進講, 講時, 必端拱危坐, 毋得相顧談話. 非聖賢書及史學, 則不許講, 或有故不參, 則具狀子有司俾達于函筵."

29) 『江皐集』, 卷19, 行狀, 「龜亭柳公行狀〔柳尋春〕」. "乙巳徐樂齋設月朔通讀之規."

30) 『慕堂集』, 卷7, 附錄, 「行狀」(李羲發). "每月朔望, 與諸生或會研院査齋, 或會墳庵動鶴庵, 講論經義." ; 『柳溪集』, 卷2, 附錄, 「遺事」(柳弘翊). "乙巳, 以親命與伯氏藍溪公景韓景祺, 贄謁于寒岡鄭先生, 得聞爲學之方, 又於徐樂齋思遠, 孫慕堂處訥, 諸賢之月朔講會, 每往質疑難." 참조.

31) 講會는 1일 이외에도 5일, 15일, 16일, 17일, 18일, 20일, 25일 등에 열렸다.

守)', '시구서극기자(詩劬書劇嗜炙)', '위단고삼왕시(爲壇告三王詩)', '구곡시(九曲詩)', '백구시(白駒詩)', '광풍시(光風詩)', '연경시(燕京詩)', '백탑교관소정기시(白塔橋觀騷程記詩)', '부효제위인지본(賦孝悌爲仁之本)', '부구서극기자(賦劬書劇嗜炙)', '부산경(賦山徑)', '부봉상우인(賦鳳翔于仞)', '위단고삼왕부(爲壇告三王賦)', '견득사의부(見得思義賦)', '구곡도부(九曲圖賦)', '백구부(白駒賦)', '음롱부(吟弄賦)', '선양부(善養賦)', '형자보치지법부(刑者輔治之法賦)'를 시제(試製)로 실시하였다.

그리고 통강의 고강(考講)은 순통(純通), 통(通), 순략(純略), 약(略), 순조(純粗), 조(粗), 불(不)의 7단계로 평가하였고, 주서(朱書)는 일순(一巡)에서 십순(十巡), 시(詩), 부(賦), 의(疑), 책(策), 논(論)의 제술은 일도(一度)에서 십도(十度)로 평가하였다. 실제로 시제(試製)의 평가는 총 12등급 중에서 대체로 삼상(三上), 삼중(三中), 삼하(三下), 이중(二中), 이하(二下)의 평가가 많이 보인다.[32)]

이러한 기록을 살펴보면 마치 통강의 현장에 함께 있는 듯한 느낌이 든다. 그만큼 통강의 방법이 구체적으로 기술되어 있다. 이것은 한국 성리학의 교학사상을 연구하는 데에 많은 도움을 줄 뿐만 아니라, 한국전통교육사 연구에도 유용한 정보를 제공해 줄 수 있다.

4) 강회(講會)의 분위기

강회의 열기는 뜨거웠고 면학 분위기는 매우 진지하고 엄격하였다. 『모당일기』에서 인상적인 몇 장면을 추출하여 연대별로 살펴보도록 하자.

1606년에 한강은 강회에 참석하여 유생들의 공부를 독려하였다. 그는

---

32) 일반적으로 제술의 평가는 一上, 一中, 一下, 二上, 二中, 二下, 三上, 三中, 三下, 次上, 次中, 次下 12등급으로 평가한다.

이 자리에서 특별히 '처음 마음가짐과 같지 않다', '나이가 많다고 포기하지 말아야 한다' 라고 낙재와 모당을 책려하였다.[33] 당시 강회의 당장(堂長) 역할을 하던 이미 50이 넘은 제자들에게 이처럼 엄격하게 면려(勉勵)를 촉구하는 장면에서 당시 대구지역 성리학계의 성성(惺惺)한 학풍을 엿볼 수 있다. 1606년 7월 25일의 고강(考講)에서는 최기(崔璣)와 배상례(裵尙禮)가 시험에 합격하지 못해 회초리를 맞았다. 그런데 최기는 낙재와 모당의 문인으로서 당시 이미 29세(1588년생)에 달한 성년이었으나 달초(撻楚) 교육을 받게 된다. 강회의 엄격함을 짐작할 수 있는 사례이다. 모당은 『일기』에 "이런 사람들은 성인과 함께 기거하더라도 교화가 되지 않을 것이다."라고 기록하였는데, 학문에 힘쓰지 않는 제자에 대한 안타까운 심정을 절절하게 드러냈다.

1613년 8월 5일의 연경서원 강회에서는 유학자의 폭건(幅巾)과 심의(深衣)에 대한 강의를 하고 직접 종이를 오려서 비슷하게 만드는 실습 과정을 갖기도 하였다. 그리고 밤중에는 나이 어린 학생들에게 『소학』의 잠(箴)과 명(銘)을 외우도록 하고, 먼저 「학칙(學則)」을 외운 다음 「제자계(弟子戒)」를 외우게 하였다. 통강이 매우 구체적이며 학생들의 단계에 맞게 체계적으로 이루어졌음을 알 수 있다. 일본의 에도시대에도 정기적으로 모여 함께 책을 읽는 '회독(會讀)'이 널리 행해졌는데, 이때의 회독은 책을 한 권 정하여 함께 읽고 토론하는 공동 독서법[34]이라는 점에서 함께 모여 개인별로 독서를 하는 통독의 모임과는 차이가 있었다.

대구지역의 강회는 초기의 진지하고 열띤 분위기가 시간이 지나면서 점차 식어가게 된다. 적어도 30명 내외의 유생들이 참가하였던[35] 강회는

33) 『慕堂日記』, 丙午年(宣祖 39年), 慕堂 54歲, '3月30日' 條 참조.

34) 마에다 스토무, 『에도의 독서회: 회독(會讀)의 사상사』, 조인희 · 김복순 옮김, 소명출판사, 2016, 9쪽 참조.

1614년에 이르게 되면 10명 내외로 줄어들며 기풍도 많이 쇠퇴하게 된다. 이해 2월 12일의 『일기』에서 모당은 "연경서원으로 갔다. …… 입재(入齋) 유생이 겨우 열 명 남짓이니, 요즈음 기풍은 말할 수가 없구나."라고 한탄하였고, 4월 25일의 『일기』에서도 "연경서원으로 길을 나서 소유정(小有亭)에서 잠깐 쉬고 저녁에 서원에 들어갔다. 모인 사람이 겨우 10명 남짓이었다."라고 하였다.

대구지역의 통강회는 임진란 직후에 어수선하던 사회 분위기를 안정시키고 무너진 예교(禮敎)를 회복하기 위한 문교(文敎) 진흥의 방안으로서 지역 유림의 전적인 후원과 지지 속에 진행되었다. 그렇지만 대략 10여 년의 세월이 지나가면서 사회가 안정되고 그에 반해 초기의 학문적 자극이 무뎌지면서 통강에 대한 열정도 점차 식어가게 된다.

5. 낙재 서사원과 모당 손처눌의 협력과 갈등 관계

낙재 서사원과 모당 손처눌은 대구지역 성리학계의 지도자였다. 두 사람은 한강학단의 수좌(首座)로서 오랫동안 대구지역 성리학계의 강회를 주도하였다. 낙재와 모당의 '연보'에서 공통으로 확인되는 바로는 1585년에 두 사람이 함께 강론하였는데,[36] 당시 낙재는 36세이고 모당은 33세였다. 이때를 기점으로 삼더라도 두 사람은 최소한 낙재가 작고하는 1615

35) 한강이 직접 참석하는 강회에는 100여 명이 참석하기도 했다.〔『慕堂集』, 卷7, 附錄, 「年譜下」, 甲寅年(光海君6年), 慕堂62歲, '4月' 條. "翌朝設講席于堂, 先生與樂齋徐公, 率諸生百餘人, 出堂立定." 참조〕

36) 『樂齋年譜』, 卷1, 乙酉年(宣祖18年), 樂齋36歲, '4月' 條. "與孫慕堂處訥講讀朱書." ; 『慕堂集』, 卷6, 附錄, 「年譜上」, 乙酉年(宣祖18年), 慕堂33歲, '10月' 條. "與樂齋徐公思遠講論心經." 참조.

년까지 30년 이상을 함께 강론하고 성리학적 삶을 공유하였던 도반(道伴)이자 좋은 벗이었다. 낙재와 모당은 기본적으로 비슷한 배경과 관심을 가지고 서로 존중하고 협력하는 상생의 관계를 이루었다. 그렇지만 세부적으로는 견제하고 비판하는 긴장 관계를 표출하기도 했다. 『모당일기』를 중심으로 낙재와 모당의 미묘한 갈등 관계를 추적해보도록 하자.

낙재와 모당은 두 사람 모두 강회(講會)의 강장(講長) 역할을 하였지만, 학문적으로 볼 때에는 낙재가 모당을 권면하는 경우가 많았다. 『낙재연보』에서는 1605년(낙재 56세, 모당 53세)에 "모당 손처눌이 와서 강론을 하니 낙재가 모당에게 『역학계몽』을 읽으라고 권하였다."[37]라고 하였다. 『모당일기』에서도 낙재가 『역학계몽』 읽기를 권유하였는데 잘 이해가 되지 않는다고 하였다.[38] 모당은 낙재가 권유한 책들을 열심히 공부하였는데, 1608년의 『일기』에서는 "『계몽도서절요(啓蒙圖書節要)』를 펼쳐보았는데 내가 늙어서 이 책을 이해할 수 없으니 속히 죽는 것이 좋겠다."라고 자책하기까지 하였다.

1613년(낙재 64세, 모당 61세)에 낙재는 모당에게 편지를 보내 "노형께서 무슨 책을 읽으시는지 알지 못하겠습니다. 반드시 먼저 『주자서절요』를 익숙히 읽은 뒤에라야 기초가 정해지고 다른 책의 맛을 제대로 찾을 수 있습니다. 그렇지 않으면 여러 해 난리를 겪은 뒤에 온갖 나쁜 옛 태도를 씻어낼 수 없고 고인의 아름답고 윤택한 길로 들어갈 수 없을까 염려됩니다."[39]라고 하였다. 같은 해의 『모당일기』에도 이와 관련되는 내용이

---

37) 『樂齋年譜』, 卷1, 乙巳年(宣祖38年), 樂齋56歲, '6月' 條. "孫慕堂來講, 先生勸讀啓蒙." 참조.

38) 『慕堂日記』, 乙巳年(宣祖38年), 慕堂53歲, '10月25日' 條. "樂兄勸讀啓蒙. 論說如盲失道, 頓無悟入處." 참조.

39) 『樂齋年譜』, 卷1, 癸丑年(光海君5年), 樂齋64歲, '2月' 條. "但未知老兄所欲讀者何書. 必先得讀朱書節要熟看, 然後基址可定, 他書之味, 次第可尋. 不然則恐積歲經亂離, 五辛查滓

나온다.

> 선사재에 있었다. …… 이때 낙재는 『주자서절요』를 읽고 있었다. 논의가 '미발이발지중(未發已發之中)' 에 관한 부분에 이르렀는데, 나의 이해가 대부분 밝지를 못하여 낙재가 아직 글을 읽지 않았음을 나무라니 부끄럽고 송구하기 그지없었다.[40]

낙재는 모당에게 『주자서절요』를 먼저 익숙하게 공부하기를 권유하였다. 그리고 모당과 함께 『주자서절요』의 '미발이발지중(未發已發之中)' 의 의미에 관해 논의하다가 모당의 이해가 깊지 못한 점을 나무랐으며, 이에 대해 모당은 부끄럽고 송구함을 느꼈다는 내용이다.

이러한 사례를 통해 볼 때 낙재는 역학(易學)과 주자학의 이론에 밝았으며, 모당과 함께 학문적 논변을 펼치다가 부족한 부분에 대해 스스럼없이 모당을 질책할 수 있는 위치에 있었다. 바로 이러한 점에서 두 사람의 관계를 단순히 사제 간으로 보기는 어렵지만, 모당에게 있어서 낙재는 사우(師友)이자 외우(畏友)였다고 할 수 있다.

낙재와 모당 두 사람은 대구지역의 유림을 함께 이끌어갔는데, 개인적으로는 허물없이 농담을 주고받는 사이였다.[41] 임진란의 전란 중에도 두 사람의 교유는 밀접하게 지속되었다. 전쟁 초기 낙새가 의병장이 되었을 때에 수싱리장(守城里將)으로 있던 모당이 가장 먼저 서신을 보내 맡을만한 사람이 맡은 것이라고 격려하였고,[42] 전란 중에도 책을 선물하며 『주

滌不得, 古人芳潤入不得也."

40) 『慕堂日記』, 甲寅年(光海君6年), 慕堂62歲, '4月24日' 條. "在查齋. …… 至時行甫方讀朱書. 論及未發已發之中, 意多未瑩, 行甫譏以未讀書, 愧悚不已."

41) 『慕堂日記』, 辛丑年(宣祖34年), 慕堂49歲, '3月26日' 條. "移時酒話, 行甫以弱者先手爲言, 可愧." 참조.

자서』를 함께 강독하기도 하였다.[43] 그런데 시간이 흘러감에 따라 두 사람 간에 미묘한 갈등이 생겨났는데, 특히 『모당일기』 곳곳에 낙재에 대한 모당의 불편한 심기가 표출되어 있다.

1604년에 모당은 낙재와 함께 고을의 일을 논의하는 과정에서 의견 불일치가 생겨나자, "낙재의 의론이 치우치고 꽉 막힌 듯하니 한탄스러웠다. 이 친구가 이와 같으니 다른 사람은 어떠하겠는가?"[44]라고 『일기』에서 아쉬움을 토로하였다. 그리고 1608년에는 향교와 서원의 일 처리에 관한 낙재의 처신에 대해서도 불만을 드러내며, "향교의 들보와 서원의 종〔奴〕에 대해 낙재가 사심을 품고 일을 처리하여 사람들이 모두 복종하지 않는다고 하니 애석한 일이다."[45]라고 하였다. 또한 1611년에는 향교의 일을 처리하는 과정에서 낙재의 아우 서행중(徐行仲)[46]과 모당이 대립하자 낙재가 아우를 지지하는 듯한 발언을 하였는데, 이에 모당은 "아우의 허물을 구제하는 듯하여 사람들이 모두 불만이다."라고 『일기』에 기록하였다.[47] 1613년에는 한강이 직접 가르치던 문인을 낙재에게 양보한 일을 두고서 모당은 '이것이 과연 무슨 의도인가'라고 자문하며 끝내 고사하지 않은 낙재의 처신에 대해 불편한 뜻을 내비친다.[48] 그리고 1614년에는

---

42) 『樂齋日記』, 壬辰年(宣祖25年), 樂齋43歲, '7月18日' 條. "守城里將有司孫幾道全正甫輩答書, 甚滿衆望, 極慰極慰." 참조.

43) 『樂齋日記』, 甲午年(宣祖27年), 樂齋45歲, '7月7日' 條. "余與幾道, 向守城幾道家, 得花潭集來. 朝與幾道, 讀朱書初卷." 참조.

44) 『慕堂日記』, 甲辰年(宣祖37年), 慕堂52歲, '8月18日' 條. "行甫議論似有偏滯, 可恨. 此友如是其他乎."

45) 『慕堂日記』, 戊申年(宣祖41年), 慕堂56歲, '7月7日' 條. "行甫挾私校樑及院奴之事, 人皆不服云, 可惜."

46) 여기서 말하는 徐行仲은 徐思遠의 生家 아우인 徐思邈을 말하는 것으로 보인다. 『모당일기』에서 "行仲은 영일에서 廣文(教官)을 맡고 있다."라고 했는데, 『達城徐氏族譜』에서는 徐思邈의 직책을 '訓導'라고 기록해 두었다.

47) 『慕堂日記』, 辛亥年(光海君3年), 慕堂59歲, '9月19日' 條 참조.

연경서원의 원장을 선임하는 일과 관련해서 갈등이 생겨난다. 당시 모당의 아우 손처약(孫處約)이 중망(衆望)을 받고 있었는데, 낙재는 이지영(李之英)을 천거하여 대립하는 입장에 놓이게 되었다.

> 연경서원에 갔다. …… 원장을 대신할 사람에 대해 물었는데, 지금 대체하기로는 손처약(孫處約, 1556년생)만한 사람이 없으니 어찌 피할 수 있겠는가? 이문우(李文雨, 李潤雨의 아우) 역시 그가 괜찮다고 하였고, 채몽연(蔡夢硯)의 말 역시 이견이 없었다. 이지영(李之英, 1585년생)이 비록 낙재의 천거를 받았지만, 연소한 무리가 많은 선비들의 반열보다 윗자리에 있다면 반드시 서로 화합하지 않을 것이라고 세 사람이 동일한 의견으로 말을 하였다. 대체로 낙재가 때때로 이와 같은 행동을 하기 때문에 대중이 비록 겉으로는 그를 존모하나 마음속으로는 공경하지 않는 것이다.[49]

1614년 이전까지 모당은 낙재의 의견이 편벽되고, 사심으로 의심받을 수 있는 행동을 한다는 정도의 불만을 표시하였다. 그런데 1614년에 이르면 갈등의 정도가 더욱 심화한다. 모당은 연경서원의 원장 선임과 관련하여, 대중들은 낙재의 처신에 대해 비록 겉으로는 존모하나 마음속으로는 공경하지 않는다고 생각하였다. 그리고 같은 해 2월 20일의 『일기』에서는 낙재가 '교묘한 말로 아첨한다〔如簧〕' 라고 비판하기까지 하였다.[50] 또한 옛날 일을 회상하며 친구들과 뱃놀이하기로 약속해 놓고 관찰사가 만나

---

48) 『慕堂日記』, 癸丑年(光海君5年), 慕堂61歲, '11月14日' 條 참조.

49) 『慕堂日記』, 甲寅年(光海君6年), 慕堂62歲, '2月12日' 條. "問院長可代之人, 今日之代莫如希魯, 何避嫌之有.哉 茂夫亦云其可, 靜應之亦無異焉. 李子實雖行甫之薦, 年少之輩, 冠於多士之列, 則必不償協三人同云. 大概行甫之有眚如是, 衆雖外慕而心不敬."

50) 『慕堂日記』, 甲寅年(光海君6年), 慕堂62歲, '2月20日' 條. "朝, 柳斐叔來話留宿. 余謂張光翰行甫大贊何如人. 斐叔答曰, 兄弟間大不睦餘無足觀. 樂齋賢人信人如簧可笑." 참조.

자고 하니 기뻐하며 달려가는 낙재의 모습에 대해 "이는 필시 공부가 아주 미숙한 탓이다.' 라고 하였다.[51] 이러한 기록들을 통해 볼 때, 낙재와 모당의 관계는 기본적으로 서로 존중하고 배려하는 협력의 관계를 이루었지만, 내심으로는 갈등의 감정도 숨겨두고 있었다. 그런데 불편한 심정은 낙재보다 모당의 경우가 더 심했던 것으로 보인다. 함께 지역 유림의 대표 역할을 하였지만, 낙재가 주도적으로 행사하는 경우가 많았던 점에 대한 불만으로 여겨진다. 공개적인 자리에서 낙재의 질책을 강하게 받은 뒤에 모당은 다른 사람에게 해명하기를 "나도 입이 있는데, 어찌 그 말에 대답할 것이 없었겠습니까? 다만 서로 아껴주는 사이에 털끝만큼이라도 거리낌이 있을까 두렵고 또한 사람들에게 우리 두 사람 사이에 틈이 생겼다고 하는 소리를 듣고 싶지 않았을 뿐입니다."[52]라고 하였다. 그렇지만 모당의 마음에 불만은 이미 자리 잡고 있었으며, 두 사람과 제자들 간에도 약한 분화가 생겨난다.

이러한 갈등은 낙재 사후에도 계속 이어지는데, 위패의 위차(位次) 문제로 낙재의 문인들과 모당 간에 대립이 생겨난다. 즉 연경서원의 향현사(鄕賢祠)에 한강의 위패를 배향하는 과정에서 계동 전경창과 낙재를 함께 종사(從祀)하기로 하면서 위차(位次) 문제가 발생하는 것이다. 낙재의 제자들은 스승의 위패를 윗자리에 모시려고 했지만, 모당이 이에 반대하여 갈등이 일어났다.

> 낙형(樂兄)의 사당을 세우는 일로 고을의 선비들이 오늘 선사재에 모였다기에 편지를 써서 사람을 보냈다. 계동(溪東) 선생의 사당도 함께 세워야 한다는

51) 『慕堂日記』, 甲寅年(光海君6年), 慕堂62歲, '4月25日' 條 참조.

52) 『慕堂日記』, 辛亥年(光海君3年), 慕堂59歲, '9月8日' 條. "余謂, 余亦有口, 豈無答其言之事乎. 顧恐相愛之際, 有一毫相妨, 而亦不欲聞, 於人之窺伺吾兩間者也."

취지를 힘써 진술하였다.[53)]

밤에 이강(李剛)이 찾아왔다. 본래 이번에 한강 선생을 배향하는 날에 낙재(樂齋) 형을 종사(從祀)하려고 생각하였는데 그 뜻이 간절하고 말이 은미하였다. …… 나의 의견을 구하기에 "어떻게 낙재 형을 계동(溪東)의 윗자리를 차지하게 할 수 있겠는가."라고 말해 주었다.[54)]

향현사의 위패 순서에 대해 늙은이의 뜻을 넌지시 물었다. 그들이 자신들의 스승을 높이려 하고 후일의 구설수를 막으려는 생각을 품었으니 가소롭다.[55)]

모당의 입장은 분명하다. 낙재의 사당을 건립하려면 계동의 사당도 함께 세워야 하며, 신위의 차례도 계동이 앞서야 한다는 것이다. 모당은 1566년(14세)에 아버지의 명으로 계동의 문하에 나아갔으며,[56)] 18세 되던 1570년에는 계동과 함께 별도로 팔공산 파계사에서 독서하며 수업을 하였을 만큼 계동의 깊은 사랑을 받았다.[57)] 한편 낙재는 1566년(17세)에 아버지의 친구인 계동을 찾아가서 인사를 했으나,[58)] 정식적인 사제의 관계

---

53) 『慕堂日記』, 庚申年(光海君12年), 慕堂68歲, '4月27日' 條. "以樂兄立祀事, 鄕士今會仙查齋, 書送人. 溪東先生竝立事力陳之."

54) 『慕堂日記』, 辛酉年(光海君13年), 慕堂69歲, '12月1日' 條. "夜李剛來訪. 本意今先生配享之日, 欲以樂兄宗祀意懇而辭微. 以窺老議, 余謂 …… 豈以樂齋置於溪東之上乎."

55) 『慕堂日記』, 辛酉年(光海君13年), 慕堂69歲, '12月20日' 條. "亦以鄕賢位次微伺老意. 渠輩函欲尊師, 欲防後來口舌, 可笑."

56) 『慕堂集』, 卷6, 附錄, 「年譜上」, 丙寅年(仁祖4年), 慕堂74歲. "秋, 承宣務公命, 就學于溪東全公慶昌之門."

57) 『慕堂集』, 卷6, 附錄, 「年譜上」, 庚午年(仁祖8年), 慕堂78歲, '9月' 條. "陪溪東入八公山巴溪寺讀書.〔溪東愛先生志學之篤, 率入公山, 益加勉勵焉." 참조.

58) 『樂齋年譜』, 卷1, 丙寅年(明宗21年), 樂齋17歲. "就拜溪東全公慶昌.〔全公乃蓮亭公執友也.〕" 참조.

로 보기는 힘들다. 그런데 연배로 보나 학문적 역량에 있어서나 낙재의 위패를 계동의 윗자리에 두는 것은 모당으로서는 도저히 용납하기 힘든 일이었다. 모당이 보기에 계동은 학문적인 측면뿐만 아니라 정치인으로서도 국가에 큰 공헌을 한 위인이었다.

> 선생의 청고(淸苦)함은 지금 세상에서 보기 드문 경우인데 이러한 사실에 대해 선배들도 일컬어 말한 바 있다. 나아가 벼슬살이하는 데 급급해하지 않았으며, 노년에는 『주자서절요』를 아주 좋아하였다. 나라의 종계(宗系)를 바로잡는 일 같은 경우는 큰 절의에 관계된 당시의 급선무였는데, 선생께서 처음 벼슬길에 나아갔을 때에 절의를 다투어 홀로 소를 올려 "사신이 연경(燕京)에 뼈를 묻을 각오로 임무를 수행해야 합니다."' 라고 하였다. 당시의 지식인들이 선생을 위대하게 여겼고, 종계(宗系)를 바로잡으려고 상주(上奏)하여 청하는 일이 이때부터 시작되었으니, 선생이 나라에 큰 공이 있다는 것을 알 수가 있다.[59]

모당은 심지어 낙재의 혼령조차도 자신이 계동의 위로 가는 것을 원치 않을 것이라고 단언하였다. 그리고 모당이 자신을 위해 스승을 앞세우는 것이라는 비판 여론에 대해 "그렇다면 하늘이 나를 참으로 미워할 것이다."라고 하며 진심이 통하지 않는 현실을 안타까워하였다.

> 도응유(都應兪)와 도언유(都彥兪)가 매 두 마리를 가지고 와서 잤다. 이야기가 향현사(鄕賢祠)에 미쳤으나 흔쾌히 대답하지 않았다. 아! 만약에 낙재의 혼

59) 『慕堂日記』, 庚申年(光海君12年), 慕堂68歲, '4月27日' 條. "先生淸苦今世罕見, 而前輩所稱道, 而不急急於仕進, 晩歲甚好朱子書節要. 至若改國宗系, 時之急務事之大節, 而先生筮仕之初抗義獨疏, 利埋骨燕山爲辭. 當時識者偉之, 奏改之請自此始, 其有大功於國亦可見矣."

령이 있다면 자신을 계동보다 어질다고 여겨 그의 윗자리를 차지하는 것을 당연하다고 생각하겠는가? 향우(鄕友)들이 이 점을 헤아리지 못하니 생각이 없음이 심하였다. 두 현인을 합사(合祀)할 당시에 사우들의 제문을 살펴보면, 두 현인을 알기가 어렵지 않은데도 흠을 잡으려는 세상 사람들은 내가 스승에게 아부하기 위해 이 일을 하려 한다고 하니, 만약 그렇다면 하늘이 나를 참으로 미워할 것이다.[60)]

모당은 낙재에 대해 자주 불편한 심기를 내비쳤지만, 여헌 장현광에 대해서는 시종일관 우호적인 태도를 보였다. 두 사람은 인척 관계인데, 여헌의 고조부인 장우(張俁, ?~1480)는 모당의 외고조부이기도 하다. 모당은 당시 대구권 성리학계에서 깊은 신뢰를 받는 여헌을 존중하였다. 그는 특히 계동에 대한 여헌의 평가에 민감하였으며, 여헌이 계동을 좋지 않게 생각하는 것 같아 염려하기도 하였다.[61)] 그래서 여헌의 문인인 장경우(張慶遇)와 만나 이야기를 나누는 중에도 여헌이 계동을 어떻게 생각하는지에 대해 물어보았다. 계동과 낙재의 신위 차서(次序) 문제를 두고 대구지역의 유림사회가 갈등을 겪자, 모당은 여헌의 지지를 기대하며 그의 반응에 관심을 두었던 것으로 보인다.

밤이 깊도록 이야기를 나누다가 장경우(張慶遇)에게 "여헌은 계동을 어떻게 생각하는가?"라고 물었다. 장경우가 "선생께서는 계동을 마음 깊이 인정하고 있습니다."라고 대답하였다. 그리고 계동의 「낙엽부(落葉賦)」를 보면 그가 보

60) 『慕堂日記』, 乙丑年(仁祖3年), 慕堂73歲, '12月7日' 條. "都諸甫康甫持兩鷹來宿. 語及賢祠不爲快答. 噫, 行甫若有靈, 自以爲賢於溪東, 而慊於上座乎. 鄕友不爲之忖度, 不思甚矣. 合兩賢之當時士友祭文而觀之, 則知兩賢不難, 世之求疵者, 以余阿師而擧此事, 則天厭厭."
61) 『慕堂日記』, 甲子年(仁祖2年), 慕堂72歲, '8月10日' 條 참조.

통 분이 아님을 알 수 있고, 자신도 우러르고 앙모함이 깊다고 하였다. 내가 다시 묻기를, "그렇다면 자네 부친〔張乃範〕께서 유독 계동을 낮게 평가하는 것은 어찌해서인가." 라고 하니 그가 놀라면서 "그렇지 않습니다. 부친께서도 늘 그렇게 말씀하십니다." 라고 하였다.[62]

『모당일기』는 전적으로 모당의 심회를 표현한 것이기에 낙재의 편에서 보면 충분히 다른 견해를 펼칠 수도 있을 것이다. 그러한 면에서 낙재의 생각을 들어 볼 필요가 있으나, 자료의 한계로 인해 모당의 입장만 살펴볼 수밖에 없다.

대구지역의 성리학 부흥이 무엇보다도 낙재와 모당 두 사람의 노력과 헌신으로 이루어졌다는 사실은 분명하다. 의견 대립과 갈등이 있기도 했지만, 기본적으로 두 사람은 서로 존중하고 협력하는 좋은 동반자의 관계였다. 그래서 모당은 낙재와 서로 만날 때마다 기쁜 빛이 있었으며, 진정한 '익우(益友)' 라고 할 만하다 하였다.[63] 낙재의 부음을 듣고는 자리를 마련하여 통곡하였고,[64] "벗을 잃고 쓸쓸하게 홀로 남게 되었으니 그 누구와 더불어 할 수 있으리오." 라고 하며 안타까워하였다.[65] 대구지역의 성리학을 논하면서 모당을 배제한 낙재를 상상하기 어렵듯이, 낙제를 제외한 모당을 연상하기도 어려운 것이 객관적인 현실이다.

---

62) 『慕堂日記』, 乙丑年(仁祖3年), 慕堂73歲, '4月23日' 條. "夜分相話, 門德晦謂溪東何如. 曰, 先生心甚許溪東. 仍言觀溪東落葉賦, 可知其非尋常人也. 吾亦仰慕之深. 曰, 然則渠父獨短溪東何歟. 愕然曰, 不然也. 吾親亦常言之."

63) 『慕堂日記』, 癸丑年(光海君5年), 慕堂61歲, '1月8日' 條. "每見相每有喜色. 聞有失則責之不貸, 眞益友也." 참조.

64) 『慕堂日記』, 乙卯年(光海君7年), 慕堂63歲, '4月10日' 條. "聞行甫訃音, 爲位慟哭." 참조.

65) 『慕堂日記』, 乙卯年(光海君7年), 慕堂63歲, '4月11日' 條. "竟失此友漻漻孤立, 誰與爲." 참조.

6. 대구지역 성리학의 공교육 전통, 낙육재(樂育齋)

임진란 이후 대구지역 성리학계의 가장 큰 특징은 지역 유림의 집단 강학과 유교 부흥 활동이 두드러지며, 또한 민(民)과 관(官)의 협력이 적극적으로 이루어졌다는 점이다. 한강의 문인들이 보여주는 긴밀한 동문 의식은 학단(學團)의 결속력을 강화했고, 이 지역을 대표하는 학자들이 연합으로 강학과 유교 부흥 사업에 앞장선 것은 '대구'라는 지역에 임진란 이후 문예부흥이 가능하게 하는 가장 큰 동인이 되었다. 민(民)과 관(官)의 협력 사례는 연경서원의 건립에서도 볼 수 있다. 연경서원을 처음 건립할 때에 지역 유림 집안에서는 여건에 따라 소요 경비를 분담하였고, 관〔대구부사〕은 서원의 부지를 공유지와 교환해주고 건물의 기와를 제공하였다. 당시 많은 서원들이 관에서 주도하여 건립된 것과 달리, 연경서원은 민간에서 주도하고 관에서 지원하는 형태로 건립되었다.[66)]

연경서원에서 열린 강회(講會)에는 지역 관료들이 참석하여 유생들에게 힘을 실어주기도 하였다. 1588년에 대구부사 권문해(權文海)가 연경서원을 방문하여 원생들의 제술(製述)과 강학(講學)에 참가하였고, 1604년에는 통판(通判) 윤휴(尹鑴)가 제술에 참여하였다. 그 외에도 통판 조정(趙靖), 부시 정경세(鄭經世), 태실상사(胎室上使) 이호민(李好閔), 태실부사(胎室副使) 김상용(金尙容) 등이 강회에 참석하였다. 이 중에서도 특히 정경세는 대구지역의 유림에게 큰 영향을 끼친 인물이다. 그는 1607년 5월 14일에 대구부사로 부임한 이래 지역사회의 발전과 특히 유학의 진흥에 많은 관심을 기울였다. 임진란 때 불탄 연경서원의 복설(復設)과 사당 건립을 적극적으로 지원하였으며, 기회 있을 때마다 강회에 참석하여 분위

66) 계명대학교 한국학연구원, 『조선 후기 낙중학의 전개와 한려학파』, 계명대학교 출판부, 2018, 214쪽 참조.

기를 돋우었다.

> 초저녁에 고을 수령이 달빛을 타고 와서 글을 논하였는데, 밤중에야 그쳤다.[67] 별이 뜬 뒤에야 고을 수령이 관아로 돌아갔다. 학문에 밝고 규칙을 실천하니 참으로 어진 대부이다.[68]
>
> 고을 수령이 어제 이미 와서 강회를 하고 있었다.[69]
>
> 고을 수령이 머물며 강설을 들었다.[70]

정경세는 부사의 직책을 그만두고 물러날 때도 지역민들에게 아름다운 일화를 남겼다. 그는 자신의 부모 기제사(忌祭祀) 무렵에 고향으로 돌아가게 되었는데, 이를 염려한 아랫사람이 꿀과 기름을 준비해서 바치자, "관직에 있으면 관아의 물품을 쓰고, 관직에서 물러나 집에 있으면 집안 형편에 맞게 하는 것이 예(禮)이네."라고 하며 물품을 곧바로 돌려주었다.[71] 정경세는 류성룡의 문인으로서 훌륭한 목민관으로 지역사회에서 좋은 평판을 얻었고, 이후에도 대구지역의 유림들과 지속적인 교류를 하며 우의를 돈독히 유지하였다. 이러한 연고로 그는 1706년에 연경서원의 사당에 추배(追配)되는 영예를 얻게 된다.

그런데 연경서원의 경우와는 달리 관(官)에서 주도하여 성리학의 인재를 배출한 공교육의 전통이 대구지역에 존재했는데, 바로 낙육재(樂育齋)

---

67) 『慕堂日記』, 丁未年(宣祖40年), 慕堂55歲, '閏6月15日' 條. "初昏城主乘月來論文, 夜分乃休."

68) 『慕堂日記』, 丁未年(宣祖40年), 慕堂55歲, '閏6月16日' 條. "星城主還官. 講明文學踐履規矩, 眞賢大夫也."

69) 『慕堂日記』, 丁未年(宣祖40年), 慕堂55歲, '7月16日' 條. "城主昨已來始講矣."

70) 『慕堂日記』, 丁未年(宣祖40年), 慕堂55歲, '11月16日' 條. "城州留連聽說."

71) 『慕堂日記』, 庚申年(光海君12年), 慕堂68歲, '1月9日' 條 참조.

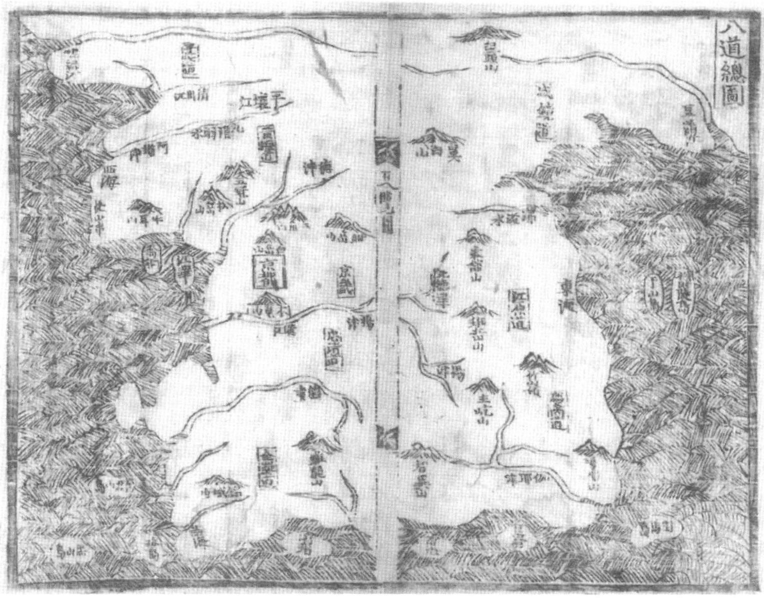

동람도(東覽圖) – 팔도총도(1531년, 규장각 소장)

이다. 낙육재는 경상감영에 설치한 감영의 학교이다. 경상도 내에 거주하는 인재를 선발하여 학문을 권장하고 문풍을 진작하고자 하는 의도에서 설립한 것이다. 1721년(경종 1년) 경상감사 조태억(趙泰億)이 처음 설립하였고, 1730년(영조 6년)에 감사로 부임한 조현명(趙顯命)이 기반을 다졌다. 낙육재는 학생 선발에 있어서 당파를 따지지 않았고, 유생들의 생활에 필요한 비용 일체를 경상감영에서 지원하였다. 강독의 교재로는 『소학』, 『사서』, 『오경』, 『근사록』, 『가례』, 『심경』, 『성리대전』, 『이정전서(二程全書)』, 『주사대전』, 『주지어류』, 『주자서절요』 등이 활용되었으며, 이와 더불어 『자치통감강목』, 『좌전』, 『팔대가(八大家)』 등도 활용되었다. 그렇지만 도가와 불가의 서적들은 이단이라고 하여 여전히 금기시하였다. 학업의 내용에서는 수신(修身), 처사(處事), 접물(接物)의 요점과 여씨향약(呂氏鄉約)을 중시하였다. 교재를 살펴보면 사서오경을 제외하고는 대부분이 정주학(程朱學) 계열의 서책이며, 도가와 불가의 서책은 금지하였다.[72] 낙육재가 관학의 기능을 하다 보니 민간 교육보다는 엄격하게 '정통 성리학'의 계보에 드는 서책들을 강조하였고, 교육 방법에서도 성리학의 가장 일반적이고도 보편적인 내용을 따랐다.

대구지역의 공교육 역사에 있어서 낙육재는 중요한 비중을 차지한다. 1721년 설립 때부터 1906년 폐지 때까지 연인원 5백여 명의 인재를 배출했고, 이들은 대구뿐만 아니라 영남지역의 성리학적 학풍을 진작하는 데에 많은 역할을 하였다. 특히 영조 당시의 재생(齋生) 중에서 뛰어난 학자들이 많이 포함되어 있는데 이만부(李萬敷, 1664~1732), 정규양(鄭葵陽, 1667~1732), 김성탁(金聖鐸, 1684~1747) 등의 이름이 확인된다. 근대 시기 낙육재 출신의 학자들은 시대의 요구에 따라 그 면모를 다양하게 드러냈다. 위정척사(衛正斥邪)의 이론가, 의병항쟁의 우국지사, 교육과 사회운동가 등으로 다양하게 활동하였는데, 이들 모두 전통 유학의 정신을 계승하고 성리학적 도덕 이념에 충실하였다는 공통점을 지닌다.

철종과 고종 당시의 재생들은 유학자로서의 이름을 크게 남기지는 못했으나, 그 사승관계를 살펴보면 당시 영남지역을 주도하던 유학자들의 학문 계보를 짐작할 수 있다. 즉 허전(許傳, 1797~1886), 김흥락(金興洛, 1827~1899), 곽종석(郭鍾錫, 1846~1919)의 문인들이 구한말 낙육재의 재생으로 가장 많이 등재되어 있다. 허전은 경기도 출신으로 이익(李瀷)·안정복(安鼎福)·황덕길(黃德吉)을 잇는 기호남인의 학자로서 당대 유림의 종장(宗匠)이 되어, 영남 퇴계학파를 계승한 류치명(柳致明)과 쌍

72) 낙육재와 관련한 연구로는 '장인진'의 논문이 주목된다. 필자 또한 다음 두 연구 성과에 힘입은 바 크다. 장인진, 「경상감영의 낙육재 교육에 대하여」(『한문학연구』, 제8집, 계명한문학회, 1992) ; 장인진, 「경상감영 낙육재의 교육과 문화 소통」(『영남학』, 제20호, 경북대학교 영남문화연구원, 2011).

벽을 이루었다. 김흥락은 구한말 영남지역(좌도)의 대표 유학자이자 독립운동가로 김성일(金誠一)의 주손(胄孫)이며 류치명(柳致明)의 문인이다. 그리고 곽종석은 단성(현재 경남 산청군 단성면) 출신으로서, 이진상(李震相)의 학문을 계승하고 조식(曺植)을 비롯한 영남우도 유림의 문적(文籍)을 정리하여 이 지역의 학풍을 재정립했다. 이를 통해 볼 때, 근대 시기 낙육재 출신의 재생들에게는 김흥락으로 상징되는 영남좌도(경북 북부지역)의 퇴계학 전통과 곽종석으로 대표되는 영남우도의 학문 전통이 병존하고 있었으며, 여기에 더해 허전이 보여주는 기호남인의 학문 계통까지 유행하고 있었다. 허전에게는 허원식(許元栻, 함양 출신), 송은성(宋殷成, 김해 출신), 황희수(黃熙壽, 함안 출신)와 같은 영남우도 출신의 제자들이 많았다. 또한 박주대(朴周大, 예천 출신), 안찬중(安燦重, 안동 출신)과 같은 경북 북부지역 출신의 학자들은 문중 출신의 학자들을 통해 먼저 가학(家學)을 계승하였고 다시 이 지역의 저명한 유학자인 김흥락의 문하에로 나아갔다. 그리고 곽종석의 문하에는 최곤술(崔坤述, 고령 출신)의 경우처럼 낙동강 연안 지역 출신과 서부 경남 출신들이 주로 나아갔다. 그렇지만 기호노론의 사상적 연원이 되는 율곡학파의 학통은 거의 찾아보기 힘들다는 점에서 여전히 사상과 학파의 순정성(純正性)을 고집하는 학문 분위기를 짐작할 수 있다.

〔부록 1〕

대구권 성리학자들의 기본 행적과 저술

1. 대구권 성리학자들의 기본 행적

1) 배신(裵紳, 1520~1573)의 행장(行狀)[1]

본관은 성산(星山), 자는 경여(景餘), 호는 낙천(洛川)이다.

고조는 중랑장(中郎將) 중현(仲賢)이고, 증조는 상호군(上護軍) 효손(孝孫)이며, 조부는 부사과(副司果) 환(紈)이다. 부친은 참봉(參奉) 사종(嗣宗)이며, 모친은 밀양박씨(密陽朴氏)이다. 고려 말엽에 중랑장 배용신(裵用臣)이 처음 현풍(玄風)에 살았는데, 낙천 배신에게는 5대조가 된다.

낙천은 1520년 12월 25일에 태어났다. 7세 때에 같은 고을에 살던 김렬(金㨖)에게 배웠고 8세 때에는 엄한경(嚴漢卿)에게 배웠는데, 공부가 날로 진척하여 기재(奇才)로 불렸다. 일찍이 길거리에 나와 놀다가 어떤 고을 수령이 부하들에게 에워싸여 사람들을 물리치면서 지나가는 장면을 보게 되었는데, 다른 아이들은 모두 두려워서 숨었으나 낙천은 단정하게 손을 모으고 서 있었다. 수령이 마음속으로 이상하게 여겨 객관(客館)에 들어

1) 許穆(1595~1682)이 撰하였다. 許穆의 자는 文甫 또는 和甫, 호는 眉叟이며, 관향은 陽川이다.

가자마자 그를 불러 대화를 해보고는 자세를 고쳐 감탄하여 말하기를, "이 아이는 후일에 틀림없이 대덕군자(大德君子)가 될 것이다."라고 하며, 그 성명을 물어본 뒤에 떠났다.

17세에 향시(鄕試)에 합격하여 고을 사람들이 모두 축하하니, 낙천이 사례하며 말하기를, "저의 사업이 어찌 여기에서 그치겠습니까?"라고 하였다. 스승인 엄한경은 경제적으로 윤택하였으며, 그의 집에는 아름다운 여인도 많았다. 낙천이 예절을 엄격하게 지키는 것을 보고 이를 시험해보고자 그 집안의 한 여인이 댕기를 풀어 낙천의 책 사이에 끼워놓았다. 낙천이 그것을 발견하고는 주인에게 하직하기를, "성현(聖賢)의 글을 읽고서 그 가르침을 행하지 못했는데 책만 더럽혔으니 저는 떠나겠습니다."라고 하니, 그 여인이 크게 부끄러워하고 엄한경도 사과하였다.

처음에 글을 배웠던 스승 김렬(金㨾)이 역질에 걸려 거의 죽을 지경에 이르게 되고 온 집안이 모두 전염되었는데, 낙천이 밤낮으로 약을 달여 치료하여 모두가 완쾌하였다. 그 후에 김렬이 다시 병이 생겨 죽게 될 즈음에 글을 써서 낙천에게 부탁하기를, "이것을 내 아이들에게 전해주고 또한 그 아이들을 잘 가르쳐주게나."라고 하였다. 그 서찰에서 자식에게 이르기를, "이 사람은 나도 경외(敬畏)하는 바이니, 나를 섬기듯이 섬겨라."라고 하였는데, 이에 그 자식들이 낙천을 심히 공경하는 마음으로 대해 세상에 착실한 사람으로 이름이 났다. 낙천은 약관(弱冠)의 나이가 되자 처음에 남명 조식을 찾아갔고, 그 후에 다시 도산(陶山)에서 퇴계 이황을 종사하여 고인(古人)의 지결(旨訣)을 들었다.

자신의 학문을 이루게 되자 김범(金範), 이제신(李濟臣)과 더불어 제생(諸生)들에게 서치(序齒)의 예(禮)를 강론하였는데, "태학(太學)은 예의를 우선으로 하는 곳인데 장유(長幼)의 차서(次序)가 없다면 아무런 의미가 없는 것이다."라고 하였다. 대사성(大司成) 이준경(李浚慶)은 그 말을 마음속으로 좋게 여겼으나, 지관사(知館事)인 성세창(成世昌)은 난색을 보이며 말하기를, "공자(孔子)의 문하에 이러한 예(禮)가 있었는가?"라고 하였다. 이에 태학생 홍인우(洪仁祐)가 답하기를, "있었습니다. 공자의 제자 네 사람〔子路, 曾點, 冉有, 公西赤〕이 소원을 말할 때에 증점(曾點)이 가장 뒤에 대답하였는데, 주자(朱子)가 말하기를, '나이로는 증점이 두 번째로 대답해야 하나 비파를 타고 있었기 때문에 최후에 대답한 것이다.' 하였습니다."라고 하니, 성세창이 더 이상 말을 하지 못하였다. 그러나 기묘년(己卯年, 1519년) 이후로는 선비들이 예를 말하기를 꺼렸기 때문에 이 일은 결국 시행되지 못하였다. 홍인우는 학문으로 이름이 높은 사람인데 매양 낙천의 독실함을 칭찬하였다. 낙천은 중종 말년에 태학의 생활이 즐겁지 않아 고향으로 돌아왔는데, 그 이듬해에 을사사화(乙巳士禍)가 일어났다.

1552년에 부친이 작고하였다. 그때는 상례(喪禮)가 크게 무너진 시대였는데도 불구하고 낙천은 염빈(殮殯)과 장례와 제례를 한결같이 『주자가례(朱子家禮)』를 따라 행하였고, 여묘살이를 하며 삼년상을 마쳤다. 그 후 10년 뒤에 모친의 명으로 과거에 응시하여 진사가 되고, 4년 뒤에는 남부참봉(南部參奉)에 제수되었으며, 그 이듬해에는 경기전참봉(慶基殿參奉)으로 옮겼고 얼마 후에는 경릉참봉(敬陵參奉)으로 옮겼으나 어머니가 연로하다는 이유로 관직을 그만두고 고향에 돌아왔다. 다시 경기전참봉에 제수되었으나 나아가지 않았다. 1568년에 어머니가 세상을 떠났다. 삼년상을 마친 뒤에 다시 빙고별제(氷庫別提)에 제수되었으나 역시 나아가지 않았다. 당시 신조가 즉위한 초기였는데 오로지 유학(儒學)을 숭상하였다. 선비를 기르는 길은 초학자〔蒙士〕를 가르치는 것보다 앞서는 것이 없다고 여겨 학문에 경술(經術)이 있는 사람을 가려 뽑았다. 낙천과 예안(禮安)의 조목(趙穆)이 맨 먼저 선출에 낙점이 되어 교관(敎官)이 되었다. 낙천은 본래 부모를 위해 자기 뜻을 굽혀 관직에 나아갔던지라, 어머니가 작고한 뒤로는 벼슬길에 나아가지 않으려 했으나 왕명이 두 번이나 내려 왔기에 사은(謝恩)만 하고 돌아오려 하였다. 그런데 소재(蘇齋) 노수신(盧守愼), 초당(草堂) 허엽(許曄) 등이 강력하게 벼슬을 권하여 마지못해 받아들이게 되었다.

낙천이 생도(生徒)들을 가르침에는 반드시 『소학(小學)』을 우선으로 하여 그 음(音)과 풀이〔釋〕를 분별하며 구두(句讀)를 바르게 하고 여유를 두고 탐색하게 하여, 생도들이 자득(自得)하게 하고 순차적으로 점점 가까워지게 하여 순서를 뛰어넘는 일을 허락하지 않았다. 또한 좌우명으로 구용(九容)과 구사(九思)를 직접 써서 붙여 놓고 학생들이 항상 보게 하며 말하기를, "학문을 하려면 반드시 안팎으로 겸하여 수련을 쌓아야지 어느 하나라도 폐할 수 없다."라고 하였다.

낙천은 거처(居處)를 반드시 엄하게 하고 동작(動作)에도 절도가 있어, 사람들이 저절로 외경(畏敬)하여 보고 느낀 데서 얻은 바가 많았다. 이에 배우려 하는 사람들이 수백 명이나 모여들었고, 낙천의 문하에서 배운 사람은 모두 걷고 행하는 데에도 법도가 있고 말씨도 구차함이 없어 말하지 않아도 낙천의 제자임을 알 수 있었다. 재신(宰臣)의 한 사람이 그 자제가 태만하여 공부를 제대로 하지 않았는데, 낙천에게 취학(就學)시켰더니 불과 몇 달 만에 법도를 비키며 조심스러워지고 몸가짐을 단속하여 경외할 줄을 알았다. 그 재신이 탄복하기를, "참으로 독경(篤敬)을 몸소 실천하지 않는 이라면 어떻게 사람을 이처럼 감화시킬 수 있겠는가?"라고 하였다.

1573년 겨울에 이르러 낙천이 병이 나서 오래도록 낫지를 않았다. 그런데 병환 중에도 날마다 관대(冠帶)를 정제하고 평상시의 법도를 잃지 않은 지 반 달 만에 작고하니, 그해 12월 17일이요, 향년 54세였다. 낙천의 친우 중에 문덕수(文德粹)란 이가 있어 서울에서 벼슬을 하고 있었다. 그가 찾아와서 문병하고 손을 잡고 말하기를, "병이 이미 심해졌구려. 사람이 죽을 때에 처자를 부탁하는 것은 친구 사이에 당연한 일이니, 그대는 염려치 말게나."라고 하였다. 이에 낙천이 말하기를, "죽는 것은 천명인데, 내 어찌 아녀자의 일로 걱정을 하겠는가?"라고 하였다. 낙천이 작고하자 조정의 사대부(士大夫)로부터 일반 선비들에 이르기까지 낙천을 알고 있는 이들은 모두 눈물을 흘리고 조상(弔喪)하지 않은 이가 없었고, 옷가지를 보내서 수의(襚衣)로 쓰게 하였다. 이듬해 정월에 아들 배희(裵嘻)가 고향으로 영구를 운구하여 다음 달 27일에 고령현(高靈縣) 봉상(鳳翔) 남강(南岡)에 장사지냈다.

낙천은 밀양손씨(密陽孫氏)를 아내로 취하여 2남 3녀를 낳으니, 아들은 배희(裵嘻)와 배위(裵噅)이다. 배희는 아들 배계서(裵繼緖)를 낳았는데, 배계서는 훌륭한 행실로 천거되어 태릉참봉(泰陵參奉)이 되었고, 배계서의 3남은 배후적(裵後迪), 배후도(裵後度), 배후계(裵後洎)이다. 배위는 일찍 작고하였다. 사위는 셋인데 안사신(安士信), 정인흡(鄭仁洽), 곽영진(郭永鎭)이고, 정인흡은 생원이다.

낙천은 자질과 품성이 남달라서 어릴 때부터 구도(求道)에 뜻을 두었다. 항상 이르기를, "학문을 하는 방도는 진리를 탐구하고 실천하는 데에서 벗어나지 않는다."라고 하였으며 공부하는 방을 '경재(景齋)'라 이름하고 매일 종일토록 책을 대하고 있었으며, 성현(聖賢)의 글의 요지를 걸어놓고 자신을 더욱 책려히 였다. 일찍이 『대학(大學)』의 「성의장(誠意章)」 아래에 있는 주자(朱子)의 주석에 '기미를 살펴야 한다〔審幾〕'는 글을 읽고 탄식하기를, "순(舜)임금과 도척(盜跖)의 구분이 여기에서 나뉘는 것이니, 이것을 잘 살피지 못하면 두서(頭緖)를 찾지 못해 힘쓸 바가 없게 된다."라고 하였다. 집안에서도 부부 사이에 예절이 있었고 형제간에는 우애하면서 부모를 섬겼으며, 어진 사람과 가까이하기에 힘썼고 벗을 사귀는 데에는 진실하였다. 말에는 반드시 믿음이 있고 행실은 반드시 공경스러웠으며 작은 일이라 하여 해이하지 않았고, 남이 모르는 일이라 하여 조금도 함부로 하지 않았다. 배운 이들에게는 매양 안락과 방종과 나태와 욕심을 경계하도록 하였고, 또 이르기를 "배우는 이는 근고(勤苦)한 가운데에서 모름지기 무한한 의미를 찾아야 한다."라고 하였다.

고을 사람들과 함께 있을 때에는 한 번도 시정(時政)에 대해 언급한 일이 없었고 백성들의 고통을 들으면 마치 아픔이 자기에게 있는 듯이 하였으며, 임금의 상사(喪事)가 있으면 반드시 3년간 고기를 먹지 않고 이르기를, "임금과 부모의 의리는 한결같이 지켜야 하는데, 상을 당한 3년 동안에 맛있는 것을 먹으면 마음이 편치 않다."라고 하였다. 『주역(周易)』을 즐겨 읽었고, 문장은 유려하면서도 법도가 있었으니 대체로 학문이 높았기 때문이다. 남명 조식(曹植)의 「실기(實記)」를 썼고, 송계(松溪) 신계성(申季誠)의 「행장(行狀)」을 지었다.

낙천은 낙동강 강가에 살았으므로, 학자들이 일컫기를 '낙천 선생(洛川先生)'이라 하였다. 남쪽의 학자 곽준(郭䞭)과 박성(朴惺)은 모두 그의 제자들이다. 곽준은 황석(黃石)의 싸움에서 충절을 지키며 죽었다. 당시 나라에 큰 난리가 나서 상주(尙州)와 경주(慶州) 이남의 지역은 7년 동안이나 왜적의 수중에 함락되어 있었다. 낙재가 저술한 것은 매우 많았으나 대부분 없어져서 후대에 전해지지 못했으며, 세상을 떠난 지 90여 년 만에 고을에 정표비(旌表碑)가 세워졌다.

2) 전경창(全慶昌, 1532~1585)의 행록(行錄)[2]

본관은 옥산(玉山, 慶山), 자는 계하(季賀), 호는 계동(溪東) 또는 만오

2) 門人 孫處訥(1553~1634)이 撰하였다. 孫處訥의 자는 幾道, 호는 慕堂이며, 관향은 一直이다.

(晩悟)이다.

전씨의 선계(先系)는 경산(慶山)에서 나왔는데, 전영령(全永齡)은 고려조에 벼슬하여 관직이 신호위대장군(神虎衛大將軍)에 이르렀다. 그의 아들 전공량(全公亮)은 문림랑시어사(文林郎侍御史)이고, 손자 전윤재(全允宰)는 검교군기감(檢校軍器監)이다. 대대로 이름난 후손이 출생하여 관직에 나아갔다. 전백영(全伯英)은 정헌대부(正憲大夫) 예조판서(禮曹判書)이고 시호가 문평공(文平公)이니, 곧 전경창의 5대조이다. 고조 전유성(全由性)은 선공부정(繕工副正)이며, 증조 전순손(全順孫)은 충순위(忠順衛)이며, 조부 전복견(全復堅)은 어모장군(禦侮將軍)이며, 부친 전순(全珣)은 장사랑(將仕郎)이다. 모친은 김해송씨(金海宋氏)인데 직장(直長) 송식(宋軾)의 딸이다.

계동은 1532년 정월 9일에 태어났다. 그는 태어나면서부터 남다른 자질이 있었다. 5세 때에 부친을 잃었는데, 모친은 자애로우면서도 항상 엄한 경계와 의로운 방향으로 책려하였다. 계동은 모친의 훈계를 어기지 않았으며 성년이 되기 전에 학문이 이미 문장을 이루었다. 1555년에 사마시에 합격하여 성균관에 유학하니 그의 문사(文詞)와 행의(行誼)를 동료들이 높게 평가하였다. 1573년에 대과에 급제하여 권지성균관학유(權知成均館學諭)가 되었다. 1575년에 경주교수(慶州敎授)에 임명되었다가 얼마 뒤에 진주교수(晉州敎授)가 되었다. 1576년에 학록(學祿)으로 승진하고, 1577년에 천거로 예문관검열(藝文館檢閱) 겸 춘추관기사관(春秋館記事官)에 제수되어 대교(待敎)와 봉교(奉敎)를 역임하였다.

1581년에 성균관전적(成均館典籍)으로 승진하고 조금 뒤 관직을 옮겨 장원서장원(掌苑署掌苑)이 되고 다시 병조좌랑(兵曹佐郎)에 제수되었다. 그런데 윤이(尹彝) 등이 명나라 조정에 거짓으로 고하여 조선 왕실의 계통이 명나라의 서책인 『황조조훈(皇朝朝訓)』 및 『대명회전(大明會典)』에 잘못 기록되어 있었다. 일찍이 태종(太宗) 시절부터 이를 바로잡아달라고 명나라 조정에 공소(控訴)했으나 바로잡지를 못했다. 다른 일로 중국에 가는 사신들에게 매번 관례대로 국계변무(國系辯誣)를 청하였으나, 고치겠다는 약속만 받았지 고친 글을 확실하게 확인하지를 못했다. 이에 계동이 상소하여 일반 사신이 변무(辨誣)의 일을 겸하는 것은 잘못이라는 것과 잠시라도 분함을 참는 것은 불가하다는 뜻을 극진히 말하였다. 그는 "하수(河水)가에 살던 산적이 간사함을 마음대로 부림에 밝은 해가 어둡게 가려졌으니, 사신된 자들은 반드시 일신을 잊고서 나라에 목숨을 바쳐 진(秦)나라 조정에 곡소리가 통하고 연(燕)나라 산에 뼈를 묻을 각오가 있어야 목적을 이룰 수 있을 것입니다."라고 하였다.

선조(宣祖)가 이 말을 기꺼이 받아들여 이때부터는 매번 전담하는 사신(使臣)을 보내 주청(奏請)하는 글을 잘 갖추어 변무하는 일에만 힘쓰게 했다. 계동은 변무를 청하러 가는 사신을 전송하면서, "나라는 천 년의 애통함을 참았고, 신하는 백 년의 부끄러움을 잊었다네."라는 시를 짓기도 했다.

1582년 봄에 특명으로 영변통판(寧邊通判)이 되고 춘추관(春秋館)의 직책을 겸하였다. 계동은 속히 임지에 부임하여 아전을 다스리고 백성을 보살피니, 정사(政事)가 공평해지고 송사(訟事)가 해결되어 얼마 지나지 않아 관내가 모두 화합하게 되었다. 1584년 봄에 임기를 마치고 고향으로 돌아왔다.

1585년 봄에 예조좌랑에 임명되었고, 다시 사간원 정언(正言) 지제교(知製教)에 임명되었다가 전임되어 사헌부지평 지제교 겸 춘추관 기주관(記注官)이 되었는데, 병으로 사직하니 다시 호조정랑 지제교에 제수되었다. 7월에 사헌부지평 지제교 겸 춘추관 기주관에 임명되었는데 또다시 병으로 사직하니 바꾸어 공조정랑 지제교에 임명되었는데, 병환이 깊어

직책을 수행하지 못했다. 이해 10월 9일에 서울 객관(客館)에서 작고하니 향년이 54세였다. 부고가 알려지자 임금〔선조〕이 부조(扶助)를 내리고 고관대작들이 조정에서 서로 조문하였는데, 내왕하는 사람들이 모두 당시의 명망 있는 인사들로서 눈물을 머금지 않는 이가 없었다. 상여가 고향으로 돌아오고 다음 해 2월 20일, 대구부(大丘府) 수성현(壽城縣) 파잠리(巴岑里) 무동(茂洞)의 산등성에 장사지내니 선영이 자리한 곳이다.

계동은 진양강씨(晉陽姜氏) 강국린(姜國隣)의 딸에게 장가들어 4녀를 두었으니 장녀는 박양형(朴陽亨)에게 출가했으나 후사가 없고, 차녀는 송광홍(宋光弘)에게 출가하여 1남을 두었으니 송시인(宋詩寅)이다. 3녀는 현감 이종문(李宗文)에게 출가하여 2남 1녀를 낳았는데, 두 아들 이지영(李之英)과 이지화(李之華)가 모두 문과에 급제하였고, 딸은 판관 윤좌벽(尹左辟)에게 출가했으며, 4녀는 손기업(孫起業)에게 출가하였다.

계동이 세상을 떠난 지 5년 뒤에 성절사(聖節使)인 상공(相公) 윤근수(尹根壽)가 북경에서 돌아올 때 신종황제(神宗皇帝)가 칙서를 내리고 『대명회전』 전체의 내용을 하사하였는데, 조선(朝鮮)의 계통의 잘못됨이 비로소 깨끗하게 씻겨나가 밝기가 해와 별같이 되어 천하에 바르게 전하게 되었다. 이에 조정에서는 이전에 올린 상소로 인해 계동을 원종공신(原從功臣)에 녹훈(錄勳)하였다. 당시 윤근수(尹根壽)가 원훈(元勳)이 되었는데 스스로 탄식하기를 "전군(全君)의 상소로 이 일이 마침내 성취되었으니, 만약 그가 지금 살아 있다면 마땅히 으뜸가는 공로자가 되었을 것이다."라고 하였다.

계동은 뛰어나게 총명하고 단정하며, 성실하고 장중하며, 엄숙하고 굳세고 곧으며, 충성스럽고 청렴하며, 효성스럽고 우애로웠다. 그는 어린 시절부터 마치 어른처럼 망령된 말을 하지 않고 방종하게 놀지 않았다. 백씨인 전응창(全應昌) 및 종형 전윤창(全胤昌)과 함께 백부의 가르침을 받았는데 두 형이 밤에 혹시 먼저 자면 반드시 깨워서 조금도 게으름을 용납하지 않았으니, 이로 말미암아 백부가 가장 사랑하였다. 어느 날 백부가 뜻밖의 무고를 당하여 신문(訊問)을 받기에 이르렀는데, 계동은 당시 어린 나이였음에도 백부가 신문을 당하는 것을 보다가 갑자기 달려 들어가 그 무릎을 끌어안고 울부짖으며 슬퍼하였다. 옥리(獄吏)가 쫓아내도 끝내 제지할 수 없었으니, 보는 사람들이 감동하지 않는 이가 없었다.

장성하여서는 학문을 좋아함이 마치 즐거워하는 일을 하는 것과 같았다. 가정 형편이 어렵고 가난하였으나 이를 마음에 두지 않고, 경전(經傳)을 연구하고 사서(史書)를 탐독하기에 날로 힘쓰며 손에서 책을 놓지 아니하고 부지런히 학문에 힘썼다. 만년에 퇴계 이황의 교화를 듣고 이에 감동하여 『심경』과 『근사록』 및 『주자서(朱子書)』를 지니고 가야산에 들어갔다. 새벽에 일어나 세수하고 빗질한 뒤 종일토록 단정히 앉아 머리 숙여 책을 읽고 우러러 사색하며, 침잠하고 반복하여 사물의 궁극적 취지를 연구하여 스스로 해득하고자 하였는데, 한 해가 지난 뒤에 집으로 돌아왔다. 계동은 평생 '근근성실(勤謹誠實)' 이라는 네 글자를 마음에 품고 공부하였다. 그리고 "의관을 엄정히 하는 것은 바깥을 닦음을 말하고 행실을 순결히 하는 것은 안을 닦음을 말하는 것이니, 안과 밖이 함께 닦이면 그 누가 귀하게 여기지 않겠는가? 의관이 단정하지 못함은 바깥이 나태함을 말하고 행실이 깨끗하지 못함은 안이 나태함을 말하니 안과 밖이 모두 게으르면 누가 침 뱉지 않겠는가?"[3]라고 하는 48자(字)를 벽에 걸어 두고 항상 스스로 점검하여 심신(心身)의 안과 밖에 불경함이 없게 하였다.

또한 "『소학(小學)』은 옛사람이 사람을 만드는 기틀이었는데, 요즘 사람들은 어리석게 살다가 죽으면서 이를 배우지 않으니 안타까운 일이구

---

3) 『慕堂集』, 卷5, 行錄, 「溪東先生全公行錄」. "衣冠嚴整, 謂之外修, 行義純潔, 謂之內修, 內外俱修, 何人不貴. 衣冠不整, 謂之外惰, 行義不潔, 謂之內惰, 內外俱惰, 何人不唾."

나."라고 하였다. 매번 학자들을 권하여 반드시 『소학』을 먼저 읽게 하고 또한 함께 통독하여 근본을 세운 뒤에야 다른 경전을 읽게 하였으며, 마지막에는 『역전(易傳)』으로 끝내게 하였다. 또 『역학도설(易學圖說)』과 『계몽전의(啓蒙傳疑)』를 얻어 손수 베껴 쓰고 깊은 이치를 찾아 밝혀서 사색하는 즐거움이 있었고, 다시 벼슬에 나아갈 생각이 없었다. 한밤중에 달 밝고 바람 맑으면 매양 빈방에 홀로 앉아 짧은 거문고를 어루만졌는데, 마음이 한가하고 심회가 산뜻하여 한 점 티끌도 없어서 비록 집안사람이라 할지라도 일찍이 그의 태만한 모습을 보지 못하였다.

몸소 행함에 있어서 그 두드러진 점을 말해보면, 선친을 생각하여 슬픈 생각을 품고 종신토록 사모하였으며, 어머니를 섬김에 지극히 효성스러워 마음을 다하여 봉양하기를 두루 극진히 하였다. 모친상을 당하여서는 몸소 전물(奠物)을 맡아 올리고, 아침저녁으로 묘소에 올라가 살피기를 3년을 하루같이 하였으며, 제사 지낼 때에는 정성과 공경함을 다하여 제물을 반드시 미리 준비하였다. 맏형과의 우애가 더욱 돈독하여 살림을 같이하고 재물을 같이하며 화락하게 지냈다. 관직을 맡아서는 사욕에 휘둘리지 않고 공무를 수행하였고, 손을 깨끗이 씻듯 정성스럽게 직무에 임하였으며, 가정에 거처할 때에는 은혜로써 의리를 감싸고 화목하면서도 방종함에로 흐르지 않았다.

평소 「가헌(家憲)」을 지어 가족을 이끌었으니 효제를 돈독히 하고 삼가제사를 준시하는 것을 근본으로 삼았으며, 또한 「가령(家令)」 10여 조를 지었으니 이것 역시 모두 가정에서 반드시 지켜야 할 법이었다. 무릇 상사(喪事)를 당해 슬퍼함에 있어서 의복과 음식이 제도에 걸맞았고, 길흉사와 경조사에 있어서 인정과 예의가 지극하였으며, 빈객이 문에 가득함에 정성으로 대하지 아니함이 없었다. 다른 사람들과 교제함에 있어서 시간이 오래 지날수록 더욱 공경히 하여 비록 한 가지의 행동과 한마디의 말이라도 법도에 맞게 스스로 힘쓰지 않음이 없었다. 조정에 있을 때는 강직한 말로써 당당히 서고, 향리에 있을 때는 정성스러운 태도로 스스로를 지켜서 오직 자신의 덕을 닦는 일에 힘쓰고 다른 사람의 허물을 말하지 않았다. 후진을 가르쳐 인도함에 모두 착한 일을 행하게 하려 하였다. 일찍이 낙재(樂齋) 서사원(徐思遠)에게 이르기를 "우리 유가(儒家)의 일은 과거(科擧)에 있는 것이 아니고 존심양성(存心養性)에 있다네."라고 하고 드디어 『심경』 한 책을 주며 말하기를 "그대는 반드시 이 책을 잘 읽어서 내가 오늘 주는 뜻을 저버리지 말게나."라고 하였다.

1545년의 사화(士禍)로부터 머지않은 때에 선비의 풍습이 날로 투박해지고 선비의 공부가 세상에 금기시되었지만, 계동은 홀로 깨달아 묵은 서책을 살펴서 의(義)와 이(利)를 정확히 분변하고 매우 굳게 단행하여 날마다 작은 노력을 쌓아 성취가 있기를 기약하였다. 덕을 높이고 도를 좋아하는 정성과 착함을 좋아하고 악함을 미워하는 실상은 은폐할 수 없는 엄연한 사실이다. 계동은 오직 깊이 덕을 감추기에 힘쓰고 드러내지 않았던 까닭에 당시에 그가 실로 도가 있는 사람임을 아는 이가 별로 없었다. 오늘날에 이르러 그 실마리를 찾으려 한즉 확실하게 근거할만한 전적이 남아 있지 않다. 그러므로 말만 일삼는 무리들의 한가한 이야기가 도리어 안타까운 이런 지경에 이르렀으니, 어찌 깊이 탄식하지 않겠는가?

한강(寒岡) 선생이 일찍이 말하기를 "계동(溪東)은 나의 벗이다. 화락하고 단아하며 늦도록 학문을 좋아했으나, 애석하게도 그 수명이 그릇에 차지 못하고 포상(褒賞)이 그 공로에 차지 못하였다."라고 하였다. 또 말하기를 "계동의 충(忠)과 효(孝)는 내가 흠모하는 바이니 마침내 잠겨 없어질까 두려워하니 항상 그것이 걱정스럽다."라고 하였다. 낙재 서사원 역시 일찍이 말하기를 "계동은 스스로 능히 명리(名利)의 마당에서 벗어나 학문에 머리를 돌려 깊이 얻은 바가 있으니 진실로 숭상할 만하다."라고 하였다. 여헌 장현광이 또한 말하기를 "계동의 실제 행적을 후생(後生)이 상세히 알지 못함은 문헌을 징험하지 못하기 때문이니, 어찌 한두 가지를 추술(追述)하여 뭇 의혹을 열어주지 않을 것인가?" 라고 하였다.

계동에 대한 평가는 한강의 말만으로도 충분한데, 다시 후현(後賢)들이 서로 이어가며 이야기하였으니, 이것만 보더라도 그가 만년(晩年)에 성취한 바를 상상해볼 수 있다.

나〔모당〕는 일찍이 계동의 문하에 종유(從遊)하여 전후로 도덕을 보고 좌우로 가르침을 받아 사모하고 존경하는 정성이 지극하지 않은 것은 아니나, 돌이켜 보건대 그를 제대로 천양(闡揚)하지 못하고 오늘에까지 이르렀으니 허물됨이 크다. 다행히 계동의 「가헌」과 「가령」 및 여러 사람들의 제문(祭文)과 애사(哀辭)가 지금까지 남아있는 까닭에 이것을 근거로 하고 나의 견해를 참고로 하여 그의 이력과 선계(先系)를 기술하노니, 당대에 말을 아는 군자가 이를 보완하여 '행장' 을 짓기 바란다.

3) 정구(鄭逑, 1543~1620)의 행장(行狀)[4]

본관은 청주, 자는 도가(道可), 호(號)는 한강(寒岡)이다.

조부는 정응상(鄭應祥)이고, 조모는 서흥김씨(瑞興金氏)인데 한훤당 김굉필의 따님이다. 아버지는 정사중(鄭思中)이고 어미니는 성주이씨(星州李氏)이다. 조부는 한훤당의 문하에서 수학하였는데, 한훤당은 그의 뜻과 행실을 사랑하여 딸을 시집보냈다. 조부는 한훤당의 가르침으로부터 훈습(薰習)한 바가 있어서 마침내 '가정의 가르침〔庭訓〕' 을 확립하였다. 한훤당의 부인 박씨는 현풍의 솔례촌(率禮村)에 살고 있었다. 한강의 부친

4) 鄭逑의 조카사위인 張顯光(1554~1637)이 찬하였다. 張顯光의 자는 德晦, 호는 旅軒이며, 관향은 仁同이다.

정사중은 어릴 적 아버지를 여읜 다음 어머니와 함께 외할머니 댁으로 가서 그 곁에 머물러 살았다. 그 후 성주(星州) 지역에 장가들어 마침내 성주의 남쪽 남산리(南山里) 사월촌(沙月村)에 거주하게 되었다. 정사중은 3남을 낳았는데 장자는 정괄(鄭适), 차남은 정곤수(鄭崑壽), 막내가 바로 정구(鄭逑)이다.

한강은 1543년 7월 9일에 사월촌의 자택에서 탄생하였다. 그는 태어날 때부터 특이한 자질이 있어 영특하고 총명하였다. 어려서 장난할 때에도 행동거지가 다른 아이들과 달랐으며 앉고 일어남에 절도가 있었으니, 같이 노는 아이들이 대장으로 뽑았다. 한강은 7, 8세에 『대학』과 『논어』를 배워 이미 대의(大義)에 통달하였다. 1551년 봄에 부친이 작고하였다. 한강은 이때 나이가 겨우 아홉 살이었는데 상례(喪禮)를 집행하며 곡하고 우는 것을 어른과 다름없이 하니 마을 사람들이 모두 기특하게 여겼다고 한다.

12세 때에 『통감(通鑑)』을 읽었는데 스승이 가르쳐 주기를 기다리지 않았다. 덕계(德溪) 오건(吳健)이 고을의 향교에서 가르침을 맡고 있었는데 한강은 그를 찾아가 수학하였다. 덕계는 엄하고 굳세어 스승의 도가 있었으므로 원근에서 찾아와 배우는 이들이 많았다. 학생들은 여럿이 어울려 놀고 장난하기도 하였으나, 한강은 홀로 단정히 앉아 함부로 웃거나 말하지 않았다. 그는 책을 읽을 때는 반드시 그 뜻을 깊이 연구하였고, 글을 지을 때는 문장이 빼어나 진부(陳腐)한 표현을 하지 않았으니, 다른 사람들이 따라가지 못하였다. 친구인 어떤 학생과 함께 『주역』을 배웠는데, 한강은 건(乾), 곤(坤) 두 괘(卦)를 배우자마자 나머지 다른 괘들의 의미를 유추(類推)하여 그 이치에 통달하였다. 덕계는 한강과 함께 배우던 학생에게 이르기를, "정생(鄭生)이 이미 정밀하게 공부하였으니, 너는 마땅히 그를 스승으로 삼아야 할 것이다."라고 하였다.

한강은 젊은 시절 향시(鄕試)에 합격하였는데, 서울에 가서는 시험장에 들어가지 않고 그대로 고향으로 돌아왔다. 이후로 과거공부를 폐지하고 더욱 성인(聖人)의 학문에 힘써 비록 한가로이 거처할 때라도 의관을 벗고 나태한 용모를 보인 적이 없었다. 밤이 깊어야 잠을 자고 닭이 울면 곧바로 일어났으며, 종일토록 무릎을 꿇고 앉아 강(講)하고 읽기를 그치지 아니하였다. 이때 예교(禮敎)가 폐지되고 무너져 집안마다 관혼상제(冠婚喪祭)를 모두 속례(俗禮)로 사용하였으므로 비루하고 촌스러워 볼 수가 없는 지경에 이르렀다. 한강은 홀로 주자의 『가례(家禮)』를 따랐는데, 경전(經傳)의 크고 작은 예문(禮文)들을 널리 연구하고 절목(節目)을 참작하여 관혼상제(冠婚喪祭)의 의식을 초(抄)하여 만들고 몸소 실천하며 독실히 믿었다. 마침내 옛 제도를 상고하여 심의(深衣), 난삼(襴衫), 야복(野服) 등의 옷을 만들어 입고, 또한 변두(籩豆)와 광주리〔篚〕와 자루〔杓〕 등의 그릇을 만들어 관례와 혼례에 사용하였다. 처음에는 이것을 보고 듣는 자들이 괴이하게 여기고 비웃었으나 한강이 오랫동안 행하자 사우(師友)들 사이에 차츰 이를 본받았으며, 마침내는 원근의 지역에 이르기까지 고례(古禮)를 따르지 않는 것을 부끄럽게 여기는 이들이 많게 되었다.

1563년 봄에 퇴계 이황을 찾아가 『심경(心經)』에 대해 질문하니, 퇴계가 칭찬하기를, "자질이 영민(英敏)하며 학문에 뜻을 두고 선을 좋아하니, 한훤당(寒暄堂)이 남긴 복덕(福德)이 어찌 여운이 없겠는가?"라고 하였다. 이 뒤로는 몸소 퇴계의 문하에 왕래하였을 뿐만 아니라 편지로 질문하는 것이 계속 이어졌다. 1566년에 남명 조식을 찾아갔는데 남명이 그에게 이르기를, "자네가 출처(出處)에 대한 대략적인 소견이 있으니, 내가 진심으로 제자로 받아들인다. 선비와 군자의 대절(大節)은 오직 출처에 있을 뿐이다."라고 하였다. 후일에 한강 또한 남명을 칭송하여 "천 길 높이 솟아 있는 기상이 있다."라고 하였다. 또한 남명의 절친한 벗인 성운

(成運)을 찾아가기도 했다.

1568년 겨울에 모친상을 당했는데 한결같이 『가례(家禮)』에 상례를 집행했다. 문밖에 여막(廬幕)을 지었으나 비바람을 제대로 가리지 못하여 주위에 있던 사람들이 벽에 흙을 바를 것을 청하였으나 한강은 "죄인이 어찌 감히 스스로 편안히 있겠는가?"라고 하며 거절하였다. 추운 겨울이 어서 얼음이 얼어 옷에 가득하였으나, 한강은 빈소의 곁을 떠나지 아니하여 병이 위태로움에 이를 지경이 되었다.

황준량(黃俊良)이 성주(星州)의 목사(牧使)가 되었을 때에 관아 부근 시냇가에 정사(精舍)를 짓고 계숙(溪塾)이라 이름하였는데, 바로 한강의 집 앞이었다. 한강은 항상 이곳에 머물면서 학문을 연찬하였다. 고을에 서원(書院)이 있었는데, 한강은 퇴계에게 질의하여 마침내 정자(程子)와 주자(朱子)를 받들어 제사하는 의리를 정하였고, 천곡서원(川谷書院)이라 이름한 다음에 퇴계에게 손수 현판을 써줄 것을 청하였다. 마을 사람들이 한강을 서원의 원장(院長)으로 추대하자, 그는 백록동(白鹿洞)의 옛 규칙을 취하여 엄격히 과조(課條)를 세웠다. 또한 퇴계가 편집한 『주자서절요(朱子書節要)』를 가지고 그 나눈 권수(卷數)에 따라 목록(目錄)을 옮겨 달았으며, 『가례』에 보주(補註)를 첨가하여 이 책을 모두 서원에서 간행하였다. 그리고 날마다 원근의 유생(儒生)들과 함께 서책을 강독하며 절차탁마(切磋琢磨)하였다.

1573년에 선조(宣祖)가 학행이 뛰어난 선비들을 발탁하도록 명하니, 조정의 신하 중에 한강을 천거하는 이가 있었다. 당시 김우옹(金宇顒)은 수찬(修撰)으로 조정에 들어가 임금을 모시고 있다가 아뢰기를, "정구(鄭逑)는 학문이 매우 밝은데 일찍이 이황(李滉)에게 수학하였으며, 또한 조식(曺植)의 문하에도 왕래하였습니다. 재주와 기국(器局)이 있고 두드러진 행적이 있사오니, 당연히 일반인의 신분으로 입궐하게 하여 정치의 도리를 묻고 그 인품을 관찰하신 뒤에 관직을 명하시는 것이 옳을 것입니다." 라고 하였다. 이후 여러 차례 관직을 제수하였으나 모두 사양하고 부임하지 않았다.

1580년 봄에 창녕현감에 제수되자 처음으로 사은(謝恩)하고 사직소(辭職疏)를 올렸으나 허락하지 않았다. 선조(宣祖)는 마침내 한강을 직접 만나 묻기를, "그대는 이황과 조식을 스승으로 섬겼는가?" 라고 하니, 대답하기를 "신(臣)은 두 사람의 문하에 출입하여 묻고 의심나는 것을 질문한 적은 있사오나 경전을 잡고 수업하지는 않았습니다." 라고 하였다. 선조가 "두 사람의 기상과 학문이 어떠한가?" 라고 묻자, 대답하기를 "이황은 덕기(德器)가 혼후(渾厚)하고 실천이 독실하여 공부가 순수하고 익숙하며 학문의 단계가 분명하지만, 조식은 기국(器局)이 준엄하고 정제(整齊)하며 재기가 호매(豪邁)하여 초연히 스스로 즐기면서 속세를 따르지 않고 홀로 믿는 바를 행합니다." 라고 하였다. 선조가 또다시 "그대가 힘써 공부하는 것은 무슨 책인가?" 라고 묻자, 대답하기를 "신은 일찍이 『대학(大學)』을 공부하였습니다." 라고 하였다. 선조가 "『대학』의 공부 중에 어느 것이 가장 중요한가?" 라고 묻자, 대답하기를 "삼강령(三綱領)과 팔조목(八條目)이 모두 자기 몸을 닦고 남을 다스리는 방법이오나, 선유(先儒)들이 말하기를 '천덕(天德)과 왕도(王道)의 요점이 오직 근독(謹獨)에 있다' 라고 하였사오니, 신은 '근독' 이 가장 중요하다고 생각합니다. 제왕(帝王)의 학문과 정치하는 근본이 어느 한 가지도 근독에 있지 않은 것이 없습니다." 라고 하고는 계속하여 의(義)와 이(利), 공(公)과 사(私)의 구분에 대해 말했다. 선조가 다시 "그대가 목민관으로 임지에 부임하면 장차 무엇을 먼저 시행할 것인가?" 라고 하니, 대답하기를 "신은 학문이 얕고 재주가 용렬하여 훌륭한 일을 할 수 없을까 두렵사오나 원하는 것은 먼저 학교를 일으키고자 합니다." 라고 하였다. 이에 선조는 "그대가 명성을 헛되이 얻지 않았구나."라고 칭찬하였다.

한강은 임지에 부임하자 가숙(家塾)의 제도를 본떠 사방의 경내에 모두 서재(書齋)를 설치하고 훈장(訓長)을 선임하여 일과(日課)로 경전을 가르치고 익히게 하였다. 초하루와 보름에는 망궐례(望闕禮[5])를 행한 다음, 향교(鄕校)에 나아가 문묘에 모신 성현의 위패에 절하고 명륜당(明倫堂)에 앉아 여러 생도들을 데리고 강론하며 하루를 보냈다. 학사(學舍)가 무너지고 훼손된 것을 보면 즉시 다시 중수(重修)하고 제기(祭器)와 제복(祭服)을 한꺼번에 새로 장만하였다.

엄숙함과 경건함을 갖추어 봄·가을의 석전(釋奠)을 행하였고, 사직(社稷), 성황(城隍), 여제(厲祭)의 일에 이르러서도 반드시 친히 행하고 단(壇)과 담장이 무너지면 땅을 가려 개축하였으며, 옆에 재사(齋舍)를 설치하여 제사를 받들기에 편리하게 하였다. 또 제생들과 향음주례(鄕飮酒禮), 향사례(鄕射禮) 등을 강습하였으며, 경내의 노인들을 모아 양로연(養老宴)을 행하되 좌석을 안과 밖으로 나누어 남녀를 구별하고 정성을 극진히 하였다. 1581년에 체직(遞職)되었는데, 창녕(昌寧) 사람들은 그의 공적을 기려 '생사당(生祠堂)'을 세우고 봄·가을로 참배하였다.

1582년 봄에 군자감판관(軍資監判官)에 제수되지만 사직하고 남쪽 고향으로 돌아왔다. 1583년 성주 회연(檜淵)에 터를 닦고 초당(草堂)을 건축한 다음 대나무와 매화나무를 심고 이름을 백매원(百梅園)이라 하였다. 그 후 고향의 친구, 문도들과 약속하여 매월 초하루에 강회(講會)하는 계(契)를 만들었다. 규약과 의식을 제정하고 각각 첩자(帖子)를 만들어 조목을 나열하니, 모두 한강이 직접 정한 것이었다. 이 규약에는 다음과 같은 내용이 들어 있다.

---

5) 임금이 있는 대궐을 바라보고 절하는 예절이다.

> 규약에 들어온 사람은 각자 독실히 삼가 책을 읽고 행실을 닦아야 한다. 비록 학문에 깊고 얕음이 있고 재주에 높고 낮음이 있으나, 그 취지를 요약하면 반드시 옛날의 훌륭한 사람을 배우는 것이다. 그리하여 반드시 의(義)를 바르게 하고 이(利)를 도모하지 않으며, 반드시 도(道)를 밝히고 공(功)을 따지지 않으며, 부귀에 급급하지 않고 빈천에 서글퍼하지 않으면 거의 유학자의 기미(氣味)와 절박(節拍)이 있을 것이다. 만일 이렇게 하지 못한다면 이미 우리 무리의 사람이 아니다. 비록 규약 안에 벌칙은 없으나 또한 어찌 이러한 것을 모르고 따라 참여하여 우리 규약의 수치가 되게 하겠는가?[6)]

1586년 봄에 경상도도사(慶尙道都事)에 제수되었는데 부임하지 않았다. 가을에 함안군수(咸安郡守)에 제수되었는데 사은(謝恩)한 뒤에 사직소를 올렸으나 허락받지 못하고 마침내 임지에 부임하였다. 여기서도 한강은 학교를 일으키고 백성을 구휼하는 일에 더욱 힘썼으며, 수재(水災)와 한해(旱害)를 만나면 몸소 목욕재계하고 기도하였는데, 그때마다 반드시 효험이 있어 백성들이 큰 은택을 입었다. 박한주(朴漢柱)[7)]의 묘소를 정리하고 또 사당을 세워 제향하였으며, 효자와 열녀의 정려문(旌閭門)을 모두 새롭게 단장하였다.

1591년 겨울 통천군수(通川郡守)에 제수되자 사은하고 부임하였는데,

---

6) 『旅軒集』, 卷13, 行狀, 「寒岡鄭先生行狀」. “入約之人, 各自敦飭, 讀書修行. 雖學有淺深, 材有高下, 而要其志趣, 必學古人. 必正其義而不謀其利, 必明其道而不計其功, 勿汲汲於富貴, 勿戚戚於貧賤, 庶幾有儒者氣味節拍處. 苟不能如此, 已非吾輩中人. 雖無約中之罰, 亦何以冒昧隨參, 以爲吾約羞哉.”

7) 朴漢柱(1459~1504)는 조선 전기 淸道 출신의 문신으로서, 연산군 때 諫官이 되어 왕의 실정을 極諫하고 盧思愼과 任士洪을 탄핵하였다. 연산군의 횡포가 심해지자 외직으로 나갔으나, 무오사화 때 金宗直의 門徒로 분류되어 유배를 당하였다. 갑자사화가 일어나자 다시 연루되어 능지처참을 당하였다. 그의 묘소가 寒岡의 임지인 함안군의 경내에 있었다.

고을은 궁벽하고 누추했으며 백성들은 풍속이 완악하고 어리석었다. 한강이 부임하여 민심을 어루만지고 그들을 개도(開導)하였다. 1592년 여름에 왜란(倭亂)이 심해지니, 감사(監司)와 수령(守令)들이 모두 도망하여 산골짜기에 숨었다. 한강은 창의(倡義)하여 왜적을 토벌하기로 결심하고 여러 고을에 격문(檄文)을 돌렸다. 그는 정예 장병들을 불러 모아 적의 소굴에 출입하였고 어려움과 험한 일을 피하지 않았다. 이때 관북(關北) 지역의 토병(土兵)들이 왜적에 붙어 난리를 일으켜 왕자(王子)[8]와 재신(宰臣) 및 고을 수령들이 사로잡히게 되었다. 한강이 미약한 군대로 이를 토벌하고자 하니 사람들은 매우 위험스럽게 여겼으나, 관리와 백성들이 온 정성을 다해 호위하여 끝내 온전함을 지킬 수 있었다.

당시 하릉군(河陵君)이 난리를 피하여 금강산(金剛山) 골짜기에 있었는데, 토적(土賊)들이 왜적을 인도하여 산을 수색한다는 말을 듣고는 스스로 목을 매어 죽었으나 아는 사람들이 없었다. 가을이 되어 한강이 처음으로 이 소식을 듣고는 마침내 토적을 체포하고 그의 시신을 찾아내어 친히 가서 염습(殮襲)하고 관곽(棺槨)을 갖추어 임시로 장례하고 이 사실을 임금에게 보고했다. 이에 선조(宣祖)는 깊이 감동하여 전지(傳旨)를 내려 말하기를, "이 은혜를 내가 어떻게 갚겠는가? 우선 당상관(堂上官)으로 승진시켜 나의 감사의 뜻을 표현한다."라고 하고, 한강을 통정대부(通政大夫)로 승진시켰다.

1594년 겨울에 동부승지(同副承旨)에 제수되었는데, 사직하는 상소를 올렸으나 허락받지 못하였다. 1595년 정월에 우부승지(右副承旨)로 승진하고, 3월에 좌부승지(左副承旨)로 다시 승진하였다. 하루는 경연(經筵)에서 임금을 모시고 『역전(易傳)』을 진강(進講)하였는데, 선조가 묻기를 "정

8) 臨海君과 順和君을 말한다.

자의 『정전(程傳)』과 주자의 『본의(本義)』 중에서 무엇을 먼저 읽어야 하는가?" 라고 하였다. 대답하기를 "『주역』의 도는 오직 소식영허(消息盈虛)의 이치와 진퇴어묵(進退語默)의 기미를 밝게 알아 시중(時中)을 잃지 않는 것이니, 한갓 점치는 것을 일삼는다면 이는 『주역』의 지엽적인 일에 불과합니다. 신의 생각으로는 마땅히 『정전』을 먼저 읽어야 할 듯합니다." 라고 하였다.

1603년 봄에 마침내 글을 올려 물러날 것을 말하고 목천(木川) 땅에 거주하였는데, 가을이 끝날 무렵 성주(星州)로 돌아와 한강(寒岡)의 옛터 북쪽에다가 작은 서재를 짓고 이름을 '숙야재(夙夜齋)' 라 하였다. 성주(星州)의 서쪽에 수도산(修道山)이 있었는데, 산의 동쪽에는 샘물과 돌이 맑고 깨끗하며 마을과 멀리 떨어져 있었다. 한강은 궁벽하고 조용함을 좋아하여 다시 작은 서재를 지어 책을 보관하고 놀며 휴식하는 장소로 삼고는 이름을 '무흘(武屹)' 이라고 하였다.

1605년에 다시 띠집〔茅齋〕을 회연(檜淵)의 옛터에 지었는데, 방(房)과 당(堂)과 창호(牕戶)를 한결같이 옛 제도와 같이하였다. 방을 이름하여 '불괴침(不愧寢)' 이라 하고 창문을 '매창(梅牕)' 이라 하고 헌(軒)을 '정관(靜觀)' 이라 하였다. 또 '죽유(竹牖)' 와 '송령(松欞)' 등의 명칭을 붙여 문미(門楣)에 걸어두었으며, 별도로 한 암자를 서재의 동쪽에 짓고 이름을 '망운(望雲)' 이라 하였으니, 선영(先塋)이 바라보이는 땅에 있으므로 길이 사모한다는 뜻을 표현한 것이다.

1606년 겨울에 한강은 문하생 약간 명과 함께 길을 떠나 향천서원(香川書院)[9]에 가서 남명의 신위에 참배하고, 계속해서 회계(會稽)[10]로 가서

9) 香川書院은 1576년 합천군 가회면의 晦峴 아래 세워졌다가 임진왜란 때 불탄 晦山書院의 후신으로 1601년 합천군 봉산면에 세워졌다. 지역 유림의 공의로 曺植의 학문과 덕행을 추모하기 위해 창건하고 위패를 모셨는데, 1609년(광해군원년)에 '龍巖' 이라 사

덕계(德溪) 오건(吳健)의 묘에 제사하였다. 한강은 다시 진산(晉山)으로 가서 남명(南冥)의 묘소에 제사하고 마침내 덕산서원(德山書院)과 사당에 참배하였으며, 용유담(龍遊潭)을 지나 천령(天嶺)으로 향하여 남계서원(灆溪書院)과 사당에 참배하고, 다시 일두(一蠧) 정여창(鄭汝昌)의 묘소에 제사를 지냈다.

이해 12월에 안동부사(安東府使)에 제수되었다. 죽령(竹嶺)을 넘어 도산서원(陶山書院)과 사당에 참배하였으며, 안동에 부임한 뒤에도 첫 번째로 학교를 일으키고 폐단을 개혁하는 일에 힘썼다. 이때 부(府)의 한 사찰에 있는 노비가 권력가의 위엄과 세력에 의탁하여 백성들의 재물을 침탈하고 사족(士族)들을 능멸하니, 사람들이 모두 이를 갈고 미워하였으나 감히 어찌하지 못하였다. 한강은 즉시 그 노비를 체포하여 가두고 그 정상(情狀)을 밝혀 끝까지 다스렸다. 이때 요로(要路)에 있던 고관(高官)이 편지를 보내 진정(陳情)하였으며, 또한 주위에 있던 사람 중에도 좋은 말로 풀어줄 것을 청하는 이들이 있었으나 끝내 흔들리지 않고 마침내 그를 사형에 처하였다. 이에 온 경내가 기뻐하고 축하하였다.

1610년 여름에 동향 사람인 박이립(朴而立)이 한강을 헐뜯고 욕하였는데 못하는 짓이 없었으며 망측한 말을 지어 한강과 문도(門徒)들을 일망타진하려는 계책을 세웠다. 문생 중에 이러한 계책을 아는 자가 있어 관청에 나아가 송사하게 되니, 이 사실이 조정에까지 알려졌다. 한강이 성주(星州)에 머물며 조정의 명령을 기다렸으나 조정에서는 이 일을 불문에 부쳤다. 한강은 마침내 상소하여 사건의 전말을 자세히 아뢰자, 광해군이

액되었다. 선현 배향과 지역사회 교육의 일익을 담당하여 오던 중 대원군의 서원철폐령으로 1868년(고종 5년)에 훼철되었다.

10) 德溪 吳健은 경남 山陰(지금의 山淸) 출신이다. 山陰의 산수와 경관이 빼어나 王羲之의 고향인 會稽郡 山陰縣에 비유한 데서 생겨난 이름이다.

답하기를 "그자가 스스로 괴이한 짓을 하니, 그대에게 무슨 해될 게 있겠는가?"라고 하였다. 박이립(朴而立)은 본래 흉악하고 패역(悖逆)한 자로서 사류(士類)들에게 버림받은 것에 분개하여 마침내 정인홍(鄭仁弘)의 문하에 가서 의탁하고 한강을 훼방하여 저들에게 인정을 받았다. 그는 마침내 저들의 흉악한 형세를 믿고 또한 저들 중에서 흉악한 자들의 은근한 사주를 받아 감히 이러한 악행을 부린 것이다.

1612년 봄에 성주(星州)의 동쪽 강좌(江左)의 노곡촌(蘆谷村)[11]으로 옮겨 집터를 정하였다. 가천(伽川)에 있는 한강의 집이 정인홍의 거주지인 합천(陜川)과 거리가 멀지 않았으므로 정인홍이 사는 집과 서로 가까이하지 않으려고 이주하였던 것이다. 1614년 봄에 노곡(蘆谷)의 집에 실화(失火)가 있어 서적 수천여 권과 찬집(纂集)한 여러 책이 모두 화재를 면치 못하였고, 오직 『심경발휘(心經發揮)』만이 구출되었다. 한강은 즉시 사수(泗水)로 옮겨 터를 정하였다. 1615년 여름에 풍질(風疾)이 갑자기 생겨 오른쪽 수족이 모두 마비되었는데, 침과 약이 효험이 없고 여러 번 온천욕을 하였으나 차도가 없었다.

1617년과 1618년 사이에 조정에서 인목대비(仁穆大妃)를 폐위할 것을 청하는 사건이 있었다. 한강은 상소문 초고를 작성하였는데 말뜻이 매우 격렬하고 간절하였으나, 광해군이 유약(柳瀹) 등의 상소에 비답(批答)하기를, "지난 무신년(1608년, 선조 41년)에 정구(鄭逑)가 '은혜를 온전히 하자〔全恩〕' 는 말[12]을 맨 먼저 부르짖어 미명(美名)을 노략질하여 군주가

11) 현재의 지명으로, 칠곡군 왜관읍 금곡리 쯤으로 추정된다.

12) 한강은 65세에 安東都護府 府使로 임명받았고, 광해군이 왕위에 오른 해에 사헌부 대사헌으로 임명받았다. 당시 수많은 대신들은 宣祖의 맏아들이자 광해군과 同腹의 형제인 臨海君의 사형을 요구하였다. 이에 한강이 '全恩之說' 을 처음으로 주장하고, 영의정 李元翼 또한 箚子를 올려 구명을 호소했지만 끝내 뜻을 이루지 못했다. 한강은 이 일을 계기로 곧장 사직하였다.

다시 은혜를 베풀 곳이 없도록 하고 국시를 어지럽히던 것이 지금까지 안정되지 못하였다. 이로 인해 인심이 들끓고 국세가 위태롭게 되었으니, 제멋대로 하는 논의가 국가에 해를 끼침이 이와 같단 말인가?" 라고 하였다. 한강은 이 말을 듣고는 더 이상 말을 할 수 없음을 깨닫고 상소문 올리는 일을 중지하였다.

1620년 정월 1일에 병환이 더하여 점점 위태롭고 심해졌으나 그래도 예서(禮書)를 검시(檢視)하는 작업을 폐하지 않았다. 5일 유시(酉時)에 사수(泗水)의 지경재(持敬齋)에서 작고하니, 멀고 가까운 곳에서 찾아와 곡하는 자가 수백 명에 이르렀다. 그 전 해에 가야산(伽倻山) 북쪽 모서리가 무너져 내렸으며 작고하던 날 아침에는 사수(泗水) 지역의 나무와 풀 위에 서리가 내려 눈처럼 변하는 괴이함이 있었으니, 사람들은 한강이 별세할 조짐이라고 하였다. 4월 2일 기유(己酉)에 성주(星州)의 남쪽 창평산(蒼坪山)에서 장례를 치르니, 선영(先塋)의 동쪽 간좌(艮坐)에 위치한다. 장례에 모인 자들이 460여 명에 이르렀으며 경기(京畿), 호남(湖南), 호서(湖西), 관동(關東)의 선비들도 많이 참석하였다.[13] 8월에 광해군은 예조의 낭관(郎官)을 보내 부의(賻儀)를 내리고 제문을 지어 제사를 지냈다.

1623년(인조 1년) 봄에 인조(仁祖)가 즉위하였는데, 그해 여름에 예조정랑 전식(全湜)을 보내 자헌대부(資憲大夫) 이조판서(吏曹判書) 겸(兼) 지의금부사(知義禁府事)를 추증하고 사제(賜祭)하였다. 이해 가을에 한강의 위패를 천곡서원(川谷書院)에 종사(從祀)하였다.

한강의 자질은 타고난 아름다움과 빼어남이 있었으며, 집안 대대로 쌓

---

13) 『慕堂日記』에도 寒岡의 장례와 관련한 구체적인 기록이 수록되어 있다.〔『慕堂日記』, 庚申年(光海君12年), 慕堂68歲, '4月5日' 條. "동생(孫處約)이 와서 伽川에서 있었던 寒岡 선생 장례에 대한 일을 전해주었다. 모인 사람이 500여 명으로 關東 · 湖西 · 湖南의 선비가 많이 왔고, 慶尙右道의 각 邑 사람도 왔다고 하였다. 이는 모두 선생의 천성이 선량하기 때문이니, 가르치고 꾀어서 이를 수 있는 것이 아니다."〕

아온 절행(節行)과 학문의 전통이 실로 유래가 있었다. 또한 한훤당(寒暄堂)의 독후(篤厚)하고 순정(純正)한 덕이 사라지지 않고 계속되었으니, 그 유풍을 따르는 데에 내·외손(內外孫)의 구분이 없었다. 한훤당의 가풍이 사위인 정씨(鄭氏) 집안에 계승되어온 것이 어찌 대수롭지 않다고 하겠는가? 한강은 집안에서 얻은 법도가 이와 같고 또한 일찍이 유학의 큰 스승을 찾아갔다. 그래서 퇴도(退陶)의 문하로 들어가 연원(淵源)의 학문을 듣고서 귀숙(歸宿)할 곳이 있음을 알게 되었으며, 높은 풍도(風度)를 남명(南冥)에게서 전습(傳習)받고 고상한 취미를 대곡(大谷) 성운(成運)에게서 이어받았다.

세상의 유학자들은 한갓 입과 귀로만 학문에 종사하고 마음과 몸으로 실천하지 않는다. 그들은 다만 부귀와 영달을 얻는 것을 급하게 여길 줄만 알고 일찍이 자신을 위하는 진유(眞儒)의 본업(本業)을 듣지 못하는데, 이것은 모두 과거시험의 병통 때문이다. 그리고 어쩌다 과거시험에 스스로 얽매이지 아니하여 산림에 은둔하고 강호(江湖)에 거처하며 몸소 농사를 짓고 성시(城市)에 은둔하는 자들이 있기는 하나, 이런 부류들은 마침내 청고(淸高)를 숭상하고 현적(玄寂)을 사모하게 된다. 그리하여 이들 중에는 숨고 궁벽한 것을 깊이 찾아 지나치게 괴이한 행동을 하는 자들이 있으며, 몸을 깨끗이 하기 위하여 인륜을 어지럽히고 영영 떠나서 돌아오지 않는 자들도 있다. 이들은 모두 자신이 지키는 것을 도리의 지극함으로 여기고 있으나, 성현(聖賢)의 인의중정(仁義中正)과 자기 몸을 닦고 남을 다스리는 큰 사업을 알지 못하니, 어찌 이들을 참다운 유학자라고 말할 수 있겠는가?

한강은 이미 속학(俗學)이 사람들의 재주와 성품을 어지럽히게 됨을 알았으며, 또한 진유(眞儒)의 사업이 평실(平實)하고 광대(廣大)하여 한 절개와 한 재주로 이름을 이룸에 그치지 않으며, 별다른 법식과 이상한 방법으로 상도(常道)에 위반되는 것을 귀하게 여기지 않음을 알았다. 이에 반드시 옛 성현의 전체대용(全體大用)의 학문을 따라 법으로 삼고자 하였으므로 그 뜻이 일찍이 작은 성취에 만족하지 않았다.

한강은 친히 만난 사람들 중에서는 퇴계(退溪)를 표준으로 삼았고, 송(宋)나라의 유학자 중에서 대성(大成)한 분으로는 주자를 모범으로 삼았다. 그리하여 마음을 제재(制裁)하고 몸을 다스리며, 집안에 거처하거나 관청에 있거나 군주를 섬기거나 백성을 대하는 일을 할 때에 한결같이 퇴계와 주자 두 선생을 법도로 삼았다.

일찍이 선친을 여읜 것을 평생의 한(恨)으로 여겼으며, 어머니를 봉양할 때에 한결같이 그 뜻을 받드는 것을 진정한 효성으로 생각하였고, 돌아가신 후에는 극진한 예로써 장례하고 마땅한 예의로써 제사 지냈다. 한강은 3형제 중에서 막내였으나 백씨(伯氏)가 일찍 요절하고 중씨(仲氏)가 출계(出繼)하였으므로 몸소 제사를 대행하게 되었는데, 제사 때마다 정성을 다해 받들었다.

백씨인 참찬공(參贊公)은 품성이 순수하고 바르며 지행(志行)이 돈후하고 확실하여 원대한 사업〔業〕을 기약하였는데, 조모의 상(喪)을 대행하다가 건강을 지나치게 훼손하여 일찍 작고하게 되었다. 한강이 수시로 말하기를, "우리 두 아우의 인사(人事)는 돌아가신 맏형님을 따라갈 수 없는데도 불행히 일찍 작고하시니, 이는 우리 두 아우가 평생토록 애통해하는 바이다."라고 하였다. 한강은 맏형에게 아들이 없음을 안타깝게 여겨 중씨(仲氏)인 서천군(西川君)과 의논하여 서천군의 셋째 아들인 직(稷)을 양자로 삼아 후사를 잇게 하였으며, 또한 과부가 된 형수를 한 집에서 받들었는데, 형수 섬기기를 한결같이 어머니를 대하듯이 하였다. 또한 두 조카딸을 시집보낼 때 정성과 예의를 다하였으며, 말년에는 맏형의 묘소를 선영(先塋)의 곁으로 이장하고 손수 묘지문(墓誌文)을 짓기도 하였다.

중씨인 서천군이 대종가(大宗家)로 출계하여 도성에 거주하니, 한강은 매번 따로 사는 것을 한스럽게 여겼다. 그래서 오고 가며 서로 만나는 즈음에 사랑하고 화락함이 지극하지 않음이 없었다. 이것을 보는 자들은 서로 화합함을 기뻐하고 이를 따르지 않는 자가 없었다. 내 · 외의 조카와 생질들을 대할 때에 마치 슬하(膝下)의 자식을 사랑하는 것과 같이하였으며, 믿고 구휼하는 도리를 행하고 만나는 바에 따라 그 정을 다하였다. 먼 곳으로부터 찾아온 손님과 벗들, 그리고 다른 지역에 거주하는 친척들에 대해서도 힘이 닿는 대로 두루 구휼하여 조금도 소홀함이 없었다. 한강의 후덕함과 진실한 행실은 천성에서 나온 것이니, 어찌 억지로 힘써서 따라갈 수 있겠는가?

한강은, "학문의 진결(眞訣)이 서산 진덕수(陳德秀)의 『심경(心經)』 한 권에 모여 있는데, 그 주해(註解)를 보면 취사선택이 분명하지 못한 점이 있다."라고 하였다. 그래서 마침내 정자(程子)와 주자(朱子) 등 여러 선생의 말씀 중에서 본의(本意)를 발명함이 있는 것들을 모아 추가로 넣되 옛날 주석을 줄인 것이 많으며, 또 부록을 붙인 다음 이 책을 이름하여 『심경발휘(心經發揮)』라고 하였다. 이것을 정사(精寫)하여 책을 나눈 다음, 멀고 가까운 거리의 출타에도 일찍이 손에서 놓은 적이 없었고 아침저녁으로 항상 보았으니, 이는 마음으로 체득하고 정신으로 안 것이 아니겠는가? 문하의 선비들에게도 그 사람의 비칠 수 있는 바에 따라 열어주고 인도한 것이 대개는 이 책 속에서 스스로 체득한 것에서 벗어나지 않았다.

한강은 체(體)를 분명히 알고 용(用)을 알맞게 하는 학문을 하겠다고 스스로 기약하였다. 그러므로 관직에 나아가면 군주를 요순(堯舜)과 같은 성군(聖君)으로 만들고 이 세상을 경륜하려는 것이 그의 뜻이었다. 여러 직책을 법식에 따라 봉직하였는데, 주현(州縣)에서 목민관으로 잠깐 근무하기는 했지만, 자신의 뜻을 지극히 하고 사업을 다한 것은 아니었다. 조정에서 관직에 있을 때에도 병으로 사퇴한 경우가 많았으며, 외지에서 목민관을 맡았을 때는 임기를 마치는 경우가 드물었다.

선조(宣祖) 때의 관직 생활이 비록 불우(不遇)하다고 말할 수는 없으나 또한 경륜을 모두 펼쳤다고 말할 수도 없다. 승진하고 품계를 더한 것이 모두 일의 결과에 따른 공로에 보답한 것이었을 뿐, 덕이 있고 어진 이를 등용하던 옛날 법도가 아니었으니, 어찌 한강의 덕에 걸맞은 관작과 지위라고 할 수 있겠는가? 광해군 시절에는 한강의 간언(諫言)이 받아들여지지 않았는데, 화를 면한 것만도 다행한 일이었다. 이러한 상황인데 어찌 한강의 뜻이 행해졌다고 할 수 있겠는가?

한강은 어렸을 때 자신의 재주가 충분하다고 여겨 스스로 말하기를, "우리 인간은 우주 사이의 허다한 일에 자신의 책임으로 삼지 않는 것이 없으니, 그렇다면 일의 대소(大小)와 정조(精粗)를 막론하고 모든 영역을 배우지 않으면 안 된다."라고 하였다. 그래서 산수(算數)와 병진(兵陣), 의약(醫藥)과 풍수(風水) 등의 학설에서도 반드시 그 이치를 연구하여 대략을 터득하였다. 그런데 말년에 이르러서는 한결같이 유학의 학문을 강론하고 책을 저술하는 것을 본업으로 삼고 다른 것은 달갑게 여기지 않았다. 문장을 지을 때는 단순히 풍월(風月)을 읊거나 아름다운 문장에 치우쳐 내실이 없이 뜻을 상실하는 데에 빠지지 않고 반드시 진실하고 평정(平正)한 글을 지었으니, 말을 만들고 뜻을 운용함이 대체로 주자의 서책에서 본받은 것이 많았다.

옛것을 진실로 좋아하여 이르기를, "천서(天敍)와 천질(天秩)의 떳떳한 법도를 오직 고인(古人)이 다 성취하였는데, 고인의 법은 모두 예의(禮儀)와 위의(威儀) 삼백 가지와 삼천 가지 가운데에 있다. 천 년 이후에 태어난 사람이 천 년 위로 거슬러 올라가 마치 그 사람을 직접 만나는 듯하고 그 세대를 볼 수 있는 듯한 것은 옛사람들이 만들고 행한 예(禮)가 지금도 책

속에 남아 있고 옛 법도를 상고하여 행할 수 있기 때문이다. 그렇지 않다면 후세의 사람들이 어떻게 옛사람의 행적을 따르고 옛사람의 도를 행할 수 있겠는가?" 라고 하였다.

주자(朱子)의 『가례』에 따라 자신과 집안에 적용하였으며, 예는 단 하루도 폐할 수 없음을 알았다. 그래서 생각하기를, "커다란 전체를 연구함에 있어서는 주공(周公)의 『의례(儀禮)』와 대씨(戴氏)의 『예기(禮記)』가 원류(源流)가 된다. 총괄하면 집안, 지역사회, 나라가 되고 조목으로 나누면 길례(吉禮), 흉례(凶禮), 군례(軍禮), 빈례(賓禮), 가례(嘉禮)가 되니, 이륜(彝倫)을 펴고 의칙(儀則)을 세우는 것이 모두가 여기에 있다. 비록 잔결(殘缺)된 것이 많으나 미루어 짐작할 수 있다. 또 역대에 가감한 제도를 참작하고 북송과 남송의 제유(諸儒)들의 의논으로 질정(質正)한다면 예(禮)의 본말이 이에 갖추어진다." 라고 여겼다. 『오선생예설(五先生禮說)』은 한강이 말년에 편집한 책인데, 마지막까지 관심을 둔 분야이다. 초록(抄錄)하여 정(定)한 것으로는 관의(冠儀), 혼의(婚儀), 장의(葬儀)와 계의(契儀) 등이 있는데 예를 좋아하는 자들이 지금도 간혹 이를 따라 행하고 있으니 이를 통해 한강의 예학(禮學)을 볼 수 있다.

한강은 동강 김우옹과 나이가 비슷하고 거주하는 곳이 또한 가까워 젊을 때부터 서로 종유(從遊)하여 사귀는 도가 물처럼 간격이 없었다. 뜻이 같고 소견이 부합하여 두 사람 간에 의견의 틈이 없었고 서로를 존중하였다. 남명(南冥)의 높은 풍도(風度)를 추앙하고 퇴계(退溪)의 정맥(正脈)을 인정한 것은 한강과 동강 두 사람이 평소 의논하여 정한 것이었다. 그래서 한강은 동강을 위하여 지은 만장(挽章)에서 "하늘이 다하도록 사모하고 특별히 흠모한다." 라고 하였으며, 두 번이나 제문을 지어 제사 지냈고 별도로 행장을 지어 동강의 충정(忠貞)의 도를 드러냈다. 또한 같은 시대, 인근 지역에 훌륭한 선비들이 많았는데, 김면(金沔), 박성(朴惺), 곽준(郭

趍) 같은 이들이 함께 학문을 강론한 분들이었다.

정인홍(鄭仁弘) 역시 애초에는 정직한 선비로 이름이 났었다. 그는 일찍 남명을 사사하여 그 문하생 중에 고제(高弟)로 일컬어졌다. 그래서 한강도 평소 그와 교제를 하였으나, 그의 사람됨이 본래 편벽되고 어두웠으며 노년에 이르러서는 자신의 잘못된 견해를 고집하여 언론이 크게 어그러졌다. 선현(先賢)들을 헐뜯고 비방하여 이르지 못하는 바가 없었으며, 좋아하고 싫어함이 사람들의 상정(常情)과 크게 어긋났으므로 한강은 마침내 그와 절교하였다. 이 때문에 그는 도리어 좋지 않은 감정을 품고 한강을 비방하며 원한을 쌓았다. 그래서 한강이 작고하자 애석하게 여기기는커녕 오히려 위안으로 삼았는데, 그 후 3년 만에 자신도 실패하여 극형을 받고 말았으니 한강의 취사(取捨)가 분명하고 결단성이 있음을 여기에서도 확인할 수 있다.

한강이 저술한 책으로는 『갱장록(羹墻錄)』, 『성현풍범(聖賢風範)』, 『고금충모(古今忠謨)』, 『수사언인록(洙泗言仁錄)』, 『심경발휘(心經發揮)』, 『오선생예설(五先生禮說)』, 『오복연혁도(五服沿革圖)』, 『심의제도(深衣制度)』, 『무이지(武夷誌)』, 『곡산동암지(谷山洞庵誌)』, 『와룡지(臥龍誌)』, 『역대기년(歷代紀年)』, 『고문회수(古文會粹)』 등이 있는데, 화재(火災)를 당한 뒤에 지금껏 남아 있는 것은 『심경발휘』와 『오선생예설』, 『오복연혁도』, 『심의제도』, 『무이지』, 『역대기년』 뿐이다. 또 부임하는 고을마다 지(誌)를 만들어 그 고을의 산천과 방곡(坊谷), 인물의 사적을 기록하여 책자로 만들었는데 제대로 보전되지 못하였다. 또한 일찍이 한훤당(寒暄堂)의 『경현록(景賢錄)』에서 빠진 원고를 수습하여 속록(續錄)으로 만들었으나 이것 또한 화재에 불타고 말았다. 저술한 산문(散文)은 임진란 때에 유실되고 또 다시 노곡(蘆谷)의 화재에 불타서 남아 있는 것이 얼마 되지 않는다.

한강은 평소 산수(山水)를 좋아하여 뜻이 맞는 곳을 만나면 쉽게 버리고 떠나가지 못하였다. 그래서 자주 그곳을 찾아가고 어떤 경우에는 서재(書齋)를 두어 머물고 쉬는 장소로 삼기도 했는데, 이는 모두 제자들이 마련해준 것들이다.

부인(夫人)은 광주이씨(光州李氏) 이수(李樹)의 딸이다. 온순하고 착하고 신중하여 한결같이 한강의 마음을 자신의 마음으로 삼았는데, 남편보다 11년 앞서 작고하였다. 슬하에 1남 3녀를 두었으니, 아들 정장(鄭樟)은 급제하여 전라도사(全羅都事)가 되었으나 한강보다 먼저 작고하였으며, 장녀는 홍문관교리(弘文館校理)인 강린(姜繗)에게 출가하였고, 차녀는 제용감봉사(濟用監奉事)인 노승(盧勝)에게 출가하였으며, 삼녀는 부사(府使)인 홍찬(洪澯)에게 출가하였다. 아들 정장(鄭樟)은 조광익(曹光益)의 딸을 취하여 3남 1녀를 두었는데 장남 정유희(鄭惟熙)는 성품이 효성스러워 한강의 상을 집행하다가 슬픔이 지나쳐 요절하였으며, 차남은 정유숙(鄭惟熟)이고 삼남은 정유도(鄭惟燾)이며, 딸은 노증(盧增)에게 출가하였다.

나〔旅軒〕 역시 선생의 덕을 숭상하는 정성은 진실로 남에게 뒤지지 않으나 다만 늦게 문하에 이르러 선생의 젊었을 때의 일을 보지 못하였으며, 또한 병이 심해 일찍이 열흘이나 한 달 동안 강석(講席)의 끝자리에서 직접 가르침을 받지 못하였으니, 평소 행하신 일을 어떻게 자세히 알겠는가? 더구나 스스로 도리를 살핌이 정밀하고 깊지 못하니, 또한 어찌 선생의 도덕의 성대함을 제대로 표현할 수 있겠는가?

이제 잘못된 부탁을 받고도 끝내 사양할 수 없어 마침내 여러 기록에 의거하여 감히 글을 엮어 만들었다. 이 글을 읽는 이들은 이러한 대략적인 사실에 근거하면 내가 미처 기술하지 못한 선생의 다른 행적에 대해서도 충분히 상상하여 알 수 있을 것이다. 평소의 가르침과 문인(門人)들과 함께 주고받은 대화는 여러 제자가 「사문문견록(師門聞見錄)」을 통해 기록해 두었기 때문에 「행장」의 내용에 포함하지 않았다.

4) 곽재겸(郭再謙, 1547~1615)의 행장(行狀)[14]

본관은 포산(苞山, 玄風), 자는 익보(益甫), 호는 괴헌(槐軒)이다.

비조(鼻祖)인 곽자의(郭子儀)는 고려왕조의 금오위교위(金吾衛校尉)를 지냈고, 그 뒤 5세 곽윤현(郭允賢)은 벼슬이 공조전서(工曹典書)였으며, 그 아들 곽경(郭瓊)은 조선조에 판사재감사(判司宰監事)였다. 그 아들 곽득종(郭得宗)은 의영고사(義盈庫使)이고, 그 아들 곽안방(郭安邦)은 세조 때에 정란공신(靖亂功臣)으로 청백리(淸白吏)에 기록되었으며, 고을 사람들이 그를 위해 사당(서원)을 세웠다. 곽안방이 곧 괴헌 곽재겸의 5대조이다.

고조 곽승화(郭承華)는 진사이고 점필재(佔畢齋)의 문하에서 수학하였으며, 도동사(道東祠)에 종향되었다. 증조 곽위(郭瑋)는 생원시와 진사시에 모두 합격하고 현감을 역임했으며, 좌통례(左通禮)에 증직되었다. 조부 곽지번(郭之藩)은 문과를 거쳐 사성(司成)을 역임하고 좌승지(左承旨)에 추증되었다. 양대(兩代)에 걸쳐 벼슬을 높여 추증한 것은 곽지겸의 손자이자 곽재겸의 종제(從弟)인 망우당(忘憂堂) 곽재우(郭再祐)의 출세 때문이다. 부친은 곽초(郭超)이고, 모친은 전주이씨(全州李氏)인데 임영대군(臨瀛大君, 世宗의 四子)의 아들 이완(李玩)의 딸이다.

괴헌은 1547년 2월 12일 현풍(玄風) 솔례리(率禮里) 자택에서 출생하였다. 어릴 때부터 남달리 영특했으며 처음 글자를 받아 배우면서 한 번 들으면 모두 기억하였다. 조금 자라서는 성품이 독서를 좋아하여 어른들이 비록 그치게 하더라도 책 읽는 것을 그만두지 않았다. 8세 때에 계부(季父)인 곽규(郭赳)가 과거에 급제하여 축하연을 베풀었는데, 사람들이 다투어 구경하였으나 괴헌은 홀로 단정하게 앉아 독서에 열중하니 부로(父

---

14) 鄭宗魯(1738~1816)가 撰하였다. 鄭宗魯의 자는 士仰, 호는 立齋 또는 無適翁이며, 관향은 晋州이다.

老)들이 그가 원대한 뜻이 있다고 인정하였다. 15세 때에 대암(大庵) 박성(朴惺), 재종숙 존재(存齋) 곽준(郭䞭)과 더불어 낙천(洛川) 배신(裵紳)의 문하에 나아가 공부하였다. 이 해에 부친상을 당하여 묘려(墓廬)에서 상을 마쳤는데, 이로 인해 몸이 많이 상하였다.

20세 때에 계동(溪東) 전경창(全慶昌)의 문하에 나아갔는데, 계동은 『근사록(近思錄)』 한 부를 주며 말하기를 "이 책은 진실로 그대가 읽을 만한 글이다."라고 하였다. 30세 때에 회연서원(檜淵書院)으로 찾아가서 한강(寒岡) 정구(鄭逑)를 만나고 『중용(中庸)』과 주자서(朱子書)를 강론하였는데, 한강이 감탄하며 '나의 유익한 벗〔益友〕'이라고 하였다. 한강은 괴헌을 죽마고우(竹馬故友)처럼 대했지만, 괴헌은 제자의 예를 행함에 게으르지 않았다.

일찍이 과거공부를 준비하여 여러 번 향시(鄕試)에 합격하였으나, 그의 맑은 뜻은 이를 대수롭지 않게 여겼다. 마침내 은거하며 참된 공부에 뜻을 두고 공명(功名)을 바라지 않기로 스스로 다짐하였다. 대구의 동쪽 지역인 해안(解顔)의 유계(柳溪) 위에 서사(書社)를 짓고 두문불출하며 정좌(靜坐)하여 옛 경전을 읊고 외었다. 1585년 동강(東岡) 김우옹(金宇顒)의 추천으로 건원릉참봉(乾元陵叅奉)에 제수되었으나 나아가지 않았다.

임진란을 당하여 왜구(倭寇)를 피해 팔공산에 거처하면서 초유사(招諭使) 학봉 김성일을 만나 병사(兵事)를 의논하고, 병정을 모집하는 일과 군량미를 조달하는 일에 대해 논의하였다. 강 북쪽의 요충지에 여러 가지의 방략(方略)을 마련하니 적들이 감히 가벼이 침범하지 못하였다. 그 이듬해 봄에는 자신이 이끌던 병사들을 명나라 장수 유정(劉綎)의 휘하에 두어 그 군세(軍勢)에 도움을 주었다. 겨울에 일이 있어 도원수(都元帥) 권율(權慄)의 군영(軍營)에 찾아갔는데 비장(裨將)이 술을 권하였다. 괴헌은 술을 사양하며 말하기를 "임금께서 피난을 가고 두 왕릉[15]이 참변을 당했는데, 신하로서 어찌 술을 가까이하겠는가?" 라고 하였다.

1595년에 다시 팔공산으로 들어가 의병장들과 군무(軍務)를 강론하였다. 여가가 있으면 모당 손처눌(孫處訥)과 만나 『심경(心經)』을 강의하였다. 1597년 봄에 왜구가 다시 일어남에 괴헌은 의병을 이끌고 창녕 화왕성(火旺城)에 나아가 망우당 곽재우와 더불어 왜적에 맞서 싸우기로 맹세하고 군량의 운반에 적극적으로 힘썼다. 이러한 괴헌의 전공을 감사(監司)가 조정에 보고함에 특별히 통정대부(通政大夫)의 품계가 내렸다. 가을에 공산성(公山城)이 함락되자 괴헌은 권응수(權應銖)를 따라 달성 아래까지 왜적을 추격하였다. 난이 평정된 후에는 다시 학도(學徒)들을 모아 학문을 강론하는 것을 일삼았다.

1613년 풍비(風痺)의 병을 얻어 그로부터 3년 후인 1615년 5월 29일에 작고하니 향년 69세이다. 윤(閏)8월 18일 달성부(達城府) 북쪽 둔기리(屯基里) 동편 묘향(卯向)의 언덕에 안장되었는데, 이때 모인 사람이 수백 명이었다.

괴헌은 성품이 너그럽고 인자하며 고요함을 좋아하였으며 욕심이 적었다. 그리고 뜻을 돈독히 하여 학문을 하였고 남에게 알려짐을 기뻐하지 않았다. 9세 때에 "고을에 소학동자(小學童子)가 다시 태어났다." 고 칭찬을 받았는데, 이는 한훤당 김굉필이 항상 자신을 '소학동자' 라 일컬은 것에 비유한 것으로서 당시 사람들이 괴헌에게 기대한 바가 이와 같았다. 매양 독서하다가 언제나 책을 덮고 말하기를 "효제(孝悌)와 성경(誠敬) 이외에 다시 무엇이 있겠는가?" 라고 하였다.

어버이를 섬김에 있어서 웃는 얼굴로 부모에게 효도를 다했으며, 상사(喪事)에는 슬픔을 다하였고 제사는 엄숙하게 받들었다. 사는 곳이 선영

15) 成宗의 宣陵과 中宗의 靖陵을 말한다.

(先塋)과 멀기 때문에 망배단(望拜壇)을 축조하고 매달 초하루와 보름에는 망배를 하였으며, 비록 병중이라도 이 일을 그만두지 않았다. 맏형 섬기기를 아버지 섬기듯이 하였는데 노년에도 백씨의 여질(癘疾)을 구제하기 위해 몸 바쳐 헌신하니 사람들은 그 효우(孝友)에 감복하였다. 자제를 교육함에서는 16도(十六圖)[16]를 지어 이를 아침저녁으로 살펴보게 하였으니, 모두 옛 현인의 지결(旨訣)의 근원을 미루어 살핀 것들이며, 그 가운데에는 스스로 깨달은 것도 많았다.

가까이 지낸 명현으로는 월천 조목, 여헌 장현광, 수우당 최영경, 석담 이윤우, 낙재 서사원 같은 분들이 있는데, 이들은 모두 한때의 동지들로서 모이면 학문을 강론하고 토론하였다. 나〔鄭宗魯〕의 선조〔鄭經世〕께서 영남안찰사(嶺南按察使)로 달성부(達城府)에 부임하여 어떤 때는 괴헌의 집을 방문하기도 하고, 또 어떤 때는 서원이나 향교로 찾아갈 만큼 그를 존중하였다. 문하에서 수학한 분으로는 류시번(柳時蕃), 서사선(徐思選) 같은 분들이 있다.

마음 씀이 충후(忠厚)하고 사람을 대해서는 좋아하고 싫어함에 있어 구애받지 않았다. 한 가지 바른 행실이 있으면 그가 비록 빈천할지라도 반드시 공경히 맞이하여 덕을 베풀었으며, 가히 본받아 취할 바가 없으면 비록 존귀한 신분일지라도 중히 여기지 아니하였다. 일찍이 연경서원의 원장과 제생(諸生)들이 경상도 관찰사에게 예의범절을 배우고자 나아갔는데, 괴헌은 관찰사의 사람됨이 비루하였기 때문에 그를 피하여 보지 않았다.

평소 생활은 아침에 일찍 일어나고 저녁 늦게 잠자리에 들었는데, 의관

16) 이것은 「讀書圖」, 「孝悌圖」, 「五倫圖」, 「存省圖」, 「九容九思圖」, 「濂溪先生太極圖」, 「橫渠先生西銘圖」, 「晦庵先生仁說圖」, 「林隱程氏心學圖」, 「事親圖」, 「愼終圖」, 「六藝圖」, 「四端七情圖」, 「時祭圖」, 「設饌圖」, 「忌祭圖」, 「墓祭圖」이다.

을 바르게 하고 손에서는 책을 놓지 않았다. 수양을 오랫동안 충실히 하여 기상이 온화하고 원만하였으며, 품은 생각이 밝게 빛났으니 사람들이 자신도 모르는 사이에 저절로 공경심이 우러나게 하였다. 괴헌의 집 뒤에 괴목(槐木)이 있었기 때문에 '괴헌(槐軒)'이라 자호(自號)하였다. 1784년에 사림(士林)이 그의 위패를 유호서원(柳湖書院)에 모셔 제향을 올렸다.

부인 영천이씨(永川李氏)는 좌랑(佐郎) 이두문(李杜文)의 딸이다. 2남을 두었는데, 장남 곽점(郭漸)은 임진란 때에 왜적에게 죽임을 당하였고, 그 아내 송씨(宋氏)도 따라서 순절하였기 때문에 후손이 없다. 차남 곽용(郭涌)은 생원으로서 2남을 낳았는데 장남 곽후립(郭後立)은 장악원정(掌樂院正)에 추증되었고, 차남 곽후창(郭後昌)은 문과에 급제하여 현감을 역임하였다. 장악원정 곽후립은 2남을 낳았는데 장남 곽민첨(郭民瞻)은 참의(叅議)에 증직되었고, 차남은 곽민각(郭民覺)이다.

괴헌의 7세손 곽원택(郭元澤)이 그 아들 곽주남(郭柱南)으로 하여금 모당(慕堂)이 지은 묘지(墓誌)와 여러 현인들의 편지를 갖고 와서 나에게 「행장」을 써 달라고 부탁하며 말하기를 "두 집안 선조들의 우의가 여기 유사(遺事)에 실려있으니, 당신이 아니면 누가 맡을 수 있겠습니까?"라고 하였다. 내가 스스로 돌아보니 이 일에 적합한 사람은 아니나 의리상 또한 감히 사양할 수 없었다.

5) 서사원(徐思遠, 1550~1615)의 행록(行錄)[17]

본관은 달성, 자는 행보(行甫), 호는 낙재(樂齋)·만오당(晩悟堂)·고시자(顧諟子)이다.

---

17) 鄭逑의 門人인 蔡夢硯(1561~1638)이 撰하였다. 蔡夢硯의 자는 靜應, 호는 投巖이며, 관향은 仁川이다.

서씨는 달성(達城) 지역의 명문인데, 서진(徐晋)이라는 분은 고려의 여러 벼슬을 거쳐 판도판서(版圖判書)에 이르렀다. 서영(徐穎)은 삼중대광(三重大匡) 광록대부(光祿大夫)로서 달성군(達城君)에 봉해졌고, 서균형(徐均衡)[18]은 정당문학(政堂文學)으로서 시호는 정평(貞平)이다. 이 집안은 대대로 명망 높은 후손이 나타나 고위 관작을 역임하였는데, 서필(徐弼)은 통정대부(通政大夫)로서 곧 낙재 서사원의 증조이다. 조부 서응기(徐應期)는 관직을 하지 않았고, 부친 서흡(徐洽)은 경산전교(慶山典敎)를 역임하였으며, 모친 인천이씨(仁川李氏)는 이익조(李益祖)의 딸이다.

낙재는 1550년(명종 5년) 6월 4일에 출생하였으며, 7세 때에 백부인 서형(徐泂)의 양자로 출계하였다. 양부모(養父母)의 성품이 엄격하고 너그럽지 않았지만, 낙재는 지극한 효성으로써 한결같이 자식의 도리를 다함에 양모(養母)인 흥양이씨(興陽李氏)는 감동하여 마치 자기가 낳은 자식처럼 여겼다. 장성해서는 스스로 독서를 좋아하고 학문을 연마하였다.

1575년에 향시(鄕試)에 장원하였는데 당시 사람들은 훌륭한 인재를 얻었다고 칭찬하였으나, 낙재는 조금도 이에 만족하지 않고 더욱 분발하여 구도(求道)의 뜻을 지녔다. 이 무렵, 한강 정구가 퇴계와 남명의 문하에서 모두 배워 학문에 연원이 있다는 말을 듣고 마음속으로 한강을 깊이 흠모하게 되었다. 그렇지만 이해 가을에 부친상을 당하여 1577년에 상을 마친 후에야 한강을 만나게 된다. 그는 한강을 종유(從遊)하면서 일찍이 듣지 못한 바에 대해 더욱 듣기를 청하였고 마침내 한강을 스승으로 삼고 가르침을 받게 되었다.

1580년에 모친상을 당하고 1582년에 상복을 벗었다. 1584년에 예조(禮曹)의 천거로 몽학교수(蒙學敎授)에 제수(除授)되었다. 1586년 여름, 어제

18) 본명은 '徐鈞'이나 諱字를 피해 잠시 '徐均衡'이라 하였음.

(御題)인 「독서여연단부(讀書如鍊丹賦)」에 답하는 글을 지었는데, 글의 풍격이 속유(俗儒)들의 것과는 크게 달랐다. 시험관이 감탄하여 이르기를, "이 글은 반드시 평범한 사람이 지은 것이 아닐 것이다."라고 하고 그 이름을 확인해 보니 바로 낙재의 글이었다. 1587년에 선공감감역(繕工監監役)에 제수되어 부임 후 직무에 힘쓰다가 얼마 지나지 않아 사임하고 돌아왔다.

1592년에 왜구가 크게 침입하여 삼도(三都)[19]가 함락되고, 여러 고을이 무너졌으며 지방관들은 달아났다. 낙재는 의병을 일으켜 향병(鄕兵)을 모집하고 인근 고을에 격문(檄文)을 돌려 만일의 사태에 대비하였는데, 당시 조모상을 당하여 아직 상기(喪期)가 채 끝나지도 않은 상태였다. 이해 겨울에 생부(生父)와 함께 아림(娥林, 오늘날 居昌)으로 옮겨 우거하였다. 1593년 봄에 친아버지가 돌아가셨다. 이보다 먼저 1564년에 생모가 작고했는데, 이때에 이르러 생부마저 세상을 떠나게 되니 낙재의 슬픔과 괴로움이 더욱 심하였다. 1594년에 안기찰방(安奇察訪)에 제수되었으나 취임하지 않았다.

1595년 가을에 조정에서 재주 있는 자를 지방관으로 특별히 선임하였는데, 낙재는 선무랑(宣務郞)에 제수되고 청안현감(淸安縣監)에 임명되었다. 당시의 사태는 매우 급박하였고 고을의 형편 또한 피폐하였으며, 백성들은 모두 흩어졌고 관곡(官穀)의 창고도 마치 빗자루로 쓸어낸 듯이 텅 비었다. 선비들은 마땅히 할 일을 잃어버렸고 학사(學舍)는 무너졌으며, 사직(社稷)과 성황(城隍)과 여둑(厲纛)[20]의 제단〔壇〕은 모두 무너져서 잡초만 무성하였다. 낙재는 힘써 나아가 백성들을 어루만져 위로하고, 편

19) 서울, 평양, 개성을 일컫는 말이다.

20) 厲祭는 '제사가 없는 귀신〔無祀鬼神〕' 에게 지내는 제사이며, 纛祭는 軍中에 세우던 軍旗인 '纛' 에게 지내는 제사이다.

안하게 모여 살도록 하는 일에 힘썼다. 자신의 어려움을 참고 경비를 아껴 써서 향교의 지붕을 고치고 묘우(廟宇)를 수리하였으며, 때에 맞춰 석전제(釋奠祭)를 행하고 학문의 강송(講誦)을 법도에 맞게 하였다. 교관(敎官)을 두어서 생도들을 교육하거나 혹은 친히 가르치기도 하였는데, 마치 부형(父兄)이 그 자제를 위하듯이 하였다. 또한 사직과 성황 등의 제단과 담장을 개축하였고, 몸소 새벽에 의식을 행하였으니 아전과 백성들이 모두 기뻐하였다. 그가 임지를 떠난 뒤에는 비석을 세워 선정(善政)을 기렸다.

1596년에 선교랑(宣敎郞)에 제수되었다. 이해에 토적(土賊)인 이몽학(李夢鶴)이 홍산(鴻山, 지금의 扶餘)에서 난을 일으켜 그 무리들이 인근 고을을 함락시켰다. 이에 낙재는 군사를 거느리고 나아갔는데, 주장(主將)은 무인(武人)이어서 본래 선비를 좋지 않게 여겨 낙재에게 "군기(軍機)의 처리에 소홀하다."라고 하면서 짐짓 노기를 띠었다. 이에 낙재는 "임금에 관련된 일은 함부로 할 수 없으니 감히 태만하지 못할 것이오."라고 말하였다. 그 후 주장은 낙재의 인품을 알아보고 후회하는 뜻을 내비쳤다. 그리고 윤승훈(尹承勳)이 호서(湖西)지역을 검찰(檢察)하면서 잘못된 일이 없는데도 과실이 있는 듯이 책망하자, 낙재는 "임금이 욕을 당하면 신하는 마땅히 죽어야 하거늘, 신하로서 무슨 말로 변명하겠습니까?"라고 하였다. 윤승훈은 낙재를 의롭게 여겨 매번 그에 대해 "참 선비이며 송백(松柏)의 절개를 지녔다."라고 칭찬하였다. 이해 겨울에 관찰사가 낙재를 모속관(募粟官)에 임명함에, 낙재는 쌀과 콩 수백 섬을 모아서 오례성(五禮城)으로 수송하여 군량미를 보충하였다.

1597년 가을에 왜구가 침범하여 낙재가 다스리던 고을이 함락되었는데, 그는 "한 지방의 수령으로서 마땅히 그 다스리는 경내에서 죽을 따름이다."라고 하면서 끝내 임지를 떠나지 않았다. 1598년에 승의랑(承議郞)에 제수되었는데, 이때 명나라 장수가 대군을 이끌고 남하하였다. 명나라 장수는 마침 용안역〔用安站〕에 있었는데 일을 주관할 담당자가 없었다. 그는 이것이 상사(上司)의 불찰이라 여겨 마침내 그 책임을 모두 낙재에게 돌려 옥에 갇히게 되었다. 명군(明軍)의 위세가 대단하여 사람들마다 모두 두려워하였는데, 동강(東岡) 김우옹(金宇顒)과 같은 사람들이 낙재의 구명을 위해 애를 썼다. 낙재는 옥에 갇혀서도 뜻을 굳게 집중하여 학문적으로 강송(講誦)하는 일을 그만두지 않았다. 낙재는 감옥에 있을 때 친구가 지은 시(詩)에 화답해서 "감히 임금의 밝은 덕 속일 수 있으리오? 우충(愚忠)은 하늘이 증명하리로다〔敢有欺明主, 愚忠證在天〕."라고 하였다. 석방된 뒤에는 서원(西原, 청주) 청천현(淸川縣) 낙영산(落影山) 가운데에 흙집을 짓고 우거하였다. 아침에는 절인 나물로 그리고 저녁에는 소금 반찬만으로 생활하였으니, 사람으로서 능히 감당할 수 없는 어려운 형편이었으나 마음만은 여유로웠다.

1599년에 고향으로 돌아와서는 하빈현(河濱縣) 이천(伊川)에 우거하였다. 그 거처하는 집을 이름하여 '미락재(彌樂齋)' 라 하였다. 문도(門徒)들과 더불어 날마다 서로 학문을 연마하고 식물에 물을 주며 조용히 배회하면서 즐겁게 노닐었는데, 마치 종신토록 기뻐하고 즐거워하며 근심을 잊은 듯하였다. 그가 머문 재사(齋舍)를 미락재(彌樂齋)라고 명명(命名)한 까닭은 주자(朱子)가 동안(同安)에서 돌아와 도(道)를 두루 즐겼다는 뜻에서 취한 것이다. 후일 '미(彌)' 자를 버리고 다만 '낙재(樂齋)' 라 하였으며 이를 자호(自號)로 삼았으니 종유(從遊)한 사람들 모두가 '낙재 선생' 이라고 일컫게 되었다. 그가 살던 처소를 왕래하는 자들은 비록 고관(高官)이라 하더라도 예를 갖추지 않음이 없었으며, 이로 인해 교유(交遊)하는 이들이 더 많아졌고 명성은 더욱 널리 드러나게 되었다.

1599년부터 임종에 이르기까지 17년 동안 잇달아 나라의 은혜가 있었다. 1600년에는 개령현감에 제수되었고, 1601년에는 옥과현감, 1604년에 연기현감에 제수되었다. 1605년에는 형조좌랑(刑曹佐郞)에 임명되었다가 호조정랑(戶曹正郞)으로 옮겼으며, 1609년에 동궁사어(東宮司禦), 1610년에 사헌부지평(司憲府持平)에 천거되었으며, 1611년에 역학교정청낭청(易學校正廳郞廳)이 되었다. 임금의 부름이 있으면 사람들은 이를 영광으로 여겼으나, 낙재는 평소 질병이 많았고 또한 마음으로 달리 정한 생각이 있었기 때문에 서둘러 물러나 은둔하였다. 외진 산속에 칩복(蟄伏)하기를 즐겨하여 나물과 풀뿌리를 먹으면서도 더욱 그 뜻한 바를 구하였고, 뭇사람이 맛보지 못한 바를 맛보고자 힘씀을 한결같이 하여 죽음에 이르러서야 그러한 노력을 그치게 되었다.

1614년에 한강 정구가 사빈(泗濱)으로 옮겨와 살게 되니, 낙재의 거소인 이천(伊川)에서 서로 떨어진 거리가 10리 남짓하였다. 이미 낙재의 명성이 높았음에도 불구하고 그는 훌륭한 선생을 가까이 모시고 수업하기에 보다 편리해진 것을 다행으로 여기면서, 병환이나 비 · 바람을 가리지 않고 스승을 따라 좇았다.

그 이듬해인 1615년 여름 4월 9일(을유일)에 작고하니 향년이 66세이다. 처음에는 선영(先塋) 아래에 묘소를 정했다가 수환(水患)이 있어서 그 해 9월 4일(정축일)에 고을 서쪽 언덕배기로 옮겨 장사지냈다. 낙재가 작고했을 때 한강 정구가 조문와서 곡하였고 소렴(小殮) 무렵에 다시 와서 곡하였으며, 대렴(大殮)을 마친 후에 세 번째로 곡하였다. 대구부사인 김안국(金安國)은 소렴과 대렴에 즈음하여 두 차례 곡하였으며, 경상도관찰사는 부의를 보내 장례를 도왔다. 한때 수학한 문생(門生)들과 평소 왕래하던 사람들도 빠짐없이 곡하였으며, 면식이 있는 자나 없는 자나 소문을 들은 이는 모두 찾아와서 조상(弔喪)하였다.

낙재의 부인은 죽산박씨(竹山朴氏)로서 연성부원군(延城府院君) 박원형(朴元亨)의 후손인 충의위(忠義衛) 박배(朴培)의 딸이다. 아들 서항(徐恒)을 두었는데, 그는 무과(武科)에 급제하여 사도첨사(蛇渡僉使)를 역임하였다.

낙재는 태어나면서부터 아름다운 자질이 있었고 총명함이 남보다 뛰어났다. 어느 날 연구(聯句)의 시를 지었는데 그 글이 매우 기묘함에 외숙부가 이를 보고 기뻐하면서 말하기를 "이 아이는 앞으로 반드시 학문을 크게 성취하여 집안의 가업을 이을 것이다."라고 하였다. 조금 자라서는 이미 성인의 덕이 있었으며, 몸가짐이 근칙(謹飭)하고 조금도 게으름이 없었으며, 함께 공부하는 벗들과 어울려 장난치며 노는 일이 없었다. 논의가 정직하고 풍도에 위엄이 있어서 대하는 이마다 그를 공경하였다. 도학(道學)에 독실한 뜻을 두고부터는 "학자가 되기 위해서는 반드시 뜻을 먼저 세워 공맹(孔孟)의 학문을 익혀야 하며, 스스로 공맹의 학문을 배우고자 기대한다면 반드시 먼저 정주(程朱)의 학문을 표준으로 삼아야 한다."라고 하였다. 또 말하기를 "성현(聖賢)의 도는 높고 먼 곳에 있는 것이 아니고 낮고 가까운 데에 있으며, 거기에 이르고 이르지 못함은 자신의 능력을 돌아보고 어떻게 실행하느냐에 달려 있다."라고 하면서, 이로부터 낡은 것을 모두 버리고 순수한 학문을 배웠다.

매일 새벽닭이 울면 세수하고 빗질하고서 의관을 정제하고 마음을 맑게 하는 준비를 하였다. 그런 다음에 책을 펴서 성현의 말씀이 마치 채찍을 들고 독려하는 것같이 하고, 스승 앞에서 직접 가르침을 받는 듯이 책의 내용을 마음속 깊이 새겨 간직하고 그 깊은 뜻을 상세히 이해하였다. 계몽상수(啓蒙象數)의 학(學)과 참동오진(參同悟眞)의 설(說) 등을 섭렵하지 않음이 없었다. 특히 『주자서절요(朱子書節要)』를 즐겨 읽었으며 전쟁의 급박한 상황에서도 이를 그만두지 않았다. 만년에 이르러서는 또한 퇴계의 문집을 즐겨 읽으면서 독서하기를 그치지 않았다.

일찍이 말하기를 "고인이 이르기를, '그 시를 읽고 그 글을 외우면서 그 사람을 알지 못해서야 되겠는가?' 라고 하였다. 주자(朱子) 같은 분은 공 · 맹(孔孟) 이후의 대표자이며, 퇴계 선생 같은 분은 만약 공 · 맹의 시대에 출생하였더라면 제자 중에서도 명망 높은 자리에 앉을 수 있었을 것이다. 내가 퇴계 선생의 행적을 들은 바에 따르면 우리 동방의 주자가 출현했다고 하더라도 크게 잘못되었다고 할 수 없다. 다만 한스러운 것은 내가 그 문하에 직접 나아가 생활하면서 가르침을 받지 못하고 남겨진 글만을 얻어들었다는 점이다."라고 하였다. 낙재는 사물에 따라 그 도리에 합치할 수 있도록 힘썼으며, 다시 몸과 마음을 가다듬어 정신을 수양함에 힘쓰고 조금의 태만함도 없었다. 세월이 오래 쌓일수록 조용하고 편안한 뜻이 잘 길러졌고, 도의 깊은 경지에까지 조예를 쌓음으로써 그 뜻한 바를 이루었다. 그러므로 스스로 닦아 행한 것은 예스러운 모습이고 예스러운 마음이었으며, 한결같이 평화롭게 안락한 심정이었고, 일을 주선하고 처리함에는 언제나 법도에 부합하게 행동하였다.

어버이를 섬김에는 때에 맞춰 혼정신성(昏定晨省)의 도리를 실천하고 그 얼굴빛을 살펴 효성을 다하였으며, 병환을 간호할 때는 미음을 반드시 몸소 끓였고 약은 반드시 먼저 맛본 뒤에 드렸다. 거상 중에는 3년 동안 질대(絰帶)를 벗지 아니하였고, 제사에 즈음하여서는 반드시 목욕재계하고 정성을 다하였다. 평소의 가정생활에서는 반드시 새벽에 일어나 먼저 가묘(家廟)에 배례하고 방으로 물러 나와서는 책상을 단정하게 놓고 서적을 정돈하였다. 음식을 절도 있게 하고 특별히 술을 경계하였으며, 안팎으로 엄숙하면서도 은혜롭고 의리가 있었다. 그리하여 처첩(妻妾)과 노비에 이르기까지 그 맡은 일에 따라 편안하게 함으로써 서로 어그러지거나 다툼이 없게 하였다. 사람이 죽거나 상을 당하면 슬픔과 의복을 각기 그 정황에 맞게 하였다. 빈객이 왕래하면 반드시 불러서 대접하였고, 남의 길흉과 경조사에는 반드시 궁한 자에게 재물을 베풀어 돕기를 극진히 하였다.

임진란 때에 낙재가 아림(娥林)으로 옮겨 우거할 때에 생부를 모셨는데, 당시 중부(仲父)와 계부(季父) 및 백씨와 여러 아우 · 종제들까지 모두 함께 따랐다. 이때는 기근이 거듭 닥쳐서 사람마다 매우 어려운 환경에 처하였다. 낙재는 곡식을 얻게 되면 반드시 먼저 어버이에게 양식을 보내고 다음으로 중부 · 계부 및 백씨에게 보냈으며, 다음으로 여러 아우와 종제에게 차별 없이 나눠 주어 굶주림을 면하고 목숨을 온전히 보존하게 하였다. 종제(從弟)인 서사선(徐思選)이 부모를 여의고 의지할 곳이 없었는데, 낙재는 그를 친형제처럼 어루만져 보호하고 시종 교육을 독려함으로써 훌륭한 인물로 성장시켰다. 그 백씨는 일찍이 술을 즐겨하고 술을 마신 뒤에도 반드시 더 마시려고 하였다. 낙재는 맏형을 엄부(嚴父)처럼 섬기면서 더욱 애경(愛敬)으로 받들고, 힘써 술을 갖추어 두고 충분하게 술을 드려 언제나 그 마음을 기쁘게 하였다.

다른 사람에게 잘못이 있으면 정색을 하여 꾸짖었으며 그 사람이 잘못을 뉘우쳐 고치면 용서하였다. 사람에게 한 가지 생각이라도 착함이 있으면 반드시 "이 사람은 가히 선(善)과 더불어 살아갈 것이다."라고 하였으며, 사람에게 한마디의 말이라도 도(道)에 가까우면 반드시 "이 사람은 가히 도(道)와 더불어 살아갈 것이다."라고 하였다. 대개 그 선행을 좋아하는 정성과 학문을 지향하는 근면, 성현을 숭상하는 독실함과 붕우를 사랑하는 간절함은 비록 고인이 다시 태어난다고 하여도 그에 뒤지지 않을 것이다.

낙재는 평생 아름다운 산수를 몹시 사랑하여 일찍이 곽준(郭䞭), 김달원(金達源)과 함께 청량산(淸凉山)에 들어갔다. 퇴계 이황이 옛적에 이곳에서 노닌 것을 우러러 생각하면서, 마치 퇴계를 직접 모시는 듯한 심정으로 층암절벽(層巖絶壁)과 수석청계(水石淸溪) 사이를 소요(逍遙)하였다. 그래서 세속에 흐려진 심신의 찌꺼기를 씻어내고, 다함이 없는 호연(浩

然)의 기상을 펼쳤다. 그는 그 후에 근력이 쇠약하여 다시 그 옛 자취를 왕복할 수 없음을 매번 한탄하였다. 낙재가 거처한 이천(伊川)은 곧 금호강(琴湖江)의 하류로서 낙동강과 합치되는 곳이다. 그 형세는 마치 용이 서린 듯하고, 주위에는 네 개의 산이 둘러 있었으며, 그 사는 곳은 아늑하게 넓고 집은 그윽하였다. 낙재는 여기에 손수 매화와 대나무를 심고 온갖 꽃들을 심었으며, 반 이랑의 네모난 연못을 팠으니, 창 밑에는 무성한 초목들이 마치 거울처럼 펼쳐지고 집 안에는 훌륭한 손님들이 두루 모여들었다. 반평생을 임천(林泉)에 사는 동안 좌우에 도서를 쌓아 두고 뜻에 맞게 생활하였는데, 비록 병환 중이거나 혼란한 세태 아래에서도 손에서 책을 놓는 일이 없었으니, 이는 대개 타고난 성품이 그러하였기 때문이다.

선사재(仙查齋)는 낙재가 강학하던 곳이다. 이곳에는 고을의 선배인 정사철(鄭師哲)이 처음 서재를 세웠는데 임진란에 때에 무너졌으므로 낙재가 다시 세운 것이며, 그 당명(堂名)과 재호(齋號)는 한결같이 주자의 자양서실(紫陽書室)에 썼던 제도를 따랐다. '경의(敬義)', '완락(玩樂)' 같은 글귀를 좌 · 우 및 중당(中堂)에 게시하여 학도들이 이를 돌아보고 뜻을 생각하면서 경계하고 반성하게 하였다. 또한 강정규모(講定規模)는 곧 성현의 격언과 요어(要語)에서 취하였으며, 학도들이 날마다 심신을 가다듬고 처신하는 데에 편리하고 친절하게 하기 위해 한 권의 책으로 엮었으니, 이를 이름하여 '정사학규(精舍學規)'라고 하였다. 문회(文會) 때마다 반드시 이를 먼저 강독하고 학도들이 몸에 지니고 실행하게 하였으며, 또한 여러 학도들이 때로는 함께 모여 여씨향약(呂氏鄕約)을 본받아 서로 익혀 예(禮)를 지키게 하였다.

성리서(性理書)의 여러 글을 통독하고 의리(義理)를 강론하였는데, 일찍이 말하기를 "학자들은 그 뜻을 하루도 게을리할 수 없으며, 그 마음을 하루도 놓을 수 없다."라고 하였다. 또 말하기를 "학자들은 반드시 천지를 위하여 마음을 세우고, 백성을 위하여 도덕의 표준을 세워야 한다." 라고 하였으며, 또 말하기를 "학자들은 반드시 '아침에 도(道)를 들으면 저녁에 죽어도 좋다' 는 생각을 마음속에 지녀야 한다." 라고 하였다. 『예기』「표기(表記)」에 나오는 "군자는 장경(莊敬)하면 덕업이 날로 강대해지고 안일 방자하면 덕업이 날로 경박해진다.〔君子, 莊敬日强, 安肆日偸〕" 라고 하는 공자의 말과, 상산(象山) 육구연(陸九淵)이 강론한 의리의 설과 남헌(南軒) 장식(張栻)의 "의(義)라는 것은 행하여짐이 없는 듯이 이루어지는 것이다.〔義也者, 無所爲而爲者也〕" 라고 하는 말을 특별히 좋아하여 언제나 이를 여러 번 되풀이 하여 외우고 교훈으로 삼았다.

처소의 부근에 맑은 못이 있었는데, 티 없이 깨끗하고 투명하여 노는 물고기까지 헤아릴 수 있었다. 낙재는 강학의 여가나 혹은 날이 밝고 맑은 바람이 부는 날이면, 한두 사람의 학도들과 더불어 산관야복(山冠野服)의 차림으로 가벼운 배를 타고 짧은 노를 저으면서 시가를 읊으며 위 · 아래로 6, 7회 돌기를 거듭하여 상쾌한 기분으로 자연의 경치를 즐겼다.

낙재는 젊었을 때 시문의 종류를 가리지 않고 좋아하였으며, 중년에는 초사(楚辭)와 두시(杜詩) 같은 것을 즐겨보면서 그 속에 함축된 충분(忠憤)을 감상하였다. 마지막에는 『격양집(擊壤集)』과 주자의 시 및 퇴계의 시를 더욱 좋아하여 그 속에 담긴 정취를 자신의 성정으로 삼아 드러내고 중화(中和)의 기상을 발현하였으며, 매양 한 번 읊고서는 그 맛의 무궁함에 심취되어 침식을 잊을 정도였다. 만년에 이르러서는 퇴계의 『주자서절요(朱子書節要)』를 본받아 『주자어류(朱子語類)』를 초록(抄錄)하여 살펴보기 편리하게 하려고 하였으나 그 뜻을 이루지 못하였다. 낙재가 저술한 시문 약간 편은 헝클어진 원고 속에 감추어져 있다.

당시의 학문적 선배로는 전경창(全慶昌), 정사철(鄭師哲)과 같은 분들이 있었는데, 모두 낙재를 신뢰하고 존중하였다. 전경창은 일찍이 『심경

心經)』 한 부를 주면서 이르기를 "그대야말로 참으로 이 책을 배울 만하다."라고 하였으며, 정사철 또한 말하기를 "그대는 내가 가장 아끼고 외경(畏敬)하는 벗이다."라고 하였다. 깊이 사귄 벗으로는 주신언(朱愼言), 채선각(蔡先覺), 손처눌(孫處訥), 정광천(鄭光天)이 있는데, 서로 깊이 신뢰하고 존중하였다. 나〔蔡夢硯〕는 낙재의 훌륭한 점과 제대로 닮은 바는 없지만 다행스럽게도 그 곁에 가까이서 함께 공부할 수 있었다. 불행하게도 전경창이 먼저 서거하고 채선각과 주신언이 이어서 작고하였으며, 정사철 부자도 세상을 떠나게 되었다. 남은 분들은 평소 학업을 하다 말다 하였고, 나 또한 하던 일을 스스로 포기하였으니 크게 기대한 바를 이루지 못하였다. 이러한 터에 낙재는 홀로 서서 우리 유학의 도(道)가 더욱 외로워져 누구와 더불어 마음에 품은 바를 터놓고 말할 수 없음을 매양 한탄하였다.

1599년 청안(淸安)에서 돌아와서는 다시 후진(後進)인 도성유(都聖兪) 등을 얻어 교육하였는데, 그 가르침에 한결같이 친절하고 알뜰하지 않음이 없었으며, 품은 뜻의 만분의 일이라도 이루고자 기대하였다. 처음부터 끝까지 조금의 게으름도 없었으니, 낙재는 후진을 장려함에 있어서 가히 정성과 힘을 다하여 완전무결하게 하였다고 할 것이다. 낙재의 모습은 비록 이 세상에서 사라졌다고 하더라도 그의 이 같은 마음은 후배 선비들에게 다함이 없는 정성으로 길이 남을 것이다. 나는 비록 불초하지만 이미 사우(師友)로서 의탁하였고, 인아(姻婭)의 관계로서 종유(從遊)함이 오래되어 그 은의(恩義)가 깊었으니, 뜻과 같지 않다고 하여 스스로 끊을 수 없는 처지인 것이다.

부음(訃音)을 듣고 허둥지둥 달려와 곡하였는데 이미 염습(殮襲)을 마쳤다. 이때 말하기를 "장사에 즈음하여 마땅히 공에 대한 명(銘)이 있어야 공의 행적이 길이 사라지지 않을 것이다."라고 하였더니, 모두 그렇다고 하였다. 이에 한강 정선생께 청하였더니 선생께서 말씀하기를 "지명(誌銘)을 지으려면 마땅히 「행장」을 먼저 구함이 옳다."라고 하면서, 다시 말씀하기를 "내가 굳이 명(銘)을 쓴다면 여러분이 「행록(行錄)」을 지어오라."라고 하였다. 돌이켜 보건대 나는 식견이 변변하지 못하고 또한 고루(固陋)하여 공의 실상을 어찌 만분의 일이라도 따를 수 있겠는가? 그러나 명(銘)을 구하는 일이 급하므로 굳이 사양하지 못하고, 마침내 삼가 그 세계(世系)와 언행(言行)의 대강을 기술하여 감히 엎드려 바치면서, 한강 선생의 고증을 기다리는 바이다.

6) 손처눌(孫處訥, 1553~1634)의 행장(行狀)[21]

본관은 일직(一直), 자는 기도(幾道), 호는 모당(慕堂)이다.

모당 손처눌의 선조는 안동 일직(一直)에서 거주하였는데, 본래는 순씨(荀氏)였다. 비조(鼻祖)는 손응(孫凝)인데 신라인이고, 고려왕조에 이르러 손씨(孫氏)를 하사받았다. 공민왕 때의 사람인 손홍량(孫洪亮)은 좌리공신(佐理功臣) 정평공(靖平公)이었다. 그리고 조선에 들어와서 집현전의 한림(翰林)을 역임한 손조서(孫肇瑞)는 호가 격재(格齋)로서 단종에 대한 절의를 인정받아 이조참판에 추증되었다. 손조서는 손윤하(孫胤河)를 낳았다. 손윤하는 음직으로 광흥승(廣興丞)이 되었는데, 모당에게는 5대조가 된다. 고조는 손순무(孫荀茂)인데 음직으로 주부(主簿)가 되었다. 증조는 손세경(孫世經)이며 효행으로 천거되어 참봉에 제수되었다. 조부는 손치운(孫致雲)이며 역시 효행으로 천거되어 영동(永同)과 비안(庇安) 두 고을의 현감을 역임했다. 부친은 선무랑(宣務郎)을 지낸 손수(孫遂)이고, 모친

---

21) 李羲發(1768~1849)이 撰하였다. 李羲發의 초명은 英發, 자는 又文, 호는 雲谷이며, 관향은 永川이다.

한산이씨(韓山李氏)는 이탄(李坦)의 딸인데 목은 이색의 후손이다. 모당의 첫째 부인은 광주이씨(廣州李氏) 이원경(李遠慶)의 딸이고, 둘째 부인은 창녕조씨(昌寧曺氏) 조응의(曺應義)의 딸이다. 모당은 슬하에 3남을 두었는데 손첨(孫添), 손잠(孫潛), 손침(孫沈)이다.

모당의 선조들은 줄곧 안동 일직현에 거주하였는데, 모당의 7대조인 손관(孫寬) 때에 밀양으로 이주하였고, 증조인 손세경 때에 다시 대구 수성으로 이주하였다. 모당은 1553년(명종 8년) 6월 25일에 대구 수성리(壽城里)의 자택에서 태어났다. 그는 태어나면서부터 남다른 자질이 있어서 그 총명함이 무리 가운데서 뛰어났다. 조금 자라서는 계동(溪東) 전경창(全慶昌)의 문하에 나아가 배웠으며, 한강(寒岡) 정구(鄭逑)의 문하에서도 수학하여 자주 칭찬을 받았다. 또한 여헌(旅軒) 장현광(張顯光), 낙재(樂齋) 서사원(徐思遠)과는 도의로 서로 강마하였다. 그의 공부가 이치의 그윽한 곳에 이르니, 한때의 제현들이 존중하지 않음이 없었다.

임진란을 당하여 모당은 뜻을 같이하는 여러 선비와 더불어 고을의 무리를 거느리고 창의(倡義)했는데, 거듭 부모의 상을 당하여 집으로 돌아왔다. 1597년에 상을 마치고 다시 의병을 정돈하여 팔조령에 병사를 매복하고 달성 아래에서 적을 전멸시켜서 죽인 자가 매우 많으니, 방백인 유천(柳川) 한준겸(韓浚謙)이 그 공을 조정에 알리고자 했다. 그렇지만 모당은 힘써 사양하기를 "저는 용졸(庸拙)한 일개 서생으로 평소 활 쏘고 말 달리는 기예도 없는 것을 무릅쓰고 의병의 임무를 맡아 비록 만분의 일이나마 조력한 적은 있으나, 적의 목을 벤 일에 이르러서는 모두 여러 선비의 힘이니 제가 실질적인 공도 없으면서 어찌 헛된 이름을 받겠습니까?"라고 하니 방백이 이를 매우 훌륭하게 여겼다.

1624년에 이괄(李适)의 난이 일어났을 때 모당은 이미 72세였는데, 고을 사람들은 평소 모당의 신의가 두드러졌기 때문에 또다시 의병장에 추대하였다. 그는 병을 참고 억지로 일어나 병사와 군량을 모아서 장차 서울 쪽으로 올라갈 것을 굳게 기약했다. 그러나 역적의 우두머리가 죽었다는 이야기를 듣고는 부장(副將)에게 말하기를 "군사를 이끌고 적을 치는 것은 비록 기약에 미치지 못했으나 대궐에 이르러 위문하는 것은 때를 늦출 수 없다."라고 하고, 채선견(蔡先見)과 이휴운(李休運) 등을 보내서 위하(慰賀)의 예를 행하게 하고, 병기와 군량으로써 국용(國用)을 돕기를 청했는데, 임금으로부터 충분한 비답(批答)이 있었다.

1627년 정묘란 때에도 의병을 일으켰는데, 그 조치가 한결같이 이괄의 난 때와 같았다. 얼마 되지 않아 강화(講和)를 약속했다는 말을 듣고 의병을 해체하며 탄식하기를 "비록 조석의 편안함은 얻었으나 엄청난 굴욕을 어찌할 것인가?"라고 하고, 거둔 병기와 군량을 호조사(號召使)에게 바치고 돌아왔다.

모당은 난리 중에 상을 당하여 예를 다하지 못한 것을 평생의 한으로 여겨 1600년에 비로소 묘소 아래 집을 짓고 편액을 '영모당(永慕堂)'이라 하고 종신토록 시묘(侍墓)하는 뜻을 붙였다. 그 곁에 두 재사를 지어 동쪽은 '산택재(山澤齋)'라고 하고 서쪽은 '풍뢰헌(風雷軒)'이라 했는데, 문을 닫고 고요히 거처하며 날마다 여러 생도와 더불어 학문을 강론했다.

병화로 인해 학교가 황폐하게 되었는데, 모당은 고을 사람들을 이끌고 먼저 향교를 건립하였다. 「백록동규(白鹿洞規)」와 「학교모범(學校模範)」을 벽 위에 써 붙이고 한두 명의 동지들과 더불어 『심경(心經)』과 『근사록(近思錄)』 등을 강론했는데, 특히 『소학』을 더욱 존신(尊信)하여 종신토록 외었다. 일찍이 말을 급하게 하고 안색을 갑자기 바꾸는 것을 병통으로 여겨서 매양 관평화이(寬平和易)한 경지에 힘썼다. 매월 삭망(朔望)에 여러 유생과 더불어 혹은 연경서원(研經書院)과 선사재(先查齋)에서 모이고 혹은 분학암(憤鶴庵)과 동학암(動鶴庵)에 모여서 경전의 뜻을 강론했다.

「학령(學令)」 20조를 지어서 좌우에 걸어두고 매일 아침 의관을 정제하고 강당에 나와 앉으면 여러 생도들이 들어와 절하며 상읍례(相揖禮)를 행하였다. 그런 후에 정자(程子)의 「사물잠(四勿箴)」과 주자(朱子)의 「경재잠(敬齋箴)」을 강한 뒤에 물러나고, 초저녁에도 또한 그렇게 하였다. 낙재와 함께 『계몽(啓蒙)』을 강론했는데, 분석하여 막힘이 없으니 낙재 서사원이 감탄하여 말하기를 "『주역』이 이미 동방에 있구나."라고 하였다.

1602년에 연경서원(硏經書院)을 중수했는데, 그 당사(堂舍)와 재실을 모두 모당이 직접 설계하였다. 당시 퇴계 선생의 문집이 새로 이루어졌는데, 모당이 말하기를 "이 글은 주자의 글과 매우 흡사하니 지금 그 시를 외우고 그 글을 읽음에 완연히 주자가 되살아 난 것 같다."라고 했다.

1605년에 한강 정구가 선사재를 방문했는데, 모당이 낙재와 함께 작은 배를 타고 부강정(符江亭) 아래에서 맞이하여 절하고 물결을 거슬러 올라가니 여헌 장현광과 여러 선비가 모두 참석하였다. 서사원이 모당에게 부탁하여 「주중음(舟中吟)」[22]이라는 시를 지어 올리게 하니, 모당이 다시 말하기를 "이 일은 사문(斯文)의 성대한 모임인데 기행의 글이 없을 수 없다."라고 하고, 낙재에게 부탁하여 「동유기(東遊記)」[23]를 짓게 했다.

1606년 3월에 한강을 모시고 선사재에 모여서 『심경』을 강론했다. 강론을 마치지 한강이 말하기를, "인생이 얼마나 오래이겠는가? 이런 좋은 일을 하면서 나이 들었다 하여 스스로 포기하지 말게나. 무공은 나이 90세에 「억계(抑戒)」를 지었고 무왕은 나이 70세에 '단서(丹書)' 를 받았으니, 그래서 '아침에 도를 들으면 저녁에 죽어도 또한 가하다' 라고 하였네."라고 하였다. 모당의 학문하는 정성이 나이가 들수록 돈독하였기에

---

22) 『慕堂集』, 卷3, 詩, 「舟中吟」. "麗景尤宜洛水頭, 波沒舊痕帆影杳, 雨懸高岸櫓聲柔, 傍人擬買新村艇, 高義曾輕張翰秋, 已得鳶飛魚躍妙, 自餘榮辱等雲浮."

23) 『樂齋集』, 卷7, 雜著, 「爲寒岡鄭先生東遊記」 참조.

스승의 기대가 이와 같았던 것이다. 이때에 이르러 배우는 자가 날로 늘어나 서당에 모두 수용할 수 없어서 다시 한 칸의 집을 짓고 '망사암(望思庵)' 이라 명명했는데, 승려들이 여러 생도의 학업을 돕게 했다. 가르침을 베풂에 문하에 나아온 선비들이 재능을 발현하여 입신양명한 이가 매우 많았다.

1607년에 우복 정경세가 대구 부사로 부임하여 자주 방문하였는데, 간혹 생도를 모아 강회를 베풀고 시를 읊었다. 우복은 후일 김윤안(金允安)에게 보낸 편지에서 말하기를, "우리 부(府)에 비록 좋은 일은 없으나 팔공산의 백출(白朮)을 복용하고 낙재 서사원, 모당 손처눌과 더불어 강학하는 것이 매우 좋다."라고 했으니, 바로 이때의 일을 말한 것이다.

1608년 이후로 한강이 간사한 소인배의 무고를 당하여 빈객을 사양하고 은거했는데, 유독 모당이 오면 논설이 홍미진진했다. 한강이 사수(泗水) 부근에 이사할 때 먼저 모당에게 편지를 보내 말하기를, "내가 강을 건너 이사하면서 그대의 거처와 조금 가까워졌으니 이것이 다행이네."라고 했다. 모당은 매번 스승의 강석(講席)에서 물러나 사람들에게 말하기를, "종일 모시고 이야기함에 화기(和氣)가 사람에게 스며들어 마치 봄바람 가운데 앉은 듯하다."라고 했다. 석담 이윤우가 어릴 때부터 모당을 따라 강학했는데, 경전의 의미의 오묘함과 초·만(初晩)의 출처(出處)의 절도에 대해 편지를 주고받음이 매우 많았다. 일찍이 석담이 모당을 위해 칠곡 상지(上枝, 웃갓)에서 주연을 베풀고 그를 맞았는데, 당시 모당은 사수(泗水) 가에 살고 있었다. 한강이 말하기를 "석담이 모당을 맞이하고 모당이 석담을 찾아가니 참으로 좋은 모임인데, 내가 병으로 함께 어울리지 못하는 것이 한스러울 따름이네."라고 했다.

1610년에 박이립(朴而立)이 한강을 무고하자 모당이 여헌과 더불어 신변(伸卞)하는 거사를 이끌었다. 다음 해에 정인홍(鄭仁弘)이 차자(箚子)를 올려 회재와 퇴계 두 선생을 비방하고 문묘의 배향을 막으니, 모당이 분함을 이기지 못하여 「척사부정문(斥邪扶正文)」을 지어서 사림(士林)에 통고했다. 이어서 안동(安東)지역의 회소(會所)에 나아갔는데, 당시에 모당이 택소(擇疏)가 되고 학호(鶴湖) 김봉조(金奉祖)가 소수(疏首)가 되었다. 모당은 소를 짓는 유생들에게 이르기를 "소(疏)의 말 중에서 남명을 해쳐서는 옳지 않다."라고 하여 내용을 고치게 하고, '소'를 짓는 선비에게 시를 주었다.

> 지난해 도적 같은 박이립(朴而立)이 일어났을 때,
> 서리 바람 9월에 상산(상주) 길을 갔었네.
> 금년에 정인홍이 또 어지러움을 이어받으니,
> 7월에 화산〔안동〕엘 가네.
> 하늘이 반드시 사문(斯文)을 없애려 하시겠는가마는,
> 정도(正道)를 해치는 간흉이 해〔歲〕를 이어 생겨났네.
> 누구인들 봉황이 상서로운 것임을 모르겠으며,
> 누구인들 일월이 청명함을 모르겠는가?
> 저들은 어찌 홀로 성질이 달라서,
> 바른 것을 사특하다고 방자히 헐뜯어 평하는가?
> 선비가 이 세상에 살면서 선을 밝힘이 귀하나니,
> 어찌 마침내 형벌 당할까 근심하랴?[24)]

소수(疏首)를 맡은 김봉조가 이 시를 동지들에게 보이며 말하기를, "사

---

24) 『慕堂集』, 卷1, 詩, 「贈別陪疏諸友」. "去年起朴賊, 霜楓九月商山程. 今年鄭又繼, 火流時節花山行. 皇天必欲喪斯文, 毒正之奸連歲生. 鳳凰孰不知祥禎, 日月孰不知淸明. 彼獨胡爲稟異質, 指正爲邪恣詆評. 士生斯世貴明善, 寧恤畢竟遭人刑."

람들의 머리카락이 쭈뼛거리게 하고 날카로운 칼날을 밟는 듯한 의로움이 있다."라고 했다. 정인홍의 무리가 「척사부정문(斥邪扶正文)」 가운데 '용군암주(庸君暗主)' 4글자를 취하여 당시의 상황에 비유해서 상소하여 죄를 청하려 했다. 재앙의 기미가 측량하기 어렵게 되었는데, 주위 사람들이 모당을 염려하였으나, 정작 모당 자신은 태연히 말하기를 "모든 일들이 천명 아님이 없습니다."라고 하며 짐을 챙겨서 기다렸다.

한강을 찾아가서 만나니 그가 말하기를, "어제 방백이 와서 그대가 임금을 범한 죄를 이야기하기에 내가 그대를 위하여 자세하게 해명하였다네."라고 하고, 이어서 탄식하기를 "강우(江右, 서부 경남) 지역의 사람들이 반드시 나의 문하에서 임금을 범하는 말이 있다고 하며 우리 두 사람을 죄에 빠뜨릴 것이니, 처세의 어려움이 여기에까지 이르렀구나."라고 하였다. 모당이 일어나 사죄하며 말하기를, "저들은 저를 미워함이 심하여 죄에 빠뜨리고자 하는데, 이로써 욕이 스승에게까지 미치는 것이 더욱 죄송합니다."라고 하였다. 한강이 웃으며 말하기를, "저들이 또한 오직 그대가 나의 유익한 벗임을 알기 때문일 것일세."라고 했다.

1616년에 흉포한 무리들이 중학(中學)에서 모당의 이름을 삭제했는데, 우복 정경세가 편지를 보내 말하기를 "척사부정(斥邪扶正)의 글은 은연히 잘못된 물결을 막는 공로가 있으니, 그대의 함양이 바름을 알 수 있겠네."라고 했다. 또한 검간(黔澗) 조정(趙靖)이 편지를 보내 하례하기를, "중학에서 내쳐짐은 축하할 일이지 위로할 일은 아니네."라고 했다. 이보다 앞서 정인홍이 송계(松溪) 신용개(申用漑)의 신도비명을 지었는데, 그는 이 글에서도 회재와 퇴계를 비판하였다. 국담(菊潭) 박수춘(朴壽春)이 신용개의 비문 건립을 주관했는데, 그는 돌을 묻어버리고 정인홍의 글을 새기지 않았다. 이때 모당이 국담정사(菊潭精舍)로 박수춘을 방문하여 시 한 수를 주었는데, 그 가운데 "석공(石工)이 차마 원우당적비(元祐黨籍碑)[25]

를 새기지 못했구나.〔石工不忍鐫元祐〕"라는 구절이 있다.

1620년에 한강이 작고했는데, 당시 모당은 병중에 있었으나 "병이 이렇게 심하여 죽기 전에는 서로 헤어지지 말자는 분부를 이루지 못했으니 이것이 평생의 한이 된다."라고 하고 곧 병든 몸을 부축하여 가서 곡하고 제자의 예를 다하였다. 이 해에 고을 사람들이 낙재의 사당을 세우는 일로 선사재에 모여 의논했다. 모당이 계동 전경창의 위패와 병향(竝享)할 것을 거듭 주장하여 고을 사람들이 비로소 같은 당에 모시는 의논을 하기는 했으나, 모시는 차례에 대한 논란이 또 발생했다.

1622년에 도내의 선비들이 연경서원에 모여서 한강의 위패를 받들어 본원에 배향하고 여헌 장현광에게 유생을 보내 봉안문을 청했는데, 여헌이 유생들에게 말하기를 "모당이 있는데 내가 어찌 감당하겠는가?"라고 했다. 그리고 모당에게 편지를 보내 말하기를, "서원의 배향은 실로 사문의 중대한 거사인데 정한 날이 가까우니 연경서원을 위하여 어찌 정성이 부족할 수 있겠습니까? 다만 고유문을 짓는 일은 제가 감당할 바가 아니고 또한 노형이 있는데 이 일을 다른 사람에게 미룰 수 있겠습니까?"라고 했다. 이에 모당이 끝까지 사양하지 못하고 퇴계 선생의 고유문과 한강 선생의 봉안문을 짓게 되었다.

1623년 가을에 종숙(從叔)인 손린(孫遴)과 더불어 유정(柳亭)에서 모여 이야기를 나누었는데, 모당은 종숙의 깊은 뜻을 알면서도 조용히 말하기를 "새 임금〔仁祖〕이 등극한 초기에 많은 선비들이 무리 지어 나가고 있는데 임금의 은명(恩命)이 누차 내렸음에도 병을 이유로 벼슬을 사양하는 것은 무엇 때문입니까?"라고 하니, 손린이 눈물을 흘리면서 말하기를 "폐

---

25) 중국 北宋 徽宗 때에 蔡京이 세운 비석이다. 舊法黨과 新法黨 사이에 당쟁이 치열하였는데, 哲宗이 죽고 徽宗이 친정하게 되자 新法黨의 蔡京이 徽宗에게 권하여, 舊法黨 사람들을 奸黨이라 하고 그 이름을 돌에 새겨 전국에 세웠다.

주(廢主, 光海君)가 모후(母后)를 유폐시키고 형제를 죽이지만 않았다면 일이 어찌 이 지경까지 이르렀겠는가?"라고 했다. 모당은 한숨 쉬며 탄식하기를 "아저씨의 말씀이 '곤궁해도 의리를 잃지 않는 것'이라고 할 만합니다."라고 하였다.

모당은 인륜의 실천에 돈독했는데, 어버이가 돌아가신 뒤부터 과거공부에 뜻이 없었고 매일 새벽에 일어나서 사당에 참배하고 초하루와 보름에 참례를 행하고 중월(中月)에 시사(時事)를 행하기를 한결같이 『가례』를 따랐다. 매년 제사 때에는 반드시 친히 제수(祭需)를 마련하였는데 비록 나이가 많아 힘이 쇠약해도 일찍이 다른 사람에게 시키지 않았다. 아우인 손처약(孫處約)과 더불어 아침 일찍부터 저녁 늦게까지 서로 왕래하며 우애가 대단히 돈독하니 남들이 이간하는 말이 없었다.

임진년과 계사년의 왜란 때에 어린 누이와 서로 헤어져서 생사를 알지 못한 지 거의 40년이 지났다. 1629년에야 비로소 비천한 사람에게 시집갔다는 소식을 들었다. 모당은 곧바로 찾아가서 서로 부여잡고 통곡했다. 그는 집과 밭을 다 팔아서 그 자녀들까지 속환(贖還)하여 함께 살았다.

1630년에 제자들이 초상화를 그려주니, 모당이 이 화상(畫像)을 위한 시를 지었다.

> 셋도 아니고 둘도 아닌 초지(初志)를 따르려고 하나,
> 헛되이 죽고 헛되이 사니 본심에 부끄럽기만 하네.
> 산택재(山澤齋) 가운데서 시종 학문을 했지만,
> 묘소의 언덕에서 처량한 마음일 뿐이네.[26)]

---

26) 『慕堂集』, 卷7, 附錄, 「行狀」. "弗參弗貳循初志, 虛死虛生媿本心. 山澤窩中終始學, 松楸隴畔愴凄心."

1634년 6월 초하루에 여러 생도를 이끌어 강론을 마친 뒤에 말하기를, "이러한 좋은 일을 이제부터는 다시 얻기 어려우니, 원컨대 그대들은 각자 노력하고 힘쓰라."라고 했는데, 여러 생도들이 일어나서 대답하기를 "선생께서는 어찌하여 이 같은 말씀을 하십니까?"라고 했다. 모당이 웃으며 말하기를, "오늘 밤에 세상을 마치는 꿈을 꾸었다."라고 하고 이어서 스스로 자신을 위한 만사를 지었다.[27)]

> 명이 쇠함을 내 어찌 한탄하겠는가,
> 초목과 함께 썩는 인생 한 번 지나가는 바람 소리일세.
> 임금을 도와서 바른 정치를 펼친 직(稷)과 설(卨)의 뜻을 저버리고,
> 지나간 성현들의 가르침을 계승하는 일에도 부끄러움이 많도다.
> 바람을 읊조리고 달을 희롱함은 당년(當年)의 일이요,
> 살아서 천명에 따르고 죽어서 편안히 쉬는 것은 이 날의 정성일세.
> 지하의 수문(修文)은 미리 계획함이 아니고,
> 저승에서 사우(師友)들과 그윽한 마음으로 합하리라.[28)]

이것이 그의 마지막 글이 되었다. 작고하던 날 아침 일찍 일어나 의관을 정제한 뒤 좌·우(左右)의 잠명(箴銘)을 읽고서 문인들과 아들들에게 말하기를, "오늘 밤에 또 세상을 떠나는 꿈을 꾸었고 기운 편치 않은 듯하다."라고 했다. "방을 청소하고 이불을 정돈하라."라고 명하고는 누워서 편안히 세상을 떠났으니 날짜는 6월 15일이고, 향년이 82세였다.

모당은 유일(遺逸)로 천거되었는데, 천거하는 글에서 "임하(林下)에 단

---

27) 이 輓詞는 『慕堂集』, 卷3, 詩, 「自輓」에도 수록되어 있다.

28) 『慕堂集』, 卷3, 詩, 「自輓」. "命之衰矣吾何恨, 腐草人生一過音. 永負都兪稷契志, 多慚開繼聖賢心. 吟風弄月當年事, 生順歸寧此日忱. 地下修文非宿計, 重泉師友契幽襟."

정히 거처하여 집 밖을 나가지 않았으며 지성으로 선조를 받들어 한결같이 가례를 따랐고 형제간에 우애로워 남들의 이간하는 말이 없었다. 고서를 많이 읽고 제자를 모아 가르침을 베풀었으며 사론(邪論)을 배척하여 끊고 정맥(正脈)을 도와 바로잡았다."라고 했다. 모당은 전원에 거처하며 책을 읽고 도를 강론하여 마치 세상에 뜻이 없는 듯하였으나, 난리에 임해서는 비분강개하여 세 번이나 의병을 일으켰다. 비록 널리 더러움을 소제하고 깊은 치욕을 씻지는 못했지만, 몸을 바쳐 국가를 보위한 정성은 이미 창과 방패가 어지러운 때에 높게 드러났다. 학봉 김성일(金誠一)이 경상우영(慶尙右營)을 맡게 됨에 모당의 손을 잡고 눈물을 흘리며 말하기를, "지금 신하된 사람이 힘을 합쳐서 죽음을 다할 시기를 당하여 이제 또 멀리 영남지역의 '동'과 '서'로 헤어져서 마음으로만 서로 비추게 되었구려."라고 했으니, 도의(道義)로 깊이 맺고 충분(忠憤)이 서로 간절함이 아니라면 어찌 이같이 말할 수 있겠는가?

간악한 이를 분별하는 엄정함에 있어서 더욱 훌륭함이 드러났는데, 가야산의 정인홍의 세력이 왕성함에 화복(禍福)을 두려워하지 않고 몸을 떨쳐 통문을 발하여 사설(邪說)이 행하지 못하고 대론(大論)이 정해지게 했으니, 이단을 물리치고 정도를 보위한 공이 크다.

그가 성취한 바는 모두 학문 가운데서 흘러나왔고, 자질의 아름다움과 효우(孝友)의 독실함은 대개 하늘로부터 얻은 것이다. 돈독하게 스승을 믿음이 마치 진덕수(眞德秀)가 주자(朱子)를 따르는 듯하여, 가까이 모시면서 도의의 가르침을 이루어 진실로 쌓고 힘쓰기를 오래도록 하였으며, 밤늦도록 촛불을 밝히는 공부가 독실하여 늙음이 장차 이를 줄 알지 못하였다.

모당의 뛰어난 자질과 깊은 학식이 드러나지 못하고 초야에 묻히게 되었다. 이것은 모당 자신에게야 손익(損益)될 것이 없겠으나, 후학들에게는 유감이 없을 수 없다. 모당이 지은 예찬(禮纂) 및 문인들이 기록한 강설(講說)에 그의 문자가 남아 있었는데, 화재를 당하여 당시 후학들에게 끼쳤던 가르침들이 없어져서 어둡게 되고 말았으니 매우 개탄스럽다.

어느 날, 모당의 방후손(傍後孫)인 손정환(孫廷煥)이 나에게 편지를 보내 말하기를 "우리 선생이 사우간(師友間)에 강마한 것과 집에서 지내면서 알려지지 않은 아름다운 덕이 반드시 전할 만한 것이 많지만, 세대가 급히 변천하는 동안 문적(文籍)이 산일(散逸)하여 구본(舊本)을 인쇄할 때 간혹 소루(疏漏)함이 많았으니, 실로 사문의 흠(欠)입니다. 지금 「연보」가 처음 작성되어 빠진 부분을 보충하여 본집을 중간하려 함에 「행장」을 부탁할 곳이 없으니 도와주시기를 바랍니다."라고 했다. 나는 노쇠하고 병으로 인해 감당하지 못하겠다고 사양했으나, 모당의 후손 손응수(孫膺修)가 직접 찾아와 간곡히 청하였다. 돌이켜 생각하니, 평소 선생을 경모하던 정성에 끝내 사양할 수 없어서, 드디어 나의 혼미하고 어지러움을 떨쳐 가장(家狀)을 살펴보고 또 일록(日錄)에서 뽑아 대략 이상과 같이 서술하였다.

7) 장현광(張顯光, 1554~1637)의 신도비명(神道碑銘)[29]

본관은 인동(仁同), 자는 덕회(德晦), 호는 여헌(旅軒)이다.

인동장씨(仁同張氏)의 시조는 고려의 상장군(上將軍) 장금용(張金用)인

---

29) 許穆(1595~1682)이 撰하였다. 許穆의 자는 文甫 또는 和甫, 호는 眉叟이며, 관향은 陽川이다. 이 「神道碑銘」은 『旅軒集』에는 수록되어 있지 않고, 許穆이 지은 『記言別集』, 卷16에 「旅軒張先生神道碑銘」이라는 제목으로 실려 있다. 張顯光의 '行狀'은 李元禎(1622~1680)이 撰하였는데, 이것 또한 『旅軒集』에는 수록되어 있지 않고 李元禎의 문집인 『歸巖集』, 卷9에 수록되어 있다.

데, 처음에 옥산(玉山, 仁同)에 본적(本籍)을 두었다. 12세에 와서 부윤(府尹) 장안세(張安世)가 있으며, 장안세는 좌윤(左尹) 장중양(張仲陽)을 낳았고, 장중양은 장령(掌令) 장수(張脩)를 낳았다. 장수는 곧은 사람으로 소문이 났는데, 여헌 장현광에게는 6대조가 된다. 증조는 증(贈) 좌승지(左承旨) 장준(張俊)이며, 조부는 증(贈) 이조참판 장계증(張繼曾)이고, 부친은 증(贈) 이조판서 장열(張烈)이다. 모친은 증(贈) 정부인(貞夫人) 경산이씨(京山李氏)인데, 제릉참봉(齊陵參奉) 이팽석(李彭錫)의 딸이다.

여헌은 1554년(명종 9년) 정월 22일에 출생하였는데, 8세 때에 부친이 작고했다. 17, 8세에 학문에 이미 통달하였고 경술(經術)에 몰두하여 『우주요괄십도(宇宙要括十圖)』를 지었고, 23세에 재주와 학식으로 조정에 천거되었다.

일찍이 허잠(許潛)이 성주목사(星州牧使)로 있을 때 한강 정구를 만나서 남중(南中)지역에 학문을 좋아하는 선비가 누구인지를 묻자, 한강이 말하기를, "공자 문하에도 학문을 좋아하는 사람은 안자(顏子) 한 사람뿐입니다. 어찌 쉽게 말씀드릴 수 있겠습니까? 장현광이란 사람이 배움을 구하고 도에 뜻을 두니, 후일에 우리의 스승이 될 사람입니다."라고 하였다. 28세 때에 모친이 작고하였는데 상제(喪制)를 수록한 것이 남아 있다. 서애 류성룡(柳成龍)이 여러 번 임금에게 여헌을 추천한 일이 있었는데, 후일 류성룡은 아들 류진(柳袗)을 여헌의 문하에 보내 배우게 하였다.

1594년(선조 27년) 봄에 예빈참봉(禮賓參奉)에 임명되었고, 가을에 또 제릉참봉(齊陵參奉)에 임명되었으나, 모두 사양하고 나아가지 않았다. 1595년(선조 28년)에 특별히 보은현감(報恩縣監)에 제수되었다. 문인 정사진(鄭四震)이 출처(出處)에 관한 의의를 묻자, 대답하기를 "배워서 학식이 넉넉하면 벼슬하고, 예우로 대우하면 벼슬하고, 가세(家勢)가 구차하고 부모가 연로하면 벼슬하는 것이다. 벼슬하지 않는 것에도 두 가지 수치(羞恥)가 있다. 제 몸만을 깨끗이 하고자 하여 대륜(大倫)을 어지럽히는 것이 첫 번째 수치요, 짐짓 그 명성을 위하여 남이 알아주기를 구하는 것이 두 번째 수치이다."라고 하였다.

현령(縣令)이 되자 부로(父老)들과 매달 초하루와 보름날에 모임을 약조하고, 각자 백성의 고통과 부족한 부분을 말하게 하여 폐단을 바로잡는 데 도움이 되게 하였다. 효제(孝悌)를 두텁게 하고 염치(廉恥)를 권장하고 덕행을 높이고 나쁜 풍속을 제거하였으니, 모두 풍속을 좋은 방향으로 옮기는 큰 모범이었다. 2년 만에 벼슬에 뜻이 없어 사직하고 돌아오니, 임의로 관직을 버렸다 하여 처벌하고자 하였으나, 경연관(經筵官)이 임금에게 아뢰어 곧 석방되었다. 그해 여름에 영천 입암(立嵒) 지역의 자연을 유람하였다.

1601년(선조 34년)에 임금이 경서(經書)의 교정을 명하였는데, 여헌이 부름을 받았다. 현(縣)과 도(道)에 명하여 그에게 말〔馬〕을 공급하도록 하였다. 연이어 부름을 받았으나 모두 사양하고 나아가지 않았다. 겨울에 공조좌랑에 제수되어 『주역(周易)』의 교정에 참여하였고, 형조좌랑에 옮겨졌으나 사양하고 돌아왔다. 1603년(선조 36년)에 용담현령(龍潭縣令)에 제수되었으나 나아가지 않았고, 또 의성현령(義城縣令)에 제수되었는데 몇 달이 못 되어 읍에 변고가 생기자 스스로 죄상을 탄핵하고 돌아왔다. 1608년(광해군 원년)에 광해군(光海君)이 새로 왕위에 오르자 합천군수(陝川郡守)에 제수되었고, 1610년에 사헌부 지평(持平)에 제수되었으나 나아가지 않았다. 1615년에 「관의(冠儀)」를 편수하였다. 1620년에 한강 정구가 작고하자 여러 제자(弟子)와 더불어 상례(喪禮)를 강론하였다. 가을에 명나라 신종(神宗)이 세상을 떠나자 곡(哭)하면서 말하기를, "우리나라 백성이 임진년(1592년)과 계사년(1593년)의 난리를 만나면서도 부자(父子)가 각각 도리를 다하고 오늘에 이르게 된 것은 모두가 황제의 힘에 의

한 것이다."라고 하였다.

1623년(인조 원년)에 인조가 큰 난을 극복하고 제일 먼저 초야에 숨은 선비를 찾았는데, 여헌이 사헌부 지평으로 부름을 받았으나 나이가 많다는 이유로 사직하자 특별히 성균관 사업(司業)을 제수하였다. 원래 이러한 직제(職制)가 없었는데 인조가 즉위하자 특별히 징사(徵士)를 부르기 위하여 설치한 것이다. 다시 지평에 제수되었으나 중도(中道)에 병이 나서 사직하였다. 다음 해(인조2년) 봄에 승급되어 사헌부 장령(掌令)에 임명되었다. 이때 이괄(李适)이 난을 일으켜 임금이 남쪽으로 피난했다가, 이괄이 죽자 다시 서울로 돌아왔다. 여헌이 행재소(行在所)까지 이르지 못하고 어가(御駕)를 뒤좇아 도하(都下)에 이르니, 또 제수하라는 명이 있었다.

임금이 여헌을 궁전에 불러들여 정치하는 법을 물으니, 여헌이 아뢰기를, "이것은 전하께서 오직 한마음으로 분발하여 하루하루 새로워지는 데 있습니다."라고 하니, 임금이 좋은 말이라고 여겨 칭찬하고 예물을 후하게 하사하였다. 곧 집의(執義)에 임명되었으나, 여헌은 소(疏)를 올려 관직을 사양하고 이어서 '공검(恭儉), 절용(節用), 돈덕(敦德), 생형(省刑)을 실천할 것'을 아뢰니, 임금이 또 그를 불러들여 인심(人心)과 세도(世道)가 부합하기 어려움을 말하면서 여헌의 의견을 구했다. 이에 여헌이 아뢰기를, "예로부터 변화시키지 못할 인심은 없으며, 돌이키지 못할 세도는 없습니다. 이것은 다만 성군(聖君)과 어진 재상이 서로 더불어 하기에 달렸을 따름입니다."라고 하니, 임금이 다시 이르기를, "중·외(中外)의 인심이 원망이 많은데 어떻게 대처해야겠는가?"라고 하자, 여헌이 다시 아뢰기를, "온 나라 백성들이 지난날의 잔인하고 횡포한 정치(광해군의 정치를 말함)로 곤경에 빠져서 그 걱정과 고통으로부터 소생되지 못하고 있는데, 도성에서는 새로 큰 난을 겪었으므로 소란하며 안정되지 못하고 서로 의심만 하고 있습니다. 임금께서 이들을 가엾게 여겨 지극히 슬퍼하시는 전교를 내리시고 이들의 어려움을 성심으로 도우려는 뜻을 보이신다면 인심은 안정될 것입니다."라고 하였다. 임금이 다시 자신의 주변에 모반을 꾀하는 자가 있다고 하자, 여헌이 말하기를, "백성들이 큰 법도 안에서 은연중에 감화되게 한다면 모반을 꾀하는 자는 저절로 안정될 것입니다. 도성(都城)은 사방(四方)의 중심이 되는 곳이니, 성안의 백성이 안정되면 사방이 안정될 것입니다."라고 하였다. 임금이 이 말을 높이 평가하여 후하게 하사하였으며, 특별히 여헌을 공조참의(工曹參議)에 제수하고 이르기를, "이것이 작은 관직이라 하여 사양치 말라. 앞으로 마땅히 크게 등용하리라."라고 하였다.

후일에 특명으로 주강(晝講)에 입시하였는데, 강의가 파하자 세자가 뵙기를 청하고 빈례(賓禮)로 대우하였다. 물러 나와서 상소로 돌아갈 것을 아뢰고 즉시 떠나니, 임금이 잇달아 명을 내려 뒤좇게 하였으나 여헌은 이미 떠난 뒤였으므로 경기도 감영(監營)에 명하여 말을 공급하여 호송토록 하였다. 이 뒤로 이조참의, 동부승지 등을 연이어 제수하였으나 나아가지 않았다.

1626년(인조 4년)에 형조참판에 임명되었다. 이때에 계운궁(啓運宮, 元宗妃의 宮號)의 상(喪)을 당했는데 마침 소명(召命)이 있었으므로 조정에 들어가 사례하고 상소로 사직하였으나, 또다시 대사헌에 제수되었다. 잇달아 상소하여 간곡히 사직하고자 하였는데 세 번 고(告)한 뒤에야 비로소 허락을 받았다. 졸곡(卒哭)을 마치고 떠날 무렵 상소문을 통해 임금이 나라를 다스리는 근본에 대해 아뢰고, 또 이어서 아뢰기를, "뜻이 낮으면 도(道)도 낮은 것이요, 도가 낮으면 사업(事業)이 낮으며, 사업이 낮으면 사람들이 복종하지 않고, 사람들이 복종하지 않으면 이웃 나라가 두려워하지 않을 것이요, 천지(天地) · 귀신(鬼神)도 도와주지 않을 것입니다."라고 하였다. 다음 날 임금이 다시 불러서 어전에 나아갔는데, 이 자리에서 천덕(天德)과 왕도(王道)에 관해 수백 마디의 말을 하였다. 말을 마치고 나오는데 임금이 전송하면서 이르기를, "세자를 가르치라."라고 하였다. 이에 여헌은 세자에게 말하기를, "세자께서는 옛사람이 학문에 뜻을 두던 나이가 되었습니다. 학문하는 데는 뜻을 세우는 것을 우선으로 해야 합니다."라고 하였다.

1627년에 청나라가 침략하자 영남호소사(嶺南號召使)에 임명되었다. 뒤에 청나라 군대가 물러가자 상소하여 정치의 폐단에 대해 진술하고, 이어서 '사리편사(私利偏邪)'에 관한 경계문을 지어 올렸다. 1628년에 이조참판에 임명되었으나 나아가지 않고 상소하기를, "전하께서는 위태로움을 잊지 않고 환란을 잊지 않으며 기울어지는 것을 잊지 않으신 뒤에야 군도(君道)를 다할 수 있으며, 조정의 신하는 자신을 잊고 집을 잊고 사사로움을 잊은 뒤에야 신도(臣道)를 다할 수 있는 것입니다."라고 하였다. 이에 임금이 이르기를, "경은 덕행이 많은 원로(元老)로 늘 그대와 함께 조정에 있고 싶은데 마음대로 되지 않으니, 어찌 과인이 우둔하고 정성이 부족한 탓이 아니리요? 경을 모든 사람의 본보기로 삼아 세자를 교육하려는 것이요, 정무를 맡기려는 것이 아니다."라고 하였다.

1630년(인조 8년)에 또 대사헌을 제수하였으나 나아가지 않았다. 당시 이귀(李貴), 최명길(崔鳴吉) 등이 장묘(章廟, 元宗)를 추존(追尊)하자는 논의를 하자, 여헌은 추존함이 예(禮)가 아니라고 여겨 상소하기를, "손자로서 조부를 계승하는 것은 끊긴 것을 이어 주는 상도(常道)입니다."라고 하였다. 1632년(인조 10년)에 다시 대사헌에 임명되었으나 나아가지 않았다. 그해 5월에 인목대비(仁穆大妃)의 상(喪)을 당하자 상소하기를, "양음(亮陰, 天子가 부모상을 당해 喪服을 입는 것) 중에는 지극한 덕을 충만히 기르고 큰 근본을 세워서 기천영명(祈天永命)하는 근본을 삼아야 합니다."라고 하였다. 다음 해(1633년) 7월에 인정전(仁政殿)에 벼락이 치자 여헌이 상진(上震)과 하진(下震) 16괘(卦)를 올려 스스로 반성하고 수양할 교훈을 진술하였다. 1634년에 특별히 자헌대부로 승급되고, 곧이어 공조판서에 임명되었으나 병을 핑계로 사양하였다. 당시에 장묘(章廟)를 부묘(祔廟)하는 예제(禮制)를 이유로 쟁론(爭論)하는 자들은 모두 죄를 얻었는데, 여헌이 상소하기를, "전하께서 낳아 주신 부모에게 효성을 드리는 성의(誠意)는 이미 극진하였습니다. 그러나 사람들은 그것이 예에 지나침을 의심하고 있습니다. 더구나 부묘(祔廟)하는 것은 예로부터 근거할 만한 예(禮)가 없는 것이니, 이러한 처사는 효도하려다가 효를 상하게 하고 인(仁)하려다가 인을 해치는 것입니다."라고 하였으나, 임금이 듣지 않았다.

1635년에 우참찬(右參贊)을 제수하였으나 나아가지 않았다. 1636년(인조 14년)에 지중추부사에 임명하고 임금의 부르심이 있었는데 예의가 지극하였다. 여헌이 병으로 소를 올려 사직하니, 임금이 약(藥)을 하사하였다. 여헌이 다시 상소하여 사직하고 이어 조정에서 불화가 일어나는 폐단(弊端)에 대해 아뢰기를, "우주 간에 도리(道理)는 하나뿐입니다. 선·악이 각각 한 종류가 되고 사·정(邪正)이 각각 한 종류가 되며, 시·비(是非)가 각각 한 종류가 되는 것이니, 선악·사정·시비가 병립(竝立)·병작(竝作)·병행(竝行)하면서 도리와 이치가 어긋나지 않는다는 것은 들어본 일이 없습니다. 전하께서 나라를 다스리는 이치를 다하지 못하여 모든 신하들이 어디로 향해야 할지를 이해하지 못하는 것입니다."라고 하였다.

이해 12월에 남한산성(南漢山城) 사변이 일어났다. 여헌은 행조(行朝)가 막히고 명이 시행되지 못할 것을 염려하고 주군(州郡)의 부로(父老)에게 알려 각각 거병(擧兵)하여 임금을 뵙게 하였으며, 또한 재력을 내어 군량(軍糧)을 도왔다. 1637년(인조 15년) 2월에 남한산성의 포위가 풀렸음을 듣고, 여헌은 선인(先人)의 묘소를 참배하고 입암산(立嵒山)에 들어가 살았다. 입암은 동해(東海)에 가까운 곳에 위치하고 있는데, 여헌은 자신의 소신을 붙여 이름을 '입탁암(立卓嵒)' 이라고 개명하였다.

이해 7월에 문인에게 심의(深衣)를 마련하도록 명하고 9월 7일에 만욱재(晩勖齋)에서 작고하니, 향년이 84세였다. 그 전날 저녁에 뇌우(雷雨)가 크게 몰아쳐서 산이 무너지고 시내가 범람하였다. 임금이 부고(訃告)를 듣고 조회와 민간의 시장을 이틀간 파하도록 하였으며, 경상도에서 상사(喪事)를 돕게 하였다. 을미일에 발인(發引)하여 고향에 돌아올 때 상여를 따르는 선비가 5백여 인이 넘었으며, 임금이 특히 사제(賜祭)하였다. 그해 12월 계유일에 금오산(金烏山) 아래인 오산동(吳山洞, 지금의 오태동) 동향(東向)의 언덕에 장사지냈다.

전(前) 부인인 청주정씨(淸州鄭氏)는 증(贈) 참찬(參贊) 정괄(鄭适)의 딸인데 일찍 작고하였다. 둘 사이의 외동딸은 참봉(參奉) 박진경(朴晉慶)에게 출가하였다. 후취(後娶) 부인 야성송씨(冶城宋氏)는 충순위(忠順衛) 송정(宋淨)의 딸인데 여헌이 작고하기 8년 전에 세상을 떠났다. 아들이 없어 종제(從弟)인 장현도(張顯道)의 아들 장응일(張應一)을 후사(後嗣)로 삼았는데, 관직은 대사성(大司成)에 이르렀다.

사위 박진경은 아들 다섯을 두었는데, 박기(朴愭) · 박황(朴榥) · 박협(朴悏) · 박징(朴憕) · 박서(朴惰) 등이며, 박황은 현감이다. 박진경의 딸은 셋인데, 사위는 임경윤(任景尹) · 이현(李晛) · 조하영(曺夏英)이며 이현은 교관(敎官)이다.

장응일은 아들 셋을 두었는데 장벽(張銢) · 장건(張鍵) · 장옥(張鈺)이며, 장영은 별좌(別坐)요, 장건은 지평(持平)이다.

여헌이 작고하자 임고서원(臨皐書院) · 천곡서원(川谷書院) · 금오서원(金烏書院)에서 모두 제사하였다. 부지암(不知嵒) · 입암(立嵒) · 원당(元堂)에 모두 사당이 있다.

1655년(효종 6년)에 경연관 오준(吳竣)이 임금에게 아뢰어 좌찬성에 추작(追爵)되었다. 3년 뒤에 경연관인 오정위(吳挺緯)가 다시 임금에게 아뢰어 영의정으로 추증하고, 태상(太常)에 명하여 문강(文康)이라고 시호(諡號)하였으니, '도덕(道德)이 높고 박문(博聞)하여 문(文)이요, 연원(淵源)에 두루 통달하여 강(康)' 이라고 하였다.

여헌은 깊은 학문과 혼후(渾厚)한 학덕이 쌓여 깊고 넓고 컸으나, 간직하고 숨기는 것을 귀하게 여겼다. 학문이 넓고 덕이 잘 닦여서 가까이는 마음 씀과 인륜의 법도, 멀리는 만사 만물의 당연한 이치로부터 미루어 나가 상천(上天)의 무성무취(無聲無臭)한 지극한 것에 이르기까지 연구하지 않은 것이 없다. 화(和)한 것으로 덕을 이루고 인(仁)으로 물(物)을 이롭게 하였으니, 사물을 이롭게 하는 데는 외로운 사람보다 먼저 힘쓸 곳이 없다고 여겨 말하기를 "홀아비, 과부, 고아, 자식 없는 사람을 가엾게 여기고 구휼(救恤)하는 것이 천지의 대덕(大德)이요, 내 마음의 전체다."라고 하였다. 또 말하기를, "천지간의 일은 인사(人事)에 마땅히 해야 할 일이 아닌 것이 없다."라고 하고, 경계하기를, "허(虛)는 만실(萬實)의 부고(府庫)요, 정(靜)은 만화(萬化)의 기틀이며, 정(貞)은 만사(萬事)의 기둥이며, 겸(謙)은 만익(萬益)의 병(柄, 손잡이)이요, 검소함은 만복(萬福)의 후함〔厚〕이다."라고 하였다.

인조 때에 여헌이 부름을 받고 서울에 이르자, 재상 이정구(李廷龜)가 여헌에세 시정(時政)의 급선무를 물으니, 여헌은 별다른 대답 없이 다만, "한 마디로 오늘날 나라의 큰 근심거리는 남을 의심하는 데 있습니다."라고 하니, 이정구가 물러 나와 다른 사람에게 말하기를, "어질도다. 그는 시국을 잘 알아보는 사람이다."라고 하였다. 당시 공신들이 갑자기 권력을 얻자 마음속으로 두렵고 서로 미워하여 거리끼는 사람이 있으면 모두 없애버리니, 사대부들이 몸을 도사리고 눈치만을 살피게 되어 인심이 크게 혼란스러웠다. 여헌이 임금을 대면하여 진언한 말 중에서도 이러한 뜻이 많이 포함되어 있었다.

대체로 여헌의 학문은 일정한 스승이 없었으나 체득함이 신묘하게 성현의 말씀과 부합하였으니, 이는 사서(四書)에 바탕을 두었고 육경(六經)에 귀결하였기 때문이다. 그리고 한 가지 선행으로서 명성을 얻으려 하지 않았고, 또 일찍이 조그마한 덕행으로서 스스로 만족하지 않았으며, 나이가 들어감에 따라 덕망도 더욱 높아졌으니 오히려 늙어서 게을러지는 것을 경계하였다.

> 천지는 지극히 크고 우리 사람들은 조그마하지만, 천지 사이에 서서 천지와 함께 삼재(三才)가 되었으니, 우주 간 사업은 분수 안에서 마땅히 해야 할 것이 아님이 없다. 그러므로 어찌 이 몸을 현재의 천지에 국한시키겠으며, 이 몸이 쇠락한 지경에 있음을 핑계 대며 힘쓰지 않을 수 있겠는가? 성현의 글 가운데는 무한한 의리와 무궁한 의미가 있으니, 이 학문을 버려두고서는 능히 스스로 얻을 수 있는 것이 없을 것이다.

그는 역고문(易古文), 『중용(中庸)』, 주돈이(周敦頤)의 『통서(通書)』, 『태극도설(太極圖說)』, 정이(程頤)의 『안자소호하학론(顔子所好何學論)』, 정호(程顥)의 『정성서(定性書)』, 장재(張載)의 『동명(東銘)』과 『서명(西銘)』, 소옹(邵雍)의 『무명공전(無名公傳)』 등의 글을 한밤중에까지 암송하기를 주기적으로 되풀이하여 그치지 않았으며, 날마다 반드시 수행해야 할 과정을 정해두었다. 또 『서경(書經)』의 "인심은 위태하고 도심은 은미하니 오직 정밀하게 살피고 한결같이 잘 지켜야 한다.", 『주역(周易)』의 "공경함으로써 마음을 바르게 하고 의로움으로써 행동을 방정하게 한다.", 『중용』의 "보지 못하는 것에서 경계하고 삼가며 듣지 못하는 것에서 두려워

한다.”, 『대학』의 “능히 덕을 밝히고 하늘의 밝은 명령을 돌아보라.”, 『단서(丹書)』의 “공경함이 태만함을 이기면 길하고 의리가 욕심을 이기면 순종한다.”라고 하는 등의 말을 벽에 써 붙여두고 스스로 살펴서 반성하였다.[30)]

여헌은 저술한 것이 매우 많지만 한 집안 사람이나 자제(子弟)라도 이를 자세히 알지 못한다. 『역학도설(易學圖說)』, 『도서발휘(圖書發輝)』, 『역괘총설(易卦摠說)』, 『경위설(經緯說)』, 『만학요회(晩學要會)』, 『우주설(宇宙說)』 같은 저서는 여헌이 작고한 후에 곧바로 출간되었다. 그 외에도 『우주요괄록(宇宙要括錄)』, 『의사질(疑俟質)』, 『모계문집(耄戒文集)』 등의 저술이 있다.

8) 도성유(都聖俞, 1571∼1649)의 행장(行狀)[31)]

본관은 성주(星州), 자는 정언(廷彦), 호는 양직(養直)이다.

성주도씨(星州都氏)의 시조는 백제 개루왕(蓋婁王) 때의 도미(都彌)이다. 후손 중에서 고려시대의 칠곡부원군(漆谷府院君) 도진(都陳)과 공조전서(工曹典書) 도항(都恒)이 두드러진 인물들이다. 양직(養直) 도성유(都聖兪)의 고조는 첨절제사(僉節制使) 도의문(都義文)이고, 증조는 전력부위(展力副尉) 도순경(都舜卿)이며, 조부는 병마우후(兵馬虞候) 도흠조(都欽祖)이다. 부친은 병절교위(秉節校尉) 도원국(都元國)이고, 모친은 인천채씨(仁川蔡氏)인데 훈도(訓導) 채응귀(蔡應龜)의 딸이다.

양직은 1571년 8월 22일에 태어났다. 어려서 송계(松溪) 권응인(權應仁)

30) “대체로 여헌의 학문은 일정한 스승이 없었으나……” 이하의 구절은 李元禎이 撰한 「行狀」에서 인용하였다.

31) 李萬運(1736∼1820)이 撰하였다. 李萬運의 자는 元春, 호는 默軒, 관향은 廣州이다.

의 문하에서 수학하였고, 그러고 나서 낙재 서사원에게 배웠으며, 한강 정구의 문하에서 학업을 이루었다. 양직은 어버이를 섬김에 효성을 다하여 항상 기쁘게 해드리고자 애썼다. 1592년에 팔공산에서 왜구를 피하던 중에 부친상을 당했는데, 비록 난리 가운데 험난한 때를 당했으나 몸소 관곽(棺槨)을 수행하여 고향에 돌아와 예의에 맞게 장사지냈다. 1608년에는 모친상을 당했는데, 시묘살이 3년을 수행하였다. 돌아가신 조상을 정성껏 추모하였는데, 새벽에 반드시 사당에 참배하였고 제사 때는 목욕재계하였으며 거의 여든에 가까운 나이에 이르도록 이를 폐하지 않았다.

스승인 권응인이 작고하고 후사가 없었는데, 양직이 직접 시문(詩文)을 수습하여 편집하고 필사하여 세상에 전하였다. 낙재 서사원이 이천서재(伊川書齋)에서 강학하다가 병환으로 눕자, 양직을 재장(齋長)으로 삼고 배우는 선비들이 그를 본받고 따르게 하였다. 낙재의 상을 당하여 염빈(殮殯)과 장제(葬祭)를 몸소 정성껏 주관하였다. 장차 낙재를 연경서원(研經書院) 별사(別祠)에 제향하려 하자 고을 유림에서는 나이와 위차(位次)를 따져 의견이 분분하였다. 이에 양직이 말하기를 "이러한 분위기에서 선사(先師)의 혼령을 봉안할 수 없다."라고 하고, 곧바로 이천(伊川)에 별도의 사당을 세우고 낙재의 위패를 봉향하였다. 한강(寒岡)이 사수(泗水)로 이사함에 양직이 여러 동문들과 더불어 재방(齋房)을 마련하는 일에 온갖 정성을 쏟았는데, 마치 소강절(邵康節)이 낙양(洛陽)에 들어왔을 때

32) 康節 邵雍은 젊은 시절 共城〔河北省 範陽縣〕에서 살았는데, 그의 나이 54세 때에 부친이 작고한 후 洛陽의 天津橋 가까운 곳에 정착하였다. 당시 富弼, 司馬光, 呂公著 등의 벗들이 돈을 모아 그에게 집과 농토를 마련하여 주었는데, 邵康節은 자신이 거처하는 집을 '安樂窩'라 하고, 스스로를 '安樂先生'이라고 하였다. 『慕堂日記』에서는 당시의 일을 기록하며, "裵仲夫 · 李以直 · 張德優가 일을 주관하였고, 宋學懋 · 李君顯 · 李茂伯 및 몇 사람이 각각 집의 칸살을 나누어서 지었다."라고 하였다.〔壬子年(光海君4年), 慕堂60歲, '2月24日' 條 참조〕

의 고사처럼 하였다.[32] 한강은 양직에게 명하여 공자 및 염락제현(濂洛諸賢)의 유상(遺像)을 그리게 하였고, 또한 주자의 친필을 베껴 쓰게 하였는데 이러한 일들이 양직이 아니면 능히 할 수 없다고 생각하였다.

양직은 체구는 작았으나 용모는 단정하고 중후하였다. 항상 의관을 정제하여 종일토록 단정하게 앉아있었으며, '경의(敬義)' 두 글자를 적어서 이를 좌우명으로 삼고 항상 보고 살폈다. 성리(性理)의 여러 설을 모아 편집하여 책을 만들어 『성리정학(性理正學)』이라 하였으며, 또한 「오경체용분합도(五經體用分合圖)」를 만들었다. 그리고 학문의 이치 · 도리 · 요체 · 조목을 나열하고 각각 주해하였는데, 그 명확함이 마치 손바닥을 가리키는 듯하였다. 그는 가난하게 살고 검소하게 지내면서도 이를 편안하게 여겼다.

칠곡부(漆谷府)가 장차 향교〔文廟〕를 세우려 하였는데, 그 땅이 곧 양직의 집안에서 대대로 전해오던 옛 터전이었다. 일을 주관하는 사람이 그에게 팔 것을 요청하니, 양직이 말하기를 "문묘를 세우는 일에 어찌 땅을 팔 수 있겠는가?"라고 하고는 값을 받지 않고 허락하였다. 양직은 예서(隷書)를 잘 썼는데, 글자를 쓸 때에는 매우 경건하였으며 어지럽게 쓰지 않았다. 항상 고을에서 배움에 뜻을 둔 선비들을 모아 선사(仙査)와 화암(畵巖)에서 함께 모여 강론하였다. 그는 후학들을 권진(勸進)하는 일을 게을리하지 않고 말하기를, "원컨대 제군들은 돌아가신 스승의 뜻을 저버리지 말아야 합니다."라고 하였다.

1649년 1월 30일에 와룡정사(臥龍精舍)에서 작고하였으며, 칠곡 오곡(梧谷)에 있는 조부의 묘소 아래 건좌(乾坐)의 언덕에 안장하였다. 아내는 광주이씨(廣州李氏) 이심해(李心海)의 딸이다. 맑은 덕이 있어 족인(族人)들이 이르기를 "남편은 어질고 부인은 지혜롭다."라고 하였다. 자식이 없어서 종제(從弟)인 도여유(都汝兪)의 아들인 도신여(都愼與)를 양자로 취하여 후사로 삼았는데, 도신여는 문과에 급제하여 사예(司藝)가 되었다. 도신여는 2남을 낳았는데, 도이익(都爾益)과 도이망(都爾望)이다. 도이익은 통덕랑(通德郎)이고 5남을 두었으니, 만시(萬始)·만복(萬復)·만강(萬綱)·만엽(萬葉)·만용(萬容)이다. 도이망은 생원이고 3남을 두었는데, 만갑(萬甲)·만지(萬祉)·만종(萬鍾)이다. 증손과 현손 이하의 자손들이 계속하여 번성하였다.

양직이 지은 시문은 화재에 소실되어 평소의 정미한 언론과 심오한 뜻을 상세히 얻어 볼 수가 없다. 대체로 살펴보건대 선생은 굳세고 강하게 일을 행하였고, 정밀하고 민첩하게 공부하였고, 뜻을 돈독히 하고 학문에 힘썼으니 보고 느낀 데서 얻은 것이 이미 깊다고 할 수 있다. 그리고 '어버이를 사랑하고 스승을 높이는 예절'과 '자기를 닦고 어린 사람을 가르치는 방도'에 있어서 날마다 행한 것들이 모두 후세의 모범이 될 만하고 선비들의 신뢰를 받을 만하다.

2. 대구권 성리학자들의 저술 목록

1) 『洛川集』(裵紳)

〔목차〕

序: 李源祚 撰.

卷1. 詩.

- 七言絶句: 偶吟(3수), 詠瓦, 咏蠅, 題梅鶴亭.
- 五言律詩: 溫井驛和金璞齋紐韻(附原韻), 輓晉山姜明府(2수).
- 七言律詩: 輓晉山姜明府(2수), 壬子元月余在凝川草堂松亭書報南歸有感賦(2수), 次攬秀亭韻, 題暎波亭(附次韻).
- 五言古詩: 讀史感靈武事.
- 七言古詩: 題曾點舍瑟圖.

賦: 明賦, 贊賦, 謹獨賦, 三月不違仁賦, 忠孝本無二致賦, 誅奸諛於旣死賦, 下榻賦, 啣蘆賦, 詩瓢賦.

序: 矗石樓序.

書: 答吳子强健, 與吳子强(1), 與吳子强(2).

南冥先生手簡: 答裵紳吳子强書(先生原書不傳).

祭文: 祭南冥先生文.

行狀: 南冥先生行錄, 松溪申公行狀.

墓表: 部將金公墓表, 淑人柳氏墓表, 樂樂堂朴公墓碣銘幷序.

雜著: 講信回文, 玄風縣監柳公善政碑文, 記徐覓峯事.

附錄: 言行錄, 遺事, 書行錄後, 行狀, 門人撰述(3수), 挽章, 請贈職疏,

再疏, 請從享道東書院疏, 再疏, 呈巡相文, 又, 題音, 通告列邑文, 陜川通文, 大邱通文, 閭表碑文, 碑陰記, 墓表, 跋(崔錫文, 李鍾祥).

2) 『溪東集』(全慶昌)

〔목차〕

序: 李彙濬 撰.

卷1. 賦: 落葉賦.

詩: 次孫秀才處訥(3수).

輓詞: 李松巖(遠慶)輓-幷詞.

疏: 請斬普雨疏(3건).

雜著: 家憲, 家令.

卷2. 附錄: 行狀, 墓表, 研經書院奉安文, 輓詞, 祭文, 跋(張顯光-原集의 발문).

- 諸家記述(徐樂齋思遠年譜).
- 諸家記述(蔡松潭應麟行狀).
- 諸家記述(孫慕堂處訥年譜).
- 溪東先生集跋(徐贊奎).

3) 『寒岡集』(鄭逑)

〔목차〕

序: 許穆 撰.

卷1. 詩.

卷2. 疏: 辭通政疏, 請勿改卜山陵疏, 辭安東府使疏, 擬上再辭安東府使疏, 辭大司憲疏, 辭召命疏, 辭刑曹參判疏, 丁巳擬上疏.

箚: 辭大司憲箚, 擬上箚, 大司憲辭職箚, 大司憲辭職箚〔再箚〕, 大司憲辭職箚〔三箚〕, 大司憲擬上辭職箚, 以都憲時請全恩自劾箚, 以都憲時請全恩自劾箚〔再箚〕, 擬上箚, 癸丑箚子, 癸丑箚子〔再箚〕, 癸丑箚子〔三箚〕.

啓辭: 大司憲肅拜後避嫌啓辭, 大司憲避嫌啓, 大司憲避嫌啓〔再啓〕, 大司憲避嫌啓〔三啓〕, 大司憲避嫌啓, 大司憲避嫌啓〔再啓〕, 大司憲避嫌啓, 大司憲避嫌啓〔再啓〕.

卷3. 書: 上退溪李先生, 答禮曹判書(戊申), 與趙士敬(穆), 答趙士敬, 答郭泰靜(趪), 答金肅夫 宇顒(癸卯), 與柳而見(成龍), 答柳而見, 答徐行甫思遠(癸卯), 與徐行甫, 與張德晦(顯光), 答張德晦, 答韓淸州(百謙), 答金希元(長生), 〔答金希元〕, 與宋學懋(遠器), 與朴德凝(惺), 答朴德凝, 答黃大憲(暹), 答鄭方伯(賜湖), 與鄭方伯, 答尹方伯(昉), 與琴壎之(應壎), 答琴壎之, 答成仲珍, 與鄕校入齋儒生, 答臨皐書院儒生.

卷4. 書: 答朴叔彬(而章), 答李謹思(心慜), 答蔡靜應夢硯(壬午), 答金邦良(德民), 答李景發天培(壬寅), 答李叔發(天封), 與李叔發, 與德補 · 德久 · 以直 · 叔發, 答李茂伯(潤雨), 與李茂伯, 答金同福(富倫), 答姜克修(繗), 答金施普(澤龍), 答崔德久(恒慶), 與朴孝叔(明胤), 答沈一松(喜壽), 答尹知仲義立(先生時在木川), 答李克休(光胤), 答鄭天安(謹), 答郭穉靜(赾).

卷5. 書: 答沈方伯(惇), 與鄭輝遠(緼), 答崔監司(瓘), 答李汝懋(厚慶), 答張德優(顯道), 答李以直(嶚), 與李士厚(堉), 答裵子章(尙龍), 答權章仲(好文), 答金活源(溓), 答權愼初(終允), 答張行原(興孝), 答裵益哉(尙益), 與李泰叔(道昌), 與朴震昌, 答陶山書院諸生, 答任卓爾(屹), 與金士源(滭), 答崔大容(有海), 與崔大中, 答申高靈(景翼), 答許毅甫(僩), 答文順甫(緯), 答吳翼承(長), 與李季獻(瑀), 與朴君秀(文楧), 答崔士行(轗), 答鄭俊敏.

卷6. 答問: 答禮曹判書, 答張德晦, 答李景發, 答李叔發, 答李叔發, 答李以直, 答李以直, 答金施普, 答金烏院生, 答權方伯盼, 答韓應南, 答宋光宅, 答問人, 答蔡靜應, 答李君顯, 答西溪書院儒生, 答知禮儒生, 答靈山校生, 答裵子章季章, 答權泰一, 答崔季昇, 答朴廷老.

卷7. 答問: 答盧亨運, 答河淵尙, 答盧亨遇, 答全士憲, 答朴宗祐, 答張行原, 答任卓爾, 答李士厚, 答安夢尹.

卷8. 答問: 答鄭彥宏, 答李茂伯, 答李道長, 答盧懼仲, 答李汝懋, 答李汝懋, 答朴孝叔, 答或人, 答黃宗海, 答權暐, 答李善立, 答或人, 答李茂甫, 答權終允, 答或人, 答朴汝昇, 答或人, 答金坽, 答安之泰.

卷9. 雜著: 書洙泗言仁錄後, 題河洛圖書屛下, 書啓蒙圖書節要後, 書武夷志附退溪李先生跋, 李仲久家藏武夷九曲圖後, 書讀書要語續選後, 題止止堂集下附佔畢齋詩後, 題止止堂集下附寒暄堂詩後, 書景晦堂屛後, 書川谷書院額板下, 書柳子厚·箕子廟碑陰後, 書王荊公讀孟嘗君傳後, 書舊時海亭詩後, 題景賢續錄後, 書淸風寒碧軒圓齋先生次朱文節公悅韻後, 書安東蓮亭追揭退陶先生和松齋詩後, 書己卯薦擧科榜目後, 拙齋說, 李君涉字說, 天孫河鼓七夕會辨(十六歲作), 與城山書齋長貳, 客位謝帖, 契會立議, 月朝約會儀, 深衣製造法, 遊伽倻山錄.

卷10. 序: 五先生禮說分類序, 心經發揮序, 治亂提要小敍, 咸州志序, 沙村洞契序, 廣嗣續集序, 西原鄭氏族會圖序, 成川守臣題名案序, 忠原志序, 醫眼集方序.

記: 咸安社稷壇記(丁亥), 咸州任官題名記, 降仙樓記, 六一軒記, 晝硯記.

跋: 武夷志跋, 宣城九老會帖跋.

卷11. 祝文: 川谷書院重新奉安文, 烏川書院重新奉安文, 紫川書院三賢祠奉安文, 紫川書院三賢享祀祝文, 忠州鄕校謁先聖文, 川谷書院移安時舊廟告辭, 川谷書院新廟移安後告辭, 川谷忠賢祠奉安時告二先生文, 川谷忠賢祠奉安文, 川谷慰安文(甲寅七月), 外先祖上將軍金公墓慰安文(寒暄先生先考), 寒暄堂金先生祠堂奉安文(代本邑倅), 寒暄堂金先生祠堂慰安文, 川谷二先生廟前墻修築時先告事由文, 道東書院奉安寒暄堂金先生文, 道東春秋享祀文, 硏經書院奉安退溪李先生文, 硏經書院春秋享祀文, 硏經書院告由文, 社稷慰安文(忠州), 告社稷文, 告楊津溟所文(忠州), 告先祖文, 家廟移安文, 家廟慰安文, 重建尊道祠奉安時先告事由文, 尊道祠奉安文(萬曆三十五年), 同福辭文廟文, 同福辭社稷文, 景賢祠祭寒暄堂金先生文(順天), 竹樹祠 · 祭靜庵趙先生文 · 綾城, 太白山祈雨文(安東), 社稷祈雨文(忠州○壬寅), 阿見淵祈雨文(咸安), 餘航山祈雨文 咸安, 餘航山謝雨文, 社稷祈雨文(忠州), 祭無祀鬼神文(咸安), 祭泗水主山文(漆谷), 祭壬辰戰亡將士文(忠州彈琴臺), 告楊津溟所文(忠州).

卷12. 祭文: 祭金東岡(宇顒)文, 祭金監察(宇容)文, 代朴廷璠祭金東岡文, 祭柳西厓(成龍)文, 祭金士華(潤袞)文, 祭朴大庵(惺)文(丁未), 祭貞敬夫人河東鄭氏文, 祭李松巖(遠慶)文(辛未), 祭徐行甫(思遠)文, 祭宋學懋(遠器)文(丙辰), 祭尹判書(國馨)文, 祭尹慶州(孝全)文, 祭李景發(天培)文(甲辰), 祭呂士吉(添慶)文, 祭朴君美(明彦)文, 祭鄭平甫(錘)文, 祭郭德修(永禧)文, 祭盧世一文, 祭李原善(逢慶)文, 祭權太師墓文(諱幸), 祭外先祖金忠烈公墓文, 告先墓文, 告六代祖妣貞順宅主樂安金氏墓文, 祭外先祖判羅州牧使墓文, 告寒暄堂金先生墓文, 祭退溪李先生墓文, 祭一蠹鄭先生墓文, 祭南冥曹先生墓文(二首), 祭德溪吳先生墓文, 祭金鶴峯(誠一)墓文, 祭宋新淵(師頤)墓文, 祭黃錦溪(俊良)墓文, 祭朴迂拙齋(漢柱)墓文(一首), 祭郭禮谷(赿)墓文, 祭星州牧使金公(克一)墓文, 祭趙月川(穆)墓文(丁未), 祭李鎭川(弘宇)墓文, 祭表從叔李公(忠俊)墓文, 祭金松庵(沔)墓文, 祭郭存齋(趍)墓文, 祭權忠定公(橃)墓文, 祭元先生(天錫)墓文, 祭李玉山(起春)墓文, 祭李晴暉(承)墓文(壬寅), 祭吳磬叔(俔)墓文(丙午), 祭從兄(遠)墓文, 告李嵩墓文, 祭李公甫(仁恢)墓文, 告李郭墓文, 祭李元盛墓文, 祭從姨母淑人李氏墓文(德溪夫人), 祭李仲綏(福長)墓文, 告多勿墓文(咸安).

卷13. 墓表: 先考贈資憲大夫吏曹判書兼知義禁府事府君妣贈貞夫人星州李氏合祔墓表, 先祖妣淑人贈淑夫人瑞興金氏墓表後序, 金鶴峯墓表, 忠順衛呂公墓表, 忠武衛副司直呂公墓表.

墓誌銘: 先祖妣淑人贈淑夫人瑞興金氏墓誌, 先考贈嘉善大夫吏曹參判兼同知義禁府事府君・妣贈貞夫人星州李氏合祔墓誌, 外祖考將仕郎李公墓誌, 權知訓鍊院奉事奮順副尉李公・安人固城李氏合祔墓誌, 伯氏墓誌, 貞夫人光州李氏墓誌銘, 李晴暉墓誌銘, 亡子壙記.

卷14. 行狀: 輔國崇祿大夫行判敦寧府事兼判義禁府事, 五衛都總府都總管西川君. 贈忠勤貞亮竭誠效節協策扈聖功臣大匡輔國崇祿大夫議政府領議政兼領經筵弘文館藝文館春秋館觀象監事, 世子師西川府院君鄭公行狀.

卷 15. 年譜.

〔속집〕

卷1. 詩: 贈李謹思(心慜), 偶吟, 送金東岡歸京, 贈別金東岡, 次成川降仙樓韻, 泛舟洛江・分韻萬頃蒼波欲暮天・得波字, 偶吟, 自省, 無題(二首), 四仙亭・仰次先祖文簡公韻, 次金東岡會寧途中韻(己丑冬), 偶吟, 挽李剛甫(嶙), 挽安宜之(克家), 挽李元老(廷賢).

賦: 立雪.

論: 問牛喘.

疏: 庚戌疏(爲兇人朴而立所誣陷).

卷2. 書: 與趙士敬(穆), 答趙士敬, 與金肅夫(宇顒), 答李叔獻(珥), 答金驪州(涌), 答成浩原(渾), 與琴壎之(應壎), 與宋學懋(遠器), 與朴德凝(惺), 答朴德凝, 答徐行甫(思遠), 答鄭方伯(賜湖○爲安東府使時), 與李廷秀(嶲), 答金城主(中清), 與李聖與(詠道), 答李茂伯(潤雨), 答吳翼承(長), 答朴叔彬(而章), 答尹左尹(粹夫), 答李汝宣(偁)・成仲珍(景琛), 與裵淑仝, 與都廷彥(聖俞), 與伽川諸生.

卷3. 答問: 答任卓爾, 答李承, 答朴而章, 答崔晛, 答李厚慶, 答盧脊, 答黃宗海, 答金適, 答金坽, 答道南院生, 答裵尙龍, 答朴明溥, 答李箭, 答蔡夢硯, 答盧亨運, 答韓應南, 答孫幾道, 答或人, 答靈山校生, 答西溪院生, 答朴慶新, 答或人.

卷4. 雜著: 院規(爲道東作), 養浩帖, 讀書帖, 壁上帖, 通讀會儀, 講法.

卷5. 文: 呈監司文, 諭鄕會諸員文, 播諭安東諸生文.

序: 氷江觀雪圖序, 成川鎭武學祠祭會圖序, 成川鎭武學祠序.

祝文: 武學祠高麗上將軍鄭府君奉安文, 武學祠春秋享祀文.

祭文: 祭朴君信文(廷璠), 祭盧世純文, 代朴廷璠祭朴大庵文, 祭金汝懼文, 祭鄭子明文(士誠), 祭止止堂金先生墓文.

卷6. 文: 有明朝鮮國・嘉善大夫慶尙道觀察使兼兵馬水軍節度使巡察使・贈嘉義大夫吏曹參判兼同知經筵義禁府春秋館成均館事, 弘文館提學, 藝文館提學, 世子左副賓客金公行狀.

卷7. 挽詞: 挽金台叟(聃壽), 挽仝景追(八及), 挽李和彥(希雍).

銘: 玉川亭銘・亭在昌寧火旺山中. 安公餘慶築亭自號.

書: 與鄭藥圃(琢), 答川谷書院文會諸賢, 與韓益之(浚謙), 與洪唐興府院君, 答鄭方伯(賜湖), 答盧弘仲(景任), 答李養久(時發), 與許知事(筬), 與朴遜志(敏修), 與江原方伯鄭瑴, 答金希玉(玏), 答朴仲思(齊仁), 與或人, 答洪元禮(履祥), 與仝景弼(八顧), 答仝景弼景追, 答李子眞(淳), 與郭益甫(再謙), 與徐行甫(思遠), 答文順甫(緯), 答琴壎之(應壎), 與文君變(景虎), 答呂士推(允恕), 與忠淸方伯鄭曄, 與宋學懋(遠器), 答屛山院生, 答李汝吉(碩慶),

答孫幾道(處訥), 答盧毅甫(克弘), 答趙安仲(靖), 與任卓爾(屹), 答李汝懋(厚慶), 與張德優(顯道), 與李聖與(詠道), 答李聖與, 與琴彥康(愷), 答李至之(道孜), 與孫景徵(起陽), 與崔德久(恒慶), 答崔德久, 與李延原府院君(光庭), 與崔季昇(晛), 答金君愼(守訒), 答張行原(興孝), 與鄭參奉(秀民), 與許居昌(喬), 與權正(用中), 與崔江陵(山立), 與朴孝叔(明胤).

卷8. 書: 答吳翼承(長), 答李養初(明志), 答鄭穆如(允穆), 答李以直(舒), 答李茂伯(潤雨), 與權峻甫(山立), 答李叔發(天封), 答李君顯(彥英), 與孫季進(遴), 答李士厚(堉), 答李士厚士潤(埱)士凝(壆)士野(坰), 與鄭平甫(錘), 答裵子章(尙龍), 答吳成振(澥), 答呂聖遇(大老), 答都厚哉(世純), 答李新之(濯), 與金以志(光繼), 與崔士行(轥), 答李士優(善立), 與盧任仲(脊), 答盧任中, 答郭景霖(澍), 答金行遠(軸), 答權府尹(泰一), 答安察訪(崇儉), 與李子馨, 與崔方伯(瓘), 答鄭生員(俊敏), 與宋僉知(栢壽), 答崔大容(有海), 答李僉知(浚), 答金大丘(允安), 答盧垓岾.

卷9. 答問: 答問.

祭文: 祭鄭藥圃文, 祭洪襄陽(汝誠)文, 祭武屹山文.

墓碣: 外先祖高麗修文殿大提學星州李公諱玳·夫人幸州殷氏墓碣, 外先祖高麗中顯大夫備巡衛大護軍都元帥贈嘉善大夫禮曹參判星州李公墓碣.

〔별집〕

卷1. 書: 與徐行甫(思遠), 答徐行甫, 答任卓爾(屹), 答孫幾道(處訥), 與吳翼承(長), 答吳翼承, 答李景發·天培·叔發·天封, 答李茂伯(潤雨), 答宋聖遇, 答或人, 答李君顯(彥英), 答郭稺靜(赾), 答孫季進(遴), 答李汝懋(厚慶), 與李汝懋, 答鄭平甫(錘), 與金同福(富倫), 答金以志(光繼), 答金大丘(允安), 答李以直(舒), 與朴景淸(溹), 答李子眞(淳○乙巳), 答金公濟(蓋國), 答李馨遠(笠), 寄子樟(光海朝, 先生上全恩疏, 子樟在洛畏禍不上, 故更爲陳疏而寄此書).

卷2. 答問: 答徐行甫, 答黃宗海, 答李以直, 答裵子章·季章, 答盧亨運, 答蔡靜應, 答沈山陰, 答金注書, 答安之泰, 答李時馧, 答任卓爾, 答河淵尙.

雜著: 書古鏡重磨方後, 五先生禮說分類跋, 書道東書院額板下, 宋潛溪九賢遺像記, 檜淵新遷二十宜, 武屹題壁, 書西原世稿譜圖下.

祭文: 祭外先祖李參判墓文(諱希慶), 祭外先祖妣幸州殷氏墓文, 祭柳大憲(景深)墓文, 祭柳希范墓文.

詩: 謝賓(癸未), 望海臺(仰次先祖雪谷先生韻), 挽仝景弼(八顧), 挽李仲綏(福長), 挽郭德修(永禧), 挽李承旨(文健), 挽權松溪(應仁), 成川武學祠(次徐觀察韻), 偶吟示李蘭貴·李壆·李長立·李東老等, 戲題晴暉堂, 次趙城主伯玉(瑗)韻(乙酉).

卷3. 答問: 答金希元(長生), 答張行原(興孝), 答任卓爾.

4)『槐軒集』(郭再謙)

〔목차〕

序: 李祉永 撰.

• 世界圖.

• 年譜.

卷1. 詩.

• 五言絶句: 自警, 甲寅仲春向泗陽途中偶吟, 閒居偶吟, 己亥至月大雪偶吟(2수), 寄徐行甫, 題孫希魯五梅亭, 春日偶吟, 與孫幾道柳聖兪宋學懋諸友遊三省庵, 辛丑暮春與行甫幾道聖兪行仲上達城北角詠陸放翁平生喜登高醉眼無境界之句醉吟一絶, 釣琴湖.

• 五言律詩: 少時廢科業隱居閒庄吟, 去峷禮舊庄馬上口吟, 甲辰秋徐行甫乘小艇自箭灘遊花田潭泊舟白巖下時幾道兄弟聖兪父子諸甫諸從兄弟佩酒來遊暮入三槐草堂會員十餘人此士友盛會醉吟一絕.

• 五言排律: 和徐行甫間字韻.

• 七言絶句: 壬子元日上先生案下, 展謁新塘親壟, 春日偶吟, 辛亥至日與徐精甫都諸甫宿硏經書院(2수), 謝樂兄送梅韻(2수), 題蔡吉仲小有亭, 訪蔡松潭舊居, 自歎, 謝鄭子晦呂毅伯來問, 春日偶吟(2수), 述懷(2수), 冬夜偶吟, 上愚伏鄭城主閒庄, 傷秋, 秋日思徐行甫孫幾道, 秋夜吟, 庚子春與崔康侯李茂伯兄弟都廷彦諸益遊念佛庵憶都景膺舊遊(2수), 病中寄張德晦, 贈趙大而, 桐華別後思宋學懋李茂伯僉益, 戊申秋夕省掃新塘山所, 戊申仲秋與樂慕兩兄遊符仁寺還宿柳溪書社翌日觀魚琴壇時孫希魯都諸甫李學可徐精甫柳衛仲聞風而來吟詩三篇以記同遊之樂(3수), 辛亥季秋與幾道兄弟聖兪父子遊白巖, 都諸甫持酒來訪留話一夜誦九曲棹歌又詠入德門歌余作一絶贈諸甫, 病後訪彌樂齋, 與呂聖遇都諸仲蔡擇仲遊觀魚臺, 訪呂聖遇, 遊巴溪寺待孫幾道不來吟二絶以寄(2수), 題全毅甫洗心亭, 題河濱寓所, 庚戌仲秋與張德晦孫幾道宋學懋遊三省庵(2수), 排愁, 敬次寒岡先生川谷書院誠正堂韻, 秋日留硏院待閔秀才忠國都秀才汝兪不來吟詩以寄之, 遊念佛庵, 己酉仲春念日訪行甫於伊川精舍行甫幾道聞先生修奉先塋于大谷持藍輿懇請先生薄暮入書堂余偶然得拜其喜何量翌日天雨仍留一日朝講心經首章此曠世事也幾道先呈一絶余忘拙次之爲他日自省之地, 謝李善膺來訪, 與玉山旅兄有同遊之約柳聖兪拜轡, 閒中偶吟, 逢甲辰大凶傷萬民飢困, 傷丁未水旱之灾, 夢拜先考, 壬子正月中旬七日幾道以姪子加冠事使李士綏請賓於余翌日因觀冠禮作詩一絶以誡孫溧, 詠新秋病蘇, 次李方伯養久時發閒庄韻, 冬日偶吟, 題壁上, 回甲日, 與李汝彬韓景顔愚遊巴溪寺感庚寅陪鄭林下丈同遊舊事, 寄鄭子晦, 與行甫聖兪幾道遊枝巖, 都諸甫柳衛仲徐精甫持酒從來更步前韻, 聞幾道留硏院欲一進叙話而病未能吟詩以呈, 病中送舍弟

遠甫覲率禮舊庄, 入地藏寺抹馬葛嶺待柳聖兪都翼卿, 琴湖與李秀才善膺徐秀才立之釣魚李茂伯宋學懋自伊川騎牛來訪同坐江干相和一絶, 傷庚戌水旱之灾, 秋日偶吟.

• 七言律詩: 次杜少陵韻以破寂寞之愁, 與冠童遊柳溪, 春日偶吟, 病中寄宋學懋, 立春日次杜少陵韻, 次柳聖兪韻, 暮春與鄭平甫柳衛仲遊牙琴巖, 亂後與從弟吉甫孫幾道李景任柳聖兪同遊龍津因結卜居之約.

書: 與孫慕堂幾道書.

祭文: 祭全溪東文.

卷2. 雜著: 拾遺圖, 訓子姪十六圖(幷序), 遺墨.

卷3. 附錄: 輓詞, 祭文, 行錄, 行狀(鄭宗魯 撰), 墓誌銘(孫處訥 撰), 墓碣銘(宋履錫 撰), 柳湖里社奉安文(李光靖 撰), 柳湖里社記(李萬運 撰), 柳湖書院上樑文(南景羲 撰), 達流齋記(睦萬中 撰), 柳湖祠陞號告由文(鄭煒 撰), 潛修齋銘(李光靖 撰), 近思齋銘(李光靖 撰).

卷4. 附錄: 師友尺牘, 記聞錄, 遺事, 裒錄, 師友錄, 跋(李光靖 撰).

5)『樂齋集』(徐思遠)

〔목차〕

序: 朴光錫, 馬麟淳 撰.

卷1. 詩.

卷2. 詩.

挽詞: 挽東岡金先生, 挽朴知訓母夫人李氏(2수), 挽權方伯弟舍人, 挽李忠義(3수), 挽李景任, 挽孫上舍, 挽安城主, 挽李仁可, 挽李仲初(3수), 挽

朴同知, 挽楊嘉甫, 挽都子謙, 挽守聖廟全訓導, 挽任判官, 挽朴大庵, 挽鄭平甫, 挽李太虛, 挽孫幾道改葬父母.

賦: 惟德動天, 讀書如鍊丹, 氣聽, 立於禮.

卷3. 書: 上寒岡鄭先生(1), 上寒岡鄭先生(2), 上寒岡鄭先生(3), 上寒岡鄭先生(4), 上寒岡鄭先生(5), 上寒岡鄭先生(6), 上寒岡鄭先生(7), 上寒岡鄭先生(8), 代右道方伯金鶴峯答湖南體府, 答方伯李養久(1), 答方伯李養久(2), 上李體府, 答權方伯, 答李翰林(1), 答李翰林(2), 答李翰林(3), 答李翰林(4), 答李翰林(5), 答李翰林(6), 答李翰林(7), 答李翰林(8), 答鄭城主, 與鄭愚伏景任, 上鄭判官城主, 與鄭判官, 與困庵金子徵, 答李克欽, 答鄭方伯(1), 答鄭方伯(2), 與辛從事伯道, 與辛從事伯道, 與孫幾道(1), 與孫幾道(2), 與孫幾道(3), 與孫幾道(4), 與孫幾道(5), 答孫幾道, 與孫幾道(6), 與孫幾道(7), 答梁大霖, 與仙査文會諸賢, 與郭益甫(1), 與郭益甫(2), 與申順夫, 與李太虛, 答李山立.

卷4. 書: 答權强哉, 答鄭君懋, 與權强哉鄭汝燮孫吉甫鄭君燮, 與朴景述(1), 與朴景述(2), 與都廷彦(1), 與都廷彦(2), 答族侄立之(1), 答族侄立之(2), 與朴君信, 與李士彬, 答朴君錫(1), 答朴君錫(2), 答朴君錫(3), 答朴君錫(4), 答朴君錫(5), 答朴君錫(6), 答朴君錫(7), 與朴元仲朴君錫, 答郭汝達(1), 答郭汝達(2), 答金景潤, 與金景潤, 答從弟精甫, 與李僉知, 答李翰林潤雨問目.

卷5. 墓碣: 曾祖直長府君墓碣, 先考進士府君墓碣文, 生考典敎府君墓文, 朴同志忠後墓碣銘.

碑文: 府使鄭公去思碑銘.

祭文: 祭季父僉知墓文, 再祭季父墓文, 祭東岡金先生文, 祭朴大庵文, 祭都景膺文, 祭李太虛文, 祭李仁可文, 祭楊甥嘉甫文, 祭朴同知文.

祝文: 改造先世神主慰安文, 告遷奉先考墓文, 告遷奉先妣墓文, 告外祖父母墓文, 告祖妣墓文, 代從弟思進告季父墓文, 告生員叔父僉知季父墓文, 達城移建聖廟時祠后土文, 改建聖廟告由文, 祠后土文, 代李叔遷葬時啓墓告文, 祠后土文, 擬硏經書院退溪先生奉安文.

卷6. 雜著: 工夫箚錄, 學校模範, 仙査精舍學規, 精舍約束, 示精舍學徒, 招集鄕兵文, 鄕兵入約, 檄勸本縣及屬縣父老子弟召募鄕兵文, 承差乞粟文, 代贊畫使檄文.

卷7. 雜著: 東遊日錄, 爲寒岡鄭先生東遊記, 河東面里社稧約序, 守淸安時薦人題目, 兼任陰城時薦人題目.

卷8. 附錄: 年譜.

卷9. 附錄: 行狀, 墓碣銘, 伊江書院廟宇上樑文, 伊江書院奉安文, 春秋常享文, 龜巖書院(淸州)奉安文.

卷10. 附錄: 祭文, 挽詞, 諸賢尺牘.

6)『慕堂集』(孫處訥)

〔목차〕

序: 李光靖 撰.

卷1. 詩.

卷2. 詩.

卷3. 詩.

卷4. 書: 上李巡相書(1), 上李巡相書(2), 上寒岡先生書, 答寒岡先生書, 答徐樂齋書, 與張旅軒書, 上愚伏城主書, 答蔡投巖書, 與竇舍文會論溪樂座次書, 與鄕士友文會書, 答鄭守庵書.

卷5. 雜著: 聖廟大梁通文, 扶正斥邪通文草, 通讀回文, 鄕校移建事蹟, 學箴, 花杯銘.

祭文: 祭寒岡先生文, 祭樂齋文, 祭郭槐軒文, 祭李苔巖文.

祝文: 寒岡先生研經配享時告退溪先生文, 告寒岡先生文, 還安王考妣告由文, 告外五代祖徐府君墓文, 代徐立之新祠堂奉安告由文.

丘墓文: 郭槐軒墓誌, 李善膺墓碣.

行錄: 溪東先生全公行錄, 樂齋徐公行錄.

卷6. 附錄: 年譜上.

卷7. 附錄: 年譜下, 行狀.

卷8. 附錄: 墓誌銘, 墓碣銘, 遺事, 靑湖祠奉安告祭文, 春秋常享祝, 靑湖書院陞號告祭文, 告由文.

卷9. 附錄: 附師友書牘, 跋文(李源祚 撰).

7) 『旅軒集』(張顯光)

〔목차〕

卷1. 詞: 謁圃隱先生畫像詞.

賦: 冶隱竹賦, 萬活堂賦(幷序), 日食賦, 觀物賦, 空中樓閣賦.

詩.

疏: 擬辭義城縣令疏(癸卯秋具草不上), 辭持平疏(癸亥五月), 辭持平疏(癸亥九月), 辭掌令疏(癸亥閏十月), 辭掌令疏(甲子三月六日), 辭執義疏(甲子三月十日), 辭執義疏(甲子三月二十日), 辭工曹參議疏(甲子三月二十二日), 辭工曹參議疏(甲子三月二十五日), 辭工曹參議疏(甲子四月十三日), 辭工曹參議疏(甲子四月十四日), 辭工曹參議疏(甲子七月七日).

卷2. 疏: 辭吏曹參議疏(甲子十月二十五日), 辭同副承旨疏(乙丑九月二十五日), 辭刑曹參判疏(丙寅四月二十一日), 辭大司憲疏(丙寅四月二十二日), 辭大司憲疏(丙寅四月二十三日), 辭大司憲疏(丙寅五月二日), 辭大司憲疏(丙寅五月四日), 辭大司憲疏(丙寅五月七日), 告歸進言疏(丙寅五月二十七日), 告歸再疏(丙寅六月一日), 謝賜米饌疏(丁卯正月十九日), 陳罪疏(丁卯二月), 辭吏曹參判疏(戊辰四月三日), 病不就召疏(己巳閏四月十二日), 再旨後又疏(己巳五月初十日).

卷3. 疏: 進言疏(己巳九月), 請寢追崇疏, 國葬未赴疏, 應旨進言疏(癸酉十月), 十六卦排陳, 謝存問食物疏(甲戌正月朔日), 辭陞秩疏(甲戌二月十七日), 辭工曹判書疏, 請停祔廟疏, 謝賜藥物疏(丙子).

卷4. 書: 與鄭君燮(八), 答吳山書院, 答張斯學(光翰○二), 答南山族閭, 答臨皐書院(二), 答鼎山書院院長書, 答姓弟文擧(鳳翰), 與盧甥豐基(二), 答李判官茂伯(潤雨), 答鄭亦顔(四勿○二), 答金孝徵(二), 答新溪書院諸生別紙, 與徐樂齋(二), 答屛山士友別紙, 答川谷書院別紙, 答申晉甫(二).

卷5. 問目: 答鄭君燮, 再稟, 答金孝徵, 再稟, 答洪參判(雩○問目闕), 答金烋, 答裵幼華, 答金汝涵(瀗), 答申晉甫, 答李叔發(天封), 答寒岡先生葬時問, 答檜淵書院, 答本校五賢從祀時問, 答紫川書院三先生位版改題問, 答崔伯玉(山輝○問目闕), 答或人(問目闕), 答或人(問目闕), 答或人(問目闕), 答或人(問目闕), 答或人(問目闕), 答權赫, 答鄭壁(問目闕), 答或人(問目闕), 答鄭憲世, 答朴壂, 答盧亨弼, 答鄭亦顔別紙, 答鄭喪主(惟熙)護喪所別紙, 答臨皐書院, 又答再稟, 答廬江書院, 答申活(問目闕), 答孫瀣, 再稟, 答安應昌.

卷6. 雜著: 學部名目會通旨訣, 事物論, 人心道心說, 心說, 文說, 明分(幷五段), 老人事業, 耄齡人事, 座壁所題.

卷7. 雜著: 孔聖, 道統說, 書院說, 旅軒說, 鳳臺說, 皮帒說.

卷8. 雜著: 金上舍字說, 臥遊堂說, 用拙堂說, 明鏡新堂題詞, 孫鉢娶戒, 周王山錄, 同塵錄.

序: 雜述序, 族契重修序, 易學圖說序, 永慕錄序.

卷9. 記: 不知巖精舍記, 立巖記, 立巖精舍記, 鄕射堂記, 慕遠堂記, 自醒亭記,似醉不醉鄉記.

卷10. 跋: 五先生禮說跋, 景賢錄跋, 冶隱先生文集跋, 太極論辨書跋, 書東岡先生行狀後, 奇高峯文集跋, 書裵洛川(紳)行錄後, 書全溪東(慶昌)行錄後, 題苞山鄉約册後, 西厓先生文集跋, 書權松巢(宇)遺稿後, 謝還成賓如(辨奎)家狀, 書申松溪(季誠)閭表碑銘後.

論: 孔子不得位論, 文武一體論.

銘: 草扇銘, 二鐵銘.

上樑文: 吳山書院重建祠宇上樑文, 臨皐書院廟宇上樑文, 臨皐興文堂上樑文, 宗家重創文.

卷11. 祝文: 吳山書院重建奉安文, 文忠公圃隱先生祝文, 榮陽公知奏事鄭先生祝文, 烏川書院合享祝文, 臨皐書院移廟奉安祭文, 金烏書院重建奉安文, 從享寒岡川谷時告程朱二先生文, 告寒暄先生文, 告寒岡先生文, 奉安寒岡研經時(告退溪先生文), 告寒岡先生文, 寒岡先生奉安檜淵文, 東岡先生奉安文, 冶隱先生墓祝文, 一善諸賢墓祝文, 月巖書院恒用告文, 本府新校開基告文.

祭文: 祭寒岡鄭先生文, 祭大谷成先生文, 祭大谷成先生文(再祭文), 祭朴大庵文, 祭徐樂齋文, 祭朴純伯(遂一)文, 祭外舅鄭公改葬文, 祭高杜谷(應陟)文, 祭洗馬鄭君燮文, 祭崔眞寶(山立)文, 祭宗兄元擧(天翰)文, 祭盧甥(景任)文, 又祭盧甥小祥文, 祭盧姊文, 祭從弟德優(顯道)文, 祭李參議茂伯文, 祭朴而中(有文)文, 祭從姪奉一文, 祭柳持平(袗)文, 收瘞白骨文.

卷12. 碑銘〇墓碣〇墓誌: 寒暄堂金先生神道碑銘(幷序), 河先生墓碣銘, 竹亭張公墓碣銘, 贈嘉善大夫戶曹參判兼同知義禁府事金公墓碣銘, 通政大夫戶曹參議張公墓碣銘, 處士張君墓碣銘, 處士朴公墓碣銘, 處士崔公墓碣銘, 秀才張君墓碣銘, 中顯大夫少府尹李公墓碣銘, 忠義衛金公墓碣識, 處士李公墓碣銘, 進士李公墓碣銘, 宣敎郎義禁府都事李公墓碣銘, 縣監朴公墓碣銘, 通政大夫鄭公墓誌銘, 宣務郎軍資監主簿鄭公墓誌銘, 縣令李公墓誌.

卷13. 行狀: 皇明朝鮮國·故嘉善大夫司憲府大司憲兼世子輔養官·贈資憲大夫吏曹判書兼知義禁府事寒岡鄭先生行狀, 大庵朴公行狀.

〔속집〕

卷1. 詞: 迎春詞.

賦: 世上無如人慾險.

詩.

卷2. 疏: 擬疏, 擬箚(五條).

書: 與鄭君燮(四震), 答鄭君燮, 答鄭君燮, 與鄭君燮, 與鄭君燮, 與鄭君燮, 與全性之(以性), 答張正甫(乃範), 與張斯擧(光翰), 答臨皐書院, 答臨皐書院, 答臨皐書院, 答金沙溪(長生), 與金沙溪, 答李君顯(彥英), 答張文擧(鳳翰), 與盧甥弘仲(景任), 答盧甥弘仲, 與盧甥弘仲, 與盧甥弘仲, 與盧甥弘仲, 答李士優(善立), 與李士優, 與盧甥弘仲, 與盧明仲·弘仲, 與李茂伯(潤雨), 與李茂伯, 與鄕校諸人, 答申晉甫(悅道), 答申晉甫, 與申晉甫, 與申晉甫, 與申晉甫, 答申晉甫, 答申晉甫, 答申晉甫, 答申晉甫, 答徐行甫(思遠), 與徐行甫, 與權强哉(克立)·孫吉甫(宇男)·鄭汝燮(四象)·君燮(四震), 與權强哉·孫吉甫·鄭汝燮·君燮, 與權强哉·孫吉甫·鄭汝燮·君燮, 答權强哉·孫吉甫·鄭君燮, 與鄭亦顔(四勿), 答鄭亦顔, 答鄭孝翼(克後〇丁卯), 答金謙可(烋), 答鄭孝翼, 與權强哉, 答權强哉, 答權强哉, 答玉山書院士林, 與玉山書院士林, 答玉山書院士林, 答趙德勇(任道), 答朴德一, 與崔知遠, 與崔知遠, 答金孝徵(應祖), 答金孝徵, 答金孝徵, 答安進士(遇昌), 答李以直, 與蔡琴灘(先吉), 答孫季進(遴), 答孫季進, 答孫慕堂(處訥), 答張泰來(慶遇), 與張泰來, 與張泰來, 答申晉甫, 答權命世, 與李野老(淳).

答問目: 答鄭君燮(二節), 答金孝徵(一節), 答金謙可(烋〇三節), 答申進甫, 答李叔發(天封〇三節), 答本校(六節), 答紫川書院, 答鄭壂(十一節),

答或人(三節), 答安應昌(十三節), 答朴(一節), 答申景濯(活), 答孫濨(九節), 答趙又新(一節), 答金慶長(二節), 答申活, 答玉山書院, 答西岳書院, 答禮林書院, 答洪西潭.

卷3. 狀: 乞治願留人狀(在報恩時), 自劾狀(在義城時).

祝文: 本府陞府後本校告文, 告河先生墓竪碣文, 檜原書院常享祝文, 告家廟立主文.

祭文: 祭籠巖金先生文, 祭東岡金先生文, 祭謙庵柳公(雲龍)文, 祭西川鄭相公文, 祭蔡兄(應鯤)文, 祭康知事(復聖)文, 祭寒岡先生文(代人作), 祭參判柳公(景深)文, 祭鄭湖叟(世雅)文, 祭姓叔(嶸)文, 祭任姊文, 祭盧察訪懼仲文, 祭張仲順(悌元)文, 祭呂兄(倫)文, 祭宋仲裕(後昌)文, 祭李景發(天培)文, 祭朴孝述(弘慶)文, 祭權强哉(克立)文, 祭鄭都事(樟)文, 祭申應純文, 祭金季修文, 祭崔重吉(喆)文, 祭土神文, 祭立巖文, 祭申公(誠)文, 祭朴風雷堂文(成一), 告立巖文(先生補缺立巖使居人致告).

誄文: 誄洪將軍(天賚).

上樑文: 吳山書院忠孝堂上樑文.

卷4. 雜著: 瓦盆銘, 書籤題, 骨肉相愛論, 鶴眠亭記, 題明鏡堂四先生空字絶句後, 書祔廟上疏下批後, 〔書祔廟上疏下批後〕, 書朴仁老(無何翁九仞山記後), 丙寅喪禮說, 人身說, 本校重修說, 本校移建時示諸生說, 仁義坊說, 坊名說, 祭始祖仍喩姓中老少說, 海說, 觀海說, 青邱圖說, 立巖說, 孫鉥冠說, 卦名損益說・艮上兌下爲損(巽上震下爲益), 溪牀說, 饋位官說, 諭鄕所文(先生在報恩時), 〔諭鄕所文〕, 諭書院文, 諭一鄕文, 議復立遮藪文, 鄕校揭板諸條, 記夢.

卷5. 雜著: 宇宙要括帖, 標題要語, 方寸持存法, 吾人常接, 附說(六條), 晚學要會(原集性理說篇目中, 亦有晚學要會, 此編卽初草也, 篇目雖同, 文則不同), 錄疑俟質.

卷6. 雜著: 平說, 究說.

卷7. 雜著: 冠儀, 婚儀, 奔竄中事亡儀略.

卷8. 雜著: 甲子趨(朝錄), 丙寅趨(朝錄).

碑碣誌銘: 金文節公神道碑銘, 廣平君李公碑銘, 觀察使鶴洞李公墓誌銘, 左承旨敬亭李公墓誌銘, 洗馬鄭公墓碣銘, 進士朴公墓碣銘, 進士高公墓碣銘, 金秀才(爾後)墓碣銘, 佔俾齋金先生神道碑陰識.

行狀: 芝山曹公行狀, 贈參判砥柱軒李公行錄.

卷9. 附錄: 就正錄〔門人趙任道〕, 拜門錄〔門人申悅道〕, 聞見錄〔門人申圾〕, 記聞錄〔門人張乃範〕, 記聞錄〔門人李彥英〕, 記聞錄〔門人朴吉應〕, 記聞錄〔門人張慶遇〕, 記聞錄〔門人鄭克後〕, 敬慕錄〔門人金烋〕, 敬贊先生畫像, 言行日錄略〔門人趙遵道〕, 景遠錄〔門人金慶長〕, 景遠錄〔崔轔〕.

卷10. 附錄: 景遠錄〔門人李紬〕, 景遠錄〔門人張㙫〕, 景遠錄〔門人張㙶〕, 景遠錄〔門人權尌〕, 趨庭錄〔子應一〕.

祭文: 正宗朝賜祭文(親製), 士林祭文〔門人申弘望〕, 士林祭文〔門人韓德及〕, 士林祭文〔姜弘重〕, 士林祭文〔金孝可〕, 士林祭文〔門人張以兪〕, 士林祭文〔門人洪昕〕, 士林祭文〔門人裵尙龍〕, 士林祭文〔門人呂爾載〕.

8) 『養直集』(都聖俞)

〔목차〕

序: 李源祚 撰.

卷1. 詩. 挽詞.

卷2. 賦: 西湖舟行賦, 復初賦, 伊江書院廟宇上樑賦.

書: 上寒岡鄭先生(1), 上寒岡鄭先生(2), 上寒岡鄭先生(3), 答李石潭茂伯(1), 答李石潭(2), 上李五峰(好閔), 與慕堂孫公(1), 與慕堂孫公(2), 答愚伏鄭城主(經世), 與蔡投巖靜應(1), 與蔡投巖(2), 答裵藤庵子章(1), 答裵藤庵(2), 答張克明堂正甫(乃範), 與徐東皐精甫(1), 與徐東皐(2), 與鄭守庵君燮(四震), 與蔡兩傳軒明甫叔(1), 與蔡兩傳軒(2), 與柳沙月堂衛仲(時藩), 與羅默軒君善(1), 與羅默軒(2), 與李砥柱軒(奎文).

祭文: 祭樂齋先生文, 祭寒岡鄭先生, 弟從弟諸仲

告由文.

五經圖.

卷3. 附錄: 家狀(都爾望 撰), 行狀(李萬運 撰), 墓碣銘(洪昕), 墓誌(都愼與), 龍湖祠奉安文, 五經體用圖序, 遺事, 遺事後序(金汝弼 撰), 祭文(都愼修 撰), 輓詞, 酬唱詩, 師友簡牘.

〔부록 2〕

한강, 여헌, 낙재, 모당의 '문인록'[1)]

1. 寒岡門人錄

姓名	字	號	本貫	生年
姜緷	克修	濫陰	晋州	1568
姜滐	淨甫	南窩	晋州	1583
康在山	山叟	一竹	善山	1573
郭慶興	汝兢	九居堂	玄風	1569
郭楊馨	春甫	槐軒	玄風	1584
郭永禧	德修	晩翠堂	玄風	1560
郭衛國	子固	洛叟	玄風	1587
郭以昌	德懋	慕賢齋	玄風	1590
郭再謙	益甫	槐軒	玄風	1547
郭澍	景林	蘇溪	玄風	1569
郭趪	養靜	存齋	玄風	1551
郭鴻漸	逵老		玄風	1579
郭赾	穉靜	省齋	玄風	1554
權濤	靜甫	東溪	安東	1575
權思邈	尙友	松窩	安東	1574
權守經	子正	自樂堂	安東	1584
權乙	次甲	滄洲	安東	1595
權濬	道甫	霜巖	安東	1578
權泰一	守之	藏谷	安東	1569
金璟	靖如	灘翁	善山	1582

1) 寒岡, 旅軒, 樂齋, 慕堂의 門人錄에는 빠진 인물들이 많다. 그리고 어느 한 쪽 門人으로만 기록되어 있는 학자들 중에서도 여러 문하를 동시에 출입한 이가 상당수 있다. 여기서는 자료의 일관성을 위해 『檜淵及門諸賢錄』에 등재된 인물만을 수록하였다.

姓名	字	號	本貫	生年
金光繼	以志	梅園	光山	1580
金光岳	以直	野逸齋	光山	1582
金榘	方叔	聽蒼	安東	1582
金大鼎	養叔		慶州	*1601沒
金大振	而遠	四友堂	瑞興	1571
金大澤	景潤	萍堂	安東[2]	1559
金料	而幹	默齋	義城	1590
金櫓	而涉	心遠堂	義城	1594
金奉祖	孝伯	鶴湖	豊山	1572
金鑌			海平	
金四聰	達夫	植松	清道	1575
金尙瑗	伯玉	南厓	安東	1598
金善立	卓爾	獨醒堂	慶州	1580
金守訒	君愼	九峰	廣州	1563
金是鳴	聞淑	三槐亭	清道	
金是聲	聞遠	錦浦	清道	1602
金是樞	子瞻	端谷・江皐	義城	1580
金瀁	汝涵	陽灘	善山	1574
金寧	汝知	遯峰	善山	1567
金榮祖	孝仲	忘窩	豊山	1577
金禹鼎		海叟	廣州	1551
金元浚	聖亨	慕庵	慶州	1596
金允安	而靜	東籬	順天	1562
金應鳴	而遠	翠竹堂	慶州	1593
金應成	仲時	凝軒	瑞興	1566
金以謙	益仲	圓庵	義城	1599
金以亨	會伯		義城	1601
金棨	仲任		安東	1582
金廷堅	勳卿	菊園	義城	1576
金廷契	敎卿	洛清軒	義城	1573
金宗一	貫之	魯庵	慶州	1597
金轃	志遠	雲巖	海平	1564

2) 『慕堂門人錄』에서는 '金海'로 되어 있다.

姓名	字	號	本貫	生年
金柱宇	萬古	易眠·雲塘	安東	1598
金中淸	而和	晩退軒·苟全	安東	1566
金瀸	公濟	退隱	義城	1575
金震護	古風	活溪	善山	1571
金潗	活源	愛景堂	義城	1558
金天澤	大亨	沙峰	義城	1555
金天瀣	大源		義城	1562
金軸	行遠	松庵	海平	1563
金致三	一之	道淵亭	金海	1560
金榥			義城	
金孝可	公繼	拙亭	義城	1577
羅尙輝	晦可		安定	
羅應淑	君善	默軒	安定	1566
羅以道	子中	愼庵	壽城	
盧景倫	明仲·彝中	亦樂堂	安康	1566
盧景任	弘仲	敬庵	安康	1569
盧景佖	懼仲	櫟亭	安康	1554
盧克弘	毅甫	沃村	光州	1553
盧世厚	士順	月村	光州	1583
盧勝	而復	休休子	豊川	1572
盧岾	子禮	望湖亭	光州	1600
盧脊	任仲	省齋	豊川	1575
盧垓	子宏	菊潭	光州	1598
盧亨運	時甫	素庵	豊川	1584
盧壎	子翕	四梅堂	光州	1598
盧嬉	叔仁		長淵	1558
都慶兪	來甫	洛陰	星州	1596
都聖兪	廷彦	養直堂	星州	1571
都世純	厚哉	巖谷	星州	1574
都愼修	永叔	止巖	星州	1598
都愼徽	美五	西湖	星州	1598
都彦兪	康甫	逸庵	星州	1579
都汝兪	諧仲	鋤齋	星州	1574

姓名	字	號	本貫	生年
都應雲	仲瑞	霞溪	星州	1558
都應兪	諧甫	翠厓	星州	1574
柳武龍	景慄	磨巖	文化	1604
柳時藩	衛仲	沙月堂	文化	1569
柳堯臣	聖兪	蓮亭	文化	1550
柳袗	季華	修巖	豊山	1582
柳袨	子安	河軒	豊山	1586
睦大欽	湯卿	茶山・竹塢	泗川	1575
文敬仝			南平	
文景晋	子昭	東山	南平	1576
文景虎	君燮	嶧陽	南平	1556
文緯	純夫	茅溪	南平	1554
文必陽	剛哉	爐川	南平	1600
文後	行先	練江齋	江城	1574
朴慶纘	逑仲		密陽	1549
朴犴衢	子龍	畸翁	順天	1587
朴譚		龍淵	密陽	1561
朴噋	明叔	吾卒子	密陽	1577
朴明榑	汝昇	知足堂	密陽	1571
朴明彦	君美		密陽	1565
朴明胤	孝叔	槎翁	密陽	1566
朴文楧	君秀	龍湖	山淸	1570
朴文孝	伯順	稼亭	密陽	1580
朴敏	行遠	凌虛子	泰安	1566
朴敏修	遜志	梅山	密陽	1590
朴豩衢	子鵬	遯翁	順天	1575
朴壽春	景老	菊潭	密陽	1572
朴潤緖	季孝	修堂	順天	1587
朴點	聖與	養浩堂	密陽	1555
朴廷璠	君信	鶴巖	高靈	1550
朴從男	善述	柳村	月城	1559
朴宗緖	伯孝	栢堂	順天	1572
朴宗祐	君錫	陶谷	順天	1587

姓名	字	號	本貫	生年
朴晉慶	明述	臥遊堂	密陽	1581
朴震英	實哉	匡西	密陽	1569
朴震昌	和仲		密陽	
朴震輝	子禎		密陽	
朴檜茂	仲植	六友堂	羅州	1575
裵聚可	章甫	達川	星山	1570
裵尙龍	子章	藤庵	星山	1574
裵尙益	益哉	癡巖	星山	1581
裵尙虎	季章	愧齋	星山	1594
裵舜裳	聖章	平巖	星山	1595
徐彊仁	克夫	月巖	達城	1596
徐思道	達甫	思庵	利川	1571
徐思選	精甫	東皐	達城	1579
徐思述	行可	樂山	達城	1556
徐思遠	行甫	樂齋	達城	1550
徐時立	立之	全歸堂	達城	1578
石汝信	子明	雲圃	忠州	1565
成景琛	仲珍	鵲溪	昌寧	1543
成辨奎	賓如	寒沙	昌寧	1556
成安義	精甫	芙蓉堂	昌寧	1561
成以恪	仲恭	西巖	昌寧	1591
成昌遠	自邇	不慍堂	昌寧	1601
成好正	尙夫	彊齋	昌寧	1589
孫起陽	景徵	聱漢	密陽	1559
孫諟命	欽仲	肯構堂	一直	1564
孫遴	季進	聞灘	一直	1566
孫處訥	幾道	慕堂	一直	1553
孫處約	希魯	五梅亭	一直	1556
宋季賓	敬甫	愚岡	龍城	1583
宋光啓	君沃	龍溪	冶城	1566
宋光廷	贊哉	松澗	冶城	1556
宋時詠	志興	砂田	冶城	1579
宋時準	尙志	遯窩	冶城	1588

姓名	字	號	本貫	生年
宋遠器	學懋	啞軒	冶城	1548
宋周賓	子敬	新村	龍城	1587
申得淵	靜吾	玄圃	高靈	1585
辛邦楫	汝濟	永慕堂	昌寧	1556
愼寔	平甫	樂洲	娥林	1555
申適道	士立	虎溪	鵝洲	1574
申楫	汝涉	河陰	寧海	1580
申之悌	順夫	梧峰	鵝洲	1562
申灝	淡若	鏡湖	寧海	1588
沈大孚	信叔	泛齋	青松	1586
安璹	待而	樂園	廣州	1572
安慄	敬仲		廣州	1575
安侹	子長	道谷	廣州	1574
楊晅	以貞	漁村	清州	1597
呂大老	聖遇	鑑湖	星山	1552
呂煜	熙遠	玄叟	星山	1586
呂焯	晦仲	虎溪	星山	1586
呂燦	晦伯	石村	星山	1579
吳長	翼承	思湖	咸陽	1565
禹鎭	定重	修庵	丹陽	1573
禹熙吉	惠甫	南齋	丹陽	1613
兪諧	欽哉		康津	1565
尹義立	止仲	月潭	坡平	1568
尹孝仝	詠初・貽永	沂川	南原	1563
李剛	子勝		陜川	1586
李埰	子守	砥巖	載寧	1561
李繼胤	孝承	泗濱	碧珍	1583
李垌	士野	旬白堂	完山	1588
李宏			驪江	1567
李暾	光遠	默庵	驪江	1590
李岌	敬智	知止堂	陽城	
李璣玉	儀甫	竇巖	全義	1566
李蘭貴	子馨	瑟谷	光州	1584

姓名	字	號	本貫	生年
李蘭美	幼馨	陽村	光州	1592
李籛	公直	廣居齋	光山	1556
李道輔	益之	益庵	碧珍	1587
李道純	子粹	慕齋	碧珍	1585
李道由	明之	滄浪叟	碧珍	1566
李道一	貫之	消憂軒	碧珍	1581
李道孜	至之	復齋	碧珍	1559
李道長	泰始	洛村	廣州	1603
李道昌	泰有	寒竹亭	廣州	1595
李斗然	建伯	靜履堂	慶州	1595
李簬	君直	高灘	光山	1552
李苙	馨遠	琴鶴堂	永川	1571
李命夔	克和	拂日軒	光山	1580
李命龍	見甫	洛村	光山	1570
李明悳	養初	梅竹軒	星山	1565
李文龍	晦叔	菊圃	星山	1584
李文雨	茂甫	梅隱・迂翁	廣州	1572
李配義	景受		星州	1602
李芬	馨甫	默軒	德水	1566
李舒	以直	東湖	光州	1566
李瑞雨	茂卿		廣州	1584
李善立	士優		完山	1584
李埱	士潤	山居翁	完山	1580
李蒔	中立	善迂堂	永川	1569
李時幹	孟堅	慕巖	固城	1589
李時馩	汝聞	雲牕	長水	1588
李時馠	聞遠	隴雲	星州	1575
李心愨	謹思	述齋	廣州	1566
李心弘	毅甫	孤村	廣州	1569
李安訥	子敏	東岳	德水	1571
李彦英	君顯	浣石亭	碧珍	1568
李琰	仲潤	庸庵	星山	
李容			驪江	1572

姓名	字	號	本貫	生年
李埥	士厚	心遠堂	完山	1572
李潤雨	茂伯	石潭	廣州	1569
李檥	叔正	南湖	鐵城	1564
李宜潤	粹然	無忝堂	驪江	1564
李宜澍	沛然	香壇	驪江	1567
李宜澄	炯然	養拙堂	驪江	1568
李宜活	渾然	雪川	驪江	1573
李益立	士仲		全州	1591
李益亨		杜谷	驪江	1573
李立可	可誠	悳窩	延安	1580
李長立	由道	陽村	星山	1590
李坱	叔載	月澗	興陽	1558
李蒧	師聖	天遊子	永川	1579
李廷郁		龜伏	慶州	
李廷賢	元老	月峰	星山	1587
李輸	景任	苔岩・六休堂	仁川	1556
李倜	輝遠	慵齋	驪江	1596
李紬	愼修	學稼齋	京山	1599
李重慶	慶叔	壽軒	全義	1599
李重茂	晦敷	枘溪	碧珍	1568
李重亨	子會	二樂堂	星州	1595
李之英	子實	水月堂	全義	1585
李天封	叔發	白川	京山	1567
李天培	景發	三益齋	京山	1558
李春馣	聞遠	松軒	陜川	1565
李忠民	汝直	慕巖	碧珍	1588
李濯	新之		慶州	1577
李澤龍	季確	梅圃	星山	1588
李垕	士凝	認庵	完山	1585
李楷	士正	晩湖	鐵城	1560
李見龍	誠伯	竹圃	星山	1580
李虎臣	和彦	慕軒	星山	
李厚慶	汝懋	畏齋	碧珍	1558

姓名	字	號	本貫	生年
李瀜	而遠	養眞堂	碧珍	1578
任以賢	哲甫	鵶谷	豊川	1588
任屹	卓爾	龍潭	豊川	1557
張乃範	正甫	克明堂	玉山	1563
蔣文益	明輔	釣耕庵	牙山	1596
張鳳翰	文擧	夰翁	玉山	1566
張應一	經叔	聽天堂	玉山	1599
張以兪	子裕	知分軒	玉山	1598
張益奎	文哉	于房	昌寧	1571
張益祺	德敬		昌寧	1569
張悌元	仲順	深谷	玉山	1556
張顯道	德優	月浦	玉山	1563
張興孝	行遠	敬堂	安東	1564
全克昌	士孝	竹溪	天安	1574
全士憲	慶甫	莒翁	旌善	1565
全士憲	度甫	養眞堂	沃川	1568
全以性	性之	雲溪	龍宮	1578
鄭光天	子晦	洛涯	東萊	1553
鄭經世	景任	愚伏	晋陽	1563
鄭克後	孝翼	雙峰	烏川	1577
鄭錡	靖甫	琴齋	東萊	1574
鄭湛	淸允	復齋	烏川	1552
鄭文孚	子虛	農圃	海州	1565
鄭四勿	亦顔	昆峰	烏川	1574
鄭四象	汝燮	愚軒	烏川	1563
鄭銑	潤甫	伊溪	東萊	1579
鄭錘	平甫	養拙齋	東萊	1573
鄭秀民	子賓	春睡堂	河東	1577
鄭俶	謹甫	思軒	西原	1584
鄭時亨	亨甫	花坪子	西原	1585
鄭蘊	輝遠	桐溪	草溪	1569
鄭惟燾	景覆		西原	1611
鄭惟熟	景精		西原	1605

姓名	字	號	本貫	生年
鄭惟熙	景緝	休庵	西原	1599
鄭允穆	穆如	清風子	西原	1571
鄭允偉	裕如	東湖	西原	1564
鄭允諧	伯僉	鋤歸子	西原	1553
鄭應智	源道	農叟	東萊	1568
鄭樟	直夫	晩悟	西原	1569
鄭佺	壽甫	松塢	西原	1569
鄭俊民			東萊	
鄭天澍	伯和	景寒齋	東萊	1596
鄭弘緖	克承	松灘	河東	1571
鄭檣	長甫		西原	1582
趙成麟	昌瑞	東隱	咸安	1551
趙由道	樂而	德川	咸安	1584
曺應仁	善伯	陶村	昌寧	1556
曺以復	克休	慕醒齋	昌寧	1563
趙靖	安仲	黔澗	豊壤	1555
趙遵道	景行	方壺	咸安	1576
趙咸一	子有	藥溪	咸安	1596
陳暹	汝明	成齋	珍山	
蔡夢硯	靜應	投巖	仁川	1561
蔡楙	子後	栢浦	仁川	1588
蔡善見	明甫	兩傳軒	仁川	1574
蔡先謹	擇仲	大谷	仁川	1576
蔡先吉	吉仲	琴灘	仁川	1569
蔡先修	敬仲	達西齋	仁川	1568
崔東亮	子明	松亭	慶州	1598
崔東㻩	鎭伯	茶川	慶州	1585
崔東岦	卓甫		慶州	1583
崔東彦	聖求	白沙	慶州	1592
崔東尹	子任	龍巖	慶州	1591
崔東集	鎭仲	臺巖	慶州	1586
崔轔	士發	梅窩	永川	1597
崔門柱		松齋	慶州	

姓名	字	號	本貫	生年
崔山岳	汝屹	鶴庵	慶州	1592
崔有海	大容	默守堂	海州	1588
崔恒慶	德久	竹軒	永陽	1560
崔晛	季昇	認齋	完山	1563
崔弘岦			海州	
崔興國	康侯	南溪	慶州	1551
崔轞	士行	鸛峰	永川	1583
河淵尙	晦之	西峰	晋州	1586
韓景祚	士綏	柳溪	淸州	1585
韓夢參	子變	釣隱·適巖	淸州	1589
韓夢逸	子眞	鳳岳	淸州	1577
韓應南	士明	松巖	淸州	1572
韓浚謙	益之	柳川	淸州	1557
許燉	德輝	滄洲	金海	1586
許穆	文甫	眉叟	陽川	1595
許遠	自邇	希庵	河陽	1597
許僩	毅甫	香塢	陽川	1574
許厚	重卿	觀雪	陽川	1588
許愸	子竫	遯齋	河陽	1586
黃紐	會甫	磐磵	長水	1578
黃汝一	會元	海月	平海	1556
黃元祿	公記	忍軒	昌原	1581
黃有章			禮安	
黃有華			懷德	
黃廷幹	公直	七峰	長水	1558
黃宗海	大進	朽淺	懷德	1579
黃中信	子貞	魯庵	平海	1586

2. 旅軒門人錄

姓名	字	號	本貫	生年
姜大遂	學顔	寒沙	晋州	1591
姜演	泂遠	愚軒	晋州	1597
姜鶴年	子久	復泉	晋州	1585
姜弘重	任甫	道村	晋州	1577
高是恒	子久	澗齋	開城	1601
郭霫	施遠	敬宇	玄風	1584
郭衛國	子固	洛叟	玄風	1587
郭爾崙	道深	省庵	玄風	1600
郭以楨	衛卿	讓軒	淸州	1583
具仁繼	孝仲	癡庵	綾城	1607
具致用	器之	高山	綾城	1590
權克亮	士任	東山	安東	1584
權炁	養正	默忍齋	安東	1596
權濤	靜甫	東溪	安東	1575
權燾	元之	慕庵	安東	1604
權得經	守甫		安東	1612
權得中	和甫		安東	1607
權[illegible]	興瑞	省齋	安東	1592
權尙敏	志聖		安東	1611
權昱	瑞化	淸江	安東	1598
權應生	命世	魯軒	安東	1571
權益鄰	鄰哉	琴谷	安東	1583
權[illegible]	和叔	退庵	安東	1600
權晉敏	田聖		安東	1623
權潗	達甫	默翁	安東	1569
權赫	晦卿	伊川	安東	1595
權好敏	學聖	巖齋	安東	1614
金塙	確夫	黃皐	慶州	1602
金景斗	士仰	澗窩	慶州	1608
金慶長	德承	龜巖	順天	1597
金崑	季鎭	竹溪	善山	
金玒	子亮	浴潭	善山	1581
金光繼	以志	梅園	光山	1580
金光岳	以直	野逸	光山	1591
金寧	汝和	遯峰	善山	1567

姓名	字	號	本貫	生年
金大振	而遠	四友堂	瑞興	1571
金諒槐				
金敏	光烈		慶州	1612
金敏行	道一	退隱	慶州	1582
金培	淑夫	下巖	慶州	1609
金四聰	達夫	植松亭	清道	1612
金尙瑗	伯玉	南厓	安東	1598
金湑	靜如	灘翁	善山	1582
金是聲	聞遠	錦浦	清道	1602
金是瑩	玉汝	永慕庵	義城	1605
金瀁	汝涵	陽灘	善山	1574
金汝礪	伯說	屯谷	慶州	1592
金英卓				
金迋	汝定	不求堂	義城	1606
金友益	擇之	斗巖	禮安	1571
金元龜	廷瑞		瑞興	1615
金潤礪	致精	石亭	慶州	1581
金應鳴	而遠	翠竹堂	慶州	1593
金應祖	孝徵	鶴沙	豐山	1587
金履善	而吉	寒泉	禮安	1590
金爾後	子承		義城	1605
金益精	汝珍	景粹	義城	1565
金益精	允中	孝友軒	慶州	1577
金日柱	汝擎	雲圃	慶州	1567
金宗一	貫之	魯庵	慶州	1597
金宗孝	士行	伴月堂	順天	1553
金柱宇	萬古	易眠堂	安東	1598
金震讙	占風	活溪	善山	1571
金鏊	時用	逸草堂	宣城	1602
金秋任	萬說	畏棲庵	義城	1592
金就礪	試可	南岡	慶州	1572
金厦樑	汝任	江灘	善山	1605
金廈梃	長卿	三梅堂	善山	1621
金壆	益夫	遯巖	慶州	1620
金鑊			順天	
金孝可	公繼	拙亭	義城	1578
金烋	謙可	敬窩	義城	1597

姓名	字	號	本貫	生年
南溟翮			英陽	
南昌祐				
南佖			英陽	1605
盧景倫	明仲・彛中	亦樂堂	慶州	1566
盧景任	弘仲	敬庵	慶州	1569
盧世信	士彦		慶州	1607
盧世忠	士亨	松雲	慶州	1599
盧世孝	士述		慶州	1603
盧增	子謙		光州	
盧亨道	行甫	守分堂	豐川	1591
盧亨運	時甫	素庵	豐川	1584
盧亨鼎	子愼		豐川	1593
盧亨造	道深		豐川	1612
盧亨重	德厚		豐川	1602
盧亨震	東彦		豐川	1591
盧亨弼	貞甫	雲堤	豐川	1605
都世純	厚哉	巖谷	星州	1574
都愼徵	休叔	竹軒	星州	1611
都翰國	子藩	梧月堂	星州	1614
柳思溫	粹甫	龜亭	文化	1573
柳碩	德甫	皆山	晉陽	1595
柳碩男			文化	
柳時藩	衛仲	沙月堂	文化	1569
柳時稷			文化	
柳汝樟	士直	明堂	文化	1602
柳汝梓	君直		文化	1605
柳袗	季華	修巖	豐山	1582
孟世衡	汝平	晩隱	新昌	1588
朴壐	以蘊	北厓	咸陽	1602
朴吉應	德一	眞靜齋	密陽	1598
朴道元	一之	農隱	慶州	1593
朴璨	君獻	玄石	密陽	1599
朴敏	行遠	凌虛子	泰安	1566
朴敏修	遜之	梅山	密陽	1590
朴壂	以振		咸陽	1613
朴惟東	時甫	一石	忠州	1604
朴有文				

姓名	字	號	本貫	生年
朴胤武	善承	岐隱	咸陽	1588
朴慄	廓汝		密陽	1613
朴頤慶	而述	講歡堂	密陽	1594
朴以𤁗	啓晦	鏡川	潘南	1602
朴長遠	仲久	久堂	高靈	1612
朴樅茂	季眞	三樂堂	潘南	1582
朴之岦		竹山		
朴晉慶	明述	臥遊堂	密陽	1581
朴春遇	陽仲	九峰	密陽	1577
朴璗	子相	杏亭	咸陽	
朴悏	浩彦	喜懼堂	密陽	1610
朴亨慶	善述		密陽	1576
朴弘慶	孝述	是政堂	密陽	1574
朴熀	通彦	醉石堂	密陽	1608
朴烜			高靈	1594
裵裟可	章甫	達川	星山	1570
裵尙龍	子章	藤庵	星山	1574
裵尙虎	季章	愧齋	星山	1594
裵淑全	元善		興海	1583
裵益謙	道亨	負暄堂	興海	1587
徐强禮	愼夫		達城	1601
徐强仁	克天	月巖	達城	1596
徐思選	精甫	東皐	達城	1579
徐時立	立之	全歸堂	達城	1578
鮮于浹	仲潤	遯庵	太原	1588
成檪	子久	鎭浮	昌寧	1580
成以諒	汝貞	松庵	昌寧	1586
成震廾	子星		昌寧	1611
孫起業	興彦	隱庵	密陽	1565
孫魯	汝唯	蓮亭	月城	1578
孫奉後	君述	訥庵	密城	1604
孫祥雲	景端	釣隱	密城	1566
孫宇男	德甫	綸庵	一直	1564
孫昌道	君勖	五守	密城	1608
孫沆	季浩	月峰	一直	1599
孫瀣	仲浩	月山	一直	1587
孫興雲	子龍	溪隱	密城	1571

姓名	字	號	本貫	生年
孫喜祖	孝悅		慶州	1603
宋文徵	伯信	靜養齋	冶城	1623
宋遲	汝輝	則學齋	冶城	1599
宋世隆	公輔	淸溪	冶城	1610
宋世弼	公彥	丹邱	冶城	1607
宋時綱	紀甫	存順齋	冶城	1607
宋時詠	志興	砂田	冶城	1579
宋時振	士達	梅隱	冶城	1613
宋惟寬	景弘	石泉	礪山	1564
宋後昌	仲裕	孤軒	冶城	1563
申均	子平	安齋	鵝州	1607
申起漢	應時		高靈	1588
申達道	亨甫	晩悟	鵝州	1576
申悅道	晉甫	懶齋	鵝州	1589
申泳道	汝涵	鱉潭	鵝州	1580
申祐德	汝嘉		平山	1581
愼爾徽				
申適道	士立	虎溪	鵝州	1574
申之敬	直夫		鵝州	1595
申志道	汝遠	三栢堂	鵝州	1582
申稹				
申埰	子卿	忍齋	鵝州	1610
申瀚	景藏	四吾	平山	1611
申弘望	望久	孤松	鵝州	1600
申活	景濯	竹老	平山	1576
沈瀷	純夫	晩松	靑松	1578
安世慶			廣州	
安應昌	興叔	栢巖	順興	1603
呂煜	熙遠	玄叟	星山	1586
呂爾載	子厚	海翁	咸陽	1600
呂焯	晦仲	虎溪	星山	1586
呂孝周	達夫	南溪	星山	1608
呂孝曾	魯而	西巖	星山	1604
禹承範	保卿	養拙翁	丹陽	1588
禹承疇	說卿	文隅堂	丹陽	1611
禹鎭	定重	修庵	丹陽	1573
禹熙吉	惠甫	南齋	丹陽	1613

姓名	字	號	本貫	生年
尹衡彦	應聖	檜園	南原	1571
尹弘宣	伯任	塤齋	坡平	1573
李光義	義仲	竹軒	固城	1609
李君賓	仲觀	南浦	星州	1568
李煃	汝元	雙碧軒	永川	1596
李潭	公洽	八峰	碧珍	1605
李道長	泰始	洛村	廣州	1603
李道章	泰觀	鑑湖堂	廣州	1607
李道亨				
李惇叙	子倫	晩沙	延安	1598
李磊	汝安	龜溪	碧珍	1576
李綸	經彦	沙月堂	京山	1597
李葂	聖時		全州	1615
李明檄	一初	菊庵	星山	1569
李棨	文伯	松郊	全州	1572
李民宬	寬甫	敬亭	永川	1570
李民窦	而壯	紫巖	永川	1573
李山漢	鎭叔	進溪	大興	1589
李碩寬		蓮峰	全州	
李善立	士優		全州	1584
李善述	孝伯	隨軒翁	全州	1565
李成宲	公實	四慵堂	延安	1603
李涑		麗村	全州	
李秀彦	士美	追慕軒	星山	1571
李秀英				
李秀俊	士豪		星山	1576
李塾	景受		永陽	1598
李心弘	毅甫	孤村	廣州	1569
李彦英	君顯	浣石亭	碧珍	1568
李汝翊	棐卿	秀峰	碧珍	1591
李用賓	季觀	芝塢	星山	1569
李友悅	汝益		永川	
李友直	子益	陶窩	永川	
李元生	善伯	雙碧堂	碧珍	1567
李遠樹	士直	洛坡	廣州	
李緝	斐彦		京山	1600
李惟碩	大而	梅軒	星山	1604

姓名	字	號	本貫	生年
李霱	公瑞		碧珍	1605
李宜白	汝眞	鳳岡	碧珍	1563
李仁	善長	栢塢	慶州	1626
李礫			碧珍	
李壂	玉汝	三隱	固城	1588
李廷機	子愼	漫翁	永川	1613
李廷蘭	君郁	磵翠	永川	1607
李廷蓂	君佐		永陽	
李廷相	立卿	蓴湖	永川	1602
李廷郁		龜伏	慶州	
李䌷	愼彦	學稼齋	京山	1599
李俊	活然	松皐	慶州	1624
李俊成	秀卿	德溪	慶州	1570
李知白	季眞	獨樂堂	碧珍	1565
李祗先	子敬	一癡	星山	1584
李之英	子實	水月堂	全義	1585
李之華	而實	茶圃	全義	1588
李鐵剛	子固		碧珍	1609
李鐵堅	壽甫	梅溪	永陽	1603
李忠民	汝直	慕巖	碧珍	1588
李琢				
李㦧	晦甫		星山	1608
李隸	聞伯	謙山	永川	1588
李皥			驪江	
李弘道	克文		陜川	1599
李弘哲	克仁		陜川	1604
李晥	文遠	靜齋	驪江	1596
李確	汝固	雙清堂	陜川	1610
李緘	章彦	學圃	京山	1620
任景尹	尙之	龜隱	豐川	1602
任世章[3]	汝貞	暮醒堂	豐川	1637
張慶達	泰亨	晩翠堂	玉山	1613
張警百				

3) 任世章은 여헌의 直傳 제자로 볼 수 없다. 그는 任景尹(1602~1666)의 아들로서, 旅軒이 세상을 떠나던 해(1637년)에 태어났다. 다만 그의 외조부 朴晉慶이 旅軒의 사위였기 때문에 그가 旅軒學을 사숙했다고는 볼 수 있다.

姓名	字	號	本貫	生年
張慶遇	泰來	晚悔堂	玉山	1581
張慶遹	泰彥	晚溪	玉山	1594
張光翰	斯擧	自惺亭	玉山	1561
張乃謙	益甫	止窩	玉山	1590
張乃克	明甫	松齋	玉山	1589
張乃度	立甫	儉谷	玉山	1573
張乃睦			玉山	
張乃範	正甫	克明堂	玉山	1563
張乃貞	貞甫	守訓齋	玉山	1579
張乃昌	盛甫		玉山	1606
張德元	士順	无悶堂	玉山	1569
張文道				
蔣文益	明輔	釣耕堂	牙山	
張士琜				
張龍燮	用卿	自求齋	玉山	1575
張龍遇	雲卿	丹溪	玉山	1596
張以兪	子裕	知分軒	玉山	1598
張悌元	仲順	深谷	玉山	1556
張㬢	聖源	南坡	玉山	1614
張㬢	巨源	三優堂	玉山	1610
全純性	而敬	耕雲	龍宮	1617
全有性	敬夫	耕山	龍宮	1591
鄭克後	孝翼	雙峰	烏川	1577
鄭論復	克復	枝隱	東來	1574
鄭斗源	丁叔	壺亭	光州	1581
鄭壁	峻哉		烏川	1613
鄭四勿	亦顏	昆峰	烏川	1574
鄭四象	汝燮	愚軒	烏川	1563
鄭四岳	汝欽	竹窩	烏川	
鄭四震	君燮	守庵	烏川	1567
鄭秀民	子賓	春睡堂	河東	1577
丁瑜	君軒	槐隱	義城	1591
鄭惟熹	景覆		西原	1611
鄭惟熟	景精		西原	1605
鄭以䕶	仲和		烏川	1602
鄭垈	景明		烏川	1604
鄭壂	景休		烏川	1591

姓名	字	號	本貫	生年
鄭櫻			西原	
鄭天涉				
鄭就護	季和		烏川	1611
鄭墜	景衍		烏川	1607
鄭憲世	景式	竹軒	晉陽	1597
鄭好問	子裕	魚峯	烏川	1605
丁好恕	士推	南崩	羅州	1572
鄭好信	德基	三休亭	烏川	1605
鄭好仁	子見	暘溪	烏川	1597
鄭後玄	季彥		瑞山	1602
鄭垕	景平		烏川	1602
趙相禹	夏卿	時庵	楊州	
趙英汶	景閔	場巖	咸安	1588
曺以咸				
趙任道	德勇	澗松	咸安	1585
曺輌				
曺挺生	以寧	陶溪	昌寧	1585
曺挺恒	德瞻	秀才	昌寧	1617
趙廷珩	獻卿			1598
趙宗岱	景立	紫庵	漢陽	1569
趙宗岳	景仰	龜巖	漢陽	1566
趙遵道	景行	方壺	咸安	1576
趙咸世	顯甫	五宜	咸安	1607
趙熙道	敬而		咸安	1569
周善元	止彥	于齋	尙州	1580
晉大鳳	國祥	忍窩	南原	1594
陳倬	子高	立庵	驪陽	1604
陳仡	子成		驪陽	1606
蔡椝	汝煥	遯庵	仁川	1602
蔡先謹	擇仲	大谷	仁川	1576
蔡瀛傑	俊卿	是山	仁川	1611
蔡檝	汝武	雲巖	仁川	1609
崔繼寔			咸陽	
崔東亮	子明	松亭	慶州	1598
崔蚪立	乃仰	守軒	永川	1597
崔震華	鎭叔	月州	永川	1611
崔喆	重吉	峰前	仁同	

姓名	字	號	本貫	生年
崔彭壽	德卿	樂芝	慶州	1577
河頲	孺直		晉陽	1610
河灝	應休	守拙齋	晉陽	1611
河泓尙			晉陽	
韓德及	聖哉			
韓夢參	子變	釣隱・適巖	淸州	1589
許國輔			金海	
許國弼	汝敬	醒悔堂	金海	1579
許墩	德輝	滄州	金海	1586
許穆	文父	眉叟	陽川	1595
許尙遠				
許顗	潤兼		金海	
許瓚	白玉		河陽	
許琛	叔獻	濫叟	河陽	1607
許厚	重卿	觀雪	陽川	1588
邢昌運		古川		
洪雰	景望	芝溪	豊山	1573
洪碩果	子仁	知止軒	南陽	1604
洪履一	亨五		南陽	1583
洪昕	伯昇	文谷	缶林	1601
黃居一	正元	明溪	平海	1558
黃霔	君洽		長水	1615
黃元祿	公記	忍軒	昌原	1581
黃鐗	精叔	竹覽	平海	1591
黃中信	子貞	魯庵	平海	1586
黃中允	道光	東溟	平海	1577

□ 여헌 문하를 대표하는 인물들에 대한 여러 분류가 있는데, 대표적인 것이 '양송십오현(樑頌十五賢)', '여문십현(旅門十賢)', '여문십철(旅門十哲)' 이다. '양송십오현' 은 주로 인동과 선산을 중심으로 한 여헌의 초기 제자들로 부지암정사(不知巖精舍) 건립을 주도한 사람들인데 비해, '여문십철' 과 '여문십현' 은 공자의 제자들을 본떠 안동과 의성, 인동, 영천 등지의 제자들을 총망라하여 대표적인 문인들을 분류한 것이다.

□ 양송십오현(樑頌十五賢)

김종효(金宗孝, 1553~?) / 박유문(朴有文, ?~?) / 박지율(朴之聿, ?~?) / 신우덕(申祐德, 1581~1663) / 이수언(李秀彦, 1571~?) / 이충민(李忠民, 1588~1673) / 장경우(張慶遇, 1581~1654) / 장광한(張光翰, 1561~1624) / 장내도(張乃度, 1573~1644) / 장내목(張乃睦, ?~?) / 장내범(張乃範, 1563~1640) / 장내정(張乃貞, 1579~?) / 장덕원(張德元, 1569~?) / 장제원(張悌元, 1556~1621) / 조희도(趙熙道, 1569~?)

□ 여문십철(旅門十哲)

김경장(金慶長, 1597~1653) / 김응조(金應祖, 1587~1667) / 노형필(盧亨弼, 1605~1644) / 류진(柳袗, 1582~1635) / 신열도(申悅道, 1589~1659) / 이주(李紬, 1599~1669) / 장경우(張慶遇, 1581~1654) / 정극후(鄭克後, 1577~1658) / 정사진(鄭四震, 1567~1616) / 조임도(趙任道, 1585~1664)

□ 여문십현(旅門十賢)

권봉(權崶, 1592~1672) / 김경장(金慶長, 1597~1653) / 김응조(金應祖, 1587~1667) / 류진(柳袗, 1582~1635) / 신열도(申悅道, 1589~1659) / 안응창(安應昌, 1593~1673) / 장경우(張慶遇, 1581~1654) / 정극후(鄭克後, 1577~1658) / 정사진(鄭四震, 1567~1616) / 조임도(趙任道, 1585~1664)

3. 樂齋門人錄

姓名	字	號	本貫	生年
郭涌	汝達	柳溪	玄風	1578
丘信立	敬甫		平海	1576
金景祿	彥遐		廣州	1585
金克銘	汝謹	伴鶴亭	善山	1581
金堜				
金天澤	大亨	沙峰	義城	1555
金憲	希度		光山	1561
羅尙輝	晦可		安定	
羅應淑	君嗇	默軒	安定	1566
南銑	澤之	退窩	宜寧	1583
都慶兪	來甫	洛陰	星州	1596
都景益	子謙	亡友	星州	1558
都聖兪	廷彥	養直堂	星州	1571
都愼修	永叔	止巖	星州	1598
都彥兪	康甫	逸庵	星州	1579
都汝兪	諧仲	鋤齋	星州	1574
都元慤			星州	
都應兪	諧甫	翠厓	星州	1574
都鎬	仲京		星州	1587
柳思溫	粹甫	龜亭	文化	1573
柳紹祖	而述		文化	1561
柳時藩	衛仲	沙月堂	文化	1569
柳宗彥	景休		文化	1586
閔謙	汝益	棲敬堂	驪興	1579
閔忠國	廷老		驪興	1572
朴宗祐	君錫	陶谷	順天	1587
朴曾孝	汝順	洗心堂	密陽	1581
朴昌龍				
朴忠男	誠仲		密陽	1585
朴興男	而孝	龜巖	密陽	1587
裵裴可	章甫	達川	星州	1570
裵胤緖	善繼		星州	1585
裵宗緖	善述		星州	1575
徐恪	汝敬		達城	1588
徐思選	精甫	東皐	達城	1579

姓名	字	號	本貫	生年
徐承後	伯裕	耕齋	達城	1563
徐時立	立之	全歸堂	達城	1578
徐愼	與幾	誠隱	達城	1585
成攬	秀甫		昌寧	1585
孫起業	興彦	隱庵	密陽	1565
孫垓				
宋光廷	贊哉	松澗	冶城	1556
宋光宗	汝述		冶城	
申命休	士受		平山	1575
安汝宅			廣州	1585
楊遇亨	嘉甫	兩庭齋	中和	1572
梁弘澍	大霖	西溪	南原	1550
魚雲翰	振男		咸從	1561
呂克弘	毅甫	梅村	星山	1582
呂應周	仲翼		星山	1565
禹鯤海			丹陽	1590
禹達海	道夫	學窩	丹陽	1597
禹拜善	師聖	月谷		1569
禹舜弼	彦輔	誠齋	丹陽	1562
李剛	子勝		陜川	1586
李景培	可和	碧山	碧珍	1558
李景旭	汝華	石村	慶州	1581
李德容				1588
李立可	可誠	悳窩	延安	1580
李復春				
李尙晉	子貞	湖亭	永川	1591
李雲根	彦培		全義	1567
李元生	善伯	雙碧堂	碧珍	1567
李潤雨	茂伯	石潭	廣州	1569
李應祺	士綏		全州	1567
李以立			全州	1591
李瀷	泂如	艮翁	慶州	1579
李廷運	國輔		永川	1588
李宗文	學可	洛浦	全義	
李宗澤	仁可		全義	1570
李之英	子實	水月堂	全義	1585
李之華	而實	茶圃	全義	1588

姓名	字	號	本貫	生年
李濯	新之		慶州	1577
李浹	則悅	東厓	延安	
李弘中	舜希		廣州	1588
李晦根	曄夫		星山	1582
李屹	山立	蘆坡	碧珍	1557
李興雨	而沃		廣州	1579
任誠	景實		豐川	1582
任以賢	哲甫	鵶谷	豊川	1588
任誠	公實		豊川	1574
蔣以愿	謹甫	大庵	牙山	
全僴	毅甫	湖庵	玉山	1570
鄭光亨			東萊	1591
鄭錡	靖甫	琴齋	東萊	1574
鄭變文	郁哉	方洲	延日	1574
鄭四象	汝燮	愚軒	烏川	1563
鄭銑	潤甫	伊溪	東萊	1579
鄭錘	平甫	養拙齋	東萊	1573
鄭鐩	明甫		東萊	1586
鄭鏞	振甫		東萊	1567
鄭日新	自明		草溪	1585
鄭鈜	聲甫	伊軒	淸州	1575
趙英翼				
曺誠	信叔		昌寧	1585
陳曄	汝晦		驪陽	1569
陳晛	叔昇		驪陽	1581
蔡楧	汝正	經義齋	仁川	1586
蔡楙	子後	栢浦	仁川	1588
蔡先覺	任仲	東湖	仁川	1552
蔡善見	明甫	兩傳軒	仁川	1574
蔡先吉	吉仲	琴灘	仁川	1569
蔡楨	汝幹	秋溪	仁川	1588
崔璣			慶州	1588
崔東嵂	鎭伯	茶川	慶州	1585
崔東岦	卓甫		慶州	1583
崔東集	鎭仲	臺巖	慶州	1586
崔喆	重吉	浪游	慶州	1580
韓景禩	子綏	南溪	淸州	1583

姓名	字	號	本貫	生年
許士中	子貞			1585
許廷樞	士彦			1584
洪頤性	養伯		南陽	1585
洪頤正	而吉		南陽	1586

4. 慕堂門人錄

姓名	字	號	本貫	生年
郭淳	汝叔		玄風	1581
郭濂	貞終		玄風	1568
郭涌	汝達	柳溪	玄風	1578
郭衛國	子固	洛叟	玄風	1587
郭澍	景林	蘇溪	玄風	1569
郭後立	興伯	琴齋	玄風	1598
郭後昌	興叔	農圃	玄風	1608
丘信立	敬甫		平海	1576
具仁繼	孝仲	癡庵	綾州	1607
權克智	擇仲		安東	1538
金光宇	明甫		順天	1600
金克銘	汝謹	伴鶴亭	善山	1581
金大澤	景潤	萍堂	金海[4]	1559
金善慶	積餘	遯齋	金海	1586
金是聲	聞遠	錦浦	青道	1602
金悌立				
金涓				
金振宇				
金就英				
金鋏				
金孝立				
羅璩				
羅琬				

4) 『寒岡門人錄』에서는 '安東'이라 하였다.

姓名	字	號	本貫	生年
羅應淑	君善	默軒	安定	1566
南銑	澤之	晦谷	宜寧	1583
盧斗亨				
盧懿亨				
都慶兪	來甫	洛陰	星州	1596
都聖兪	廷彦	養直堂	星州	1571
都愼修	永叔	止巖	星州	1598
都愼徽	美五	西湖	星州	1598
都彦兪	康甫	逸庵	星州	1579
都汝兪	諧仲	鋤齋	星州	1574
都應兪	諧甫	翠厓	星州	1574
柳思溫	粹甫	龜亭	文化	1573
柳紹祖	而述		文化	1561
柳時藩	衛仲	沙月堂	文化	1569
柳汝樞	公直		文化	
柳汝樟	士直	明堂	文化	1602
柳宗慶	國賀	荷潭	文化	1588
柳宗和				
閔謙	汝益	棲敬堂	驪興	1579
閔譚	汝行		驪興	1575
閔忠國	廷老	老泉堂	驪興	1572
朴東耈	德叟	山水亭	密陽	1609
朴東老	仁叟		密陽	1606
朴宗男	元甫		順天	1582
朴宗祐	君錫	陶谷	順天	1587
朴曾孝	汝順	洗心堂	密陽	1581
朴忠男	誠仲		密陽	1585
朴弘慶	孝述	是政堂	密陽	1574
潘溶	浩源		岐城	1590
潘潤	深源		岐城	1588
裵駿可	章甫	達川	星山	1570
裵士玉				
裵尙禮			星州	
裵尙賓				
裵尙智				
裵胤緖	善繼		星州	1585
裵正己			星山	1585

姓名	字	號	本貫	生年
裵宗緖	善述		星州	1575
徐杬				
徐懼			達城	1591
徐忭	子慶	龍溪	達城	1605
徐思建	建甫	樂正	達城	1570
徐思選	精甫	東皐	達城	1579
徐承後	伯裕	耕齋	達城	1563
徐時立	立之	全歸堂	達城	1578
徐愼	與幾	誠隱	達城	1585
徐僕	汝兢	農圃	達城	1612
徐慄	汝寬	南溪	達城	1606
徐憕	平淑		達城	1608
徐憓	子和	棲巖	達城	1593
孫起業	興彦	隱庵	密陽	1565
孫覽	德輝	遯齋	密陽	1592
孫宇男	德甫	綸庵	一直	1564
孫處恪	敬伯	警廬	一直	1601
孫處愼	思叔	西澗	一直	1607
孫處僕	德敬		一直	
孫處毅	弘甫		一直	
孫處恒	久而		一直	1612
孫沆	季浩	月峰	一直	1599
孫瀣	仲浩	月山	一直	1587
孫紇	垂齋		一直	1597
愼國弼	汝隣			
申之義			鵝洲	
愼亨亮				
楊景沂	聖與		中和	1605
楊景濂	達源		中和	1596
楊景汶	行源	敬慕軒	中和	1606
楊景泗	啓源	巷瓢	中和	1598
楊景洙	萬源	羞堂	中和	1589
楊遇亨	嘉甫	兩庭齋	中和	1572
楊弘禮				
嚴惟吉	景綏		玄風	1583
呂克弘	毅甫	梅村	星山	1582
呂遇文				

姓名	字	號	本貫	生年
呂應周	仲翼		星山	1565
禹達河	導夫	學窩	丹陽	1597
禹達海	會夫	學圃	丹陽	1590
禹舜弼	彥甫	誠齋	丹陽	1562
尹敏吉	可久	退隱	漆原	1604
尹先哲				
李玕			碧珍	
李剛	子勝		陜川	1586
李璥				
李景培	可和		碧珍	1558
李景旭	汝華	石村	慶州	1581
李球	大玉	隱窩	全義	1620
李德鵬				
李道益	元叔		廣州	1603
李道長	泰始	洛村	廣州	1603
李道章	泰觀	鑑湖堂	廣州	1607
李道昌	泰有	寒竹亭	廣州	1595
李道恒				
李尙晉	子禎	湖亭	永川	1591
李時雨	而化		廣州	1580
李心愍	謹思	逑齋	廣州	1566
李陽晉		誠庵	仁川	
李樑厦	公幹		全州	1597
李雲根	彥培		全義	1567
李元生	善伯	雙碧堂	碧珍	1567
李瑜	仲溫		全義	1609
李惟馨				
李琓	如溫	藏六堂	全義	1611
李應祺	士綏		全州	1567
李瑑	伯溫		全義	1607
李廷英				
李廷華				
李廷薰	馨益		安岳	1606
李宗澤	仁可		全義	1570
李杜厦				
李之蒔	永實	林下	全義	1617
李之英	子實	水月堂	全義	1585

姓名	字	號	本貫	生年
李之薐	潤實	芙蓉堂	全義	1614
李之馨	汝薰		全義	1597
李之華	而實	茶圃	全義	1588
李濯	新之		慶州	1577
李弘中	舜希		廣州	1588
李和雨	伯春		廣州	1578
李晦根	曄夫		星山	1582
李休運	嘉會	石屛	永川	1597
李興雨	而沃		廣州	1579
任誠	景實		豊川	1582
任汝衡	時望		豐川	1611
任諴	公實		豊川	1574
張慶遇	泰來	晩悔堂	玉山	1581
蔣以愿	謹甫	大庵	牙山	
全守業				
全諒	信甫		玉山	1598
全有翼	汝弼	泰庵	沃川	1595
全僩	毅甫	湖庵	玉山	1570
全弘業	汝勤		沃川	1596
鄭克後	孝翼	雙峰	烏川	1577
鄭錡	靖甫	琴齋	東萊	1574
鄭嗣明	善餘		烏川	1602
鄭四勿	亦顔	昆峯	烏川	1573
鄭四象	汝燮	愚軒	烏川	1563
鄭四震	君燮	守庵	烏川	1567
鄭銑	潤甫	伊溪	東萊	1579
鄭錘	平甫	養拙齋	東萊	1573
鄭承明	敬餘	月潭	烏川	1604
鄭時稷			光州	
鄭鏞	振甫		東萊	1567
鄭日新	自明		草溪	1585
鄭好禮	子立	樂山	烏川	1604
鄭好問	子裕	魚峯	烏川	1605
鄭好信	德基	三休亭	烏川	1605
鄭好義	子方	明溪	烏川	1602
鄭好仁	子見	暘溪	烏川	1597
鄭鋐	聲甫	伊軒	東萊	1575

姓名	字	號	本貫	生年
趙復生				
曺盡孝	汝述	聞可軒	昌寧	1601
曺誠	信叔		昌寧	1585
趙咸英	挺夫	湖村	咸安	1590
趙咸章	文夫	蓮潭	咸安	1597
陳曄	汝晦		驪陽	1569
陳晛	叔昇		驪陽	1581
蔡楙	子後	栢浦	仁川	1588
蔡善見	明甫	兩傳軒	仁川	1574
蔡先吉	吉仲	琴灘	仁川	1569
蔡先修	敬仲	達西齋	仁川	1568
蔡楨	汝幹	秋溪	仁川	1588
蔡之海			仁川	
崔璨				
崔敬止	愼甫	二友堂		1579
崔璣			慶州	1588
崔東嵂	鎭伯	苿川	慶州	1585
崔東嵓	鎭叔	香巖	慶州	1602
崔東巢	鎭仲	臺巖	慶州	1586
崔喆	重吉	浪游	慶州	
崔逈	君學	誠齋		
韓景祺	子綏	南溪	淸州	1583
韓景祚	士綏	柳溪	淸州	1585
許懋	子竫	遯齋	河陽	1586
許廷樞	士彦			1584
洪雳	景望	芝溪	豐山	1573
洪汝鎭			缶林	
洪頤性	養伯		南陽	1585
洪海				
黃慶霦	景瑞	勉窩	長水	1566
黃中信	子貞	魯庵	平海	1586

□ '문인록' 에 나타난 한강과 여헌의 공통 제자

郭衛國, 權濤, 金光繼, 金光岳, 金大振, 金四聰, 金尙瑗, 金是聲, 金瀁, 金寧, 金應鳴, 金宗一, 金柱宇, 金震護, 盧景倫, 都世純, 柳袗, 朴敏, 朴敏修, 朴晉慶, 裵褧可, 裵尙龍, 裵尙虎, 徐思選, 徐時立, 宋時詠, 申適道, 呂煜, 呂焯, 禹鎭, 禹熙吉, 李道長, 李善立, 李心弘, 李彦英, 李廷郁, 李之英, 李忠民, 李紬, 張乃範, 張以兪, 張悌元, 鄭克後, 鄭四勿, 鄭四象, 鄭秀民, 鄭惟熹, 鄭惟熟, 趙遵道, 崔東亮, 韓夢參, 黃元錄, 黃中信 (총 55명)

□ '통강록' 에 나타난 한강과 여헌의 공통 제자

裵褧可, 徐思選, 徐時立, 李之英 (총 4명)

□ '문인록' 에 나타난 낙재와 모당의 공통 제자

丘信立, 金克銘, 羅應淑, 南銑, 都慶兪, 都聖兪, 都愼修, 都彦兪, 都汝兪, 都應兪, 柳思溫, 柳紹祖, 柳時藩, 閔謙, 閔忠國, 朴宗祐, 朴忠男, 朴曾孝, 裵褧可, 裵胤緖, 裵宗緖, 徐思選, 徐承後, 徐時立, 徐愼, 孫起業, 楊遇亨, 呂克弘, 禹達海, 禹舜弼, 李剛, 李景培, 李景旭, 李德容, 李尙晉, 李雲根, 李元生, 李應祺, 李宗澤, 李之英, 李之華, 李濯, 李弘中, 李晦根, 李興雨, 任誠, 任諴, 蔣以愿, 全僩, 鄭錡, 鄭四象, 鄭銑, 鄭錘, 鄭鏞, 鄭日新, 鄭鈜, 曺諴, 陳曄, 陳晛, 蔡楙, 蔡善見, 蔡先吉, 蔡楨, 崔璣, 崔東嵂 , 崔東㠍, 崔喆, 韓景祺, 許廷樞, 洪頤性 (총 70명)

□ '통강록' 에 나타난 낙재와 모당의 공통 제자

丘信立, 羅應淑, 都慶兪, 都聖兪, 都彦兪, 都汝兪, 都應兪, 柳思溫, 柳紹祖, 柳時藩, 閔謙, 閔忠國, 朴宗祐, 朴忠男, 裵褧可, 裵胤緖, 徐思選, 徐承後, 徐時立, 徐愼, 孫起業, 楊遇亨, 呂克弘, 禹舜弼, 李剛, 李景培, 李景旭, 李雲根, 李元

生, 李應祺, 李之英, 李之華, 李濯, 李弘中, 李晦根, 任諴, 蔣以愿, 全僩, 鄭日新, 曺諴, 陳曄, 陳晛, 蔡楙, 蔡善見, 蔡楨, 崔璣, 崔東徫, 崔東集, 韓景祺, 許廷樞, 洪頤性 (총 51명)

□ '문인록' 에 나타난 한강 · 여헌 · 낙재 · 모당의 공통 제자

裵駿可, 徐思選, 徐時立, 李之英, 鄭四象 (총 5명)

□ '통강록' 에 나타난 한강 · 여헌 · 낙재 · 모당의 공통 제자

裵駿可, 徐思選, 徐時立, 李之英 (총 4명)

〔부록 3〕

'통강록(通講錄)' 등재 인물 일람표[18)]

姓名	字	號	本貫	生年	其他
郭大德	敦夫	竹塢	玄風	1558	三綱錄의 忠臣編에 수록
郭淳	汝叔		玄風	1581	郭再謙의 조카
郭涌	汝達	柳溪	玄風	1578	樂齋門人, 郭再謙의 子
郭再謙	益甫	槐軒	玄風	1547	寒岡門人
丘信立	敬甫		平海	1576	樂齋 · 慕堂門人
金景祿	彥遐		廣州	1585	樂齋門人
金善慶	積餘	遯齋	金海	1586	慕堂門人, 金馹孫 玄孫
金允升	士信		一善		泗濱書齋食記案 登載
金宗立					
羅應淑	君善	默軒	安定	1566	寒岡 · 樂齋 · 慕堂門人
都慶兪	來甫	洛陰	星州	1596	寒岡　樂齋 · 慕堂門人
都慶益	子謙		星州	1558	樂齋門人
都聖兪	廷彥	養直堂	星州	1571	寒岡 · 樂齋 · 慕堂門人
都彥兪	康甫	逸庵	星州	1579	寒岡 · 樂齋 · 慕堂門人
都汝兪	諧仲	鋤齋	星州	1574	寒岡 · 樂齋 · 慕堂門人
都應兪	諧甫	翠厓	星州	1574	寒岡 · 樂齋 · 慕堂門人
都鎬	仲京		星州	1587	樂齋門人
都虎龍			星州		
柳思溫	粹甫	龜亭	文化	1573	旅軒 · 樂齋 · 慕堂門人
柳紹祖	而述		文化	1561	樂齋 · 慕堂門人
柳時藩	衛仲	沙月堂	文化	1569	旅軒 · 樂齋 · 慕堂門人
柳堯臣	聖兪	蓮停	文化		柳時藩의 父
柳宗慶	國賀	荷潭	文化	1588	慕堂門人
柳宗彥	景休		文化	1586	樂齋門人
柳宗忱			文化		
閔謙	汝益	棲敬堂	驪興	1579	樂齋 · 慕堂門人

18) 이 표는 百弗庵 崔興遠 宗宅 所藏本『通講錄』에 등장하는 인물들을 가 · 나 · 다 순서에 의해 다시 정리한 것이다.

姓名	字	號	本貫	生年	其他
閔忠國	廷老	老泉堂	驪興	1572	樂齋・慕堂門人
朴允悌			順天		
朴宗祐	君錫	陶谷	順天	1587	寒岡・樂齋・慕堂門人
朴忠男	誠仲		密陽	1585	樂齋・慕堂門人
朴興男	而孝		密陽	1587	樂齋門人
潘濬					
裵駿可	章甫	達川	星山	1570	寒岡・旅軒・樂齋・慕堂門人
裵士曇			尙州		
裵尙禮			星州		
裵尙知			星州		
裵暎琚			星州	1590	
裵暎珪			星州		
裵胤緖	善繼		星州	1585	樂齋・慕堂門人
裵正己			星州	1585	慕堂門人
裵宗緖	善述		星州	1575	樂齋門人
裵鎭國			星州	1588	
裵振維			星州		
徐思建	建甫	樂正	達城	1570	慕堂門人
徐思選	精甫	東皐	達城	1579	寒岡・旅軒・樂齋・慕堂門人
徐思述	行可	樂山	達城	1556	寒岡門人
徐思遠	行甫	樂齋	達城	1550	寒岡門人
徐承後	伯裕	耕齋	達城	1563	樂齋・慕堂門人
徐時立	立之	全歸堂	達城	1578	寒岡・旅軒・樂齋・慕堂門人
徐愼	與幾	誠隱	達城	1585	樂齋・慕堂門人
成攬	秀甫		昌寧	1575	樂齋門人
孫起業	興彦	隱庵	密陽	1565	旅軒・樂齋・慕堂門人
孫渫			一直		孫處約의 子
孫處訥	幾道	慕堂	一直	1553	寒岡門人
孫處約	希魯	五梅亭	一直	1556	寒岡門人, 孫處訥의 弟
申命休	士受		平山	1575	樂齋門人
安汝宅			廣州	1585	樂齋門人
楊四喩			中和		
楊四知			中和		
楊遇亨	嘉甫	兩庭齋	中和	1572	樂齋・慕堂門人
魚雲翰	振南		咸從	1561	樂齋門人
呂克弘	毅甫		星山	1582	樂齋・慕堂門人
呂應周	仲翼		星山	1565	樂齋門人

姓名	字	號	本貫	生年	其他
呂興周			星山	1590	慕堂門人
禹鯤海			丹陽	1590	樂齋門人
禹舜弼	彦甫	誠齋	丹陽	1562	樂齋・慕堂門人
殷尙敬			幸州		
殷尙敏			幸州		
李剛	子勝		陝川	1586	寒岡・樂齋・慕堂門人
李景培	可和		碧珍	1558	樂齋・慕堂門人
李景旭	汝華	石村	慶州	1581	樂齋・慕堂門人
李德量					
李德容				1588	樂齋門人
李尙眞			全義	1584	
李雲根	彦培		全義	1567	樂齋・慕堂門人
李元生	善伯	雙碧堂	碧珍	1567	樂齋・慕堂門人
李應祺	士綏		全州	1567	樂齋・慕堂門人
李以立				1591	樂齋門人
李瀷	泂涵	艮翁	慶州	1579	樂齋門人
李自新					
李箴					
李廷運	國輔			1588	樂齋門人
李宗樑	景任		永川		
李俊男					
李之英	子實	水月堂	全義	1585	寒岡・旅軒・樂齋・慕堂門人
李之華	而實	茶圃	全義	1588	旅軒・樂齋・慕堂門人
李濯	新之		慶州	1577	寒岡・樂齋・慕堂門人
李弘中	舜希			1588	樂齋・慕堂門人
李晦根	曄夫		星山	1582	樂齋・慕堂門人
任諴	景實		豊川	1582	樂齋門人, 任誠의 弟
任誠	公實		豊川	1574	樂齋・慕堂門人
蔣以愿	謹甫	大庵	牙山	1574	樂齋・慕堂門人
全僩	毅甫	湖庵	玉山	1570	樂齋・慕堂門人
全弘業	汝勤		沃川	1596	慕堂門人
鄭江老					
鄭光亨			慶州	1591	樂齋門人
鄭變文	郁哉		延日	1574	樂齋門人
鄭鎰	明甫			1586	樂齋門人
鄭日新	自明		草溪	1585	樂齋・慕堂門人
曺誠	信叔		昌寧	1585	樂齋・慕堂門人

姓名	字	號	本貫	生年	其他
陳曄	汝晦		驪陽	1569	樂齋・慕堂門人
陳晛	叔昇		驪陽	1581	樂齋・慕堂門人
蔡模	汝正	敬義齋	仁川	1586	樂齋門人, 蔡先修의 子
蔡夢硯	靜應	投巖	仁川	1561	寒岡門人
蔡楙	子後	栢浦	仁川	1588	寒岡・樂齋・慕堂門人
蔡戊			仁川		
蔡先見	明甫	兩傳軒	仁川	1574	寒岡・樂齋・慕堂門人
蔡楨	汝幹	秋溪	仁川	1588	樂齋・慕堂門人
崔璣			慶州	1588	樂齋・慕堂門人
崔東嵂	鎭伯	茶川	慶州	1585	寒岡・樂齋・慕堂門人
崔東岦	卓甫		慶州	1583	寒岡・樂齋門人
崔東嵲	鎭仲	臺巖	慶州	1586	寒岡・樂齋・慕堂門人
崔湜					
崔興國	康侯	南溪	慶州	1551	寒岡門人
韓景祺	子綏	南溪	清州	1583	樂齋・慕堂門人
韓景祚	士綏	柳溪	清州	1585	寒岡・慕堂門人
韓愚	景顔		清州	1542	
韓興運			清州		
許士中	子貞			1585	樂齋門人
許廷樞	士彥			1584	樂齋・慕堂門人
洪達承			南陽		
洪頤性	養伯		南陽	1585	樂齋・慕堂門人
洪頤正	而吉		南陽	1586	樂齋門人

〔부록 4〕

'사빈서재(泗濱書齋) 식기안(食記案)' 등재 인물 일람표[19)]

姓名	字	號	本貫	生年	其他
郭慶興	汝兢	九居堂	玄風	1569	寒岡門人錄 登載
郭赾	穉靜	省齋	玄風	1554	寒岡門人錄 登載
郭揚馨	春甫	槐軒	玄風	1584	寒岡門人錄 登載
金大澤		涬堂	安東	1559	
金善慶	積餘	遯齋	金海	1586	慕堂門人錄 登載
金聲宇					
金宲			安東		
金佑賢					
金允升	士信		一善		通講錄(百弗庵宗宅) 登載
金應先					
金䅟	仲任		安東	1582	
金軸	松庵		海平	1563	
羅尙輝	晦可		安定		寒岡門人錄 登載
都大成	明叔	撝軒	星州	1605	本名은 都愼與
都聖兪	廷彦	養直堂	星州	1571	寒岡·樂齋·慕堂門人錄 登載
都汝兪	諧仲	鋤齋	星州	1574	寒岡·樂齋·慕堂門人錄 登載
都永修	永叔	止巖	星州	1598	寒岡·樂齋·慕堂門人錄 登載 (本名은 都愼修)
柳武龍	景慄	磨巖	文化	1604	寒岡門人錄 登載
柳泳	聖哉		文化	1568	
馬成麟					
朴光星					
朴宗祐	君錫	陶谷	順天	1587	寒岡·樂齋·慕堂門人 登載
朴霆					
裵尙龍	子章	藤庵	星山	1574	寒岡·旅軒門人錄 登載

19) 이 표는 도재욱, 「사빈서재(泗濱書齋)의 고찰」(『明倫』, 제20집, 대구향교, 2016)에 수록된 자료 '사빈서재(泗濱書齋) 식기안(食記案)'의 등재 인물들을 가·나·다 순서로 다시 정리하고, 일부 인명의 관련 정보를 수정·보완한 것이다.

姓名	字	號	本貫	生年	其他
裵尙日					
裵尙志					
裵尙虎	季章	愧齋	星山	1594	寒岡・旅軒門人錄 登載
裵元章					
徐思選	精甫	東皐	達城	1579	寒岡・旅軒・樂齋・慕堂門人錄 登載
成璨					
孫渫			一直		通講錄(百弗庵宗宅) 登載
孫宇男	德甫	綸庵	一直	1564	旅軒・慕堂門人錄 登載
孫處訥	幾道	慕堂	一直	1553	寒岡門人錄 登載
孫處約	希魯	五梅亭	一直	1556	寒岡門人錄 登載
孫沆	季浩	月峰	一直	1599	旅軒・慕堂門人錄 登載
宋時衍	而憲		冶城		
楊泗			淸州		
呂燦	晦伯	石村	星山	1578	寒岡門人錄 登載
尹莘龍					
李剛	子勝		陜川	1586	寒岡・樂齋・慕堂門人錄 登載
李垌		旬白堂	完山	1588	
李起雨	時叔		廣州	1596	
李蘭貴	子馨	瑟谷	光州	1584	寒岡門人錄 登載
李蘭美	幼馨	陽村	光州	1592	寒岡門人錄 登載
李道孜	至之	復齋	碧珍	1559	寒岡門人錄 登載
李道昌	泰有	寒竹亭	廣州	1595	寒岡・慕堂門人錄 登載
李稑					
李綸		沙月亭	京山	1597	
李命龍	見甫	洛村	光山	1570	寒岡門人錄 登載
李文雨	茂甫	梅隱	廣州	1572	寒岡門人錄 登載
李培根					
李配義	景受		星州	1602	寒岡門人錄 登載
李箰	以直	東湖	光州	1566	寒岡門人錄 登載
李承先					
李時幹	孟堅	慕巖	固城	1589	寒岡門人錄 登載
李時雨	而化		廣州	1580	
李時馡	聞遠		固城		
李新雨	汝華		廣州		
李心愸	謹思	逑齋	廣州	1566	寒岡門人錄 登載
李心弘	毅甫	孤村	廣州	1569	寒岡・旅軒門人錄 登載
李宇樑					

姓名	字	號	本貫	生年	其他
李堉	士厚	心遠堂	完山	1572	寒岡門人錄 登載
李潤雨	茂伯	石潭	廣州	1569	寒岡門人錄 登載
李長立	由道	陽村	星山	1590	寒岡門人錄 登載
李綜					
李天封	叔發	白川	京山	1567	寒岡門人錄 登載
李濯	新之		慶州	1577	寒岡·樂齋·慕堂門人錄 登載
李堲	士凝	認庵	完山	1585	寒岡門人錄 登載
李楷	士正	晚湖	鐵城	1560	寒岡門人錄 登載
李見龍	誠伯	竹圃	星山	1580	寒岡門人錄 登載
李厚慶	汝懋	畏齋	碧珍	1558	寒岡門人錄 登載
李興雨	而沃		廣州	1579	樂齋 · 慕堂門人錄 登載
張慶遇	泰來	晚悔堂	玉山	1581	旅軒 · 慕堂門人錄 登載
張以兪	子裕	知分軒	玉山	1598	寒岡門人錄 登載
全省三	學曾		星州	1595	
鄭本					
鄭惟㷆	晦仲		清州	1616	
鄭天澍	伯和	景寒齋	東萊	1596	寒岡門人錄 登載
蔡夢硯	靜應	投巖	仁川	1561	寒岡門人錄 登載
崔嶙		梅窩	永陽	1597	
崔巘		鸛峰	永川	1585	
崔恒慶	德久	竹軒	永陽	1560	寒岡門人錄 登載
河淵尙	晦之	西峰	晋州	1586	寒岡門人錄 登載
洪武臣					
黃永清		思村	昌原	1610	

[부록 5]

대구권 성리학자들의 '통강록'[20]

1605年(萬曆33, 宣祖38, 乙巳)~1606年(萬曆34, 宣祖39, 丙午) 通講錄					
年度	1605年(乙巳)	1606年(丙午)	1606年(丙午)	1606年(丙午)	1606年(丙午)
姓名	11月18日, 仙査齋에서 모임, 49명 참석	1月20日, 仙査齋에서 모임, 34명 참석	2月25日, 仙査齋에서 모임, 36명 참석	3月25日, 仙査齋에서 모임, 43명 참석	4月25日, 研經書院에서 모임, 44명 참석
孫處約	病으로 결석				
徐思述	論語:一卷		賦:孝悌爲仁之本 三下		
李景培					
都慶兪	論語:初 通 夙興夜寐箴 略	論語:二 粗 敬齋箴 略			
魚雲翰	孟子:初에서 二 略 小學:初 粗 夙興夜寐箴 略	孟子:三 通	孟子:四 純通 小學題辭 純通 詩:方塘一鑑開 二下	孟子:五 純通 詩:劬書劇嗜炙 三中 東西銘 略	孟子六 粗 六君子贊 略 詩:閑人有官守 三中
柳紹祖	孟子:初 通 小學:善行 通		孟子:藤文公 通	孟子:離婁 純通	孟子:二 純略 六君子贊 通
禹舜弼	孟子:二卷				
孫起業					
呂應周	孟子:初에서 二 粗 小學:立敎 粗 夙興夜寐箴 粗	孟子:四 粗 敬齋箴 略	孟子:三 純通 追講	孟子:五 純略 東西銘 粗	孟子:六 略 六君子贊 略
徐承後		論語:七 粗 敬齋箴 略	論語:二 純略 追講	論語:四 純略	論語:三 純通 六君子贊 略

20) 대구지역 유학연구에 전념하고 있는 '구본욱' 은 2012년 지금의 해안동(옻골) 경주최씨 百弗庵 崔興遠의 宗宅 崇慕閣의 所藏 자료인 『通講錄』을 발굴해 학계에 보고했다. 필자는 이 중에서 1605年(萬曆 33, 宣祖 38, 乙巳) 11月 18日~1606年(萬曆 34, 宣祖 39, 丙午) 10月 15日까지의 通講 기록만 여기에 수록하였다. 『通講錄』 전체의 내용을 확인하기 위해서는 구본욱, 「『大邱儒賢 通講錄』의 正字化와 해제」(『퇴계학논집』, 제11집, 영남퇴계학연구원, 2012)를 참고하기 바란다.

羅應淑	周易:三 略 小學:初 粗 易述旨贊 略	周易:二 略 稽類贊 通	周易:一 睽卦· 鼎卦純略 小學題辭 純略	周易:二 通 東西銘 純略	周易:一 純通 六君子贊 純略
李雲根					
李應祺		孟子:初 通	孟子:二 略 追講	孟子:三 純通 東西銘 粗	孟子:四 略 六君子贊 粗
李元生	論語:初 粗 小學:敬身 粗 夙興夜寐箴 粗	論語:二	論語:二 略 追	論語:三 純略 追 東西銘 略	論語:四 六君子贊 略
柳時藩	論語:雍也에서 鄕黨 通 小學:序에서 父 子之親 略 夙興夜寐箴 略		孟子:初 粗	孟子:二 純略 東西銘 粗	孟子:三 略 六君子贊 略
陳曄	論語:學而 粗 小學:敬身 粗 夙興夜寐箴 略	論語:爲政 粗 敬齋箴 粗	論語:二 略 小學題辭 純略	論語:雍也 粗 東西銘 粗	論語:述而 粗
全僴	詩傳:一卷				
裵斐可					
徐思建		論語:二 粗 敬齋箴 略	論語:三 純略 小學題辭 粗		
都聖兪	周易:三 通 小學 序에서 立 敎 粗 易述旨贊 通	周易:二 略 稽類贊 略	周易:二 睽에서 升 通 小學題辭 純略	周易:二卷 純通 東西銘 通	周易:一卷 純通 六君子贊 略
楊遇亨	論語:泰伯에서 子路 粗 小學敬身 粗		論語:憲問에서 季氏 純略 小學題辭 粗	論語:終卷 略 追	孟子:初卷 略 六君子贊 略 詩:閑人有官守 三中
閔忠國	論語:學而에서 公冶長 通 小學:立敎 粗 夙興夜寐箴 粗	詩傳:蕩什에서 終 通 敬齋箴 略	詩:彤弓,祈父 純 通 追	詩:都人士,生民 通 東西銘 純通	詩:北山,小旻 純 通 六君子贊 略
柳思溫	夙興夜寐箴 通	論語:初卷 通 敬齋箴 通		古文後集:一卷 純通 追	古文後集:一卷 純通 六君子贊 略 詩:閑人有官守 二中
都應兪	周易:三卷 略 小學:善行 粗 稽類贊 略		周易:三卷 睽卦 에서 升卦 純略 小學題辭 略	周易:二卷 通 東西銘 純略	周易:一卷 純略

都汝兪	中庸,大學 粗 小學:初卷 粗 夙興夜寐箴 粗		孟子:初上篇 粗 小學題辭 純略	孟子:梁惠王下에서 公孫丑 略 東西銘 略	孟子:藤文公 粗 六君子贊 略
蔡先見	論語:學而에서 公冶 通 小學:父子有親 粗 夙興夜寐箴 略				賦:山徑 三上
鄭燮文	大學 粗 小學:立教 粗 夙興夜寐箴 粗	孟子:二卷 粗 敬齋箴 粗	孟子:初에서 第三 粗 小學題辭 粗	孟子:三 純略 東西銘 粗	孟子:四 純通 六君子贊 略
蔣以愿	論語:學而 粗 小學:敬身 粗 夙興夜寐箴 粗				
任諴					
裵宗緖				孟子:初 純略 東西銘 粗	
成攬			書傳:六 通	書傳:四 純通 東西銘 通	
丘信立	論語:二卷 略 小學:序 粗 夙興夜寐箴 粗	論語:雍也에서 鄕黨 粗 敬齋箴 略	論語:五卷 粗 小學題辭 略	論語:六 粗 東西銘 略	論語:終卷 略 六君子贊 通
郭涌	春秋:桓에서 宣中 略 夙興夜寐箴 通	春秋:宣下에서 終 略 敬齋箴 略	書傳:三卷 純略 小學題辭 純略	書傳:三卷 通 東西銘 略	書傳:二卷 略 六君子贊 純略 詩閑:人有官守 三下
閔謙			孟子:初 粗	孟子:二 略 東西銘 略	孟子:藤文에서 離婁 略 六君子(贊)略 詩:閑人有官守 三中
徐思選	孟子:梁惠에서 藤文 通 小學:序에서 立教 粗 夙興夜寐箴 略	孟子:離屢上·下 略 敬齋箴 略	賦:孝悌爲人之本 二中 詩:方塘一鑑開 三下	孟子:萬章 純略 賦:劬書劇嗜炙 三下 詩: 三中 東西銘 粗	孟子:告子 純略 六君子贊 通 詩:閑人有官守 三下
都彦兪	孟子:梁惠에서 公孫 粗 小學:初卷 粗 夙興夜寐箴 粗				

陳晛	論語:二卷 通 小學:敬身 略 夙興夜寐箴 通	論語:五 純通 追	論語:四 純通 追	論語:三 純略 東西銘 純略	論語:第二에서 第一 略 六君(子)贊 通 詩:閑人有官守 三下
任誠	孟子:初 粗 小學:敬身 粗 夙興夜寐箴 粗		孟子:二 純通 追	孟子:藤文公 純 通 東西銘 略	孟子:藤文下에서 離婁 純通 六(君子)贊 略
李晦根	小學:初 粗 夙興夜寐箴 略	小學:二 粗 敬齋箴 粗			
崔東岦		孟子:初 粗 敬齋箴 粗			
呂克弘	孟子:六 粗 小學:立敎 粗 夙興夜寐箴 略	論語:學而에서 公冶 略 敬齋箴 略	論語:雍也에서 述而 粗	論語:憲問에서 鄕黨 粗 東西銘 粗	論語:先進에서 子路 略 六(君子)贊 略
李景旭	論語:先進에서 憲問 小學:初卷 粗 夙興夜寐箴 略		論語:六 略 小學題辭 略	論語:終 純略 東西銘 粗	孟子:梁惠王 略 六君子贊
韓景祺	中庸 粗 小學:初 粗 夙興夜寐箴 略	大學 粗 孟子:初 略 敬齋箴 通	孟子:公孫丑 略	孟子:藤文上 純 通 東西銘 純略	孟子:藤文下에 서 離婁上 通 六君子贊 略
崔東嵂		通鑑:初 粗 敬齋箴 略	通鑑:一卷		
徐愼	孟子:藤文上下 通 小學:初卷 粗 夙興夜寐箴 略	論語:學而에서 公冶 略 敬齋箴 略	論語:雍也에서 子路 純略	論語:憲問에서 季氏 純略 東西銘 粗	大學 略
李之英	周易:三 略 小學:初 粗 夙興夜寐箴 略	原象贊 略	書傳:二卷 純略 追	書傳:二卷 純略 追	書傳:二卷 純通 六君子贊 純通 賦:鳳翔于仞 三中
鄭日新	論語:初 通 小學:敬身 粗 夙興夜寐箴 略	論語:二 略 敬齋箴 通	論語:雍也 通 追	論語:四 略 東西銘 粗	論語:先進에서 子路 略 六君子贊 純略
許士中	論語:雍也에서 述而 粗 小學:敬身 粗 夙興夜寐箴 粗				論語:泰伯에서 鄕黨 略 六君子贊 純略
朴忠男				孟子:梁惠王上 略 東西銘 略	

韓景祚	論語:陽貨에서 끝까지 通 小學 粗 夙興夜寐箴 略	中庸: 十六章까지 敬齋箴 略	中庸:十七章에서 끝까지 粗 追 小學題辭 粗	孟子:盡心上 粗 東西銘 粗	孟子:盡心下 純略 六君子贊 略
裵胤緖		論語:初 粗 敬齋箴 粗			論語:六 略 六君子贊 略
裵正己	小學:敬身 粗 夙興夜寐箴 略	孟子:四 略 敬齋箴 略	孟子:五 粗 小學題辭 粗	孟子:六 純略 東西銘 略	大學 略
曺誠	論語:泰伯에서 鄕黨 粗 小學:序에서 立敎 粗 夙興夜寐箴 粗	論語:三 略 敬齋箴 略			論語:二卷 通 六君子贊 略
許廷樞	大學:六章까지 粗 孟子:初 粗				
洪頣性	小學:嘉言 粗 夙興夜寐箴 粗				
安汝宅					
金景祿			孟子:二 純通 追 安樂吟 通	孟子:告子에서 끝까지 純通 東西銘 通	論語:學而에서 八佾 略 六君子贊 純略
鄭鐩		孟子:初 純略 敬齋箴 純粗	孟子:二 粗 小學題辭 粗		
李剛		孟子:告子에서 끝까지 純略 敬齋箴 純粗	孟子:二 粗 小學題辭 粗		
柳宗彦	孟子:公孫에서 藤文 粗 小學:立敎 粗 夙興夜寐箴 粗		孟子:離婁上·下 略 追	孟子:萬章上·下 略 東西銘 粗	孟子:告子·盡心 略 六君子贊 略
崔東巢					孟子:梁惠王 通 六君子贊 通
洪頣正	詩傳:祈父·小旻 粗 小學:敬身 粗 夙興夜寐箴 粗		詩傳:北山·桑扈 略 追	詩傳:都人士 粗 東西銘 粗	通鑑:二 純略 六君子贊 純略
蔡模		孟子:初 略 敬齋箴 粗	孟子:二 純略 小學題辭 略		
崔璣	論語:初 粗 小學 粗				論語:二 通 六君子贊 通

朴興男	論語:雍也에서 泰伯 粗 小學:初卷 粗 夙興夜寐箴 略	敬齋箴 純略		論語:先進에서 子路 純通 東西銘 粗	論語:六 純略 六君子贊 略
都鎬			孟子:三 純略 小學題辭 粗		孟子:告子 純通 六君子贊 粗
李廷運					論語:初 通 六君子贊 略 詩:閑人有官守 三下
李弘中	周易:三 粗 小學題辭 粗 夙興夜寐箴 粗	周易:二 略 敬齋箴 略		周易:二 通 東西銘 粗	孟子:初 粗 六君子贊 粗 賦:山徑 三上
柳宗慶	春秋:桓에서 莊 中 粗 小學:立教 略 夙興夜寐箴 粗			春秋:閔에서 僖 粗 東西銘 略	春秋:文公에서 宣上 純通 六君子贊 略
李之華	書傳:처음부터 洪範까지 通 小學題辭 略 夙興夜寐箴 略	書傳:旅獒에서 康誥 上使	書傳:旅獒에서 마지막까지 純通 小學題辭 粗	孟子:初 略 東西銘 純通	孟子:公孫에서 離婁 純通 六君子贊 純略 詩:閑人有官(守) 三中
蔡楨					詩自王至魏 純 略 六(君子)贊 粗
鄭光亨		小學:二 略 敬齋箴 純粗	小學:廣立教 粗	小學:廣明倫 粗 東西銘 粗	單刺
李德容	論語:初 粗 小學立教 粗 夙興夜寐箴 粗	論語	論語:二 粗 小學題辭 粗		
李以立	孟子:初 粗	孟子:二 略 敬齋箴 略	孟子:三 粗 小學題辭 粗	東西銘 粗	無緣
禹鯤海	孟子:一卷 粗 小學:嘉言 粗 敬齋箴 略	孟子:公孫丑 略 追	孟子:離婁 粗 追	孟子:萬章 略 東銘 粗	論語二
裵暵琚	孟子:一篇 粗	敬齋箴 粗			孟子:藤文半篇 純通 六君子贊 粗
殷尙敬	孟子:藤文上 粗 小學:敬身 粗				孟子:三 略 六君子贊 略
裵士曇	小學:四卷 粗				
孫渫	侍病				

呂興周	孟子:初 通 小學題辭 粗 夙興夜寐箴 略	孟子:二 純通 敬齋箴 略	孟子:三에서 四 略 小學題辭 通	孟子:五 粗 西銘 粗	孟子:七 純通 六君子贊 通
裵鎭國			孟子:梁惠王에서 公孫丑 純略 小學題辭 粗	孟子:三 略 東西銘 粗	孟子:告子盡心 通 六君子贊 純略
通講分等秩	一等 三卷	二等 二卷	三等 一卷	四等 半卷	

講長	徐思遠 孫處訥	有司	都應兪 郭 涌		
1606年(萬曆34, 宣祖39, 丙午) 通講錄					
年度 / 姓名	1606年(丙午) 5月25日, 硏經書院에서 모임, 45명 참석	1606年(丙午) 6月25日, 仙査齋에서 모임, 30명 참석	1606年(丙午) 7月25日, 硏經書院에서 모임, 33명 참석	1606年(丙午) 9月1日, 仙査齋에서 모임, 55명 참석	1606年(丙午) 10月15日, 硏經書院에서 모임, 29명 참석
韓愚	朱書:第二 十巡	朱書:第三 十巡		朱書:初卷 七巡 元朝五箴	朱書:五 七巡 聚星贊
郭再謙	朱書:처음부터 三	朱書:第四 十巡	朱書:第五	朱書:六卷 六巡 元朝五箴	朱書:第七 六巡 聚星贊
崔興國		朱書:처음부터 二 十巡	朱書:三부터 四		
徐思遠	朱書:처음부터 三	朱書:四부터 六 七巡	朱書:八부터 十 十巡	朱書:七부터 끝까지 十巡 大學, 元朝五箴	論:처음부터 四 聚星贊
柳堯臣		朱書:三 八巡	朱書:初卷 十巡	朱書:五 七巡	朱書:六 六巡 聚星贊
孫處訥	朱書:처음부터 二	朱書:三부터 八 六巡	朱書:四 六巡	朱書:五부터 六 十巡 元朝五箴	朱書:九十終 十巡
孫處約		朱書:初卷 十巡	朱書:二		單刺
徐思述		製述 賦十度 疑二度			赴擧
李景培		單刺			
都慶益		製述 賦七度		元朝五箴 粗	論:公冶에서 雍也 純通 聚星贊 通
蔡夢硯				小學:初二卷 通 夙興夜寐箴 通	小學:三四卷 敬齋箴

魚雲翰	孟子:終卷	製述 詩十度	單刺	孟子:終卷 粗 元朝五箴 略	論:初 純略 聚星贊 略
禹舜弼				孟:初 粗	
柳紹祖	孟子	孟子:萬章 略 感興詩			孟子:告子 粗 聚星贊 粗
呂應周	孟子:終卷	製述 詩十度		孟子:終卷 略 元朝五箴 粗	論語:初 純通 聚星贊 粗
孫起業			朱書:初上篇 十巡		
徐承後	論語:初 略 感興詩 追次	製述 詩七度	論:先進顔淵 略 元朝五箴 粗		
羅應淑	周易:終卷 略 感興詩 純略 爲壇告三王詩 三中	製述 詩十度 疑一度		書傳:처음부터 二 純略 元朝(五)箴 粗	書:三부터 四 純通 聚星贊 元朝(五) 箴 略
李應祺	孟子:萬章 感興詩	製述 賦九度	單刺	孟子:萬章 略 元朝二箴 略	
李元生		製述 詩八度	單刺	論:四 略 元朝二箴 略	
柳時藩	孟子:離婁 略 感興詩 略	製(述) 疑 五度 詩二度 策二度	追	孟:萬章告子 通 元朝五箴 感興 詩十 略	孟:終 春秋:初 大學 純通 聚星贊 通
陳曄	論:泰伯 略	論:子罕 略 感興詩 粗		單刺	
徐思建					
都聖兪	周易:終卷 通 感興詩 略	製述 詩十度	中庸:首章 略 追	書傳:初二 略 元朝二箴 感興 後十 略	書:禹貢에서 胤 征 純通 聚星贊 通
楊遇亨	孟子:公孫	製述 賦五度	孟子:二 略 感興詩前十首 粗	孟:滕文公에서 離婁 略 感興詩後十 粗	孟:萬章告子 略 聚星贊 粗
閔忠國	詩:一卷 粗 感興詩 略 爲壇告三王 三上	製述 策二度 疑二度 詩五度	感興後十 純略	詩:二三終卷 略 元朝五箴 粗	
柳思溫	(古文眞寶)後集: 二卷	製述 策二度 疑二度 詩五度	單刺	古文後集:三四終 略 元朝五箴 粗	
都應兪	周易:終 純略 感興詩 略	製述 賦十度	赴擧	易:一卷 孟:初二 粗 元朝五箴二 粗 感興詩後十 粗	依
都汝兪	孟子:離婁 略 感興詩 通 爲壇告三王賦 二下	製述 賦四度 詩四度 策一度	赴擧		赴擧

蔡先見	詩傳 都會	製述 賦四度 詩四度 策一度	赴學	單刺	
鄭變文	孟子:萬章 略 感興詩 粗	孟:告子 純通 感興詩 略		孟:終 略 元朝(五)箴二 略	無緣
裵宗緒		製述 詩六度	單刺	孟:二 粗 感興二十首 粗	
丘信立	大學 略 感興詩	孟:初 略	孟:二 略	孟:三 略 元朝五箴 略	孟:離婁 略 聚星贊 略
郭涌	書:二卷 純通 感興詩 純略 爲壇告三王詩 三下	製述 詩三度 疑五度 策三度 論二度	孟:初卷 純通 感興詩十首後 略	孟:公孫에서 離婁 粗 元朝五箴 粗	孟:萬章에서 끝 純略 聚星贊 略
閔謙	孟子:萬章에서 告子上	製述 詩二度 疑二度	孟:萬章 略 感興後十首 略	單刺	孟:告子에서 끝까지 略 聚星贊 粗
徐思選	孟子:七 純略 感興詩 純略 爲壇告三(王)賦 二中	製述 賦十度 疑一度	赴學		論:初 略 聚星贊 略
都彦兪	孟:三 通 感興詩 純略	孟:離婁 純通 感興詩 略		孟:萬章 略 元朝二箴 略	
陳晛	孟:初二卷 純通 感興詩 略 爲壇告三(王)詩 三中	製述 詩九度 疑一度		孟:三四 略 元朝五箴 通	孟:萬章에서 告子 略 聚星贊 略
郭淳	書:二 純略 感興詩 粗 爲壇告三王詩 三下	製述 詩五度 疑四度	書:甘誓에서 咸有一德 純通 感興後十 粗	去玄風	書:盤庚에서 大誥 純略 聚星贊 純略
任誠	孟子:萬章 通	孟:告子 純略 感興詩 略	孟:終 略	論:初 粗	論:二 粗 元朝五箴 粗
崔東岦	親病				
李景旭	孟:公孫丑 略 感興詩 粗 爲壇告三王詩 三中	製述 詩三度	孟:三 略 感興後十 粗	孟:四 粗 元朝(五)箴三 粗	孟:萬章 通 聚星贊 略
呂克弘	論:六 略 感興詩 略 見得思義賦 二下 爲壇告三(王)詩 三下	製述 賦十度 疑三度	無緣	論:終 中庸 略 元(朝五)箴 略	大學 書:堯典에서 益稷 粗 聚星贊 粗

成攬		無緣			
韓景祺	孟:離婁에서 萬章 純通 感興詩 略	製述 詩九度		孟:告子盡心 粗 元(朝)五箴 略	論:初 純通 聚(星)贊 純通
崔東準	孟:初 略 感興詩六首 略	製述 詩六度 疑二度	孟:二 略 感興詩十四首 通	無緣	無緣
徐愼	中庸:二十章 略 感興詩 略 爲壇告(三王)詩 三下 見得(思義)賦 三上	製述 賦七度 疑四度	托病	中庸:二十章下 書:初二 粗 元朝五箴 粗	書:禹貢에서 微子 純通 聚(星)贊 略
李之英	書:卷半 都會	製述 賦一度 詩一度	赴擧	書:七八 通 感興二十首 略	書:多方에서 끝까지 孟:初 略 聚星贊 略 心經贊 略
鄭日新	論:六 純略 追	論:終 略 感興詩 粗	孟:初 粗	孟:二粗 元(朝五)箴 粗	無
許士中	孟子:四卷		孟:初下篇에서 公孫下 粗 感興前五 粗	托故	無
朴忠男	論:初 粗 感興四首 粗	製述 詩七度			
韓景祚	孟:告子 純通 感興詩 略	製述 詩八度		孟:萬章 通 感興後十 略	孟:離婁 純通 元(朝五)箴 略
裵胤緖	論:陽貨 粗 感興前十 粗	製述 詩三度	論:微子 粗	論:子張 粗 感興後十 粗	無
裵正己	孟:盡心 略 感興詩 粗	製述 詩四度	論:初 略 感興五首 粗	論:二 粗	論:陽貨에서 끝까지 略 感興後五 粗
曺誠	黜	無緣	無		
金景祿	論:二 略 感興詩 粗		論:三四卷 粗 感興後十 純略	論:先進에서 子路 粗	論:憲問에서 季氏 粗 聚星贊 粗
鄭鎰		單刺			
李剛	大學 略 感興詩 純略	製述 疑三度 賦六度	書:初卷 純通 感興詩後十首 粗	書:大禹에서 胤征 略 元朝五箴 粗	書:湯誓에서 微子 略 聚(星)贊 略
蔡模	孟子:三 通 感興詩五首 粗	孟:離上 略	孟:離下 略 感興後六首 粗	孟:萬章 略 元朝五箴 略	小學:敬身篇 粗 聚(星)贊 粗
洪頤正	通鑑:四 略 感興詩 粗	通(鑑):五六卷 (製述) 詩一度 賦三度	通鑑:五半 略 感興後十首 粗	通鑑:六 粗 元(朝)五箴 粗	病

柳宗彥	論:學而里仁 略 感興詩 粗	製述 詩五度	論:三 通	論:四五卷 略 元(朝)五箴 粗	論:六七篇 略 聚星贊 粗
朴興男	論語:終卷	去感興	無緣	論:終卷 純略 感興前十首 粗	詩:初 略 聚星贊 粗
崔東集	孟:二 純略 感興詩 略	製述 詩六度 疑二度	孟:三 純通 感興詩後十首 略	無緣	赴擧
都鎬	論語:初卷 單剌	製(述) 賦六度	孟子:終篇 粗 追	感興詩 粗	論:雍也에서 鄉黨 純略 聚星贊 粗
李廷運	論語:二 略 感興詩 粗	製(述) 詩六度	論:泰伯 粗 感興詩 粗	論語:雍也에서 述而	
崔璣	論:三上篇 粗 感興詩五首 粗	論:述而에서 子罕	無緣	無	
李弘中	孟:二 粗 感興(詩) 粗 見得思義賦 二中	製(述) 詩七度 策二度	單子	元朝五箴 粗	無
李之華	孟子:二卷	製述 詩七度 疑三度	孟:萬章 純通 感興詩 純略	孟:二 詩初 純通 追	詩:邶風邠風 純通 元朝(五)箴 略
柳宗慶	春秋:宣公中에서 成公上 通 感興詩 粗	製(述) 詩四度	春秋:昭公上 通 感興詩 略	春秋:昭公中에서 定公上 通 元(朝)五箴 通	春秋:定下에서 끝까지 書:初二 通 聚(星)贊 純通
蔡楨	詩:唐에서 陳 略 感興詩 粗	製(述) 詩五度 賦二度		詩:檜에서 邠 純通 元(朝)五箴 略	
鄭光亨	小學		小學:立敎 粗	小學:明倫에서 父子有親 粗	無
李德容	論:四에서 子罕 略 感興詩 略	製述 詩九度	論:先進 粗 感興後十首 粗	論:顏淵에서 子 路 粗 元(朝)五箴 粗	論:憲問에서 季 氏 略 元(朝)五箴 略
李以立	孟:萬章 略 感興四首 粗	孟:告子 略 感興詩 略	感興詩六首 粗	元朝五箴 粗	孟:盡心下 論:八 佾에서 里仁 粗
殷尙敬	孟:離婁上篇 略 感興六首 粗	孟:離下 粗	孟:萬章上 粗 感興十四首 粗		孟:告子 粗 元(朝)五箴 粗
禹鯤海	托病	製述 詩九度	單子		
裵暎琚	孟:滕下 略 感興五首 粗	孟:離上 略 感興五首 粗	感興五首 粗	孟:告上 粗	孟:告子下 粗
裵士曇	感興詩	孟:滕上下 略 感興詩 粗	感興詩五首 粗	孟:離下 粗 感興五首 粗	孟:萬上 略
呂興周	論語:初 純通 感興五首 略	論:二 略 感興詩	論:三四 純通 感興後十 粗	論:先進에서 季 氏 略 元(朝五)箴 粗	論語:七 粗 聚星贊 略

李尙眞	孟子:梁惠純略 感興五首略	孟子:公孫純通 感興五首略			
許廷樞	感興詩	無			
裵鑽國	論語三略 感興五首略	製述詩九度	論語初純略	論語二元(朝)五箴粗	論語:泰伯子路純通 聚星贊通

참고 문헌

1. 원전(原典) 및 서지학(書誌學) 자료

『論語』, 『孟子』, 『書經』, 『禮記』, 『孝經』

『大學章句』(朱熹), 『東萊博義』(呂祖謙), 『明心寶鑑』(范立本), 『文章軌範』(謝枋得), 『性理大全』, 『心經』(眞德秀), 『心經附註』(程敏政), 『二程粹言』(程顥・程頤), 『朱子語類』(朱熹), 『朱子大全』(朱熹), 『中庸章句』(朱熹)

『艮齋集』(李德弘), 『葛庵集』(李玄逸), 『江皐集』(柳尋春), 『敬堂日記』(張興孝), 『敬堂集』(張興孝), 『敬堂集續集』(張興孝), 『敬庵集』(盧景任), 『景賢錄』(金宏弼), 『高峯集』(奇大升), 『槐軒集』(郭再謙), 『歸巖集』(李元禎), 『苟全集』(金中淸), 『菊潭集』(朴壽春), 『琴灘集』(蔡先吉), 『己卯錄補遺』(安璐), 『寄齋雜記』(朴東亮), 『洛涯集』(鄭光天), 『洛陰集』(都慶俞), 『樂齋年譜』(徐思遠), 『樂齋日記』(徐思遠), 『樂齋集』(徐思遠), 『洛川集』(裵紳), 『南溪集』(朴世采), 『南冥集』(曺植), 『南冥集續集』(曺植), 『達西齋集』(蔡先修), 『戴禮管見』(張錫英), 『大山先生實記』(李象靖), 『臺巖集』(崔東㠍), 『大學章句補遺』(李彦迪), 『陶谷集』(朴宗祐), 『東皐集』(徐思選), 『東籬集』(金允安), 『東湖集』(李𥫗), 『柳溪集』(韓景祚), 『晩求集』(李種杞), 『忘憂堂集』(郭再祐), 『慕堂年譜』(孫處訥), 『慕堂日記』(孫處訥), 『慕堂集』(孫處訥), 『聞灘集』(孫遴), 『磻溪隨錄』(柳馨遠), 『百弗庵言行錄』(崔興遠), 『百弗庵集』(崔興遠), 『樊巖集』(蔡濟恭), 『四佳集』(徐居正), 『四未軒集』(張福樞), 『思辨錄』(朴世堂), 『泗濱書齋食記案』, 『沙月堂遺集』(柳時藩), 『鋤齋集』(都汝俞), 『石潭實記』(李潤雨), 『石潭年譜』(李潤雨), 『石潭日記』(李珥), 『石潭集』(李潤雨), 『石川集』(都爾望), 『惺齋日記』(琴蘭秀), 『星湖僿說』(李瀷), 『松溪先生實紀』(申季誠), 『松堂集』(朴英), 『松庵遺稿』(金沔), 『宋子大全』(宋時烈), 『嵩善志』(盧景任), 『心經發揮』(鄭逑), 『啞軒集』(宋遠器), 『兩傳軒集』(蔡先見), 『養直集』(都聖俞), 『兩賢淵源錄』(鄭鵬・朴英), 『旅軒性理說』(張顯光), 『旅軒集』(張顯光), 『旅軒集續集』(張顯光), 『燃藜室記述』(李肯翊), 『曆中日記』(崔興遠), 『永慕堂通講諸子錄』, 『五先生禮說』(鄭逑), 『龍潭集』(朴而章), 『龍巖集』(朴雲), 『浣亭集』(李彦英), 『牛溪集』(成渾), 『愚伏集』(鄭經世), 『西堂遺稿』(金魯敬), 『栗谷全書』(李珥), 『一齋集』(李恒), 『入學圖說』(權近), 『全歸堂遺集』(徐時立), 『定齋集』(柳致明), 『竹牖集』(吳澐), 『芝山集』(曺好益), 『止巖集』(都愼修), 『遲庵集』(李東沆), 『止軒集』(崔孝述), 『翠厓集』(都應俞), 『苔巖集』(李軸), 『擇里志』(李重煥), 『退溪集』(李滉), 『退溪言行錄』(李滉), 『投巖集』(蔡夢硯), 『寒岡言行錄』(鄭逑), 『寒岡年譜』(鄭逑), 『寒岡集』(鄭逑), 『寒岡集別集』(鄭逑), 『寒岡集續集』(鄭逑), 『弘齋全書』(正祖), 『晦齋集』(李彦迪), 『撝軒集』(都愼與)

『高麗史』, 『朝鮮王朝實錄』(『太祖實錄』 / 『世祖實錄』 / 『中宗實錄』 / 『宣祖實錄』 / 『光海君日記』 / 『仁祖實錄』 / 『孝宗實錄』 / 『顯宗實錄』 / 『肅宗實錄』 / 『英祖實錄』 / 『正祖實錄』)
『國朝人物考』 / 『嶺南人物考』
『高靈郡誌』, 『嶠南誌』, 『大丘邑誌』, 『大邱鄕校誌』, 『星州誌』, 『新增東國輿地勝覽』, 『一善志』(崔晛), 『漆谷郡誌』

『慶北鄕校資料集成 (I), (II), (III)』, 영남대학교 민족문화연구소 편, 1992.
『慶尙道邑誌 (一), (二), (三), (四)』, 한국학문헌연구소 편, 1982.
『高靈鄕校誌』, 고령향교지 편집부 편, 2002.
『大邱鄕校誌』, 대구향교 편, 1998.
『嶺南古文書集成』, 영남대학교 민족문화연구소 편, 1992.
『嶺南文集解題』, 영남대학교 민족문화연구소 편, 1988.
『朝鮮時代嶺南書院資料』, 이수건 외, 국사편찬위원회, 1999.
『增補文獻備考』, 고전간행회 편, 1959.
『韓國文集解題-嶺南地方篇(I), (II), (III)』, 영남대학교 민족문화연구소 편, 1983.
『韓國儒學資料集成 (上), (中), (下)』, 배종호 편, 연세대학교 출판부, 1980.

2. 연구 저서 및 총서와 사전류

계명대학교 한국학연구원, 『낙중학, 조선시대 낙동강 중류 지역의 유학』, 계명대학교 출판부, 2012.
계명대학교 한국학연구원, 『조선 후기 낙중학의 전개와 한려학파』, 계명대학교 출판부, 2018.
고령군 · 영남대학교 민족문화연구소 편, 『송암 김면의 생애와 의병활동』, 2005.
고령군 대가야박물관 · 경북대학교 퇴계연구소 편, 『고령문화사대계(사상편)』, 역락, 2008.
고령대가야박물관 · 경북대학교 퇴계연구소 편, 『죽유 오운의 삶과 학문세계』, 역락, 2007.
고령문화원 편, 『송암선생일대기』, 대일출판사, 1998.
고영진, 『조선시대 사상사를 어떻게 볼 것인가』, 풀빛, 1999.

溝口雄三 외, 『中國思想文化事典』, 김석근 외 옮김, 책과 함께, 2011.
邱鄕會, 『大邱儒賢錄』, 大譜社, 2011.
김득만 · 장윤수, 『중국철학의 이해』, 예문서원, 2000.
金炳浩, 『儒學淵源錄』, 易經硏究院, 1980.
김수길 역, 『集註完譯 中庸』, 대유학당, 2001.
김승동 편저, 『儒敎 · 中國思想辭典』, 부산대학교 출판부, 2003.
김종문 · 장윤수, 『한국전통철학사상』, 소강출판사, 1996.
대구 · 경북역사연구회, 『역사 속의 대구, 대구사람들』, 중심, 2001.
대구향교, 『大邱鄕校誌』, 大譜社, 1998.
도재욱 편, 『鋤齋春秋』, 大譜社, 1999.
마에다 스토무, 『에도의 독서회: 회독(會讀)의 사상사』, 조인희 · 김복순 옮김, 소명출판사, 2016.
同道會 편, 『同道會誌』, 大譜社, 2011.
『慕堂 孫處訥先生의 生涯와 學問』, 慕堂孫處訥先生 誕生 450週年 紀念論文集, 青湖書院, 2003.
眉叟研究會 편, 『眉叟 許穆의 學問과 思想』, 眉叟연구회, 1993.
박병련(외), 『여헌 장현광연구』, 태학사, 2009.
스피노자, 『에티카』 개정판, 강영계 옮김, 서광사, 2007.
쓰치다 겐지로, 『북송도학사』, 예문서원, 2006.
안종수, 『한국철학사상의 이해』 개정판, 소강출판사, 2011.
여헌사상연구회, 『여헌학의 이해: 여헌 장현광의 학문과 사상』, 예문서원, 2015.
유명종, 『한국사상사』, 이문출판사, 1981.
윤사순, 『동양사상과 한국사상』, 을유문화사, 1984.
윤사순, 『退溪哲學의 研究』, 고려대학교 출판부, 1980.
이동영, 『조선조 영남시가의 연구』, 부산대학교 출판부, 1984.
이동철 외 엮음, 『21세기의 동양철학』, 을유문화사, 2005.
이동훈 편저, 『학맥에 따른 고령의 유학자』, 고령문화원, 2019.
이동희, 『조선조 주자학의 철학적 사유와 쟁점(속편)』, 성균관대학교 출판부, 2010.
이병도, 『韓國儒學史』, 아세아문화사, 1987.
이수건, 『영남학파의 형성과 전개』, 일조각, 1995.
장윤수, 『경북 북부지역의 성리학』, 심산출판사, 2013.
장윤수, 『송당 박영, 문무겸비의 도학자』, 예문출판사, 2017.
張志淵, 『朝鮮儒教淵源』, 솔출판사, 1998.
정도원, 『퇴계 이황과 16세기 유학』, 문사철출판사, 2011.
정진영, 『조선시대 향촌사회사』, 한길사, 1988.
조선사연구회 편, 『조선시대 대구사람들의 삶』, 계명대학교 출판부, 2002.

최언돈,『광정공파의 인물과 유적』, 백불암연구소, 2020.
최언돈 · 최기척,『옻골의 행장과 비문』, 백불암연구소, 2017.
최영성,『한국유학사상사(Ⅱ)』, 아세아문화사, 1995.
한국국학진흥원 · 영남유교문화진흥원 편,『경북유학인물지(상 · 하)』, 경상북도, 2008.
한국정신문화연구원 편집부 편,『한국민족문화대백과사전』, 한국정신문화연구원, 1991.
현상윤,『(풀어 옮긴) 조선유학사』, 현음사, 2003.

3. 연구 논문

고영진,「조선시대 영 · 호남의 학문과 사상 교류」,『영남학』, 제60호, 영남문화연구원/퇴계연구소, 2017.
구본욱,「계동 전경창 선생의 연보작성을 위한 시론」,『명륜』, 제13집, 대구향교, 2009.
구본욱,「『大邱儒賢通講錄』의 正字化와 해제」,『퇴계학논집』, 제11집, 영남퇴계학연구원, 2012.
구본욱,「대구지역의 성리학을 연 계동(溪東) 전경창(全慶昌)」,『조선사연구』, 제20집, 조선사연구회, 2011.
구본욱,「석담 이윤우의 師承과 交遊에 관한 고찰」,『퇴계학과 유교문화』, 제57집, 경북대학교 퇴계연구소, 2015.
구본욱,「연경서원의 경영과 유현들」,『한국학논집』, 제57집, 계명대학교 한국학연구원, 2014.
구본욱,「연경서원의 경영과 조선 중기 대구지역의 유학」,『퇴계학논집』, 제11집, 영남퇴계학연구원, 2012.
권상우,「文辨至論에서의 성리학적 이론구조」,『四未軒 張福樞의 經學思想과 性理思想』, 경북대학교 영남문화연구원 학술대회 발표집, 2009.
권연웅,「『檜淵及門諸賢錄』 小考」,『韓國의 哲學』, 제13집, 경북대학교 퇴계연구소, 1985.
권인호,「남명 조식의 현실인식과 출처사상 연구」,『남명학연구논총』, 제3집, 남명학연구원, 1995.
김건래,「慕堂 孫處訥 硏究」,『漢文學硏究』, 제18집, 啓明漢文學會, 2004.
김성우,「15세기 중 · 후반~16세기 도학운동의 전개와 송당학파의 활동」,『역사학보』, 제202집, 역사학회, 2009.
김성윤,「영남의 유교문화권과 지역학파의 전개」,『朝鮮時代史學報』, 제37집, 조선시대사학회, 2006.
김성윤,「조선시대 星州圈 유림층의 동향」,『역사와 경계』, 제59호, 부산경남사학회, 2006.
김종석,「退溪 心學 硏究」, 영남대학교 박사학위논문, 1996.

김학수, 「17세기 영남학파 연구」, 한국학중앙연구원 한국학대학원 박사학위 논문, 2008.
김학수, 「寒岡(鄭逑) 神道碑銘의 改正論議와 그 의미」, 『조선시대사학보』, 제42집, 조선시대사학회, 2007.
김학수, 「퇴계학파의 남명 및 남명학파에 대한 시선과 인식」, 『퇴계 · 남명사상의 형성과 전개』, 2015 퇴계학 · 남명학 학술대회보, 2015.
김현수, 「寒岡 鄭逑의 禮學思想」, 『東洋禮學』, 제6집, 동양예학회, 2001.
김형수, 「17세기 초 대구사림의 형성과 분화」, 『역사교육논집』, 제36집, 역사교육학회, 2006.
김훈식, 「한훤당 김굉필에 대한 역사학계의 연구성과와 전망」, 『영남학』, 제22집, 경북대학교 영남문화연구원, 2012.
박병련, 「'광해군 복립 모의' 사건으로 본 강안지역 남명학파」, 『남명학연구논총』, 제11집, 남명학연구원, 2002.
도재욱, 「사빈서재(泗濱書齋)의 고찰」, 『明倫』, 제20집, 대구향교, 2016.
박종천, 「한강 정구의 예론과 예설」, 『태동고전연구』, 제29집, 한림대학교 태동고전연구소, 2012.
서수생, 「寒岡 鄭逑의 禮學」, 『韓國의 哲學』, 제13집, 경북대학교 퇴계연구소, 1985.
우인수, 「고령 매촌동약의 특징과 동민의 결속」, 『고령문화사대계』1(역사편), 대가야박물관 · 경북대퇴계연구소, 2008.
윤사순, 「高橋亨의 韓國儒學觀 檢討」, 『한국학』, 제12집, 중앙대학교 한국학연구소, 1976.
이수건, 「남명과 남명학파」, 『경남문화연구』, 경상대학교 경남문화연구소, 1988.
이승연, 「個와 家」, 『동양사회사상』, 제3집, 동양사회사상학회, 2000.
임종진, 「晩求 李種杞의 성리학적 입장에 대한 검토」, 『퇴계학과 한국문화』, 제43호, 경북대학교 퇴계연구소, 2008.
장윤수, 「17세기 대구지역 성리학과 星州都氏 문중의 성리학자들」, 『퇴계학논집』, 제25호, 영남퇴계학연구원, 2019.
장윤수, 「敬堂 張興孝와 17세기 경북 북부지역 성리학에 관한 연구」, 『철학연구』, 제99집, 대한철학회, 2006.
장윤수, 「대구권 성리학의 학문 지형도와 특징」, 『국학연구』, 제42집, 한국국학진흥원, 2020.
장윤수, 「百弗庵 崔興遠 가문의 學風과 실천지향의 삶」, 『한국학논집』, 제58집, 계명대학교 한국학연구원, 2015.
장윤수, 「百弗庵 崔興遠과 18세기 대구지역 성리학에 관한 연구」, 『철학연구』, 제90집, 대한철학회, 2004.
장윤수, 「선비정신의 두 範本 - 남명의 '절개'와 퇴계의 '관용'을 중심으로」, 『철학연구』, 제138집, 대한철학회, 2016.
장윤수, 「송당 박영의 도학적 학풍과 성리학적 사유」, 『한국학논집』, 제66집, 계명대학교 한국학연구원, 2017.

장윤수, 「修身, 선비의 자기 완성」, 『퇴계학논문집』, 제15집, 영남퇴계학연구원, 2014),

장윤수, 「조선 중기 고령 유학의 특징: 회통성, 개방성, 실천성을 중심으로 하여」, 『동양사회사상』, 제18집, 동양사회사상학회, 2008.

장윤수, 「퇴계철학에 있어서 理의 능동성 이론과 그 연원」, 『퇴계학과 유교문화』, 제51호, 경북대학교 퇴계연구소, 2012.

장윤수 · 임종진, 「한강 정구와 조선 중기 대구권 성리학의 연계성에 관한 연구」, 『동양사회사상』, 제8집, 동양사회사상학회, 2003.

장인진, 「경상감영 낙육재의 교육과 문화 소통」, 『영남학』, 제20호, 경북대학교 영남문화연구원, 2011.

장인진, 「경상감영의 낙육재 교육에 대하여」, 『한문학연구』, 제8집, 계명한문학회, 1992.

정만조, 「宣祖初 晉州 淫婦獄과 그 波紋」, 『韓國學論叢』, 제22집, 국민대학교 한국학연구소, 2000.

정순목, 「寒岡 鄭逑의 教學思想」, 『韓國의 哲學』, 제13집, 경북대학교 퇴계연구소, 1985.

정우락, 「江岸學과 高靈 儒學에 대한 試論」, 『퇴계학과 한국문화』, 제43호, 경북대학교 퇴계연구소, 2008.

정우락, 「江岸學을 통해 본 고령 유학과 그 특징」, 『고령문화사대계』 2(사상편), 대가야박물관 · 경북대퇴계연구소, 2008.

정진영, 「백불암 최흥원의 학문과 향약」, 『한국의 철학』, 제29호, 경북대학교 퇴계연구소, 2001.

정진영, 「조선 후기 향약의 一 研究: 夫仁洞 洞約을 중심으로」, 『민족문화논총』, 제2 · 3합집, 영남대학교민족문화연구소, 1982.

최석기, 「四未軒 張福樞의 학술과 그 의미」, 『四未軒 張福樞의 經學思想과 性理思想』, 경북대학교 영남문화연구원 학술대회 발표집, 2009.

최언돈, 「百弗庵 崔興遠의 夫仁洞 및 漆溪〔옻골〕 經營 規範 연구」, 영남대학교 대학원 한국학과 박사학위 논문, 2010.

찰스 푸, 「朱子學 계승자로서의 退溪哲學의 독창성」, 『퇴계학연구논총』, 제9권, 경북대학교 퇴계연구소, 1997.

홍우흠, 「寒岡의 '上退溪李先生書' 一考」, 『東洋禮學』, 제6집, 동양예학회, 2001.

홍원식, 「영남 유학과 '낙중학'」, 『'낙중학', 조선시대 낙동강 중류지역의 유학』, 계명대학교 출판부, 2012.

황위주, 「16세기 성주지역 학술계의 동향」, 『국학연구』, 제37집, 한국국학진흥원, 2018.

찾아보기

ㄷ

ㄹ

ㅁ

ㅂ

ㅅ

ㅇ

ㅎ

〔지은이 소개〕

장윤수(張閏洙)

경상북도 안동에서 태어나 경북대학교 철학과를 졸업하고 같은 학교 대학원에서 동양철학(유가철학)을 전공하여 철학박사 학위를 받았다. 현재 대구교육대학교 윤리교육과 교수로 재직 중이다. 그리고 중국 서북대학 객좌교수와 한국동양철학회 회장으로 활동하고 있다. 학문적 주요 관심 분야는 중국 신유학, 한국 성리학, 동양교육사상 방면이다. 『경북 북부지역의 성리학』(심산출판사, 2013), 『도, 길을 가며 길을 묻다』(글항아리, 2018: 대한철학회 운제철학상 수상), 『중국문화정신』(예문서원, 2019: 중국출판협회 번역서 우수학술상 수상)을 비롯한 삼십 여권의 저 · 역서가 있고, 「氣學과 心學의 횡단적 소통구조에 관한 연구」(『철학연구』, 제130집, 2014)를 비롯한 팔십여 편의 논문이 있다.

대구권 성리학의 지형도

초판 1쇄 발행일 2021년 03월 31일

지은이 | 장윤수
발행인 | 최원필
발행처 | 심산출판사
주　소 | 서울시 은평구 불광로 13가길 18, 101호
전　화 | 02-357-0633
팩시밀리 | 02-357-0631
E-mail | simsan21c@hanmail.net
등록번호 | 제1-2114호(1996년 11월 28일)

ISBN 978-89-94844-76-3 93150

* 책값은 뒤표지에 표시되어 있습니다.